普通高等教育土建学科专业"十二五"规划教材
高校土木工程专业规划教材

道 路 工 程

（第二版）

吴旷怀　　主编
王端宜　　主审

中国建筑工业出版社

图书在版编目(CIP)数据

道路工程/吴旷怀主编. —2 版. —北京：中国建筑工业出
版社，2012.3(2023.2 重印)

(普通高等教育土建学科专业"十二五"规划教材. 高校土
木工程专业规划教材)

ISBN 978-7-112-14156-2

Ⅰ.①道…　Ⅱ.①吴…　Ⅲ.①道路工程-高等学校-教材
Ⅳ.①U41

中国版本图书馆 CIP 数据核字(2012)第 050731 号

本书是普通高等教育土建学科专业"十二五"规划教材之一。本书在总结多年教学改
革成果的基础上，吸收了国内外成功的教学实践经验和成熟的理论与方法，以国家最新颁
布的有关工程技术标准、规范为依据，叙述了道路工程中的基本理论和技术知识，并引入
了部分实例，以达到理论联系实际的目的。考虑到我国道路工程发展现状，以及目前大学
毕业生的就业情况，本书在第一版的基础上增加了路基路面施工以及路面养护维修技术与
管理方面的内容，使得本书的知识结构更加全面和完善。本书第一篇主要内容包括：绪
论、平面设计、纵断面设计、横断面设计、选线、定线方法；第二篇主要内容包括：总
论、路基工程基本知识、路基设计、路面工程基础知识、路面设计、道路材料、路基路面
施工、路基路面病害调查及评价、路基路面养护技术与管理。

本书可作为土木工程、交通工程等专业的教材，也可供相关工程技术人员参考使用。

为更好地支持本课程的教材，作者制作了与本书配套的多媒体教学课件，请需要的老
师发送邮件至 jiangongkejian@163.com 联系，免费索取。

* * *

责任编辑：王　跃　吉万旺
责任设计：李志立
责任校对：刘梦然　赵　颖

普通高等教育土建学科专业"十二五"规划教材
高校土木工程专业规划教材
道路工程(第二版)
吴旷怀　主编
王端宜　主审

*

中国建筑工业出版社出版、发行(北京西郊百万庄)
各地新华书店、建筑书店经销
北京天成排版公司制版
天津安泰印刷有限公司印刷

*

开本：787×1092 毫米　1/16　印张：24½　字数：592 千字
2012 年 6 月第二版　2023 年 2 月第十一次印刷
定价：**45.00** 元
ISBN 978-7-112-14156-2
(22193)

第 二 版 前 言

本书是普通高等教育土建学科专业"十二五"规划教材之一。本书在总结多年教学改革成果的基础上，吸收了国内外成功的教学实践经验和成熟的理论与方法，以交通部最新颁布的有关工程技术标准、规范为依据，叙述了道路工程中的基本理论和技术知识，并引入了部分实例，以达到理论联系实际的目的。考虑到我国道路工程发展现状以及目前大学毕业生的就业情况，本书增加了路基路面施工以及路面养护维修技术与管理方面的内容，使得本书的知识结构更加全面和完善。本书重点讲述基本概念、基本理论和方法，着重于知识的应用与实践能力的培养。道路工程是一门理论与实践并重、工程性较强的课程，除了系统的课堂教学之外，应配合组织学生实地参观、实物鉴别、大作业及课程设计、施工实习等教学环节，以提高学生的感性认识和系统地接受能力。本书可作为交通工程和交通运输专业、土木工程专业各方向学习道路知识的教材，也可供道路工程技术人员参考。

本书由广州大学吴旷怀担任主编，臧晓冬和李燕枫担任副主编。其中，前言和第二篇的 7～10 章由吴旷怀编写；第一篇的 1～6 章由臧晓冬编写；第二篇的第 1～5 章由李燕枫编写，第 6 章由华南理工大学王绍怀编写。吴旷怀负责全书的统稿工作。本书的出版受广州大学教材出版基金资助。

华南理工大学王端宜教授审阅了本书，并提出了宝贵意见，在此表示衷心的感谢。

由于编者水平所限，书中难免存在不妥之处，敬请使用本教材的广大师生和读者批评指正。

第 一 版 前 言

　　本书是普通高等教育土建学科专业"十一五"规划教材之一。本书力求反映本领域最新的科学技术成就，在总结多年教学改革成果的基础上，吸收了国内外成功的教学实践经验和成熟的理论与方法，以原交通部最新颁布的有关工程技术标准、规范为依据，叙述了道路工程中的基本理论和技术知识，并引入了部分实例，以达到理论联系实际的目的。考虑到我国道路工程发展现状以及目前大学毕业生的就业情况，本书增加了路基路面施工以及路面养护维修技术与管理方面的内容，使得本书的知识结构更加全面和完善。本书重点讲述基本概念、基本理论和方法，着重于知识的应用与实践能力的培养。道路工程是一门理论与实践并重、工程性较强的课程，除了系统的课堂教学之外，应配合组织学生实地参观、实物鉴别、大作业及课程设计、施工实习等教学环节，以提高学生的感性认识和系统地接受能力。本书可作为交通工程和交通运输专业、土木工程专业学习道路知识的教材，也可供道路工程技术人员参考。

　　本书由广州大学吴旷怀担任主编，臧晓冬和李燕枫担任副主编。其中，前言和第二篇的七～十章由吴旷怀编写；第一篇的一～六章由臧晓冬编写；第二篇的第一～五章由李燕枫编写，第六章华南理工大学王绍怀编写。吴旷怀负责全书的统稿工作。本书的出版受广州大学教材出版基金资助。

　　华南理工大学王端宜教授审阅了本书，并提出了宝贵意见，在此表示衷心的感谢。

　　由于编者水平所限，书中难免存在不妥之处，敬请使用本教材的广大师生和读者批评指正。

编　者

2008 年 6 月

目　　录

第一篇　道　路　路　线

第一章　绪论 ··· 2

　第一节　道路运输的特点及发展规划 ·· 2

　　一、道路运输的特点 ·· 2

　　二、道路发展规划 ·· 2

　第二节　道路的分级与技术标准 ··· 5

　　一、公路分级与技术标准 ······································ 5

　　二、城市道路分类与技术分级 ······························ 6

　第三节　道路勘测设计的阶段和任务 ······································ 8

　　一、公路工程可行性研究 ······································ 8

　　二、设计任务书 ·· 9

　　三、设计阶段 ·· 9

　　四、城市道路网和红线规划 ··································· 10

　第四节　道路勘测设计的依据 ·· 11

　　一、设计车辆 ·· 11

　　二、设计速度 ·· 12

　　三、交通量 ··· 13

　　四、公路通行能力与服务水平 ······························ 15

　　复习思考题 ··· 16

第二章　平面设计 ··· 17

　第一节　道路平面线形概述 ··· 17

　第二节　直线 ··· 17

　　一、直线的特点 ·· 17

　　二、直线的运用 ·· 18

　　三、直线的最小长度 ··· 18

　第三节　圆曲线 ·· 19

　　一、圆曲线的几何元素 ·· 19

　　二、圆曲线半径 ·· 20

　第四节　回旋线 ·· 22

　　一、回旋线的作用 ·· 23

　　二、回旋线的几何要素 ·· 23

　　三、回旋线的长度及参数 ······································ 26

第五节　平面线形设计 ……………………………………………… 29

一、平面线形设计一般规定 ……………………………………… 29

二、平面线形要素的组合类型 …………………………………… 30

第六节　行车视距 …………………………………………………… 32

一、停车视距 ……………………………………………………… 32

二、会车视距 ……………………………………………………… 33

三、超车视距 ……………………………………………………… 33

四、各级公路对视距的要求 ……………………………………… 34

第七节　路线平面设计成果 ……………………………………… 35

一、直线、曲线及转角表 ……………………………………… 35

二、逐桩坐标表 ………………………………………………… 35

三、路线平面设计图 …………………………………………… 37

复习思考题 ………………………………………………………… 41

第三章　纵断面设计 ……………………………………………… 42

第一节　概述 ……………………………………………………… 42

第二节　纵坡及坡长设计 ………………………………………… 42

一、纵坡设计的一般要求 ……………………………………… 42

二、最大纵坡 …………………………………………………… 43

三、高原纵坡折减 ……………………………………………… 44

四、最小纵坡 …………………………………………………… 44

五、坡长限制 …………………………………………………… 44

六、平均纵坡 …………………………………………………… 45

七、合成坡度 …………………………………………………… 46

第三节　竖曲线 …………………………………………………… 47

一、竖曲线要素的计算 ………………………………………… 47

二、竖曲线的最小半径 ………………………………………… 48

第四节　视觉分析评价及道路平、纵线形组合设计 …………… 49

一、视觉分析 …………………………………………………… 49

二、道路平、纵线形组合设计 ………………………………… 50

第五节　纵断面设计方法及纵断面图 …………………………… 52

一、纵断面设计要点 …………………………………………… 52

二、纵断面设计方法步骤及注意问题 ………………………… 53

三、纵断面图的绘制 …………………………………………… 54

复习思考题 ………………………………………………………… 57

第四章　横断面设计 ……………………………………………… 58

第一节　道路横断面组成 ………………………………………… 58

一、公路横断面组成 …………………………………………… 58

二、城市道路横断面组成 ……………………………………… 59

第二节　行车道宽度 ……………………………………………… 61

一、行车道宽度的确定 …………………………………………………………… 61

二、平曲线加宽及其过渡 ………………………………………………………… 61

第三节　路肩、中间带和路拱 …………………………………………………… 62

一、路肩 ……………………………………………………………………………… 62

二、中间带 ………………………………………………………………………… 63

三、路拱 …………………………………………………………………………… 63

第四节　平曲线超高 ………………………………………………………………… 64

一、超高及其作用 …………………………………………………………………… 64

二、超高值的确定 ………………………………………………………………… 65

三、超高过渡方式 ………………………………………………………………… 65

四、超高缓和段长度 ……………………………………………………………… 66

五、超高的计算 …………………………………………………………………… 67

第五节　横断面设计方法 …………………………………………………………… 69

一、公路横断面设计 ……………………………………………………………… 69

二、城市道路横断面设计 ………………………………………………………… 69

第六节　路基土石方数量计算及调配 …………………………………………… 70

一、横断面面积计算 ……………………………………………………………… 70

二、土石方数量计算 ……………………………………………………………… 71

三、路基土石方调配 ……………………………………………………………… 71

复习思考题 …………………………………………………………………………… 74

第五章　选线 …………………………………………………………………………… 75

第一节　概述 …………………………………………………………………………… 75

一、道路选线的一般原则 ………………………………………………………… 75

二、选线的步骤和方法 …………………………………………………………… 76

第二节　路线方案选择 ……………………………………………………………… 76

一、影响路线方案选择的主要因素 ……………………………………………… 76

二、路线方案选择的方法和步骤 ………………………………………………… 77

第三节　平原地区选线 ……………………………………………………………… 78

一、平原区路线特点 ……………………………………………………………… 78

二、平原区路线布设要点 ………………………………………………………… 78

第四节　山岭区选线 ………………………………………………………………… 80

一、沿河(溪)线 …………………………………………………………………… 80

二、越岭线 ………………………………………………………………………… 83

三、山脊线 ………………………………………………………………………… 87

第五节　丘陵区选线 ………………………………………………………………… 88

一、路线布设方式 ………………………………………………………………… 89

二、平、纵线形及其配合 ………………………………………………………… 90

复习思考题 …………………………………………………………………………… 90

第六章　定线方法 ……………………………………………………………… 91
　第一节　纸上定线 …………………………………………………………… 91
　　一、定导向线 ……………………………………………………………… 91
　　二、修正导向线 …………………………………………………………… 92
　　三、定线 …………………………………………………………………… 93
　　四、设计纵断面 …………………………………………………………… 93
　第二节　纸上定线操作方法 ………………………………………………… 94
　　一、直线型定线方法 ……………………………………………………… 94
　　二、曲线型定线法坐标计算方法 ………………………………………… 94
　第三节　实地放线 …………………………………………………………… 98
　　一、穿线交点法 …………………………………………………………… 98
　　二、拨角法 ………………………………………………………………… 99
　　三、直接定交点法 ……………………………………………………… 100
　　四、坐标法 ……………………………………………………………… 100
　第四节　直接定线 ………………………………………………………… 101
　　一、直接定线的工作步骤 ……………………………………………… 101
　　二、曲线插设方法 ……………………………………………………… 102
　第五节　航测定线 ………………………………………………………… 103
　　一、航测定线的发展与应用 …………………………………………… 103
　　二、航测像片选线的程序 ……………………………………………… 104
　　三、多倍仪定线方法 …………………………………………………… 105
　　四、影像地图在定线中的运用 ………………………………………… 106
　复习思考题 ………………………………………………………………… 106

第二篇　路 基 路 面 工 程

第一章　总论 ……………………………………………………………… 108
　第一节　路基路面工程的特点与结构分层 ……………………………… 108
　　一、路基路面工程的特点 ……………………………………………… 108
　　二、对路基路面的要求 ………………………………………………… 109
　　三、结构分层 …………………………………………………………… 110
　第二节　影响路基路面稳定的因素 ……………………………………… 111
　　一、影响路基路面稳定性的自然因素 ………………………………… 111
　　二、影响路基路面稳定性的人为因素 ………………………………… 112
　第三节　路面的等级与分类 ……………………………………………… 112
　　一、路面等级的划分 …………………………………………………… 112
　　二、路面分类 …………………………………………………………… 113
　第四节　路基路面设计的内容 …………………………………………… 113
　　一、路基设计的内容 …………………………………………………… 113
　　二、路面设计的内容 …………………………………………………… 114

复习思考题 ⋯⋯⋯⋯⋯⋯⋯⋯⋯⋯⋯⋯⋯⋯⋯⋯⋯⋯⋯⋯⋯⋯ 114

第二章　路基工程基本知识 ⋯⋯⋯⋯⋯⋯⋯⋯⋯⋯⋯⋯⋯⋯⋯⋯ 115

　第一节　路基的类型与构造 ⋯⋯⋯⋯⋯⋯⋯⋯⋯⋯⋯⋯⋯⋯⋯ 115

　　一、路堤 ⋯⋯⋯⋯⋯⋯⋯⋯⋯⋯⋯⋯⋯⋯⋯⋯⋯⋯⋯⋯⋯⋯ 115

　　二、路堑 ⋯⋯⋯⋯⋯⋯⋯⋯⋯⋯⋯⋯⋯⋯⋯⋯⋯⋯⋯⋯⋯⋯ 115

　　三、半填半挖路基 ⋯⋯⋯⋯⋯⋯⋯⋯⋯⋯⋯⋯⋯⋯⋯⋯⋯⋯ 116

　第二节　公路的自然区划与路基土的工程性质 ⋯⋯⋯⋯⋯⋯ 117

　　一、公路自然区划 ⋯⋯⋯⋯⋯⋯⋯⋯⋯⋯⋯⋯⋯⋯⋯⋯⋯⋯ 117

　　二、路基土的分类 ⋯⋯⋯⋯⋯⋯⋯⋯⋯⋯⋯⋯⋯⋯⋯⋯⋯⋯ 117

　第三节　路基的水温状况及干湿类型 ⋯⋯⋯⋯⋯⋯⋯⋯⋯⋯ 121

　　一、路基湿度的来源 ⋯⋯⋯⋯⋯⋯⋯⋯⋯⋯⋯⋯⋯⋯⋯⋯⋯ 121

　　二、大气温度及其对路基水温状况的影响 ⋯⋯⋯⋯⋯⋯⋯ 121

　　三、路基干湿类型 ⋯⋯⋯⋯⋯⋯⋯⋯⋯⋯⋯⋯⋯⋯⋯⋯⋯⋯ 122

　第四节　路基的力学特性和承载能力 ⋯⋯⋯⋯⋯⋯⋯⋯⋯⋯ 123

　　一、路基受力状况 ⋯⋯⋯⋯⋯⋯⋯⋯⋯⋯⋯⋯⋯⋯⋯⋯⋯⋯ 123

　　二、路基土的应力-应变特性 ⋯⋯⋯⋯⋯⋯⋯⋯⋯⋯⋯⋯⋯ 124

　　三、路基的强度指标 ⋯⋯⋯⋯⋯⋯⋯⋯⋯⋯⋯⋯⋯⋯⋯⋯⋯ 125

　第五节　路基的变形、破坏与防治 ⋯⋯⋯⋯⋯⋯⋯⋯⋯⋯⋯ 126

　　一、路堤变形 ⋯⋯⋯⋯⋯⋯⋯⋯⋯⋯⋯⋯⋯⋯⋯⋯⋯⋯⋯⋯ 126

　　二、路堑变形 ⋯⋯⋯⋯⋯⋯⋯⋯⋯⋯⋯⋯⋯⋯⋯⋯⋯⋯⋯⋯ 127

　　三、路基病害防治 ⋯⋯⋯⋯⋯⋯⋯⋯⋯⋯⋯⋯⋯⋯⋯⋯⋯⋯ 127

　第六节　路基排水设施 ⋯⋯⋯⋯⋯⋯⋯⋯⋯⋯⋯⋯⋯⋯⋯⋯⋯ 128

　　一、地面排水设施 ⋯⋯⋯⋯⋯⋯⋯⋯⋯⋯⋯⋯⋯⋯⋯⋯⋯⋯ 128

　　二、地下排水设备 ⋯⋯⋯⋯⋯⋯⋯⋯⋯⋯⋯⋯⋯⋯⋯⋯⋯⋯ 129

　第七节　路基防护与加固设施 ⋯⋯⋯⋯⋯⋯⋯⋯⋯⋯⋯⋯⋯ 129

　　一、坡面防护 ⋯⋯⋯⋯⋯⋯⋯⋯⋯⋯⋯⋯⋯⋯⋯⋯⋯⋯⋯⋯ 129

　　二、堤岸防护 ⋯⋯⋯⋯⋯⋯⋯⋯⋯⋯⋯⋯⋯⋯⋯⋯⋯⋯⋯⋯ 131

　　三、地基加固 ⋯⋯⋯⋯⋯⋯⋯⋯⋯⋯⋯⋯⋯⋯⋯⋯⋯⋯⋯⋯ 132

　第八节　路基附属设施 ⋯⋯⋯⋯⋯⋯⋯⋯⋯⋯⋯⋯⋯⋯⋯⋯⋯ 133

　　一、取土坑与弃土堆 ⋯⋯⋯⋯⋯⋯⋯⋯⋯⋯⋯⋯⋯⋯⋯⋯⋯ 133

　　二、护坡道与碎落台 ⋯⋯⋯⋯⋯⋯⋯⋯⋯⋯⋯⋯⋯⋯⋯⋯⋯ 133

　　三、堆料坪与错车道 ⋯⋯⋯⋯⋯⋯⋯⋯⋯⋯⋯⋯⋯⋯⋯⋯⋯ 134

　　四、护栏 ⋯⋯⋯⋯⋯⋯⋯⋯⋯⋯⋯⋯⋯⋯⋯⋯⋯⋯⋯⋯⋯⋯ 134

　复习思考题 ⋯⋯⋯⋯⋯⋯⋯⋯⋯⋯⋯⋯⋯⋯⋯⋯⋯⋯⋯⋯⋯⋯ 134

第三章　路基设计 ⋯⋯⋯⋯⋯⋯⋯⋯⋯⋯⋯⋯⋯⋯⋯⋯⋯⋯⋯ 135

　第一节　路基的基本构造 ⋯⋯⋯⋯⋯⋯⋯⋯⋯⋯⋯⋯⋯⋯⋯⋯ 135

　　一、路基宽度 ⋯⋯⋯⋯⋯⋯⋯⋯⋯⋯⋯⋯⋯⋯⋯⋯⋯⋯⋯⋯ 135

　　二、路基高度 ⋯⋯⋯⋯⋯⋯⋯⋯⋯⋯⋯⋯⋯⋯⋯⋯⋯⋯⋯⋯ 136

　　三、路基边坡坡度 ⋯⋯⋯⋯⋯⋯⋯⋯⋯⋯⋯⋯⋯⋯⋯⋯⋯⋯ 136

　　第二节　路基边坡稳定性设计 ················· 138
　　　一、边坡稳定性的分析方法 ················· 138
　　　二、荷载当量高度 ····················· 139
　　　三、陡坡路堤稳定性分析 ················· 140
　　第三节　路基的排水设计 ··················· 140
　　　一、路基排水的目的与要求 ················· 140
　　　二、路基排水系统的布置 ················· 140
　　　三、明渠的水文水力计算 ················· 140
　　复习思考题 ························· 143
第四章　路面工程基础知识 ··················· 144
　　第一节　交通荷载与轴载换算 ··············· 144
　　　一、交通荷载 ······················ 144
　　　二、轴载换算 ······················ 150
　　第二节　中、低级路面与基层、垫层 ··········· 154
　　　一、块石 ························· 155
　　　二、碎(砾)石 ······················ 155
　　　三、级配砾(碎)石 ····················· 157
　　　四、半刚性基层 ····················· 158
　　第三节　沥青路面 ····················· 159
　　　一、沥青路面的分类 ··················· 159
　　　二、沥青混合料类型的选择 ················· 160
　　　三、沥青路面的力学特性与温度稳定性 ··········· 161
　　　四、沥青路面的施工与质量控制 ·············· 163
　　第四节　水泥混凝土路面 ·················· 165
　　　一、水泥混凝土路面的种类及特点 ············· 166
　　　二、水泥混凝土路面的优缺点 ··············· 167
　　　三、水泥混凝土路面施工技术 ··············· 167
　　　四、质量控制和检查 ··················· 167
　　复习思考题 ························· 168
第五章　路面设计 ······················· 169
　　第一节　沥青路面设计 ··················· 169
　　　一、总则 ························· 169
　　　二、沥青路面的结构组合设计 ··············· 170
　　　三、我国沥青路面设计方法 ················· 175
　　第二节　水泥混凝土路面设计 ··············· 184
　　　一、水泥混凝土路面设计的基本理论 ············ 185
　　　二、水泥混凝土路面荷载应力分析 ············· 187
　　　三、水泥混凝土路面温度应力分析 ············· 191
　　　四、我国水泥混凝土路面的设计方法 ············ 193

复习思考题 ………………………………………………………… 208

第六章　道路材料 ………………………………………………… 209

　第一节　无机结合料稳定材料 …………………………………… 209

　　一、无机结合料稳定材料的分类与应用 ………………………… 209

　　二、无机结合料稳定材料的主要技术性能 ……………………… 210

　　三、无机结合料稳定材料的配合比设计 ………………………… 215

　第二节　沥青与沥青混合料 ……………………………………… 221

　　一、沥青材料 ……………………………………………………… 221

　　二、沥青混合料 …………………………………………………… 243

　复习思考题 ………………………………………………………… 272

第七章　路基路面施工 …………………………………………… 274

　第一节　路基施工 ………………………………………………… 274

　　一、施工前的准备工作 …………………………………………… 274

　　二、路堑开挖 ……………………………………………………… 275

　　三、路堤填筑 ……………………………………………………… 277

　　四、路基压实 ……………………………………………………… 279

　　五、路基压实质量控制 …………………………………………… 280

　第二节　路面基(垫)层施工 ……………………………………… 281

　　一、无结合料粒料基(垫)层施工 ………………………………… 281

　　二、无机结合料稳定基层施工与质量控制 ……………………… 284

　第三节　热拌沥青混凝土路面施工 ……………………………… 290

　　一、施工准备 ……………………………………………………… 291

　　二、热拌沥青混合料的拌合 ……………………………………… 291

　　三、热拌沥青混合料的运输 ……………………………………… 293

　　四、热拌沥青混合料的摊铺 ……………………………………… 293

　　五、热拌沥青路面的压实及成型 ………………………………… 294

　　六、热拌沥青混合料施工接缝的处理 …………………………… 294

　　七、热拌沥青路面的施工质量检测和控制 ……………………… 295

　第四节　水泥混凝土路面施工和质量控制 ……………………… 297

　　一、施工准备 ……………………………………………………… 297

　　二、水泥混凝土路面的施工 ……………………………………… 298

　　三、施工质量要求 ………………………………………………… 301

　复习思考题 ………………………………………………………… 302

第八章　路基路面病害调查及评价 ……………………………… 303

　第一节　路基常见病害及防治 …………………………………… 303

　　一、边坡常见病害及防治 ………………………………………… 303

　　二、路基变形病害及防治 ………………………………………… 305

　　三、路基冻胀与翻浆 ……………………………………………… 305

　第二节　沥青路面病害调查及评价 ……………………………… 306

　　一、沥青路面的破损类型 ………………………………………… 306

11

　　二、调查内容与方法 ·· 307
　　三、沥青路面使用品质的评价指标与评价方法 ·············· 308
　　四、维修养护对策 ·· 311
　第三节　水泥混凝土路面病害调查及评价·························· 311
　　一、水泥混凝土路面病害类型和分级 ·························· 311
　　二、水泥混凝土路面状况调查和评定 ·························· 313
　复习思考题·· 317
第九章　路基路面养护技术与管理································· 318
　第一节　路基养护技术··· 318
　第二节　路面预防性养护技术·································· 322
　　一、路面预防性养护概述 ···································· 322
　　二、常用的路面预防性养护措施与技术 ······················ 323
　　三、路面预防性养护的时机 ·································· 330
　第三节　沥青路面维修养护····································· 333
　　一、沥青路面维修养护工作内容与要求 ······················ 333
　　二、沥青路面日常养护 ·· 335
　　三、沥青路面常见病害维修 ···································· 336
　第四节　沥青路面翻修补强和再生技术·························· 340
　　一、沥青路面翻修 ·· 340
　　二、沥青路面再生技术 ·· 341
　　三、沥青路面加铺补强设计和施工 ···························· 343
　第五节　水泥混凝土路面维修养护······························ 346
　　一、概述 ·· 346
　　二、水泥混凝土路面日常养护内容 ···························· 347
　　三、水泥混凝土路面破损维修技术 ···························· 348
　　四、水泥混凝土路面翻修 ······································ 356
　第六节　水泥混凝土路面加铺技术······························ 357
　　一、沥青加铺层技术 ·· 357
　　二、水泥混凝土加铺层技术 ···································· 362
　第七节　道路养护管理··· 364
　　一、道路养护技术管理 ·· 365
　　二、道路养护质量管理 ·· 366
　　三、道路养护安全管理 ·· 370
　第八节　公路路政管理··· 373
　　一、概述 ·· 373
　　二、公路路政管理的内容 ······································ 374
　　三、路政管理的人员和机构设置 ······························ 375
　　四、公路路政管理装备 ·· 375
　复习思考题·· 376
参考文献·· 377

第一篇

道路路线

第一章 绪 论

第一节 道路运输的特点及发展规划

一、道路运输的特点

交通运输是国民经济的基础产业之一，它把国民经济各领域和各个地区联系起来，在社会物质财富的生产和分配过程中，在广大人民生活中起着极为重要的作用。交通运输体系由道路运输、铁路运输、水上运输、航空运输和管道运输五种运输方式组成。

道路运输是交通运输的重要组成部分。由于道路运输的广泛性、机动性和灵活性，已经广泛深入到人们的社会生活和生产领域的各个方面。道路运输与其他运输方式比较，具有投资少、见效快、经济效益高、机动灵活、运送方便、适应性强、商品流通周期短、资金周转快的特点，可以实现"户到户"的直达运输，运输损耗少，特别是高速公路的快速发展，使运输速度显著提高、运量进一步加大，可以预见，随着我国道路网的建设和完善，道路运输将会起着越来越重要的作用。

铁路运输具有运输量大、运输成本低的特点，适用于远程的大宗货物及人流运输。水运利用天然水运资源，只需加以整治，即可使用，具有通过能力高、运量大、耗能省、运输成本低的特点。航空运输具有运输速度快、灵活性大、运输里程短捷、舒适性好等特点，适合快速运送旅客及贵重紧急商品、货物。管道运输具有连续性强、运输成本低、损耗少、安全性好的特点，多用于运送液体、气体和粉状货物。

二、道路发展规划

1. 道路发展史

我国道路建设有悠久的历史，早在公元前 2000 年前，就有了可以行驶牛、马车的道路。秦始皇统一六国后，大修驰道，颁布"车同轨"法令，使得道路建设得到了较大的发展。在唐代，我国古代的道路发展达到了极盛时期，形成了以城市为中心的四通八达的道路网。到清代全国已形成了层次分明、功能完善的道路系统，"官马大路"、"大路"、"小路"，分别为京城到各省城、省城至地方重要城市及重要城市到市镇的三级道路网。其中仅"官马大道"就长达 4000 余里。

1901 年汽车输入我国，通行汽车的公路开始发展起来。从 1906 年在广西友谊关修建第一条公路开始到 1949 年新中国成立这 40 多年间，历经清末、北洋军阀、民国、抗日战争、解放战争各个历史时期，由于当时经济落后，社会不稳定，公路建设大部分以军阀为主，到 1949 年底，全国公路通车里程仅有 8.1 万公里。中华人民共和国成立以后，为了迅速恢复和发展国民经济，巩固国防，国家对公路建设做出了很大努力，取得了显著成就。特别是改革开放后以来，公路建设迅速发展，2006 年底，将村道正式纳入公路里程统计后，全国公路总里程达到了 345.70 万公里，公路的技术标准也有明显提高。2007 年底，全国公路总里程达 358.37 万公里，其中，全国等级公路里程 253.54 万公里，占公路总里程的 70.7%，到 2010 年底，全国已建成通车的公路总里程达到 398.4 万公里。

此外，自 20 世纪 80 年代以来，我国的高速公路建设取得辉煌的成就，1988 年我国高速公路只有 147 公里，1999 年底，我国高速公路通车里程达到了 1.1 万公里，到 2000 年底，高速公路里程达到 1.9 万公里，超过了加拿大，仅次于美国，居世界第二位。到 2007 年底高速公路里程达到了 5.39 万公里。2010 年底高速公路通车里程已达 7.4 万公里。

2. 道路现状评价

上述资料说明新中国成立后，特别是改革开放以来，我国公路建设取得了巨大成就，但是与国际上发达国家相比，差距仍很大，远不能满足新形势下对道路运输的要求。归纳起来，还存在如下几方面的问题：

（1）数量少

2010 年底，公路里程虽已达 398.4 万多公里，但与发达国家相比，仍然相差较大。表 1-1-1 中给出了我国公路统计资料（不包括城市道路）和世界其他几个国家的道路资料。

中国与其他一些国家的道路统计资料 表 1-1-1

国 家	中国	日本	法国	德国	瑞典	英国	加拿大	墨西哥	美国
统计年	2010	2000	2000	1999	2001	1999	2000	1999	2001
人口	1400000000	126974628	59765983	83251851	8876744	59788002	31902268	103400165	285317559
面积（km^2）	9600000	377835	545630	349223	410934	241590	9220970	1923040	9158960
公路总长度（km）	3984000	1166280	894000	230735	214468	371913	1420100	329532	6378254
每 1000 人长度（m/1000 人）	2.85	9.19	14.96	2.77	24.16	6.22	44.51	3.23	22.35
每平方公里长度（km/km^2）	0.416	3.09	1.64	0.66	0.52	1.54	0.04	0.17	0.70

由表 1-1-1 可以看出，我国公路密度偏小，中国 2010 年的道路总里程占国土面积之比为美国的 3/5（2001 年数据）、日本的 1/8（2000 年数据）。若按人口的公路密度计，则分别为美国的 1/8 和加拿大的 1/16（2000 年数据）。

（2）技术标准偏低

以 2007 年底的数据为例，全国公路总里程达 358.37 万公里，但二级及以上高等级公路里程只有 38.04 万公里。就路面质量而言，有铺装路面只有 125.03 万公里，只占总里程的 34.9%；简易铺装路面 52.62 万公里，占到总里程的 14.7%，未铺装路面 180.72 万公里，占到总里程的 50.4%。大量低等级公路的存在导致国道网上行车速度低，安全性和舒适性差，抗灾能力脆弱，混合交通严重，通行能力不足，严重影响国家干线公路网的功能和作用发挥。

（3）全国公路交通发展不平衡

由于受历史、自然、地理环境和经济等诸多因素的影响，目前东、西部地区公路交通水平存在着较大的差距。

3. 公路发展规划

(1)"五纵七横"规划

为发展我国公路、水路交通，交通运输部在"七五"期末制定了交通发展长远规划，即在发展以综合运输体系为主的交通运输业总方针指导下，按照"统筹规划、条块结合、分层负责、联合建网"的方针，从"八五"开始用三十年左右的时间建设公路主骨架、水运主通道、港站主枢纽和交通支持系统的"三主一支持"交通长远规划。

"三主一支持"中的公路主骨架即国道主干线系统，它是国道网中由专供汽车行驶的高速公路和原汽车专用一、二级公路为主组成的快速通道。国道主干线系统，总里程约3.5万公里，由五纵七横12条路线组成，连接首都、各省（自治区）省会（首府）、直辖市、中心城市、主要交通枢纽和重要口岸。

五纵是：

1）从同江经哈尔滨、长春、沈阳、大连、烟台、青岛、连云港、上海、宁波、福州、深圳、广州、湛江、海口至三亚。

2）由北京经天津、济南、徐州、合肥、南昌至福州。

3）由北京经石家庄、郑州、武汉、长沙、广州至珠海。

4）由二连浩特经集宁、大同、太原、西安、成都、内江、昆明至河口。

5）由重庆经贵阳、南宁至湛江。

七横是：

1）由绥芬河经哈尔滨至满洲里。

2）由丹东经沈阳、唐山、北京、呼和浩特、银川、兰州、西宁、格尔木至拉萨。

3）由青岛经济南、石家庄、太原至银川。

4）由连云港经徐州、郑州、西安、兰州、乌鲁木齐至霍尔果斯。

5）由上海经南京、合肥、武汉、重庆至成都。

6）由上海经杭州、南昌、长沙、贵阳、昆明至瑞丽。

7）由衡阳经南宁至昆明。

(2)"7918"高速公路网规划

《国家高速公路网规划》于2004年经国务院审议通过。《国家高速公路网规划》采用放射线与纵横网格相结合的布局方案，形成由中心城市向外辐射以及横贯东西、纵贯南北的大通道，由7条首都放射线、9条南北纵向线和18条东西横向线组成，简称为"7918网"，总规模约8.5万公里，其中：主线6.8万公里，地区环线、联络线等其他路线约1.7万公里。我国将用30年时间完成"7918"国家高速公路网的建设。

这个8.5万公里的高速公路网可覆盖10多亿人口，把我国人口超过20万的城市全部连接起来，加上地方的高速公路，届时我国高速公路总里程将达到12万公里左右，与其时的美国高速公路总里程相当。其主要构成有：

首都放射线7条：北京—上海、北京—台北、北京—港澳、北京—昆明、北京—拉萨、北京—乌鲁木齐、北京—哈尔滨。

南北纵向线9条：鹤岗—大连、沈阳—海口、长春—深圳、济南—广州、大庆—广州、二连浩特—广州、包头—茂名、兰州—海口、重庆—昆明。

东西横向线 18 条：绥芬河—满洲里、珲春—乌兰浩特、丹东—锡林浩特、荣成—乌海、青岛—银川、青岛—兰州、连云港—霍尔果斯、南京—洛阳、上海—西安、上海—成都、上海—重庆、杭州—瑞丽、上海—昆明、福州—银川、泉州—南宁、厦门—成都、汕头—昆明、广州—昆明。

此外，规划方案还包括：辽中环线、成渝环线、海南环线、珠三角环线、杭州湾环线共 5 条地区性环线，2 段并行线和 30 余段联络线。

第二节　道路的分级与技术标准

一、公路分级与技术标准

1. 公路分级

《公路工程技术标准》（JTG B01—2003）根据使用功能和适应的交通量，把公路分为高速公路、一级公路、二级公路、三级公路和四级公路五个等级。

（1）高速公路为具有特别重要的政治、经济意义，专供汽车分向、分车道行驶并应全部控制出入的多车道公路。根据其适应的交通量不同，可分为下述三种。

四车道高速公路应能适应将各种汽车折合成小客车的年平均日交通量 25000～55000 辆；

六车道高速公路应能适应将各种汽车折合成小客车的年平均日交通量 45000～80000 辆；

八车道高速公路应能适应将各种汽车折合成小客车的年平均日交通量 60000～100000 辆。

（2）一级公路是为供汽车分向、分车道行驶的多车道公路。根据我国国情，存在两种功能，当作为干线公路时，为保证运行速度、交通安全和服务水平，应根据需要采取控制出入措施；而作为集散公路时，纵横向干扰较大，为保证供汽车分道、分向行驶，可设慢车道，供非汽车交通行驶。根据其适应交通量不同可分为：

四车道一级公路应能适应将各种汽车折合成小客车的年平均日交通量 15000～30000 辆；

六车道一级公路应能适应将各种汽车折合成小客车的年平均日交通量 25000～55000 辆。

（3）二级公路为供汽车行驶的双车道公路。

双车道二级公路应能适应将各种汽车折合成小客车的年平均日交通量 5000～15000 辆。

为保证汽车的行驶速度和交通安全，在混合交通量大的路段，可设置慢车道供非汽车交通行驶。

（4）三级公路为主要供汽车行驶的双车道公路。

双车道三级公路应能适应将各种车辆折合成小客车的年平均日交通量 2000～6000 辆。

（5）四级公路为主要供汽车行驶的双车道或单车道公路。

双车道四级公路应能适应将各种车辆折合成小客车的年平均日交通量 2000 辆以下。

单车道四级公路应能适应将各种车辆折合成小客车的年平均日交通量 400 辆以下。

2. 公路工程技术标准

公路技术标准是根据道路预测交通量和设计行车速度对路线和各项工程结构设计的要求，把这些要求列成指标，并用标准规定下来。它是根据理论计算和公路设计、修建的经验，参考国外公路建设经验并结合我国国情而确定的。它反映了目前我国公路建设的技术方针，指导我国公路建设，因此，在设计公路时都应遵守。技术标准大体上可以归纳为"线形标准"、"载重标准"、"建筑界限标准"、"交通工程及沿线设施标准"。"线形标准"主要是用于确定公路线形几何尺寸的技术指标，我国采用的各级公路主要技术指标见表1-1-2。

3. 公路等级的选用

公路等级的选用应根据公路功能、路网规划、交通量，并充分考虑项目所在地区的综合运输体系、社会经济等因素，经论证后确定。

一条公路可分段选用不同的公路等级。同一公路等级可分段选用不同的设计速度。不同公路等级、不同设计速度的路段间的过渡应顺适，衔接应协调。拟建公路交通量介于一级公路与高速公路之间时，应从安全、远景发展等方面予以论证确定，拟建公路为干线公路时，宜选用高速公路，拟建公路为集散公路时，宜选用一级公路。干线公路宜选用二级及二级以上公路。干线公路采用二级公路标准时，应采取增大平面交叉间距，采用主路优先交通管理方式，采取渠化平面交叉等措施，以减少横向干扰，其平面交叉间距不应小于500m。集散公路采用二级公路标准时，非汽车交通量大的路段，可采取设置慢车道，采用主路优先或信号等交通管理方式，采取渠化平面交叉等措施，以减小纵、横向干扰，其平面交叉间距不应小于300m。支线公路或地方公路可选用三级公路、四级公路，允许各种车辆在车道内混合行驶。

另外，不同设计速度的设计路段间必须设置过渡段。对于需要分期修建的公路，必须遵照统筹规划、总体设计、分期实施的原则，使前期工程在后期能充分利用。高速公路整体式断面路段不得横向分幅分期修建。

二、城市道路分类与技术分级

城市道路是指城市内部的道路，是城市组织生产、安排生活、搞活经济、物质流通所必需的供车辆、行人交通往来的道路，是连接城市各个功能分区和对外交通的纽带。城市道路也为城市通风、采光以及保持城市生活环境提供所需要的空间，并为城市防火、绿化提供通道和场地。

按照道路在城市道路网中的地位、交通功能以及对沿线建筑物的服务功能，城市道路分为四类：

1. 快速路

快速路为城市中大量、长距离、快速交通服务。快速路对向行车道之间应设中间分车带，其进出口应采用全控制或部分控制。

快速路两侧不应设置吸引大量车流、人流的公共建筑物的进出口，两侧一般建筑物的进出口应加以控制。在进出口较多时，宜在两侧另建辅道。

2. 主干路

主干路为连接城市各主要分区的干路，以交通功能为主。自行车交通量大时，宜采用机动车与非机动车分隔形式，如三幅路或四幅路。

主干路两侧不应设置吸引大量车流、人流的公共建筑物的进出口。

表 1-1-2

各级公路的主要技术指标表

项目	高速公路								一级公路					二级公路		三级公路		四级公路	
设计速度(km/h)	120	120	120	100	100	100	80	80	100	100	80	80	60	80	60	40	30	20	20
车道数	8	6	4	8	6	4	6	4	6	4	6	4	4	2	2	2	2	2	1
车道宽度(m)	3.75	3.75	3.75	3.75	3.75	3.75	3.75	3.75	3.75	3.75	3.75	3.75	3.75	3.75	3.5	3.5	3.25	3.0	3.5
路基宽度(m) 一般值	45	34.5	28	44	33.5	26	32	24.5	33.5	26	32	24.5	23	12	10	8.5	7.5	6.5	4.5
路基宽度(m) 最小值	42	—	26	41	—	24.5	—	21.5	—	24.5	—	21.5	20	10	8.5	—	—	—	—
圆曲线最小半径(m) 一般值	1000	1000	1000	700	700	700	400	400	700	700	400	400	200	400	200	100	65	30	30
圆曲线最小半径(m) 极限值	650	650	650	400	400	400	250	250	400	400	250	250	125	250	125	60	30	15	15
不设超高最小半径(m) 路拱≤2.0%	5500	5500	5500	4000	4000	4000	2500	2500	4000	4000	2500	2500	1500	2500	1500	600	350	150	150
不设超高最小半径(m) 路拱>2.0%	7500	7500	7500	5250	5250	5250	3350	3350	5250	5250	3350	3350	1900	3350	1900	800	450	200	200
最大纵坡(%)	3	3	3	4	4	4	5	5	4	4	5	5	6	5	6	7	8	9	9
最小坡长(m)	300	300	300	250	250	250	200	200	250	250	200	200	150	200	150	120	100	60	60
小客车停车视距(m)	210	210	210	160	160	160	110	110	160	160	110	110	75	110	75	40	30	20	20
货车停车视距(m)	245	245	245	180	180	180	125	125	180	180	125	125	85	125	85	50	35	20	20
超车视距(m)	—	—	—	—	—	—	—	—	—	—	—	—	—	550	350	200	150	100	100
会车视距(m)	—	—	—	—	—	—	—	—	—	—	—	—	—	220	150	80	60	40	40
竖曲线最小半径(m) 凸形 一般值	17000	17000	17000	10000	10000	10000	4500	4500	10000	10000	4500	4500	2000	4500	2000	700	400	200	200
竖曲线最小半径(m) 凸形 极限值	11000	11000	11000	6500	6500	6500	3000	3000	6500	6500	3000	3000	1400	3000	1400	450	250	100	100
竖曲线最小半径(m) 凹形 一般值	6000	6000	6000	4500	4500	4500	3000	3000	4500	4500	3000	3000	1500	3000	1500	700	400	200	200
竖曲线最小半径(m) 凹形 极限值	4000	4000	4000	3000	3000	3000	2000	2000	3000	3000	2000	2000	1000	2000	1000	450	250	100	100
竖曲线最小长度(m)	100	100	100	85	85	85	70	70	85	85	70	70	50	70	50	35	25	20	20
路基设计洪水频率	1/100								1/100					1/50		1/25		按具体情况确定	

3. 次干路

次干路与主干路结合组成城市道路网，起集散交通作用，兼有服务功能。

4. 支路

支路为次干路与街坊路的连接线，解决局部地区交通，以服务功能为主。

除快速路外，各类道路按照所在城市的规模、设计交通量、地形等分为Ⅰ、Ⅱ、Ⅲ级。大城市应采用各类道路中的Ⅰ级标准；中等城市应采用Ⅱ级标准；小城市应采用Ⅲ级标准，见表1-1-3。

城市道路线形设计主要技术指标汇总表 表 1-1-3

项目	快速路		主干路			次干路			支路		
	Ⅰ	Ⅱ	Ⅰ	Ⅱ	Ⅲ	Ⅰ	Ⅱ	Ⅲ	Ⅰ	Ⅱ	Ⅲ
设计车速(km/h)	80	60	60	50	40	50	40	30	40	30	20
最小半径(m)	250	150	150	100	70	100	70	40	70	40	20
推荐半径(m)	400	300	300	200	150	200	150	85	150	85	40
不设超高半径(m)	1000	600	600	400	300	400	300	150	300	150	70
平曲线最小长度(m)	140	100	100	85	70	85	70	50	70	50	40
圆曲线最小长度(m)	70	50	50	40	35	40	25	20	25	20	20
回旋线最小长度(m)	70	50	50	45	35	45	35	25	35	25	20
不设回旋线圆曲线最小半径(m)	2000	1000	1000	700	500	700	500		500		
最大超高横坡度(%)	6	4	4			4			2		
停车视距(m)	110	70	70	60	40	60	40	30	40	30	20
最大纵坡(%)	6	7	7	8	9	8	9	9	9	9	9
合成坡度(%)	7	6.5	6.5	6.5	7	6.5	7	8	7	8	
纵坡限制长度(m)	400	300	300	250	200	250	200				
纵坡最小长度(m)	290	170	170	140	110	140	85	60	85	60	
凸形竖曲线最小半径(m)	3000	1200	1200	900	400	900	250	100	250	100	
凹形竖曲线最小半径(m)	1800	1000	1000	700	450	700	250	100	250	100	
竖曲线最小长度(m)	70	50	50	40	35	40	25	20	25	20	

城市道路交通量达到饱和状态时的设计年限，《城市道路设计规范》(CJJ 37—90)规定：快速路为20年；次干路为15年；支路为10～15年。

城市可按照其市区和近郊区(不包括所属县)的非农业人口总数划分为：

大城市，指人口50万以上的城市。

中等城市：指人口在20万～50万的城市。

小城市：指人口不足20万的城市。

第三节　道路勘测设计的阶段和任务

一、公路工程可行性研究

"可行性研究"是基本建设前期工作的一项重要内容，是建设程序的组成部分，是建设项目决策和编制设计任务书的科学依据。公路工程可行性研究的目的是对某项工程建设的必要性、技术可行性、经济合理性、实施可能性等方面进行综合研究，推荐最佳方案，进行投资估算并做出经济评价，为建设项目的决策和审批提供科学的依据。

公路工程可行性研究一般包括下列内容：

（1）概述（或总论）：论述建设任务依据和历史发展背景、研究范围与主要内容、研究的主要结论等。

（2）现有公路技术状况评价：论述区域运输网现状和存在的问题，拟建公路在区域运输网中的作用，现有公路技术状况及适应程度。

（3）经济与交通量发展预测：项目所在区域经济特征、经济发展与公路运量、交通量的关系，交通量的发展预测。

（4）建设规模与标准：论述项目建设规模和采用的等级及其主要技术指标。

（5）建设条件和方案比选：调查沿线自然条件和社会条件，进行方案比选，提出推荐方案走向及主要控制点和工程概况，对环境影响做出分析，并编制环境影响评价报告。

（6）投资估算与资金筹措：包括主要工程数量、公路建设与拆迁、单价拟定、投资估算及资金筹措等。

（7）公路工程建设实施计划：包括勘测设计和工程施工的计划与要求、工程管理人员和技术人员的培训等。

（8）经济评价：包括运输成本等经济参数的确定，建设项目的直接经济效益和费用的估算，进行经济评价敏感性分析，建设项目的间接经济效益分析，对于贷款项目还需要进行项目的财务评价。

根据上述研究结果，通过综合分析评价，提出技术先进、投资少、效益好的最优建设方案。

二、设计任务书

公路施工前的勘测设计工作是根据批准的设计任务书进行的。设计任务书由提出计划的主管部门下达或由下级单位编制后按规定上报审批。设计任务书包括以下基本内容：

（1）建设依据和意义；

（2）路线的建设规模和修建性质；

（3）路线基本走向和主要控制点；

（4）工程技术标准和主要技术指标；

（5）按几阶段设计，各阶段的完成时间；

（6）建设期限和投资估算，分期修建应提出每期的建设规模和投资估算；

（7）施工力量的原则安排；

（8）附路线示意图，工程数量，钢材、木材、水泥用量和投资估算（工程数量、三材、投资等只在上报任务书时列入，以供审批时参考）。设计任务书经批准后，如对建设规模、技术等级标准、路线基本走向等主要内容有变更时，应经原批准机关同意。

三、设计阶段

公路工程基本建设项目一般采用两阶段设计，即初步设计和施工图设计。对于技术简单、方案明确的小型建设项目，可采用一阶段设计，即一阶段施工图设计；技术上复杂而又缺乏经验的建设项目或建设项目中的个别路段、特殊大桥、互通立体交叉、隧道等，必要时采用三阶段设计，即初步设计、技术设计和施工图设计。

初步设计应根据批准的设计任务书（或测设合同）和初测资料编制。

一阶段施工图设计应根据批准的设计任务书（或测设合同）和定测资料编制。

三阶段设计时，技术设计根据批准的初步设计和补充测设资料编制；施工图设计应根据批准的技术设计和定测（或补充定测）资料编制。

四、城市道路网和红线规划

城市道路网是由城市范围内所有道路组成的一个体系。城市各组成部分是通过城市道路网联系起来的使之成为一个有机的整体。城市道路网是编制城市规划时拟定的，它从总体考虑，对每条道路都提出明确的目的与任务。因此，兴建或改建一条城市道路，首先须了解该路在城市道路网中的地位、意义以及与相邻道路的关系，然后才能做出技术经济合理的设计。

1. 城市道路网的结构形式和特点

城市道路网的结构形式（轮廓或几何图形）随城市规模、城市中交通吸引点的分布以及自然条件的不同而不同。现在的城市道路网可归纳为四种基本类型：方格网式、环形放射式、自由式和混合式。具体规划时，应根据当时、当地的具体条件，结合规划的基本要求，把上述基本类型视为一种单元体，灵活地、符合实际地进行组合运用。

（1）方格网式：呈方格棋盘形状，是最常见的一种形式，即每隔一定的距离设置接近平行的干道，在干道之间再布置次要道路，将用地分为大小合适的街坊。其优点是街坊形状最简单，便于建筑布置，所有交叉口都由两条道路相交而成，不会造成市中心交通压力过重，但对角线方向交通不便，为了便利方格网对角线方向交通，可加设对角线方向的干道，形成方格对角线式道路网，由于对角线干道形成三角形街坊与复杂的交叉口，对建筑布置与交通组织不利，因此采用方格网对角线道路网形式的城市不多，我国长春、沈阳等有类似的布置。我国建于平坦地区的古城，如北京、西安、太原、郑州、石家庄、开封等均属于方格网式。一些沿江（河）、沿海的工业城市，由于顺应地形的特点，道路网形成了不规则的棋盘式道路，如洛阳、福州等城市。

（2）环形放射式：一般由旧城中心区逐渐向外发展，由旧城中心向四周引出放射干道的放射式道路网演变而来。由于放射式道路网有利于市中心对外联系，加上了环道便克服了各分区之间联系不便的缺点，形成环形放射式道路网。一般认为这种形式对于大城市和特大城市在组织交通上比较适宜。比如：我国的成都，国外的莫斯科、巴黎、伦敦、柏林、东京等。

（3）自由式：以结合地形为主，路线弯曲无一定几何图形。我国许多山区城市，地形起伏大，道路选线时为减小纵坡，常沿山麓或河岸布线，形成自由式道路网，如重庆、青岛、南宁、九江等城市，优点是能充分结合自然地形，节省道路工程造价；缺点是非直线系数大（非直线系数为道路始终点间的实际交通距离与始终点间的空中距离之比），不规则街坊多，建筑用地较分散。

（4）混合式：为上述三种形式的组合，如规划合理，能发扬上述各式的优点，又避免了它们的缺点，是一种扬长避短较合理的形式。目前我国大多数大城市，如北京、上海、南京、西安等，均保留原有旧城的方格网式，为减少市中心的交通压力又加设了环路及放射路，形成方格网、环形和放射形相结合的混合式道路网系统。

2. 城市道路红线规划

道路红线指城市道路用地分界控制线，红线之间宽度即道路用地范围，亦可称道路的总宽度或规划路幅。规划道路红线也就是规划道路的边线。因为城市道路外面的用地要进行建设，一经建成就难以改建，因此规划红线是很重要的，通常是由城市规划部门依据城市总体规划确定的道路网形式和各条道路的功能、性质、走向和位置等因素确定的。

红线设计内容

（1）确定道路红线宽度：根据道路的功能与性质，考虑适当的横断面形式确定出机动车道、非机动车道、人行道、绿带等各组成部分的合理宽度，从而确定道路的总宽度，即红线宽度。红线宽度规划太窄不能满足日益发展的城市交通和其他各方面的要求，给以后改建带来困难；太宽，近期沿线建筑要从现在路边后退很多，会给近期建设带来困难。所以，确定红线宽度时应充分考虑"近远结合，以近为主"的原则。

（2）确定道路红线位置：在城市总平面图基本方案的基础上，对于新建区道路，选择规划路中心的位置，并按拟定道路横断面宽度画出道路红线；对于旧区改建道路，如计划近期一次拓宽至规划宽度者，规划红线根据少拆迁原则以一侧拓宽为宜；属于长期控制，逐步形成的道路，定位时，可以按照现状中线不动，使两侧建筑平均后退。

（3）确定交叉口形式：根据各交叉口的类型及具体条件和近、远期结合的要求，定出交叉口用地范围、具体位置和尺寸，定出路缘石半径以及安全视距等，并以红线方式绘于平面图上。

（4）确定控制点的半径和标高：规划道路中线的转折点和各条道路的相交点，就是控制点。控制点平面位置可直接实地测量，标高则由竖向规划确定；也可以依据可靠的地形图计算其坐标和标高。

第四节 道路勘测设计的依据

一、设计车辆

1. 设计车辆

道路上行驶的车辆主要是汽车。对于混合交通的道路还有一部分非机动车。汽车的物理特性及行驶于路上各种大小车辆的组成对于道路几何设计有决定意义，因此选择有代表性的车辆作为设计的依据（即设计车辆）是必要的。

《公路路线设计规范》JTG D20—2006 根据我国行驶车辆的具体情况、汽车发展远景规划和经济发展水平，出于经济和实用的考虑，将设计车辆的外廓尺寸按现有车型尺寸进行统计后，以满足85%以上车型的外廓尺寸作为设计标准。并按国家标准《汽车外廓尺寸限界》（GB 1589—89）对汽车外廓尺寸作的规定，结合公路运输主力车型的外廓尺寸出现频率和结构特征，把"设计车辆"分为三类，即小客车、载重汽车和鞍式列车，其外廓尺寸是用于确定公路几何设计、道路交叉几何设计和路基宽度的主要依据。设计车辆外廓尺寸见表1-1-4。

设计车辆外廓尺寸 表1-1-4

车辆类型	总长(m)	总宽(m)	总高(m)	前悬(m)	轴距(m)	后悬(m)
小客车	6	1.8	2	0.8	3.8	1.4
载重汽车	12	2.5	4	1.5	6.5	4
鞍式列车	16	2.5	4	1.2	4+8.8	2

2. 车辆折算系数

根据我国今后的交通发展趋势，同时也为与国际接轨的需要，将涵盖小客车与小型货车的"小客车"定为各级公路设计交通量换算的标准车型。其折算系数见表1-1-5。

各汽车代表车型与车辆折算系数 表 1-1-5

汽车代表车型	车辆折算系数	说　　明
小客车	1.0	≤19座的客车和载重质量≤2t的货车
中型车	1.5	>19座的客车和载重质量>2t且≤7t的货车
大型车	2.0	载重质量>7t且≤14t的货车
拖挂车	3.0	载重质量>14t的货车

另外，畜力车、人力车、自行车等非机动车，在设计交通量换算中按路侧干扰因素计；一、二级公路上行驶的拖拉机按路侧干扰因素计；三、四级公路上行驶的拖拉机每辆折算为4辆小客车；公路通行能力分析所要求的车辆折算系数应针对路段、交叉口等形式，按不同的地形条件和交通需求，采用相应的折算系数。

二、设计速度

1. 设计速度的定义

设计速度是公路设计时确定几何线形的基本要素。它是在气候条件良好、车辆行驶只受公路本身的条件影响时，具有中等驾驶技术的人员能安全、顺适驾驶车辆的速度。因此它与运行速度有密切关系。根据国内外观测研究，当设计速度高时，运行速度低于设计速度；而当设计速度低时，运行速度高于设计速度。

设计车速是公路设计时确定其几何线形的最关键参数，我国规定的各级公路设计速度见表1-1-2。

2. 设计速度的选用

(1) 各级公路设计速度应根据公路的功能、等级、交通量，并结合沿线地形、地质等状况，经论证确定。

(2) 高速公路应根据交通量、地形等情况选用高的设计速度。

位于地形、地质等自然条件复杂的山区及交通量较小的高速公路，经论证设计速度可以采用60km/h。

(3) 一级公路作为干线公路，且纵、横向干扰小时，设计速度宜采用100km/h或80km/h。

(4) 二级公路作为干线公路时，设计速度宜采用80km/h。

二级公路作为集散公路时，混合交通量较大、平面交叉间距较小的路段，设计速度宜采用60km/h。

二级公路位于地形、地质等自然条件复杂的山区，经论证该路段的设计速度可采用40km/h。

(5) 三级公路作为支线公路时，设计速度宜采用40km/h；地形、地质等自然条件复杂的路段，设计速度可采用30km/h。

(6) 地形、地质等自然条件复杂的山区，或交通量很小的路段，可采用设计速度为20km/h的四级公路。

另外，在速度不同的连接处，或因条件制约线形设计受限制的地段，宜采用运行速度进行检验，以改善平纵技术指标或采用必要的交通安全技术管理措施。

三、交通量

交通量是指单位时间内通过道路某断面的交通流量（即单位时间通过道路某断面的车辆数目）。其具体数值由交通调查和交通预测确定。由于交通量具有随时间变化的特性，对不同的计量时间有不同的表达方式，通常取某一时间段内的平均值作为该时间段的代表交通量，比如年平均日交通量是用全年总交通量除以 365 而得；月平均日交通量是用某个月的交通量除以当月的天数而得。

1. 设计交通量

设计交通量是指预测年度达到的年平均日交通量（pcu/d）。它在确定道路等级，论证道路的计划费用或各项结构设计等有重要作用，但直接用于几何设计却不适宜。因为在一年中的每月、每日、每一小时交通量都会变化，在某些季节、某些时段可能会高出年平均日交通量数倍，不宜作为具体设计的依据。

设计交通量依道路使用任务及性质，根据历年交通观测资料预测求得。高速公路和具有干线功能的一级公路的设计交通量应按 20 年预测，具有集散功能的一级公路，以及二级公路、三级公路的设计交通量应按 15 年预测，四级公路可根据实际情况确定。设计交通量的起算年为该项目可行性研究报告中的计划通车年，设计交通量的预测应充分考虑走廊带范围内远期社会、经济的发展规划和综合运输体系的影响。目前一般按年平均增长率累计计算确定，公式如（1-1-1）。

$$N_d = N_0 (1+\gamma)^{n-1} \tag{1-1-1}$$

式中　N_d——设计年平均日交通量（pcu/d）；

N_0——起始年平均日交通量（pcu/d），包括现有交通量和道路建成后从其他道路吸引过来的交通量；

γ——年平均增长率（%）；

n——远景设计年限。

除此之外四阶段法、趋势外推法等方法也得到了广泛应用。

2. 设计小时交通量

设计小时交通量（辆/小时）是以小时为计算时段的交通量，是确定车道数和车道宽度或评价服务水平时的依据。大量的道路交通量变化图式表明，在一天以及全年时间，每小时交通量的变化是相当大的。如果用一年中最大的高峰小时交通量作为设计依据，那肯定是浪费，但如果采用日平均小时交通量则不能满足实际需要，造成交通拥挤，甚至阻塞。因此，为了设计交通量的取值既保证交通安全畅通，又使工程造价经济、合理，选择合理的设计小时交通量，对公路线形设计是十分重要的。

目前，国内外多采用第 30 位小时交通量作为设计小时交通量，将一年中 8760 个小时交通量按大小排列并分别除以年平均日交通量的百分率作为纵坐标，以全年各小时为横坐标绘出交通频率曲线，如图 1-1-1 所示。从图发现在第 30 位小时交通量附近，左边曲线急剧变化，向右曲线明显变缓，根据上述曲线规律，设计小时交通量的合理取值，显然应选在第 30～50 位小时的范围以内。如以第 30 小时交通量作为设计依据，意味着在一年中有 29 个小时超过设计值，将发生拥挤，占全年小时数的 0.37%，也就是说能顺利通过的保证率达 99.67%。因此新的《公路路线设计规范》规定：公路设计小时交通量宜采用第 30 位小时交通量，也可根据当地公路小时交通量的变化特征，采用第 20～40 位小时之间最为经济和合理时位的交通量。

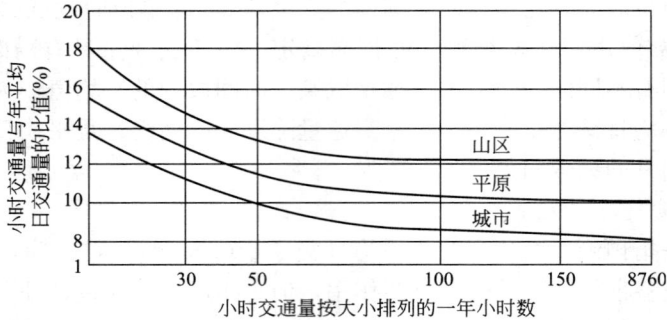

图 1-1-1 年平均日交通量与小时交通量关系曲线

设计小时交通量按下式计算：

$$DDHV = AADT \times D \times K \tag{1-1-2}$$

式中 $DDHV$——单向设计小时交通量（pcu/d）；

$AADT$——预测年的年平均日交通量（pcu/d）；

D——方向不均匀系数（%），宜取 50%～60%，亦可根据当地交通量观测资料确定；

K——设计小时交通量系数（%）：为选定时位的小时交通量与年平均日交通量的比值。

设计小时交通量系数有如下规定：

(1) 新建公路的设计小时交通量系数，可参照公路功能、交通量、地区气候、地形等条件相似的公路观测数据确定。当缺乏观测资料时，可以按下式计算：

高速公路：

$$K = [-4.1056\ln(AADT) + 49.9271] \times (1+A) + \Delta \tag{1-1-3}$$

一级公路：

$$K = [-2.4283\ln(AADT) + 31.7670] \times (1+A) + \Delta \tag{1-1-4}$$

二级公路、三级公路：

$$K = [-1.5648\ln(AADT) + 23.1640] \times (1+A) + \Delta \tag{1-1-5}$$

以上式中 K——设计小时交通量系数（%）；

$AADT$——年平均日交通量（pcu/d）；

Δ——公路所在位置的修正系数；城市近郊取 0，公路取 4.0；

A——地区气象修正系数，$-10\% \leqslant A \leqslant 10\%$；一年中气候变化显著则选大值，平稳则选小值，其中：华北地区平均值为 -9.23%，东北地区平均值为 8.31%，西北地区平均值为 7.18%，华东、中南、西南地区可不修正。

(2) 缺乏观测数据地区，设计小时交通量系数也可参照表 1-1-6 取值。

各地区的设计小时交通量系数表（%）　　　　表 1-1-6

地区		华北	东北	华东	中南	西南	西北
		京、津、冀、晋、蒙	辽、吉、黑	沪、苏、浙、皖、闽、赣、鲁	豫、湘、鄂、粤、桂、琼	川、渝、滇、黔、藏	陕、甘、青、宁、新
城市近郊	高速公路	8.0	9.5	8.5	8.5	9.0	9.5
	一级公路	9.5	11.0	10.0	10.0	10.5	11.0
	二、三级公路	11.5	13.5	12.0	12.5	13.0	13.5
公路	高速公路	12.0	13.5	12.5	12.5	13.0	13.5
	一级公路	13.5	15.0	14.0	14.0	14.5	15.0
	二、三级公路	15.5	17.5	16.0	16.5	17.0	17.5

四、公路通行能力与服务水平

1. 公路通行能力

公路通行能力是指公路设施在正常的公路条件、交通条件和驾驶行为等情况下，在一定的时段内（通常为 1 小时）可能通过设施的最大车辆数。将这些条件用服务水平标准来衡量时，就得到各级服务水平下的服务交通量。公路通行能力反映了公路设施所能疏导交通流的能力，作为公路规划、设计和运营管理的重要参数。通行能力根据使用性质和要求，通常定义为以下三种形式：

（1）基本通行能力

基本通行能力是指在"理想条件"下，公路设施在四级服务水平时所能通行的最大小时交通量，即理论上所能通行的最大小时交通量。

（2）设计通行能力

设计通行能力是设计某一公路设施时，根据对交通运行质量的要求，即在一定服务水平要求下，公路设施所能通行的最大小时交通量。因此设计通行能力与选取的服务水平级别有关。

（3）实际通行能力

实际通行能力是设计或评价某一具体路段时，根据该设施具体的公路几何构造、交通条件以及交通管理水平，对不同服务水平下的服务交通量（如基本通行能力或设计通行能力）按实际公路条件、交通条件等进行相应修正后的小时交通量。

2. 公路服务水平

《公路路线设计规范》（JTG D20—2006）规定，服务水平是用路者在不同的交通流状况下，所得到的速度、舒适性、经济性等方面的服务程度，亦即公路在某种交通条件下为驾驶员和乘客所能提供的运行服务质量。服务水平通常由速度、交通密度、行驶自由度、交通中断情况、舒适性和便利程度来描述和衡量。

服务水平划分为四级，高速公路、一级路以车流密度为主要指标；二、三级公路以延误率和平均运行速度作为主要指标；交叉口则用车辆延误来描述其服务水平。各级服务水平的含义是：

一级服务水平：驾驶员能自由和较自由地选择行车速度并以设计速度行驶，行驶车辆不受或基本不受交通流中其他车辆的影响，交通流处于自由流状态，超车需求远小于超车

15

能力，被动延误少，为驾驶者和乘客提供的舒适便利程度高。

二级水平：随交通量的增大，速度逐渐减小，行驶车辆受到别的车辆或行人的干扰较大，驾驶员选择行车速度的自由度受到一定限制，交通流状态处于稳定流的中间范围，有拥挤感。到二级下限时，车辆间的相互干扰较大，开始出现车队，被动延误增加，为驾驶者提供的舒适便利程度下降，超车需求等于超车能力。

三级水平：当交通需求超过二级服务水平对应的服务交通量后，驾驶者选择车辆行驶速度的自由度受到很大限制，行驶车辆受其他车辆的干扰很大，交通流处于稳定流的下半部分，并已接近不稳定流范围，流量稍有增长就会出现交通拥挤，服务水平显著下降。到三级下限时行车延误的车辆达到80%，所受的限制已达到驾驶者所允许的最低限度，超车需求超过了超车能力，但可通行的交通量尚未达到最大值。

四级水平：交通需求继续增大，行驶车辆受其他车辆的干扰更加严重，交通流处于不稳定流状态，靠近下限时每小时可通行的交通量达到最大值，驾驶者已无自由选择速度的余地，交通流变成强制状态。所有车辆都以相对均匀一致的速度行驶。一旦上游交通需求和来车强度稍有增加，或交通流出现小的扰动，车流就会出现走走停停的状态，此时能通过的交通量很不稳定，其变化范围从通行能力到零，时常发生交通阻塞。

《公路路线设计规范》(JTG D20—2006)中规定了各级公路的基本通行能力和设计通行能力，见表1-1-7和表1-1-8。

高速公路与一级公路的通行能力（二级服务水平）　　　　　　　　　　表1-1-7

设计速度(km/h)	120	100	80	60
高速公路基本通行能力 pcu/(h·ln)	2200	2100	2000	—
高速公路设计通行能力 pcu/(h·ln)	1600	1400	1200	—
一级公路基本通行能力 pcu/(h·ln)	—	2000	1800	1600
具干线功能的一级公路设计通行能力 pcu/(h·ln)	—	1300	1100	900
具集散功能的一级公路设计通行能力 pcu/(h·ln)	—	850~1000	700~900	550~700

二级公路、三级公路路段的通行能力　　　　　　　　　　表1-1-8

公路等级	设计速度 (km/h)	基本通行能力(pcu/h)	不准超车区比例(%)	V/C	设计通行能力(pcu/h)
二级公路	80	2500	<30	0.64	550~1600
	60	1400	30~70	0.48	
	40	1300	>70	0.42	
三级公路	40	1300	<30	0.54	400~700
	30	1200	>70	0.35	

复习思考题

1. 我国《公路工程技术标准》(JTG B01—2003)把公路分为几个等级？其适应的交通量各是多少？
2. 什么是设计交通量？什么是设计小时交通量？它们的作用各是什么？
3. 说明公路通行能力与服务水平的内在关系。

第二章 平 面 设 计

第一节　道路平面线形概述

道路是一条三维空间的实体。它是由路基、路面、桥梁、涵洞、隧道和沿线设施所组成的线形构造物。一般所说的路线，是指道路中线的空间位置。路线在水平面上的投影称作路线的平面。公路平面设计的主要内容是根据规划确定的路线大致走向，在满足车辆行驶的技术要求前提下，结合当地地形、地质水文条件以及现状地物，因地制宜确定其具体方向；选择合适的平曲线半径，解决转折点处的曲线衔接；保证必需的行车视距，使路线既要符合技术要求，又经济合理。

当一条公路的起、终点确定后，选择路线的方向应尽可能使两点间的距离最短，以缩短路程。两点间的最短距离应是一条直线，但实际上设置路线时，往往受到地形、不良地质地段和现状地物等障碍的影响而须转折绕道通过；或因在起、终点间必须通过的大桥桥位、城镇以及出于工程经济等的考虑而必须转折时，则相邻直线间要用圆曲线连接。当圆曲线半径较小时，为了行车的顺适，直线与圆曲线间还应插入一段回旋线。因此，直线、圆曲线、回旋线是平面线形的主要组成要素，称为平面线形三要素，如图 1-2-1 所示。

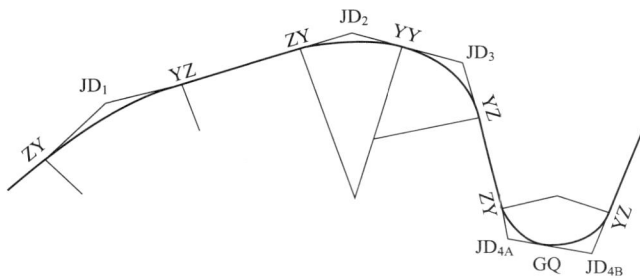

图 1-2-1　路线组成要素

第二节　直　　线

一、直线的特点

作为平面线形要素之一的直线，在公路和城市道路中使用最为广泛。因为两点之间以直线为最短，一般在定线时，只要地势平坦，无大的地物障碍，定线人员都首先考虑使用直线通过，加之笔直的道路给人以短捷、直达的良好印象，在美学上直线也有其自身的特点。汽车在直线上行驶受力简单，方向明确，驾驶操作简易。从测设上来看，直线只需定出两点，就可方便地测定方向和距离。基于直线的这些优点，在各种线形工程中直线都被广泛使用。

但是，过长的直线并不好，直线线形大多难于与地形相协调，若长度运用不当，不仅破坏了线形的连续性，也不便达到线形设计自身的协调。过长的直线易使驾驶人感到单调、疲倦，难以目测车间距离，于是产生尽快驶出直线的急躁情绪，一再加速以致超过规定车速许多，这样很容易导致交通事故的发生。所以在运用直线线形并决定其长度时必须持谨慎态度，不宜采用过长的直线。

二、直线的运用

（1）直线的运用应注意同地形、环境的协调配合，采用直线线形时，其长度不宜过长；

（2）农田、河渠规整的平坦地区、城镇近郊规划等以直线条为主体时，宜采用直线线形；

（3）特长、长隧道或结构特殊的桥梁等构造物所处的路段，以及路线交叉点前后的路段宜采用直线线形；

（4）双车道公路为超车所提供的路段宜采用直线线形。

《公路路线设计规范》（JTG D20—2006)规定：直线的长度不宜过长。受地形条件或其他特殊情况限制而采用长直线时，应结合沿线具体情况采取相应的技术措施。为此应注意下述问题：

1）在直线上纵坡不宜过大，因长直线再加下陡坡更易导致高速度。

2）长直线与大半径凹竖曲线组合为宜，这样可以使生硬呆板的直线得到一些缓和。

3）道路两侧过于空旷时，宜采取种植不同树种或设置一定建筑物、雕塑、广告牌等措施，以改善单调的景观。

4）长直线或长下坡的尽头的平曲线，除曲线半径、超高、视距等必须符合规定外，还必须采取设置标志、增加路面抗滑能力等安全措施。

"长直线"的量化是一个需要研究的课题。有些国家在长直线的运用上有条件地加以限制。像意大利和日本这样的多山之国，高速公路平面线形以曲线为主，如德国和日本规定直线的最大长度不宜超过设计速度的 20 倍，即 72s 行程；西班牙规定不宜超过 80% 设计速度的 90s 行程；法国认为长直线宜采用半径 5000m 以上的圆曲线代替；美国规定线形应尽可能直捷，而应与地形一致；俄罗斯对直线的运用未作规定，且部分类似于高速公路的快速干道则不封闭，但都采用宽中央分隔带改善路容，设置低路堤、缓边坡以增加高速行车的安全度。

《公路路线设计规范》（JTG D20—2006)指出：我国各省对长直线的运用存在不同看法，也确有直线长度远远超过 20V 的事例，但直线本身并无优劣之说，关键在于如何结合地形恰当地运用。因此对直线的最大长度未作明确规定，仅规定"直线的长度不宜过长"。

三、直线的最小长度

互相通视的同向圆曲线间若插以短直线，容易产生把直线和两端的曲线看成为反向曲线的错觉，当直线过短时甚至把两个曲线看成是一个曲线，这种线形破坏了线形的连续性，且容易造成驾驶操作的失误，设计中应尽量避免。由于这种线形组合所产生的缺陷是来自司机的错觉，所以若将两曲线拉开，也就是限制中间直线的最短长度，使对向曲线在司机的视觉以外则可以避免上述缺点。大量的观测资料证明，行车速度愈高，司机愈是注视远处的目标，这个距离在数值上大约是行车速度 V(以 km/h 计)的 6 倍(以 m 计)。转向相反的两圆曲线之间，考虑到为设置超高和加宽缓和段的需要以及驾驶人员转向操作的需要，如无回旋线时，宜设置一定长度的直线。所以《公路路线设计规范》(JTG D20—2006)规定：两圆曲线间以直线径向连接时，直线的长度不宜过短。当设计速度大于等于60km/h 时，同向圆曲线间最小直线长度(以 m 计)以不小于设计速度(以 km/h 计)的 6 倍为宜；反向圆曲线间的最小直线长度(以 m 计)以不小于设计速度(以 km/h 计)的 2 倍为宜。设计速度小于或等于 40km/h 时，可参照上述规定执行。

第三节 圆 曲 线

一、圆曲线的几何元素

各级公路和城市道路不论转角大小均应设置平曲线，而圆曲线是平曲线中的主要组成部分。路线平面线形中常用的单曲线、复曲线、双交点或多交点曲线、虚交点曲线、回头曲线等中一般均包含了圆曲线。圆曲线具有易与地形相适应、可循性好、线形美观、易于测设等优点，使用十分普遍。

四级公路可以不设回旋线，其他各级公路当曲线半径大于或等于"不设回旋线的半径"时也可不设回旋线，所以此类弯道的平曲线中只有圆曲线，圆曲线元素图如图 1-2-2 所示，其几何元素为：

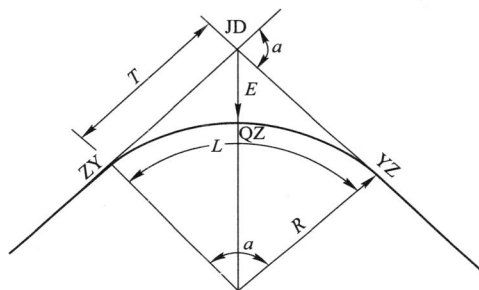

图 1-2-2 圆曲线元素图

$$T = R\tan\frac{\alpha}{2}$$

$$L = \frac{\pi}{180}\alpha R$$

$$E = R\left(\sec\frac{\alpha}{2} - 1\right)$$

$$J = 2T - L$$

$$(1-2-1)$$

式中　T——切线长(m)；

　　　L——曲线长(m)；

　　　E——外距(m)；

　　　J——校正值或称超距(m)；

　　　R——圆曲线半径(m)；

　　　α——转角(°)。

曲线主点里程桩号计算：

计算基点为交点里程桩号，记为 JD，则

$$ZY = JD - T$$

$$YZ = ZY + L$$

$$QZ=ZY+L/2$$
$$JD=QZ+J/2$$

二、圆曲线半径

行驶在曲线上的汽车由于受离心力作用其稳定性受到影响，而离心力的大小又与曲线半径密切相关，半径愈小愈不利，所以在选择平曲线半径时应尽可能采用较大的值，只有在地形或其他条件受到限制时才可使用较小的曲线半径。为了行车的安全与舒适，《标准》规定了圆曲线半径在不同情况下的最小值。

1. 公式与因素

为保证汽车在圆曲线上的行驶稳定性，可采用下式计算圆曲线半径：

$$R=\frac{V^2}{127(\mu\pm i_1)} \tag{1-2-2}$$

当设超高时：
$$R=\frac{V^2}{127(\mu+i_h)} \tag{1-2-3}$$

式中　V——设计速度（km/h）；

　　　μ——横向力系数；

　　　i_h——超高横坡度；

　　　i_1——路面横坡度。

在指定车速 V 下，R_{min} 取决于容许的最大横向力系数 μ_{max} 和该曲线的最大超高 $i_{h(max)}$。对这些因素讨论如下。

（1）横向力系数 μ

横向力的存在对行车产生种种不利影响，μ 越大越不利，表现在以下几方面：

1）危及行车安全

汽车能在弯道上行驶的基本前提是轮胎不在路面上滑移，这就要求横向力系数 μ 低于轮胎与路面之间所能提供的横向摩阻系数 f：

$$\mu\leqslant f$$

f 与车速、路面种类及状态、轮胎状态等有关，一般在干燥路面上约为 0.4～0.8，在潮湿的黑色路面上汽车高速行驶时，降低到 0.25～0.40。路面结冰和积雪时，降到 0.2 以下，在光滑的冰面上可降到 0.06（不加防滑链）。

2）增加驾驶操纵的困难

弯道上行驶的汽车，在横向力作用下，弹性的轮胎会产生横向变形，使轮胎的中间平面与轮迹前进方向形成一个横向偏移角，其存在增加了汽车在方向操纵上的困难，特别是车速较高时。如果横向偏移角超过了 5°，一般司机就不易保持驾驶方向上的稳定。

3）增加燃料消耗和轮胎磨损

μ 的存在使车辆的燃油消耗和轮胎磨损增加。

4）行旅不舒适

μ 值过大，汽车不仅不能连续稳定行驶，有时还需要减速。在曲线半径小的弯道上司机要尽量大回转，否则容易离开行车道发生事故，当 μ 超过一定数值时，司机就要注意采用增加汽车稳定性的措施，这一切都增加了驾驶者在弯道行驶中的紧张，对于乘客来说，μ 值的增大，同样感到不舒适，据《公路路线设计规范》，乘客随 μ 的变化其心理反应如下：

当 $\mu<0.1$ 时，转弯不感到有曲线的存在，很平稳；当 $\mu=0.15$ 时，转弯感到曲线的存在，但尚平稳；当 $\mu=0.2$ 时，已感觉到曲线的存在，并感到不平稳；当 $\mu=0.35$ 时，感到有曲线的存在，并感到不稳定；当 $\mu>0.40$ 时，转弯非常不稳定，有倾覆的危险。

综上所述，μ 值的采用关系到行车的安全、经济与舒适。为计算最小平曲线半径，应考虑各种因素采用一个舒适的 μ 值。研究指出：μ 的舒适界限，由 0.10～0.16 随行车速度而变化，设计中对高、低速路可取不同的数值。

（2）最大超高

在车速较高的情况下为了平衡离心力要用较大的超高，但道路上行驶车辆的速度并不一致，特别是在混合交通的道路上，不仅要照顾快车，也要考虑到慢车的安全。对于慢车以及因故暂停在弯道上的车辆，其离心力接近于 0 或等于 0。如超高率过大，超出轮胎与路面间的横向摩阻系数，车辆有沿着路面最大合成坡度下滑的危险，因此必须：

$$i_{h(max)} \leqslant f_w \tag{1-2-4}$$

式中　f_w——一年中气候恶劣季节路面的横向摩阻系数。

我国《公路工程技术标准》和《公路路线设计规范》指出，超高的横坡度应根据设计速度、圆曲线半径、路面类型、自然条件和车辆组成等情况确定，必要时应按运行速度予以验算。对公路最大超高的规定见表 1-2-1。

各级公路圆曲线最大超高值　　　　　　　　　　　　　　　　　表 1-2-1

公路等级	高速公路、一级公路	二级公路、三级公路、四级公路
一般地区（%）	8 或 10	8
积雪冰冻地区	6	

注：高速公路、一级公路正常情况下采用 8%；交通组成中小客车比例高时可采用 10%。

各级公路圆曲线部分的最小超高值应与该公路直线部分的正常路拱坡度值一致。二级公路、三级公路、四级公路接近城镇且混合交通量较大的路段，车速受到限制时，其最大超高值的规定见表 1-2-2。

车速受到限制时最大超高值　　　　　　　　　　　　　　　　　表 1-2-2

设计速度（km/h）	80	60	40、30、20
超高值	6	4	2

2. 最小半径的计算

（1）极限最小半径

极限最小半径是各级公路按设计速度行驶的车辆能保证安全行车的最小允许半径。根据最大横向力系数 u_{max} 和最大超高值 i_{max}，即可计算得出极限最小半径。《标准》（2003）规定的公路圆曲线半径极限值是在超高最大值为 8% 时经计算调整的取值。

极限最小半径是路线设计中的极限值，是在特殊困难的条件下不得已才使用的，一般不轻易采用。

（2）一般最小半径

一般最小半径是指各级公路按设计速度行驶的车辆能保证安全、舒适行车而建议采用的最小允许半径。

圆曲线的一般最小半径，一方面要考虑汽车在这种半径的曲线上以设计速度或以接近设计进度行驶时，旅客有充分的舒适感，另一方面也要注意到在地形比较复杂的情况下不会过多地增加工程量。为此，《标准》和《规范》参考国内外使用的经验，采用横向力系数为 0.05～0.06，经计算并取整，得出"一般最小半径"。

（3）不设超高的最小半径

路面上不设超高，对于行驶在曲线外侧车道上的车辆来说是"反超高"，其 i_h 值应为负，大小与路拱坡度相同。从舒适和安全的角度考虑，μ 也应取尽可能小的值，以使乘客行驶在曲线上的感觉与在直线上大致相同的感觉。我国《标准》制定的"不设超高的最小半径"是取 $\mu=0.035$，$i_{hmax}=-0.015$ 按式（1-2-2）计算取整得来的。

现将我国《公路工程技术标准》和《城规》中所规定的圆曲线最小半径列于表 1-2-3 和表 1-2-4。

公路圆曲线半径　　　　　　　　　　　　　表 1-2-3

设计速度（km/h）		120	100	80	60	40	30	20
一般值（m）		1000	700	400	200	100	65	30
极限值（m）		650	400	250	125	60	30	15
不设超高最小半径（m）	路拱≤2.0%	5500	4000	2500	1500	600	350	150
	路拱>2.0%	7500	5250	3350	1900	800	450	200

城市道路圆曲线半径　　　　　　　　　　　　表 1-2-4

类别	快速路		主干路			次干路			支路		
级别			Ⅰ	Ⅱ	Ⅲ	Ⅰ	Ⅱ	Ⅲ	Ⅰ	Ⅱ	Ⅲ
设计速度（km/h）	80	60	60	50	40	50	40	30	40	30	20
最小半径（m）	250	150	150	100	70	100	70	40	70	40	20
推荐半径（m）	400	300	300	200	150	200	150	85	150	85	40
不设超高最小半径（m）	1000	600	600	400	300	400	300	150	300	150	70
不设回旋线最小圆曲线半径（m）	2000	1000	1000	700	500	700	500	—	500	—	—

3. 圆曲线最大半径

如前所述，选用圆曲线半径时，在与地形等条件相适应的前提下应尽量采用大半径，但半径大到一定程度时，其几何性质和行车条件与直线无太大区别，容易给驾驶人员造成判断上的错误反而带来不良后果，同时也无谓增加计算和测量上的麻烦。所以《规范》规定圆曲线的最大半径不宜超过 10000m。

第四节　回　旋　线

回旋线是道路平面线形要素之一，它是设置在直线与圆曲线之间或半径相差较大的两个转向相同的圆曲线之间的一种曲率连续变化的曲线。《标准》规定，除四级路可不设回旋线外，其余各级公路都应设置回旋线。在现代高速公路上，有时回旋线所占的比例超过了直线和圆曲线，成为平面线形的主要组成部分，在城市道路上，回旋线也被广泛地使用。下面就回旋线的性质、参数、长度、设计方法等加以叙述。

一、回旋线的作用

1. 曲率连续变化，便于车辆行驶

汽车在转弯行驶的过程中，存在一条曲率连续变化的轨迹线，无论车速高低这条轨迹线都是客观存在的，它的形式和长度则随行驶速度、曲率半径和司机转动方向盘的快慢而定，在低速行驶时，司机尚可利用路面的富余宽度在一定程度上把汽车保持在车道范围之内，回旋线似乎没有必要，但在高速行驶或曲率急变时，汽车则有可能超越自己的车道驶出一条很长的过渡性的轨迹线。从安全的角度出发，有必要设置一条驾驶者易于遵循的路线，使车辆在进入或离开圆曲线时不致侵入邻近的车道。

2. 离心加速度逐渐变化，旅客感觉舒适

汽车行驶在曲线上产生离心力，离心力的大小与圆曲线的曲率成正比。汽车由直线驶入圆曲线或由圆曲线驶入直线，由于曲率的突变会使乘客有不舒适的感觉。所以应在不同的两曲线之间设置一条过渡性的曲线以缓和离心力的变化。

3. 超高横坡度逐渐变化，行车更加平稳

行车道从直线上的双坡断面过渡到圆曲线上的单坡断面和由直线上的正常宽度过渡到圆曲线上的加宽宽度，一般情况下是在回旋线长度内完成的，为避免车辆在这一过渡行驶中急剧地左右摇摆，并保证路容的美观，设置一定长度的回旋线也是必要的。

4. 与圆曲线配合得当，增加线形美观

圆曲线与直线径相连接，在连接处曲率突变，在视觉上有不平顺的感觉。设置回旋线以后，线形连续圆滑，增加线形的美观。同时从外观上看也感到安全，收到显著效果。

二、回旋线的几何要素

1. 各要素的计算公式

（1）回旋线长度

回旋线是曲率半径随曲线长度的增大而成反比地均匀减小的曲线，回旋线要素如图 1-2-3 所示，即在回旋线上任一点的曲率半径 r 与曲线的长度 l 成反比，以公式表示为：

$$r \cdot l = A^2 \qquad (1\text{-}2\text{-}5)$$

式中　A 为回旋参数。

（2）切线角

如图 1-2-3 所示，设回旋线上任一点 P 的切线与起点 ZH 或 HZ 切线的交角的为 β，该角值与 P 点至起点曲线长 l 所对的中心角相等。在 P 处取一微分弧段 dl，所对的中心角为 $d\beta$，于是有

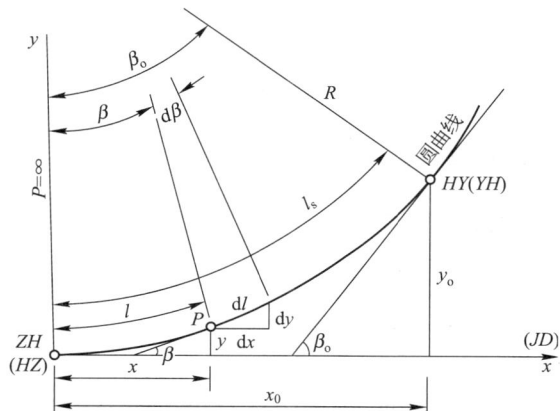

图 1-2-3　回旋线元素图

$$d\beta = \frac{dl}{r} = \frac{l\,dl}{A^2}$$

积分得：

$$\beta = \frac{l^2}{2A^2} = \frac{l^2}{2Rl_s} \qquad (1\text{-}2\text{-}6)$$

当 $l = l_s$，β 以 β_0 表示，式(1-2-6)可写成：

$$\beta_0 = \frac{l_s}{2R} \qquad (1\text{-}2\text{-}7)$$

以角度表示则为：

$$\beta_0 = \frac{l_s}{2R} \cdot \frac{180°}{\pi} \qquad (1\text{-}2\text{-}8)$$

β_0 即为缓和曲线全长 l_s 所对的中心角即切线角，亦称缓和曲线角。

（3）回旋线的参数方程

如图 1-2-3 所示，设缓和曲线起点为原点，过该点的切线为 x 轴，半径为 y 轴，任取一点 P 的坐标为 (x, y)，则微分弧段 dl 在坐标轴上的投影为：

$$\left. \begin{aligned} dx &= dl \cdot \cos\beta \\ dy &= dl \cdot \sin\beta \end{aligned} \right\} \qquad (1\text{-}2\text{-}9)$$

将式(1-2-9)中 $\cos\beta$、$\sin\beta$ 按级数展开，并将式(1-2-7)代入，积分，略去高次项得：

$$\left. \begin{aligned} x &= l - \frac{l^5}{40R^2 l_s^2} \\ y &= \frac{l^3}{6Rl_s} \end{aligned} \right\} \qquad (1\text{-}2\text{-}10)$$

式(1-2-10)称为回旋线的参数方程。

当 $l = l_s$ 时，得到回旋线终点坐标为：

$$x_0 = l_s - \frac{l_s^3}{40R^2}$$

$$y_0 = \frac{l_s^2}{6R} \qquad (1\text{-}2\text{-}11)$$

$ZH(HZ)$点至 P 点的弦长：
$$\left. \begin{aligned} a &= \frac{y}{\sin\delta} \\ \delta &= \arctan\frac{y}{x} \approx \frac{\beta}{3} \quad (\text{rad}) \end{aligned} \right\} \qquad (1\text{-}2\text{-}12)$$

弦偏角：

式中　δ——$ZH(HZ)$点到 P 点的弦长与 x 轴的夹角。

2. 有回旋线的道路平曲线几何元素

（1）内移值与切线增值

如图 1-2-4 所示，在直线与圆曲线之间插入回旋线时，必须将原有的圆曲线向内移动距离 p，才能使回旋线的起点位于直线方向上，这时切线增长 q。公路上一般采用圆心不动的平行移动方法，即未设缓和曲线时的圆曲线为$\overset{\frown}{FG}$，其半径为$(R+p)$；插入两段缓和曲线$\overset{\frown}{AC}$和$\overset{\frown}{BD}$后，圆曲线向内移，其保留部分为$\overset{\frown}{CMD}$，半径为R，所对的圆心角为$(\alpha-2\beta_0)$。由图可知：

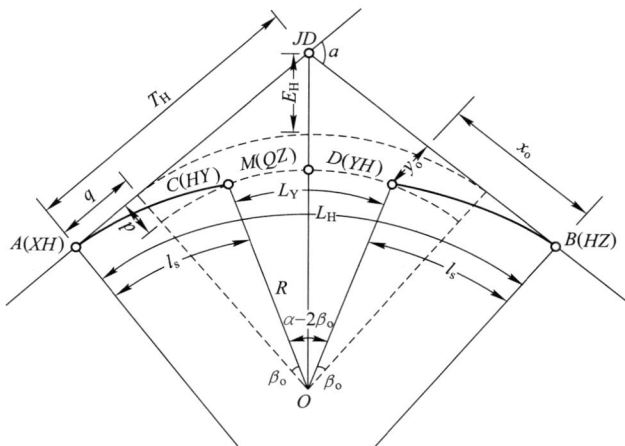

图 1-2-4　基本型平曲线

$$\left.\begin{array}{l}p=y_0-R(1-\cos\beta_0)\\q=x_0-R\sin\beta_0\end{array}\right\} \tag{1-2-13}$$

将式(1-2-13)中$\cos\beta_0$、$\sin\beta_0$展开为级数，略去高次项，并按式(1-2-7)和式(1-2-11)将β_0、x_0和y_0代入，可得：

$$\left.\begin{array}{l}p=\dfrac{Ls^2}{24R}-\dfrac{Ls^4}{2688R^3}\\q=\dfrac{l_s}{2}-\dfrac{l_s^3}{240R^2}\end{array}\right\} \tag{1-2-14}$$

（2）曲线测设元素

当测得转角α，圆曲线半径R和缓和曲线长l_s确定后，即可按式(1-2-7)及式(1-2-14)计算切线角β_0、内移值p和切线增值q。在此基础上计算曲线测设元素。曲线测设元素可按下列公式计算：

$$\left.\begin{array}{l}\text{切线长：}T_H=(R+p)\tan\dfrac{\alpha}{2}+q\\[2mm]\text{曲线长：}L_H=R(\alpha-2\beta_0)\dfrac{\pi}{180°}+2l_s\\[2mm]\text{或者：}L_H=R\alpha\dfrac{\pi}{180°}+l_s\\[2mm]\text{其中圆曲线长：}L_Y=R(\alpha-2\beta_0)\dfrac{\pi}{180°}\\[2mm]\text{外距：}E_H=(R+p)\sec\dfrac{\alpha}{2}-R\\[2mm]\text{切曲差：}D_H=2T_H-L_H\end{array}\right\} \tag{1-2-15}$$

（3）主点测设

根据交点的里程和曲线测设元素，计算主点里程：

$$\left.\begin{array}{l}\text{直缓点：} ZH=JD-T_{\mathrm{H}} \\[4pt] \text{缓圆点：} HY=ZH+l_{\mathrm{s}} \\[4pt] \text{圆缓点：} YH=HY+L_{\mathrm{Y}} \\[4pt] \text{缓直点：} HZ=YH+l_{\mathrm{s}} \\[4pt] \text{曲中点：} QZ=HZ-\dfrac{L_{\mathrm{H}}}{2} \\[10pt] \text{交点：} JD=QZ+\dfrac{D_{\mathrm{H}}}{2}\text{（校核）} \end{array}\right\} \qquad (1\text{-}2\text{-}16)$$

3. 回旋线的相似性

回旋线的曲率是连续变化的，而且其曲率的变化与曲线长度的变化呈线性关系。为此，可以认为回旋线的形状只有一种，只需改变参数 A 就能得到不同大小的回旋曲线，A 相当于回旋线的放大系数，回旋线的这种相似性对于简化其几何要素的计算和编制曲线表很有用处。

$A=1$ 时的回旋曲线叫单位回旋曲线。根据相似性，可由单位回旋曲线要素计算任意回旋曲线的要素。在各要素中，又分长度要素（如切线长、曲线长、内移值、直角坐标等）和非长度要素（如回旋线角、弦偏角等）两类，它们的计算方法为：

回旋线长度要素＝单位回旋线长度要素×A

回旋线非长度要素＝单位回旋线非长度要素

三、回旋线的长度及参数

1. 回旋线的最小长度

由于车辆要在回旋线上完成不同曲率的过渡行驶，所以要求回旋线有足够的长度，以使司机能从容地转动方向盘，乘客感觉舒适，线形美观流畅，圆曲线上的超高和加宽的过渡也能在回旋线内完成。所以，应规定回旋线的最小长度。可从以下几方面考虑：

（1）旅客感觉舒适

汽车行驶在回旋线上，其离心加速度将随着回旋线曲率的变化而变化，若变化过快，将会使旅客有不舒适的感觉。

离心加速度的变化率：

$$a_{\mathrm{s}}=\frac{a}{t}=\frac{v^2}{Rt} \qquad (1\text{-}2\text{-}17)$$

式中　v——汽车行驶速度（m/s）；

　　　R——圆曲线半径（m）；

　　　a——离心加速度（m/s²）；

　　　t——汽车在回旋线上的行驶时间（s）。

在等速行驶的情况下：

$$t=\frac{Ls}{v} \qquad (1\text{-}2\text{-}18)$$

$$a_{\mathrm{s}}=\frac{v^3}{RLs}=0.0214\,\frac{V^3}{RLs} \qquad (1\text{-}2\text{-}19)$$

式中　V——汽车行驶速度（km/h）。

按上式所表示的关系，可以推出回旋线最小长度公式：

$$L_{s_{min}} = 0.0214 \frac{V^3}{a_s R} \qquad (1\text{-}2\text{-}20)$$

设计中可根据实际情况选不同的 a_s，则可得出在一定车速和一定圆曲线半径下的最短回旋线长度，我们称 a_s 为"回旋线"，采用值各国不一。回旋线的设置铁路比公路早。铁路上采用 $a_s \leqslant 0.3$（单位为 m/s³，约为 1ft/s³），公路上参考这一规定建议 $a_s \leqslant 0.6$。于是回旋线的最小长度：

$$L_{s_{min}} = 0.036 \frac{V^3}{R} \qquad (1\text{-}2\text{-}21)$$

设计中可根据实际情况选用不同的值。高速路要小一些，低速路大一些；平原区要小些，山岭区大些；直通路要小些，交叉口大些。

（2）超高渐变率适中

由于回旋线上设有超高缓和段，如果缓和段太短，则会因路面急剧地由双坡变为单坡而形成一种扭曲的面，对行车和路容均不利。

在超高过渡段上，路面外侧逐渐抬高，从而形成一个"附加坡度"，当圆曲线上的超高值一定时，这个附加坡度就取决于缓和段长度。附加坡度，或称超高渐变率，太大和太小都不好，太大对行车不利，太小对排水不利。《规范》规定了适中的超高渐变率，由此可导出计算缓和段最小长度的公式：

$$L_{s_{min}} = \frac{B\Delta_i}{p} \qquad (1\text{-}2\text{-}22)$$

式中　B——旋转轴至行车道（设路缘带时为路缘带）外侧边缘的宽度；

　　　Δ_i——超高坡度与路拱坡度代数差（%）；

　　　p——超高渐变率，即旋转轴线与行车道外侧边缘线之间的相对坡度。

（3）行驶时间不过短

回旋线不管其参数如何，都不可使车辆在回旋线上的行驶时间过短而使司机驾驶操纵过于匆忙。一般认为汽车在回旋线上的行驶时间至少应有 3s，于是

$$L_{s_{min}} = \frac{V}{1.2} \qquad (1\text{-}2\text{-}23)$$

《标准》规定直线与小于表 1-2-3 所列的不设超高的圆曲线最小半径相衔接处，应设置回旋线。回旋参数及其长度应根据线形设计以及对安全、视觉、景观等的要求，选用较大的数值。《规范》制定了各级公路回旋线最小长度，如表 1-2-5。《城规》制定了城市道路的最小回旋线长度，如表 1-2-6。

公路回旋线最小长度　　　　　　　　　　　　　　　　　　　　表 1-2-5

设计速度（km/h）	120	100	80	60	40	30	20
回旋线最小长度（m）	100	85	70	50	35	25	20

注：四级公路为超高、加宽过渡段长度。

回旋线长度应随圆曲线半径的增大而增长。圆曲线按规定需设置超高时，回旋线长度应大于超高过渡段长度。表 1-2-5 规定的最小长度基本满足以双车道中线为旋转轴设置超高过渡段的长度，但对以行车道边缘线为旋转轴，或者行车道数较多或较宽的公路，则可

能超高所需过渡段长度应更长一些，因此应视计算结果而采用其中较长的一个。

城市道路回旋线最小长度　　　　　　　表 1-2-6

类别	快速路		主干路			次干路			支路		
级别			Ⅰ	Ⅱ	Ⅲ	Ⅰ	Ⅱ	Ⅲ	Ⅰ	Ⅱ	Ⅲ
设计速度（km/h）	80	60	60	50	40	50	40	30	40	30	20
回旋线最小长度（m）	70	50	50	45	35	45	35	25	35	25	20

2. 回旋曲线参数的确定

上面讨论的回旋线长度，是在条件受限时的最小长度。在一般情况下，特别是当圆曲线半径较大或车速较高时，应该使用更长的回旋线。回旋线的基本公式是以参数形式表达的（$R \cdot L_s = A^2$），对其参数的最小允许值应做出规定。

若按离心加速度的变化率来确定回旋线的最小参数，由式(1-2-16)可得：

$$a_s = \frac{v^3}{RL_s} = 0.0214 \frac{V^3}{RL_s} = 0.0214 \frac{V^3}{A^2}$$

$$A = \sqrt{0.0214 \frac{V^3}{a_s}} = \sqrt{\frac{0.0214}{a_s}} \sqrt{V^3} \tag{1-2-24}$$

限定离心加速度的变化率 a_s，则可按上式求出最小参数 A_{min}。

若按车辆在回旋线上的行驶时间不过短、超高变化率适中等条件，同样可以得出回旋线的最小参数。

具体到一个弯道的 A 值应该根据线形顺适与美观的要求，按圆曲线半径 R 的大小来考查司机的视觉，当回旋曲线很短，其回旋线切线角 β 在 3°左右时，曲线极不明显，在视觉上容易被忽略。但回旋线过长 β 大于 29°时，圆曲线与回旋线不能很好协调。因此，从适宜的回旋线角 $\beta = 3° \sim 29°$ 这一区间可以推导出合适的 A 值。

因为

$$\beta_0 = 28.6479 \frac{L_s}{R}$$

所以

$$L_s = \frac{R\beta_0}{28.6479}$$

$$A = \sqrt{RL_s} = R\sqrt{\frac{\beta_0}{28.6479}} \tag{1-2-25}$$

在回旋线终点，$\beta = \beta_0$、将 $\beta = 3°$ 和 $\beta = 29°$ 分别代入上式，则大致有下面的关系：

$$\frac{R}{3} \leqslant A \leqslant R \tag{1-2-26}$$

不过上述关系只适用 R 在某种范围之间，《规范》规定：考虑视觉的条件，回旋参数和所连接的圆曲线应保持一定的关系，当 R 小于 100m 时，A 宜大于或等于 R；当 R 接近于 100m 时，A 宜等于 R；当 R 较大或接近于 3000m 时，A 宜等于 $R/3$；当 R 大于 3000m 时，A 宜小于 $R/3$。

3. 回旋线的省略

在直线和圆曲线间设置回旋线后，圆曲线产生了内移，其位移值 p 为：

$$p = \frac{L_s^2}{24R}$$

由上式可知，在 L_s 一定的情况下，p 与圆曲线半径成反比，当 R 大到一定程度时，p 值将会很小。这时回旋线设置与否，线形上已经没有多大差异。即使直线与圆曲线径相连接，汽车也能完成回旋线的行驶。

一般认为当 $p=0.10\sim0.20$ 时，即可忽略回旋线。如按 3s 行程计算回旋线长度时，若取 $p=0.20$，则不设回旋线的临界半径为：

$$R_h=\frac{L_s^2}{24p}=\frac{1}{24}\times\frac{1}{0.20}\left(\frac{V}{1.2}\right)^2=0.144V^2$$

按 $p=0.10$ 计算时：

$$R_h=\frac{L_s^2}{24p}=\frac{1}{24}\times\frac{1}{0.10}\left(\frac{V}{1.2}\right)^2=0.289V^2$$

通过计算可知，设回旋线的临界半径比不设超高的最小半径小。考虑到回旋线还有完成超高和加宽的作用，《标准》规定，以不设超高的最小半径作为设置回旋线的临界半径。即在下列情况下可不设回旋线：

（1）在直线和圆曲线间，当圆曲线半径大于或等于《标准》规定的"不设超高的最小半径"时；

（2）半径不同的同向圆曲线间，当小圆半径大于或等于"不设超高的最小半径"时；

（3）小圆半径大于表 1-2-7 中所列半径，且符合下列条件之一时：

① 小圆按最小回旋线长度设回旋线时，大圆与小圆的内移值之差小于 0.10m 时；

② 设计速度大于或等于 80km/h，大圆半径（R_1）与小圆半径（R_2）之比小于 1.5 时；

③ 设计速度小于 80km/h，大圆半径（R_1）与小圆半径（R_2）之比小于 2。

复曲线中小圆临界圆曲线半径　　表 1-2-7

设计速度(km/h)	120	100	80	60	40	30
临界圆曲线半径(m)	2100	1500	900	500	250	130

第五节　平面线形设计

一、平面线形设计一般规定

1. 平面线形应直捷、连续、均衡，并与地形相适应，与周围环境相协调。

2. 各级公路不论转角大小均应敷设曲线，并宜选用较大的圆曲线半径。转角过小时，应调整平面线形。当不得已而设置小于 7° 的转角时，则必须按规定设置足够长的曲线。一般认为，$\alpha\leqslant7°$ 应属小转角弯道。对于小转角弯道应设置较长的平曲线，其长度应大于表 1-2-8 中规定的值。

公路转角等于或小于 7°时的平曲线长度　　表 1-2-8

设计速度(km/h)	120	100	80	60	40	30	20
平曲线长度(m)	1400/△	1200/△	1000/△	700/△	500/△	350/△	280/△

注：表中 △ 为路线转角值(°)，当 △<2°时，按 △=2°计算。

3. 两同向圆曲线间应设有足够长度的直线，否则应调整线形设置为单曲线或复曲线。

4. 两反向圆曲线间不应设置短直线段，否则应调整线形设置为 S 形曲线。

5. 六车道及以上的高速公路，同向或反向圆曲线间插入的直线长度，还应符合路基外侧边缘超高过渡渐变率的要求。

6. 设计速度等于或小于 40km/h 的双车道公路，两相邻反向圆曲线无超高时可径相衔接，无超高有加宽时应设置长度不小于 10m 的加宽过渡段；两相邻反向圆曲线设有超高时，地形条件困难路段的直线长度不得小于 15。

7. 设计速度等于或小于 40km/h 的双车道公路，应避免连续急弯的线形。地形条件特殊困难不得已而设置时，应在曲线间插入规定的直线长度或回旋线。

二、平面线形要素的组合类型

1. 基本型

按直线-回旋线-圆曲线-回旋线-直线的顺序组合，如图 1-2-5 所示。

基本型中的回旋线参数、圆曲线最小长度都应符合有关规定。两回旋线参数可以相等，也可以根据地形条件设计成不相等的非对称型曲线。从线形的协调性来看，宜将回旋线、圆曲线、回旋线之长度比设计成 1∶1∶1，但 $A_1∶A_2$ 不应大于 2.0。

2. S 形

两个反向圆曲线径相衔接或插入的直线长度不足时，可用回旋线将两反向圆曲线连接组合为 S 形曲线，如图 1-2-6 所示。

S 形相邻两个回旋线参数 A_1 与 A_2 宜相等。当采用不同的参数时，A_1 与 A_2 之比应小于 2.0，有条件时以小于 1.5 为宜。当 $A_2 \leqslant 200$ 时，A_1 与 A_2 之比应小于 1.5。两圆曲线半径之比不宜过大，以 $R_1/R_2 \leqslant 2$ 为宜（R_1 为大圆曲线半径；R_2 为小圆曲线半径）。

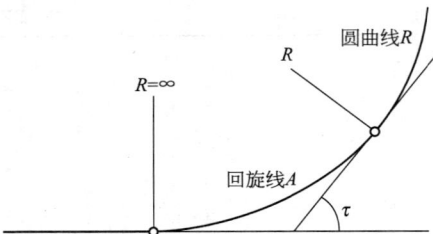

图 1-2-5　基本型

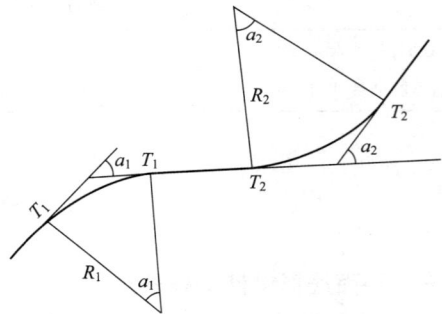

图 1-2-6　S 形曲线

3. 卵形

两同向圆曲线径相衔接或插入的直线长度不足时，可用回旋线将两同向圆曲线连接组合为卵形曲线，如图 1-2-7 所示。

（1）卵形曲线上的回旋线参数 A 不应小于该级公路关于回旋线最小参数的规定，同时宜在下列界限之内：

$$\frac{R_2}{2} \leqslant A \leqslant R_2$$

式中　A——回旋线参数；

R_2——小圆半径(m)。

（2）两圆曲线半径之比宜在下列界限之内：

$$0.2 \leqslant \frac{R_2}{R_1} \leqslant 0.8$$

式中 R_1——大圆半径(m)。

（3）两圆曲线的间距，宜在下列界限之内：

$$0.003 \leqslant \frac{D}{R_2} \leqslant 0.03$$

式中 D——两圆曲线最小间距(m)。

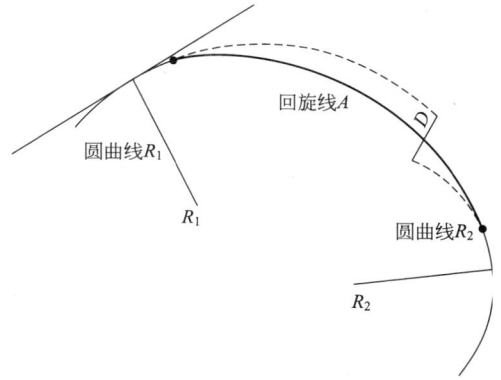

图 1-2-7　卵形曲线

4. 凸形

在两个同向回旋线间不插入圆曲线而在曲率相同处径相衔接而组合为凸形曲线，如图 1-2-8 所示。

凸形曲线的回旋线参数及其对接点的曲率半径，应分别符合容许最小回旋线参数和圆曲线最小半径的规定。对接点附近的 $0.3v$（以 m 计；其中 v 为设计速度，按 km/h 计）长度范围内，应保持以对接点的曲率半径确定的路拱横坡度。

凸形曲线尽管在各衔接处的曲率是连续的，但因中间圆曲线的长度为 0，对驾驶操纵亦造成一些不利因素，所以只有在路线严格受地形限制，且对接点的曲率半径相当大时方可采用。

5. 复合型

受地形条件限制，大半径圆曲线与小半径圆曲线相衔接处，可采用两个或两个以上同向回旋线在曲率相同处径相连接而组合为复合曲线，如图 1-2-9 所示。

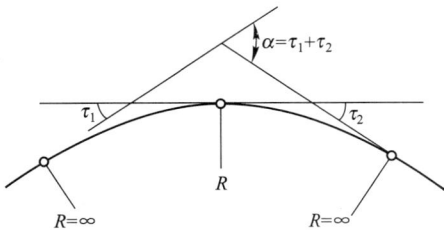

图 1-2-8　凸形曲线

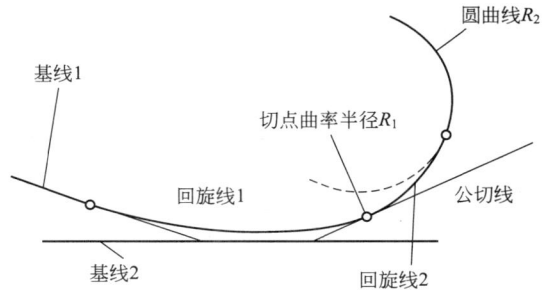

图 1-2-9　复合曲线

复合型的两个回旋线参数之比以小于 1.5 为宜。

复台型回旋线在受地形条件限制或互通式立体交叉的匝道设计中可采用。

6. C 形

受地形条件或其他条件限制，可将两同向圆曲线的回旋线曲率为零处径相衔接而组合成 C 形曲线，如图 1-2-10 所示。

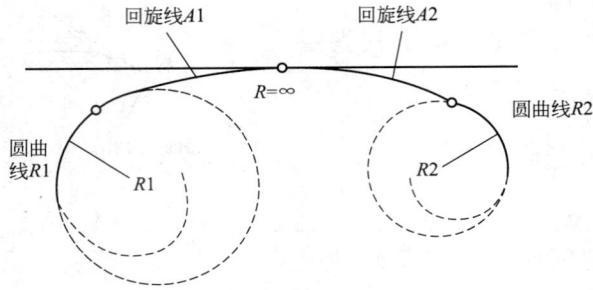

图 1-2-10 C形曲线

其连接处的曲率为 0，也就是 $R=\infty$，相当于两基本型的同向曲线中间直线长度为 0，对行车和线形都带来一些不利影响，所以 C 形曲线仅限于地形条件特殊困难，路线严格受限制时方可采用。

第六节 行 车 视 距

为了保证行车安全，驾驶员应能随时看到路面前方一定距离的障碍物或迎面来车，以便及时刹车或绕过。汽车在这段时间内沿公路路面行驶的必要安全距离，称为行车视距。各级公路在平面和纵面上，都应保证必要的行车视距。行车视距按行车状态不同分为停车视距、会车视距和超车视距。

一、停车视距

汽车在公路上行驶，当驾驶员发现路面前方有障碍物，经判断后，采取制动措施，使汽车在障碍物前停止，这一必须保证的最短安全距离，称为停车视距。

停车视距由三部分距离之和组成，如图 1-2-11 所示。停车视距下式计算：

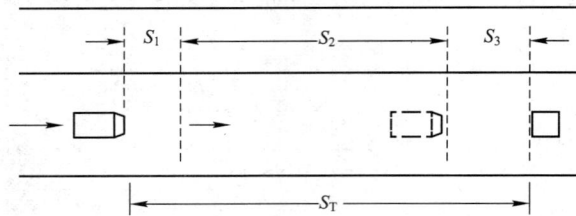

图 1-2-11 停车视距

$$S_T = S_1 + S_2 + S_3 \qquad (1-2-27)$$

式中　S_1——驾驶员反应与判断时间内行驶的距离；

　　　S_2——从开始制动到完全停止时汽车行驶的距离；

　　　S_3——安全距离，一般为 5～10m。

通常表示为：

$$S_T = \frac{v}{3.6}t + \frac{v^2}{254 f_1} \qquad (1-2-28)$$

式中　t——驾驶员反应时间，取 2.5s(判断时间 1.5s、运行时间 1.0s)；

32

v——计算行车速度，km/h；

f_1——纵向摩阻系数，依车速及路面状况而定。根据上述公式《标准》、《规范》中规定的停车视距见表 1-2-9。

停 车 视 距 表　　　　　　　　　　表 1-2-9

设计速度(km/h)	120	100	80	60	40	30	20
停车视距(m)	210	160	110	75	40	30	20

二、会车视距

在同一车道上两对向行驶的汽车相遇，从相互发现时起至同时采取制动措施使两车安全停止所需的最短距离称为会车视距。会车视距通常是停车视距的 2 倍。

三、超车视距

在一般双车道公路上行驶着各种不同速度的车辆，当快速车追上慢速车以后，需要占用供对向汽车行驶的车道进行超车。为了超车时的安全，司机必须能看到前面足够长度的车流空隙，以便在相邻车道上没有出现对向驶来的汽车之前完成超车而不阻碍被超汽车的行驶。这种快车超越前面慢车后再回到原来车道所需要的最短距离称为超车视距，见图 1-2-12。

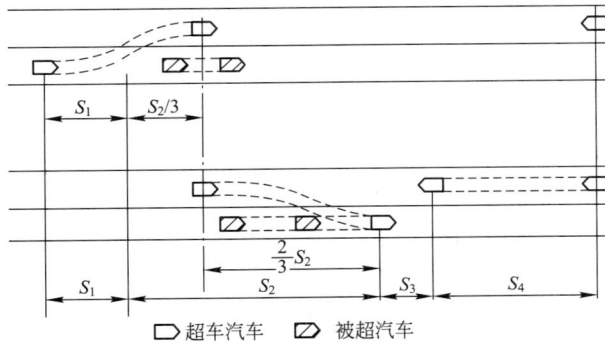

□ 超车汽车　　▨ 被超汽车

图 1-2-12　超车视距示意图

超车视距的全程可分为四个阶段：

（1）加速行驶距离 S_1

当超车汽车经判断认为有超车的可能，于是加速行驶移向对向车道，在进入该车道之前所行驶距离 S_1 为：

$$S_1 = \frac{V_0}{3.6} t_1 + \frac{1}{2} a t_1^2 \qquad (1\text{-}2\text{-}29)$$

式中　V_0——被超汽车的速度(km/h)；

　　　t_1——加速时间(s)；

　　　a——平均加速度(m/s²)。

（2）超车汽车在对向车道上行驶的距离 S_2

$$S_2 = \frac{V}{3.6} t_2 \qquad (1\text{-}2\text{-}30)$$

式中　V——超车汽车的速度(km/h)；

t_2——在对向车道上的行驶时间(s)。

（3）超车完成时，超车汽车与对向汽车之间的安全距离 S_3

这个距离视超车汽车和对向汽车的行驶速度不同采用不同的数值，一般取：

$$S_3 = 15 \sim 100 \text{m}$$

（4）超车汽车从开始加速到超车完了时对向汽车的行驶距离 S_4

$$S_4 = \frac{V}{3.6}(t_1 + t_2) \tag{1-2-31}$$

以上四个距离之和是比较理想的全超车过程，即超车视距为：

$$S_{超} = S_1 + S_2 + S_3 + S_4$$

但按上式计算的距离较长，在地形比较复杂的地点感到艰难实现。实际上在计算 S_4 所需的时间时只考虑超车汽车从完全进入对向车道到超车完成所行驶的时间就可保证安全了。因为，尾随在慢车后面的快车司机往往在未看到前面的安全区段就开始了超车作业，如果进入对向车道之后发现迎面有汽车开来而超车距离不足时还来得及返回自己的车道。因此，对向汽车行驶时间大致为 t_2 的 2/3 就足够了，即：

$$S_4' = \frac{2}{3} \cdot S_2 = \frac{2}{3} \cdot \frac{V}{3.6} t_2 \tag{1-2-32}$$

于是，最小必要超车视距为：

$$S = S_1 + S_2 + S_3 + S_4' \tag{1-2-33}$$

在地形困难或其他原因不得已时，可采用

$$S_{超} = \frac{2}{3} S_2 + S_3 + S_4' \tag{1-2-34}$$

《标准》和《规范》中规定的超车视距见表 1-2-10。

超 车 视 距

表 1-2-10

设计速度(km/h)		80	60	40	30	20
超车视距(m)	一般值	550	350	200	150	100
	最小值	350	250	150	100	70

注："一般值"为正常情况下的采用值；"最小值"为条件受限制时可采用的值。

四、各级公路对视距的要求

在一条公路的车流中，经常会出现停车、会车和超车，特别是我国以混合交通为主的双车道公路上更是如此。在各种视距中，以超车视距为最长，如果所有暗弯和凸形变坡处都能保证超车视距的要求于安全当然最好，但事实上是很难做到的，也是不经济的，故对于不同的公路按其实际需要作了不同的规定。

《规范》规定：

1. 高速公路、一级公路的视距采用停车视距。

2. 二、三、四级公路的视距应满足会车视距的要求，其长度应不小于停车视距的两倍。受地形条件或其他特殊困难限制而采取分道行驶措施的地段，可采用停车视距。

3. 具干线功能的二级公路宜在 3min 的行驶时间内，提供一次满足超车视距要求的超车路段。其他双车道公路可根据情况间隔设置具有超车视距的路段。

4. 高速公路、一级路以及大型车比例高的二级路、三级路的下坡路段，应采用下坡段货车停车视距对相关路段进行检验。下坡段货车停车视距规定见表 1-2-11。

下坡段货车停车视距（m）　　　　　　表 1-2-11

设计速度（km/h）		120	100	80	60	40	30	20
纵坡坡度	0	245	180	125	85	50	35	20
	3	265	190	130	89	50	35	20
	4	273	195	132	91	50	35	20
	5	—	200	136	93	50	35	20
	6	—	—	139	95	50	35	20
	7	—	—	—	97	50	35	20
	8	—	—	—	—	—	35	20
	9	—	—	—	—	—	—	20

5. 平曲线内侧设置的人工构造物，或平曲线内侧挖方边坡妨碍视线，或中间带设置防眩设施时，应对视距予以检查与验算。不符合规定要求时，可加宽路肩或中间带，或将构造物后移，或设置交通安全设施。

第七节　路线平面设计成果

完成路线平面设计以后应即时清绘各种图纸和表格。其中，主要的图纸有：路线平面设计图、道路平面布置图、路线交叉设计图、纸上移线图等。主要的表格有：直线、曲线及转角表；逐桩坐标表、路线固定表、总里程及断链桩号表等。各种图纸和表格的样式在交通部所颁布的"设计文件图表示例"中有介绍，这里仅就主要的表格"直线、曲线及转角表"、"逐桩坐标表"和主要的图纸"路线平面设计图"予以说明。

一、直线、曲线及转角表

该表全面地反映了路线的平面位置和路线平面线形的各项指标，它是道路设计的主要成果之一。只有在完成"直线、曲线及转角表"以后，才能据此计算"逐桩坐标表"和绘制"路线平面设计图"，同时在作路线的纵断面设计、横断面设计和其他构造物设计时都要使用本表的数据。该表的格式参见表 1-2-12。该表对公路和城市道路都适用，其中"交点坐标"一栏视道路等级和测设情况取舍。

二、逐桩坐标表

高等级公路的线形指标高，表面在平面上是圆曲线半径较大，回旋线较长，左测设和放样时采用坐标法方能保证其测量精度。所以计算一份"逐桩坐标表"是十分必要的。

1. 坐标系统的采用

根据测区内原坐标系统，一般可作下列几种选择：

（1）采用统一的高斯正投影 3°带平面直角坐标系统；

表 1-2-12
第 1 页　共 1 页

×××公路××××段

直线、曲线及转角表

交点编号	交点桩号	交点坐标		偏角	曲线要素值(m)						曲线位置					直线长度及方位角			测量断链			备注
		X	Y		半径	缓和曲线长度	切线长度	曲线长度	外距	校正值	第一缓和曲线起点	第一缓和曲线终点或圆曲线起点	曲线中点	第二缓和曲线终点或圆曲线终点	第二缓和曲线起点	直线长度(m)	交点间距(m)	计算方位角或计算方向角	断链桩号	增长(m)	减短(m)	
1	2	3	4	5	6	7	8	9	10	11	12	13	14	15	16	17	18	19	20	21	22	23
起点	K125+000.00	5232600	22457900													0	0	321°14'54"				
1	K125+487.26	5232980	22457595	左28°52'06"	300	75	114.9	226.15	21.98	3.64	K125+372.36	K125+447.36	K125+485.44	K125+523.51	K125+598.51	372.36	487.26	292°22'48"				
2	K126+127.09	5233225	22457000	右39°48'34"	300	100	159.08	308.44	40.8	9.72	K125+968.01	K126+068.01	K126+122.23	K126+176.45	K126+276.45	369.5	643.46	332°11'21"				
3	K126+631.78	5233679.99	22456760	左62°49'09"	300	80.17	223.8	409.09	74.99	38.5	K126+407.98	K126+488.15	K126+612.53	K126+736.90	K126+817.07	131.53	514.41	269°22'12"				
4	K127+146.87	5233673.91	22456206.45	右45°05'36"	600	160	329.79	632.22	86.22	27.37	K126+817.08	K126+977.08	K127+133.19	K127+289.30	K127+449.30	0.01	553.59	314°27'48"				
5	K128+291.71	5234494.99	22455369.84	右23°16'57"	300	60	91.9	181.91	14.24	1.89	K128+199.81	K128+259.81	K128+290.76	K128+321.72	K128+381.72	750.51	1172.21	337°44'45"				
6	K128+894.89	5235054.98	22455140.7	左41°11'51"	300	100	163.23	315.71	42.75	10.75	K128+731.66	K128+831.66	K128+889.51	K128+947.37	K129+047.37	349.94	605.07	296°32'54"				
7	K130+647.16	5235842.97	22455363.57	右43°33'10"	800	300	471.29	908.11	132.54	34.47	K130+175.87	K130+475.87	K130+629.93	K130+783.98	K131+083.98	1128.5	1763.03	340°06'04"				
终点	K132+268.55	5237399.97	22452999.98													1184.57	1655.86	340°06'04"				

编制:　　　　　　　　　　　复核:　　　　　　　　　　　审核:

（2）采用高斯正投影 3°带或任意带平面直角坐标系统，投影面可采用 1985 年国家高程基准、测区抵偿高程面或测区平均高程面；

（3）三级和三级以下公路、独立桥梁、隧道及其他构造物等小测区，可不经投影，采用平面直角坐标系统在平面上直接进行计算；

（4）在已有平面控制网的地区，应尽量沿用原有的坐标系统，如精度不符合要求，也应充分利用其点位，选用其中一点的坐标及含此点的方位角，作为平面控制的起算依据。

2. 中桩坐标的计算

"逐桩坐标"即各个中桩的坐标，其计算和测量的方法是按"从整体到局部"的原则进行的。其步骤如下：

（1）计算导线点坐标

采用两阶段勘测设计的公路或一阶段设计但凡遇地形困难的路段，一般都要先做平面控制测量，而路线的平面控制测量多采用导线测量的方法，在有条件时可优先采用全球定位系统（简称 GPS）测量的方法。导线测量的方法，又有经纬仪导线法、光电测距仪法和全站型电子速测仪法。其中全站仪可以直接读取导线点的坐标，其他方法可以在测得各边边长及其夹角后，用坐标增量法逐点推算其坐标。用 GPS 定位技术观测，则可在测站之间不通视的情况下，高精度、高效率地获得测点的三维坐标，《公路勘测规范》(JTG C10—2007) 规定了 GPS 测量的技术要求。

（2）计算交点坐标

当导线点的精度满足要求并经平差后，即可展绘在图纸上测绘地形图（纸上定线），或以导线点为依据在现场直接测得路线各交点的坐标（直接定线）。纸上定线的交点坐标可以在图纸上量取，而直接定线的交点坐标若是用全站仪测量则也可以很方便地获得。

（3）计算各中桩坐标

可先计算直线和曲线主要点坐标，然后计算回旋线、圆曲线上每一个中桩的坐标。表 1-2-13 给出逐桩坐标表的示例。

三、路线平面设计图

路线平面设计图是道路设计文件的重要组成部分，该图全面、清晰地反映了道路平面位置和经过地区的地形、地物等，它是设计人员设计意图的重要体现，平面设计图无论对提供有关部门审批、专家评议、日后指导施工、恢复定线等方面都有重要作用。

1. 公路路线平面设计图

（1）平面图的比例尺和测绘范围

公路路线平面图是指包括道路中线在内的有一定宽度的带状地形图。若为供工程可行性研究、初步设计阶段的方案研究与比选，可采用 1：50000 或 1：10000 的比例尺测绘（或向国家测绘部门和其他工程单位搜集），但作为初步设计、施工图设计的设计文件组成部分应采用更大的比例尺。一般常用的是 1：2000，在平原微丘区可用 1：5000。在地形特别复杂地段的路线初步设计、施工图设计可用 1：500 或 1：1000。若为纸上移线，则比例尺将更大。

路线带状地形图的测绘宽度，一般为中线两侧各 100～200m。对 1：5000 的地形图，测绘宽度每侧应不小于 250m。若有比较线，应将比较线包括进去。

表 1-2-13

第 1 页 共 页

逐桩坐标表

××××××公路××××××段

桩号	坐标		计算方位角或计算方向角	桩号	坐标		计算方位角或计算方向角	桩号	坐标		计算方位角或计算方向角
	x	y			x	y			x	y	
1	2	3	4	5	6	7	8	9	10	11	12
K125+000.000	5232600	22457900	321°14′54″	K125+975.000	5233167.09	22457140.63	292°25′36″	K126+700.000	5233668.1	22456652.53	284°04′27″
K125+050.000	5232638.99	22457868.7	321°14′54″	K126+000.000	5233176.78	22457117.58	293°21′27″	K126+739.900	5233675.2	22456613.3	276°27′52″
K125+100.000	5232677.99	22457837.41	321°14′54″	K126+025.000	5233187.07	22457094.8	295°28′56″	K126+750.000	5233676.18	22456603.25	274°43′45″
K125+150.000	5232716.98	22457806.11	321°14′54″	K126+050.000	5233198.44	22457072.54	298°48′01″	K126+775.000	5233677.48	22456578.29	271°28′44″
K125+200.000	5232755.97	22457774.81	321°14′54″	K126+068.000	5233207.53	22457057.01	301°55′43″	K126+800.000	5233677.69	22456553.29	269°43′03″
K125+250.000	5232794.97	22457743.51	321°14′54″	K126+075.000	5233211.29	22457051.11	303°15′56″	K126+817.070	5233677.54	22456536.22	269°22′12″
K125+300.000	5232833.96	22457712.22	321°14′54″	K126+100.000	5233225.86	22457030.8	308°02′25″	K126+825.000	5233677.45	22456528.29	269°23′20″
K125+350.000	5232872.95	22457680.92	321°14′54″	K126+122.224	5233240.19	22457013.82	312°17′04″	K126+850.000	5233677.24	22456503.29	269°41′37″
K125+372.360	5232890.39	22457666.92	321°14′54″	K126+125.000	5233242.07	22457011.77	312°48′53″	K126+875.000	5233677.24	22456478.29	270°22′17″
K125+400.000	5232911.85	22457649.5	320°16′33″	K126+150.000	5233259.8	22456994.16	317°35′22″	K126+900.000	5233677.62	22456453.29	271°25′20″
K125+425.000	5232930.75	22457633.14	317°43′15″	K126+175.000	5233278.94	22456978.09	322°21′51″	K126+925.000	5233678.53	22456428.31	272°50′46″
K125+450.000	5232948.66	22457615.71	313°34′58″	K126+176.440	5233280.09	22456977.21	322°38′21″	K126+950.000	5233680.15	22456403.36	274°38′34″
K125+447.360	5232946.83	22457617.61	314°05′14″	K126+200.000	5233299.31	22456963.61	326°36′32″	K126+975.000	5233682.64	22456378.49	276°48′46″
K125+475.000	5232965.13	22457596.91	308°48′30″	K126+225.000	5233320.56	22456950.44	329°39′43″	K126+977.070	5233682.89	22456376.43	277°00′33″
K125+485.440	5232971.53	22457588.66	306°48′52″	K126+250.000	5233342.36	22456938.21	331°31′17″	K127+000.000	5233886.12	22456353.73	279°11′56″
K125+500.000	5232979.96	22457576.8	304°02′01″	K126+276.440	5233365.7	22456925.78	332°11′21″	K127+025.000	5233890.63	22456329.15	281°35′10″
K125+523.510	5232992.35	22457556.82	299°32′37″	K126+300.000	5233386.54	22456914.79	332°11′21″	K127+050.000	5233896.15	22456304.77	283°58′24″

（2）路线平面图的内容及绘制方法

1）导线及道路中线的展绘

在展绘导线或中线以前，需按图幅的合理布局，绘出坐标方格网，坐标网格尺寸采用5cm或10cm，要求图廓网格的对角线长度和导线点间长度误差均不大于0.5mm。然后按导线点（或交点，下同）坐标X、Y精确地点绘在相应位置上。每张导线图展绘完毕后，用三棱尺逐点复核各点间距，再用半圆仪校核每个角度是否与计算相符。复核无误后，再按"逐桩坐标表"所提供的数据，展绘曲线，并注明各曲线主要点以及公里桩、百米桩、断链桩位置。对导线点、交点逐个编号，注明路线在本张图中的起点和终点里程等。

路线一律按前进方向从左至右画，在每张图的拼接处画出接图线。在图的右上角注明共x张、第x张。在图纸的空白处注明曲线元素及主要点里程。

2）控制点的展绘

各种比例尺的地形图均应展绘和测出各等级三角点、导线点、图根点、水准点等，并按规定的符号表示。

3）各种构造物的测绘

各类建筑物、构筑物及其主要附属设施应按《工程测量规范》的规定测绘和表示。各种线状地物，如管线、高、低压电线等应实测其支架或电杆的位置。对穿越路线的高压线应实测其悬垂线距地面的高度并注明伏安。地下管线应详细测定其位置。道路及其附属物应按实际形状测绘。公路交叉口应注明每条公路的走向。铁路应注明轨面高程，公路应注记路面类型，涵洞应注明洞底标高。

4）水系及其附属物的测绘

海洋的海岸线位置；水渠顶边及底边高程；堤坝顶部及坡脚的高程；水井井台高程；水塘塘顶边及塘底的高程。河流、水沟等应注明水流流向。

5）地形、地貌、植被、不良地质地带等均应详细测绘并用等高线和国家测绘局制定的"地形图式"符号及数字注明。

（3）公路路线平面设计图示例

公路路线平面设计图示例如图1-2-13所示。

2. 城市道路平面设计图

（1）绘图比例尺和测绘范围

城市道路相对于公路，长度较短而宽度较宽，在绘图比例尺的选用上一般比公路大。在做技术设计时，可采用1：500～1：1000的比例尺绘制，绘图的范围，视道路等级而定，等级高的范围应大些，等级低的可小些，通常在道路两侧红线以外各20～50m，或中线两侧各50～150m，特殊例外。

（2）城市道路平面设计图的内容及绘制方法

城市道路的导线、中线及路线两侧的地形、地物、水系、植被等的绘制方法与公路相同，不再重复。下面就城市道路中各种设施的绘制方法作一介绍。

1）规划红线

道路红线是道路用地与城市其他用地的分界线，红线之间的宽度也就是城市道路的总宽度，所以当道路的中心线画出以后，则应按城市道路的规划宽度画出道路红线。如果有远期规划和近期规划，都应画出并注明。

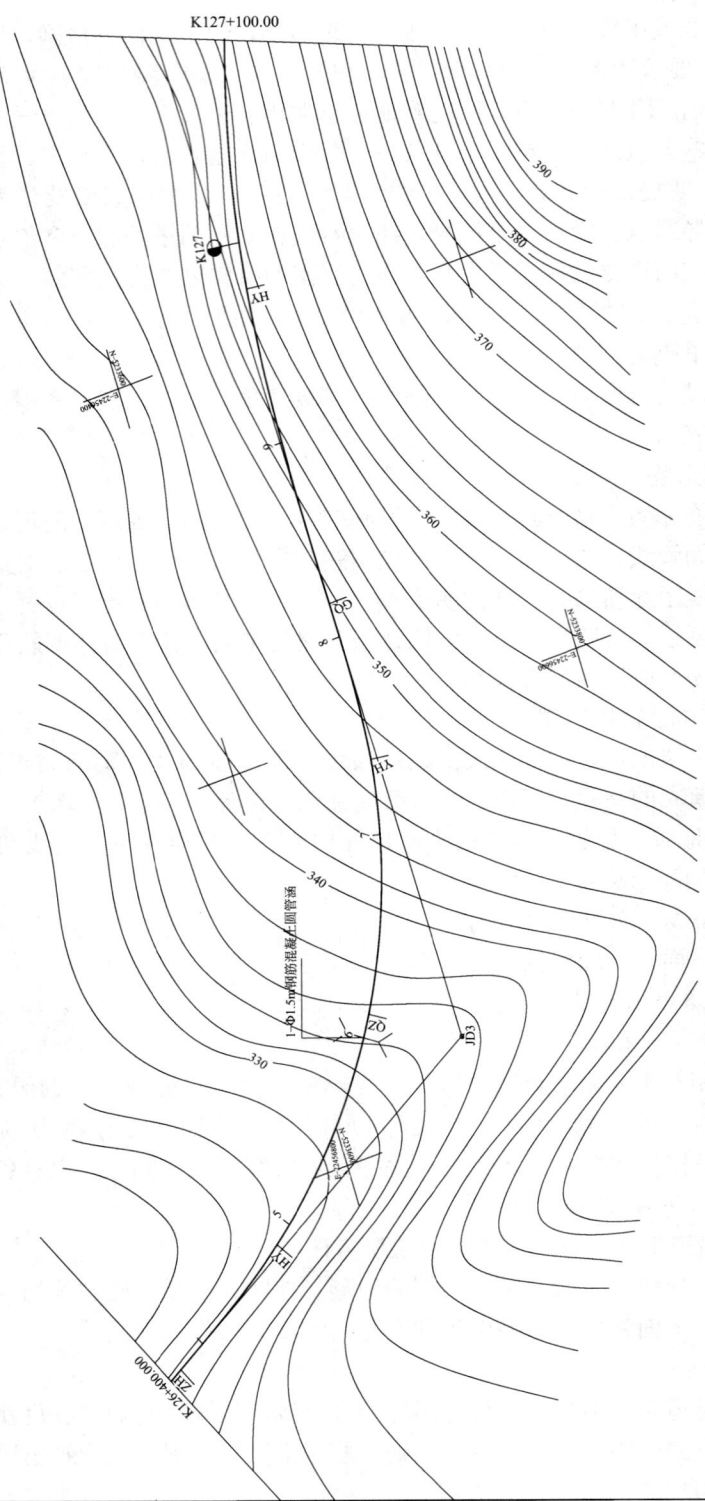

曲 线 元 素 表

交点号	交点坐标		交点桩号	转角值	半径	曲线要素值(m)				
	X(N)	Y(E)				缓和曲线长	切线长	平曲线长	外距	校正值
JD3	5233697.239	2245678 1.458	K126+631.78	41°1′51″(z)	300	80.17	223.796	409.091	52.56	38.50

图 1-2-13 公路路线平面设计图示例

设计单位	项目名称		路线平面图	设计	复核	审核	图号	日期

40

2）坡口、坡脚线

新建道路由于原地面高低起伏必然有填有挖。填方路段在平面图中应画出路基的坡脚线；挖方路段画出路基的坡口线。

在路基横断面图上，量出坡口或坡脚至中线的距离，点绘在平面图中相应桩号的横断面线上（左、右侧），然后用平滑的曲线分别将坡口点、坡脚点按顺序连接，最后画上示坡线。

路基的坡口与坡脚线在一般公路的平面图中由于比例尺较小不易表达，但在高速公路和一级公路中有时也要求绘制。

3）车道线

城市道路的车道线是城市道路平面设计图的重要内容。在路幅宽度内，有机动车道、非机动车道，在机动车道中还分快车道、慢车道等。各种车道线的位置、宽度可在横断面布置图中查得，一一画在平面图中。车道的曲线部分应按设计的圆曲线半径、回旋线长度绘制。各车道之间的分隔带、路缘带等也应绘出。

4）人行道、人行横道线、交通岛

按设计绘制。

5）地上、地下管线和排水设施

各处地上、地下管线的走向和位置、雨水进水口、窨井、排水沟等都应在图中标出。必要时，需分别另绘排水管线平面图纸。

6）交叉口

平面交叉口、立体交叉口虽然有专门的交叉口设计图，但在平面设计图中也应该按平面图的比例尺画出并详细注明交叉口的各路去向、交叉角度、曲线元素以及路缘石转弯半径。

一张完整的平面设计图，除了清楚而正确地表达上述设计内容外，还可对某些细部设施或构件画出大样图，最后在图中的空白处作一些简要的工程说明。如工程范围、采用坐标系、引用的水准点位置等。

在城市道路设计文件中所提供的平面设计图应包括两种图式：一种是直接在地形图上所作的平面布置图，红线以内和红线以外的地形地物一律保留；另一种是只绘红线以外的地形地物，红线以内只绘车道线和道路上的各种设施而不绘地形地物，两种图各有优缺点：前者可看出设计人员是如何处理道路与地形、地物之间的关系的（包括拆迁情况），后者则可更清晰表现道路上各种设施的位置和尺寸，前一种图一般用在方案研究和初步设计中，后一种图用在技术设计中。

复 习 思 考 题

1. 试说明平面设计包含哪些设计内容。

2. 已知平原区某二级公路有一弯道，偏角 $\alpha_{右}=12°28'12''$，半径 $R=850\mathrm{m}$，$L_{s_1}=L_{s_2}=120\mathrm{m}$，$JD=$ K5+136.53。计算曲线主点里程桩号。

3. 用计算机语言编制基本型曲线计算曲线基本元素、主点里程和中桩坐标的通用程序，并对上题进行计算。

第三章 纵断面设计

第一节 概　　述

　　沿着道路中线竖向剖面的展开图即为路线纵断面。由于自然因素的影响以及经济性要求，路线纵断面总是一条有起伏的空间线。纵断面设计的主要任务就是根据汽车的动力特性、道路等级、当地的自然地理条件以及工程经济性等，研究纵断面起伏的空间线形几何构成的大小及长度，以便达到行车安全迅速、运输经济合理及乘客感觉舒适的目的。纵断面图是道路纵断面设计的主要成果，也是道路设计的重要技术文件之一。把道路的纵断面图与平面图结合起来，就能准确地定出道路的空间位置。

　　纵断面图由两部分组成：下半部分主要是把平面设计的有关内容填列出来，如平面的直线与曲线，里程桩号以及各桩号的地面高程及纵断面设计的坡度、高程和沿线地质土壤情况；上半部分则有两条主要线：一是地面线，它是根据中线上各桩点的高程而点绘的一条不规则的折线，反映了沿着中线地面的起伏变化情况；另一条称为设计线（坡度线），它是经过技术上、经济上以及美学上等多方面比较后定出的一条具有规则形状的几何线，反映了道路路线的起伏变化情况。在路中线上表示地面各点的高程称为地面高程；在设计线上表示中央分隔带外侧边缘（新建高速公路与一级公路）或未加宽超高前路基边缘（新建二、三、四级公路）各点的高程称为设计高程。在任一桩号上设计高程与地面高程之差称为施工高度。

　　纵断面设计线是由直线和竖曲线组成的，直线（即均匀坡度线）有上坡和下坡，是用高差和水平长度表示的。直线的坡度和长度影响着汽车的行驶速度和运输的经济性以及行车的安全，它们的一些临界值的确定和必要的限制，是以通行的汽车类型及行驶性能来决定的。

　　在直线的坡度转折处为平顺过渡要设置竖曲线，按坡度转折形式的不同，竖曲线有凹有凸，其大小用半径和水平长度表示。

　　本章从汽车行驶特性出发，主要讨论纵断面设计线的设计要点和计算。

第二节　纵坡及坡长设计

一、纵坡设计的一般要求

　　为使纵坡设计经济合理，必须在全面掌握勘测资料基础上，结合选（定）线的纵坡安意图，经过综合分析、反复比较定出设计纵坡。纵坡设计的一般要求为：

　　1. 纵坡设计必须满足《公路工程技术标准》的各项规定。

　　2. 为保证车辆能以一定速度安全顺适地行驶，纵坡应具有一定的平顺性，起伏不宜过大和过于频繁。尽量避免采用极限纵坡值，合理安排缓和坡段，不宜连续采用极限长度的陡坡夹最短长度的缓坡。连续上坡或下坡路段，应避免设置反坡段。越岭线垭口附近的纵坡应尽量缓一些。

3. 纵坡设计应对沿线地形、地下管线、地质、水文、气候和排水等综合考虑，视具体情况加以处理，以保证道路的稳定与通畅。

4. 一般情况下山岭重丘区纵坡设计应考虑填挖平衡，尽量使挖方运作就近路段填方，以减少借方和废方，降低造价和节省用地。

5. 平原微丘区地下水埋深较浅，或池塘、湖泊分布较广，纵坡除应满足最小纵坡要求外，还应满足最小填土高度要求，保证路基稳定。

6. 对连接段纵坡，如大、中桥引道及隧道两端接线等，纵坡应和缓、避免产生突变。交叉处前后的纵坡应平缓一些。

7. 在实地调查基础上，充分考虑通道、农田水利等方面的要求。

二、最大纵坡

最大纵坡是指在纵坡设计时各级道路允许使用的最大坡度值。它是道路纵断面设计的重要控制指标。在地形起伏较大地区，直接影响路线的长短、使用质量、运输成本及造价，确定最大纵坡不能只考虑汽车的爬坡性能，还要看汽车在纵坡上行驶时能否快速、安全及经济等。我国《公路工程技术标准》和《城规》综合考虑标准车型的动力特性、行车安全、营运经济、公路等级及地形条件并结合国情制订了纵坡的极限值，见表 1-3-1 和表 1-3-2。

公路最大纵坡   表 1-3-1

设计速度(km/h)	120	100	80	60	40	30	20
最大纵坡(%)	3	4	5	6	7	8	9

注：1. 设计速度为 120km/h、100km/h、80km/h 的高速公路，受地形条件或其他特殊情况限制时，经技术经济论证，最大纵坡可增加 1%；

2. 设计速度为 40km/h、20km/h 的公路，改建工程利用原有公路的路段，经技术经济论证，最大纵坡可增加 1%；

3. 四级公路位于海拔 2000m 以上或积雪冰冻地区的路段，最大纵坡不应大于 8%。

城市道路最大纵坡   表 1-3-2

类别	快速路		主干路			次干路			支路		
级别			Ⅰ	Ⅱ	Ⅲ	Ⅰ	Ⅱ	Ⅲ	Ⅰ	Ⅱ	Ⅲ
设计速度(km/h)	80	60	60	50	40	50	40	30	40	30	20
最大纵坡(%)	6	7	7	8	9	8	9	9	9	9	9

桥上及桥头路线的最大纵坡：

（1）小桥与涵洞处纵坡应随路线纵坡设计。

（2）桥梁及其引道的平、纵、横技术指标应与路线总体布设相协调，各项技术指标应符合路线布设的规定。大桥的纵坡不宜大于 4%，桥头引道纵坡不宜大于 5%；引道接桥头部分的线形与桥上线形相配合。

（3）隧道部分路线纵坡：隧道内纵坡应大于 0.3% 并小于 3%，但短于 100m 的隧道不受此限。高速公路、一级公路的中、短隧道，当条件受限制时，经技术经济论证后最大纵坡可适当加大，但不宜大于 4%。隧道的纵坡宜设置成单向坡；地下水发育的隧道及特长、长隧道宜采用人字坡。

（4）位于市镇附近且非汽车交通量较大的路段，其纵坡可根据具体情况适当放缓。

三、高原纵坡折减

高原地区公路，随着海拔高度的增加，大气压力、空气温度和密度都逐渐减小。空气密度的减小，使汽车发动机的正常操作状态受到影响，从而使汽车的动力性能受到影响。根据《规范》中的研究表明，解放牌汽车发动机平均功率在海拔 1000m 处下降 11.3%，2000m 处下降 21.5%，3000m 处下降 33.3%，4000m 处下降 46.7%，4500m 处下降 52.0%。另外，空气密度变小，散热能力也降低，发动机易过热。尤其经常持久使用低挡，特别容易使发动机过热，并易使汽车水箱中的水沸腾而破坏冷却系统。根据实验与分析，当海拔高度超过 3000m 时，应考虑对纵坡予以折减。

为此，在高原地区除了汽车本身要采用一些措施使得汽油充分燃烧，避免随海拔增高而使功率降低过甚外，在道路纵坡设计中应适当采用较小的坡度。

《规范》规定：设计速度小于或等于 80km/h 位于海拔 3000m 以上高原地区的公路，最大纵坡值应按表 1-3-3 的规定予以折减，最大纵坡折减后若小于 4%，则仍采用 4%。

高原纵坡折减值   表 1-3-3

海拔高度(m)	3000～4000	4000～5000	5000 以上
纵坡折减(%)	1	2	3

四、最小纵坡

为使道路上行车快速、安全和通畅，希望道路纵坡设计得小一些为好。但是，在长路堑以及其他横向排水不通畅地段，为保证排水要求，防止积水渗入路基而影响其稳定性，均应设置不小于 0.3% 的纵坡。

《规范》规定：公路的纵坡不宜小于 0.3%。横向排水不畅的路段或长路堑路段，采用平坡（0%）或小于 0.3% 的纵坡时，其边沟应作纵向排水设计。

在弯道超高横坡渐变段上，为使行车道外侧边缘不出现反坡，设计最小纵坡不宜小于超高允许渐变率。干旱少雨地区最小纵坡可不受上述限制。

五、坡长限制

1. 最短坡长限制

最短坡长的限制主要是从汽车行驶平顺性的要求考虑的。如果坡长过短，使变坡点增多，汽车行驶在连续起伏地段产生的增重与减重的变化频繁，导致乘客感觉不舒适，车速越高越感突出。从路容美观、相邻两竖曲线的设置和纵面视距等也要求坡长应有一定最短长度。

《标准》和《城规》规定，各级道路最短坡长应按表 1-3-4 和表 1-3-5 选用。在平面交叉口、立体交叉的匝道以及过水路面地段，最短坡长可不受此限。

公 路 最 小 坡 长   表 1-3-4

设计速度(km/h)	120	100	80	60	40	30	20
最小坡长(m)	300	250	200	150	120	100	60

城市道路最小坡长   表 1-3-5

类别	快速路		主干路			次干路			支路		
级别			Ⅰ	Ⅱ	Ⅲ	Ⅰ	Ⅱ	Ⅲ	Ⅰ	Ⅱ	Ⅲ
设计速度（km/h）	80	60	60	50	40	50	40	30	40	30	20
纵坡最小长度（m）	290	170	170	140	110	140	85	60	85	60	—

2. 最大坡长限制

道路纵坡的大小及其坡长对汽车正常行驶影响很大，纵坡越陡，坡长越长，对行车影响也越大。主要表现在：使行车速度显著下降，甚至要换较低排挡克服坡度阻力；易使水箱"开锅"，导致汽车爬坡无力，甚至熄火；下坡行驶制动次数频繁，易使制动器发热而失效，甚至造成车祸。

所谓最大坡长限制是指控制汽车在坡道上行驶，当车速下降到最低容许速度时所行驶的距离。

事实上，影响最大坡长的因素很多，比如海拔高度、装载、油门开启程度、滚动阻力系数及挡位等。要从理论上确切计算由希望速度到允许速度的最大坡长是困难的，必须结合试验调查资料综合研究后确定，《公路设计规范》、《城规》规定最大坡长如表 1-3-6 和表 1-3-7 所示。

公路不同纵坡最大坡长（m）   表 1-3-6

设计速度（km/h）		120	100	80	60	40	30	20
纵坡坡度	3	900	1000	1100	1200	—	—	—
	4	700	800	900	1000	1100	1100	1200
	5		600	700	800	900	900	1000
	6	—		500	600	700	700	800
	7		—		—	500	500	600
	8			—		300	300	400
	9					—	200	300
	10				—		—	200

公路连续上坡或下坡时，应在不大于表 1-3-6 规定的纵坡长度之间设置缓和坡段。缓和坡段的纵坡应不大于 3%，其长度应符合表 1-3-4 最小坡长的规定。

城市道路纵坡限制长度   表 1-3-7

类别	快速路		主干路			次干路			支路		
级别			Ⅰ	Ⅱ	Ⅲ	Ⅰ	Ⅱ	Ⅲ	Ⅰ	Ⅱ	Ⅲ
设计速度（km/h）	80	60	60	50	40	50	40	30	40	30	20
纵坡限制长度（m）	400	300	300	250	200	250	200	—	—	—	—

六、平均纵坡

平均纵坡是指一定长度的路段纵向所克服的高差与路线长度之比，是为了合理运用最大纵坡、坡长及缓和坡长的规定，以保证车辆安全顺利地行驶的限制性指标。公路纵断面设计，即使完全符合最大纵坡、坡长限制及缓和坡段的规定，也还不能保证使用质量。不少路段虽然单一陡坡并不大，甚至也有缓和坡段，但由于平均纵坡较大，上坡使用低速挡较久，易致车辆水箱开锅。下坡则因刹车发热、失效而导致事故发生。因此，有必要控制平均纵坡。这样既可保证路线长度的平均纵坡不致过陡，也可以免除局部地段使用过大的平均纵坡。

《标准》规定：二、三、四级公路越岭路线的平均纵坡应符合以下规定：

（1）越岭路段的相对高差为 200～500m 时，平均纵坡不应大于 5.5%。

（2）越岭路段的相对高差大于 500m 时，平均纵坡不应大于 5%。

（3）在任一连续 3km 路段的平均纵坡不应大于 5.5%。

城市道路的平均纵坡按上述规定减少 1.0%。对于海拔 3000m 以上的高原地区，平均纵坡应较规定值减少 0.5%～1.0%。

七、合成坡度

合成坡度是指由路线纵坡与弯道超高横坡或路拱横坡组合而成的坡度，其方向即流水线方向。合成坡度的计算公式为：

$$I=\sqrt{i_h^2+i^2} \tag{1-3-1}$$

式中　I——合成坡度（%）；

　　　i_h——超高横坡度或路拱横坡度（%）；

　　　i——路线设计纵坡坡度（%）。

1. 最大合成坡度

在有平曲线的坡道上，最大坡度既不是纵坡方向，也不是横坡方向，而是两者组合成的流水线方向。将合成坡度控制在一定范围之内，目的是尽可能地避免急弯和陡坡的不利组合，防止因合成坡度过大而引起的横向滑移和行车危险，保证车辆在弯道上安全而顺适地运行。因此《标准》规定合成坡度不得超过表 1-3-8 的值。

公路最大合成坡度 表 1-3-8

公路等级	高速公路			一级公路			二级公路		三级公路		四级公路
设计速度（km/h）	120	100	80	100	80	60	80	60	40	30	20
合成坡度值（%）	10.0	10.0	10.5	10.0	10.5	10.5	9.0	9.5	10.0	10.0	10.0

当陡坡与小半径平曲线重合时，宜采用较小的合成坡度。特别是下述情况，其合成坡度必须小于 8%。

（1）在冬季路面有积雪、结冰的地区；

（2）自然横坡较陡峻的傍山路段；

（3）非汽车交通比率高的路段。

城市道路对合成坡度的规定见表 1-3-9。在积雪地区各级道路合成坡度应小于或等于 6%。

2. 最小合成坡度

在超高过渡的变化处，合成坡度不应设计为 0%，当合成坡度小于 0.5% 时，应采取综合排水措施，以保证路面排水畅通。

类别	快速路		主干路			次干路			支路		
级别			Ⅰ	Ⅱ	Ⅲ	Ⅰ	Ⅱ	Ⅲ	Ⅰ	Ⅱ	Ⅲ
设计速度(km/h)	80	60	60	50	40	50	40	30	40	30	20
合成坡度(%)	7	6.5	6.5	6.5	7	6.5	7	8	7	8	—

第三节 竖 曲 线

纵断面上两个坡段的转折处，为了便于行车，用一段曲线来缓和，称为竖曲线。变坡点是相邻两条坡度线的交点。变坡角是相邻两条坡度线的坡角差，通常用坡度值之差代替，用 ω 表示，即

$$\omega = i_1 - i_2 \tag{1-3-2}$$

式中 i_1、i_2——相邻坡度线的坡度值。

上坡为正、下坡为负，如图 1-3-1 所示。

当 ω 为正时，为凸形竖曲线，当 ω 为负时，为凹形竖曲线。《标准》规定各级公路在纵坡变更处，均应设置竖曲线。

一、竖曲线要素的计算

竖曲线有抛物线和圆曲线两种，这两种线形计算的结果在应用范围内是完全相同的。《规范》规定竖曲线宜采用圆曲线。由于在纵断面上只计水平距离和垂直高度，斜线不计角度而计坡度，故竖曲线的切线长和弧长均以其水平投影的长度计算。切线支距是竖向的高程差，如图 1-3-2 所示。因为竖曲线采用圆曲线，因此可根据圆曲线的特点进行计算。

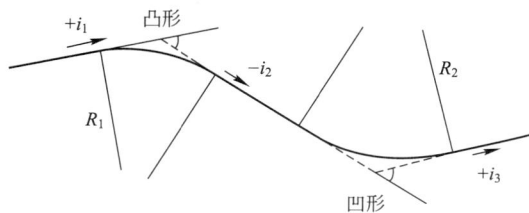

图 1-3-1 竖曲线示意图

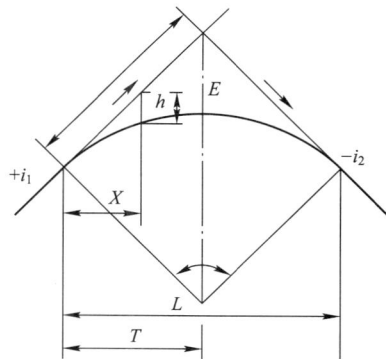

图 1-3-2 竖曲线要素

竖曲线长度或竖曲线半径 R：

$$\omega = i_1 - i_2（i_1、i_2 \text{ 本身具有正负号}）；$$

$$L = R\omega \quad \text{或} \quad R = \frac{L}{\omega} \tag{1-3-3}$$

竖曲线切线长 T：

$$T = \frac{L}{2} = \frac{R\omega}{2} \tag{1-3-4}$$

竖曲线上任一点竖距 h：

上半支曲线（变坡点前）的竖距 h 为： $\qquad h=\dfrac{x^2}{2R}$ （1-3-5）

对于下半支曲线的竖距 h 为： $\qquad h=\dfrac{(L-x)^2}{2R}$ （1-3-6）

竖曲线外距 E： $\qquad E=\dfrac{T^2}{2R}$ （1-3-7）

二、竖曲线的最小半径

1. 竖曲线设计限制因素

在纵断面设计中，竖曲线的设计要受众多因素的限制，其中有三个限制因素决定着竖曲线的最小半径或最小长度。

（1）缓和冲击

汽车行驶在竖曲线上时，产生径向离心力。这个力在凹形竖曲线上是增重，在凸形竖曲线上是减重。这种增重与减重达到某种程度时，旅客就有不舒适的感觉，同时对汽车的悬挂系统也有不利影响，所以确定竖曲线半径时，对离心加速度要加以控制。汽车在竖曲线上行驶时其离心加速度为

$$a=\frac{v^2}{R}=\frac{V^2}{13R}$$ （1-3-8）

则

$$R=\frac{V^2}{13a}$$ （1-3-9）

根据试验，认为离心加速度应限制在 $0.5\sim0.7\mathrm{m/s^2}$ 比较合适。但考虑到不因冲击而造成的不舒适感，以及视觉平顺等的要求，我国《标准》规定的竖曲线最小半径值与下式计算结果极相近，相当于 $a=0.278\mathrm{m/s^2}$。

$$R=\frac{V^2}{13a}=\frac{V^2}{13\times0.278}=\frac{V^2}{3.6} \quad 或 \quad L_{\min}=\frac{V^2\omega}{3.6}$$ （1-3-10）

（2）时间行程不过短

汽车从直坡道行驶到竖曲线上，尽管竖曲线半径较大，如其长度过短，汽车倏忽而过旅客会感到不舒适。因此，应限制汽车在竖曲线上的行程时间不过短。最短应满足 3s 行程，即

$$L_{\min}=\frac{V}{3.6}t=\frac{V}{1.2} \quad 则 \quad R_{\min}=\frac{L_{\min}}{\omega}=\frac{V}{1.2\omega}$$ （1-3-11）

（3）满足视距的要求

汽车行驶在凸形竖曲线上，如果半径太小，会阻挡司机的视线，为了行车安全，对凸形竖曲线的最小半径或最小长度应加以限制。

当汽车行驶在凹形竖曲线上时，也同样存在视距问题。对地形起伏较大地区的道路，在夜间行车时，若竖曲线半径过小，前灯照射距离近，影响行车速度和安全；在高速公路上有许多跨线桥、门式交通标志及广告宣传牌等，如果它们正好处在凹形竖曲线上方，也会影响驾驶员的视线。

总之，无论是凸形竖曲线还是凹形竖曲线都要受到上述三种因素的控制，需要明确的是，哪一种限制因素为最不利的情况，它才是有效控制因素。

2．凸形竖曲线最小半径和最小长度

凸形竖曲线最小长度应以满足视距要求为主，根据缓和冲击、时间行程及视距要求三个限制因素，可计算出各设计速度时的凸形竖曲线最小半径和最小长度，公路凸形竖曲线最小半径和最小长度如表 1-3-10 所示。

3．凹形竖曲线最小半径和最小长度

设置凹竖曲线的主要目的是缓和行车时的离心力。因为汽车行驶于凹竖曲线上时，离心力方向与重力方向一致，使汽车负载加重。所以在确定凹竖曲线半径时，应以离心加速度为控制指标，凹形竖曲线的最小长度，除满足缓和离心力要求外，还应满足两种视距的要求：一是保证夜间行车安全，前灯照明应有足够的距离；二是保证跨线桥下行车有足够的视距。公路凹形竖曲线最小半径和最小长度，如表 1-3-10 所示。城市道路凸、凹竖曲线最小半径和最小长度，如表 1-3-11 所示。

公路竖曲线最小半径与竖曲线长度　　　　　　　　　　表 1-3-10

设计速度（km/h）		120	100	80	60	40	30	20
凸形竖曲线最小半径（m）	一般值	17000	10000	4500	2000	700	400	200
	极限值	11000	6500	3000	1400	450	250	100
凹形竖曲线最小半径（m）	一般值	6000	4500	3000	1500	700	400	200
	极限值	4000	3000	2000	1000	450	250	100
竖曲线长度（m）	一般值	250	210	170	120	90	60	50
	最小值	100	85	70	50	35	25	20

注："一般值"为正常情况下的采用值；"极限值"和"最小值"为条件受限制时可采用的值。

城市道路竖曲线最小半径与竖曲线长度　　　　　　　　　表 1-3-11

类别	快速路		主干路			次干路			支路		
级别			Ⅰ	Ⅱ	Ⅲ	Ⅰ	Ⅱ	Ⅲ	Ⅰ	Ⅱ	Ⅲ
设计速度（km/h）	80	60	60	50	40	50	40	30	40	30	20
凸形竖曲线最小半径（m）	3000	1200	1200	900	400	900	250	100	250	100	—
凹形竖曲线最小半径（m）	1800	1000	1000	700	450	700	250	100	250	100	—
竖曲线长度（m）	70	50	50	40	35	40	25	20	25	20	—

第四节　视觉分析评价及道路平、纵线形组合设计

一、视觉分析

1．视觉分析的意义

道路设计除应考虑自然条件、汽车行驶力学的要求外，还要把驾驶人员在心理和视觉上的反应作为重要因素来考虑，汽车在道路上快速行驶时，驾驶员是通过视觉、运动感觉和时间变化感觉来判断线形的。道路的线形、周围的景观、标志以及其他有关信息，几乎

都是通过驾驶员的视觉感受到的。因此，视觉是连接道路与汽车的重要媒介。

从视觉心理出发，对道路的空间线形及其与周围自然景观和沿线建筑的协调等进行研究分析，以保持视觉的连续性，使行车具有足够的舒适感和安全感的综合设计称为视觉分析。

2. 视觉分析评价的方法

《规范》规定：路线设计应综合考虑公路的平面、纵断面、横断面三者间的关系，做到平面顺适、纵面均衡、横面合理。必要时可运用公路透视图进行分析与评价。公路透视图是按照汽车在道路上的行驶位置，根据线形的几何状况确定的视轴方向以及由车速确定的视轴长度，利用坐标透视的原理绘制的。通过透视图，可直观地看出立体线形是否顺适，有没有易产生判断错误或茫然的地方，路旁障碍是否有妨碍视线的地方等。若存在上述缺陷则要在设计阶段进行修改，然后再绘出透视图分析研究，直至满意为止。

二、道路平、纵线形组合设计

道路线形设计首先是从路线规划开始的，然后按选线、平面线形设计、纵面线形设计和平纵线形组合设计的过程进行，最终是以平、纵组合的立体线形展现在驾驶员眼前的。行驶过程中驾驶员所选择的实际行驶速度，是由他对立体线形的判断做出的，这样，立体线形组合的优劣最后集中反映在汽车的车速上。如果只按平面、纵面线形标准设计，而不将二者结合考虑，最终不一定是良好的设计。

当设计速度大于或等于 60km/h 时，应注重平、纵线形组合设计；而当设计速度小于或等于 40km/h 时，首先应在保证行驶安全的前提下，正确地运用线形要素规定值（最大、最小值），在条件允许情况下力求做到各种线形要素的合理组合，并尽量避免和减轻不利组合。

平、纵线形组合设计是指在满足汽车运动学和力学要求前提下，研究如何满足视觉和心理方面的连续、舒适，与周围环境的协调和良好的排水条件。

1. 线形组合的基本要求

（1）线形组合设计中，各技术指标除应分别符合平面、纵断面的规定值外，还应考虑横断面对线形组合与行驶安全的影响。应避免平面、纵断面、横断面的最不利值的相互组合设计。

（2）在确定平面、纵断面的各相对独立技术指标时，各自除应相对均衡、连续外，应考虑与之相邻路段的各技术指标值的均衡、连续。

（3）条件受限制时选用平面、纵断面的各接近或最大（最小）值及其组合时，应考虑前后地形、技术指标运用等对实际行驶速度的影响，其运行速度与设计速度之差不应大于 20km/h。

（4）线形组合设计除应保持各要素间内部的相对均衡与变化节奏的协调外，还应注意同公路外部沿线景观的适应和地质条件等的配合。

（5）路线线形应能自然地诱导驾驶者的视线，并保持视觉的连续性。

2. 平、纵组合的设计原则

（1）平、纵线形组合设计原则为宜互相对应。当平、竖曲线半径均较小时，其相互对应程度应较严格；随着平、竖曲线半径的同时增大，其对应程度可适当放宽；当平、竖曲线半径均大时，可不严格相互对应。

平、纵线形组合设计的原则为"相互对应"，且平曲线稍长于竖曲线，即所谓的"平包竖"。国内、外研究资料表明，当平曲线半径小于 2000m、竖曲线半径小于 15000m 时，平、竖曲线的相互对应对线形组合显得十分重要；随着平、竖曲线半径的增大，其影响逐渐减小；当平曲线半径大于 6000m、竖曲线半径为 25000m 时，对线形的影响就显得不敏感了。因此，线形设计的"相互对应，且平包竖"的设计原则需视平、竖曲线的半径而掌握其对应、符合的长度。

（2）长直线不宜与陡坡或半径小且长度短的竖曲线组合。

（3）长的平曲线内不宜包含多个短的竖曲线；短的平曲线不宜与短的竖曲线组合。

（4）半径小的圆曲线起、讫点不宜接近或设在凸形竖曲线的顶部或凹形竖曲线的底部。

（5）长的竖曲线内不宜设置半径小的平曲线。

（6）凸形竖曲线的顶部或凹形竖曲线的底部，不宜同反向平曲线的拐点重合。

（7）复曲线、S 形曲线中的左转曲线不设超高时，应采用运行速度对其安全性予以验算。

（8）六车道及其以上的高速公路，应重视直、曲线（含平、纵面）间的组合与搭配，应在曲线间设置足够长的回旋线或直线，使其衔接过渡顺适，路面排水良好。

3. 线形与桥、隧的配合

（1）桥头引道与桥梁线形

1）桥梁及其引道的位置、线形应与路线线形相协调，使之视野开阔，视线诱导良好。各项技术指标应符合路线布设与总体设计的相关规定。

2）高速公路、一级公路上的桥梁线形应与路线线形相协调，且连续、流畅。

3）桥梁、涵洞等人工构造物同路基的衔接，其平、纵线形应符合路线布设的有关规定。

4）桥梁、涵洞等人工构造物上设置防撞护栏时，桥（涵）路衔接处的外侧护栏在平面上为同一直线或曲线。

（2）隧道洞口连接线与隧道线形

1）隧道的位置与隧道洞口连接线应与路线线形相协调，以利汽车的安全与舒适。各项技术指标应符合路线布设与总体设计的相关规定。

2）隧道洞口外连接线应与隧道洞口内线形相协调，隧道洞口外侧不小于 3s 设计速度行程长度与洞口内侧不小于 3s 设计速度行程长度范围内的平面线形不应有急骤的方向改变。

3）高速公路、一级公路上的隧道分为上、下行分离的双洞时，其洞口连接线的布设应与路线整体线形相协调，并就近在适宜位置设置联络车道。

4）隧道洞口同路基的衔接应符合路线布设的有关规定；隧道洞口同路基衔接处的宽度不一致时，在隧道洞口外连接线内应设置过渡段。

4. 线形与沿线设施的配合

（1）线形设计应考虑到主线收费站、匝道收费站、服务区、停车区等沿线设施布设的要求。

（2）主线收费站范围内路线宜为直线或不设超高的曲线，不应将收费站设置在凹形竖曲线的底部。

（3）服务区、停车区及公共汽车停靠站等区段内，主线的主要技术指标可参照互通式立体交叉的有关设计规定。

（4）路线设计时应考虑标志、标线的设置，并与交通安全设施设计相互配合；标志、标线的设计应准确，充分体现路线设计意图；路侧设计受限制的路段，应合理设置相应防护设施，以策安全。

5. 平、纵线形组合与环境的协调配合

道路作为一种人工构造物，应将其视为景观的对象来研究。修建道路会对自然景观产生影响，有时产生一定的破坏作用。而道路两侧的自然景观反过来又会影响道路上汽车的行驶，特别是对驾驶员的视觉、心理以及驾驶操作等都有很大影响。

平、纵线形组合必须是在充分与道路所经地区的环境相配合的基础上进行。否则，即使线形组合满足有关规定也不一定是良好的设计。对于驾驶员来说，只有看上去具有滑顺优美的线形和景观，才能称为舒适和安全的道路。

道路环境的协调包括内部协调和外部协调两方面。其中内部协调主要指平、纵线形视觉的连续性和立体协调性；而外部协调是指道路与其两侧坡面、路肩、中间带、沿线设施等的协调以及道路的宏观位置。实践证明，线形与环境的配合应遵循以下原则：

（1）线形设计应充分考虑到速度对视觉的影响，设计速度高的公路，线形设计和周围环境配合的要求应更高。

（2）公路线形应充分利用地形、自然风景，尽量少改变周围的地貌、地形、天然森林、建筑物等景观，使公路与自然融为一体，最大限度地保护环境。

（3）公路防护工程应采用工程防护与生态防护相结合的方式，减少对自然景观的影响，加大恢复力度，使公路工程与自然环境相和谐。

（4）宜适当放缓路堑边坡或将边坡的变坡点修整圆滑，使其接近于自然地面，增进路容美观。

（5）公路两侧的绿化应作为诱导视线、点缀风景及改造环境的一种措施而进行专门设计。

第五节 纵断面设计方法及纵断面图

一、纵断面设计要点

纵断面设计的主要内容是根据道路等级、沿线自然条件和构造物控制标高等，确定路线合适的标高、各坡段的纵坡度和坡长，并设计竖曲线。基本要求是纵坡均匀平顺、起伏和缓、坡长和竖曲线长短适当、平面与纵面组合设计协调以及填挖经济、平衡。这些要求虽在选、定线阶段有所考虑，但要在纵面设计中具体加以实现。

1. 关于纵坡极限值的运用

各级公路设计时应避免采用最大纵坡值和不同坡度最大坡长值，应留有余地，只有在为争取高度利用有利地形，或避开工程艰巨地段等不得已时，方可采用。

好的设计应尽量考虑人的视觉、心理上的要求，使驾驶员有足够的安全感、舒适感和视觉上的美感。一般讲，纵坡以平、缓为宜，但最小纵坡不宜小于 0.3%。采用平坡（0%）或小于 0.3% 的纵坡路段，应作专门的排水设计。

2. 各种地形条件下的纵坡设计

（1）平原地形的纵坡应均匀、平缓，注意保证最小填土高度和最小纵坡的要求。丘陵地形应避免过分迁就地形而起伏过大，注意纵坡应顺适不产生突变。

（2）沿河线应尽量采用平缓纵坡，坡长不应超过限制长度，纵坡不宜大于6%，注意路基控制标高的要求。

（3）越岭线的纵坡应力求均匀，不应采用最大值或接近最大值的坡度，更不宜连续采用不同纵坡最大坡长值的陡坡夹短距离缓坡的纵坡线形。

（4）山脊线和山腰线，除结合地形不得已时采用较大纵坡外，在可能条件下应采用平缓的纵坡。

3. 关于竖曲线半径的选用

（1）设计速度大于或等于60km/h的公路，竖曲线设计宜采用长的竖曲线和长直坡段的组合。有条件时宜采用大于或等于表1-3-12所列视觉所需要的竖曲线半径值。

满足视觉需要的竖曲线半径 表1-3-12

设计速度（km/h）	竖曲线半径（m）	
	凸形	凹形
120	20000	12000
100	16000	10000
80	12000	8000
60	9000	6000

（2）竖曲线应选用较大的半径，当条件受限制时，宜采用大于或接近于竖曲线最小半径的"一般值"；地形条件特殊困难而不得已时，方可采用竖曲线最小半径的"极限值"。

（3）相邻纵坡之代数差小时，应采用大的竖曲线半径。

4. 关于相邻竖曲线的衔接

同向竖曲线间，特别是同向凹形竖曲线间，如直线坡段接近或达到最小坡长时，宜合并设置为单曲线或复曲线。

竖曲线长度太短，汽车行驶时会感到不适或视觉上存在问题。对于凹形竖曲线，如果半径较小，两个同向凹形竖曲线间存在直线坡段时，在视觉上会产生断背的感觉。对于反向竖曲线，竖曲线半径较小时，汽车从凸（凹）形竖曲线驶向凹（凸）形竖曲线，当离心力加速度的变化值大于0.5m/s² 时，应在反向竖曲线间设置直坡段。

二、纵断面设计方法步骤及注意问题

1. 纵断面设计方法与步骤

（1）准备工作：纵坡设计（俗称拉坡）之前在厘米绘图纸上，按比例标注里程桩号和标高，点绘地面线，填写有关内容，同时应收集和熟悉有关资料，并领会设计意图和要求。

（2）标注控制点：控制点是指影响纵坡设计的标高控制点。如路线起、终点，越岭哑口，重要桥涵，地质不良地段的最小填土高度，最大挖深，沿溪线的洪水位，隧道进出口，平面交叉和立体交叉点，铁路道口，城镇规划控制标高以及受其他因素限制路线必须通过的标高控制点等。山区道路还有根据路基填挖平衡关系控制路中心填挖值的标高点，称为"经济点"。

（3）试坡：在已标出"控制点"、"经济点"的纵断面图上，根据技术指标、选线意图，结合地面起伏变化，本着以控制点为依据，照顾多数"经济点"的原则，在这些点位间进行穿插与取直，试定出若干直坡线。对各种可能坡度线方案反复比较，最后定出既符合技术标准，又满足控制点要求，且土石方较省的设计线作为初定坡度线，将前后坡度线延长交会出变坡点的初步位置。

（4）调整：将所定坡度与选线时坡度的安排比较，二者应基本相符，若有较大差异时应全面分析，权衡利弊，决定取舍，然后对照技术标准检查设计的最大纵坡、最小纵坡、坡长限制等是否满足规定，平、纵组合是否适当，以及路线交叉、桥隧和接线等处的纵坡是否合理，若有问题应进行调整。调整方法是对初定坡度线平抬、平降、延伸、缩短或改变坡度值。

（5）核对：选择有控制意义的重点横断面，如高填深挖、地面横坡较陡路基、挡土墙、重要桥涵以及其他重要控制点等，在纵断面图上直接读出对应桩号的填、挖高度，用"模板"在横断面图上"戴帽子"检查是否填挖过大、坡脚落空或过远、挡土墙工程过大、桥梁过高或过低、涵洞过长等情况，若有问题应及时调整纵坡。

（6）定坡：经调整核对无误后，逐段把直坡线的坡度值、变坡点桩号和标高确定下来。坡度值可用三角板推平行线法近似确定，要求取值到千分之一，即 0.1％。变坡点桩号一般要调整到 10m 的整桩号上，变坡点高程是由纵坡度和坡长依次推算而得。

（7）设置竖曲线：拉坡时已考虑了平、纵组合问题，此步根据技术标准、平纵组合均衡等确定竖曲线半径，计算竖曲线要素。

（8）设计高程计算，编制《路基设计表》。

2. 纵坡设计应注意的问题

（1）设置回头曲线地段，拉坡时应按回头曲线技术标准先定出该地段的纵坡，然后从两端接坡，应注意在回头曲线地段不宜设竖曲线。

（2）大、中桥上不宜设置竖曲线（特别是凹竖曲线），桥头两端竖曲线的起、终点应设在桥头 10m 以外。

（3）小桥涵允许设在斜坡地段或竖曲线上，为保证行车平顺，应尽量避免在小桥涵处出现"驼峰式"纵坡。

（4）注意平面交叉口纵坡及两端接线要求。道路与道路交叉时，纵面宜平缓，纵面线形应满足停车视距的要求。主要公路在交叉范围内的纵坡应在 0.15％～3％ 范围内，次要公路紧接交叉的引道部分应以 0.5％～2％ 的上坡通往交叉。主要公路在交叉范围内的圆曲线设置超高时，次要公路的纵坡应服从主要公路的横坡。

（5）拉坡时如受"控制点"或"经济点"制约，导致纵坡起伏过大，或土石方工程量太大，经调整仍难以解决时，可用纸上移线的方法修改原定纵坡线。具体方法是按理想要求定出新的纵坡设计线，然后找出对应新设计线的填、挖高度，用"模板"在横断面上以新填、挖高度左右移动，定出适宜的中线位置，该点距原路中线的横距就是按新纵坡设计要求希望平面线形调整移动的距离，据此可作出纸上平面移线，若为实地定线时还应到现场改线。这种移线修正纵面线形的方法，在山区和丘陵区道路的纵坡设计中是常遇到的。

三、纵断面图的绘制

纵断面设计图是道路设计重要技术文件之一，也是纵断面设计的最后成果。

纵断面采用直角坐标，以横坐标表示里程桩号，纵坐标表示高程。为了明显地反映沿着中线地面起伏形状，通常横坐标比例尺采用 1：2000（城市道路采用 1：500～1：1000），纵坐标采用 1：200（城市道路为 1：50～1：100），如图 1-3-3（公路）和图 1-3-4（城市道路）所示。

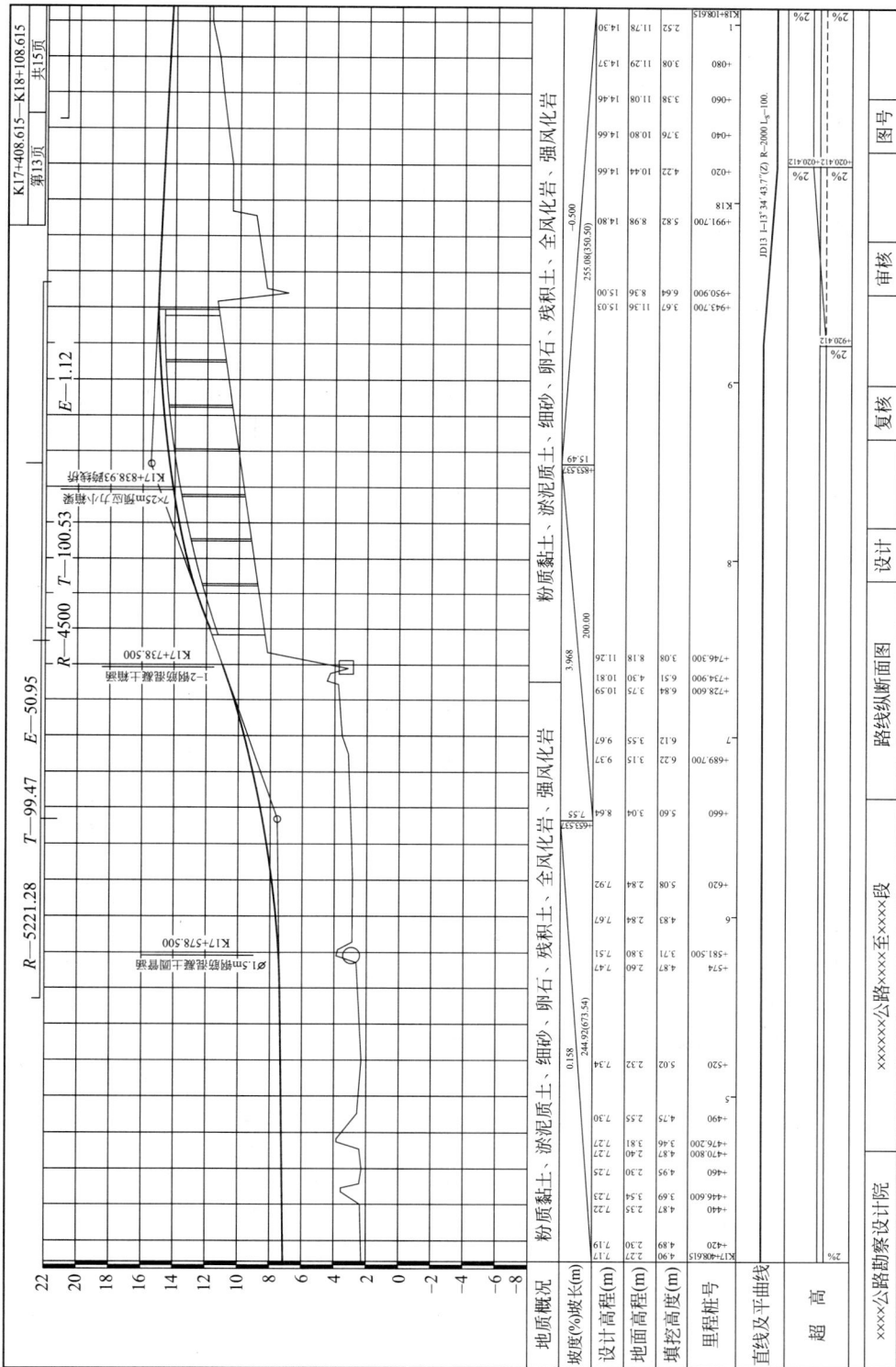

图 1-3-3　公路路线纵断面示意图

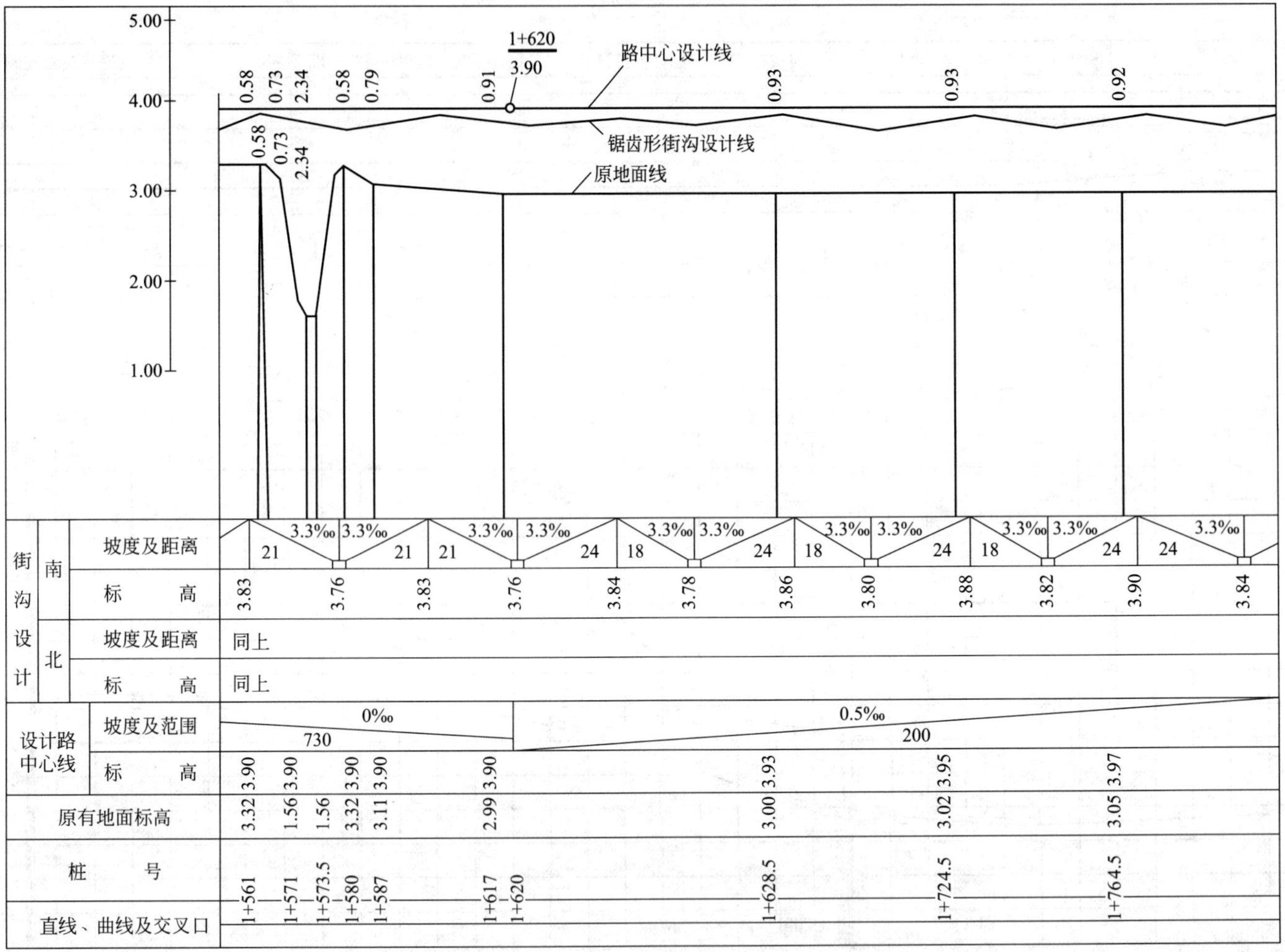

图 1-3-4 城市道路路线纵断面示意图

纵断面图是由上、下两部分内容组成的。上部主要用来绘制地面线和纵坡设计线，另外，也用以标注竖曲线及其要素；坡度及坡长（有时标在下部）；沿线桥涵及人工构造物的位置、结构类型、孔数和孔径；与道路、铁路交叉的桩号及路名；沿线跨越的河流名称、桩号、常水位和最高洪水位；水准点位置、编号和标高；断链桩位置、桩号及长短链关系等。

下部主要用来填写有关内容，如：直线及平曲线；里程桩号；地面高程；设计高程；填、挖高度；土壤地质说明；设计排水沟沟底线及其坡度、距离、标高、流水方向（视需要而标注）。

纵断面设计图应按规定采用标准图纸和统一格式，以便装订成册。

复 习 思 考 题

1. 试说明纵断面的设计步骤。

2. 纵断面设计中，平、纵组合设计的要求有哪些？

3. 某二级公路上一路段有三个变坡点，详细资料如下，试计算 K182＋700～K183＋300 段 50m 间隔的整桩号的设计高程值。

变坡点桩号	设计高程	竖曲线半径
K182＋450	175.513	5000
K182＋950	193.013	4000
K183＋550	176.513	3000

4. 应用计算机语言编制纵断面设计程序。

第四章 横 断 面 设 计

道路的横断面指道路中线上各点垂直于路线前进方向的竖向剖面。道路横断面图是由横断面设计线和地面线所构成的。其中横断面设计线包括行车道、路肩、分隔带、边沟、边坡、截水沟、护坡道以及取土坑、弃土堆、环境保护等设施。城市道路的横断面组成中，还包括机动车道、非机动车道、人行道、绿化带、分车带等。高速公路和一级公路上还有变速车道、爬坡车道等。而横断面中的地面线是表征地面起伏变化的那条线，它是通过现场实测或由大比例尺地形图、航测像片、数字地面模型等途径获得的。路线设计中所讨论的横断面设计只限于与行车直接有关的那一部分，即各组成部分的宽度、横向坡度等问题，所以有时也将路线横断面设计称作"路幅设计"。

第一节　道路横断面组成

一、公路横断面组成

公路横断面的组成和各部分的尺寸要根据设计交通量、交通组成、设计车速、地形条件等因素确定。在保证必要的通行能力和交通安全与畅通的前提下，尽量做到用地省、投资少，使道路发挥其最大的社会效益与经济效益。

1. 路幅的构成

路幅是指公路路基顶面两路肩外侧边缘之间的部分。等级高、交通量大的公路（如高速公路，一级公路），通常是将上、下行车辆分开。分隔的方式有两种：一种是用分隔带分隔，另一种是将上、下行车道放在不同的平面上加以分隔。前者称作整体式断面，后者称作分离式断面。整体式断面包括行车道、中间带、路肩以及紧急停车带、爬坡车道等组成部分。不设分隔带的整体式断面（如二、三、四级公路）包括行车道、路肩以及错车道等组成部分。城郊混合交通量大，实行快、慢车道分开的路段，其横断面组成可能还有人行道、自行车道等，应根据实际情况选用。

图 1-4-1 列出了几种公路的标准横断面组成。

公路的直线段和小半径曲线段其宽度有所不同，在小半径曲线上，路幅宽度还包括行车道加宽的宽度。

为了迅速排除路面和路肩上的降水，将路面和路肩做成有一定横坡的斜面。直线路段的路面为中间高、两边低呈双向倾斜，称作路拱。小半径曲线上为了抵消离心力，路面做成向弯道内侧倾斜的单一横坡，称作超高。

2. 路幅布置类型

（1）单幅双车道

单幅双车道公路指的是整体式的供双向行车的双车道公路，如二、三级公路和一部分四级公路。

高速公路、一级公路路基标准断面图

二、三、四级公路路基标准断面图

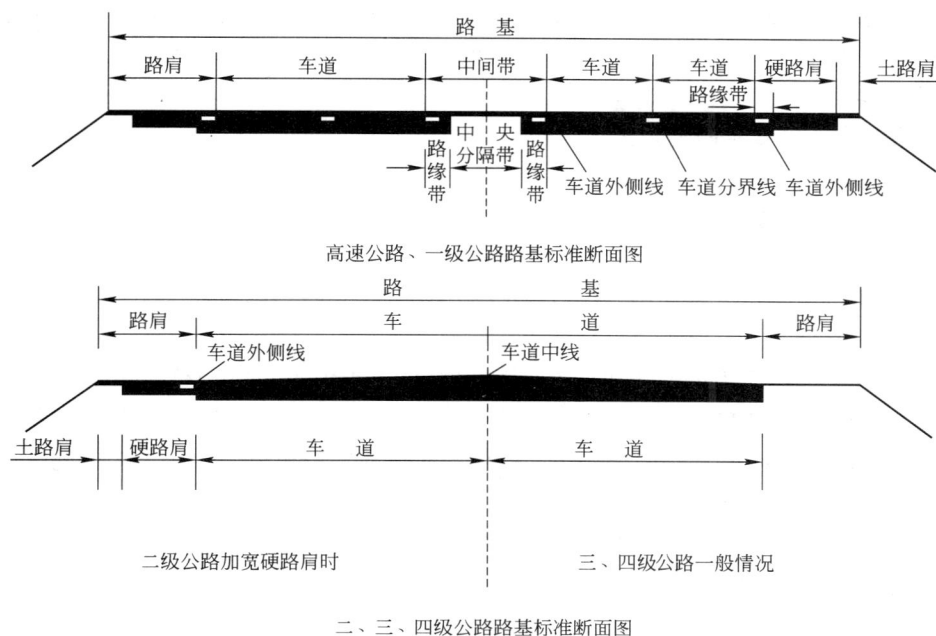

图 1-4-1　公路标准横断面组成

（2）双幅多车道

四车道、六车道和更多车道的公路，中间一般都设分隔带或做成分离式路基而构成"双幅"路。有些分离式路基为了利用地形或处于风景区等原因甚至做成两条独立的单向行车的道路，如高速公路和一级公路。

（3）单车道

对交通量小、地形复杂、工程艰巨的山区公路或地方性道路，可采用单车道，我国《标准》中的山区四级公路路基宽度为 4.50m，路面宽度为 3.50m 者就是属于此类。此类公路虽然交通量很小，但仍然会出现错车和超车。为此，应在不大于 300m 的距离内选择有利地点设置错车道，使驾驶人员能够看到相邻两错车道驶来的车辆。错车道处的路基宽度应不小于 6.5m，有效长度不小于 20m。

二、城市道路横断面组成

城市道路的交通性质和组成比较复杂，尤其表现在行人和各种非机动车较多，各种交通工具和行人的交通问题都需要在横断面设计中综合考虑予以解决，所以城市道路路线设计中的横断面设计是矛盾的主要方面，一般都放在平面和纵断面设计之前进行的。

城市道路上供各种车辆行驶的部分统称为行车道，在行车道断面上，供汽车、无轨电车、摩托车等机动车行驶的部分称为机动车道；供自行车、三轮车、板车等非机动车行驶的部分称作非机动车道。此外，还有供行人步行使用的人行道和分隔各种车道（或人行道）的分隔带及绿化带。

城市道路各组成部分相互联系和影响，其位置的安排和宽度的确定必须首先保证车辆和行人的安全畅通，同时要与道路两侧的各种建筑物及自然景观相协调，并能满足地面、地下排水和各种管线埋设的要求。横断面设计应注意近期与远期相结合，使近期工程成为远期工程的组成部分，并预留管线位置。路面宽度及高度等均应有发展余地。

1. 布置类型

城市道路常见的几种断面形式。

（1）单幅路

俗称"一块板"断面。各种车辆在车道上混合行驶。在交通组织上可以有以下几种方式：

1）划出快、慢车行驶分车线，快车和机动车辆在中间行驶，慢车和非机动车靠两侧行驶。

2）不划分车线，车道的使用可以在不影响安全的条件下予以调整。如只允许机动车辆沿同一方向行驶的"单行道"；限制载重汽车和非机动车行驶，只允许小客车和公共汽车通行的街道；限制各种机动车辆，只允许行人通行的"步行道"等。上述措施，可以是相对不变的，也可以是按规定周期变换的。

（2）双幅路

俗称"两块板"断面。在车道中心用分隔带或分隔墩将车行道分为两半，上、下行车辆分向行驶。各自再根据需要决定是否划分快、慢车道。

（3）三幅路

俗称"三块板"断面。中间为双向行驶的机动车车道，两侧为靠右侧行驶的非机动车车道。

（4）四幅路

俗称"四块板"断面。在三幅路的基础上，再将中间机动车车道分隔为二，分向行驶。

2. 断面形式的选用

单幅路占地少，投资省，但各种车辆混合行驶，于交通安全不利，仅适用于机动车交通量不大非机动车较少的次干路、支路以及用地不足拆迁困难的旧城改建的城市道路上。

双幅路断面将对向行驶的车辆分开，减少了行车干扰，提高了车速，分隔带上还可以用作绿化、布置照明和敷设管线等。它主要用于各向两条机动车道以上，非机动车较少的道路。有平行道路可供非机动车通行的快速路和郊区道路以及横向高差大或地形特殊的路段亦可采用。

三幅路将机动车与非机动车分开，对交通安全有利；在分隔带上布置绿化带，有利于夏天遮阴防晒、减少噪声和布置照明等。对于机动车交通量大、非机动车多的城市道路上宜优先考虑采用。但三幅式断面占地较多，只有当红线宽度等于或大于 40m 时才能满足车道布置的要求。

四幅路不但将机动车和非机动车分开，还将对向行驶的机动车分开，于安全和车速较三幅式路更为有利，它适用于机动车辆车速较高，各向两条机动车道以上，非机动车多的快速路与主干路。

一条道路宜采用相同形式的横断面。当道路横断面形式或横断面各组成部分的宽度变化时，应设过渡段，过渡段的起、止点宜选择在交叉口或结构物处。

第二节 行车道宽度

一、行车道宽度的确定

行车道是道路上供各种车辆行驶部分的总称，包括快车道和慢车道，在一般公路和城市道路上还有非机动车道。行车道的宽度要根据车辆宽度、设计交通量、交通组成和汽车行驶速度来确定。《公路工程技术标准》中规定的行车道宽度见表 1-4-1，城市道路机动车车道宽度见表 1-4-2。

公路行车道宽度　　　　　　　　　　　　　　表 1-4-1

设计速度（km/h）	120	100	80	60	40	30	20
车道宽度（m）	3.75	3.75	3.75	3.50	3.50	3.25	3.00

注：设计速度为 20km/h 且为单车道时，车道宽度应采用 3.5m。高速公路为八车道时，内侧车道宽度可采用 3.50m。

城市道路机动车道宽度　　　　　　　　　　　　　　表 1-4-2

车辆及 行驶状态	设计速度 （km/h）	车道宽度 （m）	车辆及 行驶状态	设计速度 （km/h）	车道宽度 （m）
大型车或大、 小混行	≥40	3.75	小型汽车专用线	—	3.50
	<40	3.50	公共汽车停靠站	—	3.00

二、平曲线加宽及其过渡

1. 加宽值的计算

对于二、三、四级公路，汽车行驶在曲线上，各轮迹半径不同，其中以后内轮轨迹半径最小，且偏向曲线内侧，故《标准》规定圆曲线半径小于或等于 250m 时，应设置加宽，以确保曲线上行车的顺适与安全。《标准》中规定了双车道公路加宽值，见表 1-4-3，对于单车道公路路面加宽值取表中规定值的一半。

双车道路面加宽值　　　　　　　　　　　　　　表 1-4-3

加宽类别	加宽值（m） 圆曲线半径（m） 轴距加前悬（m）	200～ 250	150～ 200	100～ 150	70～ 100	50～ 70	30～ 50	25～ 30	20～ 25	15～ 20
1	5	0.4	0.6	0.8	1.0	1.2	1.4	1.8	2.2	2.5
2	8	0.6	0.7	0.9	1.2	1.5	2.0	—	—	—
3	5.2+8.8	0.8	1.0	1.5	2.0	2.5	—	—	—	—

圆曲线加宽类别应根据公路的交通组成确定，二级公路及设计速度为 40km/h 的三级公路有集装箱半挂车通行时，应采用第 3 类加宽值，不经常通行集装箱半挂车时，可采用第 2 类加宽值。四级公路和设计速度为 30km/h 的三级公路可采用第 1 类加宽值。

加宽方式：圆曲线上的路面加宽应设置在圆曲线内侧。路面加宽后，路基也应相应加宽。双车道公路，当采取强制性措施实行分向行驶的路段，其圆曲线半径较小时，其内侧车道的加宽值应大于外侧车道的加宽值，设计时应通过计算确定其差值。

2. 加宽的过渡

加宽缓和段是路面由直线上的正常宽度过渡到曲线上加宽后的宽度的渐变段。为了使路面由直线上的正常宽度过渡到曲线上设置了加宽的宽度，需设置加宽缓和段。在加宽缓和段上，路面具有逐渐变化的宽度。《规范》规定二级、三级、四级公路的加宽过渡的设置，应采用在相应的回旋线或超高、加宽过渡段全长范围内，按其长度成比例增加的方式。

加宽缓和段内任意点的加宽值按下式计算：

$$b_x = \frac{L_x}{L}b \qquad\qquad (1\text{-}4\text{-}1)$$

式中　b_x——加宽值(m)；

　　　L_x——任意点距缓和段起点的距离(m)；

　　　L——加宽缓和段长(m)；

　　　b——圆曲线上的全加宽(m)。

3. 加宽过渡段的长度

（1）设置回旋线或超高过渡段时，加宽过渡段长度应采用与回旋线或超高过渡段长度相同的数值。

（2）不设回旋线或超高过渡段时，加宽过渡段长度按渐变率为 1∶15 且长度不小于10m 的要求设置。

（3）四级公路的超高、加宽过渡段应设在紧接圆曲线起点或终点的直线上。受地形条件或其他特殊情况限制时，允许将超高、加宽过渡段的一部分插入曲线，但插入曲线内的长度不得超过超高、加宽过渡段长度的一半。

（4）不同半径的同向圆曲线径相连接构成的复曲线，其超高、加宽过渡段应对称地设在衔接处的两侧。

（5）四级公路设人工构造物处，当因设置超高、加宽过渡段而在圆曲线起、终点内侧边缘产生明显转折时，可采用路面加宽边缘线与圆曲线上路面加宽后的边缘圆弧相切的方法予以消除。

第三节　路肩、中间带和路拱

一、路肩

各级公路都要设置路肩。路肩的作用是：

1. 由于路肩紧靠在路面的两侧设置，具有保护及支撑路面结构的作用。

2. 供发生故障的车辆临时停放之用，有利于防止交通事故和避免交通紊乱。

3. 作为侧向余宽的一部分，能增进驾驶的安全和舒适感，这对保证设计车速是必要的，尤其在挖方路段，还可以增加弯道视距，减少行车事故。

4. 提供道路养护作业、埋设地下管线的场地。对未设人行道的道路，可供行人及非机动车等使用。

5. 精心养护的路肩，能增加公路的美观。

根据上述路肩的功能，路肩可分为硬路肩和土路肩。硬路肩是指有路面铺装的路肩。

土路肩是不加铺装的土质路肩。各级公路右侧路肩宽度见表1-4-4。

各级公路右侧路肩宽度   表 1-4-4

公路等级	高速公路			一级公路			二级公路		三级公路		四级公路
设计速度(km/h)	120	100	80	100	80	60	80	60	40	30	20
右侧硬路肩宽度(m) 一般值	3.00 或 3.50	3.00	2.50	3.00	2.50	2.50	1.50	0.75	—	—	—
右侧硬路肩宽度(m) 最小值	3.00	2.50	1.50	2.50	1.50	1.50	0.75	0.25	—	—	—
土路肩宽度(m) 一般值	0.75	0.75	0.75	0.75	0.75	0.50	0.75	0.75	0.75	0.50	0.25(双车道)
土路肩宽度(m) 最小值	0.75	0.75	0.75	0.75	0.75	0.50	0.50	0.50	0.75	0.50	0.50(单车道)

二、中间带

中间带是由两条左侧路缘带及中央分隔带组成。路缘带的设置应起到诱导视线的作用。高速公路、一级公路整体式路基必须设置中间带。中间带的作用有：

（1）将上、下行车流分开，既可防止因快车驶入对向行车道造成车祸，又能减少公路中心线附近的交通阻力，从而提高通行能力。

（2）可作设置公路标志牌及其他交通管理设施的场地，也可作为行人的安全岛使用。

（3）设置一定宽度的中间带并种植花草灌木或设置防眩网，可防止对向车辆灯光炫目，还可起到美化路容和环境的作用。

（4）设于分隔带两侧的路缘带，由于有一定宽度且颜色醒目，既引导驾驶员视线，又增加行车所必需的侧向余宽，从而提高行车的安全性和舒适性。

中间带的宽度是根据行车带以外的侧向余宽，防止驶入对向行车带的护栏、种植、防眩网，交叉公路的桥墩等所需的设置带宽度而定的。愈宽作用愈明显，同时也便于养护作业的开展。但对土地资源十分宝贵的地区要平而且宽的中间带是有困难的，所以在我国基本上是采用窄的中间带。《标准》规定的最小中间带宽度随公路等级、地形条件变化在2.50~4.50m之间，特殊情况下可减至2.00m。城市道路规定与公路大致相同。左侧路缘带常用宽度为0.50m或0.75m。整体式中间带宽度见表1-4-5。

中 间 带 宽 度 表   表 1-4-5

设计速度(km/h)	120	100	80	60
中央分隔带宽度(m) 一般值	3.00	2.00	2.00	2.00
中央分隔带宽度(m) 最小值	1.00	1.00	1.00	1.00
左侧路缘带宽度(m) 一般值	0.75	0.75	0.50	0.50
左侧路缘带宽度(m) 最小值	0.75	0.5	0.50	0.50
中间带宽度(m) 一般值	4.50	3.50	3.00	3.00
中间带宽度(m) 最小值	2.50	2.00	2.00	2.00

三、路拱

为了利于路面横向排水，将路面做成由中央向两侧倾斜的拱形，称为路拱，其倾斜的大小以百分率表示。

路拱对排水有利但对行车不利。路拱坡度所产生的水平分力增加了行车的不平稳。同时也给乘客以不舒适的感觉。当车辆在有水或潮湿的路面上制动时还会增加侧向滑移的危险。为此,对路拱大小的采用及形状的设计应兼顾两方面的影响。对于不同类型的路面由于其表面的平整度和透水性不同,再考虑当地的自然条件选用不同的路拱坡度,路拱坡度的取值见表1-4-6。

路 拱 横 坡 度 表   表 1-4-6

路面类型	路拱横坡度(%)
水泥混凝土路面、沥青混凝土路面	1.0～2.0
其他黑色路面、整齐石块	1.5～2.5
半整齐石块、不整齐石块	2.0～3.0
碎、砾石等粒料路面	2.5～3.5
低级路面	3.0～4.0

《规范》规定,高速公路和一级公路整体式路基的路拱宜采用双向路拱坡度,由路中央向两侧倾斜。位于中等强度降雨地区时,路拱坡度宜为2%;位于降雨强度较大地区时,路拱坡度可适当加大。

高速公路、一级公路分离式路基的路拱,宜采用单向横坡,并向路基外侧倾斜,也可采用双向路拱坡度。积雪、冰冻地区,宜采用双向路拱坡度。

二级公路、三级公路、四级公路的路拱应采用双向路拱坡度,由路中央向两侧倾斜。路拱坡度应根据路面类型和当地自然条件确定,但不应小于1.5%。

直线路段的硬路肩应设置向外倾斜的横坡,其坡度值应与车道横坡度值相同。路线纵坡平缓且设置拦水带时,其横坡度值宜采用3%～4%。曲线路段内,当曲线超高小于或等于5%时,其横坡度值和方向与相邻车道相同;当曲线超高大于5%时,其横坡度值应不大于5%,且方向相同。

土路肩的排水性远低于路面,位于直线段或曲线段内侧,且车道或硬路肩的坡度值大于或等于3%时,土路肩的横坡应与车道或硬路肩横坡度值相同;小于3%时,土路肩的横坡度应比车道或硬路肩的横坡值大1.0%或2.0%,位于曲线路段外侧的土路肩横坡,应采用3%或4%的反向横坡度值。

人行道横坡宜采用单面坡,坡度为1%～2%。路缘带横坡与路面相同。

第四节　平曲线超高

一、超高及其作用

为抵消车辆在曲线路段上行驶时所产生的离心力,将路面做成外侧高于内侧的单向横坡的形式,这就是曲线上的超高。合理地设置超高,可以全部或部分抵消离心力,提高汽车行驶在曲线上的稳定性与舒适性。当汽车等速行驶时,圆曲线上所产生的离心力是常数,而在回旋线上行驶则因回旋线曲率是变化的,其离心力也是变化的。因此,超高横坡度在圆曲线上应是与圆曲线半径相适应的全超高,在回旋线上应是逐渐变化的超高,这段从直线上的双向横坡渐变到圆曲线上的单向横坡的路段,称作超高缓和段或超高过渡段,四级公路不设回旋线,但曲线上若设置有超高,从构造的角度也应有超高缓和段。

二、超高值的确定

《规范》中规定各圆曲线半径所设置的超高值应根据设计速度、圆曲线半径、公路条件、自然条件等经计算确定。根据汽车的行驶特性，考虑乘客的安全心理需求，可以推导出如下公式：

$$i_h = \frac{V^2}{127R} - \mu \tag{1-4-2}$$

式中　R——平曲线半径(m)；

　　　μ——横向力系数；

　　　V——设计速度(km/h)；

　　　i_h——横向超高坡度(%)。

当圆曲线半径很小时，为了保持行车的稳定，其超高度将是很大的。但是，过大的超高度会使慢行的车辆产生向曲线内侧滑移的可能性，对最大超高的规定见表1-4-7，其中高速公路、一级公路正常情况下采用8%，交通组成中小客车比例高时可采用10%。

各级公路圆曲线最大超高值　　　　　　　　　　　　　　表1-4-7

公路等级	高速公路、一级公路	二级公路、三级公路、四级公路
一般地区(%)	8 或 10	8
积雪冰冻地区(%)	6	

二级公路、三级公路、四级公路接近城镇且混合交通较大的路段，车速受限制时，其最大超高值可按表1-4-8选用。

车速受限制时最大超高值　　　　　　　　　　　　　　表1-4-8

设计速度(km/h)	80	60	40、30、20
超高值(%)	6	4	2

各级公路和城市道路圆曲线部分的最小超高值与该道路直线部分的正常路拱坡度值一致。

三、超高过渡方式

1. 无中间带道路的超高过渡

无中间带的道路，无论是双车道还是单车道，在直线路段的横断面均为以中线为脊向两侧倾斜的路拱，路面要由双向倾斜的路拱形式过渡到具有超高的单向倾斜的超高形式，外侧须逐渐抬高，在抬高过程中，行车道外侧是绕中线旋转的，若超高横坡度等于路拱坡度，则直至与内侧横坡相等为止。

当超高坡度大于路拱坡度时，可分别采用以下三种过渡方式。

(1) 绕内侧车道边缘旋转

先将外侧车道绕路中线旋转，待达到与内侧车道构成单向横坡后，整个断面再绕未加宽前的内侧车道边缘旋转，直至超高横坡值。新建工程宜采用此种方式。

(2) 绕路中线旋转

先将外侧车道绕路中线旋转，待达到与内侧车道构成单向横坡后，整个断面一同绕中线旋转，直至超高横坡度。改建工程可采用此种方式。

（3）绕外侧车道边缘旋转

先将外侧车道绕外边缘旋转，与此同时，内侧车道随中线的降低而相应降低，待达到单向横坡后，整个断面仍绕外侧车道边缘旋转，直至超高横坡度。路基外缘标高受限制或路容美观有特殊要求时可采用此种方式。

2. 有中间带公路的超高过渡

（1）绕中间带的中心线旋转

先将外侧行车道绕中间带的中心旋转，待达到与内侧行车道构成单向横坡后，整个断面一同绕中心线旋转，直至超高横坡度值。此时中央分隔带呈倾斜状。中间带宽度小于或等于4.5m的公路可采用此方法。

（2）绕中央分隔带边缘旋转

将两侧行车道分别绕中央分隔带边缘旋转，使之各自成为独立的单向超高断面，此时中央分隔带维持原水平状态。各种宽度中间带的公路均可采用此方法。

（3）绕各自行车道中线旋转

将两侧行车道分别绕各自的中心线旋转，使之各自成为独立的单向超高断面，此时中央分隔带两边缘分别升高与降低而成为倾斜断面。车道数大于4条的公路可采用此方法。

城市道路的超高过渡方式与公路相同。分离式断面的道路由于上、下行车道是各自独立的，其超高的设置及其过渡宜按两条无分隔带的道路分别予以处理。

四、超高缓和段长度

由直线段的双向路拱横坡断面过渡到圆曲线段的全超高单向横断面，期间必须设置超高过渡段。双车道公路超高缓和段长度可按以下方法计算确定：

$$L_c = \frac{\beta \Delta_i}{p} \tag{1-4-3}$$

式中　L_c——超高缓和段长（m）；

　　　β——旋转轴至行车道（设路缘带时为路缘带）外侧边缘的宽度（m）；

　　　Δ_i——超高坡度与路拱坡度的代数差（%）；

　　　p——超高渐变率，即旋转轴线与行车道（设路缘带时为路缘带）外侧边缘线之间的相对坡度，其值见表1-4-9。

超 高 渐 变 率　　　　　　　　　　　　　　　　　表 1-4-9

设计速度（km/h）	超高旋转轴位置	
	中线	边线
120	1/250	1/200
100	1/225	1/175
80	1/200	1/150
60	1/175	1/125
40	1/150	1/100
30	1/125	1/75
20	1/100	1/50

根据上式计算的超高缓和段长度，应凑成 5m 的整倍数，并不小于 10m 的长度。

超高过渡段应在回旋线全长范围内进行，当回旋线较长时，其超高可采用如下过渡方式：

（1）超高过渡段可设在回旋线的某一区段内进行，其超高过渡段的纵向渐变率不得小于 1/330，全超高断面宜设在缓圆点或圆缓处。

（2）六车道及其以上的公路宜增设路拱线。

四级公路因不设回旋线，但圆曲线上若设有超高，则应设置超高缓和段，超高的过渡在超高缓和段的全长上进行。

五、超高的计算

平曲线上设置超高以后，道路中线和内、外侧边线与未加宽超高前的设计标高之高差 h，应予以计算并列于"路基设计表"中，以便于施工。二、三、四级公路的超高值计算公式列于表 1-4-10 和表 1-4-11，可参看图 1-4-2。

绕边缘线旋转超高值计算公式 表 1-4-10

超高位置		计算公式（$p \geqslant 1/330$）		说明
		$x \leqslant x_0$	$x > x_0$	
圆曲线	外缘 h_c	$b_j \times i_j + (B+b_j) \times i_h$		1. 计算结果为与设计高的高差。 2. 临界断面距回旋线起点距离为： $x_0 = \dfrac{i_G}{i_h} L_c$ 3. b_x 为 x 距离处的加宽值
	中线 h_c'	$b_j \times i_j + \dfrac{B}{2} \times i_h$		
	内缘 h_c''	$b_j \times i_j - (b_j+b) \times i_h$		
过渡段上	外缘 h_{cx}	$b_j(i_j-i_G) + \left[b_j \times i_G + (B+b_j)i_h\right] \times \dfrac{x}{L_c}$ 或 $b_j(i_j-i_G) + \dfrac{x}{x_0}(B+2b_j) \times i_G$		
	中线 h_{cx}'	$b_j \times i_j + \dfrac{B}{2} \times i_G$	$b_j \times i_j + \dfrac{B}{2} \times \dfrac{x}{L_c} \times i_h$	
	内缘 h_{cx}''	$b_j \times i_j - (b_j+b_x) \times i_G$	$b_j \times i_j - (b_j+b_x) \times \dfrac{x}{L_c} \times i_h$	

超高位置		计算公式（$p < 1/330$）		说明
		$x \leqslant x_0$	$x > x_0$	
圆曲线	外缘 h_c	$b_j \times i_j + (B+b_j) \times i_h$		1. 临界断面距回旋线起点距离为： $x_0 = 330Bi_G$ 2. 临界断面至全超高段任一断面的超高横坡度为： $i_x = \dfrac{x-x_0}{L_c-x_0} \times (i_h-i_G) + i_G$ 3. 本公式为全回旋线内超高过渡
	中线 h_c'	$b_j \times i_j + \dfrac{B}{2} \times i_h$		
	内缘 h_c''	$b_j \times i_j - (b_j+b) \times i_h$		
过渡段上	外缘 h_{cx}	$b_j(i_j-i_G) + \dfrac{x}{x_0}(B+2b_j) \times i_G$	$b_j \times i_j + (B+b_j) \times i_x$	
	中线 h_{cx}'	$b_j \times i_j + \dfrac{B}{2} \times i_G$	$b_j \times i_j + \dfrac{B}{2} \times i_x$	
	内缘 h_{cx}''	$b_j \times i_j - (b_j+b_x) \times i_G$	$b_j \times i_j - (b_j+b_x) \times i_x$	

超高位置		计算公式（$p \geqslant 1/330$）		说明
		$x \leqslant x_0$	$x > x_0$	
圆曲线	外缘 h_c	$b_j \times (i_j - i_G) + \left(\dfrac{B}{2} + b_j\right) \times (i_G + i_h)$		1. 计算结果为与设计高的高差。
	中线 h'_c	$b_j \times i_j + \dfrac{B}{2} \times i_G$		2. 临界断面距回旋线起点距离为：
	内缘 h''_c	$b_j \times i_j + \dfrac{B}{2} \times i_G - \left(b_j + \dfrac{B}{2} + b\right) \times i_h$		$x_0 = \dfrac{2i_G}{i_G + i_h} L_c$
过渡段上	外缘 h_{cx}	$b_j \times (i_j - i_G) + \left(\dfrac{B}{2} + b_j\right) \times (i_G + i_h) \times \dfrac{x}{L_c}$		3. b_x 为 x 距离处的加宽值
	中线 h'_{cx}	$b_j \times i_j + \dfrac{B}{2} \times i_G$		
	内缘 h''_{cx}	$b_j \times i_j - (b_j + b_x) \times i_G$	$b_j \times i_j + \dfrac{B}{2} \times i_G - \left(b_j + \dfrac{B}{2} + b_x\right) \times \left[\dfrac{x}{L_c} \times (i_h + i_G) - i_G\right]$	

超高位置		计算公式（$p < 1/330$）		说明
		$x \leqslant x_0$	$x > x_0$	
圆曲线	外缘 h_c	$b_j \times (i_j - i_G) + \left(\dfrac{B}{2} + b_j\right) \times (i_G + i_h)$		1. 临界断面距回旋线起点距离为：
	中线 h'_c	$b_j \times i_j + \dfrac{B}{2} \times i_G$		$x_0 = 330 B i_G$
	内缘 h''_c	$b_j \times i_j + \dfrac{B}{2} \times i_G - \left(b_j + \dfrac{B}{2} + b\right) \times i_h$		2. 临界断面至全超高段任一断面的超高横坡度为：
过渡段上	外缘 h_{cx}	$b_j(i_j - i_G) + \dfrac{x}{x_0}(B + 2b_j) \times i_G$	$b_j(i_j - i_G) + \left(\dfrac{B}{2} + b_j\right) \times (i_G + i_x)$	$i_x = \dfrac{x - x_0}{L_c - x_0} \times (i_h - i_G)$
	中线 h'_{cx}	$b_j \times i_j + \dfrac{B}{2} \times i_G$		$+ i_G$
	内缘 h''_{cx}	$b_j \times i_j - (b_j + b_x) \times i_G$	$b_j \times i_j + \dfrac{B}{2} \times i_G - \left(b_j + \dfrac{B}{2} + b_x\right) \times i_x$	3. 本公式为全回旋线内超高过渡

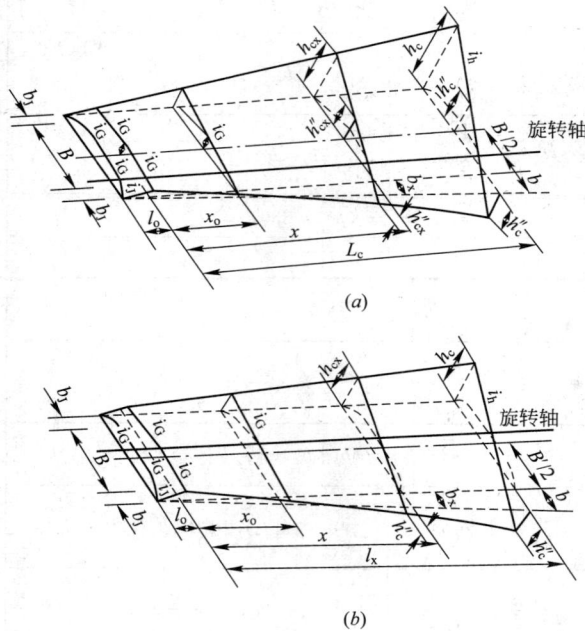

图 1-4-2　超高过渡示意图

（a）绕行车道边缘线旋转；（b）绕中线旋转

第五节　横断面设计方法

一、公路横断面设计

1. 路基标准横断面

在具体设计每个横断面之前，先确定路基的标准横断面（或称"典型横断面"）。在标准横断面图中，一般要包括：路堤、路堑、半堤半堑、护肩路基、挡土墙路基、砌石路基等，断面中的边坡坡率、边沟尺寸、挡墙断面等必须按现行《公路路基设计规范》的规定办理，对于高填、深挖、特殊地质、浸水路堤等应单独设计，详见《路基路面工程》。

2. 横断面设计方法

（1）在计算纸上绘制横断面的地面线。地面线是在现场测绘的，若是纸上定线，可从大比例尺的地形图上内插获得。在计算机辅助设计中，可通过数字化仪或键盘向计算机输入横断面各变化点相对于中桩的坐标，由绘图机自动绘制。横断面图的比例尺一般是1：200。

（2）绘出设计线。

根据现场调查所得来的"土壤、地质、水文资料"，参照"标准横断面图"，画出路幅宽度，填或挖的边坡坡线，在需要设置各种支挡工程和防护工程的地方画出该工程结构的断面示意图。

1）从"路基设计表"中抄入路基中心填挖高度，由中桩地面点量出填挖高度，画一条水平线，即为设计高程；

2）确定左右侧路基宽度，在设计高程线上截取左右路基边缘位置；

3）绘出路拱：按路中线、路基或路面边缘与设计高程的差值绘出；

4）绘出路基边坡线；

5）绘出防护及加固设施的断面示意图。

（3）根据综合排水设计，画出路基边沟、截水沟、排灌渠等的位置和断面形式。必要时须注明各部分尺寸。此外，对于取土坑、弃土堆、绿化等也尽可能画出。

对于分离式断面的公路和具有变速车道、爬坡车道、紧急停车车道的断面，可参照上述步骤绘制。

一条道路的横断面图数量极大，为提高手工绘制的工作效率，可事先制作若干透明模板。但根本的解决办法是"路线 CAD"，它不但能准确自动绘制横断面图，而且能自动解算横断面面积。

上面所介绍的横断面设计方法，仅限于在"标准横断面图"范围以内的那些断面，其操作比较机械，所以形象化地称之为"戴帽子"。对特殊情况下的横断面，则必须按照路基课程中所讲述的原理和方法进行特殊设计，绘图比例尺也应按需要采用。

（4）编制路基设计表。"路基设计表"是路线设计和路基设计成果的体现，在道路设计文件中占有重要地位。

二、城市道路横断面设计

1. 横断面设计图

当按照城市道路的交通性质、地形条件以及近期与远期相结合的原则确定了横断面组成和宽度以后，即可绘制横断面设计图。城市道路的横断面设计图与公路横断面图的作用是相同的，即为指导施工和计算土石方数量。

城市道路横断面设计图一般要用的比例尺为1：100或1：200，在图上应绘出红线宽度、行车道、人行道、绿带、照明、新建或改建的地下管道等各组成部分的位置和宽度以及排水方向、路面横坡等。

2. 横断面现状图

沿道路中线每隔一定距离绘制横断面地面线。若属旧街道的改建，实际上就是横断面的现状图。图中包括地形、地物、原街道的各组成部分、边沟、路侧建筑等。比例尺为1：100或1：200，有时为了更加明显地表现地形和地物高度的变化，也可采用纵、横不同的比例尺绘制。

3. 横断面施工图

在完成道路纵断面设计之后，各中线上的填挖高度则为已知。将这一高度点绘在相应的横断面现状图上，然后将横断面设计图以相同的比例尺画于其上。此图反映了各断面上的填、挖和拆迁界线，是施工时的主要根据。

第六节　路基土石方数量计算及调配

路基土石方是公路工程的一项主要工程量，在公路设计和路线方案比较中，路基土石方数量的多少是评价公路测设质量的主要技术经济指标之一。在编制公路施工组织计划和工程概预算时，还需要确定分段和全线的路基土石方数量。

地面形状是很复杂的，填挖方不是简单的几何体，所以其计算只能是近似的，计算的精确度取决于中桩间距、测绘横断面时采点的密度和计算公式与实际情况的接近程度等。计算时一般应按工程的要求，在保证使用的前提下力求简化。

一、横断面面积计算

路基填挖的断面积，是指断面图中原地面线与路基设计线所包围的面积，高于地面线者为填，低于地面线者为挖，两者应分别计算，下面介绍几种常用的面积计算方法。

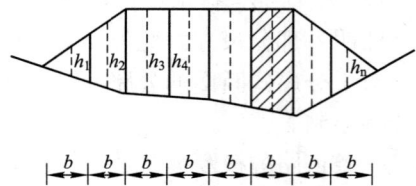

图 1-4-3　积距法

1. 积距法

如图 1-4-3 所示，将断面按单位横宽划分为若干个梯形与三角形条块，每个小条块的近似面积为：

$$F_i = bh_i \tag{1-4-4}$$

则横断面面积：

$$F = bh_1 + bh_2 + bh_i \cdots + bh_n = b\sum_{i=1}^{n} h_i \tag{1-4-5}$$

当 $b=1$m 时，则 F 在数值上就等于各小条块平均高度之和 Σh_i。

要求得 Σh_i 的值，可以用卡规逐一量取各条块高度的累积值。当面积较大，卡规张度不够用时，也可用厘米方格纸折成窄条代替卡规量取积距，用积距法计算面积简单、迅速。若地面线较顺直，也可以增大 b 的数值，若要进一步提高精度，可增加测量次数最后取其平均值。

2. 坐标法

如图 1-4-4 所示，已知断面图上各转折点坐标$(x_i，y_i)$，则断面面积为：

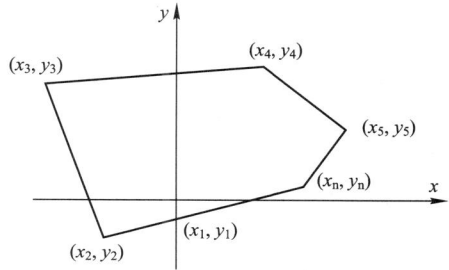

图 1-4-4　坐标法

$$F = \frac{1}{2} \sum_{i=1}^{n} (x_i y_{i+1} - x_{i+1} y_i) \qquad (1-4-6)$$

坐标法的精度较高，适宜于用计算机计算。

计算横断面面积还有几何图形法、数方格法、求积仪法等，在此不一一介绍。

二、土石方数量计算

若相邻两断面均为填方或均为挖方且面积大小相近，则可假定两断面之间为一棱柱体，其体积的计算公式为：

$$F = \frac{1}{2}(F_1 + F_2)L \qquad (1-4-7)$$

式中　F——体积，即土石方数量(m^3)；

F_1、F_2——分别为相邻两断面的面积(m^2)；

L——相邻断面之间的距离(m)。

此法计算简易，较为常用，一般称之为"平均断面法"。

若 F_1 和 F_2 相差甚大，则与棱台更为接近。其计算公式为：

$$V = \frac{1}{3}(F_1 + F_2)L \left(1 + \frac{\sqrt{m}}{1+m}\right)$$

$$= \frac{1}{3}(F_1 + F_2 + \sqrt{F_1 F_2})L \qquad (1-4-8)$$

式中　$m = \dfrac{F_1}{F_2}$，其中 $F_2 > F_1$。

第二种方法的精度较高，应尽量采用，特别是用计算机计算时。

用上述方法计算的土石方体积中包含了路面体积。若所设计的纵断面有填有挖且基本平衡，则填方断面中多计的路面面积与挖方断面中少计的路面面积相互抵消，其总体积与实施体积相差不大。若路基是以填方为主或以挖方为主，则最好是在计算断面面积时将路面部分计入，也就是填方要扣除、挖方要增加路面所占的那一部分面积，特别是路面厚度较大时更不能忽略。

三、路基土石方调配

土石方调配的目的是为确定填方用土的来源、挖方弃土的去向，以及计价土石方的数量和运量等。通过调配合理地解决各路段土石方平衡与利用问题，使从路堑挖出的土石方，在经济合理的调运条件下移挖作填，达到填方有所"取"，挖方有所"用"，避免不必要的路外借土和弃土，以减少占用耕地和降低公路造价。

1. 土石方调配原则

（1）在半填半挖断面中，应首先考虑在本路段内移挖作填进行横向平衡，然后再作纵向调配，以减少总的运输量。

（2）土石方调配应考虑桥涵位置对施工运输的影响，一般大沟不作跨越调运，同时应注意施工的可能与方便，尽可能避免和减少上坡运土。

（3）为使调配合理，必须根据地形情况和施工条件，选用适当的运输方式，确定合理的经济运距，用以分析工程用土是调运还是外借。

（4）土方调配"移挖作填"固然要考虑经济运距问题，但这不是唯一的指标，还要综合考虑弃方或借方占地，赔偿青苗损失及对农业生产影响等。有时移挖作填虽然运距超出一些，运输费用可能稍高一些，但如能少占地，少影响农业生产，这样，对整体来说也未必是不经济的。

（5）不同的土方和石方应根据工程需要分别进行调配，以保证路基稳定和人工构造物的材料供应。

（6）位于山坡上的回头曲线段优先考虑上线向下线的土方竖向调运。

（7）土方调配对于借土和弃土应事先同地方商量，妥善处理。借土应结合地形、农田规划等选择借土地点，并综合考虑借土还田、整地造田等措施。弃土应不占或少占耕地，在可能条件下宜将弃土平整为可耕地，防止乱弃乱堆，或堵塞河流，损坏农田。

2. 土石方调配方法

土石方调配方法有多种，如累积曲线法、调配图法及土石方计算表调配法等，目前生产上多采用土石方计算表调配法，该法不需绘制累积曲线图与调配图，直接可在土石方表上进行调配，其优点是方法简捷、调配清晰、精度符合要求。该表也可由计算机自动完成。具体调配步骤是：

（1）土石方调配是在土石方数量计算与复核完毕的基础上进行的，调配前应将可能影响运输调配的桥涵位置、陡坡、大沟等标注在表旁，供调配时参考。

（2）弄清各桩号间路基填挖方情况并作横向平衡，明确利用、填缺与挖余数量。

（3）在作纵向调配前，应根据施工方法及可能采取的运输方式定出合理的经济运距，供土石方调配时参考。

（4）根据填缺挖余分布情况，结合路线纵坡和自然条件，本着技术经济和支农的原则，具体拟订调配方案。方法是逐桩逐段地将毗邻路段的挖余就近纵向调运到填缺内加以利用，并把具体调运方向和数量用箭头标明在纵向利用调配栏中。

（5）经过纵向调配，如果仍有填缺或挖余，则应会同当地政府协商确定借土或弃土地点，然后将借土或弃土的数量和运距分别填注到借方或废方栏内。

（6）土石方调配后，应按下式进行复核检查：

$$横向调运＋纵向调运＋借方＝填方$$
$$横向调运＋纵向调运＋弃方＝挖方$$
$$挖方＋借方＝填方＋弃方$$

以上检查一般是逐页进行复核的，如有跨页调配，须将其数量考虑在内，通过复核可以发现调配与计算过程有无错误，经核证无误后，即可分别计算计价土石方数量、运量和运距等，为编制施工预算提供土石方工程数量。

3. 关于调配计算的几个问题

（1）经济运距

填方用土来源，一是路上纵向调运，二是就近路外借土。一般情况调运路堑挖方来填筑距离较近的路堤还是比较经济的。但如调运的距离过长，以致运价超过了在填方附近借土所需的费用时，移挖作填就不如在路堤附近就地借土经济。因此，采取"调"还是"借"有个限度距离问题，这个限度距离即所谓"经济运距"，其值按下式计算：

$$经济运距 L_经 = \frac{B}{T} + L_免 \tag{1-4-9}$$

式中　B——借土单价（元/m³）；

　　　T——远运运费单价［元/(m³·km)］；

　　$L_免$——免费运距（km）。

由上可知，经济运距是确定借土或调运的限界，当调运距离小于经济运距时，采取纵向调运是经济的，反之，则可考虑就近借土。

（2）平均运距

土方调配的运距，是指从挖方体积的重心到填方体积的重心之间的距离。在路线工程中为简化计算起见，这个距离可简单地按挖方断面间距中心至填方断面间距中心的距离计算，称平均运距。

在纵向调配时，当其平均运距超过定额规定的免费运距，应按其超运运距计算土石方运量。

（3）运量

土石方运量为平均运距与土石方调配数量的乘积，单位为 m³·km。

在生产中，工程定额是将平均运距每 10m 划为一个运输单位，称之为"级"，20m 为两个运输单位，称为二级，余类推，在土方计算表内可用符号①、②表示，不足 10m 时，仍按一级计算或四舍五入。于是：

$$总运量 = 调配（土石方）方数 \times n \tag{1-4-10}$$

式中　n——平均运距单位（级），其值为：

$$n = \frac{L - L_免}{10} \tag{1-4-11}$$

　　　L——平均运距；

　　$L_免$——免费运距。

在土石方调配中，所有挖方无论是"弃"或"调"，都应予以计价。但对于填方则不然，要根据用土来源来决定是否计价。如果是路外借土，那么需要计价，倘若是移挖作填调配利用，则不应再计价，否则形成双重计价。因此计价土石方必须通过土石方调配表来确定其数量为：

计价土石方数量 = 挖方数量 + 借方数量

一般工程上所说的土石方总量，实际上是指计价土石方数量。一条公路的土石方总量，一般包括路基工程、排水工程、临时工程、小桥涵工程等项目的土石方数量。对于独立大、中桥梁、长隧道的土石方工程数量应另外计算。

1. 试论述横断面的设计步骤。

2. 试论述高速公路超高的过渡方式有哪些？各种过渡方式的适用条件是什么。

3. 已知某二级路，路基宽度为 12m，填挖高度 4.12m，路基边坡为 1∶1.5，试绘制横断面图。该点横断面地面线实测资料如下：

桩号：K5+300.00

右侧：(3.7，−0.17)，(12.7，−1.07)，(25，−2.31)

左侧：(6.4，0.82)，(8.7，1.3)，(13.58，1.79)，(25，2.87)

(注：上述括号中第一个数为距离中桩的距离，第二个数为与中桩的高程差。)

第五章 选 线

第一节 概 述

选线是在道路规划路线起终点之间选定一条技术上可行，经济上合理，又能符合使用要求的道路中心线的工作，它面对的是一个十分复杂的自然环境和社会经济条件，需要综合考虑多方面因素。为达此目的，选线必须由粗到细，由轮廓到具体，逐步深入，分阶段分步骤地加以分析比较，才能定出最合理的路线来。

本章内容主要适用于公路选线，城市道路路线则主要取决于城市干道网及红线规划。

一、道路选线的一般原则

路线是道路的骨架，它的优劣关系到道路本身功能的发挥和在路网中是否能起到应有的作用。路线设计除受自然条件影响外，还受诸多社会因素的制约，选线要综合考虑多种因素，妥善处理好各方面的关系，其基本原则如下：

1. 在道路设计的各个阶段，应运用各种先进手段对路线方案作深入、细致的研究，在多方案论证、比选的基础上，选定最优路线方案。

2. 路线设计应在保证行车安全、舒适、迅速的前提下，做到工程量小、造价低、运营费用省、效益好，并有利于施工和养护。在工程量增加不大时，应尽量采用较高的技术指标，不要轻易采用极限指标，也不应不顾工程大小，片面追求高指标。

3. 选线应注意同农田基本建设相配合，做到少占田地，并应尽量不占高产田、经济作物田或穿过经济林园（如橡胶林、茶林、果园）等。

4. 通过名胜、风景、古迹地区的道路，应注意保护原有自然状态，其人工构造物应与周围环境、景观相协调，处理好重要历史文物遗址。

5. 选线时应对工程地质和水文地质进行深入勘测调查，弄清它们对道路工程的影响。对严重不良地质路段，如滑坡、崩坍、泥石流、岩溶、泥沼等地段和沙漠、多年冻土等特殊地区，应慎重对待，一般情况下应设法绕避。当必须穿过时，应选择合适位置，缩小穿越范围，并采取必要的工程措施。

6. 选线应重视环境保护，注意由于道路修筑，汽车运营所产生的影响和污染，如：

（1）路线对自然景观与资源可能产生的影响；

（2）占地、拆迁房屋所带来的影响；

（3）路线对城镇布局、行政区划、农业耕作区、水利排灌体系等现有设施造成分割引起的影响；

（4）噪声对居民以及汽车尾气对大气、水源、农田所造成的污染及影响。

7. 对于高速公路和一级公路，由于其路幅宽，可根据通过地区的地形、地物、自然环境等条件，利用其上下行车道分离的特点，本着因地制宜的原则，合理利用上下行车道分离的形式设线。

二、选线的步骤和方法

一条路线的起、终点确定以后，它们之间有很多走法。选线的任务就是在这众多的方案中选出一条符合设计要求、经济合理的最优方案。因为影响选线的因素很多，这些因素有的互相矛盾，有的又相互制约，各因素在不同场合的重要程度也不相同，不可能一次就找出理想方案来。最有效的作法是通过分阶段，由粗到细反复比选来求最佳解，选线一般按工作内容分三步进行。

1. 路线总体布局——路线方案选择

路线方案选择主要是解决起、终点间路线基本走向问题。此项工作通常是先在小比例尺(1：2.5～1：10万)地形图上从较大面积范围内找出各种可能的方案，收集各种可能方案的有关资料，进行初步评选，确定数条有进一步比较价值的方案。然后进行现场勘察，通过多方案的比选得出一个最佳方案来，当没有地形图时，可采用调查或踏勘方法现场收集资料，进行方案评选。当地形复杂或地区范围很大时，可以通过航空观察，或用遥感与航摄资料进行选线。

2. 路线带选择

在路线基本方向选定的基础上，按地形、地质、水文等自然条件选定出一些细部控制点，连接这些控制点，即构成路线带，也称路线布局。这些细部控制点的取舍，自然仍是通过比选的办法来确定的。路线布局一般应该在1：1000～1：5000比例尺的地形图上进行。只有在地形简单，方案明确的路段，才可以现场直接选定。

3. 具体定线

经过上述两步的工作，路线雏形已经明显勾画出来，定线就是根据技术标准和路线方案，结合有关条件在有利的定线带内进行平、纵、横综合设计，具体定出道路中线的工作。

本章主要讲述路线方案选择和路线布局两项工作的重点，具体定线内容在本篇第六章讲述。

第二节 路线方案选择

一、影响路线方案选择的主要因素

路线方案是路线设计中最根本的问题。方案是否合理，不但直接关系到公路本身的工程投资和运输效率，更重要的是影响到路线在公路网中是否起到应有作用，即是否满足国家的政治、经济、国防的要求和长远利益。

一条路线的起终点及中间必须经过的重要城镇或地点，通常是由公路网规划所规定或领导机关根据国家建设需要指定的。这些指定的点称为"据点"，把据点连接成线，就是路线的总方向或称大走向。两个据点之间有许多不同的走法，有的可能沿某河、越某岭，也可能沿某几条河，翻某几个岭；可能走某河的这一岸，靠近某城镇；也可能走对岸，避开某城镇等。这些每一种可能的走法就是一个大的路线方案，作为选线工作的第一步就是要在各种可能的方案中，在深入调查的基础上，综合考虑路线方案选择的主要因素，通过方案的比选，提出合理的路线方案。

选择路线方案应综合考虑以下主要因素：

1. 路线在政治、经济、国防上的意义，国家或地方建设对路线使用任务、性质的要求，改革开放、综合利用等重要方针的体现。

2. 路线在铁路、公路、航道、空运等交通网系中的作用，与沿线工矿、城镇等规划的关系，以及与沿线农田水利等建设的配合及用地情况。

3. 沿线地形、地质、水文、气象、地震等自然条件的影响；要求的路线技术等级与实际可能达到的技术标准及其对路线使用任务、性质的影响；路线长度、筑路材料来源、施工条件以及工程量、三材（钢筋、木材、水泥）用量、造价、工期、劳动力等情况及其对运营、施工、养护等方面的影响。

4. 其他如与沿线旅游景点、历史文物、风景名胜的联系等。

影响路线方案选择的因素是多方面的，各种因素又多是互相联系和互相影响的。路线应在满足使用任务和性质要求的前提下，综合考虑自然条件、技术标准和技术指标、工程投资、施工期限和施工设备等因素，通过多方案的比较，精心选择，提出合理的推荐方案。

二、路线方案选择的方法和步骤

路线方案是通过许多方案的比较淘汰而确定的。指定的两个据点之间的自然情况越复杂、距离越长，可能的比较方案就越多，需要淘汰的方案也就越多，淘汰的方法，不可能每条路线都通过实地查勘进行，因而要尽可能收集已有资料，先在室内进行研究筛选，然后就最佳的、而且优劣难辨的有限方案进行调查或踏勘。

路线方案选择的做法通常是：

1. 搜集与路线方案有关的规划、计划、统计资料及各种比例尺的地形图、航测图、水文、地质、气象等资料。

2. 根据确定了的路线总方向和公路等级，先在小比例尺（1：50000 或 1：100000）的地形图上，结合搜集的资料，初步研究各种可能的路线走向。研究重点应放在地形、地质、地物复杂、外界干扰多、牵涉面大的段落。比如可能沿哪些溪沟，越哪些垭口，路线经城镇或工矿区时，是穿过、靠近还是避开而以支线连接等，要进行多种方案的比选，提出哪些方案应进行实地踏勘。

3. 按室内初步研究提出的方案进行实地调查，连同野外调查中发现的新方案，都必须坚持跑到、看到、调查到，不遗漏一个可能的方案。

野外调查要求做到以下几点。

（1）初步落实各据点的具体位置，路网规划所指定的控制点如确因干扰或技术上有很大困难或发现不合理必须变动，应及时反映，并经过分析论证提出变动的理由，报有关部门审定。

（2）对路线、大桥、隧道均应提出推荐方案，对于确因限于调查条件不能肯定取舍的比较方案，应提出进一步勘测比较的范围和方法。

（3）分段提出采用技术标准和主要技术指标的意见。

（4）在深入调查的基础上，通过比较，选定路线必经的控制点，如越岭的垭口、跨较大河流的桥位、与铁路或其他公路交叉地点，以及应绕避的城镇及大型的不良地质地段等。对于地形、地质、地物情况复杂的地区，应提出路线具体布局的意见。

（5）分段估算各种工程量，如路基土石方数量，路面工程量，桥梁、涵洞、隧道、挡土墙等的长度、类型、式样和工程数量等。

（6）经济方面，应调查：路线联系地区的资源情况及工矿、农、林、牧、副、渔业以及其他大宗物资的年产量、年输出量、年输入量、货运流向以及运输季节和运输工具，路线联系地区的交通网系规划，预计对路线运量发展的影响，沿线人口、劳动力、运输力、工资标准等资料，供估算交通量、论证路线走向及控制点的合理性和拟定施工安排的原则意见的参考。

（7）其他如沿线民族习惯、居住、生活供应、水源、运输条件、气候特征、沿线林木覆盖、地形险阻、有无地方病疫和毒虫害兽等情况也应进行调查，为下一步勘测提供情况。

4. 分项整理汇总调查成果，编写工程可行性研究报告（内容参见交通运输部年制订的《水运、公路建设项目可行性研究报告编制办法》），为上级编制或补充修改设计任务书提供依据。

第三节 平原地区选线

一、平原区路线特点

平原区是地面高度变化微小的地区，有时有轻微的波状起伏和倾斜。平原地区除泥沼、盐渍土、河谷漫滩、草原、戈壁、沙漠等外，一般多为耕地，且分布有各种建筑设施，居民点较密，在天然河网湖区，还具有湖泊、水塘、河汊多等特点。虽然地势比较平坦，路线纵坡及曲线半径等几何要素比较容易达到较高的技术标准，但往往由于受当地自然条件和地物的障碍，选线时应综合考虑多方面的因素。

平原区地形对路线的限制不大，路线的基本线形应是短捷顺直。两控制点之间，如无地物、地质等障碍和应趋避的风景、文物及居民点等，则与两点直接连线相吻合的路线是最理想的。但这只有在戈壁滩里和大草原上，才有此可能。而在一般地区，农田密布，灌溉渠道网纵横交错，城镇、工业区较多，居民点也较稠密。由于这些原因按照公路的使用任务和性质，有的需要靠近它，有的需要绕避，从而产生了路线的转折，虽增长了距离，但这是必要的。因此，平原区选线，先是把路线总方向内所规定经过的地点如城镇、工厂、农场和乡镇以及文物风景地点作为大控制点；然后在大控制点之间进行实地勘察，了解农田优劣及地物分布情况，确定哪些可穿，哪些该绕以及怎样绕避，从而建立起一系列中间控制点。路线一般应由一个控制点直达另一个控制点，不作任意的扭曲。为了增进路容的美观，需要把路线的平、纵面配合好。在坡度转折处设置适当的竖曲线也是必要的。

平原区路线要充分考虑近期和远期相结合，在线形上要尽量采用较高标准，以便将来提高公路等级时能充分利用原路基、桥涵等工程。

二、平原区路线布设要点

平原区路线，因地形限制不大，布线应在基本符合路线走向前提下，着重考虑政治、经济因素，正确处理对地物、地质的避让与趋就，找出一条理想的路来。

综合平原地区的特点，布线应注意如下要点：

1. 正确处理道路与农业的关系

平原区农田成片，渠道纵横交错，布线应从支援农业着眼，处理好以下问题：

(1) 平原区新建公路要占用一些农田，这是不可避免的，但要尽量做到少占和不占高产田。

(2) 路线应与农田水利建设相配合，有利农田灌溉，尽可能少和灌溉渠道相交，把路线布置在渠道上方非灌溉的一侧或渠道尾部。当路渠方向基本一致时，可沿渠（河）堤布线，堤路结合，桥闸结合，以减少占田和便利灌溉。路线必须跨水塘时，可考虑设在水塘的一侧，并拓宽水塘取土填筑路堤，使水塘面积不致缩小。

(3) 当路线靠近河边低洼的村庄或田地通过时，应争取靠河岸布线，利用公路的防护措施，兼作保村保田之用。

2. 合理考虑路线与城镇的联系

平原区有较多的城镇村庄、工业及其他设施，布线应根据情况，正确处理穿越和绕避问题。

(1) 国防公路和高等级公路，应尽量避免穿越城镇、工矿区及较密集的居民点。但又要考虑到便利支农运输，便利群众，便利与工矿的联系，路线不宜离开太远，必要时还可修建支线联系，做到"靠村不进村，利民不扰民"，既方便运输又保证安全。

(2) 一般沟通县、乡、村直接为农业运输服务的公路，经地方同意也可穿越城镇，但应有足够的路基宽和行车视距，以保证行人、行车的安全。

(3) 路线应尽量避开重要的电力、通信设施。当必须靠近或穿越时，应保持足够的距离和净空，尽量不拆或少拆各种电力，通信设施。

3. 处理好路线与桥位的关系

(1) 大、中桥位常常是路线的控制点，但原则上应服从路线总方向并满足桥头接线的要求，桥路综合考虑。一般情况下，桥位中线应尽可能与洪水的主流流向正交，桥梁和引道最好都在直线上。位于直线上的桥梁，如两端引道必须设置曲线时，应在桥两端以外保持一定的直线段，并尽量采用较大平曲线半径。当条件受限制时，也可设置斜桥或曲线桥。要注意防止两种偏向：一是单纯强调桥位，造成路线过多地迂绕，或过分强调正交桥位，出现桥头急弯影响行车安全；另一种只顾线形顺直，不顾桥位，造成桥位不合适或斜交过大，增加建桥困难。在设计桥孔时，应少压缩水流，尽量避免桥前壅水而威胁河堤安全和淹没农田，尤其上游沿河有宽阔低洼田地时，虽壅水水位提高不多，但淹没范围往往很大。

(2) 小桥涵位置应服从路线走向，但遇到斜交过大（一般在桥轴线与洪水流向的夹角小于 45°时）或河沟过于弯曲的情况，可采取改河措施或改移路线，调整桥轴线与流向的夹角，以免过分增加施工困难和加大工程投资，选线时应全面比较确定。

(3) 路线跨河修建渡口时，应在路线走向基本确定后选择渡口位置。渡口要避开浅滩、暗礁等不良地段，两岸地形应适宜修建码头。

4. 注意土壤水文条件

平原地区的土壤水文条件较差，特别是河网湖区，地势低平，地下水位高，使路基稳定性差，因此应尽可能沿接近分水岭的地势较高处布线。当路线遇到面积较大的湖塘、泥沼和洼地时，一般应绕避；如需要穿越时，应选择最窄最浅和基底坡面较平缓的地方通过，并采取有效措施，保证路基的稳定。

5. 正确处理新旧路的关系

平原地区通常有较宽的人行大路或等级不高的公路，当设计交通量很大，需要提高技术等级，应分别情况处理好新旧路的关系。

（1）现有一般二级公路由于交通量很大需提高技术等级，宜利用、改造原路，并另建辅道供非汽车交通行驶。

（2）现有公路等级低于一般二级路标准，宜新建公路，原有公路留作辅道。

6. 尽量靠近建筑材料产地

平原地区一般缺乏砂石建筑材料，路线应尽可能靠近建筑材料产地，以减少施工、养护材料运输费用。

第四节　山岭区选线

山岭地区，山高谷深，坡陡流急，地形复杂；但山脉水系清晰，这就给山区选线指明了方向，不是顺山沿水；就是横越山岭。顺山沿水的路线按行经地带的部位又可分为沿河（溪）、山腰、山脊等。由于各种线型所处的部位不同，地形特征、地质条件决定了选线过程中要解决的主要问题也不一样，本节只重点叙述沿河（溪）线、越岭线、山脊线三种路线的选线布局。至于山腰线，由于沿河（溪）的高线和越岭线，山脊线的大部分路线都处于山腰，已涉及山腰线的内容，为避免重复，不再单独讨论。

一、沿河（溪）线

沿河（溪）线是沿着河（溪）岸布置的路线，如图 1-5-1 所示。山区河流，谷底一般不宽，两岸台地较窄，谷坡时缓时陡，间或为浅滩和悬崖峭壁。河流多具有弯曲的特点，凹岸较陡而凸岸较缓，如沿一侧而行，常常是陡岸缓岸相间出现。两岸均为陡崖处即为峡谷，开阔处常有较宽台地，多是山区仅有的良好耕地。河谷地质情况复杂，常有滑坍、岩堆、泥石流等病害存在，寒冷地区的峡谷因日照少，常有积雪、雪崩和涎流冰等现象。山区河流，平时流量不大，但一遇暴雨，山洪暴发，洪流常夹带泥沙、砾石、树木等急速下泄，冲刷河岸，毁坏田园，为害甚大。

图 1-5-1　沿河（溪）线示意图

上述自然条件会给选线工作造成一些困难，但和山区其他线型相比较，沿河（溪）线平、纵线形是最好的，而且便于为分布在溪河两岸的居民点及工农业生产服务，有丰富的砾石、石料以及充足的水源，可供施工、养护使用，沿河设线，只要善于利用有利地形，克服不良的地质、水文等不利因素，在路线标准、工程造价等方面都有可能胜于其他线型。因此山区选线，往往把沿河（溪）线作为优先考虑的方案。

1. 路线布局

沿河（溪）线的路线布局，主要的问题是：路线选择走河流的哪一岸；线位放在什么高度和在什么地点跨河，这三个问题往往是互相联系和互相影响的，选线时要抓主要矛盾，结合路线性质、等级标准，因地制宜地去解决。

（1）河岸选择

由于河谷两岸情况各有利弊，选线时应比较两岸地形、地质、水文等条件以及农田水利规划等因素，避难就易，充分利用有利的一岸。当建桥工程不复杂时，为了避开不利地形和不良地质地带，或为了争取缩短里程，提高线形标准，可考虑跨河换岸设线；但河流越大，建桥工程也越大，跨河换岸就越要慎重考虑。河岸的选择一般应结合下列主要因素经过技术经济比较决定：

1）地形、地质条件：路线应选在地形宽坦，有台地可利用，支沟较少、较小，水文及地质条件良好的一岸。这些有利的条件常交错出现在河流的两岸，选线时应深入调查，综合比较；全面权衡，决定取舍。

2）积雪和冰冻地区的选岸：积雪和冰冻地区的阳坡和阴坡，迎风面和背风面的气候差异很大，在不影响路线整体布局的前提下，尽可能选择阳坡和迎风的一岸，以减少积雪、涎流冰等病害。有时即使阳坡工程大些，也应当从增长通车时间和保证行车安全着眼，选择阳坡方案。

3）考虑城镇及居民点的分布：除国防公路外，一般路线应尽可能选择村镇较多、人口较密的一岸，其他如对革命史迹、历史文物、风景区等要创造便于联系的条件。

（2）路线高度

沿河（溪）线的线位高低，是根据两岸地形、地质条件以及水流情况，结合路线等级标准和工程经济来选定的，当然最好是将路线设在地质、水文条件良好，不受洪水影响的平整台地上。但在谷坡陡峻的河谷中，往往缺乏这种有利地形，而必须傍山临河布线，因此，路线的高低必须慎重考虑。

低线一般是指高出设计水位（包括浪高加安全高度）不多，路基临水一侧边坡常受洪水威胁的路线，低线的优点是平、纵面线形比较顺直、平缓，易争取到较高标准，路基土石方工程也较省，边坡低，易稳定；路线活动范围较大，便于利用有利地形和避让不良的地形、地质；便于在沟口直跨支流，必须跨越主流时也较易处理。最大缺点是受洪水威胁，防护工程较多。

高线是指高出设计水位较多，基本不受洪水威胁的路线，一般多用在利用大段较高台地，或傍山临河低线易被积雪掩埋以及为避让艰巨工程而提高线位等情况，它的优点是不受洪水侵袭，废方较易处理。但由于高线一般位于山坡上，路线必然随山势曲折弯曲，线形差，工程大；遇缺口时，常需设置较高的挡土墙或其他构造物；此外如避让不良地质和路线跨河，都较低线困难。

一般讲，低线优点较多，在满足规定频率的设计水位的前提下，路线越低工程越经济，线形标准也越高，各地有不少采用低线的成功经验，但也有不少水毁的教训，因此采用低线方案时，要特别注意洪水调查，把路线放在安全高度上，同时要采取切实的防洪措施，以保证路基稳定和安全。

（3）桥位选择

按路线与河流的关系，有跨支流和跨主流两类桥位。跨支流的桥位选择，一般属于局部方案问题，而跨主河的桥位选择多属于路线布局的问题，跨主河的桥位往往是确定路线走向的控制点，它与河岸选择相互依存，互相影响，当路线由于地形、地质原因需要换岸布线时，如果桥位选择不好，勉强跨河，不是造成桥头线形差，就是增大桥梁工程。因此在选择河岸的同时，要研究处理好桥位及桥头路线的布设问题。

路线跨越主河，由于路线与河流接近平行，桥头布线一般比较困难，因此，在选择桥位时除应考虑桥位本身水文、地质条件外，还要注意桥头路线的舒顺，处理好桥位与路线的关系。常见有以下几种情况：

1）在S形河段腰部跨河，以争取桥轴线与河流成较大交角。

2）在河弯附近选择有利位置跨越。但应注意河湾水流对桥的影响，需采取防护措施。

3）在与路线接近平行的顺直河段上跨河，桥头引道难以舒顺。当必须在这种河段跨越时，中、小桥可考虑设置斜桥以改善桥头线形；如为大桥，当不宜设斜桥时，宜把桥头路线作成勺形或布置一段弯引桥或两者兼用。总之，桥头曲线要争取较大半径，以利行车。

路线跨支流的桥位，有从支河（沟）口直跨和绕进支沟上游跨越两种方案。采用何者为宜，要根据路线等级和桥位处的地质、地形条件，经过技术经济比较确定，不可不加比较而轻率决定。

2. 几种河谷地形条件下的选线

（1）开阔河谷

这种河谷谷底地形简单、平缓，河岸与山坡之间有较宽的台地，且多为农田，这类地形的路线有三种走法。

1）沿河岸。此种布线，坡度均匀平缓，线形好，但临河一侧受洪水威胁，须做防护工程。

2）靠山脚。此种布线，路线略有增长，纵面会有起伏，但可不占或少占良田，是常采用的一种布线方案。

3）直穿田间。此种布线，线形标准高，但占田最多，在稻田地区，为使路基稳定，有时还需换土，一般不宜采用。

（2）河道弯曲、狭窄的河谷

这种河谷一般凹岸陡峭，而凸岸则多有一定宽度的浅滩，有时也有突出的山咀，间或出现迂回的深切河曲，河曲段主要有两种布线方式：

1）沿河岸自然地形，绕山嘴、河弯布线。

2）取直路线。遇河湾，则两次跨河或改移河道；遇山嘴，采用隧道或深路堑通过。

究竟采用哪种方法，应通过技术经济比较决定，一般讲，技术等级高、交通量大的路线宜取直，等级低的道路则采用工程量较小的方案为宜。

对于个别有宽浅河滩的大河湾，为了提高路线标准，可在河滩布线。只要处理得当，还可起护田、造田的作用，但要注意路基防护和加固，防止水流对路基的冲刷破坏。

对于个别突出的山嘴，可用切嘴填弯的办法处理，设线时应注意纵向填挖平衡，不要使大量废方弃置河中、堵塞河道。

（3）陡崖峭壁河段

山区河谷常有陡崖峭壁错综地交替出现，两岸都是陡崖峭壁的河段，即为峡谷。峡谷一般河床狭窄，水流湍急。路线通过这种地段不外绕避和穿过两种方案，应根据峡谷的水文、地质条件和路线性质任务、路线标准、工程大小、施工条件等因素通过比较确定。

绕避的方法有两种：一是翻上峡谷陡崖顶部择有利地带通过；一是另找越岭路线。前者需要崖顶有可供布线的合适地形，后者需要附近有基本符合路线走向的低垭口。两种绕避方法的共同点是纵断面上而复下，都需要适合布设过渡段的地段，过渡段的纵坡应缓于该路等级所允许的最大纵坡，这就往往需要一个相当长的过渡段，上下线位高差越大，就越长，而且过渡段的工程一般又多比较集中。因此，崖顶过高，就不宜翻崖顶绕避；峡谷不长，只要不是无法通过，两种绕避方法（翻越崖顶和越岭绕避）均不宜采用。但当峡谷较长，且地形困难，工程艰巨，有条件绕避时，则应予考虑。

直穿陡崖峭壁河段和峡谷的路线，其平、纵面受岸壁形状和洪水位限制，活动余地不大。路线的线位主要决定于根据河床宣泄洪水情况而拟定的合理的横断面而定。路线一般以低线为宜，如洪水位过高或有严重积雪的情况，则不宜采用这种方案。

直穿峡谷的路线，可根据河床宽窄、水文状况、岸壁陡缓等不同因素采用以下方法通过。

1）与河争路，侵占部分河床。当河床较宽，水流不深，压缩部分河床不致引起洪水位抬高过多时，路线可在崖脚下按低线设计通过。根据河床可能压缩的程度，有以下两种情况：

① 河床宽阔，压缩后洪水位抬高不多，路基可全部或大部分设在紧靠崖脚的水中或滩地上，借石或开小部分石崖填筑，路基临水一侧应做防护工程。

② 河床狭窄，压缩后，将使洪水位有较大的抬高时，采取筑路与沿河相结合的办法，路基也可部分占用河床，"开"、"砌"结合，以砌为主。开的是本岸突出的山嘴，砌的材料主要取自清理河床的漂石及削除对岸突出山嘴的石料。这样就使路基占用河床的泄水面积能从清理河床中得到补偿。

2）硬开石壁。当两岸峭壁逼近，河床很窄，不能容纳并行的河与路时，可硬开石壁通过，措施加下：

① 在石壁上硬开路基，造成的大量废方，必须妥善处理，尽可能将大部分废方利用到附近路段，同时要考虑散失在河中的废方对水位的影响，适当提高线位。

② 岸壁石质良好，可开凿半隧道，以减少石方和废方。

③ 硬开石壁的路基，对个别缺口或短段不够宽的路段，可用半边桥或悬出路台处理。

④ 当两岸石壁十分逼近（有时仅几米宽），不宜硬开路基时，可建顺水桥通过。

（4）河床纵坡陡峻的河段

急流、跌水河段，河床纵断面在短距离内突然下落几米以至几十米，形成急流或跌水。路线由急流、跌水的上游延伸到其下游时，线位就高出谷底很多，为了尽快降低线位，避免继续走陡峻的山腰线，可利用急流，跌水下游支沟或平缓的山坡展线下降。

河床纵坡连续陡峻的河段。这类河段多出现在山区河流的上游，是沿溪线和越岭线之间的过渡段，河床纵坡是越上溯越陡，当陡到路线技术标准不允许的程度时，就需要进行展线，选线要点详见"越岭线"。

二、越岭线

沿分水岭一侧山坡爬上山脊，在适当地点穿过垭口，再沿另一侧山坡下降的路线，称为越岭线。它的特点是路线需要克服很大的高差，路线的长度和平面位置主要取决于路线纵坡的安排。因此，在越岭线的选线中，须以路线纵断面为主导。

越岭线布局主要应解决的问题是：垭口选择，过岭标高选择和垭口两侧路线展线的拟定。它们是相互联系、相互影响的。布局时应综合考虑，处理好三者的关系。

1．垭口选择

垭口是体现越岭线方案的重要控制点，应在基本符合路线走向的较大范围内选择，要全面考虑垭口的位置、标高、地形条件，地质情况和展线条件。

（1）垭口位置选择

垭口位置在基本符合路线走向的前提下，与两侧山坡展线方案结合一起考虑，首先考虑高差较小，而且展线降坡后能与山下控制点直接、短捷地衔接，不需无效延长路线。其次再考虑稍微偏离路线方向，但接线较顺，且不致过于增长里程的其他垭口。

（2）垭口标高选择

垭口海拔高低及其与山下控制点的高差，对路线长短、工程量大小和运营条件有直接的影响，一般应选择标高较低的垭口，在高寒地区，特别是积雪、结冰地区，海拔高的路线对行车很不利。因此，有时为了走低垭口，即使方向有些偏离，距离有些绕远，也应注意比较。但如积雪、结冰不是太严重，对于基本符合路线走向，展线条件较好，接线方向较顺，地质条件较好的垭口即使稍高，也不应轻易放弃。

（3）垭口展线条件选择

山坡线是越岭线的主要组成部分。而山坡坡面的曲折程度、横坡陡缓，地质好坏等情况，与线形标准和工程大小有直接关系。因此，选择垭口必须结合山坡展线条件一起考虑。如有地质较好，地形平缓，利于展线降坡的山坡，即使垭口位置略偏或较高，也应比较，不要轻易放弃。

（4）垭口的地质条件选择

垭口一般地质构造薄弱，常有不良地质存在，应深入调查研究其地层构造，摸清其性质和对公路的影响。对软弱层型、构造型和松软土侵蚀型的垭口，只要注意到岩层层状及水的影响，路线通过一般问题不大。对断层破碎带型及断层陷落型垭口，一般应尽量避开；必须通过时，应查清破碎带的大小及程度，选择有利部位通过，并采取可靠工程措施（如设置挡土墙、明洞）以保证路基稳定。对地质条件恶劣的垭口，局部移动路线或采取工程措施亦不解决问题时，应予放弃。

2．过岭标高的选择

路线过岭，不外采用路堑或隧道通过。过岭标高越低，路线就越短，但路堑或隧道就越深、越长，工程量也越大。因此过岭标高应结合路线等级、越岭地段的地形、地质以及两侧展线方案、过岭方式等因素经过技术经济比较来选定，这些因素是互相影响的，必须全面分析研究各种可能的比较方案，做出合理的选择。过岭方式主要有如下几种：

（1）浅挖低填

遇到过岭地段山坡平缓，垭口宽而厚（有的达到一二公里，有时还有沼泽出现）的地形，展线容易，只宜采用浅挖低填的方式过岭，过岭标高基本上就是垭口标高。

（2）深挖垭口

当垭口比较瘦削时，常用深挖的方式过岭。深挖垭口，虽土石方工程较集中，但由于降低了过岭标高，相应缩短了展线长度，总工程量并不一定增加。即使有所增加，也可从改善行车条件，节约运营费中得到补偿。至于深挖程度，应视地形、地质、气象条件以及展线对垭口标高的要求等因素而定。现有资料，一般挖深在 20m 以内，地质情况良好时，还可深些。垭口越瘦，越宜深挖。但垭口通常地质条件较差，挖深应以不致危及路基稳定为度，否则应采取有效措施，以防止遗留病害。有条件时，可采用隧道通过。

过岭标高是越岭线布局的重要控制因素，不同的过岭标高就有不同的展线方案。深挖垭口，工程量集中，往往要处理大量废方，施工条件差，影响施工期限，这些都应在选定过岭标高时充分考虑。

（3）隧道穿越

当垭口挖深在 20～25m 以上，采用隧道往往比明堑经济，特别是垭口瘦薄时，采用不长的隧道能大大降低路线爬升高度，缩短里程，提高路线线形指标，在经济上非常合算。另外为了避让严重不良地质以及减轻或消除高山严重积雪、结冰对公路的不良影响时，也应结合施工条件及施工期限，考虑采用隧道通过的方案。

一般情况，隧道标高越低，路线越短，技术指标也越易提高，对运营也越有利。但标高低，隧道就长，造价就高，工期也长，因此，隧道标高的选定通常根据越岭地段的地质条件，并以临界标高作为研究的基础。临界标高就是隧道造价和路线造价总和最小的过岭标高。设计标高如高于临界标高，则路线展长费用将多于隧道缩短的费用，设计标高如低于临界标高，则隧道加长费用将多于路线缩短费用。如设计标高降低，可节约运营费用，这对交通量大的路线意义尤大，也应作为比选的因素。

隧道标高的选定不能单纯着眼于经济一方面，还应考虑以下因素：

1）地质和水文地质条件是选择标高有决定意义的因素，要尽可能把隧道放在较好的地层中。

2）隧道标高应设在常年冰冻线和常年积雪线以下，以保证施工和行车安全。

3）隧道长度要考虑施工期限和施工技术条件等。

4）在不过多增加工程造价的情况下，要适当考虑远景的发展，尽可能把隧道标高降低一些。

3. 垭口两侧路线的展线

（1）展线布局

越岭线的高程主要是通过垭口两侧山坡上的展线来克服的，虽然山坡地形千差万别，线形多种多样，但路线的布局首先要以纵坡为指引，即平、纵、横三个面的结合要以纵断面为主导。越岭线利用有利地形、地质，避让不良地形、地质，是通过合理调整坡度和设置必要的回头线来实现的，而回头曲线的布置，也要根据纵坡来选定，只有符合纵坡标准的路线方案，才能成立。因此，展线布局必须从纵坡的安排开始，其工作步骤如下：

1）拟定路线大致走法。在调查或踏勘阶段确定的主要控制点间，进行广泛勘察，调查周围地形及地质情况，以手水准粗略勘定坡度作为指引，注意利用有利地形、地质，拟定路线可能的大致走法。

2）试坡布线。试坡的目的是进一步落实初步拟定的路线走法的可能性，发现和加密中间控制点，发现局部比较方案，拟定路线布局。

试坡由已定的控制点开始，越岭线通常先固定垭口，由上而下，视野开阔，便于争取有利地形。因此，一般多由垭口向下试坡。试坡选用的平均坡度，应根据"标准"的规定，地形曲折，小半径曲线多的地段，可略低于规定值，在试坡过程中，遇到必须避让的地物、工程艰巨及地质不良地段，以及拟用作回头的地点，要把路线最适宜通过的位置，暂时作为一个中间控制点。如果它和试坡线接近，并与前面一个暂定控制点之间的坡度不致超过最大坡度或过于平缓，就把这个点大致的里程、高程以及可活动的范围记录下来，供以后调整落实的参考。如果这个点和试坡线的高差较大，则应返回重新试坡，或修改前面的暂定控制点，认为合适后再向前试坡。如经过修改后的路线纵断面或路线行经地带不够理想，应另寻比较线。这就是通过试坡发现控制点和局部比较线的大致过程，当一系列中间控制点暂定下来后，路线布局大体就有个轮廓了。

主要控制点间，可能有几个方案，要经过比选，剩下一至两个较好的方案，据以进行下一步工作。

3）分析、落实控制点，决定布局方案。控制点有固定和活动之分：一种是位置和高程都不能改变，如工程特别艰巨地点的路线和某些受限制很严的回头地点，必须利用的桥梁，必须通过的街道等；另一种是位置固定，高程可以活动，如垭口、重要桥位等；第三种是位置、高程都有活动余地的，如侧沟展线的跨沟地点，宽阔平缓山坡的回头地点等。

第一种情况较少，第二、三种情况居多。也就是说控制点大多是有活动余地的，但活动范围有大有小。对活动范围小的控制点，可视为固定控制点，把位置、高程确定下来。然后再去研究固定控制点之间的、活动范围较大的那些控制点，以便通过适当调整，达到既不增大工程而又能使线形更加合理的目的。

活动控制点的调整落实，有下面两种情况和做法：

① 活动性较大的回头地点，可从前后两个固定控制点以适当的坡度分头放坡交会得出。

② 两固定控制点间的非回头的活控制点，应在其可活动的范围内调整，以使固定控制点间的坡度尽量均匀些。

（2）展线方式

越岭线的展线方式主要有自然展线、回头展线、螺旋展线三种。

1）自然展线

自然展线是以适当的坡度，顺着自然地形，绕山嘴、侧沟来延展距离，克服高差。自然展线的优点是走向符合路线基本方向，行程与升降统一，路线最短。与回头展线相比，线形简单，技术指标一般也较高，特别是路线不重叠，对行车、施工、养护均有利。如路线所经地带地质稳定无割裂地形阻碍，布线应尽可能选用这种方案。这种方案的缺点是避让艰巨工程或不良地质的自由度不大，只有调整坡度这一途径。如遇到高崖、深谷或大面积地质病害很难避开，而不得不采取其他展线方式。

2）回头展线

当控制点间的高差大，靠自然展线无法取得需要的距离以克服高差，或因地形、地质条件限制，不宜采用自然展线时，路线可利用有利地形设置回头曲线进行展线。

回头展线的缺点是在同一坡面上，上、下线重叠，尤其是靠近回头曲线前后的上、下线相距很近，对于行车、施工、养护都不利，优点是便于利用有利地形，避让不良地形、地质和难点工程。

回头地点对于回头曲线工程大小和使用质量关系很大，应慎重选择。回头曲线的形状取决于回头地点的地形，一般利用以下三种地形设置：

① 直径较大、横坡较缓、相邻有较低鞍部的山包或平坦的山脊。

② 水文地质良好的平缓山坡。

③ 地形开阔，横坡较缓的山沟或山坳。

为了尽可能消除或减轻回头展线对于行车、施工、养护不利的影响，要尽量把回头曲线间的距离拉长，以分散回头曲线、减少回头个数。回头展线对不良地形、地质的避让有较大的自由度，但不要遇见难点工程，不分困难大小和能否克服就轻易回头，致使路线在小范围内重叠盘绕。对障碍要进行具体分析，当突破一点而有利于全局时，就要做些工程突破它。

3）螺旋展线

当路线受到限制，需要在某处集中地提高或降低某一高度才能充分利用前后有利地形时，可考虑采用螺旋展线。螺旋展线一般多在山脊利用山包盘旋，以旱桥或隧道跨线；也有的在峡谷内，路线就地迂回，利用建桥跨沟跨线。

螺旋展线目前在公路选线上还未被作为重要的展线方式，而仅视为回头展线的一种变形，在某种地形条件下用以代替一组回头曲线。它虽比回头曲线具有线形较好、避免路线重叠的优点，但因需建隧道或高桥、长桥，造价很高，因而较少采用，必须采用时，应根据路线性质和任务，与回头展线的方案作详细比较。

三、山脊线

1. 山脊线的特点及选择条件

大体上沿分水岭布设的路线，称为山脊线。分水线顺直平缓，起伏不大，岭脊肥厚的分水岭是布设山脊线的理想地形，路线可大部或全部设在分水岭上。但高山地区的分水岭常常是峰峦、垭口相间排列，有时相对高差很大，这种地形的山脊线，则为一些较低垭口所控制，路线须沿分水岭的侧坡在垭口之间穿行，线位大部分设在山腰上。山脊线线形一般多起伏、曲折，其起伏和曲折程度则视分水岭的形状、控制垭口间的高差和具体地形而异。

山脊线一般具有土石方工程小，水文和地质情况好，桥涵构造物较少等优点。但是否采用山脊线方案主要应考虑以下条件决定取舍：

（1）分水岭的方向不能偏离路线总方向过远；

（2）分水岭平面不能过于迂回曲折，纵面上各垭口间的高差不过于悬殊；

（3）控制垭口间山坡的地质情况较好，地形不过于陡峻零乱；

（4）上下山脊的引线要有合适的地形可以利用，这是能否采用山脊线的主要条件之一，往往山脊本身条件很好，但上下引线条件差而不得不放弃。

由于完全具备上述条件的分水岭不多，所以很长的山脊线比较少见。而往往是作为沿河线或山腰线的局部比较线及越岭线的两侧路线的连接段而出现。

山脊线线位较高，一般远离居民点，不便于为沿线工农业生产服务；有时筑路材料及水源缺乏、增加施工困难；另外地势较高，空气稀薄，有云雾、积雪、结冰等对行车和养护不利等缺点，这些都应在与其他路线方案作比较时予以充分考虑。

当决定采用山脊线方案以后，剩下要解决的是山脊线的布设问题。由于山脊线基本沿分水岭而行，大的走向已经明确，布线主要解决以下三个问题：即选定控制垭口；在控制垭口间，决定路线走分水岭的哪一侧；决定路线的具体布设(包括选择中间控制点)。三者是互相依存，互为条件，紧密联系的。

2. 控制垭口选择

每一组控制垭口代表着一个山脊线的方案。因此选择控制垭口是山脊线选线的关键。当分水岭方向顺直，起伏不大时，几乎每个垭口都可暂定为控制点。如地形复杂，起伏较大，且较频繁，各垭口高低悬殊，则高垭口之间的低垭口一般即为路线的控制点，突出的高垭口可舍去；在有支脉横隔的情况下，相距不远的、并排的几个垭口，则只选择其中一个与前后联系条件较好的垭口。

控制垭口的选择还必须联系分水岭两侧山坡的布线条件综合考虑，而在侧坡选择和试坡布线的过程中，对初步选定的控制点加以取舍、修正、最后落实。

3. 侧坡选择

分水岭的侧坡是山脊线的主要布线地带。要选择布线条件较好的那一侧，以取得平、纵线形好、工程量小和路基稳定的效果，坡面整齐、横坡平缓、地质情况好、无支脉横隔的向阳山坡较为理想。除两个侧坡优劣十分明显的情况外，两侧都要作比较以定取舍。同一侧坡也还可能有不同的路线方案，可通过试坡布线决定。多数初选的控制垭口，在侧坡选择过程中即可决定取舍，少数则需在试坡布线中落实。

4. 试坡布线

在两固定控制点间布线，应力求距离短捷，坡度和缓，山脊线有时两控制点间高差很大，需要展线，也有时为避免路线过于迂绕，要采用起伏坡，以缩短距离。从总体看，山脊线难免有曲折、起伏，但不可使其过于急促、频繁，平、竖曲线和视距等指标也要掌握得高些，以利行车。

山脊布线常见有以下三种情况：

(1) 控制垭口间平均坡度不超过规定

如两控制垭口中间，地形、地质方面没有太大障碍，应以均匀坡度沿侧坡布线。如控制垭口间平均坡度较缓，而其间遇有障碍或难点工程时，可加设中间控制点，调整坡度来避让，中间控制点和各垭口之间仍应以均匀坡度布线。

(2) 控制垭口间有支脉横隔

路线穿过支脉，要在支脉上选择合适垭口作为中间控制点。该垭口应不致使路线过于迂绕，合理深挖后两翼路线坡度都不超过规定，并使路线能在较好的地形、地质地带通过。有时在支脉上选择的控制垭口虽能满足纵坡要求，但线形过于迂绕，为了缩短距离，控制点就不一定恰好设在垭口上。

(3) 控制垭口间平均坡度超过规定

根据具体地形、地质条件，采用填挖、旱桥、隧道等工程措施来提高低垭口，降低高垭口，也可利用侧坡、山脊有利地形设置回头展线或螺旋展线。

第五节　丘陵区选线

与山岭区相比，丘陵区的地貌特点是：山丘连绵，岗坳交错，此起彼伏，山势迂回曲折，岭低脊宽，山坡较缓，丘谷相对高差不大，重丘区与山区不易划出明确界线，就如同一般山区与重山区不易划出明确界线一样；微丘区与平原也同样难于区别，可见丘陵区包括了缓峻颇为悬殊的地形。

丘陵区的地形决定了通过丘陵区的路线特点是：局部方案多，且为了充分适应地形，路线纵断面将会有起伏，路线平面也必将是以曲线为主体。

丘陵区地形形态复杂，布线方法应随路线行经地带的具体地形而采用不同的布线方式。

一、路线布设方式

根据选线实践经验，可概括为三类地形地带和相应的三种布线方式。

1. 平坦地带——走直线

两个已知控制点间，地势平坦，应按平原区以方向为主导的原则办理。如其间无地物、地质障碍或应趋就的风景、文物以及居民点，路线应走直线；如有障碍或应趋就的地点，则加设中间控制点，相邻控制点间仍以直线相连，路线转折处设长而缓的曲线。这样的路线是平坦地形上平、纵、横三面最好的统一体，如果无故拐弯，反而不合理。

2. 具有较陡横坡的地带——沿匀坡线布线

"匀坡线"是两点之间，顺自然地形，以均匀坡度定的地面点的连线。这种坡线常须多次试放才能求得。

在具有较陡横坡的地带，两个已定控制点间，如无地物、地形、地质上的障碍，路线应沿匀坡线布线；如有障碍，则在障碍处加设控制点，相邻控制点间仍沿匀坡线布线。

上述两类地带的布线方式，与前面已论述的平原和山岭区并无明显区别，只在此加以总括，不再详述。唯有起伏地带，却是丘陵区所特有，下面对其布线原则和方法，作重点讨论。

3. 起伏地带——走直连线和匀坡线之间

起伏地带也属于具有横坡的地带，特点是地面横坡较缓，匀坡线很迂回。其布线原则和方法按起伏多少分述如下：

（1）两已定控制点间包括一组起伏时

这种情况下，路线要交替跨越丘梁和坳谷，在两个相邻的梁顶（或谷底）之间，即出现一组起伏，在这种地形上布设路线，如沿直连线走，路线最短，但起伏很大，为了减缓起伏，势必将出现高填深挖，增大工程：如沿匀坡线走，坡度最好，但路线绕长太多，工程一般也不会省，这种"硬拉直线"和"弯曲求平"的做法，都是不正确的。

如果路线走在直连线和匀坡线之间，比直连线的起伏小，比匀坡线的距离短，而工程一般将是节省的。总的来说，使用质量有所提高，工程造价有所降低，故在起伏地带应在直连线与匀坡线之间寻找最合理的路线方案。至于路线在平面上的具体位置，应根据路线等级结合地形作具体分析，做到路线平、纵、横三面最恰当的结合。

对于较小的起伏，首先要坡度和缓，在这个前提下，再考虑平面与横断面之间的关系。大体说，低等级路工程宜小，平面上稍多迂回增长些距离是可以的，即路线可离直连线远些；高等级路则宁可增大些工程，尽可能减短一些距离，把路线定得离直连线近些。

较大的起伏，两侧的高差常不相同，高差大的一侧的坡度常常成为决定因素，要根据应采用的合理坡度并结合梁顶的挖深和谷底的填高来确定路线的平面位置。关于纵坡度，"标准"有所规定，但当距离增长不多或切梁填谷增加工程不大，而能显著改善纵坡时，宜用得缓和些。

直连线和匀坡线给起伏地带指出一个布线范围；但不须实地放出。因为确知梁顶处匀坡线是在直连线下方，谷底处匀坡线则在直连线上方；而且在梁顶应是暗弯和凸曲线，在谷底应是明弯和凹曲线，否则，路线就是越出了直连线和匀坡线范围，成为明显不合理的了。

（2）两已定控制点间有多组起伏时

两个已定控制点间有多组起伏时，需要在每个梁顶（或每个谷底）都定出控制点，然后按上述方法处理各组起伏。如何选定这些控制点要考虑许多因素，上述"起伏地带路线走直连线和匀坡线之间"的原则，可以为寻找这些控制点提供一个线索。

已定控制点间包括的起伏组数越多，直连线和匀坡线所包范围越大，路线的方案也越多。布线可分头从两个已定控制点向中间进行，逐步减少包括的起伏组数，因而也缩小了直连线和匀坡线所包范围，直到最后合拢。

两个已定控制点间，有时因地形、地质、地物上的障碍，路线会突破直连线与匀坡线的范围。这种为避让障碍所定的中间控制点，应视为又增加一个已定控制点，即这一控制点定下来后，实际上是把原来两定点间的路线分割成两段，上述"走直连线和匀坡线中间"的原则分别适用于两段内。

二、平、纵线形及其配合

丘陵区具体定线时还应注意平、纵线形及其配合。总结丘陵区选线的实践经验，应注意以下几点。

（1）平面：平面上不强拉长直线，而要尽量利用与地形协调的长缓平曲线，路线转折不要过于零碎频繁，相距不远的同向曲线尽可能并为一个单曲线或复曲线，反向曲线间应有一定长度的直线段，否则，可设计成 S 形。

（2）纵断面：起伏地区路线采用起伏坡型是缩短里程或节省工程的有效方法。但起伏切忌太频繁、太急剧，坡长要放长些，坡度要用得缓些，避免形成锯齿坡型和短距离的"驼峰"和"陷洼"；陡而长的坡道中间要利用地形插设缓坡段，竖曲线也应像平曲线那样，要长而缓，相离不远的同向曲线尽量连接起来，反向曲线间最好有一段匀坡。

（3）平、纵面的配合：长陡下坡尽头避免设小半径平曲线。平、竖曲线的位置，在两者半径很大的情况下，各设在什么地方对行车并无太大影响；但在起伏地形如梁顶、沟底等处，使暗弯与凸竖曲线，明弯与凹竖曲线结合起来，则能增进行车安全感和路容的美观。但要注意两者的半径都应尽可能大些，特别是明弯与凹曲线重合处，因为这种地点，车速一般都比较高，半径太小增加驾驶困难。最不好的情况是凸竖曲线与一个小半径平曲线相隔很近，因为凸竖曲线阻碍视线，驾驶者不能预先看到前方的平曲线，以早作转弯准备，否则可能措手不及，发生事故。为避免这种情况，要把平、竖曲线重合起来，即使多费些工程也是应该的。

复 习 思 考 题

1. 试述影响路线方案选择的因素。
2. 平原区选线和山岭区选线各应注重哪些原则？
3. 简述越岭线的展线方式有哪些，并说明适用条件。

第六章 定 线 方 法

定线的任务是按照已定的技术标准，在选线布局阶段选定的"路线带"（或叫定线走廊）的范围内，结合细部地形、地质条件，综合考虑平、纵、横三面的合理安排，确定并实地定出道路中线的确切位置的过程。

定线是公路设计过程中关键的一步，它不仅要解决工程、经济方面的问题，而且对如何使公路与周围环境相配合，以及公路本身线形的美观等问题都要在定线过程给予充分的考虑。

公路定线除受地形、地质及地物等有形的制约外，还受技术标准、国家政策、社会影响、道路美学（构成优美线形的所有规则）以及其他因素的制约，这就要求设计人员必须具有广博的知识和熟练的定线技巧。最好的设计者也不可能一次试线就能选出最好的线位，复杂条件下的定线可能需要好几个设计方案供定线组全体人员研究比选。因为每一个方案都将是众多相互制约因素的一种折中方案，理想的路线只能通过比较的方法找出。

定线应吸收桥梁、水文、地质等专业人员参加，也应听取有园林建筑知识的设计人员的意见，发挥各种专业人员的才能和智慧，使定线成为各专业组协作的共同目标。

公路定线质量还在很大程度上取决于采用的定线方法，常用有直接定线和纸上定线两种方法。技术标准高的、地形、地物复杂的路线必须使用"纸上定线"，然后把纸上路线敷设在地面上；"直接定线"省去了纸上定线这一步，所以只适用于标准较低的路线。

第一节 纸 上 定 线

纸上定线是在大比例尺（一般以 1：1000 为宜）地形图上确定道路中线的位置。

对定线来讲，不同的地形有不同的矛盾，譬如平原、微丘陵地区，地形平易，路线一般不受高程限制，定线主要是正确绕避平面上的障碍，力争控制点间路线顺直短捷。山岭、重丘陵地区，地形复杂，横坡陡峻，定线时利用有利地形，避让艰巨工程、不良地质地段或地物，都涉及调整纵坡问题，而山岭区纵坡的限制又是较严的，因此在山区和重丘陵区安排好纵坡就成为首要问题了。这些因地形而异的指导原则，并不因采用的定线方法不同而改变。但定线条件不一样，工作重点会有些不同。现就路线平、纵、横面均受较严限制的越岭线纸上定线的工作步骤阐述如下。

一、定导向线

1. 在大比例尺地形图上，仔细研究路线布局阶段选定的主要控制点间的地形、地质情况，选择有利地形，如平缓、顺直的山坡，开阔的侧沟，利于回头的地点等，拟定路线各种可能的走法。

2. 根据等高线间距 h 及选用的平均坡度 $i_{均}$（5.0%～5.5%，视地形曲折程度而定），按 $a＝h/i_{均}$ 计算出等高线间平距 a，使两脚规的开度等于 a（比例尺与地形图相同），从某一固定点如图 1-6-1(a)所示的 A 开始，沿各拟定走法在等高线上依次截取 a、b、c 等点，如最后一点的位置和标高均接近另一固定点 D 时，说明这个方案能够成立，否则，修改走法或调整 $i_{均}$，重新试验至方案成立为止。

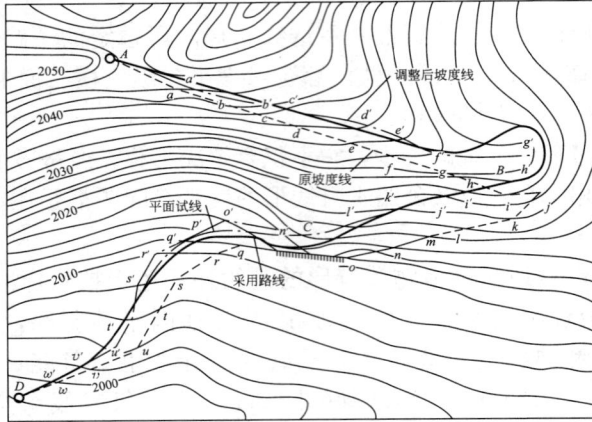

(a)

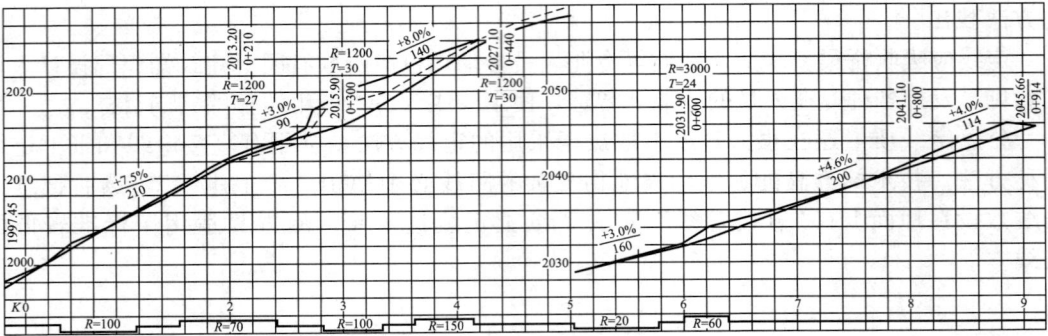

(b)

图 1-6-1　定线示意图

3. 定导向线。分析这条均坡线对地形、地物及艰苦工程和不良地质的避让情况。如有不合理之处，应选择出须避让或利用的中间控制点，调整平均纵坡，重新试坡。经过调整修整后得出的折线，称为导向线。如图 1-6-1 所示，$Aab\cdots D$ 折线从 C 处陡崖中间通过，B 处利于回头的地点也未利用上，如调整一下 B、C 前后路段的坡度，即能避开陡崖和利用上有利的回头地点，因此可以把 B 定为中间控制点，然后再分段仿照上法截取 a'、b'、……诸点，连接 $Aa'b'……D$ 的折线示出了路线将行经的部位，即为"导向线"。

二、修正导向线

1. 参照导向线定平面试线，注明平曲线半径，量出地形变化特征点及地面标高，绘制纵断面图，参考地面设计理想纵坡，量各桩的概略设计标高。

2. 在平面试线各桩的横断面方向上点出与概略设计标高相应的点子，这些点的连线是具有理想纵坡，不填不挖的折线，称为修正导向线。

3. 在修正导向线各点的横断图上，用路基模板逐点找出最经济的或起控制作用的最佳路基中线位置及其可以活动的范围，如图 1-6-2 中的②、③，根据最佳位置点的性质分别用不同符号点在平面图上，这些点的连线是一条有理想纵坡、横断面上位置最佳的平面折线，称为二次修正导向线（小比例尺地形图上，最佳位置点显示不出者，可不做）。

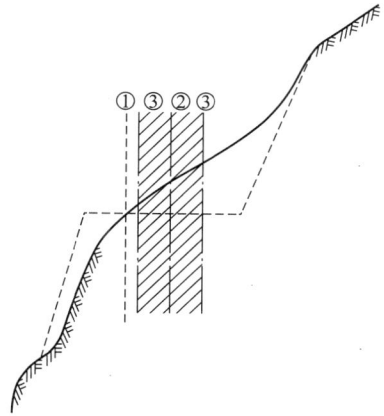

图 1-6-2　横断面最佳位置

三、定线

纸上定线应该既符合该级路规定的几何标准，又能充分适应当地地形，避开了尽可能多的障碍物。为此定线必须在分析研究二次修正导向线上各特征点的性质和可活动范围的基础上，反复试线才能得到满意的结果。

纸上定线的具体操作有两种做法。

1. 直线型法（传统法）

利用导向线各点的可活动性，按照照顾多数，注意重点的原则，掌握与该路等级相应的几何标准，先用直线尺试画出与较大地形相适应的一系列直线，然后用适当的曲线把相邻直线连接起来。地形复杂转折较多或转弯处控制较严时，也可先定曲线，后用直线把曲线顺滑地连接起来。

2. 曲线型法

根据导向线上各点控制严宽的程度，参照设计标准的要求，先用一系列圆弧去拟合控制较严的地段或部位，然后把这些圆弧用适当的回旋线连接起来。

上述两种方法，并无本质上的区别，但手法不同，计算过程及成果表示方式也不相同，由于适用性的差异，有的甚至从线形设计质量上有所反映。一般讲，前者适用于地形简易的平原微丘地区，后者适用于地形、地物复杂的丘陵、山岭地区。

四、设计纵断面

量出路线穿过每一等高线处的桩号及高程，绘制路线地面线的纵断面。设计者根据地形图，把竖向需要控制的各特征点（如为保证桥涵净空的最小高度等）的标高分别轻重用不同符号注在图上作为填挖控制点。然后仿照平面试线的方法确定纵坡设计线。定纵坡设计线应参考试线时的理想纵坡，纵坡要符合该级公路技术标准要求，努力争取满足各种竖向控制以及纵坡线形与平面线形的配合。

根据设计纵坡，检查所定路线是否经济合理，如填挖过大，应进行修改。修改是调整纵坡还是改移中线，或两者都改，应在对平、纵、横三面充分研究后确定。越岭线上，一般纵坡灵活性不大，常常要平、纵面同时考虑，如图 1-6-1(b) 中 K0＋200～K0＋400 之间，挖方较大，该处纵坡已是极限值无法调整，如将路线外移至崖顶边缘通过，如实线所示，线形并无多大变化，但挖方工程减少很多，宜作为采用线。

纸上定线是一个反复试验的过程，在某限度内，试线越多，那么最后的成品就越好。直到无论采取什么措施都不能显著节省工程或增进美感时，才可认为纸上定线工作已告完成。

一、直线型定线方法

如图 1-6-3 所示为直线型定线示意图。

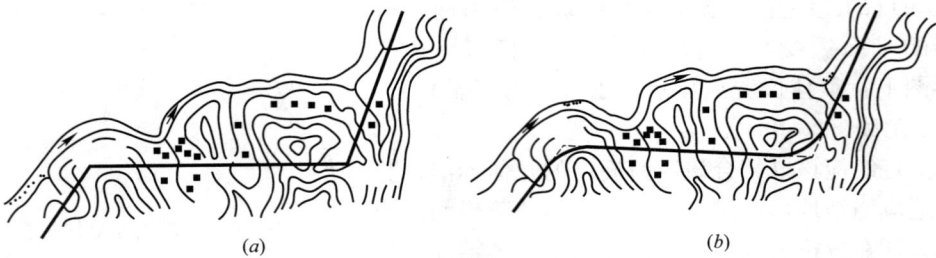

图 1-6-3　直线型定线

1. 交点坐标确定

（1）直接采集法

在绘有网格的地形图上直接读取各交点坐标。此法适用于交点前后直线方向和位置限制不严的情况。

（2）定前后直线再间接推算交点坐标

当交点前后全线方向及位置受限制较严时，可先固定前后直线（即在直线上读取两个点的坐标），再用相邻直线相交的解析法计算交点坐标。

2. 路线上任意点的坐标

可以交点坐标计算路线上任意点的坐标，可以圆曲线上任意点为基点计算路线上任意点的坐标，可以圆曲线起、终点为基点计算坐标，可以回旋线起、终点为基点计算坐标，也可以回旋线任意点为基点计算坐标。计算方法可参阅相关《道路勘测设计》教材，本书从略。

二、曲线型定线法坐标计算方法

与传统的先定直线后定曲线的直线型法相反。曲线型定线法首先根据地形、地物条件设置合适的圆曲线，然后把这些圆曲线用适当的回旋线连接起来。当相邻圆曲线之间相距较远时，也可以根据需要插设适当的直线段，形成以曲线为主的连续线形，如图 1-6-4 所示。

1. 定线步骤

（1）在地形图上根据路线布局所确定的定线走廊和限制较严的控制点，徒手画出线形顺适，平缓并与地形相适应的路线概略位置。

（2）选用直尺和不同半径的圆曲线弯尺拟合徒手画线，把该画线分解成规则的数学单元——圆弧和直线，形成一个圆弧和直线组成的具有错位（即设回旋线后圆曲线的内移值）的间断线形。选取最逼近徒手画线并符合该级道路线形设计要求的圆曲线半径作为设计半径。

（3）在每一被分解后的圆弧或直线上各采集两个点的坐标，从而将直线和圆固定下

(a)
(b)

图 1-6-4 曲线型定线法

来。通过试定或试算，用合适的回旋线将固定的线形单元顺滑地连接，形成一条以曲线为主的连续线形。

2. 确定回旋线参数

回旋线参数 A 的确定是曲线型定线法重要的一环，常用方法有：回旋曲线尺法、回旋曲线表法、公式试算法以及解析法等。

(1) 回旋曲线尺法

回旋曲线尺是根据回旋线相似性特点制作的。通常为米制，比例尺为 1：1000，外形为刻有主切线的 S 形曲线，在各个位置上刻出整数半径的法线方向及相关数值，代表某位置的曲率半径。一个参数值 A 对应一把曲线尺，A 值刻在曲线板上。

回旋曲线尺使用方法与铁道弯尺一样，选用不同参数值的曲线尺去逼近相邻线形单元，从而定出 A 值。回旋曲线尺除用于直线与圆的连接、S 形、卵形曲线外，还可以使回旋曲线尺组合起来，用于其他复杂的组合线形。

(2) 回旋曲线表法

1) 单位回旋曲线表

单位回旋曲线表是参数 $A=1$ 时的回旋曲线要素表，计算其他不同参数 A 的回旋曲线要素时，对单位回旋曲线表中有长度量度的要素值乘以 A 即可。无长度量度的要素(如 τ、σ 等)可直接采用。

2) 整参数 A 回旋曲线表

此类的要素值都是按整参数 A，以不同的整数半径 R 为自变量计算出来的。这种回旋线表实际上是回旋曲线尺的数字化表示，用途是相同的。

(3) 近似计算法

如图 1-6-5 所示，S 形、卵形曲线，回旋线参数 A 可用下式计算：

$$A = \sqrt[4]{24DR^3} \tag{1-6-1}$$

式中 D——圆弧之间距离；

      R——换算半径：

S 形曲线

$$R = \frac{R_1 R_2}{R_1 + R_2} \tag{1-6-2}$$

卵形曲线：

$$R = \frac{R_1 R_2}{R_1 - R_2} \tag{1-6-3}$$

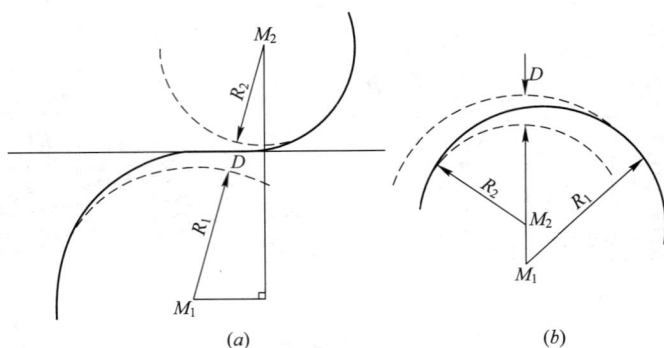

图 1-6-5　S形、卵形曲线示意图

R_1——大圆半径；

R_2——小圆半径。

A 值算出后，先要简单检查是否满足 $R/3 \leqslant A \leqslant R$ 要求，不满足时，可调整圆弧位置，使 D 变化后重新计算 A 值，直到满意为止。

对于S形曲线，因为它是由两条回旋线构成，为了计算简单方便，一般情况下采用相同的参数 A 值。回旋曲线尺、回旋曲线表均是按这种形式制作的。对于两个不同参数的S形曲线，计算比较复杂，一般很少使用，此处不赘述。

解析法是根据几何关系，建立含有参数 A 的方程式，通过计算精确求解 A 值的过程。下面分三种连接情况介绍。

1）直线与圆曲线连接

如图 1-6-6 所示，已知直线上两点坐标为 D_1 $(x_{D1}$，$y_{D1})$ 和 $D_2(x_{D2}$，$y_{D2})$，圆曲线上两点 $C_1(x_{C1}$，$y_{C1})$ 和 $C_2(x_{C2}$，$y_{C2})$，以及圆曲线半径 R。

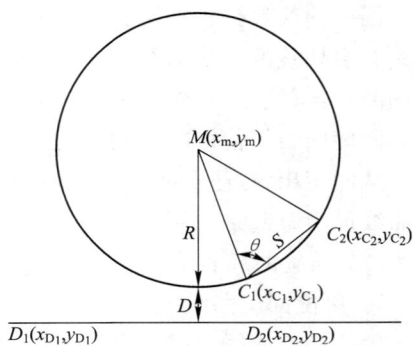

图 1-6-6　直线与圆曲线相切

① 圆心坐标 $M(x_m$，$y_m)$

$C_1 C_2$ 两点之间距离 $\quad \overline{AB} = \sqrt{(x_{c1} - x_{c2})^2 + (y_{c1} - y_{c2})^2}$ $\qquad$ (1-6-4)

$$\theta = \cos^{-1} \frac{\overline{AB}}{2R} \qquad (1-6-5)$$

$C_1 C_2$ 两点连线的象限角： $\quad a_{C12} = \arctan \dfrac{y_{c1} - y_{c2}}{x_{c1} - x_{c2}} = \arctan \left| \dfrac{DY}{DX} \right| \qquad$ (1-6-6)

$C_1 C_2$ 两点连线的方位角 A：

$$DX > 0，DY > 0 \text{ 时，} A = a_{C12}$$
$$DX < 0，DY > 0 \text{ 时，} A = 180 - a_{C12}$$
$$DX < 0，DY < 0 \text{ 时，} A = 180 + a_{C12}$$
$$DX > 0，DY < 0 \text{ 时，} A = 360 - a_{C12}$$

(1-6-7)

$C_1 M$ 方位角：$a_m = A + \xi\theta$

（曲线右转取"＋"，左转取"－"）

96

圆心 M 坐标为： $$x_m = x_{c1} + R\cos\alpha_m \qquad (1\text{-}6\text{-}8)$$
$$y_m = y_{c1} + R\sin\alpha_m$$

② 直线与圆曲线间距 D

直线 $D_n D_{n+1}$ 斜率： $$k = \frac{Y_{D2} - Y_{D1}}{X_{D2} - X_{D1}} \qquad (1\text{-}6\text{-}9)$$

直线与圆曲线间距 $$D = \frac{|\, k(x_m - X_1) - (y_m - Y_1)\,|}{\sqrt{1 + k^2}} - R \qquad (1\text{-}6\text{-}10)$$

③ 回旋参数 A 及长度 L_s

由回旋参数的几何关系得：
$$p = y + r\cos\tau - R \qquad (1\text{-}6\text{-}11)$$

式中 $y = \dfrac{L_s^2}{6R}\left(1 - \dfrac{L_s^2}{56R^2} + \dfrac{L_s^4}{7040R^4} - \cdots\right)$

$\tau = \dfrac{L_s}{2R}$

因 $p = D$，故式(1-6-11)只含有未知数 L_s，此时可采用牛顿求根法求解出 L_s，一般精确到 10^{-4} 即可，则参数 A 可利用下式计算：
$$A = \sqrt{L_s R} \qquad (1\text{-}6\text{-}12)$$

2）两反向曲线连接（S形）

已知相邻的两个圆曲线半径 R_1、R_2，及其上各两点的坐标，分别计算出两圆的圆心坐标 $M_1(x_{m1},\ y_{m1})$ 和 $M_2(x_{m2},\ y_{m2})$。

① 两曲线间距 D：
$$M_1 M_2 = R_1 + R_2 + D = \sqrt{(x_{m2} - x_{m1})^2 + (y_{m2} - y_{m1})^2} \qquad (1\text{-}6\text{-}13)$$
$$D = |\, M_1 M_2 - R_1 - R_2\,| = \sqrt{(x_{m2} - x_{m1})^2 + (y_{m2} - y_{m1})^2} - R_1 - R_2 \qquad (1\text{-}6\text{-}14)$$

② 计算回旋线曲线参数

用 k 表示回旋参数的比值，即 $k = \dfrac{A_1}{A_2}$。

根据几何关系知：
$$M_1 M_2 = \sqrt{(R_1 + R_2 + p_1 + p_2)^2 + (q_1 + q_2)^2} \qquad (1\text{-}6\text{-}15)$$

式中 $x_i = 2R_i\tau_i\left(1 - \dfrac{\tau_i^2}{10} + \dfrac{\tau_i^4}{216} - \dfrac{\tau_i^6}{9360} + \cdots\right)$

$y_i = \dfrac{2}{3}R_i\tau_i^2\left(1 - \dfrac{\tau_i^2}{14} + \dfrac{\tau_i^4}{440} - \dfrac{\tau_i^6}{25200} + \cdots\right) \quad (i = 1、2)$

$p_i = y_i + R_i\cos\tau_i - R_i$

$q_i = x_i - R_i\sin\tau_i$

$\tau_2 = \dfrac{1}{k^2}\left(\dfrac{R_1}{R_2}\right)^2 \tau_1$

由式(1-6-13)和式(1-6-15)可建立含 τ_1 的方程：
$$F(\tau_1) = (R_1 + R_2 + p_1 + p_2)^2 + (q_1 + q_2)^2 - (R_1 + R_2 + d)^2 = 0 \qquad (1\text{-}6\text{-}16)$$

即 $$2(R_1 + R_2)(p_1 + p_2 - D) + (p_1 + p_2)^2 + (q_1 + q_2)^2 - D = 0 \qquad (1\text{-}6\text{-}17)$$

用牛顿求根法可解出 τ_1，进而求得 τ_2，则

$$A_1 = R_1 \sqrt{2\tau_1}, \quad A_2 = R_2 \sqrt{2\tau_2} \tag{1-6-18}$$

3）两同向曲线连接（卵形）

① 间距

$$D = |R_1 - R_2 - M_1 M_2| \tag{1-6-19}$$

② 计算回旋线曲线参数

根据几何关系知：

$$M_1 M_2 = \sqrt{(R_1 - R_2 + p_1 - p_2)^2 + (q_2 + q_1)^2} \tag{1-6-20}$$

同上，用牛顿求根法可解出 τ_1，按下式计算 τ_2 和 A：

$$\tau_2 = \left(\frac{R_1}{R_2}\right)^2 \tau_i \tag{1-6-21}$$

$$A = R_1 \sqrt{2\tau_1} \tag{1-6-22}$$

曲线型法定线的核心是确定回旋线参数 A，上述四法中以回旋曲线尺法最简单直观，易于修改线形，但精度不高，适用于公路线规划阶段或绘图使用。解析法精度高，适用于精细定线，但计算过程复杂，一般在计算机上运行。

第三节 实 地 放 线

实地放线是将纸上定好的路线敷设到地面上，供详细测量和施工之用。

把纸上路线放到地面上的方法很多，常用的有穿线交点法、拨角法、直接定交点法、坐标法等，应根据路线复杂程度和精度要求高低、测设仪具设备、地形难易等具体条件选用。

一、穿线交点法

穿线交点法是根据平面图上路线与施测地形时敷设的控制导线（以下简称导线）的关系，把纸上路线的每条边逐一而独立地放到实地上去，延伸这些直线交出交点，构成路线导线，由于放线的方法不同，又可分为支距法和解析法两种。

1. 支距法

通常所指穿线交点定线，多为此法，适用于地形不太复杂，路线离开导线不远的地段。其工作方法如下。

量支距：在图上量得纸上路线与导线的支距，如图 1-6-7 中导 1—A，导 2—B 等。注意纸上每条导线边至少应取三个点，并尽可能使这些点在实地上能互相通视。

放支距：在现场找出各相应的导线点，根据量得的支距用皮尺和方向架定出各点，如图 1-6-7 中 A、B、C 等点，插上旗子。

穿线交点：放出的各点，由于量距和放线工作的误差，不可能恰好在一条直线上，必须穿直，穿直线多用花杆进行（长直线或地形起伏很大时可用经纬仪），穿出直线后，要根据实际地形审

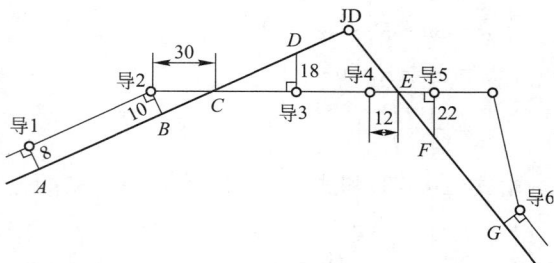

图 1-6-7 支距法

查路线是否合理，否则现场修改，改善线路位置。两相邻直线的交点即为转角点，如交点距路线很远或交在不能架设仪器的地方，可插成虚交形式，所有交点和转点都应钉桩以标定路线。

2. 解析法

解析法是用坐标计算纸上路线与导线的关系，此法较为准确。在地形复杂和直线较长，路线位置需要准确控制时用此法。

此法计算比较麻烦，但精度较高，实际工作中亦可用比例尺从平面图上直接量取距离。

二、拨角法

拨角放线也是根据纸上路线在平面图上的位置与导线的关系，用坐标计算每一条线的距离、方向、转向角和各控制桩的里程，放线时就按照这些资料直接拨角量距，不穿线交点，外业工作较为迅速，但此法所根据的资料要可靠准确。

1. 计算原理

如图 1-6-8 所示，当需要在现场施放 A 点时，该点坐标可通过计算得到或直接从平面图上量得。在 A 点附近找到两个导线点（坐标为已知），通过坐标解析法计算出 A 点到导线点的距离及 A 点与其两导线点连成的导线边的夹角，即可用拨角法放 A 点。

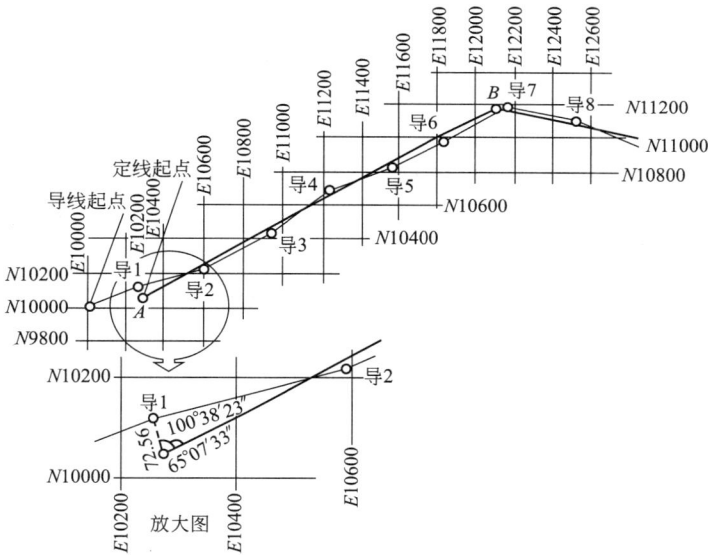

图 1-6-8　拨角法示例图

2. 外业放线

根据内业计算得到的夹角和距离，先从导 1 上放出路线起点 A 和第一边 AB，以后各边按转向角及距离直接定出。拨角定线的精度主要决定于定线所依据的原始资料是否可靠准确和放线误差积累的大小。因此现场放线时，必需十分注意路线实际位置是否合宜，高度是否恰当，必要时要现场变动改善。为了消除拨角量距误差积累增大的影响，放线时应视现场具体情况，每隔一定距离，与导线联系闭合一次，并进行调整。

三、直接定交点法

在地形平坦，视线开阔，路线受限不十分严，路线位置能根据地面目标明显决定的地区，可依纸上路线和地貌地物的关系，现场直接将交点定出。如图 1-6-9 所示，从图上得知交点 JD 离河岸约 200m，位于已有公路曲线内侧，一端切线距公路桥头 50m，另一端切线距房屋 25m，这样便可根据这些关系，直接于现场定出 JD。

在有些情况下，并没有上例这样明显的条件，路线的平面和高程位置，需要视地形、地质情况根据现场选线的原则，定出交点，做法参见现场直接定线。综上所述，穿线交点定线费时较多，拨角定线误差积累，为了弥补这些工作方法的缺点，取长补短，可以两者结合应用，即拨角定线到一定距离后，再用穿线交点法放线相交，这样又拨又交，既能提高工作进度，又能截断拨角定线的误差累积。

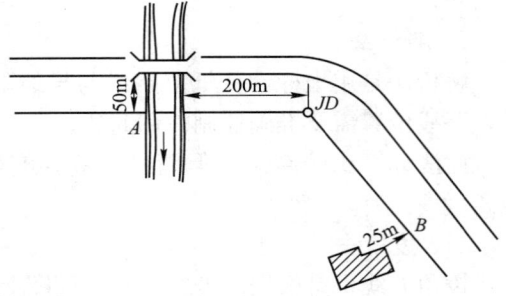

图 1-6-9　直接定交点法

上述三法中，穿线交点和直接定交点法，放线资料大都来自图解，准确度不高，适用于活动余地较大的路线。拨角法放线资料虽较准确，但放线误差累积，也影响定线的精度。三法都只用于路线导线的标定，路线的曲线部分还须用传统的曲线敷设方法标定。

四、坐标法

采用统一的坐标系统对路线导线进行坐标计算（计算导线点坐标）。实测地形图，并进行纸上定线后，计算路线中线上各桩号的坐标（逐桩坐标）。然后按逐桩坐标表进行实地放线。坐标法放线精度高，但必须有可参照的实地导线点。此法既可用于直线型定线方法，又可用于曲线型定线方法。

1. 极坐标放线法

极坐标放线的基本原理是以控制导线为根据，以角度和距离定点。如图 1-6-10 所示，在导线点 T_i 置仪，后视 T_{i-1}（或），待放点为 P。图 1-6-10(a) 为采用夹角 J 来放 P 点，图 1-6-10(b) 为采用方位角 A 放 P 点。只要算出 J 或 A 和置仪点 T_i 到待放点 P 的距离 D，就可在实地放出 P 点。

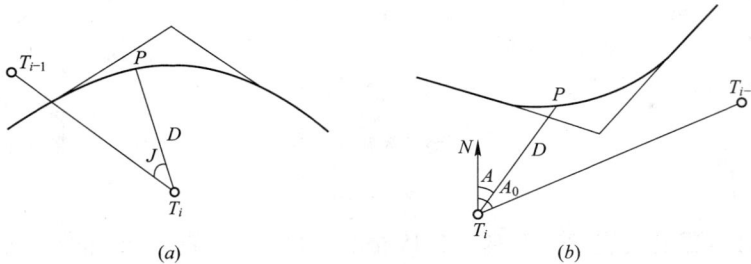

图 1-6-10　极坐标放线法

设置仪器点的坐标为 $T_i(x_i，y_i)$，后视点的坐标为 $T_{i-1}(x_{i-1}，y_{i-1})$，待放点的坐标为 $P(x，y)$，放样 D、A、J 数据可由直线定线法计算出，据此拨角测距即可放出待定

点 P。

2. 坐标放线

此法的基本原理与极坐标相同，它是利用现代自动测量仪的坐标计算功能，只需输入有关点的坐标值即可，现场不需做任何手工计算，而是由仪器内电脑自动完成有关数据计算。

坐标值的计算可参考相关《土木工程测量》教材，本书从略。

第四节 直 接 定 线

一、直接定线的工作步骤

直接定线就是设计人员直接在现场定线，定线的指导原则与纸上定线一样，如山岭区路线，仍须从安排纵坡入手，只是定线条件变了，工作步骤应做相应的改变，现仍以山区越岭线为例，阐述工作步骤如下：

1. 分段安排路线

在选线布局定下的主要控制点之间，沿拟定方向用试坡方法粗定出沿线应穿应避的一系列中间控制点，拟定路线轮廓方案。

2. 放坡，定导向线

放坡是要解决控制点间纵坡合理安排问题，实质上就是现场设计纵坡。

纵坡安排和选择坡值应考虑如下几点：

（1）纵坡线形要符合"标准"要求（如坡长限制、设置缓坡、合成坡度等）并力求两控制点间坡度均匀，避免设反坡；

（2）要结合地形选用坡度，尽可能不用极限坡，但也不应太缓，一般以接近控制点间平均坡度为宜，地形整齐地段可稍大，曲折多处宜稍缓。

放坡由受限较严的控制点开始，一人用带有手水准，对好与选用坡度相当的角度，立于控制标高处指挥另一持花杆的人在山咀、山坳等地形变化处，计划变坡处及顺直山坡上每隔一定距离定点，插上坡度旗，旗上最好注明选用的坡值。如果一边放坡一边插线，必须先放完一定长度（一般不应少于 4 条导线边长）的坡度点之后，定线人员再利用返程进行下一步工作。

照上述方法定出的这些坡度点的连线如图 1-6-11 中的 A_0、A_1、A_2…，相当于纸上定线的修正导向线，也起指引路线方向的作用，称为导向线。

放坡时要估计平曲线的大概位置和半径，以便考虑坡度折减。对计划要跨的山沟和要穿的山咀或山脊，放坡时应"跳"过去，计划绕行时，坡度要放缓，距离要折扣。

3. 修正导向线

坡度点就是概略的路基设计标高，由于各点的坡度陡缓不一，线位放上放下对路基的稳定和填挖工程量影响很大，故应根据路基设计的要求，在各坡度点的横断方向上选定最合适的中线位置，插上标志，如图 1-6-11 中的 B、B_1、B_2…，这些点的连线即为修正导向线（相当于纸上定线的二次修正导向线）。

有定线经验的人，常常把 2、3 两步工作并为一步来做，即一次完成修正导向线，这样在树丛地段定线能省大量清除障碍的工作。

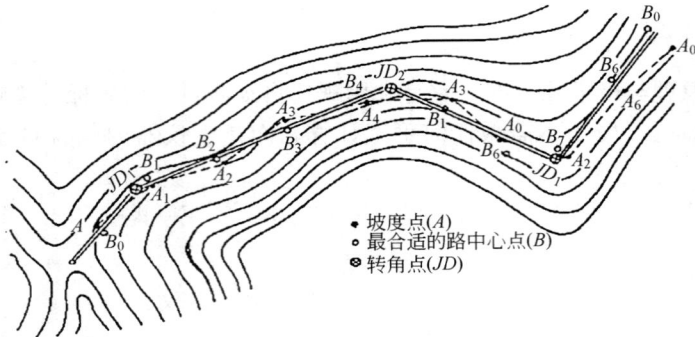

图 1-6-11　放坡试线示意图

4. 穿线交点

修正导向线是具有合理纵坡，横断面上位置最佳的一条折线，穿线要从平面线型要求着眼，尽可能多地靠近或穿过导向线上的特征点，特别要注意控制较严的点位，裁弯取直，使平、纵、横三面恰当结合，穿出与地形相适应的若干直线，延伸这些直线定出交点，即为路线导线，如图 1-6-11 中 JD_1-JD_2-JD_3。这步工作很重要，定线人员必须反复试插、修改，才能定出合理的路线。

二、曲线插设方法

1. 单交点

单交点是直接定线最常用的曲线插设法之一，适用于交角不大、线位受限不严的地方。如图 1-6-12 所示，一般先安排好前后直线位置，交出交点。曲线半径应按理想线位所需要的外距 E 或切线长 T 为控制来反算，然后根据路线标准选用一个为 5 或 10m 倍数的合适半径值，算出曲线元素，并粗略敷设曲线，以检查线性是否合适。一般情况只需将曲线三个主点（起、终、中点）设出，就可以看出曲线的全貌了。如地形复杂，单凭曲线三主点还无法判定出全曲线线位时，应在曲线上加设几个任意点 P，P 点支距用下式计算：

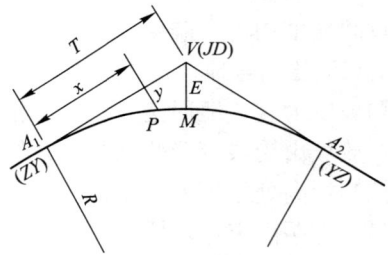

图 1-6-12　单交点法

$$y = \frac{x^2}{2R} \qquad (1\text{-}6\text{-}23)$$

经检查，如曲线位置不合适，应视具体情况调整半径或修改前后直线位置。

2. 虚交点

适合于交角较大、交点过远或交点难以安设仪器的情况。如图 1-6-13 所示，可在交点前后直线上选定副交点 V_1、V_2，并使基线 V_1V_2 靠近曲线计划通过的部位。测量转角 a_1、a_2 和 V_1V_2 的长，按如下公式：

$$R_切 = \frac{V_1V_2}{\tan\dfrac{\alpha_1}{2} + \tan\dfrac{\alpha_2}{2}} \qquad (1\text{-}6\text{-}24)$$

计算切于 V_1V_2 的圆曲线半径，据此计算 T_1、T_2。实地钉出 A_1、A_2、A_3 各点，若此三点不足以显示曲线全貌，可在中间加点，如 M_1、M。然后检查曲线线位是否合适，如合适即取 $R_{切}$ 为曲线半径，这就是双交点形式。如曲线一部分或大部分线位不合适，可增大或缩小半径，这时曲线与基线 V_1V_2 不再相切，这就是虚交形式。

3. 曲线起(终)点法

适用于交角较大背靠陡崖的明弯，如图 1-6-14 所示。

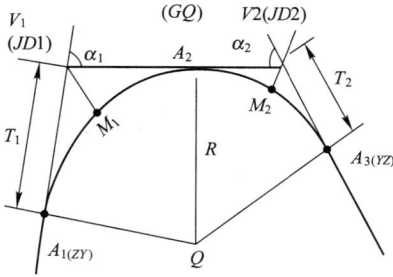

图 1-6-13　虚交点法　　　　　　　图 1-6-14　曲线起(终)点法

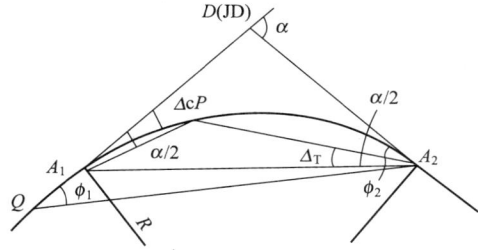

在预计的曲线起终点附近插 Q、A_2 点，测 ϕ_1、ϕ_2 角。

计算 $\dfrac{a}{2}=\dfrac{\phi_1+\phi_2}{2}$，在 A_2 处拨角 $\dfrac{a}{2}$，与 QD 交出 A_1 点，则 A_1、A_2 点即为该曲线起终点。为了判定线位是否合适，可在曲线上加设 P 点。

方法是用简单仪器在 A_1、A_2 点分别放角 Δ_c、Δ_T，使 $\Delta_c=\Delta_T$，则视线交点即为曲线上的点 P，同样方法可以定出若干个 P 点，即可显示出曲线全貌。如判明曲线位置不合适，可沿两切线将 A_1、A_2 同向移动相等距离，重新检查，直到定出理想线位。

由于定线常使用简单仪器，A_1、A_2 不够准确，一般固定其中一点，另一点用仪器，如经纬仪、全站仪等仔细标定，测量 A_1A_2 的长度，则相应的半径为：

$$R=\frac{A_1A_2}{2}\csc\frac{\alpha}{2}=\frac{A_1A_2}{2\sin\dfrac{\alpha}{2}} \tag{1-6-25}$$

第五节　航　测　定　线

一、航测定线的发展与应用

现场定线由于受到视野的限制，容易遗漏方案，而纸上定线必须要测绘大比例尺地形图，这两种方法都需要大量人力、物力，劳动强度大，选线周期长。利用航测像片选线，或者通过航测成图在图纸上定线，这样可以把大量的野外工作搬到室内来做，选线人员可以在像片和图纸上找出许多比较方案，从而提高选线质量。

我国公路航测选线的研究工作是从利用国家已有的航测资料入手的。我国领土的绝大部分地区，已有不同比例尺的航空摄影像片，容易收集。将像片拼接成地貌略图，通过立体观察，可以了解选线地区的山脉水系以及工程地质等情况。对于在特别困难的山岭、森林、沙漠、草原地带选择路线的各种方案，航测资料具有特别重要的实用价值。

国内现研究试验以下几种像片定线方法：利用立体镜和视差杆定线；多倍仪定线；在

用精密立体测图仪绘制的大比例尺地形图或用正射投影仪制作的影像地图上定线。此外，近年来在将航测与电算相结合进行路线的优化设计研究方面也取得了成果。

利用立体镜和视差杆的定线方法所使用的设备简单，容易推广。但是，航摄像片是中心投影，加之摄影时的倾斜误差，航高误差都未消除，所得的距离和高程精度很低，仅能作为初选路线方案的一种手段。

不论用何种成图方法，绘制大比例尺地形图，在图纸上定线，这都属于"纸上定线"的范畴。不过用航测图进行纸上定线时可以辅以立体镜观察，既可定性又可定量，这样更能保证定线的质量。

多倍仪是全能法成图所使用的基本仪器，尽管它放大倍数小，但用多倍仪可以建立与实地完全相似的立体光学模型，可以在模型上直接选线，对于公路航测选线的初期阶段，仍然是一种经济实用的手段。

二、航测像片选线的程序

1. 研究路线方案

在 1∶10000 或 1∶50000 的地形图上初选规划方案，从若干比较线中选出 1～2 个方案作为收集资料的范围。

2. 收集资料

凡路线所经地区的地形、地质、水文、气候等各种图纸、调查报告、文献、航测资料都尽可能收集，如：

（1）地形图。路线经过地区的各种比例尺的地形图在不同设计阶段都各有其用途，小比例尺地形图可以初选路线方案作初步设计之用，大比例尺地形图则可以直接作纸上定线。

（2）航测资料。包括航摄像片、镶嵌复照图、相片平面图等。在收集航摄相片的同时，还应收集测区的控制测量资料，这些资料对相片选线或成图都有重要的作用。

（3）其他资料。包括铁路、水利等部门勘测过的各种图纸、控制点、高程资料等。

3. 制作航片镶嵌复照图

将路线所经地区的航片顺序拼接起来，生产照相复制成图，这就是镶嵌复照图。在镶嵌复照图上，进行简单地貌调绘和工程地质调绘。调绘的主要内容是：用彩色笔绘出河流及水流方向；画出分水岭的山脊线，注明对选线有实际意义的垭口位置和高程。用不同的颜色和符号标出各种地物——铁路、公路、大道、城镇、村庄、湖、塘等，画上轮廓线并写上名称。对于所收集到的高程资料都要一一记注上去。不良地质地段更应详细标明其位置和特征，因为它是决定路线方案的重要因素。

4. 初选路线方案

在镶嵌复照图上初选路线方案，相当于传统勘测设计中的路线调查，不过这是把野外地形搬到室内来做罢了。它不但减轻了劳动强度，而且在一定程度上避免了由于视野不良而容易遗漏方案的缺点，这对于在人们难于到达的困难地点选线尤为重要。

具体做法是：

（1）根据总体规划，在图上将路线起讫点、主要控制点连接起来，这条线就是路线的大致走向。由于控制点的选取有所不同，可能会有几条比较线出现。

（2）按作业草图所注航片排列编号，用立体镜逐片观察沿线细部地貌，结合地质判释、桥位选择、路线标准等修改局部方案。

（3）在镶嵌复照放大图上，量取路线长度，主要点的高程，画出路线的准确位置，统编里程，点绘路线的概略纵断面图和有代表性的横断面图，试拉纵坡度，估计土石方量。

（4）当有几条比较线时，可根据各条线的工程数量和路线标准决定取舍，初步选出最佳路线方案。

5. 现场调查核对

我国公路航测工作在现阶段由于受各种条件的限制，如航片的摄影年代已久，地物多有变化，或者模糊，判读难免出错。为了使所选路线切合实际，准确可靠，现场调查核对是不可忽视的程序。现场调查的内容是：桥涵水文调查、筑路材料调查、工程地质调查、占用土地、拆迁调查及路线附近地物、地形补充调绘等。根据调查的实际情况，核对初选方案是否合适，必要时可做相应的修改。

6. 纸上定线

用多倍仪一般可以将航摄像片绘制成 1∶5000 的地形图，用精密立体测图仪（或其他精密成图仪器）可以制成 1∶2000 或更大比例尺的地形图。这些图纸经整饰晒印后即可进行纸上定线；前者可以满足初步设计之用，后者可以满足技术设计之用。纸上定线的方法如前节所述。纸上定线经现场核对、修改，在室内完成平、纵、横设计和各种构造物设计，计算工程数量，编制设计文件。

三、多倍仪定线方法

多倍仪有两种功能：立体测图和建立立体光学模型。

多倍仪测图是使用由航摄底片缩制成的透明正片，利用摄影过程的几何反转原理，在室内恢复摄影时的几何光束及摄站的相关位置，建立与地面相似的立体光学模型，再根据少量控制点使模型与地面的位置和高程对应，然后在这个模型上测绘地物、地貌。

用多倍仪建立的立体光学模型定线的方法和步骤如下：

1. 准备工作

（1）收集路线经过地区的航摄片、调绘片、控制成果等。选出要使用的相片并复制若干份。根据控制成果，在这些相片上转绘平面和高程控制点。

（2）绘制作业草图。作业草图应包含下列内容：

1）像主点相关位置及片号。

2）航带间的关系。

3）平面及高程控制点的分布。

4）路线大体经过的部分。

（3）制订作业计划。根据已有的资料，视控制点的分布情况，决定是否需要在多倍仪上进行加密或双模型定线，并确定作业的先后次序及划分网段。

（4）制作缩小片，即按纠正仪投影器的镜头像角大小将航摄负片缩小复制为玻璃正片。

（5）绘制控制点坐标图。

2. 在多倍仪上建立立体光学模型

多倍仪的作业步骤为：装片归心、相对定向、绝对定向、模型置平，当完成以上步骤后，带上互补色眼镜即可对立体模型进行观察和定线。

3. 在立体光学模型上定线

在立体光学模型上定线有以纵坡为主导的定线方法和以方向为主导的定线方法两种，其设计基本原则与纸上定线相同。

四、影像地图在定线中的运用

立体光学模型虽然有形象逼真的优点，但它毕竟是要有"光"才能有"像"，欲将所定路线送交有关部门审批或请专家评议都得重新挂灯在暗室进行。加之在模型上量测高程或用测绘器"卡"导向线操作起来也不十分方便，故多倍仪定线的使用也就受到一定的限制。

影像地图在一定程度上弥补了这些缺点。在影像地图上，既有在摄影时记录下来的全部地物、地貌信息，又有用等高线表示的高程，为纸上定线提供了较好的条件。

影像地图的制作常采用以下两种方案：

一种方案是先用带有正射投影装置的立体测图仪制作正射投影像片，然后将已定向好的立体像片按常规办法绘制等高线图。将正射相片和等高线图套印，即制成正射影像地图。

另一种方案是在立体测图仪上对立体像片定向后，在其中一张相片上描绘等高线，然后根据绘有等高线的相片利用立体测图仪和正射投影仪一次制成正射投影图。

在利用国家已有的航测资料进行公路定线的若干方法中，正射影像地图是比较理想的一种，但它要求有一定的设备，成本也较高，在条件还不完全具备时，可与测绘部门合作进行。

必须指出，航测定线必须要与电算相结合才能形成生产力，只有将地形以数字形式输入计算机才谈得上路线的优化设计和辅助设计。今后航测应用于公路选线的研究重点是在数字地形模型的建立和应用上多下工夫，能通过航测、遥感和全球定位系统（GPS）高速度、高精度地获得地面数据是实现选线自动化的关键。

复 习 思 考 题

1. 纸上定线中，直线型法和曲线型法核心思想各是什么？
2. 简述实地放线的方法。
3. 简述直接定线中曲线插设的方法有哪些，并说明适用条件。

第二篇 路基路面工程

第一章　总　　论

道路作为空间上的三维带状人工构造物，在结构上主要由路基和路面构成。路基是道路的基础，是在天然地表上按照道路几何设计的要求开挖或堆填而成的岩土结构物；路面则是由各种混合料分层铺筑在路基顶面上供车辆行驶的结构物。路基是路面的基础，具有良好强度和稳定性的路基可以保证路面能够承受长期车辆荷载的作用，而优良的路面结构又可以保护路基，使之避免受到车辆荷载和自然因素造成的直接破坏，延长其使用寿命。路基和路面相辅相成是不可分离的整体，设计时要综合考虑它们的工程特点以解决其强度和稳定性等技术问题。本课程路基路面工程部分将主要介绍有关路基路面结构的基本概念、材料特点、结构设计理论与方法以及路基路面施工等内容。

第一节　路基路面工程的特点与结构分层

一、路基路面工程的特点

路基与路面工程是道路工程的主要组成部分，它们共同承受着行车荷载和自然因素的作用，其质量的好坏直接影响到道路的使用品质。路基是路面的基础，是道路工程的主体，它贯穿道路全线，连通全线的桥梁、隧道、涵洞，是道路质量的关键。路基工程的特点是工程数量大，占地较多，沿线情况复杂变异性大。例如微丘地区的三级公路，每公里土石方数量约 $8000 \sim 16000 \mathrm{m}^3$，山岭重丘区的三级公路则可达 $20000 \sim 60000 \mathrm{m}^3$，对于高速公路，平均填挖高度可达 $2 \sim 3 \mathrm{m}$，工程数量就更为可观了。公路可能通过平原、丘陵、河川、沼泽、沙漠等，沿线的地质条件、气候特点非常复杂，差异性大，这都增加了路基设计和施工时的难度。此外路基工程牵涉面广、投资较大是整个道路工程质量的关键，也是施工工期的关键。路面结构暴露在自然环境之中，不但受到大气和水温条件的影响，还要常年经受各种行车荷载的作用。路面工程的特点主要在于它是由各种混合料组成的多层次复合结构物，所采用的材料是由集料和结合料(沥青、水泥、石灰等)组成的各种混合料。各种混合料的性质随配合比例和组成方式的不同在较大范围内变动，并且随所处的温度和湿度环境以及所受到的应力状况的不同而发生很大的变化。此外，路面工程变异性大，不确定性因素多。工程所经地区的地形、地质和水文等条件往往变化很大，即便在较短的段落内，路基的填挖情况、岩(土)质和水文条件仍会有较大的差别，从而使路面结构的支承条件有很大的变异；结构层的材料，受料源(不同料场)和施工状况的影响，其力学性质的变异范围很大；同时，路面结构所处的环境(温度、湿度等)复杂多变，混合料的物理力学性质对于环境条件的变异又十分敏感，这就更加剧了材料和结构性状的变异性。路面工程的设计、施工和维修养护是一个相互关联和相互依存的系统，路面设计时要兼顾材料和结构两方面，通盘考虑设计、施工和养护三方面的协调作用。

二、对路基路面的要求

1. 对路基的要求

（1）结构尺寸的要求

即对路基宽度、高度和边坡坡度的要求。路基的宽度和高度主要由勘测设计时横断面设计和纵断面设计确定，同时还要考虑排水和通行的需要。边坡坡度则要满足路基稳定性的要求。

（2）对整体结构（包括周围地层）的要求

路基施工改变了地面的天然平衡，路堑边坡可能失稳，陡坡路堤可能沿地表整体下滑，软土路基可能整体滑坍，因此路基设计时必须采取排水、边坡加固或设置挡土墙等技术措施以确保路基的整体稳定性。

（3）足够的强度和抗变形能力

路基除了受到由路面传递下来的行车荷载的作用外还要受到路基路面自重的作用，因此路基必须具有一定的强度以承受荷载。同时路基还要具有一定抵抗变形的能力，以免发生过量的变形影响车辆通行。

（4）足够的整体水温稳定性

路基受大气、水温和地质条件的影响很大，设计时应保证路基在地面水和地下水的作用下强度不显著降低，在冰冻地区不发生因冻融翻浆造成的强度急剧下降，这就要求路基具有足够的水温稳定性。

2. 对路面的要求

路面结构暴露在自然环境中，在大气和水温变化的条件下长年承受车辆荷载的重复作用。为了保证行车的快速顺畅、安全舒适和路面结构经济耐用的要求，路面应具有下列性能：

（1）强度和刚度

对路面结构强度和刚度的要求，就是要求路面结构具有足够的承载能力和抗变形能力。路面结构应具备足够的强度，以抵抗车轮荷载行驶产生的各种应力，如压应力、拉应力和剪应力等，保证路面不致产生压碎、开裂、松散或剪切等各种破坏。同时它应具有足够的刚度，使得路面在车轮荷载作用下不产生过大的变形，保证不发生车辙、沉陷或波浪等各种病害。

（2）稳定性

对路面的稳定性要求主要包括结构稳定性和水温稳定性两个方面。道路结构物修建在天然地表之上，这样就改变了地表的自然平衡，在达到新的平衡状态之前，道路结构物将处于一种暂时的不稳定状态。新建的路基路面结构暴露在大气之中，经受着大气温度、降水与湿度变化的影响，结构物的物理、力学性质也将随之发生变化，也处于一种不稳定状态。路基路面结构能否经受这种不稳定状态而保持工程设计所要求的几何形态与物理力学性能，称为路基路面结构的稳定性。此外，路面在水分和温度变化的影响下，其强度和刚度应保持必要的稳定性。基层和路基浸水时不致发软，沥青路面在夏季高温时不产生泛油、推移或拥包等病害，水泥混凝土路面在夏季不致胀裂，在冬季低温时不致冻裂。

（3）耐久性

路基路面工程投资巨大，从规划、设计、施工至建成通车需要较长的时间，对于这样的大型工程应有较长的使用年限，一般的道路工程使用年限都要有数十年，因此路基路面工程应具有耐久的性能。这就要求设计和施工时不但要保证路面结构能承受气候变化和行驶车轮的重复作用而不产生疲劳破坏和过量的塑性累积变形，还要减缓路面的强度衰减，保证必要的设计使用年限。

（4）表面平整

路面表面平整度是影响行车安全、行车舒适性以及运输效益的重要指标，路面平整坚实，可以减少车辆机件的振动磨耗、降低油料消耗，提高行车速度，保证行车平稳和乘客的安全舒适。

（5）抗滑性

路面要保证足够的粗糙性，尤其在雨天要提供较大的轮胎与路面间的摩擦力，在高速行车或紧急刹车时不致空转或打滑，以保证行车安全。路面的抗滑性能在低速时主要取决于集料表面的微观纹理，高速时主要取决于路面表面的宏观纹理。路面表面的抗滑能力可以通过采用坚硬、耐磨、表面粗糙的粒料组成路面表层材料来实现，有时也可以采用一些工艺措施来实现，如水泥混凝土路面的刷毛或刻槽等。此外，路面上的积雪、浮冰或污泥等，也会降低路面的抗滑性能，必须及时予以清除。

（6）环保性

砂石路面在汽车行驶下会产生尘土飞扬，各类路面的行车噪声也会对沿线居民造成不良影响，污染环境。因此，路面设计和施工时要考虑环保方面的要求，特别要尽量减少行车过程中的扬尘和噪声。

三、结构分层

行车荷载和自然因素对道路的影响随着深度的增加而逐渐减弱，相应的对道路材料的强度、刚度和稳定性的要求也逐渐降低。与此相适应，道路结构通常分层修建，与天然地表相接的是路基，路基上面是路面。通常路面结构按各个层位的功能不同由面层和基层组成，必要的时候还要设置垫层作为介于路基与基层之间的温度和湿度过渡层。

1. 面层

面层是直接同行车和大气接触的表面层次，它承受较大的行车荷载的垂直力、水平力和冲击作用，同时还受到降水的侵蚀和气温变化的影响。因此面层应具有较高的强度和刚度，以及优良的水、温稳定性，而且还应当耐磨、不透水、表面具有良好的抗滑性和平整度。通常修筑面层所用的材料主要有：水泥混凝土、沥青混凝土、沥青碎（砾）石混合料、砂砾或碎石。沥青面层有时分两层、三层或更多的层次铺筑，并根据各分层的要求采用不同级配类型的沥青混合料。水泥混凝土面层多采用单层形式，有时也分上下两层铺筑，分别采用不同标号的水泥混凝土材料。

2. 基层

基层主要承受由面层传来的车辆荷载的垂直力，并扩散到下面的垫层和路基中去。沥青路面基层是路面结构中的主要承重层，它应具有足够的强度和刚度，并具有良好的扩散应力的能力；对于水泥混凝土路面，基层也要承受由面层传递下来的车辆荷载作用，因此也应具有一定的强度和刚度。虽然基层受到大气等自然因素的作用比面层受到的小，但仍然要受到温度变化的影响，而且还可能受到地下水和通过面层渗入的雨水的作用，因此基层结构应具有足够的温度稳定性和水稳定性。基层表面虽不直接供车辆行驶，但仍应有较好的平整度以保证面层的平整。修筑基层的材料主要有各种结合料(如石灰、水泥、各种工业废渣等)稳定土、沥青稳定类材料(包括密级配沥青碎石 ATB、半开级配沥青碎石 AM,开级配沥青碎石 ATPB)、各种无机结合料(如石灰、水泥、各种工业废渣等)稳定碎(砾)石、天然砂砾、各种碎石或砾石、片石、块石,此外贫水泥混凝土、普通水泥混凝土也可以用于基层。基层厚度太厚时,为保证工程质量可分为两层或多层来铺筑。当采用不同材料修筑基层时,基层的最下层称为底基层,对底基层材料质量的要求可以适当降低。

3. 垫层

垫层介于路基与基层之间,它的功能是改善路基的湿度和温度状况,以保证面层和基层的强度、刚度和稳定性不受路基水温状况变化所造成的不良影响。此外,垫层可以将基层传下来的车辆荷载应力加以扩散,以减小路基产生的应力和变形,同时也能防止路基土挤入基层影响基层结构的性能。修筑垫层的材料,强度要求不一定高,但水稳定性和隔温性能一定要好。常用的垫层材料分为两类,一类是由松散粒料,如砂、砾石、炉渣等组成的透水性垫层,另一类是用水泥或石灰稳定土等修筑的稳定类垫层。

4. 路基

路基顶面的土层,不论是填方还是挖方路基,均应按要求予以严格压实。否则,在行车和自然因素的作用下会产生过量变形,加速面层的损坏。

第二节 影响路基路面稳定的因素

道路工程路线长、与大自然接触面广,道路工程的主体结构——路基路面又裸露在大气中,当地的自然条件对其稳定性具有非常重要的作用。因此,在进行路基路面设计和施工时,应深入调查道路沿线的自然情况,分析研究有关自然因素的变化规律以及其对路基路面结构稳定性的影响,制定出因地制宜、切实有效的工程措施,以保证路基路面具有足够的强度和稳定性。

一、影响路基路面稳定性的自然因素

(1)地理条件

道路沿线的地形、地貌及海拔高度,不仅影响到道路的几何设计,还影响到路基路面的结构设计。平原、丘陵、山岭各区地势不同,水温情况各异。平原区地势平坦,易积聚地面水,地下水位高,设计时须注意保证路基的最小填土高度,路面结构则要注意选取水稳定性好的材料并采用适当的排水设施;丘陵区地势起伏,山岭区地势陡峭,更要加强路基路面排水设计,以免路基路面稳定性下降,避免各种变形和破坏现象的发生。

(2)地质条件

道路沿线的地质条件,如岩石的种类、成因、节理、风化及裂隙情况,岩层的走向、倾向和倾角、层理和厚度以及有无软弱层或遇水软化的夹层,有无断层或其他特殊的地质现象(岩溶、冰川、泥石流、地震)等,都会影响到路基路面的稳定性,设计时应予以考虑。

(3)气候条件

气温、降水、风力、风向、空气湿度、蒸发、日照等气候因素,都将影响道路沿线地面水和地下水的状况,进而影响到路基路面的水温状况。一年之中气候的季节性变化,将使路基路面的水温状况也发生季节性周期变化，这些都将影响路基路面的稳定性。

（4）水文及水文地质条件

水文及水文地质条件的变化将影响到地面水及地下水进而影响路基路面的稳定性，如处理不当，极易引起路基路面结构的各种病害。水文条件如道路沿线地表水的排泄情况、河流洪水位、常水位的高低，有无地表积水和积水期的长短，河岸的冲刷和淤积情况等。水文地质条件如地下水位、地下水的移动情况，有无泉水、层间水、裂隙水等。

（5）土的类别

土是修筑路基的基本材料，不同类别的土具有不同的工程性质，可以直接影响到路基的强度和稳定性。含砂粒成分较多的土，强度构成以内摩擦力为主，强度较高且水稳定性好，但施工困难，不易压实；含黏粒成分较高的土，强度构成以黏聚力为主，其强度随密实程度和含水量的不同而变化；粉土类土的毛细作用强烈，其强度和承载能力会随毛细水上升高度增加、湿度加大而降低，在负温的情况下，水分通过毛细作用移动并积聚，产生冻胀，容易导致路基翻浆等病害的发生。

二、影响路基路面稳定性的人为因素

影响路基路面稳定性的人为因素主要包括：

（1）荷载作用：包括静载、动载的大小及重复作用次数。

（2）路基路面结构：包括路基填土或填石的类别与性质、路基的断面形式与结构类型、排水构筑物的设置情况、路面表层是否渗水等。

（3）施工方法与质量：包括不同类别的土是否分层填筑、路基压实方法及质量、面层的施工质量水平等。

（4）养护措施：包括一般措施及在设计、施工中未及时采用而在养护过程中加以补充的改善措施。

此外，沿线附近的人为的活动和人为设施（水库、灌溉渠道、水田等），也属于影响路基稳定性的人为因素。

第三节　路面的等级与分类

一、路面等级的划分

道路路面通常按路面所承担的交通功能和使用品质、面层材料组成、结构强度和稳定性等因素将路面划分成高级路面、次高级路面、中级路面和低级路面四个等级。

（1）高级路面

高级路面结构强度高，稳定性好，使用寿命长，能适应较大的交通量，路面平整无尘，能保证车辆安全、舒适的通行，路面养护费用少，运输成本低，但建设投资大，需要用较优质的材料来修筑。

（2）次高级路面

与高级路面相比各项指标略低，建设投资也稍低，但要定期维修，养护费用和运输成本较高。

（3）中级路面

结构承载能力低，稳定性差，使用年限短，平整差，易扬尘，适应于行车速度低、交通量较小的道路，初期投资低；但养护工作量大，运输成本高。

（4）低级路面

结构承载能力很低，平整度和水稳定性都差，晴天扬尘，雨天泥泞，只能适应低交通量下的低速行车，同时，雨期不能保证正常行车，造价最低，但养护工作量最大，运输成本最高。

二、路面分类

路面类型可以从不同角度来划分，按面层所用的材料可分为水泥混凝土路面、沥青路面、砂石路面等；从路面结构的力学特性出发，可以将路面分为柔性路面和刚性路面两类。刚性路面指水泥混凝土路面。它的强度高，刚性大，板体性好，有较大的扩散应力的能力。车轮作用下路面的弯沉变形很小。柔性路面主要有碎（砾）石路面和各类沥青路面。它的刚度较小，抗拉强度较低，荷载作用下变形较大。路基和基层强度对路面结构整体强度有较大影响。此类路面有弹性，柔性较好，路面无接缝，行车舒适性较好。

此外，对于用石灰、水泥或含水硬性结合料的工业废渣等无机结合料稳定的土或处治碎（砾）石修筑的基层，具有一定的板体性，前期具有柔性路面的力学特性，且随着时间的增长其强度与刚度不断增大，但最终的强度和刚度仍低于水泥混凝土，这类路面基层结构被称为半刚性基层，用半刚性基层修筑的沥青路面称为半刚性基层沥青路面。

第四节　路基路面设计的内容

路基路面工程设计与建筑的基本任务，在于以最低的代价（包括资金、材料、劳力、时间等方面），提供符合一定使用要求（即足够稳固）的结构物。

一、路基设计的内容

路基设计应根据道路使用要求和当地自然情况，参照有关规范和经验，考虑技术和经济条件，选定合理的结构方案，绘出设计图纸作为施工的依据。

（1）勘察调查

收集沿线的地质、水文、气象以及材料和交通等方面的资料，了解现有道路的使用状况，进行必要的测试工作。

（2）路基设计

路基设计的主要内容如下：

① 根据路线设计的结果确定路基的填挖高度和路基顶面宽度，在此基础上确定路基的横断面形式和边坡坡度。

② 根据沿线地面水流和地下水情况，进行道路排水系统的布置以及地面和地下排水结构物的设计。

③ 根据当地水文、地质、地形及筑路材料等情况，采取边坡坡面防护、沿河路基堤岸防护、路基支挡及软弱地层加固等措施，并进行相应的设计（例如路基支挡用的挡土墙设计）。

以上设计，均可参照规范规定或标准图进行，但要注意它们的适用条件，切忌生搬硬套。

二、路面设计的内容

路面设计应根据道路使用要求和当地自然情况，参照有关规范和经验，考虑技术和经济条件，选定合理的结构方案，绘出设计图纸作为施工的依据。路面设计主要包括下列内容：

（1）根据道路等级、使用任务、当地自然环境、路基支承条件和材料供应等情况，选择路面各结构物类型，并提出结构层组合方案。

（2）根据对所选材料的性状要求和当地自然条件进行各结构层（主要是面层）材料的组成设计。

（3）根据路面结构的破坏标准、力学模型和相应的计算理论，或按经验方法，确定满足交通条件和使用年限要求的各结构层尺寸。对于水泥混凝土路面还要进行接缝和配筋等方面的设计。

（4）技术经济比较：对可能提供的若干设计方案，应综合考虑投资、施工、养护和使用性能等几方面因素，进行技术经济分析和比较，最后确定采用的方案。

复 习 思 考 题

1. 路基的作用和路基工程的特点是什么？对路基路面的一般要求有哪些？
2. 路基路面如何进行结构分层？各层的作用是什么？
3. 影响路基稳定性的因素有哪些（自然因素和人为因素）？
4. 路面等级划分的依据是什么？如何划分？
5. 路基路面设计的内容有哪些？
6. 名词解释：路基、路面、半刚性基层。

第二章　路基工程基本知识

第一节　路基的类型与构造

通常根据公路路线设计确定的路基标高与天然地面标高是不同的，路基设计标高低于天然地面标高时，需进行挖掘；路基设计标高高于天然地面标高时，需进行填筑。由于填挖情况的不同，路基横断面的典型形式，可归纳为路堤、路堑和填挖结合等三种类型。路堤是指全部用岩土填筑而成的路基，路堑是指全部在天然地面上开挖而成的路基，此两者是路基的基本类型。当天然地面横坡大，且路基较宽，需要一侧开挖而另一侧填筑时，为填挖结合路基，也称为半填半挖路基。在丘陵或山区公路上，填挖结合是路基横断面的主要形式。

一、路堤

路基断面由路基顶宽、边坡坡度、护坡道、取土坑或边沟、支挡结构、坡面防护等部分组成。按路堤的填土高度不同，划分为矮路堤、高路堤和一般路堤。填土高度小于 $1.0\sim1.5$m 者，属于矮路堤；填土高度大于 18m（土质）或 20m（石质）的路堤属于高路堤；填土高度在 $1.5\sim18$m 范围内的路堤为一般路堤。图 2-2-1 为路堤的几种常用横断面形式。

二、路堑

图 2-2-2 所示是路堑的几种常见横断面形式，有全挖路基、台口式路基及半山洞路基。挖方边坡可视高度和岩土层情况设置成直线或折线。挖方边坡的坡脚处设置边沟，以汇集和排除路基范围内的地表径流。路堑的上方应设置截水沟，以拦截和排除流向路基的地表径流。挖方弃土可堆放在路堑的下方。边坡坡面易风化时，在坡脚处设置 $0.5\sim1.0$m 的碎落台，坡面可采用防护措施。

陡峻山坡上的路基，设计时路中线宜向内侧移动，尽量采用台口式路基（图 2-2-2b），避免路基外侧的少量填方。遇有整体性的坚硬岩层，为节省石方工程，可采用半山洞路基（图 2-2-2c）。挖方路基处于土层地下水状况

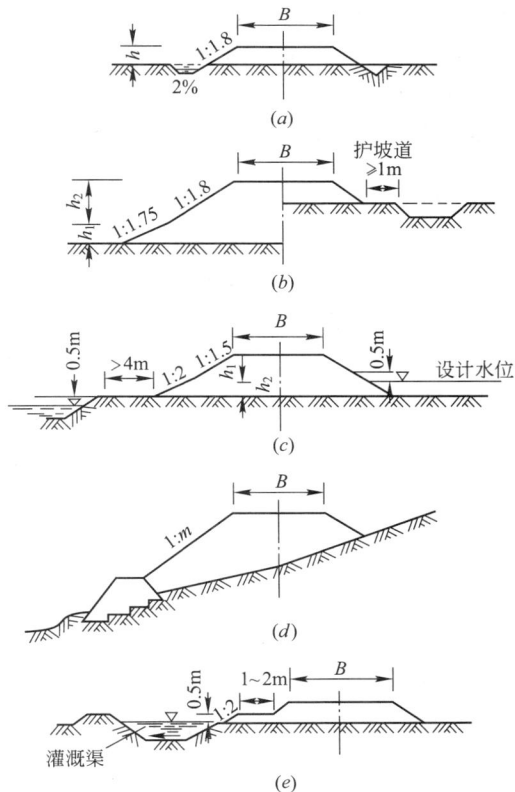

图 2-2-1　路堤的几种常用横断面形式
(a)矮路堤；(b)一般路堤；(c)浸水路堤；
(d)护脚路堤；(e)挖沟填筑路堤

不良时，可能导致路面的破坏，所以对路堑以下的天然地基，要人工压实至规定的压实程度，必要时还应翻挖，重新分层填筑、换土或进行加固处理，采取加铺隔离层，设置必要的排水设施。

三、半填半挖路基

图 2-2-3 所示是半填半挖路基的几种常见横断面形式。位于山坡上的路基，通常取路中的标高接近原地面的标高，以便减少土石方数量，保持土石方数量横向平衡，形成半填半挖路基。若处理得当，路基稳定可靠，是比较经济的断面形式。

半填半挖路基兼有路堤和路堑两者的特点，上述对路堤和路堑的要求均应满足。填方部分的局部路段，如遇原地面的短缺口，

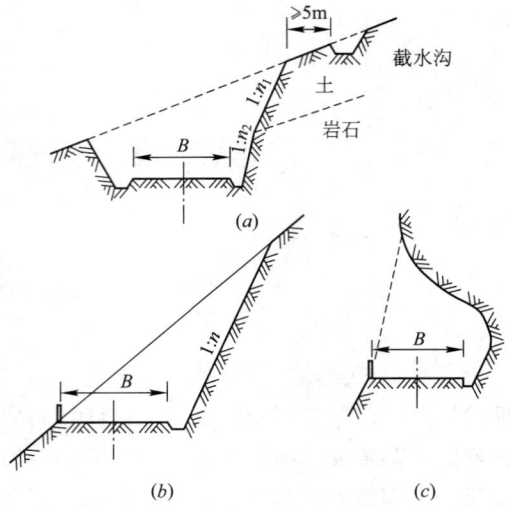

图 2-2-2　路堑的几种常用横断面形式
(a)全挖路基；(b)台口式路基；(c)半山洞路基

可采用砌石护肩。如果填方量较大，也可就近利用废石方，砌筑护坡或护墙（相当于简易式挡土墙），承受一定的侧向压力。有时填方部分需要设置路肩（或路堤）式挡土墙，确保路基稳定，进一步压缩用地宽度。设置了石砌护肩、护坡与护墙以及挡土墙等结构物的路基，参阅图 2-2-3 中(c)~(f)。如果填方部分悬空，而纵向又有适当的基岩时，则可以沿路基纵向建成半山桥路基，如图 2-2-3(g)所示。

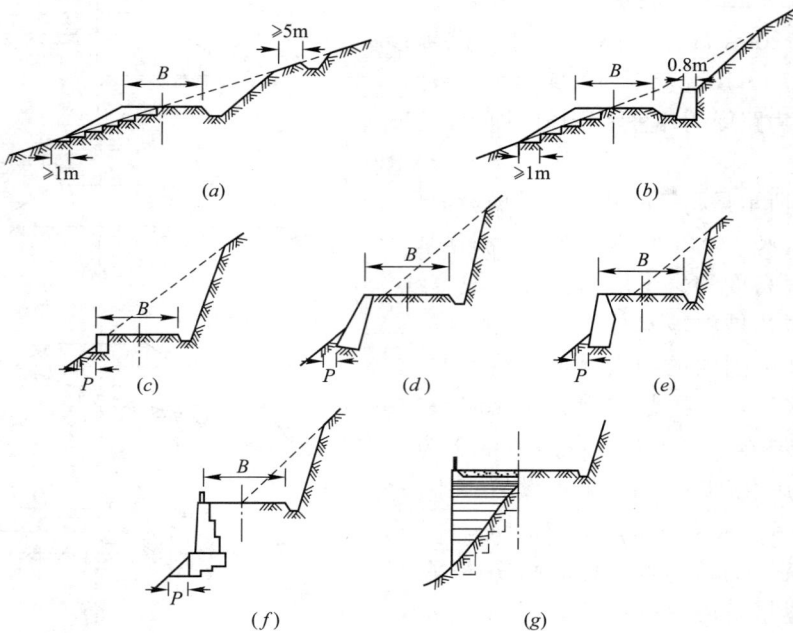

图 2-2-3　半填半挖路基的几种常用横断面形式
(a)一般填挖路基；(b)矮挡土墙路基；(c)护肩路基；(d)砌石护坡路基；
(e)砌石护墙路基；(f)挡土墙支撑路基；(g)半山桥路基

116

第二节　公路的自然区划与路基土的工程性质

一、公路自然区划

由于我国地域辽阔，自然因素变化复杂，从北向南分别处于寒带、温带和热带，为了简化设计和施工，经过长期研究，根据各地自然区域的筑路特性，制定了《公路自然区划标准》(JTJ 003—86)。

该区划是根据以下三原则制定的：

(1) 道路工程特征相似的原则。即在同一区划内，在同样的自然因素下筑路具有相似性。例如，北方不利季节主要是春融时期，有翻浆病害，南方不利季节在雨季，有冲刷、水毁等病害。

(2) 地表气候区划差异性的原则。即地表气候是地带性差异与非地带性差异的综合结果。通常，地表气候随着当地纬度而变，如北半球，北方寒冷，南方温暖，这称为地带性差异。除此之外，还与高程的变化有关，即沿垂直方向的变化，如青藏高原，由于海拔高，与纬度相同的其他地区相比，气候更加寒冷，这称为非地带性差异。

(3) 自然气候因素既有综合又有主导作用的原则。即自然气候的变化是各种因素综合作用的结果，但其中又有某种因素起着主导作用，例如道路冻害是水和热综合作用的结果。但是在南方，只有水而没有寒冷气候的影响，不会有冻害，说明温度起主导作用；西北干旱区与东北潮湿区，同样都有负温度，但前者冻害轻于后者，说明水起主导作用。

"公路自然区划"分三级进行区划，首先将全国划分为多年冻土、季节冻土和全年不冻土三大地带，然后根据水热平衡和地理位置，划分为北部多年冻土区、东部温润季冻区、黄土高原干湿过渡区、东南湿热区、西南潮暖区、西北干旱区和青藏高寒区 7 个大区。二级区划是在每个一级区内，再以潮湿系数为依据，分为 6 个等级，并结合各个大区的地理、气候特征(如雨季、冰冻深度)、地貌类型、自然病害等因素，将全国分为 33 个二级区和 19 个二级副区。三级区划是二级区划的具体化，划分的方法有两种，一种以水热、地理和地貌为依据，另一种是以地表的地貌、水文和土质为依据，由各省、自治区自行划定。

二、路基土的分类

我国公路用土根据土颗粒的粒径组成，土颗粒的矿物成分或其余物质的含量，土的塑性指标进行分类，分为巨粒土、粗粒土、细粒土和特殊土四类。

世界各国公路用土的分类方法虽然不尽相同，但是分类的依据则大致相近，一般都根据土颗粒的粒径组成、土颗粒的矿物成分或其余物质的含量、土的塑性指标进行区划。我国公路土工规范将公路用土依据土的颗粒组成特征，土的塑性指标和土中有机质存在的情况，分为巨粒土、粗粒土、细粒土和特殊土四类，并进一步细分为 11 种土。土的分类总体系如图 2-2-4 所示。粒组的划分界限及范围见图 2-2-5。

土的颗粒组成特征用不同粒径粒组在土中的百分含量表示。根据由筛分结果可得到的各粒组的百分含量将土大致分为巨粒土、粗粒土和细粒土。

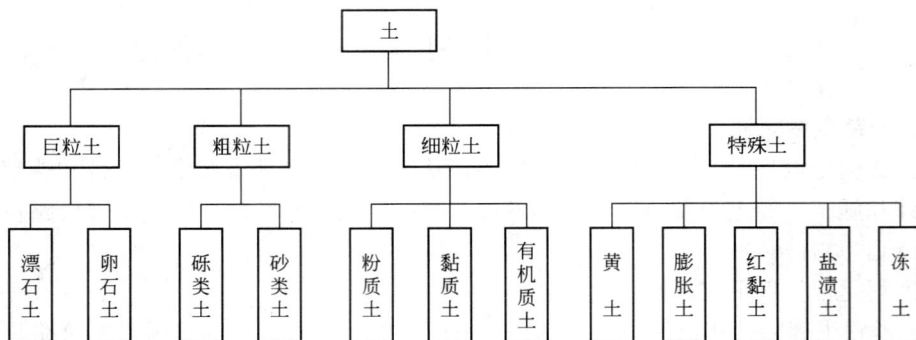

图 2-2-4　土的分类总体系

图 2-2-5　粒组划分图

试样中巨粒组(大于 60mm 的颗粒)质量多于总质量的 15% 的土称为巨粒土。巨粒土的分类体系如图 2-2-6 所示。

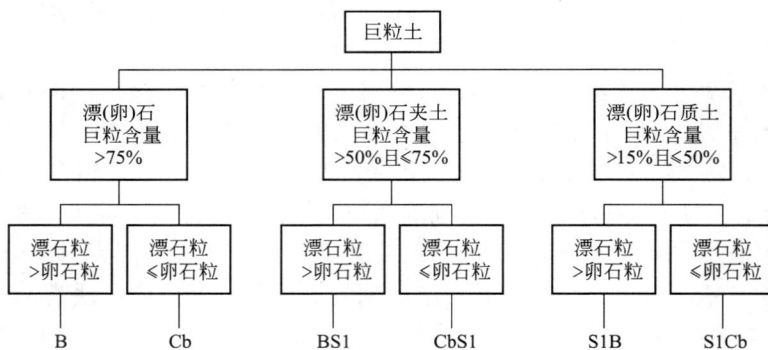

图 2-2-6　巨粒土的分类体系

试样中巨粒组土粒的质量少于或等于总质量的 15%，且巨粒组土粒和粗粒组土粒质量之和大于总质量的 50% 的土称为粗粒土。粗粒土分砾类土和砂类土两种。粗粒土中砾粒组的质量多于砂粒组质量的土称砾类土，其分类体系如图 2-2-7 所示。粗粒土中砾粒组的质量少于或等于砂粒组质量的土称砂类土，其分类体系如图 2-2-8 所示。

试样中细粒组(小于 0.075mm 的颗粒)土质量多于或等于总质量的 50% 的土称为细粒土。细粒土中粗粒组(2～60mm 颗粒)质量小于总质量 25% 的土称为粉质土或黏质土。细粒土中粗粒组质量为总质量 25%～50% 的土称为含砂(砾)粉质土细粒土或含砂(砾)黏质土。试样中有机质含量多于或等于总质量的 5%，且少于总质量的 10% 的土称为有机质土。试样中有机质含量多于或等于总质量的 10% 的土称为有机土。

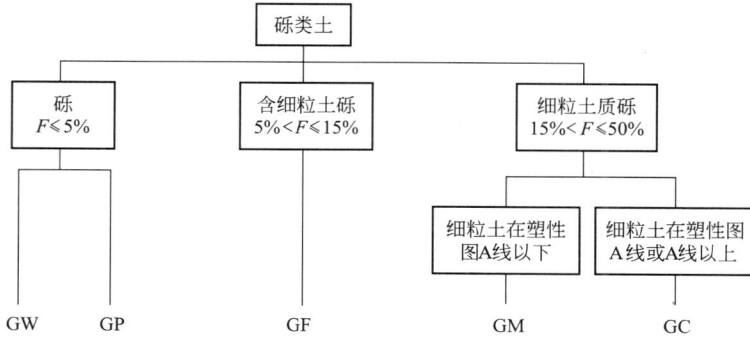

图 2-2-7　砾类土的分类体系

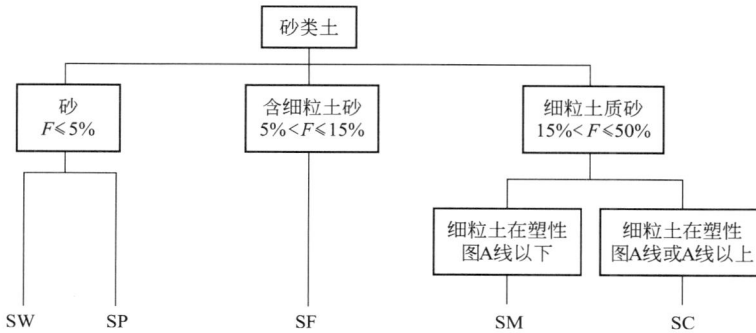

图 2-2-8　砂类土的分类体系

细粒土的分类及性质很大程度与土的塑性指标有关联。图 2-2-9 为土的塑性图，表明土的塑性指数（I_p）与液限（w_L）的相关关系。图中以 A 线和 B 线将坐标空间划分为四个区，大致区分了细粒土的塑性性质。细粒土的分类体系如图 2-2-10 所示。

特殊土主要包括黄土、膨胀土、红黏土、盐渍土和冻土。黄土、膨胀土、红黏土按图 2-2-11 所示的特殊土塑性图上的位置定名。黄土属低液限黏土（CLY），分布范围大部分在 A 线以上，$w_L<40\%$；膨胀

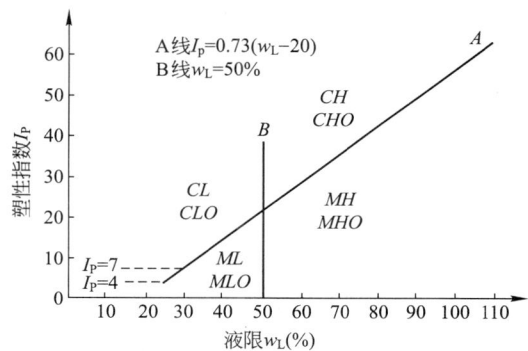

图 2-2-9　土的塑性图

土属高液限黏土（CHE），分布范围大部分在 A 线以上，$w_L>50\%$；红黏土属高液限粉土（MHR），分布位置大部分在 A 线以下，$w_L>55\%$。

各类公路用土具有不同的工程性质，在选择路基填筑材料以及修筑稳定土路面结构层时，应根据不同的土类分别采取不同的工程技术措施。

巨粒土包括漂石（块石）和卵石（小块石），有很高的强度和稳定性，用以填筑路基是良好材料，亦可用于砌筑边坡。

级配良好的砾石混合料，密实程度好，强度和稳定性均能满足要求，除了填筑路基之

细粒土

粉质土　　　　黏质土　　　　有机质土

| 高(低)液限粉土粗粒组含量≤25% | 含砾(砂)高(低)液限粉土粗粒组含量>25%,≤50% | 高(低)液限黏土粗粒组含量≤25% | 含砾(砂)高(低)液限黏土粗粒组含量>25%,≤50% | A线或A线以上有机质高(低)液限黏土 | A线以下有机质高(低)液限黏土 |

砾粒>砂粒　　砾粒<砂粒　　　　砾粒>砂粒　　砾粒<砂粒

MH　　MHG　　MHS　　CH　　CHG　　CHS　　CHO　　MHO
ML　　MLG　　MLS　　CL　　CLG　　CLS　　CLO　　MLO

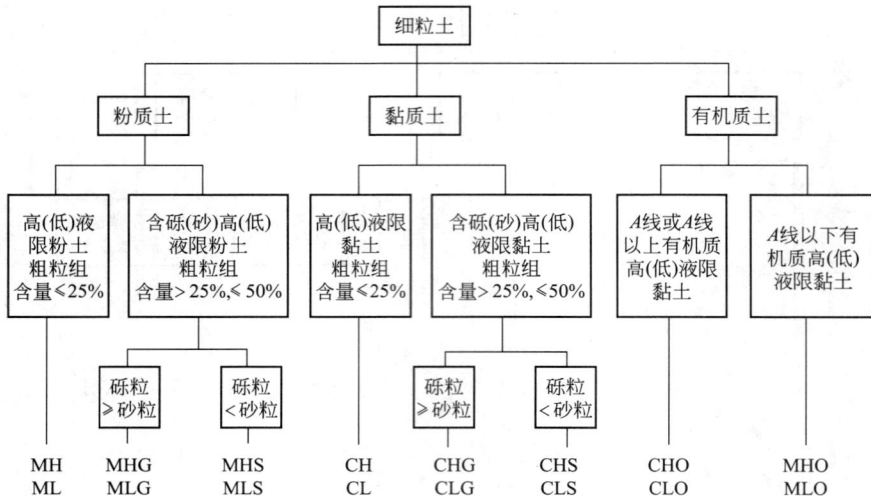

图 2-2-10　细粒土的分类体系

外，可用于铺筑中级路面，经适当处理后，可以铺筑高级路面的基层、底基层。

砂土无塑性，透水性强，毛细水上升高度小，具有较大的内摩擦系数，强度和水稳定性均好。但砂土粘结性差，易于松散，压实困难，但是经充分压实的砂土路基，压缩变形小，稳定性好。为了加强压实和提高稳定性，可以采用振动法压实，并可掺加少量黏土，以改善级配。

图 2-2-11　特殊土塑性图

砂性土含有一定数量的粗颗粒，又含有一定数量的细颗粒，级配适宜，强度、稳定性等都能满足要求，是理想的路基填筑材料。如细粒土质砂土，其粒径组成接近最佳级配，遇水不粘附、膨胀，雨天不泥泞，晴天不扬尘，便于施工。

粉性土含有较多的粉土颗粒，干时虽有黏性，但易于破碎，浸水时容易成为流动状态。粉性土毛细作用强烈，毛细水上升高度大(可达 1.5m)，在季节性冰冻地区容易造成冻胀、翻浆等病害。粉性土属于不良的公路用土，如必须用粉性土填筑路基，则应采取技术措施改良土质并加强排水，采取隔离地下水等措施。

黏性土中细颗粒含量多，土的内摩擦系数小而黏聚力大，透水性小而吸水能力强，毛细现象显著，有较大的可塑性。黏性土干燥时较坚硬，施工时不易破碎，浸湿后能长期保持水分不易挥发，因而承载能力小。对于黏性土如在适当含水率时加以充分压实和设置良好的排水设施，筑成的路基也能获得稳定。

重黏土的工程性质与黏性土相似，但其含黏土矿物成分不同时，性质有很大差别。黏土矿物主要包括蒙脱土、伊利土、高岭土。蒙脱土主要分布在东北地区，其塑性大，吸湿后膨胀强烈，干燥时收缩大，透水性极低，压缩性大，抗剪强度低。高岭土分布在南方地

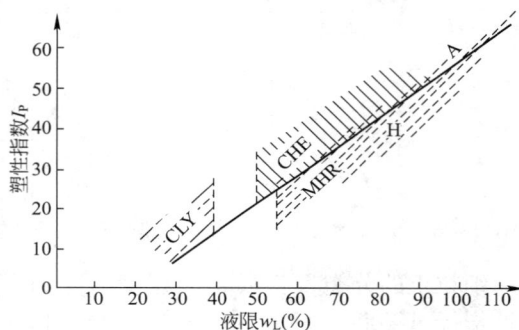

区，其塑性较低，有较高的抗剪强度和透水性，吸水和膨胀量较小。伊利土分布在华中和华北地区，其性质介于上述两者之间。重黏土不透水，黏聚力特强，塑性很大，干燥时很坚硬，施工时难以挖掘与破碎。

总之，土作为路基建筑材料，砂性土最优，黏性土次之，粉性土属不良材料，最容易引起路基病害。重黏土，特别是蒙脱土也是不良的路基土。此外，还有一些特殊土类，如有特殊结构的土（黄土）、含有机质的土（腐殖土）以及含易溶盐的土（盐渍土）等，用以填筑路基时必须采取相应的技术措施。

第三节　路基的水温状况及干湿类型

一、路基湿度的来源

路基的强度与稳定性在很大程度上与路基的湿度以及大气温度引起的路基的水温状况有密切的关系。路基在使用过程中，受到各种外界因素的影响，使湿度发生变化。路基湿度的水源可分为以下几方面：

（1）大气降水——大气降水通过路面，路肩边坡和边沟渗入路基；

（2）地面水——边沟的流水、地表径流水因排水不良，形成积水，渗入路基；

（3）地下水——路基下面一定范围内的地下水浸入路基；

（4）毛细水——路基下的地下水，通过毛细管作用上升到路基；

（5）水蒸气凝结水——在土的空隙中流动的水蒸气，遇冷凝结成水；

（6）薄膜移动水——在土的结构中水以薄膜的形式从含水率较高处向较低处流动，或由温度较高处向冻结中心周围流动。

上述各种导致路基湿度变化的水源，其影响程度随当地自然条件和气候特点以及所采取的工程措施等而不同。

二、大气温度及其对路基水温状况的影响

路基的强度和稳定性除了受到路基湿度的影响之外，还受当地大气温度的影响。由于湿度与温度变化对路基强度和稳定性产生的共同影响称为路基的水温状况。沿路基深度出现较大的温度梯度时，由于毛细作用等水分在温差的影响下以液态或气态由热处向冷处移动，并不断积聚，这对路基强度和稳定性将产生较大影响。

气温下降到零度以下，路面和路基结构内的温度也随之由上而下地逐渐降到零下。在负温度区内，自由水、毛细水和弱结合水随温度降低而相继冻结，于是土粒周围的水膜减薄，剩余了许多自由表面能，增加了土的吸湿能力，促使水分由高温处向上移动，以补充低温处失去的部分水分。由试验得知，当温度下降到$-3℃$以下，土中未冻结的水分在负温差的影响下实际上已不可能向温度更低处移动，因此，负温度区的水分移动一般发生在$0\sim-3℃$等温线之间。在正温度区内，因零度等温线附近土中自由水和毛细水的冻结，形成了与深层次土层之间的温度坡差，从而促使下面的水分向零度等温线附近移动。而这部分上移的水分便又成了负温度区水分移动的补给来源，这就造成了上层路基湿度的大量积聚。积聚的水冻结后体积增大，使路基隆起而造成面层开裂，即冻胀现象。春暖化冻时，路面和路基结构由上而下逐渐解冻，而积聚在路基上层的水分先融解，水分难以迅速排除，造成路基上层的湿度增加，路面结构的承载能力便大大降低。若是在交通繁重的地

区，经重车反复作用，路基路面结构会产生较大的变形，严重时，路基土以泥浆的形式从胀裂的路面缝隙中冒出，形成了翻浆。冻胀和翻浆的出现，使路面遭受严重损坏。这种现象特别是在季节性冰冻地区尤为严重，如我国华北、东北和西北地区。

但也并不是在季节性冰冻地区所有的道路都会产生冻胀与翻浆，负温度差、毛细作用和水三者缺一不可。对于渗透性较高的砂性土以及渗透性很低的黏性土，毛细现象不易形成，水分都不容易积聚，因此不易发生冻胀与翻浆。而相反，对于粉性土和极细砂，则由于毛细水活动力强，极易发生冻胀与翻浆。地面排水不良，地下水位高，路基湿度大，水源充足，冬季温和与严寒反复交替，路基冻结缓慢，这些也都是产生冻胀与翻浆的重要自然条件。

三、路基干湿类型

土的稠度 w_c 定义为土的液限 w_L 与土的含水率 w 之差与土的液限 w_L 和土的塑限 w_P 之差的比值，即

$$w_c = \frac{w_L - w}{w_L - w_P} \tag{2-2-1}$$

式中 w_c——土的稠度；

w——土的含水率；

w_L、w_P——分别为土的液限、塑限，可按《公路土工试验规程》（JTG E40）测定。

土的稠度较准确地反映了土的各种形态与湿度的关系，稠度指标综合土的塑性特性，包含液限与塑限，全面直观地反映了土的硬软程度，物理概念明确。

1. $w_c = 1.0$，$w = w_P$，为半固体与硬塑状的分界值；

2. $w_c = 0$，即 $w = w_L$，为流塑与流动状的分界值；

3. $1.0 > w_c > 0$，即 $w_L > w > w_P$，土处于可塑状态。

路基的强度与稳定性同路基土的平均稠度有密切关系，并在很大程度上影响路面的结构设计。通常根据不利季节路床表面以下 800mm 深度内路基土的平均稠度 $\overline{w_c}$ 及其分界稠度 w_{c1}、w_{c2}、w_{c3} 将路基分为干燥、中湿、潮湿和过湿四种干湿状态。以稠度作为路基干湿类型的划分标准是合理的，但是不同的自然区划，不同土组的分界稠度是不同的。不同土质的路基干湿状态的稠度建议值见表 2-2-1。路基干湿状态也可根据自然区划、土质类型、排水条件以及路床表面距地下水位或地表积水水位的高度按表 2-2-2 的一般特征确定。当缺乏实际资料时，中湿、潮湿状态的路基临界高度（H_1、H_2、H_3）可参考《公路沥青路面设计规范》（JTG D50）附录 F 选用。为了保证路基路面结构的稳定性，一般要求路基处于干燥或中湿状态。过湿状态的路基必须经处理后方可铺筑路面。

路基干湿状态的稠度建议值　　　　　　　　　　　　　　　表 2-2-1

干湿状态 土　组	干燥状态 $w_c \geq w_{c1}$	中湿状态 $w_{c1} > w_c \geq w_{c2}$	潮湿状态 $w_{c2} > w_c \geq w_{c3}$	过湿状态 $w_c < w_{c3}$
土质砂	$w_c \geq 1.20$	$1.20 > w_c \geq 1.00$	$1.00 > w_c \geq 0.85$	$w_c < 0.85$
黏质土	$w_c \geq 1.10$	$1.10 > w_c \geq 0.95$	$0.95 > w_c \geq 0.80$	$w_c < 0.80$
粉质土	$w_c \geq 1.05$	$1.05 > w_c \geq 0.90$	$0.90 > w_c \geq 0.75$	$w_c < 0.75$

注：w_{c1}、w_{c2}、w_{c3} 分别为干燥和中湿、中湿和潮湿、潮湿和过湿状态路基的分界稠度，$\overline{w_c}$ 为路床表面以下 800mm 深度内的平均稠度。

路基干湿类型	路床表面以下 800mm 深度内平均稠度 w_c 与分界稠度 w_{ci} 的关系	一般特征
干燥	$w_c \geqslant w_{c1}$	土基干燥稳定，路面强度和稳定性不受地下水和地表积水影响。 路基高度 $H_0 > H_1$
中湿	$w_{c1} > w_c \geqslant w_{c2}$	土基上部土层处于地下水或地表积水影响的过渡带区内。 路基高度 $H_2 < H_0 \leqslant H_1$
潮湿	$w_{c2} > w_c \geqslant w_{c3}$	土基上部土层处于地下水或地表积水毛细影响区内。 路基高度 $H_3 < H_0 \leqslant H_2$
过湿	$w_c < w_{c3}$	路基极不稳定，冰冻区春融翻浆，非冰冻区软弹土基经处理后方可铺筑路面。路基高度 $H_0 \leqslant H_3$

注：1. H_0 为不利季节路床表面距地下或地表积水水位的高度；
2. 地表积水指不利季节积水 20 天以上；
3. H_1、H_2、H_3 分别为干燥、中湿和潮湿状态的路基临界高度，见《规范》附录 F；
4. 划分土基干湿类型以平均稠度 w_c 为主，缺少资料时可参照表中一般特征确定。

对于新建公路，路基尚未建成，无法实测路基土的平均稠度 $\overline{w_c}$，可根据当地稳定的平均天然含水量、液限、塑限计算平均稠度，并考虑路基填土高度，有无地下水、地表积水的影响，论证地确定路基土的干湿类型。

对于新建公路，也可用路基临界高度作为路基干湿状况的判别标准。当路基的地下水位或地表水水位一定的情况下，路基的湿度由下而上逐渐减小，如图 2-2-12 所示。与分界稠度相对应的路基离地下水位或地表水水位的高度称为路基的临界高度 H_i。即：H_1、H_2、H_3 分别相对应于 w_{c1}，w_{c2}，w_{c3} 为干燥、中湿、潮湿和过湿四种干湿状态的分界标准。为了保证路基的强度和稳定性不受地下水和地面水的影响，在设计路基时，要求路槽底距地下水或地表水水位的距离，要大于或等于干燥或中湿状态所对应的临界高度，以保证路基处于干燥或中湿状态。

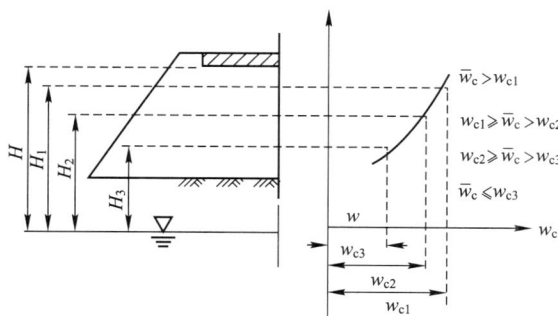

图 2-2-12　路基临界高度与分界稠度

第四节　路基的力学特性和承载能力

一、路基受力状况

路基承受着路基路面的自重和车辆荷载的作用。如图 2-2-13 所示，路基路面自重产

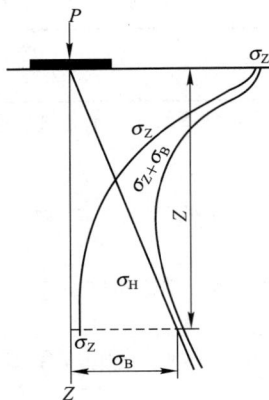

图 2-2-13 土基的应力分布图

生的应力 σ_B 随路基深度的增加而增大，车辆荷载产生的应力 σ_Z 则随着路基深度的增加而减小。

路基土在车轮荷载作用下所引起的垂直应力 σ_Z 可以用近似式(2-2-2)计算。计算时，假定车轮荷载为一圆形均布垂直荷载，路基为一弹性均质半空间体，则

$$\sigma_z = K\frac{P}{Z^2} \qquad (2\text{-}2\text{-}2)$$

式中　P——侧轮轴荷载(kN)；

　　　K——系数，一般取 0.5；

　　　Z——荷载中心下应力作用点的深度(m)。

路基土本身自重力在路基内深度为 Z 处所引起的垂直应力 σ_B 为：

$$\sigma_B = \gamma Z \qquad (2\text{-}2\text{-}3)$$

式中　γ——土的重度(kN/m³)；

　　　Z——应力作用点的深度(m)。

在某一深度处，车辆荷载产生的应力 σ_z 与路基路面自重产生的应力 σ_B 相比只占 1/10～1/5 时，此深度范围内土体称为路基工作区。路基设计时，工作区内路基的强度和稳定性对路面结构具有重要影响，因此对此工作区内土质的选择及路基压实度都应提出较高的要求。正确的设计应使得路基所受的力在路基弹性限度范围内，而当车辆驶过后，路基能恢复原状，以保证路基相对稳定，路面不致引起破坏。

二、路基土的应力-应变特性

路基是路面结构的支承体，路基土的应力-应变特性对路基路面结构的整体强度和刚度有很大的影响，路基的变形过大是路面结构损坏的重要原因之一。在路面结构总变形中，路基的变形占很大部分，约占 70%～95%。路基土的变形包括弹性变形和塑性变形两部分。过大的塑性变形对于沥青路面将导致路面产生车辙和纵向不平整，对于水泥混凝土路面将引起板块断裂。弹性变形过大将造成沥青面层或水泥混凝土面板产生开裂。因此提高路基土的抗变形能力是提高路基路面结构整体强度和刚度的重要措施。

路基土的内部结构十分复杂，由固相、液相和气相三部分组成。固相部分又由不同成分、不同粒径的颗粒所组成。所以路基土在应力作用下呈现的变形特性与在一定的应力范围内应力与应变的关系呈线性特性的线性弹性体有很大区别。压入承载板试验是研究土基应力-应变特性最常用的一种方法。这种方法是以一定尺寸的刚性承载板置于土基顶面，逐级加荷卸荷，记录施加于承载板上的荷载及由该荷载所引起的沉陷变形，根据试验结果，可绘出土基顶面压应力与回弹变形的关系曲线。从图 2-2-14 中可以看出施加的荷载 P 与回弹变形 l 之间呈明显的曲线关系，因此其回弹模量并不是常数。

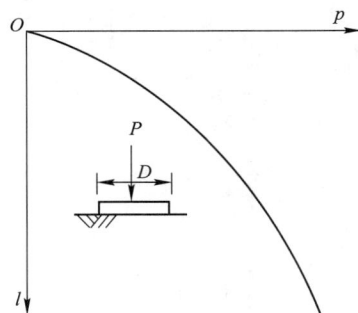

图 2-2-14　土基顶面压应力与回弹变形的关系曲线

尽管土基的应力-应变关系比较复杂，但是在评定土基应力-应变状态以及设计路面时通常仍然用模量值 E 来表征。最简单的方法是采用局部线性化的方法，即在曲线的某一个微小线段内，近似地将它视为直线，以它的斜率作为模量值。按照应力-应变曲线上应力取值方法的不同，模量有以下几种：

（1）初始切线模量：应力值为零时的应力-应变曲线的斜率，如图 2-2-15 中①所示；

（2）切线模量：某一应力级位处应力-应变曲线的斜率，如图 2-2-15 中的②所示，反映该级应力处应力-应变变化的精确关系；

（3）割线模量：以某一应力值对应的曲线上的点同起始点相连的割线的斜率，如图 2-2-15 中的③所示，反映土基在工作应力范围内的应力-应变的平均状态；

（4）回弹模量：应力卸除阶段，应力-应变线的割线模量，如图 2-2-15 中的④所示。

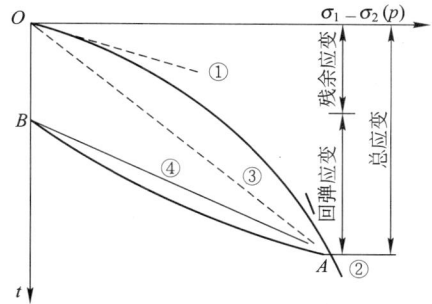

图 2-2-15　土的应力应变关系曲线

前三种模量中的应变值包含残余应变和回弹应变，而回弹模量则仅包含回弹应变，它部分地反映了土的弹性性质。

三、路基的强度指标

路基路面力学分析时普遍采用的地基模型有弹性半空间体地基模型和温克勒地基模型两种。前者用反映路基应力-应变特性的弹性模量和泊松比作为路基的刚度指标；后者用地基反应模量表征路基受力后的变形性质。此外，加州承载比（CBR）、路基抗剪强度等指标也可用于表征路基的承载能力。

1. 回弹模量

因回弹模量能较好地反映路基所具有的部分弹性性质，故在以弹性半空间体地基模型表征路基的受力特性时，大多采用回弹模量表示路基在瞬时荷载作用下的可恢复变形能力。我国公路水泥混凝土路面、沥青路面设计方法中都以回弹模量作为路基的刚度指标，为了模拟车轮印迹的作用，通常以圆形承载板压入路基的方法测定回弹模量。用于测定路基回弹模量的承载板有柔性和刚性两种。实际测定中，刚性承载板用得较多，因为它的挠度容易测量，压力也容易控制。承载板直径一般采用标准车辆轮印的当量圆直径，对于刚性路面下的路基，因为荷载通过路面板施加于地基表面的压力范围较柔性路面大，有时也采用较大直径的承载板进行测定。测定时采用逐级加载-卸载法，每一级荷载经过加载和卸载取得稳定的回弹弯沉之后，再加下一级荷载，如此即可点绘出荷载-弯沉曲线。试验曲线一般呈非线性，在确定模量时可以根据路基实际承受的压力范围或可能产生的弯沉范围在曲线上取值。路面设计中，按 1mm 线性归纳法来确定路基的回弹模量。

2. 地基反应模量

地基反应模量表征的是文克勒地基的变形特性。文克勒地基模型是原捷克斯洛伐克工程师文克勒（Winkler）1876 年提出的，其基本假定是地基上任一点的弯沉仅与作用于该点的压力成正比，而与相邻点处的压力无关。反映压力与弯沉值关系的比例常数 K 称为地基反应模量。因此，文克勒地基又称为稠密液体地基，地基反应模量 K 相当于该液体的相对密度，路面板受到的地基反力相当于液体产生的浮力。

文克勒地基模型由于假设简单，K 值测试方便，被广泛采用，这种地基模型的缺点在于它忽略了地基中剪应力的存在，与实际情况有较大出入。地基反应模量 K 值，可用刚性承载板试验测定，承载板的直径规定为 76cm，加载时一次到位。根据不同的工程对象，施加荷载的量值有两种方法供选用。当地基较为软弱时，用 0.127cm 的弯沉量控制承载板的荷载，假如地基较为坚实，弯沉值难以达到 0.127cm 时，则以单位压力 $p=70$kPa 控制承载板的荷载。

3. 加州承载比（CBR）

加州承载比是早年由美国加利福尼亚州提出的一种评定路基及路面材料承载能力的指标，以材料抵抗局部荷载压入变形的能力表征，并采用高质量标准碎石为标准，以它们的相对比值表示 CBR 值。

试验时，用一个端部面积为 19.35cm² 的标准压头，以 0.127cm/min 的速度压入土中，记录每贯入 0.254cm 时的单位压力，直至压入深度达到 1.27cm 时为止。标准压力值是用高质量标准碎石由试验求得。CBR 值按下式计算：

$$CBR = p/p_s \times 100$$

式中　p——对应于某一贯入度的路基单位压力（kPa）；

　　　p_s——相应贯入度的标准压力（kPa）。

计算时，通常取贯入度为 0.254cm，但是若此时的 CBR 值小于贯入度为 0.508cm 时的则要取后者。贯入度为 0.254cm 时的 CBR 值标准压力为 7030kPa；贯入度为 0.508cm 时的 CBR 值标准压力为 10550kPa。

第五节　路基的变形、破坏与防治

路基的变形是由于土在自重和车轮荷载作用下，通过路基内水温变化及风化作用产生的弹性和不可恢复的残余变形。路基变形分路堤和路堑两种情况。

一、路堤变形

（1）沉陷

如图 2-2-16（a）所示，是路基本身的压缩沉实，如果沉降量符合要求，则属于正常现象。如图 2-2-16（b）所示，若土类不一或路基未充分压实，路堤会产生不均匀沉陷。如图 2-2-16（c）所示，若地基软弱，路基会大量下沉并造成路基两旁隆起。

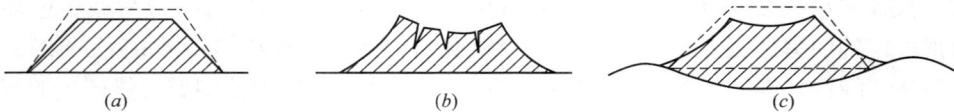

图 2-2-16　路堤沉陷
（a）沉实；（b）不均匀沉陷；（c）软土地基隆起

（2）溜方

被水饱和的少量土体沿边坡下滑，也可能是由于边坡被水流冲刷所致，如图 2-2-17（a）所示。

（3）滑坡

由于边坡过陡、坡脚被水冲刷、土体过湿或采用不正确斜填法造成，如图 2-2-17(b）所示。

（4）路堤下滑

陡坡路堤底面被水湿润形成滑动面，造成路堤沿坡面整体下滑，如图 2-2-17(c）所示。

（5）坍散

填土不正确造成边坡失去正确形状，如图 2-2-17(d）所示。

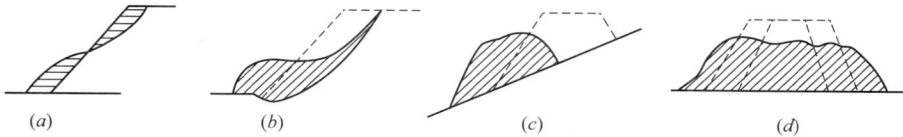

图 2-2-17　路堤的滑坡和坍散

(a)溜方；(b)滑坡；(c)路提下滑；(d)坍散

二、路堑变形

（1）溜方

与路堤溜方相似，朝南边坡的冻结土融化时也常出现溜坡现象。

（2）滑坡

边坡夹有蓄水砂层或不透水黏土层被水浸透，或弃土堆离路堑边坡太近造成路堑超载，是产生滑坡的主要原因。

（3）碎落和崩塌

碎落是软弱石质土被风化成小块，沿边坡跌落。崩塌是大块石脱离岩（土)体沿边坡塌落。它是由于施工使岩基受损，或岩层向路堑方向倾斜，受水浸透或振动作用引起的。

三、路基病害防治

为了提高路基的稳定性，避免各种病害的发生，主要采取如下一些措施：

（1）正确的横断面设计

在仔细认真勘测的基础上，兼顾道路几何设计和路基路面的结构特点选择路基的断面形式，确定路基的高度、宽度与边坡坡度。

（2）正确的用土和填土

选取路用性能优良的路基用土，并按正确的填筑方法充分压实路基，保证达到规定的压实度。

（3）正确的结构排水

适当提高路基填土，防止水分从侧面渗入或通过地下水位上升进入路基工作区范围。正确进行排水设计(包括地面排水、地下排水、路面结构排水以及地基的特殊排水)。必要时，设置隔离层隔绝毛细水上升，设置隔温层减少路基冰冻深度和水分聚积，设置砂垫层以疏干路基。

（4）路基防护和加固

采取边坡加固、修筑挡土结构物、土体加筋等防护技术措施，以提高路基的整体稳定性。

第六节 路基排水设施

一、地面排水设施

路基地面排水设施包括边沟、截水沟、排水沟、跌水与急流槽、蒸发池、油水分离池、排水泵站等，应结合地形和天然水系进行布设，并做好进出口的位置选择和处理，防止出现堵塞、溢流、渗漏、淤积、冲刷和冻结等现象。地表排水沟管排放的水流不得直接排入饮用水水源、养殖池。

1. 边沟

边沟通常设置在挖方路基的路肩外侧或低路堤的坡脚外侧，多与路中线平行，用以汇集和排除路基范围内和流向路基的少量地面水。边沟的断面形式及尺寸应根据地形地质条件、边坡高度及汇水面积等确定，沟底纵坡一般与路线纵坡一致，并不小于 0.3%，特殊情况下也可减小至 0.1%。边沟有可能产生冲刷时，要做防护处理，路堑边沟的水流不要经隧道排出。

2. 截水沟

截水沟又称天沟，一般设置在挖方路基边坡坡顶以外，或山坡路堤上方的适当地点，用以拦截并排除路基上方流向路基的地面径流，减轻边沟的水流负担，保证挖方边坡和填方坡脚不受水流冲刷。截水沟的位置，应根据地形条件及汇水面积等进行设置并尽量与绝大多数地面水流方向垂直，以提高截水效能和缩短沟的长度。路堑顶部的截水沟要设置在坡口 5m 以外，最好结合地形进行布设，路堤上侧的截水沟应布设在距填方坡脚大于 2m 处，多雨地区可视实际情况设一道或多道截水沟。截水沟应进行防渗加固，水流应排至路界之外，不宜引入路堑边沟，其断面形式应结合设置位置、排水量、地形及边坡情况确定。一般情况下，沟底纵坡不宜小于 0.3%。

3. 排水沟

排水沟的主要用途在于引水，将路基范围内各种水源的水流（如边沟、截水沟、取土坑、边坡和路基附近积水），引至桥涵或路基范围以外的指定地点。排水沟断面形式应结合地形、地质条件确定，沟底纵坡不宜小于 0.3%，与其他排水设施的连接应顺畅。易受水流冲刷的排水沟应视实际情况采取防护、加固措施。

4. 跌水与急流槽

跌水与急流槽是路基地面排水沟渠的特殊形式，水流通过坡度大于 10%，水头高差大于 1.0m 的陡坡地段，或特殊陡坎地段时，需设置跌水或急流槽。跌水的构造，有单级和多级之分，沟底有等宽和变宽之别。急流槽的纵坡，比跌水的平均纵坡更陡，结构的坚固稳定性要求更高，是山区公路回头曲线沟通上下线路基排水及沟渠出水口的一种常见排水设施。跌水和急流槽都需采取加固措施，急流槽底的纵坡应与地形相结合，进水口应予防护加固，出水口应采取消能措施，防止冲刷，为防止基底滑动，槽底可设置防滑平台，或设置凸榫嵌入基底中。

5. 倒虹吸渡水槽

倒虹吸的实质往往是因路基横跨原有沟渠，且沟渠水位高于路基设计标高，不能按正常条件下设置涵洞。

渡水槽相当于渡水桥。渡水槽的架设应满足道路对净空与美化的要求,其构造与桥梁相似,但主要作用是沟通水流。

6. 蒸发池

气候干旱且排水困难地段,可利用沿线的取土坑或专门设置蒸发池汇集地表水。蒸发池边缘距路基边沟外缘的距离应以保证路基的稳定和安全为原则,并不应小于5m,湿陷性黄土地区不得小于湿陷半径。池中设计水位应低于排水沟的沟底。蒸发池的容量应以一个月内路基汇流入池中的雨水能及时完成渗透与蒸发作为设计依据。蒸发池应根据具体情况采取适当的防护加固措施,蒸发池的设置不应使附近地面盐渍化或沼泽化,每个蒸发池的容水量应根据蒸发池的纵向间距经水力、水文计算后确定。

二、地下排水设备

常用的路基地下排水设备有:盲沟、渗沟和渗井等,地下排水设施的类型、位置及尺寸应根据工程地质和水文地质条件确定,并与地表排水设施相协调。

1. 暗沟

相对于地面排水的明沟而言,又称为盲沟,主要用于排除泉水或地下集中水流。其构造比较简单,横断面呈矩形,亦可做成上宽下窄的梯形。暗沟沟底的纵坡不宜小于1%,条件困难时亦不得小于0.5%,出水口处应加大纵坡,并应高出地表排水沟常水位0.2m以上。寒冷地区的暗沟,应作防冻保温处理或将暗沟设在冻结深度以下。

2. 渗沟

地下水埋藏浅或无固定含水层时,采用渗透方式将地下水汇集于沟内,并通过沟底通道将水排至指定地点,此种地下排水设备称为渗沟,它的作用是降低地下水位或拦截地下水,其水力特性是紊流。渗沟的埋置深度按地下水位的高程、地下水位需下降的深度以及含水层介质的渗透系数等因素考虑确定。渗沟的排水孔(管),应设在冻结深度以下不小于0.25m处。

3. 渗井

渗井属于垂直方向的地下排水设备,主要适用于地下水埋藏较深或有固定含水层的情况。此时,地下存在多层含水层,其中影响路基的上部含水层较薄且水量不大,平式渗沟难以布置,采用立式(竖向)排水,设置渗井,穿过不透水层,将路基范围内的上层地下水,引入更深的含水层中去,以降低上层的地下水位或全部予以排除。

第七节 路基防护与加固设施

为防治路基病害和保证路基稳固,除路基排水设施外,还应根据当地水文、地质及材料等情况,设置有效的防护加固设施。路基的防护与加固设施,对维持正常的交通运输,确保行车安全,以及保持道路与自然环境协调,均具有重要意义。路基防护加固措施可分为坡面防护、堤岸防护、地基加固及支挡结构等。

一、坡面防护

坡面防护,主要是保护路基边坡表面免受雨水冲刷、减缓温差及湿度变化的影响,防护和延缓软弱岩土表面的风化、碎裂及剥蚀演变过程,从而保护路基边坡的整体稳定性,在一定程度上还兼顾了美化路基和协调自然环境的作用。坡面防护设施,一般不承受外力作用，要求坡体本身已经稳定，一般根据边坡的土质、岩性、坡度、高度以及当地的气候等情况选择防护措施，并及时进行防护。常用的坡面防护设施有植物防护和工程防护（矿料防护）两种，有时也采用沥青保护层或者两种设施结合采用。植物防护一般采用种草、铺草皮和植树等方法，工程防护大多采用喷护、锚杆挂网喷浆（混凝土）、护坡或者护面墙等形式，骨架植物防护则是两者的结合。

1. 植物防护

植物防护是利用植被覆盖坡面，其根系能固结地表土，以防水土流失，并可绿化道路。主要适用于植物容易生长的土质，但要经常护理整修，严禁植物妨碍视距。植物防护一般采用种草、铺草皮、植树等方法。铺草皮用于坡度缓于1：1的边坡，植树适于坡度缓于1：1.5的边坡。

2. 矿料防护

矿料防护是采用砂石、水泥或石灰等矿质材料对风化的软质岩石进行防护。喷浆防护适用于坡率缓于1：0.5、易风化但未遭强风化的岩石边坡。喷护厚度不宜小于50mm，采用的砂浆强度等级不应低于M10。喷射混凝土的防护厚度不宜小于80mm，混凝土强度等级不应低于C15。喷护坡面应设置泄水孔和伸缩缝。锚杆挂网喷浆（混凝土）适用于坡面为碎裂结构的硬质岩石或层状结构的不连续地层以及坡面岩石与基岩分开并有可能下滑的挖方边坡。锚杆应嵌入稳固基岩内，锚固深度应根据岩体性质确定。干砌片石护坡适用于坡度缓于1：1.25的土（石）质路堑边坡，干砌片石护坡厚度不宜小于250mm。浆砌片（卵）石护坡适用于坡度缓于1：1的易风化的岩石和土质路堑边坡。浆砌片（卵）石护坡的厚度不宜小于250mm，砂浆强度等级不应低于M5，护坡应设置伸缩缝和泄水孔。水泥混凝土预制块护坡适用于石料缺乏地区的路基边坡防护。预制块的混凝土强度等级不应低于C15，在严寒地区不应低于C20。铺砌层下应设置碎石或砂砾垫层，厚度不宜小于100mm。护面墙适用于防护易风化、风化严重的软质岩石，较破碎岩石的挖方边坡以及坡面易受侵蚀的土质边坡，边坡不宜陡于1：0.5。护面墙类型应根据边坡地质条件确定，窗孔式护面墙防护的边坡不应陡于1：0.75；拱式护面墙适用于边坡下部岩层较完整而上部需防护的路段，边坡应缓于1：0.5。单级护面墙的高度不宜超过10m，并应设置伸缩缝和泄水孔。护面墙基础应设置在稳定的地基上，埋置深度应根据地质条件确定，冰冻地区，应埋置在冰冻深度以下不小于250mm。护面墙前趾应低于边沟铺砌的底面。

3. 骨架植物防护

浆砌片石或水泥混凝土骨架植草护坡适用于坡度缓于1：0.75的土质和全风化的岩石边坡。当坡面受雨水冲刷严重或潮湿时，坡度应缓于1：1。应视边坡坡率、土质和当地情况确定骨架形式，并与周围景观相协调。框架内应采用植物或其他辅助防护措施。在降雨量较大且集中的地区，骨架宜做成截水沟型，截水沟的断面尺寸由降雨强度计算确定。多边形水泥混凝土空心块植物护坡适用于坡度缓于1：0.75的土质边坡和全风化、强风化的岩石路堑边坡，视需要设置浆砌片石或混凝土骨架。多边形空心预制块的混凝土强度不应低于C20，厚度不应小于150mm。空心预制块内应填充种植土，喷播植草。锚杆混凝土框架植物防护适用于土质边坡和坡体中无不良结构面及风化破碎岩石的路堑边坡。锚杆采用非预应力的全长粘结型锚杆，锚杆间距、长度应根据边坡地质情况而定。锚杆保护层厚度不应小于20mm。框架应采用钢筋混凝土，混凝土强度等级不应低于C25，框架几何尺寸应根据边坡高度和地层情况等确定，框架内宜植草。

二、堤岸防护

沿河路基和河滩路堤等堤岸，容易遭受水流的浸蚀、冲刷、淘空、浪击以及漂浮物碰撞等作用而破坏，应根据水流特性（流速和方向）、河道的地形、地质及水文条件，采用直接加固岸坡，设置导流结构物（如丁坝、顺坝），有时也可改移河道，以避免水流冲毁路基。冲刷防护工程顶面高程应为设计水位加上波浪侵袭、变水高度及安全高度。基底埋设在冲刷深度以下不小于1m或嵌入基岩内。当冲刷深度较深、水下施工困难时，可采用桩基、沉井基础或适宜的平面防护。设置导流建筑物时，应根据河道地貌、地质、水流特性、河道演变规律和防护要求等设计导流线，并应避免农田、村庄、公路和下游路基的冲刷加剧。在山区河谷地段，不宜设置挑水导流建筑物。常用的岸坡冲刷防护措施有植物防护、石砌护坡、抛石、石笼和挡土墙等。

1. 植物防护

水流方向与路线接近平行，允许流速小于1.2～1.8m/s的季节性水流冲刷，可采用铺草皮等植物防护措施。经常浸水或长期浸水的路堤边坡，不宜采用种草防护的，可在沿河路基外的河滩上用喜水性树种植造防护林带，以降低水流速度，促使泥沙淤积，改变水流方向，起保护堤岸的作用。

2. 石砌护坡

砌石或混凝土护坡适用于允许流速为2～8m/s的路堤边坡。干砌片石护坡可按流速大小分别采用单层或双层铺砌，适用于水流方向较平顺的河岸滩地边缘或不受主流冲刷的路堤边坡。受主流冲刷、波浪作用强烈或有漂浮物撞击的路堤边坡，可用浆砌片石护坡，厚度不应小于350mm，护坡底面应设厚度不小于100mm的反滤层。

3. 抛石

抛石适用于经常浸水且水深较大的路基边坡或坡脚、挡土墙及护坡的基础防护，一般多用于抢修工程。抛石边坡坡度和选用石料粒径应根据水深、流速和波浪情况确定，石料粒径应大于300mm，坡度不应陡于所抛石料浸水后的天然休止角，厚度不应小于所用最小石料块径的两倍。

4. 石笼

石笼防护适用于受水流冲刷和风浪侵袭，防护工程基础不易处理或沿河挡土墙、护坡基础局部冲刷深度过大的沿河路堤坡脚或河岸。石笼内所填石料，应采用密度大、浸水不崩解、坚硬且未风化石块，粒径应大于石笼的网孔。

5. 浸水挡土墙

浸水挡土墙适用于允许流速为5～8m/s的峡谷急流和水流冲刷严重的河段，并要特别注意挡土墙和岸坡的衔接。

6. 丁坝

丁坝适用于宽浅变迁性河段，用以挑流或减低流速，减轻水流对河岸或路基的冲刷。丁坝长度应根据防护长度、丁坝与水流方向的交角、河段地形、水文条件及河床地质情况等确定，垂直于水流方向上的投影长度不宜超过稳定河床宽度的1/4。用于路基防护的丁坝宜采用漫水坝或潜坝，丁坝与水流方向的交角以小于或等于90°为宜。当设置群坝时，坝间距离不应大于前坝的防护长度。丁坝间的河岸或路基边坡所能承受的允许流速小于水流靠岸回流流速时，应缩短坝距，或对河岸及路基边坡采取防护措施。丁坝的横断面形式和尺寸应根据材料种类、河流的水文特性等确定，坝顶宽度根据稳定计算确定。

7. 顺坝

顺坝适用于河床断面较窄、基础地质条件较差的河岸或沿河路基防护，调整流水曲度和改善流态。顺坝与上、下游河岸的衔接，应使水流顺畅，起点应选择在水流匀顺的过渡段，坝根位置宜设在主流转向点的上方。坝顶宽度应根据稳定计算确定，坝根应嵌入稳定河岸内不小于 3m。

8. 改移河道

沿河路基受水流冲刷严重，或防护工程艰巨，以及路线在短距离内多次跨越弯曲河道时可改移河道。主河槽改动频繁的变迁性河流或支流较多的河段不宜改河。改河起点和终点的位置应与原河床顺接。为防止水流重归故道，宜在改河入口处加陡纵坡并设置拦河坝或顺坝。新河槽断面应按设计洪水频率的流量设计。

三、地基加固

高等级公路的蓬勃发展对路基提出了更高的要求，近年来在软土地基上修筑的高等级公路越来越多。软土是强度低、压缩性高的软弱土层，广泛分布于滨海平原、河口三角洲、湖盆地周围及山谷地等。软土地基由于自身强度低，在高填方路堤自重作用下存在长期的使用中沉降，从而影响道路平整度，在桥头则会由于不均匀沉降造成桥头跳车等现象。因此，采取一定的措施对软土加固，以确保地基具有足够的强度和稳定性是非常必要的。工程中常见的加固方法有以下几种。

1. 按力学原理加固

（1）换填土层法

换填土层法，即将地基下一定深度范围的湿软土层挖去，换以强度较大的砂、碎（砾）石、石灰土、素土，或其他性能稳定、无侵蚀性的土类，并予以压实。换填土层可起到提高承载力、减少沉降量、加速软土层的排水固结、防止冻胀等作用。工程中常用的换填砂垫层厚度，一般为 60~100cm，并要求以良好级配的中粗砂为主，颗粒不均匀系数不大于 5，含泥量不超过 3%~5%。

（2）挤密法

挤密法是在路基中成孔后，在孔中灌以砂、碎石、土、灰土或石灰等材料，捣实而成直径较大、间距较小的群桩体，利用群桩横向挤紧作用，使地基土颗粒彼此挤密，达到减少孔隙，加固地基的目的。按孔内填料不同，挤密桩又有砂桩、碎石桩、石灰桩之分。其布置和尺寸一般需通过计算而定，通常孔径为 20~30cm，桩距为桩径的 3~5 倍。平面上常按梅花形布置，桩长则与加固土层厚及加固要求有关。桩的成孔有冲击和振动成孔等方法。振冲桩是以起重机吊起振冲器，在振动和高压水联合作用下，振冲器沉入土中一定深度，用循环水带出孔中稠泥浆，向孔中逐段添加填料并振动挤密而形成。砂桩的作用是将地基土挤紧，井径较大，间距宜小。石灰桩的作用除了挤密外，生石灰的吸水、膨胀、发热及离子交换作用，还可以使桩体硬化，改善了原地基土的性质，还可以减小因周围土的蠕变所引起的侧向位移。

（3）土工布加固法（加筋、排水作用）

（4）强夯法（尽可能减少土的孔隙，增加压实机械的功率来把土压实）

强夯过程中，土体中因含可压缩的微气泡而产生沉降，土体液化，使土的结构破坏，强度下降至最小值，随后在夯击点周围出现径向裂隙，成为加速孔隙水压力消散的主要通道，继而因黏性土的触变性，使土基的强度得到恢复和增强。

2. 按排水、固结原理加固

（1）砂垫层（排水、横向）

（2）砂井（桩）（通过毛细现象竖向排水）

砂垫层与砂井在工程上多通过砂井堆载预压法来实现。通过在软土地基中加设砂井设置竖向排水通道结合铺设砂垫层设置横向排水通道，再运用堆载预压挤出土中过多水分，从而达到挤紧土粒和提高土基强度的目的。砂垫层可提高路基承载力，减少沉降量，加速软弱土层的排水固结，防止冻胀、消除膨胀土的膨胀作用。砂垫层的厚度，一般在 $60\sim 100cm$ 之间，砂料以中粗砂为宜，要求级配良好，颗粒的不匀系数不大于 5，含泥量不超过 $3\%\sim 5\%$。砂井直径一般采用 $20\sim 30cm$，井距通常为井径的 $8\sim 10$ 倍。砂井在平面上一般布置成正方形或三角形。砂井的成孔方法有沉管法和水冲法两类。砂井用砂以中粗砂为宜，含泥量不大于 3%，灌砂量（按重量计）应大于井管外径所形成体积的 95%。

（3）袋装砂井

袋装砂井是近年来在工程上由普通砂井发展形成的一种新技术，可以避免普通砂井由于发生横向错位造成的排水障碍。

（4）塑料插板法

3. 化学加固法

利用化学溶液或胶结剂，采用压力灌注或搅拌混合等措施，使土颗粒胶结起来，达到对土基加固的目的，称为化学加固法，又称胶结法。

第八节　路基附属设施

路基工程的附属设施主要有取土坑、弃土堆、护坡道、碎落台、堆料坪、错车道及护栏等。这些设施也是路基设计的组成部分，对保证路基稳定和交通安全具有重要作用。

一、取土坑与弃土堆

路基填方应根据土石方填挖平衡原则，尽量从挖方取土。如需从取土坑借方时，应对取土坑做出规划设计。取土坑应尽量设在荒坡、高地上，少占农田，并与农业、水利和环保部门紧密联系，协调发展。路基弃土应作规划设计，与当地农田建设和自然环境相结合，利用弃土改地造田。山坡弃土应注意避免破坏或掩埋下侧林木农田，沿河弃土应防止河床堵塞或引起水流冲毁农田房屋等。

总之，路基土石方的借弃，要合理地选择地点，选点时要兼顾土质、数量、用地及运输条件等因素。结合沿线区域规划、因地制宜，综合考虑，维护自然平衡，防治水土流失，做到借之有利，弃之无害。

二、护坡道与碎落台

护坡道是保护路基边坡稳定性的措施之一，设置的目的是加宽边坡横向距离，减少边坡平均坡度。

碎落台设置于土质或石质路基的挖方边坡坡脚处，主要供零星土石碎块下落时临时堆积，以保护边沟不致阻塞，亦有护坡道作用。

三、堆料坪与错车道

堆料坪一般设置在路堤边缘外，主要用来堆放路面养护用的矿质材料。砂石路面需要经常性养护，养护用的砂石料可就近选择路旁合适地点堆积备用。高级路面或采用机械化养护的路段，可以不设，或另设集中备料场，以维护公路外形的视觉平顺和景观优美。

单车道公路，由于双向行车会车和相互避让的需要，通常应每隔 200～500m 设置错车道一处。按规定错车道的长度不得短于 30m，两端各有长度为 10m 的出入过渡段，中间 10m 供停车用。单车道的路基宽度为 4.5m，而错车道地段的路基宽度为 6.5m。错车道是单车道路基的一个组成部分，应与路基同时设计与施工。

四、护栏

不封闭的各级公路，当路堤高度大于 6m，以及急弯陡坡、桥头引道等危险路段应设置护栏。护栏分墙式和柱式两种。墙式护栏内侧应为路肩边缘，其材料应采用浆砌片（块）石或混凝土块，宽 40cm，高出路肩 50～60cm，每段长 200cm，净间距 200cm。墙式护栏用水泥砂浆抹面，外涂白色。

柱式护栏宜用钢筋混凝土制作，直径为 15～20cm，高出路肩 70～80cm，埋深约70cm。柱式护栏中心距在平曲线路段为 200cm，直线路段为 300cm。柱式护栏应用涂料标出红白相间的条纹加反光材料标识，以利夜间行车安全。

复 习 思 考 题

1. 常见的路基横断面形式有哪些？
2. 我国公路用土分类的依据是什么？如何进行分类？举例说明几种常见的路基土的工程特点。
3. 路基的干湿类型有哪些？如何确定？
4. 路基的主要病害有哪些？如何防治？
5. 表征路基承载力的参数指标有哪些？画图说明路基的初始切线模量、切线模量、割线模量、回弹模量。
6. 常见的路基排水设施有哪些？有何特点？
7. 路基防护与加固的目的是什么？常用的设施有哪些？
8. 举例说明几种常见的软土地基处理方法。
9. 常见的路基附属设施有哪些？各有何特点？
10. 名词解释：边沟、截水沟、排水沟。

第三章 路 基 设 计

一般路基通常指在良好的地质和水文等条件下，填方高度和挖方深度都不大的路基。通常认为一般路基可以结合当地的地形、地质情况，直接选用典型断面图，不必进行个别论证和验算。对于超过规范规定的高填、深挖路基，以及地质和水文等条件特殊的路基，为确保路基具有足够的强度与稳定性，需要进行个别设计和验算。一般路基的设计内容主要包括：

1. 选择路基断面形式，确定路基宽度与路基高度；
2. 选择路堤填料与压实标准；
3. 确定边坡形状与坡度；
4. 路基排水系统布置和排水结构设计；
5. 坡面防护与加固设计；
6. 附属设施设计。

第一节 路基的基本构造

路基的几何尺寸由路基宽度、高度和边坡坡度三方面构成，也称作路基的三要素。

一、路基宽度

路基宽度为行车路面及其两侧路肩宽度之和，一般根据设计通行能力及交通量的大小来确定。通常每个车道宽度为 $3.5 \sim 3.75 \mathrm{m}$，路肩宽度为每边 $0.5 \sim 1.0 \mathrm{m}$，城镇近郊与非机动车比较集中处，路肩宽度可取为 $1 \sim 3 \mathrm{m}$，并铺筑硬路肩。各级公路路基宽度列于表 2-3-1。

各级公路路基宽度 表 2-3-1

公路等级		高速公路、一级公路								
设计速度(km/h)		120			100			80		60
车道数		8	6	4	8	6	4	6	4	4
路基宽度(m)	一般值	45.00	34.50	28.00	44.00	33.50	26.00	32.00	24.50	23.00
	最小值	42.00	—	26.00	41.00	—	24.50	—	21.50	20.00
公路等级		二级公路、三级公路、四级公路				
设计速度(km/h)		80	60	40	30	20
车道数		2	2	2	2	2 或 1
路基宽度(m)	一般值	12.00	10.00	8.50	7.50	6.50（双车道） 4.50（单车道）
	最小值	10.00	8.50	—	—	—

二、路基高度

路基的填挖高度由路线纵断面设计确定，它要考虑路线纵坡、路基稳定性和工程经济等要求。路基设计时要保证路基上部土层终年处于干燥或中湿状态，必须使路堤高度大于规定的最小填土高度。高路堤和深路堑的土石方数量大，难于施工，边坡稳定性差，应尽量避免使用。必要时应作边坡稳定性的特殊设计，并作出技术经济比较。下面介绍一下与路基高度有关的几个概念。

1. 路基高度（施工高度）

路基高度是指路堤的填筑高度或路堑的开挖深度，是路基设计标高和地面标高之差。

2. 边坡高度

边坡高度是指填方坡脚或挖方坡顶与路基边缘的相对高差（路基设计标高与坡脚标高差值）。

3. 路基的临界高度

路基的临界高度是指保证路基处于某种干湿状态的最小高度。

4. 路基最小填土高度

从路基强度和稳定性要求出发，路基上部土应处于干燥或中湿状态，路基高度应根据临界高度并结合公路沿线具体条件和排水及防护措施确定路堤的最小填土高度。

三、路基边坡坡度

公路路基的边坡坡度，可用边坡高度 H 与边坡宽度 b 之比值表示，并取 $H=1$，通常用 $1:n$（路堑）或 $1:m$（路堤）表示其坡率，称为边坡坡率。路基的边坡坡度对路基的稳定性十分重要，确定路基边坡坡度是路基设计的重要任务。路基边坡坡度的大小，取决于边坡的土质、岩石的性质及水文地质条件等自然因素和边坡的高度。在陡坡地段的路堤边坡及较深路堑的挖方边坡，边坡稳定不仅影响到土石方工程量和施工的难易，而且是路基整体性的关键。路基的排水以及防护与加固，主要亦是针对路基边坡稳定性而设。因此，确定边坡坡度对于路基的稳定性和工程的经济合理性至关重要。一般路基的边坡坡度可根据多年工程实践经验和设计规范推荐的数值采用。

1. 路堤边坡坡度

路堤边坡视土质、土的密实程度和边坡高度及水文条件而定。一般可按表 2-3-2 所列数值选定。沿河浸水路堤的边坡坡度，在设计水位以下视填料情况可采用 $1:1.75 \sim 1:2.0$，在常水位以下部分可采用 $1:2.0 \sim 1:3.0$。路堤高度大于 12m 时，应取两个坡度，上部坡度稍陡，下部坡度较缓。当公路沿线有大量天然石料或路堑开挖的废石方时，可用以填筑路堤。填石路堤应由不易风化的较大石块砌筑，通常粒径大于 40mm 石料的含量超过 70%，其边坡坡率视石料的软硬程度而定。

路堤边坡坡率表   表 2-3-2

填料类别	边坡斜率	
	上部高度（$H \leqslant 8m$）	上部高度（$H \leqslant 12m$）
细粒土	1:1.5	1:1.75
粗粒土	1:1.5	1:1.75
巨粒土	1:1.3	1:1.5

2. 路堑边坡

路堑是天然地层中开挖出来的路基结构物，设计路堑边坡时，首先应从地貌和地质构造上判断其整体稳定性。在遇到工程地质或水文地质条件不良的地层时，应尽量使路线避绕它；而对于稳定的地层，则应考虑开挖后，是否会由于减少支承，坡面风化加剧而引起失稳。

影响路堑边坡稳定的因素较为复杂，除了路堑深度和坡体土石的性质之外，地质构造特征、岩石的风化和破碎程度、土层的成因类型、地面水和地下水的影响、坡面的朝向以及当地的气候条件等都会影响路堑边坡的稳定性，在边坡设计时必须综合考虑。

土质路堑边坡，应根据边坡高度、土的密实程度、地下水和地面水的情况、土的成因及生成时代等因素确定。路堑浅而干燥的路段，边坡可陡些，反之则用较缓的边坡。一般土质挖方边坡坡度可参照表 2-3-3 所列数值确定。砂类土和细粒土的挖方边坡高度不宜超过 20m，超过时应进行边坡工程地质勘察设计。

土质路堑边坡斜率　　　　　　　　　　表 2-3-3

土的类别		边坡斜率
黏土、粉质黏土、塑性指数大于 3 的粉土		1：1
中密以上的中砂、粗砂、砾砂		1：1.5
卵石土、碎石土、 圆砾土、角砾土	1：1	1：0.75
	1：1	1：1

岩石路堑边坡，一般可以通过工程地质法（比拟法）来确定其边坡坡率。长期工程实践表明，岩石路堑边坡坡率的大小，主要同岩石的种类及其构造、风化破碎程度和边坡高度有密切关系。岩石边坡坡度应根据岩性、地质、岩石风化程度和边坡高度等因素确定。岩质路堑边坡坡率列于表 2-3-4。对于硬质岩石，一般边坡坡率为 1：0.1～1：0.5，对于软质岩石，一般边坡坡率为 1：0.3～1：0.75，强风化时为 1：0.75～1：1。边坡高度大于 30m 时，应确定岩体类型，根据工程地质与水文条件等因素，参照表列数值加以确定，必要时可用稳定性分析加以验算。

岩质路堑边坡斜率　　　　　　　　　　表 2-3-4

边坡岩体类型	风化程度	边坡斜率	
		$H<15m$	$15m \leqslant H<30m$
Ⅰ类	未风化、微风化	1：0.1～1：0.3	1：0.1～1：0.3
	弱风化	1：0.1～1：0.3	1：0.3～1：0.5
Ⅱ类	未风化、微风化	1：0.1～1：0.3	1：0.3～1：0.5
	弱风化	1：0.3～1：0.5	1：0.5～1：0.75
Ⅲ类	未风化、微风化	1：0.3～1：0.5	
	弱风化	1：0.5～1：0.75	
Ⅳ类	弱风化	1：0.5～1：1	
	弱风化	1：0.75～1：1	

注：1. 有可靠的资料和经验时，可不受本表限制；

2. Ⅳ类强风化包括各类风化程度的极软岩。

第二节　路基边坡稳定性设计

路基在常年大气雨雪的作用下，土质或岩性等自然因素的变化、边坡或路基上意外超载、坡脚悬空、设计不合理、施工质量有问题等原因都可能造成边坡滑坍失稳。特别是长期降雨，土的强度减弱之后路基边坡最容易发生滑坍。根据对于边坡和山坡发生滑坍现象的观察，滑动面大多呈曲线形。对于黏性土，滑动面有时呈圆柱形，有时又像碗形。对于松散的砂土和砂性土，滑动面类似于平面。在路基设计时，应根据路基土的类别、边坡的坡度、形状、高度，排水措施与防护措施等作综合的考虑，以保证边坡的稳定性，对于高填深挖路基、桥头引道和河滩路堤等情况要进行稳定性验算。

路基稳定性分析包括路堤自身的稳定性、路堤和地基的整体稳定性以及路堤沿斜坡地基或软弱层滑动的稳定性。稳定性验算前，要充分收集路基土的容重 γ、黏聚力 c 和内摩擦角 φ 等资料，其数值由试验确定，通常 $c=5\sim20$kPa，$\varphi=20°\sim40°$；$\gamma=14\sim18$kN/m³。

一、边坡稳定性的分析方法

路基边坡稳定性分析方法可分为两类，即力学分析法和工程地质法。力学分析法包括数解法、图解法和表解法。数解法通常假定几个不同的滑动面，按力学平衡原理对每个滑动面进行边坡稳定性分析，从中找出极限滑动面，按极限滑动面的稳定程度来判断边坡的稳定性。图解或表解法是指在计算机和图解分析的基础上，制定成图或表，用查图或查表法进行边坡稳定性分析。工程地质法则根据不同土类及其所处的状态，经过长期的生产实践和大量的资料调查，拟定边坡稳定的边坡坡度作为参考数据，在设计时，将影响边坡稳定的因素作比拟，采用类似条件下的稳定边坡值。下面重点介绍力学分析法中的数解法。

路基稳定性的设计，大多采用近似的方法。并且有这样的一些假设：

1. 不考虑滑动土体本身内应力的分布。

2. 平面假定（纵向取单位长度）。

3. 认为平衡状态只在滑动面上达到，滑动时成整体下滑，且滑动的土体当作刚体。

4. 最危险滑动面位置要通过试算来确定。

常用的边坡稳定性分析方法，根据滑动面形状分为直线破裂面法和圆弧破裂面法，简称直线法和圆弧法。直线法适用于砂土和砂性土（两者合称砂类土），土的抗力以内摩擦力为主，而黏聚力甚小。边坡破坏时，破裂面近似平面。圆弧法适用于黏性土，土的抗力以黏聚力为主，内摩擦力较小。边坡破坏时，破裂面近似圆柱形。

（1）直线法

对于不纯净的均质砂类土路堤边坡，如图 2-3-1 所示，土楔 ABD 沿假设破裂面 AD 滑动，其稳定系数 K 按下式计算（按堤长为 1m 计）：

$$K=\frac{F}{T}=\frac{G\cos\omega\mathrm{tg}\varphi+cL}{G\sin\omega} \qquad (2\text{-}3\text{-}1)$$

式中　F——沿破裂面的抗滑力（kN）；

　　　T——沿破裂面的下滑力（kN）；

　　　G——土楔重量及路基顶面换算土柱的荷载之和（kN）；

　　　ω——破裂面对于水平面的倾斜角（°）；

φ——路堤土体的内摩擦角(°)；

c——路堤土体的单位黏聚力(kPa)；

L——破裂面AD的长度(m)。

通过坡脚A点，假定3～4个可能的破裂面，如图2-3-1所示，按式(2-3-1)求出相应的K_1、K_2、K_3、K_4等值，并绘出$K=f(\omega)$曲线及其水平切线，如图2-3-1所示，以定出最小稳定性系数K_{min}值及最危险破裂面倾斜角ω_0值。通常以最小稳定系数$K_{min}>1.25$来判定边坡稳定性，不满足则边坡不安全。此时可减缓边坡，降低路堤高度或修筑挡土墙，以增加边坡稳定性。

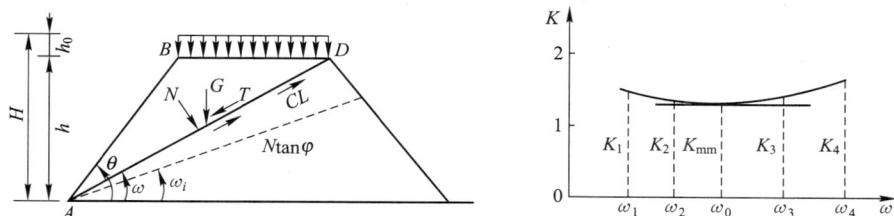

图2-3-1　直线法计算示意图

（2）圆弧滑裂面法

一般黏土路堤采用圆弧滑裂面法验算，计算时假定滑动面为一圆弧，稳定系数K定义为，滑动力矩与抗滑力矩的比值，通过最小稳定系数K_{min}来判定边坡的稳定性。具体计算时，多采用瑞典条分法或简化Bishop法进行分析计算，我国《公路路基设计规范》(JTG D30—2004)推荐采用简化Bishop法进行分析。路堤稳定性计算分析得到的稳定安全系数规定为：对路堤的堤身稳定性取1.35；路堤和地基整体稳定性，当地基土渗透性较差、排水条件不好取1.2～1.4；当地基土渗透性较好、排水条件良好取1.35～1.45。

二、荷载当量高度

路基除承受自重外，同时承受行车荷载作用。在边坡稳定性验算时，需要按车辆最不利情况排列，并将车辆的设计荷载换算成土柱高(即以相等压力的土层厚度来代替荷载)，又称当量高度或换算高度，以h_0表示。

当量高度h_0的计算式为：

$$h_0 = NQ/(LB\gamma)$$

式中　h_0——当量高度(m)；

N——横向分布的车辆数；

Q——每一车辆重量(kN)；

L——车辆前后轮胎(或拖拉机履带)着地长度(m)；

γ——土的重度(kN/m³)；

B——横向分布车辆轮胎(或履带)最外缘之间的总距离(m)，即

$$B = Nb + (N-1)d$$

b——每一车辆的轮胎(或履带)外缘之间的距离(m)；

d——相邻两车辆轮胎(或履带)之间的净距(m)。

如d为相邻两车辆车身之间的净距，则b可近似地取为车身之宽。

关于荷载分布宽度，可以分布在行车道（路面）范围；亦可以认为路肩有可能停放车辆（最不利的情况），则分布在整个路基宽度（包括路面、路肩的宽度）。这两者虽有差异，但计算结果相差不大。

三、陡坡路堤稳定性分析

地面横坡陡于 1：2.5 时，除应保证路堤边坡的稳定外，还要预防路堤沿地面陡坡下滑。下滑的情况，可能是路堤沿基底接触面滑动，也可能是路堤连同基底下的山坡覆盖层沿基岩面下滑。出现下滑的原因，除地面横坡较陡和基底情况不佳外，主要与地面水和地下水的不利影响密切相关，应针对可能出现的下滑情况和不利条件，对陡坡路堤作稳定性验算。在稳定性不足时，需因地制宜地采取适当的加固措施。稳定性分析时通常采用不平衡推力法进行分析计算，将滑动面上的土体按折线段划分为若干条块，自上而下分别计算各土体的剩余下滑力，根据最后一块的剩余下滑力的正负值确定其整体稳定性。

第三节　路基的排水设计

一、路基排水的目的与要求

路基的强度和稳定性与水的关系十分密切，水是造成路基病害的重要因素之一，因此路基设计、施工和养护中，必须重视路基排水。排水的目的，就是将路基范围内的路基湿度降低到一定的限度以内，保证路基常年处于干燥状态，确保路基路面具有足够的强度与稳定性。排水的原则首先要查清水源，结合农田水利进行全面规划，排除隐患。其次，水沟宜短不宜长，及时疏散，就近分流。最后，要充分利用地形，防挖深沟，减少水土流失。总之，设计要注意就地取材，结构应经济实用，并作出优化选择。

二、路基排水系统的布置

路基排水系统的布置，一般利用路线平面图按下列步骤进行：

1. 在路线平面图上绘出必要的路堑坡顶线和路堤坡脚线，标明路侧弃土堆和取土坑的位置等。

2. 在路基的上侧山坡上设置截水沟拦截地表径流。为提高截流效果，减少工程造价，截水沟宜大体沿等高线布置。路堑上侧有弃土堆时，弃土堆应连续而不中断，并在其上方设置截水沟。下坡一侧的弃土堆，应每隔 50～100m 设不小于 1m 宽的缺口，以利排水。

3. 在路基两侧按需要设置边沟或利用取土坑汇集并排除道路表面的水，以使路基经常保持干燥。

4. 将截水沟、边沟等水流，用排水沟引排到指定的低地、河沟或桥涵等处。排水沟应力求短捷，离路基尽可能远些，并与其他排水通道连接顺畅。

5. 选定桥涵的位置，使这些沟渠同桥涵联成排水网路。对穿过路基的河沟，一般均应设桥涵，不要轻易改沟并涵。

6. 若有地下水危害路基，应设地下排水设施，并与地面排水系统协调配合。

三、明渠的水文水力计算

1. 设计流量

流量是路基排水设计的基本依据，其大小与汇水面积和一定频率下的径流厚度，以及汇水区域内的地形、地貌及地表植被等因素有关，通常汇水面积不大（$F < 10km^2$）时：

$$Q_s = A \cdot F^n$$

式中 Q_s——设计流量(m^3/s);

  F——汇水面积(km^2);

  A——径流模量,其值与设计洪水频率及地区有关,约为 5~20 之间;

  n——地区指数,当 $F<1.0km^2$ 时,$n=1$;当 $1km<F<10km^2$ 时,其值因地区而异,$n=0.75\sim0.85$。

2. 水力计算

(1) 基本计算公式

$$V = c\sqrt{R \cdot i}$$

$$Q = \bar{\omega} \cdot v = \bar{\omega} \cdot c\sqrt{R \cdot i}$$

式中 V——水流通过横断面的流速(m/s);

  Q——水流通过横断面的流量(m^3/s);

  $\tilde{\omega}$——水流横断面的面积(m^2);

  R——水力半径(m);

  i——水力坡降;

  c——流速系数:

$$c = \frac{1}{n}Ry$$

  n——沟渠表面的粗糙系数,与沟渠表层材料有关;

  R——水力半径(m);

  y——与 R 及 n 有关的指数。

$$y = 2.5\sqrt{n} - 0.13 - 0.75\sqrt{R}(\sqrt{n} - 0.10)$$

当 $R \leqslant 1.0$ 时,用 $1.5\sqrt{n}$;当 $R>1.0$ 时,用 $1.3\sqrt{n}$。

(2) 容许的最小与最大流速

为了使沟渠不致产生泥沙淤积,设计时应保证沟渠内的水流具有一定流速。沟渠的容许最小流速同水中所含土质沉淀所容许的淤泥有关,一般按如下经验公式计算:

$$V_{min} = \alpha R^{1/2}$$

式中 α——与水中含土粒径有关的参数,可参考路基规范选取;

  R——水力半径(m)。

为了使沟渠不致产生冲刷破坏,应限制设计流速。各种沟渠的容许最大流速,由试验确定,一般可参考规范选用。

(3) 常用沟渠横断面的水力要素

水流横断面面积:

$$\bar{\omega} = bh + mh^2$$

其中 m 值:矩形 $m=0$;对称梯形 $m=m_1=m_2$;不对称梯形 $m=(m_1+m_2)/2$。

湿周:

$$X = b + Kh$$

其中横断面系数 K 值(因边坡率而变),对于矩形 $K=2$;对对称梯形,$K=2$

$\sqrt{1+m^2}$；对不对称梯形，$K=\sqrt{1+m_1^2}+\sqrt{1+m_2^2}$。

水力半径：$R=\dfrac{\omega}{X}$

（4）最佳水力横断面

最佳水力横断面，又称经济横断面，是指在既定设计流量的条件下，与容许最大流量相对应的水流最小横断面面积。计算时，一般通过求最小湿周的方法得到。

3. 沟渠横断面设计方法

过程：

（1）已知条件常为 i、n、m；

（2）对应 m，查最佳宽深比 b/h；

（3）假定 b 或 h，求出 h 或 b；

（4）计算 V、Q；

（5）验证是否满足设计要求。

设计要求：

（1）Q/Q_s（且不超过 10%）；

（2）$V_{min}<V<V_{max}$，当 $V \geqslant V_{max}$ 时，调整沟底、沟壁或重新设计；当 $V<V_{min}$ 时，调整纵坡或断面设计；

（3）基本构造尺寸要求：$b/0.4m$，$H=h+\Delta h \geqslant 0.4m$。

4. 水力计算的步骤与示例

[例] 已知设计流量 $Q=1.1m^3/s$，沟底纵坡 $i=0.5\%$，土为极密实的砂质黏土；设边坡坡率为 $m=1.5$，沟渠粗糙系数 $n=0.025$，用选择法求沟渠的断面尺寸和验算水流速度。

[解] 步骤如下：

（1）按技术规范要求，设沟底宽度 $b=0.4m$。

（2）当 $m=1.5$ 时，$b/h=0.61$，故水流深度 $h=0.66m$。

（3）计算湿周：

$$\chi=b+Kh=b+2h\sqrt{1+m^2}=0.40+2\times0.66\sqrt{1+1.5^2}=2.78m$$

（4）计算过水断面面积：

$$\omega=bh+mh^2=0.40\times0.66+1.5\times0.66^2=0.92m^2$$

（5）计算水力半径：

$$R=\omega/\chi=0.92/2.78=0.33m$$

（6）计算流速：

因 $R=0.33<1.0m$，$y=1.5\sqrt{n}=1.5\sqrt{0.025}=0.24$，则流速系数

$$c=\frac{1}{n}R^y=\frac{1}{0.025}\times(0.33)^{0.24}=30.66$$

水流速度：

$$V=c\sqrt{Ri}=30.6\sqrt{0.33\times0.005}=1.25m/s$$

对于极密实的砂质黏土，容许不冲刷流速为 $V=1.4m/s$，取 $\alpha=0.45$，则不淤积的最

小流速为：

$$V_{最小}=\alpha \cdot R^{0.5}=0.45\times(0.33)^{0.5}=0.26\text{m/s}$$

实际流速 $V=1.24$ m/s 即 $0.26\text{m/s}<V<1.40\text{m/s}$

（7）计算通过流量：

$$Q=\omega \cdot V=0.92\times1.24=1.14\text{m}^3/\text{s}$$

（8）验算：

由于通过流量与设计流量相差未超过 5％，水流速度在容许流速范围内，无需加固（无需变动粗糙系数），故上述计算结果满足规定要求。

复习思考题

1. 何谓一般路基？其设计的内容和一般要求是什么？
2. 路基断面的几何形状（路基主体）由哪三方面组成？如何确定？
3. 路基边坡稳定性的分析方法有哪些？如何按滑动面形式不同进行力学分析？
4. 简要说明沟渠横断面设计的方法和过程。

第四章 路面工程基础知识

通过总论中的介绍，可知道路路面结构包括面层、基层与垫层，按面层材料的不同和力学特性的差异又可以分为柔性路面与刚性路面。本章重点介绍路面工程中有关的荷载分析材料特性和结构特点。

第一节 交通荷载与轴载换算

一、交通荷载

车辆在路面上的运动状态主要包括停放和行驶等。停放时，车辆作用在路面上的是垂直静压力；行驶时，作用在路面上的有垂直压力、水平力和振动冲击力。为了保证设计的路面结构达到预期的功能，具有良好的结构性能，首先应对行驶的汽车作分析，包括汽车轮重与轴重的大小与特性、不同车型车轴的布置、设计期限内汽车轴型的分布以及车轴通行量逐年增长的规律、汽车静态荷载与动态荷载特性比较等。

1. 车辆的种类

道路上通行的汽车车辆主要分为客车与货车两大类。

客车又分为小客车、中客车与大客车。小客车自身质量与满载总质量都比较轻，但车速高，一般可达 120km/h，有的高档小车可达 200km/h 以上；中客车一般包括 6 个座位至 20 个座位的中型客车；大客车一般是指 20 个座位以上的大型客车，包括铰接车和双层客车，主要用于长途客运与城市公共交通。

货车又分为整车、牵引式拖车和牵引式半拖车。整车的货厢与汽车发动机为一整体；牵引式拖车的牵引车与拖车是分离的，牵引车提供动力，牵引后挂的拖车，有时可以拖挂两辆以上的拖车；牵引式半拖车的牵引车与拖车也是分离的，但是通过铰接相互连接，牵引车的后轴也担负部分货车的质量，货车厢的后部有轮轴系统，而前部通过铰接悬挂在牵引车上。货车总的发展趋向是向大吨位发展，特别是集装箱运输水陆联运业务开展之后，货车最大吨位已超过 40～50t。

在交通调查中，一般将汽车分为八类：即大型货车、中型货车、小型货车、大型客车、小型客车、拖挂车、集装箱、大中型拖拉机。每种汽车应属于何种分类，交通运输部公管司提供了交通调查分类图。交通调查时，只要先熟悉每种汽车应属于何种类型，便可得出某断面昼夜混合汽车交通量。

沥青路面结构设计与验算使用的交通量是标准轴载累计作用次数，水泥混凝土路面结构设计与验算使用的交通量是标准轴载累计作用次数。实际计算时，对沥青路面，只将轴载大于 25kN 的汽车计入；对水泥混凝土的路面，只将单轴大于 40kN 和双轴大于 80kN 的汽车计入，小汽车、小型客车对标准轴载影响极小，一般忽略不计。我国常用汽车路面设计参数见表 2-4-1。

序号	汽车型号	总重 (kN)	载重 (kN)	前轴重 (kN)	后轴重 (kN)	后轴数	轮组数	轴距 (cm)	出产国
1	解放 CA10B	80.25	40.00	19.40	60.85	1	双		中国
2	解放 CA15	91.35	50.00	20.97	70.38	1	双		中国
3	解放 CA30A	99.90	46.50	26.50	2×36.70	2	双		中国
4	解放 CA30A	103.00	46.50	29.50	2×36.75	2	双		中国
5	解放 CA50	92.90	50.00	28.70	68.20	1	双		中国
6	解放 CA340	78.70	36.60	22.10	56.60	1	双		中国
7	解放 CA390	105.15	60.15	35.00	70.15	1	双		中国
8	东风 EQ140	92.90	50.00	23.70	69.20	1	双		中国
9	黄河 JN150	150.60	82.60	49.00	101.60	1	双		中国
10	黄河 JN162	174.50	100.00	59.50	115.00	1	双		中国
11	黄河 JN162A	178.50	100.00	62.28	116.22	1	双		中国
12	黄河 JN253	187.00	100.00	55.00	2×66.00	2	双		中国
13	黄河 JN360	270.00	150.00	50.00	2×110.00	2	双		中国
14	黄河 QD351	145.65	70.00	48.50	97.15	1	双		中国
15	延安 SX161	237.00	135.00	54.64	2×91.25	2	双	135.0	中国
16	长征 XD160	213.00	120.00	42.60	2×85.20	2	双		中国
17	长征 XD250	189.00	100.00	37.80	2×72.60	2	双		中国
18	长征 XD980	182.40	100.00	37.10	2×72.65	2	双	122.0	中国
19	长征 CZ361	229.00	120.00	47.60	2×90.70	2	双	132.0	中国
20	交通 SH141	80.65	43.25	25.55	55.10	1	双		中国
21	交通 SH361	280.00	150.00	60.00	2×110.00	2	双	130.0	中国
22	南阳 351	146.00	70.00	48.70	97.30	1	双		中国
23	齐齐哈尔 QQ560	177.00	100.00	56.00	121.00	1	双		中国
24	太脱拉 111	186.70	102.40	38.70	2×74.00	2	双	120.0	捷克
25	太脱拉 111R	188.40	102.40	37.40	2×75.50	2	双	122.0	捷克
26	太脱拉 111S	194.40	102.40	38.50	2×78.20	2	双	122.0	捷克
27	太脱拉 138	211.40	120.00	51.40	2×80.00	2	双	132.0	捷克
28	太脱拉 130S	218.40	120.00	50.60	2×88.90	2	双	132.0	捷克
29	太脱拉 138S	225.40	120.00	45.40	2×90.00	2	双	132.0	捷克
30	吉尔 130	85.25	40.00	25.75	59.50	1	双		俄罗斯
31	斯柯达 706R	140.00	73.00	50.00	90.00	1	双		捷克
32	斯柯达 706RTS	138.00	65.50	45.00	93.00	1	双		捷克
33	日野 KB222	154.50	80.00	50.20	104.30	1	双		日本
34	日野 KF300D	198.75	106.65	40.75	2×79.00	2	双	127.0	日本
35	日野 ZM440	260.00	152.00	60.00	2×100.00	2	双	127.0	日本

序号	汽车型号	总重(kN)	载重(kN)	前轴重(kN)	后轴重(kN)	后轴数	轮组数	轴距(cm)	出产国
36	尼桑 CK10G	115.25	66.65	39.25	76.00	1	双		日本
37	尼桑 CK20L	149.85	85.25	49.85	100.00	1	双		日本
38	尼桑 6TW(I)13SD	219.85	121.95	44.35	2×87.75	2	双		日本
39	尼桑 CW(L)40HD	237.60	141.75	50.00	2×93.80	2	双		日本
40	扶桑 FP101	154.00	94.10	54.00	100.00	1	双		日本
41	扶桑 FU102N	214.00	133.80	44.00	2×85.00	2	双		日本
42	扶桑 FV102N	254.00	164.95	54.00	2×100.00	2	双		日本
43	菲亚特 682N3	140.00	75.00	40.00	100.00	1	双		意大利
44	菲亚特 650E	105.00	67.00	33.00	72.00	1	双		意大利
45	依土兹 TD50D	142.95	76.65	46.55	96.40	1	双		日本
46	依土兹 TD50	132.20	76.65	42.20	90.00	1	双		日本
47	依发 H6	132.00	65.50	45.50	86.50	1	双		德国
48	布切奇 5BR2N	92.50	50.00	24.55	67.95	1	双		罗马尼亚
49	喀什布阡 131	68.25	35.00	18.00	50.25	1	双		罗马尼亚
50	切贝尔 D350	72.00	35.00	24.00	48.00	1	双		匈牙利
51	切贝尔 D420	83.00	45.00	28.20	54.80	1	双		匈牙利
52	切贝尔 D45.01	101.00	55.00	32.00	69.00	1	双		匈牙利
53	切贝尔 D750.0	160.00	93.60	60.00	100.00	1	双		匈牙利
54	沃尔沃 N8648	175.00	100.00	55.00	120.00	1	双		瑞典
55	斯堪尼亚 L760	180.00	100.00	70.00	110.00	1	双		瑞典
56	玛斯 200	137.00	72.00	36.00	101.00	1	双		俄罗斯

2. 车辆的轴型

无论是客车还是货车，车身的全部重量都通过车轴上的轮子传给路面，因此，对于路面结构设计而言，更加重视汽车的轮数和轴数。

通常，整车形式的客、货车车轴分前轴和后轴。绝大部分车辆的前轴为两个单轮组成的单轴，轴载约为汽车总重量的三分之一。极少数汽车的前轴由双轴单轮组成，双前轴的载重约为汽车总重的一半。汽车的后轴有单轴、双轴和三轴三种，大部分汽车后轴由双轮组成，只有少量轻型货车由单轮组成。每一根后轴的轴载大约为前轴轴载的两倍。

由于汽车货运向大型重载方向发展，货车的总重有增加的趋势，为了满足各个国家对汽车轴限的规定，趋向于增加轴数以提高汽车总载重。因此出现了各种多轴的货车。有些运输专用设备的平板拖车，采用多轴多轮，以便减轻对路面的压力。各种不同轴型的汽车如图 2-4-1 所示。

3. 车辆对道路的作用

汽车对道路的作用可分为停驻状态和行驶状态。当汽车处于停驻状态下，对路面的作用力为静态压力，主要是由轮胎传给路面的垂直压力 p，它的大小受下述因素的影响：

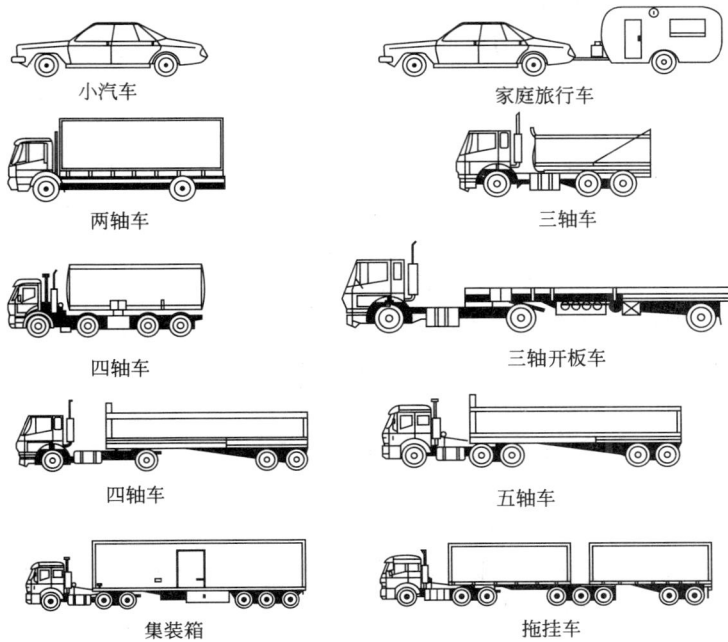

图 2-4-1　不同轴型的汽车示意图

（1）汽车轮胎的内压力 p_i；

（2）轮胎的刚度和轮胎与路面接触的形状；

（3）轮载的大小。

货车轮胎的标准静内压力 p_i 一般在 $0.4\sim0.7$MPa 范围内，有时达到 $1.0\sim1.2$MPa。通常轮胎与路面接触面上的压力 p 略小于内压力 p_i，约为$(0.8\sim0.9)p_i$。车轮在行驶过程中，内压力会因轮胎充气温度升高而增加，因此，滚动的车轮，接触压力也有所增加，达到$(0.9\sim1.1)p_i$。

轮胎的刚度随轮胎的新旧程度而有不同，接触面的形状和轮胎的花纹也会影响接触压力的分布，一般情况下，接触面上的压力分布很不均匀。不过在路面设计中，通常忽略上述因素的影响，而直接取内压力作为接触压力，并假定在接触面上压力呈均匀分布。

轮胎与路面的接触面形状如图 2-4-2 所示，它的轮廓近似于椭圆形，因其长轴与短轴的差别不大，在工程设计中以圆形接触面积来表示。将车轮荷载简化成当量的圆形均布荷载，并采用轮胎内压力作为轮胎接触压力 p。当量圆的半径 δ 可以按式(2-4-1)确定。

$$\delta=\sqrt{\frac{P}{\pi p}} \tag{2-4-1}$$

式中　P——作用在车轮上的荷载(kN)；

　　　p——作用在车轮上的荷载(kN)；

　　　δ——接触面当量圆半径(m)。

对于双轮组车轴，若每一侧的双轮用一个圆表示，称为单圆荷载；如用两个圆表示，则称为双圆荷载。

行驶状态的汽车除了施加给路面垂直静压力之外，还给路面施加水平力、振动力。此外，由于汽车以较快的速度通过，这些动力影响还有瞬时性的特征。

汽车在道路上等速行驶，车轮受到路面给它的滚动摩阻力，路面也相应受到车轮施加于它的一个向后的水平力；汽车在上坡行驶，或者在加速行驶过程中，为了克服重力与惯性力，需要给路面施加向后的水平力，相应在下坡行驶或者在减速行驶过程中，为了克服重力与惯性力的作用，需要给路面施加向前的水平力。汽车在弯道上行驶，为了克服离心力，保持车身稳定不产生侧滑，需要给路面施加侧向水平力。特别是在汽车启动和制动过程中，施加于路面的水平力相当大。

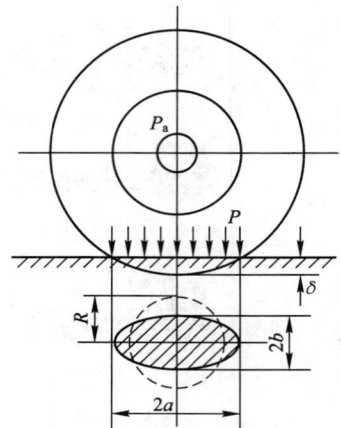

图 2-4-2　车轮与路面的接触面积

在路面上行驶的车辆车轮在不制动时，作用在路面上的水平荷载由式(2-4-2)确定；车轮制动时水平荷载由式(2-4-3)确定。

$$f_{s1} = fP \tag{2-4-2}$$

$$f_{s2} = \varphi P \tag{2-4-3}$$

式中　f_{s1}、f_{s1}——行驶中的车辆在车轮不制动和制动情况下作用在路面上的水平荷载；

f——滚动摩阻系数(表 2-4-2)；

φ——滑动摩阻系数(表 2-4-3)；

P——车辆的垂直荷载(kN)。

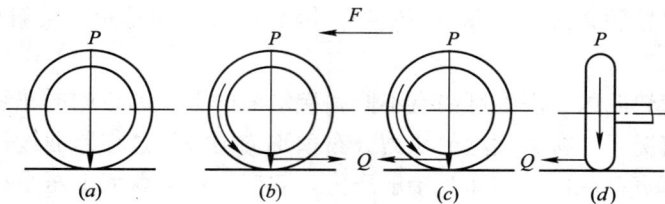

图 2-4-3　车轮作用于路面的垂直压力与水平力

滚动摩阻系数 f 值表

表 2-4-2

表面种类	f
平整的水泥混凝土和沥青混凝土	0.01～0.02
水泥混凝土路面有裂缝和垂直位移	0.04～0.05
沥青混凝土有车辙和裂缝	0.04～0.05

表 2-4-3 所列的 φ 值为实地测量的资料。由表列 φ 值可以看出，φ 的最大值一般不超过 0.7～0.8，同路面类型和湿度以及行车速度有关，相同的路面结构类型，干燥状态的 φ 值比潮湿状态高；路面结构类型与干燥状态相同的情况下，车速越高，φ 值越小。

路面状况	路面类型	车速(km/h)		
		12	32	64
干燥	碎石	—	0.60	—
	沥青混凝土	0.70～1.00	—	0.50～0.65
	水泥混凝土	0.70～0.85	—	0.60～0.80
潮湿	碎石	—	0.40	—
	沥青混凝土	0.40～0.65	—	0.10～0.50
	水泥混凝土	0.60～0.70	—	0.35～0.55

路面表面必须保持足够的附着系数，这是保证正常行车的重要条件。但是从路面结构本身来看，附着系数的大小直接关系结构层承受的水平力荷载。在水平荷载的作用下，结构层产生复杂的应力状态，特别是面层结构，直接遭受水平荷载作用，若是抗剪强度不足，将会导致推挤、拥包、波浪、车辙等破坏现象。

汽车在道路上行驶，由于车身自身的振动和路面的不平整，其车轮实际上是以一定的频率和振幅在路面上跳动，作用在路面上的轮载时而大于静态轮载，时而小于静态轮载，呈波动状态。轮载的这种波动，可近似地看作为呈正态分布，其变异系数(标准离差与轮载静载之比)主要随下述三种因素而变化：(1)行车速度，车速越高，变异系数越大；(2)路面的平整度，平整度越差，变异系数越大；(3)车辆的振动特性，轮胎的刚度低，减振装置的效果越好，变异系数越小。正常情况下，变异系数一般均小于 0.3。

振动荷载的最大峰值与静载之比称为冲击系数，在较平整的路面上，行车速度不超过 50km/h 时，冲击系数不超过 1.30。车速增加，或路面平整性不良，则冲击系数还要增大。在设计沥青路面时，由于沥青路面的黏弹性和减振作用，以静轮载作为设计荷载，在设计水泥混凝土路面时则必须考虑车辆的冲击等综合因素。

行驶的汽车对路面施加的荷载有瞬时性，车轮通过路面上任一点，路面承受荷载的时间是很短的，大约只有 0.01～0.10s。在路面以下一定深度处，应力作用的持续时间略长一点，但仍然十分短暂。由于路面结构中应力传递通过相邻的颗粒来完成，若应力出现的时间很短，则来不及传递分布，其变形特性便不能像静载下呈现得那样完全。美国各州公路工作者协会(AASHO)试验路曾对不同车速下沥青路面和水泥混凝土路面的变形进行量测，结果表明，当行车速度由 3.2km/h 提高到 56km/h 时，沥青路面的总弯沉减少 36%；当行车速度由 3.2km/h 提高到 96.7km/h 时，水泥混凝土路面的板角挠度和板边应变量减少 29% 左右。动荷载作用下路面变形量的减小，主要是因为材料的黏弹性因素而产生的材料阻尼作用，同时也可以理解为路面结构刚度的相对提高，或者是路面结构强度的相对增大。

汽车荷载对路面的多次重复作用也是一项重要的动态影响，在行车繁密的道路上，路面结构每天将承受上千次，甚至数万次车轮荷载的作用，在路面的整个使用期限内，承受的轮载作用次数更为可观。路面承受一次轮载作用和承受多次重复轮载作用的效果并不一样。对于弹性材料，在重复荷载作用下，呈现出材料的疲劳性质，也就是材料的强度将随荷载重复次数的增加而降低。对于弹塑性材料，如土基和柔性路面，在重复荷载作用下，将呈现出变形的逐渐增大，称为变形的累积，所以对于路面设计，不仅要重视轴重静力与动力的量值，道路通行的各类轴载的通行数量也是重要的因素。

随着疲劳概念在路面结构设计中的应用，路面结构在使用年限内所受到的各种轴载的累计作用次数成为荷载因素方面的设计参数之一。由于车辆轮迹仅具一定宽度，车辆通过时只能覆盖一小部分。因此，路面横断面上各点所受到的轴载作用次数，仅为通过该断面轴载总数的一部分。对于路面横断面上某一宽度（例如轮迹宽度）范围内的频率，也即该宽度范围内所受到的车辆作用次数同通过该横断面的总作用次数的比值称为轮迹横向分布系数。这一系数同各种轴载的累计作用次数相乘，可得到路面结构横断面上各点受到的累计疲劳作用次数。

影响车轮轮迹横向分布规律的主要因素有车辆的类型、主轮轴数量、主轮轴间距及其车轮数量、轮胎宽度、路面宽度和车道宽度、交通组织管理方式、车速和司机驾驶习惯等。

通过现场观测，可以测定在不同等级的道路上轮迹分布状况的数据。车辆驶经观测横断面时，先记录它的后轴轮组外缘所覆盖的条带编号。然后在数据整理时，按行驶状况补充记录其他条带上所受到的作用次数，而后统计出单侧路面上各条带实际受到的作用总次数（N）。各统计条带上的轮迹通过的频率（η_i）可由下式得出：

$$\eta_i = \frac{n_i（各条带上实际作用次数）}{2N（通过该断面的实际作用次数）} \tag{2-4-4}$$

最后，按路面宽度以及轮迹通过的分布频率绘制出车辆轮迹横向分布图形。

对实测数据的分析表明，轮迹沿行车道宽度的分布符合偶然因素的高斯正态分布规律。如果已知分布曲线的数值特性和使用车辆的容量，便能求得车辆荷载在路面任一断面的作用次数。沥青路面称为车道系数，水泥混凝土路面称为横向分布系数。表 2-4-4 列出了沥青混凝土路面车道系数的建议值，表 2-4-5 列出了水泥混凝土路面横向分布系数的建议值。

沥青路面车道系数的建议值   表 2-4-4

车道特征		车道系数	车道特征	车道系数
单车道		1.0	四车道	0.4～0.5
双车道	有分隔	0.5	六车道	0.3～0.4
	无分隔	0.6～0.7		

水泥混凝土路面横向分布系数的建议值   表 2-4-5

单向车道数	1	2	3	≥4
横向分布系数	1.0	0.8～1.0	0.6～0.8	0.5～0.75

二、轴载换算

道路上通行的车辆不仅具有不同的类型和不同的轴重，而且通行的车辆数目千变万化。路面结构设计中，要考虑设计年限或设计基准期内，车辆对路面的综合累计损伤作用，必须对现有的交通量、轴载组成以及增长规律进行调查和预估，并通过适当的方式将它们换算成当量标准轴载或设计荷载的累计作用次数。

1. 交通量

在交通工程中，交通量是指在单位时间内，通过道路某一断面的交通实体数。它是一个随机变量，不同时间、不同地点的交通量都是变化的。为了准确地衡量交通量，使交通量具有可比性，必须分车种调查，确定各车种间的关系，寻求其换算系数，把不同车型的交通量换算成标准车型的交通量，即交通当量。按不同的交通类型有机动车交通量、非机动车交通量和行人交通量，一般不加说明则指机动车交通量。

各国交通量的定义各不相同，通常选取占交通量比例最大的车种作为标准车种。在美国和日本等私人小汽车发达的国家，通常以小汽车作为标准车种。对车辆的换算，一般根据各种车辆所占道路面积和行车速度的比值，确定其换算系数；也可由其通过某断面的平均车头距离的比值来确定。目前，我国的《公路工程技术标准》JTG B01 确定道路等级时规定的标准车是小汽车，即将混合交通量换算成为以小汽车为标准的交通当量。

交通量千变万化，在表达方式上通常采用某一时间段内的平均值作为该时间段内的代表交通量。

（1）年平均日交通量（AADT）

$$AADT = \frac{1}{365}\sum_{365}^{1} Q_i \tag{2-4-5}$$

式中　Q_i——各规定时间（365d）内的日交通量（辆/d）。

（2）初始年平均日交通量

初始年平均日交通量为通车第一年的年平均日交通量。

2. 标准轴载和设计轴载

道路路面设计所用的交通量与交通工程中的交通量有很大的区别，交通工程中将混合交通量换算成为以小汽车为标准的交通当量。而路面结构设计中一般选用一种轴载作为路面结构设计的标准轴载或设计轴载，其他各种轴载按照一定的原则换算成标准轴载或设计轴载。而标准轴载或设计轴载一般要求对路面的影响较大、同时又能反映本国公路运输运营车辆的总体轴载水平。

我国根据公路运输运营车辆的实际，规定公路与城市道路沥青路面设计以 100kN 作为设计标准轴载；水泥混凝土路面按疲劳断裂设计标准进行结构分析时，以 100kN 单轴一双轮组荷载作为设计轴载，但对极重交通荷载等级的水泥混凝土路面，宜选用货车中占主要份额特重车型的轴载作为设计轴载。其他国家的设计标准轴载相应为美国 18kip（80.1kN——单轴）（1kN＝224.809lbf）、32kip（142.34kN——双轴）；德国 110kN；印尼 50kN；黎巴嫩 140kN；联合国 141 个成员国的比例如下：小于 100kN 占 67.36%、101～110kN 占 11.56%、111～120kN 占 5.44%、大于 121kN 占 15.64%。

轴重的大小直接关系到路面结构的设计承载力与结构强度，标准轴载问题涉及运输经济和路面结构经济性两个方面。国外目前有货车重型化、载客汽车小型化的趋势，使公路运输承受的轴载增加，对路面的损坏问题同样日趋严重。在中国，由于市场经济的逐步建立，公路货运的经济性为货运部门主要考虑的因素，重轴载车辆的比例愈来愈大。路面结构的早期破坏与超出规定的重轴载车辆有很大的关系，因此，必须加强管理，尽可能限制超出规定的重轴载车辆的运行。

车辆超载和超限是两个不同的概念。超载运输是指车辆所装载的货物（或人员）超过车辆额定的载货质量(或人员数)。公路超限运输是指在公路上行驶的车辆、工程机械，其总质量、轴载质量、外形尺寸三者之一超过法定的限值标准。其中总质量和轴载质量是直接关系到对道路结构破坏的因素。根据 2000 年 4 月 1 日起正式施行的《超限运输车辆行驶公路管理规定》(中华人民共和国交通部令 2000 年第 2 号)中所阐述的总车辆总质量和轴载质量限值为：①总质量：单车、半挂列车的车货总质量不得大于 40000kg，集装箱半挂列车的车货总质量不得大于 46000kg。②车辆轴载：单轴(每侧为单轮胎)载质量不得大于 6000kg；单轴(每侧为双轮胎)载质量不得大于 10000kg；双联轴(每侧为单轮胎)载质量不得大于 10000kg；双联轴(每侧各一单轮胎)载质量不得大于 10000kg；双联轴(每侧为双轮胎)载质量不得大于 18000kg；三联轴(每侧为单轮胎)载质量不得大于 12000kg；三联轴(每侧为双轮胎)载质量不得大于 22000kg。

超载但不超限的车辆对路面的使用寿命有一定的影响，超载且超限的车辆对路面的使用寿命有很大的影响，有的甚至超过路面或桥梁结构的极限承载力，使路面结构出现结构性破坏，使桥梁结构出现整体破坏，产生严重的安全事故。对超载问题，公路设计技术人员十分重视，在业内人士的共同努力下，目前，交通运输部已经颁布并实施了公路超限运输管理方面的条例。

3. 轴载换算

(1) 轴载换算方法基本原则

不同轴载在同一路面结构上重复作用不同次数后，使路表弯沉值、层底拉应力或层底拉应变达到同一极限状态。在一定轴载条件下，不同轴载间对路面的作用效果可以互相换算。在进行换算时，应该遵循两项原则：第一，换算以达到相同临界状态为标准。第二，对某一种交通组成，不论以哪种轴载标准进行换算，由换算所得轴载作用次数计算的路面厚度相同。我国现行沥青路面设计方法中采用弯沉指标和基层底弯拉应力指标，因此，轴载换算时建立了以弯沉为指标和以弯拉应力为指标的轴载换算方法。我国现行水泥混凝土路面设计方法中则采用水泥混凝土面板底面的弯拉应力为指标进行轴载换算。

(2) 沥青路面的轴载换算方法

沥青路面设计以双轮组单轴载 100kN 为标准轴载，用 BZZ-100 表示。路面作用的其他各种不同类型的轴载按照以下方法换算为标准轴载。

以设计弯沉值和沥青层层底拉应力为指标的轴载换算方法为：凡轴载大于 25kN 的各级轴载(包括车轮的前、后轴)P_i 的作用次数 n_i 均应按式(2-4-6)换算成标准轴载作用次数。

$$N_s = \sum_{i=1}^{k} C_1 C_2 n_i \left(\frac{P_i}{P}\right)^{4.35} \tag{2-4-6}$$

式中　　N_s——以弯沉为指标的标准轴载的当量轴次(次/d)；

　　　　n_i——被换算车型的各级轴载作用次数(次/d)；

　　　　P——标准轴载(kN)；

　　　　P_i——被换算车型的各级轴载(kN)；

　　　　C_1——轴数系数；

　　　　C_2——轮组系数，单轮组 6.4，双轮组 1，四轮组 0.38。

当轴间距大于 3m 时，应按单独的一个轴载进行计算，此时轴数为 $m=1$；当轴间距小于 3m 时，按双轴或多轴进行计算，轴数系数为：

$$C_1 = 1 + 1.2(m-1) \tag{2-4-7}$$

式中　m——轴数。

以半刚性材料层的层底拉应力为控制指标的轴载换算方法为：凡轴载大于 50 kN 的各级轴载（包括车轮的前、后轴）P_i 的作用次数 n_i 均应按下式换算成标准轴载作用次数：

$$N'_s = \sum_{i=1}^{K} C'_1 C'_2 n_i \left(\frac{P_i}{P}\right)^8 \tag{2-4-8}$$

式中　N'_s——以弯拉应力为指标的标准轴载的当量轴次（次/d）；

　　　n_i——被换算车型的各级轴载作用次数（次/d）；

　　　P——标准轴载（kN）；

　　　P_i——被换算车型的各级轴载（kN）；

　　　C'_1——轴数系数；

　　　C'_2——轮组系数，单轮组 18.5，双轮组 1，四轮组 0.09。

当轴间距大于 3m 时，应按单独的一个轴载进行计算，此时轴数为 $m=1$；当轴间距小于 3m 时，按双轴或多轴进行计算，轴数系数为：

$$C'_1 = 1 + 2(m-1) \tag{2-4-9}$$

（3）水泥混凝土路面的轴载换算方法

水泥混凝土路面按疲劳断裂设计标准进行结构分析时，以 100kN 单轴-双轮组荷载作为设计轴载，对极重交通荷载等级的水泥混凝土路面，宜选用货车中占主要份额特重车型的轴载作为设计轴载。不同轴（包括轮型和轴载）的作用次数按式（2-4-10）换算为标准轴载的作用次数。

$$N_s = \sum_{i=1}^{n} N_i \left(\frac{P_i}{P_a}\right)^{16} \tag{2-4-10}$$

式中　P_i——第 i 级轴载重（kN），联轴按每一根轴载单独计；

　　　P_a——设计轴载重（kN）；

　　　n——各种轴型、轴载级位数；

　　　N_i——i 级轴载的作用次数；

　　　N_s——设计轴载的作用次数。

4. 累计标准轴载作用次数

设计使用年限内的累计标准轴载作用次数按式（2-4-11）计算。

$$N_e = \frac{365 N_1 \left[(1+\gamma)^t - 1\right]}{\gamma} \eta \tag{2-4-11}$$

式中　N_e——设计年限内一个车道上的累计标准轴载作用次数（次）；

　　　t——设计年限（a）；

　　　N_1——路面竣工后第一年双向日平均标准轴载作用次数（次/d）；

　　　γ——设计年限内的交通量（标准轴载作用次数）平均年增长率（%）；

　　　η——沥青混凝土路面称为车道系数，水泥混凝土路面称为横向分布系数。如表 2-4-4 和表 2-4-5。

累计标准轴载作用次数是沥青路面设计和水泥混凝土路面设计时考虑疲劳作用的主要

设计参数。

5. 标准轴载作用次数的调查与分析

（1）调查方法

路面设计的交通量调查与交通工程用于规划与道路可行性研究的交通量调查方法完全不同，后者主要关心某一路段或横断面的交通数量，而前者不仅要关心某一路段或横断面的交通数量，还要十分重视各类车型的轴载质量。进行车辆轴载称量的方法有多种。地磅静态称重设备、人工千斤顶称量由于劳动强度高、称重精度低、称重过程不安全等因素一般不能作为常规的轴载质量称量方法，静态称重要求车辆静止停放在称重设备上，因而要影响到正常的交通，只能指定对象进行，无法保证获得数据的连续性和客观性。桥涵感应式车辆称重设备通过事先的标定来测定车辆以一定速度运动时的质量，但是其精度相对较低，同时与车辆运动的速度有关。

1952 年美国最先研究开发出 WIM（Weigh In Motion）技术，WIM 技术在称重过程中可以不影响路上的正常交通，实现自动记录，得到较为准确的动态轴载数据，人为干扰因素少，提高了车辆和调查人员的安全性。WIM 设备大多采用的是应力应变原理，以钢筋混凝土或钢板做成称重平台，在平台四周或底部埋设应变片和传感器。WIM 设备可以分成固定式和移动式两类。

（2）交通量增长率

路面设计使用年限内标准轴载的累计作用次数同交通量的增长率有关。交通量的产生和增长与公路沿线的经济状况、生产布局、发展规划、运输系统结构，公路网密度等诸多因素密切相关。现有的交通量预估公式 一般认为交通量逐年递增规律相同，即 t 年后的年平均日交通量计算式为：

$$N_t = N_1 (1+\gamma)^{t-1} \tag{2-4-12}$$

由于这种计算方法受初年和 t 年的年平均日交通量 N_1 和 N_t 的偶然性影响较大，即没有计入各中间年交通量的影响，所得增长率用来计算累计交通量误差较大，有时通过数值解法获得 t 年内的平均增长率，即

$$\sum_{i=1}^{t} N_i = N_1 \frac{(1+\gamma)^t - 1}{\gamma} \tag{2-4-13}$$

第二节　中、低级路面与基层、垫层

道路工程按其结构受力特点，行车荷载对道路的作用从上至下依次减弱，与此相适应通常各结构层所用的材料从力学特性到造价都依次降低。通常修筑面层所用的材料主要有：水泥混凝土、沥青混凝土、沥青碎（砾）石混合料、砂砾或碎石等；修筑基层的材料主要有各种天然砂砾、各种碎石或砾石、片石、块石、结合料（如石灰、水泥等）稳定类、沥青稳定类，有时也可能用到贫水泥混凝土或普通水泥混凝土；常用的垫层材料有两类，一类是由松散粒料，如砂、砾石、炉渣等组成的透水性垫层，另一类是用水泥或石灰稳定土等修筑的稳定类垫层。设计时通常根据交通、地质、气候、地方经济等条件综合考虑进行选择。

天然砂砾、各种碎石或砾石、片石、块石类材料由于具有价廉质优的特点，除了可以

作为常见的基层、垫层材料外还可以作为中、低级路面的面层。用不同形状和尺寸的石块砌筑的石块结构称为块石路面或基层，其中的整齐条、块石路面属于高级路面。天然砂砾、各种碎石或砾石等集料构成的基层常称为粒料基层。粒料一般是指除了加水拌合外不加任何结合料稳定的集料，也称为无结合料集料或非处治集料。按照我国现行基层施工规范粒料材料分为两种类型，即级配型和嵌锁型。嵌锁型碎石按施工中是否洒水可分为干结碎石和水结碎石，级配型碎石分为级配碎石、级配碎砾石、未筛分的碎石和级配砾石（未破碎），统称为级配粒料。

粒料掺加各种结合料后，经过物理、化学反应，可以使各种土、碎（砾）石材料或工业废渣的工程性质得到改善，强度和稳定性得以提高，这样就可以作为路面结构的基层或垫层。常用的结合料有水泥、石灰和沥青等。水泥、石灰等半刚性稳定类材料目前应用广泛，沥青稳定类材料做基层的路面结构也有出现。

一、块石

块石路面坚固耐用、清洁少尘，维修方便。它的缺点是施工需要人工操作，难于实现机械化施工。因此，它主要用于山区急弯陡坡路段、铁路与公路平交道口以及有地下管线的城市道路。

块石路面使用的石块有整齐石块、半整齐石块和不整齐石块。石料强度应为一级或二级，一般铺在10～20cm厚度的砂或煤渣层上，亦可铺在碎（砾）石基层上。

块石基层采用锥形块石、片石、拳石或圆石铺砌，并用碎石填缝压实。块石的强度不低于三级，锥形块石应有平整的表面。块石基层强度和水稳定性较高，但整体性差，在行车作用下块石可能产生移动造成路面局部沉陷变形而导致破坏。在盛产石料地区，可用它作为中级路面的基层。

块石基层铺筑在砂或砂砾垫层上。铺砌时块石由路缘向路中心推进，石料大面朝下，尖头朝上。每个石块要排砌挤紧，相邻石块的表面不宜超过2cm。石块铺砌完毕后，要撒铺尺寸为20～40mm的碎石填隙，必要时再撒5～20mm石屑进行二次嵌缝，然后用压路机洒水压实，直至无推挤移动并无明显轮迹为止。

二、碎（砾）石

碎（砾）石路面是用碎石或轧制砾石按嵌锁原理压实形成的路面。按施工方法和填缝粘结料的不同，可分为干压碎石、水结碎石、泥结碎石和泥灰结碎石四种。若碎石和填隙料撒铺后不洒水或少量洒水，用压路机干压形成强度，称为干压碎石或填隙碎石。若使用石灰石碎石，大量洒水碾压形成石粉浆起一定的胶结作用，并主要靠石料嵌锁形成强度，称为水结碎石路面。工程上常用黏土或石灰土作填充粘结料修筑的碎石路面，称为泥结碎石或泥灰结碎石路面。

碎石路面施工方便、造价低廉，适于道路的分期修建和改善。缺点是强度低，平整度差，易扬尘，易产生露骨松散等病害，养护工作量大，一般只适用于三、四级公路的中级路面。碎石路面的结构强度取决于碎石间的嵌挤锁结作用产生的内摩阻力，黏土的粘结力很小，应用时需仔细选择石料的强度和形状尺寸。

1. 填隙碎石

填隙碎石采用单一尺寸的粗碎石作主骨料，用石屑填满碎石的孔隙，形成嵌锁作用，增加结构的密实度和稳定性，特别适宜于干旱缺水地区施工。

填隙碎石的施工程序为：

（1）准备下承层。基层的下承层可能是路基，也可能包括垫层。下承层表面应平整坚实，没有任何软弱地点和松散的材料，并有规定的路拱。

（2）施工放样。恢复中线，每10～15m设一桩，并测出标高。

（3）备料。根据基层宽度、厚度和松铺系数，计算各段需要的粗碎石数量。填隙料用量约为粗碎石重量的30%～40%。

（4）摊铺粗碎石。按松铺厚度均匀摊铺粗碎石。

（5）初压。用两轮压路机碾压3～4遍，每次重叠1/3轮宽，碾压由边至中，使粗碎石稳定就位。

（6）撒铺填隙料。用石屑撒布机或类似设备将填隙料均匀撒铺于压稳的粗碎石层上，松铺厚度约为2.5～3.0cm。

（7）碾压。用振动压路机慢速碾压，将全部填隙料振入粗碎石的孔隙中。

（8）再次撒布填隙料和碾压。第二次撒布填隙料，松铺厚度约为2～2.5cm。用振动压路机继续碾压，直到全部孔隙被填满为止。

（9）终压。用压路机再压1～2遍，碾压前宜在表面洒少量的水。若采用湿法施工，则在粗碎石第二次填隙后，立即用洒水车洒水，直至饱和。应注意勿使多余的水浸泡下承层。然后用三轮压路机跟进碾压，并将湿填隙料继续扫入出现的多余孔隙中。洒水和碾压直至细集料和水形成粉浆为止。碾压完成后应留待一段时间让水分蒸发，使结构层干燥后，再在其上铺筑其他面层。

2. 水结碎石

水结碎石路面是用大小不同的轧制碎石从大到小分层铺筑，经洒水碾压后而成的一种结构层。其强度是由碎石之间的嵌挤作用以及碾压时所产生的石粉与水形成的石粉浆的粘结作用而成的。

水结碎石路面对材料的基本要求是：碎石应具有较高的强度、韧性和抗磨耗能力；碎石应具有棱角且近于立方体，长条扁平的石料不超过10%；此外，碎石应干净，不含泥土杂物。

水结碎石路面施工，一般按下列工序进行：（1）准备工作；（2）撒铺石料并摊平可分为一次或二次撒铺；（3）预碾碎石；（4）碾压碎石并洒水；（5）撒铺嵌缝料并碾压与洒水粘压；（6）撒铺石屑并洒水碾压成型；（7）初期养护。

根据碾压时碎石的移动、嵌挤以及最后成型等情况，水结碎石路面的碾压过程可分为三个阶段：第一个阶段为稳定期，此阶段采用60～80kN轻型压路机先干压2～3遍后，再随压随洒水。第二阶段为压实期，宜采用80～120kN中型压路机进行洒水碾压。第三阶段为成型期，需要撒铺嵌缝料，洒水，并以120kN的重型压路机碾压，直至形成密实的表面层不出现碾轮轮迹为止。

3. 泥结碎石路面

泥结碎石路面是以碎石作为骨料、泥土作为填充料和粘结料，经压实修筑的一种结构。泥结碎石层施工方法有灌浆法、拌合法和层铺法三种。实践证明灌浆法具有较高的强度和稳定性，因而目前采用较多。一般按下列工序进行：

（1）准备工作：包括放样、布置料堆、整理路槽与拌制泥浆等。

（2）摊铺碎石：在路槽筑好以后，按松铺厚度摊铺碎石，要求大小颗粒均匀分布，纵横断面符合要求，厚度一致。

（3）预压：碎石铺好后，用轻型压路机碾压，碾速宜慢，每分钟约 25～30m，轮迹重叠 30cm。

（4）浇灌泥浆：在预压的碎石层上，浇灌泥浆，浆要浇得均匀、浇得透，以灌满孔隙、表面与碎石齐平为度，但碎石棱角仍应露出泥浆之上。

（5）撒嵌缝料：灌浆 1～2h 后，泥浆下注，空隙中空气溢出，表面未干前撒铺 5～15mm 的嵌缝料，嵌缝料要撒得均匀。

（6）碾压：撒过嵌缝料后，即用中型压路机进行碾压，并随时注意用扫帚将石屑扫匀。

4. 泥灰结碎石

泥灰结碎石路面是以碎石为骨料，用一定数量的石灰和土作粘结填缝料的碎石路面，泥灰结碎石路面的水稳定性比泥结碎石好。泥灰结碎石路面的黏土质量规格要求与泥结碎石相同，石灰质量不低于 3 级。石灰与土的用量不应大于混合料总质量的 20%，其中石灰剂量为土重的 8%～12%。施工程序和质量要求与泥结碎石路面相同，采用拌合法施工时，应先将石灰与黏土拌合均匀，再撒在石料上拌合，摊铺均匀，边压边洒水，使石灰与土在碾压中成浆并充满空隙。

三、级配砾（碎）石

级配砾（碎）石路面是将粒径不同的石料和砂（或石屑）及黏土组成良好级配的混合料，在最佳含水量状态下经碾压形成密实的路面结构。这种路面平整度较好，力学强度较高。但在潮湿路段作沥青路面基层时，宜在土中掺加一定剂量的石灰，以提高其强度和水稳定性。

级配砾（碎）石路面厚度，一般为 8～16cm，当厚度大于 16cm 时应分为两层铺筑，下层厚度为总厚度的 60%，上层为总厚度的 40%。如基层和面层为同样类型的结构，其总厚度在 16cm 以下时，可分两层摊铺，一次碾压。

级配砾（碎）石路面的施工一般采用拌合法，程序如下：

（1）准备工作

放样，开挖路槽，清底，根据分段计算所需材料，备料运料。

（2）摊铺材料

均匀摊铺材料，按松铺系数控制摊铺厚度。

（3）拌合与整型

可用平地机或拖拉机牵引多犁铧进行。边拌合边洒水，控制最佳含水量拌匀后进行整型。

（4）压实

用 12t 压路机辗压 6～8 遍。头两遍的碾压速度为 1.5～1.7km/h，以后的速度为 2～2.5km/h。

（5）铺封层

通常铺厚度为 2～3cm 的磨耗层，有时还可在磨耗层上面再铺一层砂、土材料的保护层，厚度小于 1cm 用以减少车轮对路面的磨耗，延长磨耗层的使用寿命。

四、半刚性基层

半刚性基层是用无机结合料(如水泥、石灰)稳定土或矿料(如砂、砂砾、石屑等),或与工业废渣(如粉煤灰、煤渣、高炉矿渣等)综合稳定的结构层。它的特点是强度较高,板体性和水稳性好,缺点是会干缩开裂,不耐磨耗,故不宜用作面层,只能作为基层或垫层使用。

水泥稳定土使用普通硅酸盐水泥,也可用火山灰或矿渣水泥,但不能用硫酸盐水泥。多采用强度等级较低的水泥如32.5级水泥,初凝时间3h以上、终凝时间较长(宜在6h以上)。石灰稳定土采用一级或二级生石灰,用灰量为3%~16%(占土的质量)。

石灰工业废渣稳定土基层是利用工业废料为主要材料修建的。其粘结料为石灰和黏土,工业废渣作为活性材料,有时可掺加碎石、砾石或碎砖为粗骨料。石灰粉煤灰稳定土称为二灰土,若加稳定砂砾、碎石或矿渣时则称为二灰砂砾、二灰碎石或二灰矿渣等。

无机结合料稳定类材料的强度和模量随龄期的增长而增长,道路结构设计时一般规定水泥稳定类设计龄期为3个月,石灰或二灰稳定材料设计龄期为6个月。材料设计时,因为其标准龄期太长,进行标准条件的配合比设计试验不利于指导施工,主要以7天浸水抗压强度控制设计。根据《公路路面基层施工技术规范》JTJ 034—2000,无机结合料稳定材料的7天浸水抗压强度应符合表2-4-6。

结合料稳定材料的7天浸水抗压强度　　　　　　　　　　表2-4-6

混合料类型	高速公路和一级公路		二级和二级以下公路	
	基层(MPa)	底基层(MPa)	基层(MPa)	底基层(MPa)
水泥稳定土	3~5①	1.5~2.5①	2.5~3.0②	1.5~2.0②
石灰稳定土	—	≥0.8	≥0.8③	0.5~0.7④
石灰工业废渣稳定土	0.8~1.1①	≥0.6	0.6~0.8	≥0.5

注:① 设计累计标准轴次小于12×10^6的公路可采用低限值;设计累计标准轴次超过12×10^6的公路可用中值;主要行驶重载车辆的公路应用高限值;对于具体一条高速公路,应根据交通状况采用某一强度标准;
　　② 二级以下公路可取低限值;主要行驶重载车辆的二级公路应取高限值,某一具体公路应采用一个值,而不用某一范围;
　　③ 在使用低塑性土(塑性指数小于7)地区,石灰稳定砂砾土和碎石土的7d浸水抗压强度应大于0.5MPa;
　　④ 低限用于塑性指数小于7的黏性土,且低限值宜仅用于二级以下公路,高限用于塑性指数大于7的黏性土。

室内试验时,半刚性混合料的平均抗压强度$\overline{R}$应符合式(2-4-17)的要求:

$$\overline{R} \geqslant R_d/(1-Z_\alpha C_v) \qquad (2\text{-}4\text{-}14)$$

式中　R_d——设计抗压强度;

　　　C_v——试验结果的偏差系数(以小数计);

　　　Z_α——标准正态分布表中随保证率(或置信度α)而变的系数,重交通道路应取保证率95%,即$Z_\alpha=1.645$,其他道路应取保证率90%,即$Z_\alpha=1.282$。

通常半刚性基层施工的主要工序包括:

(1) 清底放样。

(2) 备料:石灰使用前7~10天应充分消解,并过孔径100mm的筛。黏土的塑性指数为12~20,土块的最大尺寸不大于15mm。集料按规格和用量备好。

（3）摊铺：将混合料混合，采用圆盘耙、多犁铧或平地机翻拌 4 遍，再洒水至混合料达到最佳含水量，湿拌几遍，至混合料色泽一致，无离析。

（4）整型：用平地机或人工整型，检查混合料的松铺厚度，必要时进行补料或减料。二灰土的松铺系数为 1.5～1.7，二灰集料的松铺系数为 1.3～1.5。

（5）碾压：用 12t 三轮压路机、重型轮胎压路机或振动压路机全面进行碾压，一般碾压 6～8 遍。碾压速度约为 2km/h。

（6）养护：经常洒水保湿，封闭交通至规定时间。

第三节 沥 青 路 面

沥青路面是用沥青结合矿料修筑面层的路面结构。早在公元前 3800 年到公元前 2500 年间，在埃及的尼罗河、美索不达米亚的底格里斯河及幼发拉底河、巴基斯坦的鳊河流域都有人类开发沥青矿藏，使用沥青的历史。约公元前 600 年，巴比伦出现了第一条铺筑的沥青路面，19 世纪开始修筑现代意义的沥青路面。1833 年在英国开始进行煤沥青碎石路面铺装，1854 年在巴黎首次用碾压法进行沥青路面铺装，1870 年前后在伦敦、华盛顿、纽约等地也开始采用沥青做路面铺装。20 世纪的 20 年代到 50 年代间，沥青路面技术在欧美等许多国家得到了迅速发展。

使用沥青结合料可以增强矿料间的粘结力，提高了混合料的强度和稳定性，使路面的使用性能和耐久性都得以提高。与水泥混凝土路面相比，沥青路面具有良好的力学性能和优秀的使用性能，具体表现在：①有足够的力学强度，能承受车辆荷载的作用；②有一定的弹性和塑性变形能力，能承受应变而不破坏（柔性）且对荷载敏感性小；③表面平整，无接缝，有高度减振性，行车舒适平稳而噪声低；④表面层具有一定的粗糙度，有利于行车安全，无强烈反光，不扬尘、易清洗；⑤可采用机械化施工，施工速度快，施工期短，有利于施工质量控制，施工后即可开放交通；⑥维修养护简便，适宜分期修建还可以再生利用。因此，沥青路面广泛用于高速公路、城市道路、机场跑道等工程。但是沥青路面也具有一些缺点，如：温度敏感性高，可能出现高温稳定性差和低温抗裂性不足的问题，不适宜履带车通行，受汽油、柴油、机油等污染后容易剥落，受水的作用容易出现水损害。

一、沥青路面的分类

1. 按强度构成原理分类

传统上沥青路面按强度构成原理可分为密实类和嵌挤类两大类型。密实式沥青路面其混合料一般按最大密实原则设计，路面的强度取决于沥青的粘结力和混合料的内摩阻力。这种路面结构致密，孔隙率小、强度高、耐久性好，但容易出现高温稳定性差的问题。嵌挤式沥青路面一般采用颗粒尺寸较均匀的矿料，强度构成主要靠骨料颗粒之间的嵌锁作用，粘结力只起次要作用。这种路面结构热稳性较好，但空隙率较大，易透水，耐久性较差。

2. 按施工工艺分类

按施工工艺的不同，沥青路面可分为层铺法施工、路拌法施工和厂拌法施工三类。层铺法施工是按洒布沥青、撒铺矿料、碾压，分层实施的工序修筑沥青路面的方法。其主要优点是设备和工艺简洁、施工进度快、造价较低，缺点主要是路面成型期较长，需要经过炎热季节行车碾压之后路面才能最终成型。通常用这种方法施工的沥青路面有沥青表面处治和沥青贯入式两种。沥青表面处治路面是指用沥青和集料铺筑而成的厚度不超过 3cm 的沥青路面，沥青贯入式路面是指用沥青贯入碎（砾）作面层的路面。沥青表面处治的厚度一般为 1.5～3.0cm，可分为单层、双层或三层施工。单层表处厚度为 1.0～1.5cm，双层表处厚度为 1.5～2.5cm，三层表处厚度为 2.5～3.0cm。沥青表面处治适用于三级、四级公路的面层、旧沥青面层上加铺罩面或抗滑层、磨耗层等。沥青贯入式路面的厚度一般为 4～8cm，适用于二级及二级以下公路的沥青面层。从施工程序上，两种类型可以按沥青表面处治属于"先油后料"（先洒布沥青，后撒铺矿料），沥青贯入式属于"先料后油"来方便记忆。

路拌法施工是在路上用机械将矿料和沥青材料就地拌合、摊铺、碾压密实而成的沥青面层。此类面层所用的矿料为碎（砾）石者称为路拌沥青碎（砾）石，所用的矿料为土者则称为路拌沥青稳定土。路拌沥青面层，通过就地拌合，沥青材料在矿料中分布比层铺法均匀，可以缩短路面的成型期。但所用的矿料为冷料，需使用黏稠度较低的沥青材料，故混合料的强度较低。

厂拌法施工是将规定级配的矿料和沥青材料在工厂用专用设备加热拌合，然后运送到工地摊铺碾压而成的沥青路面。矿料中细颗粒含量少，不含或含少量矿粉，称为厂拌沥青碎石；矿料中含有矿粉，混合料按最佳密实级配配制的（空隙率 6％以下）称为沥青混凝土。厂拌法使用较黏稠的沥青，矿料也经过筛选，因而混合料质量好，使用寿命长，但修建费用也较高。

3. 按技术特性分类

按技术特性沥青路面可分为沥青混凝土路面、热拌沥青碎石路面、乳化沥青碎石路面、沥青贯入式路面和沥青表面处治路面。沥青碎石路面是指用沥青碎石作面层的路面，沥青碎石的配合比设计一般根据实践经验和马歇尔实验的结果，并通过施工前的试拌合试铺确定。沥青碎石有时也用作联结层。沥青混凝土路面是指用沥青混凝土作面层的路面，其面层可由单层或双层或三层沥青混合料组成，各层混合料的组成设计应根据其层厚、层位、气候条件、交通量和交通组成等因素确定，以满足对沥青面层使用功能的要求。沥青混凝土常用作高等级公路的面层。乳化沥青碎石混合料用于三级、四级公路的沥青面层、二级公路养护罩面以及各级公路的调平层，国外也用作柔性基层。

二、沥青混合料类型的选择

用不同的材料和施工工艺修筑的沥青路面具有不同的特点，设计时必须根据路面的使用要求和施工的具体条件，按照技术经济原则来综合考虑，选定最适当的路面类型。一方面要根据任务要求（道路的等级、交通量、使用年限、修建费用等）和工程特点（施工季节、施工期限、基层状况等），另一方面还应考虑材料供应情况、施工机具、劳力和施工技术条件等因素综合选定。

热拌沥青混合料（HMA）适用于各种等级公路的沥青路面。可按矿质混合料的级配、集料的最大粒径、压实后空隙率、沥青特性和用途等进行分类。按矿料的最大粒径分为：特粗式（最大公称粒径大于等于 37.5mm）、粗粒式（最大公称粒径为 31.5mm、26.5mm）、中粒式(最大公称粒径为 16mm、19mm)、细粒式(最大公称粒径为 9.5mm、13.2mm)、砂粒式(最大公称粒径小于等于 9.5mm);按矿料的级配类型可分为:连续型级配和间断级配;按空隙率可分为:密级配(3%～6%)、半开级配(6%～12%)和开级配(>18%)。热拌沥青混合料类型见表 2-4-7。

热拌沥青混合料类型汇总表 表 2-4-7

沥青混合料类型	公称最大粒径尺寸(mm)	最大粒径尺寸(mm)	密级配			半开级配	开级配		间断级配
			粗型沥青混凝土	细型沥青混凝土	沥青稳定碎石	沥青碎石混合料	排水式沥青磨耗层	排水式沥青稳定碎石	沥青玛琋脂碎石混合料
特粗式	37.5	53.0	—	—	ATB-40	—	—	ATPB-40	—
粗粒式	31.5	37.5	—	—	ATB-30	—	—	ATPB-30	—
	26.5	31.5	AC-25C	AC-25F	ATB-25	—	—	ATPB-25	—
中粒式	19	26.5	AC-20C	AC-20F	—	AM-20	—	—	SMA-20
	16	19	AC-16C	AC-16F	—	AM-16	OGFC-16	—	SMA-16
细粒式	13.2	16	AC-10C	AC-10F	—	AM-13	OGFC-13	—	SMA-13
	9.5	13.2	AC-10C	AC-10F	—	AM-10	OGFC-10	—	SMA-10
砂粒式	4.75	9.5	AC-5			—	—	—	—
设计空隙率(%)			3～6	3～6	3～6	—	>18	>18	3～4

三、沥青路面的力学特性与温度稳定性

沥青混合料是构成沥青路面面层的主要材料,沥青混合料的材料组成决定了其力学特性,沥青混合料的力学特性又直接影响着沥青路面的使用品质,如高温时的车辙、拥包、推移,低温时的开裂,常温时的疲劳裂缝、老化松散等。因此,对沥青路面使用品质的研究经常要从沥青混合料的基本性能开始。沥青混合料由沥青胶结料、石质集料和矿粉按比例在一定温度下经拌合、压实得到,与均质材料和水硬性胶结材料相比,沥青混合料的结构比较松散,具有明显的颗粒性和流变学特征。沥青混合料在外力作用下的变形不仅与荷载的大小和作用时间有关,而且受温度的影响极大,在研究沥青混合料的力学特性时,必须考虑加载方式、加载时间以及试验温度对其性能的影响。

1. 强度特性

从沥青路面的受力分析可知,沥青路面主要受到行车荷载的垂直作用,启动、制动时的表面剪切作用,结构内部的弯拉与拉伸作用。与此相适应,表征沥青混合料力学强度的参数主要有抗压强度、抗剪强度和抗弯拉强度。沥青混合料的强度构成主要取决于沥青和矿料相互作用而产生的粘结力以及矿料在沥青混合料中相互嵌挤而产生的内摩阻角。沥青的黏度反映沥青的内聚力,沥青的黏度越高,则沥青混合料的粘结力越大,并可以保持矿料的相对嵌挤作用,抗变形能力相对越高。矿料的岩石种类、级配组成、颗粒形状和表面粗糙度等特性对沥青混合料的嵌挤作用或内摩阻角影响较大。

因为沥青混合料是一种典型的黏、弹、塑性综合体,在低温小变形范围内接近弹性体,在高温大变形范围内表现为黏塑性,在常温范围内表现为黏弹性,所以沥青混合料的强度一般通过各种限制条件下的实验来确定。抗压强度工程上主要通过无侧限抗压试验得到,抗剪强度一般通过三轴压缩试验得到,抗拉强度可以通过直接拉伸试验或间接拉伸试

验（劈裂）得到，抗弯拉强度大多通过三分点加荷的小梁弯曲试验得到。

2. 应力应变特性

为了研究沥青混合料的工作性质，必须考虑蠕变与应力松弛现象。蠕变是指在固定的应力作用下，变形随时间而发展的过程。沥青混合料的蠕变试验表明，在作用应力恒定的情况下，变形随时间的发展，取决于作用应力的大小。当作用应力较小，应力作用后，一部分变形瞬时在该材料中产生，并在应力撤除之后，以同样的速度消失，这是沥青混合料的纯弹性变形（或称瞬时弹性变形），在这个范围内应力和应变呈直线关系；另一部分变形随应力的作用时间而缓慢增大，应力撤除后，变形也随时间增加而缓慢地消失，这是沥青混合料的黏弹性变形（或称滞后弹性变形）。当作用力相当大时，在相当长的时间内（超过弹性变形发展的时间），材料的变形除有瞬时弹性变形和滞后弹性变形外，还存在黏滞性塑性流动变形，应力撤除后，这部分变形不再消失，即发生了塑性变形。这种情况说明，当沥青混合料受力较小时，特别是受力的时间很短促时，材料呈现出弹性或兼有黏弹性的性质，当沥青混合料受力相当大，且受力时间又较长时，不仅产生弹性变形，而且产生随作用时间而发展的塑性变形。

应力松弛是指变形物体在恒定应变下应力随时间而自动降低的过程。这是因为物体内部发生流动，为使物体保持变形的状态所需的力，随着时间的推移越来越小，应力下降到初始数值的那段时间，叫做松弛时间。沥青混合料的松弛时间主要取决于沥青的黏滞度，随着温度的增高与黏滞度的降低，沥青混合料松弛时间也逐渐缩短。沥青混合料在冬季低温时具有很高的黏滞度，应力松弛时间大大超过荷载作用时间，沥青混合料呈现为弹性体，具有弹性体的变形特性。夏季高温时，沥青混合料的黏滞度迅速降低，应力松弛时间大大缩短，与荷载作用时间接近或比它短得多，在临界状态下就产生塑性变形。

3. 疲劳特性

沥青混合料的变形和破坏，不但与荷载应力的大小有关，而且与荷载的作用次数有很大关系。路面材料在低于极限强度下经受重复应力或应变而最终导致破坏，称为疲劳破坏。导致路面材料最终破坏（即开始疲劳开裂）的荷载作用次数，称为疲劳寿命。影响沥青混合料疲劳特性的因素很多，主要有材料的性质（种类、组成等）、环境因素（温度、湿度等）、加荷方式等。如沥青的黏性、沥青的用量、集料的级配、集料的性状、混合料的密实度、沥青路面结构层承受的拉应力水平或拉应变水平、试验的温度、加荷速度和应力级等对混合料的疲劳特性都有影响。沥青混合料的疲劳特性可用各种室内试验方法测定。通常采用的方法是在简支的小梁上作重复加荷弯曲试验，也可采用重复加荷抗拉试验（劈裂试验）测定。

4. 高温稳定性

高温稳定性是指沥青混合料在高温条件下，能够抵抗荷载的反复作用，不发生显著永久变形（不可恢复变形如车辙、波浪、推移及拥包等），保持路面平整的特性。城市道路的交叉口、公共汽车停车站、重交通道路行驶载重汽车的车道等部位，在夏季高温时都可能发生沥青混合料因高温稳定性不足而产生的永久变形。多年来，国内外一些研究工作者从抗剪切原理出发，提出了一些分析沥青路面高温稳定性的计算模式，但限于力学计算和试验条件都还不够完善而未普遍采用。目前，对沥青混合料高温稳定性的分析，主要借助试验的方法，较常用的有马歇尔稳定度、无侧限抗压强度和车辙试验等试验方法。沥青混合料的高温稳定性的形成主要来源于矿料的嵌挤作用和沥青的高温黏度，影响沥青混合料高温稳定性的因素主要是沥青和矿料的性质及其相互作用的特性，矿料的级配组成等，一般通过提高粘结力和内摩阻力的方法来提高沥青混合料高温稳定性。

5. 低温抗裂性

当冬季气温降低时，沥青面层将产生温度收缩应力。一般情况下，由于沥青混合料具有应力松驰的能力，所产生的温度应力会随时间的延长而逐渐松弛减小，不会对沥青路面产生较大的危害。然而，如果气温急剧降低，沥青路面的温度在短时间降低过快，沥青路面层内产生较大的收缩应力，而且随着温度的下降，沥青路面的刚度增大，松弛能力降低，使层内的温度收缩应力来不及松弛释放，当收缩拉应力超过混合料的容许拉应力或容许拉应变时，沥青面层就会发生断裂，称为低温开裂。

沥青混合料应具备一定的低温抗裂性能，目前用于研究和评价沥青混合料低温抗裂性能的方法可以分为预估混合料的开裂温度、评价沥青混合料的低温变形能力或应力松弛能力以及评价沥青混合料断裂能三类，相关的主要试验主要包括：等应变加载的破坏试验（间接拉伸试验、直接拉伸试验），低温收缩试验，低温蠕变弯曲试验，受约束试件温度应力试验，应力松弛试验等。影响沥青混合料低温开裂的因素包括：沥青的性质、当地的气温状况、沥青老化程度、路基的种类、路面层次的厚度等。工程上一般通过使用稠度较低的沥青，增加沥青面层的厚度等方法来减少或延缓路面的低温开裂。

四、沥青路面的施工与质量控制

1. 沥青路面的施工

如前所述，沥青路面按施工方法可分为层铺法施工、路拌法施工和厂拌法施工三类。层铺法沥青路面面层的施工主要包括沥青表面处治的施工和沥青贯入式路面的施工。沥青表面处治路面按嵌挤原则修建，为保证石料间的良好嵌挤作用，同一层石料尺寸要均匀，矿料紧密排列无重叠。为了防止石料松散，沥青要有必要的稠度和用量，所用矿料的粒径要与施工厚度相适应，沥青可选用道路石油沥青、煤沥青或乳化沥青。施工时宜选在干燥和较热的季节，并应在雨期及日最高温度低于15℃到来以前半个月结束，使表面处治层通过开放交通得到压实，成型稳定。施工工序为：①清理基层（清扫路面基层，并保持干燥。不平整路段应修补整平或补强）；②洒布沥青（包括洒布透层沥青和第一层沥青）；③铺撒矿料（沥青洒布后应趁热迅速均匀撒铺规定的石料）；④碾压；⑤初期养护。

沥青贯入式路面具有较高的强度和稳定性，其强度的构成，主要依靠矿料的嵌挤作用和沥青材料的粘结力。贯入式路面使用的石料尺寸较大，结构强度较高，热稳性好。但混合料孔隙率较大，易透水影响路面强度。因此在表面应作沥青封面层。表面加铺拌合层的称为上拌下贯式路面。施工工序为：①整修和清扫基层；②浇洒铺层或粘层沥青；③铺撒主层矿料；④第一次碾压；⑤洒布第一次沥青；⑥铺撒第一次嵌缝料；⑦第二次碾压；⑧洒布第二次沥青；⑨铺撒第二次嵌缝料；⑩第三次碾压；⑪洒布第三次沥青；⑫铺撒封面矿料；⑬最后碾压；⑭初期养护。

路拌沥青碎石路面施工的特点在于，拌合时就地在路上用机械将矿料和沥青进行拌合，至于摊铺、碾压等环节则同厂拌法相同。路拌沥青碎石路面的施工工序为：①清扫基层；②铺撒矿料；③洒布沥青材料；④拌合；⑤整型；⑥碾压；⑦初期养护；⑧封层。

厂拌沥青混合料路面的施工的特点在于，拌合时要将规定级配的矿料和沥青在沥青混合料拌合厂用专用设备加热拌合，然后还须将拌合好的沥青混合料用大吨位自卸汽车运送到施工现场再进行摊铺和碾压。常用的沥青混合料的拌合设备为连续式或间歇式沥青混合料拌合机，目前在我国大多采用间歇式，其示意图如图 2-4-4 所示。

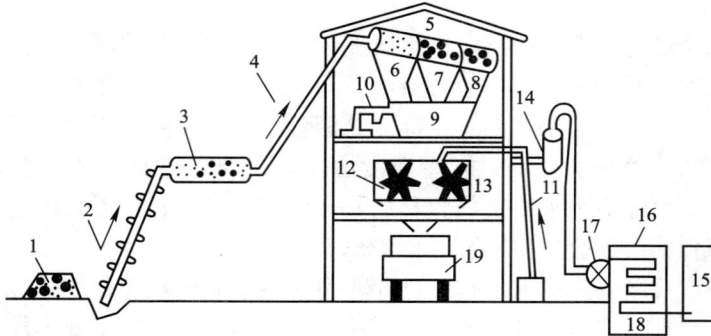

图 2-4-4　间歇式拌合机示意图

1—砂石；2—冷料升运；3—加热滚筒；4—加热升运；5—筛筒；6—小料仓；7—中料仓；
8—大料仓；9—总仓；10—磅秤；11—石粉升运；12—拌合缸；13—叶子板；
14—沥青容器；15—蒸汽锅炉；16—沥青溶池；17—泵；18—蒸汽管；19—自卸汽车

拌合时，沥青应用导热油加热，沥青与矿料的加热温度要严格控制并要与拌合后沥青混合料出厂温度要适应，集料加热温度比沥青温度高 10～20℃。若混合料出厂温度过高，严重影响沥青与集料的粘结力时，混合料不得使用，即便已经铺筑的沥青路面也应予以铲除。拌合时间通过试拌确定，必须使沥青混合料均匀，拌合所用的矿料颗粒要全部裹覆沥青结合料。一般间歇式拌合机每锅拌合时间为 30～50s(其中干拌时间不得少于 5s)。热矿料二次筛分用的振动筛筛孔应根据矿料级配选用，其安装角度应根据材料的可筛分性、振动能力等由试验确定。拌合厂拌合的沥青混合料应均匀一致、无花白料、无结团成块或严重的粗细料分离现象，不符合要求时不得使用，并应及时调整。拌合好的热拌沥青混合料不立即铺筑时，可放入成品储料仓储存。热混凝土成品在储料仓储存后，其温度下降不应超过 5℃，储料仓的储料时间一般不宜超过 24h，最多不得超过 48h。

拌合楼的控制室要能逐盘打印沥青及各种矿料的用量和温度，并定期对拌合楼的计量和测温系统进行校核；没有材料计量和温度自动计量装置的拌合机不得使用。每天应用拌合总量检验矿料的配合比和沥青混合料的油石比的误差。

2. 沥青路面施工的质量管理和检查

施工质量管理与检查验收应包括施工过程中质量与质量控制，以及各施工工序间的检验及工程交工后的质量检查验收。

高速公路和一级公路在施工前铺筑试验，内容如下：

(1) 根据沥青路面各种施工机械相匹配的原则，确定合理的施工机械，机械数量及组合方式。

(2) 通过试拌确定拌合机的上料速度、拌合数量与时间、拌合温度等操作工艺。

(3) 通过试铺确定：透层沥青的标号与用量，喷洒方式，喷洒温度；摊铺机的摊铺温度，摊铺速度，摊铺宽度，自动找平方式等操作工艺；压路机的压路顺序，碾压温度，碾压速度及遍数等压实工艺；确定松铺系数，接缝方式等。

（4）验证沥青混合料配比设计结果，提出生产用的矿料配合比和沥青用量。

（5）确定施工产量及作业段长度，制定施工进度计划。

（6）全面检查材料及施工质量。

（7）确定施工组织及管理体系，人员，通信联络及指挥方式。

3. 沥青路面交工质量检查与验收

施工完后，施工单位应将全线以 1～3km（公路）或 100～500m（城市道路）作为一个评定路段，对沥青路面进行全面检查。监督部门在接到施工单位交工验收报告后，应立即对施工质量进行交工检查与验收。

4. 工程施工总结

工程结束后，施工企业应根据国家竣工文件编制的规定，提出施工总结报告及若干个专项报告，连同竣工图表，形成完整的施工资料档案，一并提交工程主管及有关档案管理部门。

第四节 水泥混凝土路面

水泥混凝土路面是使用水泥混凝土修筑面层的路面结构形式，其建造史可追溯到公元前 1 世纪，罗马人偶然了解到火山灰可以作水硬性胶凝材料并首先使用在建筑、水利、港口工程上，此后也开始应用到重要的道路和广场工程上了。近现代意义的水泥混凝土路面是从 1824 年 10 月 21 日英国工匠 Leads 和 J·Aspdin 取得了波特兰水泥的发明专利后，在欧洲开始发展起来的，世界第一条水泥混凝土路面是 1865 年在英国修筑的。

水泥混凝土路面的发展，经历了两大发展时期，一个是 20 世纪 30～40 年代，随着汽车工业的发展，战争物资和军队的调运，客观上对路面的质量要求大大提高。这时期，最明显的标志是德国建设的世界上第一条汽车专用高速公路是使用水泥混凝土路面结构形式。当时几乎所有的发达国家，如日本、美国、英国、法国、比利时都竞相发展水泥混凝土路面。这个时期水泥混凝土路面主要施工方式是小规模的人工辅助以小型机具。第二个时期是 20 世纪 60～70 年代，世界性的石油能源危机，使一些主要使用沥青建造高速公路网的国家，如美国、法国、前西德等，认识到必须尽量减少高速公路建设对石油沥青的依赖性，节约沥青资源和能源。因此，在高速公路水泥混凝土路面的技术上开始新一轮的研究开发，从国家战略利益考虑，增加了对水泥混凝土路面的科技投入和建设规模。不仅设计理论和计算方法有了更新和提高，而且主要的施工方式已从人工施工向大规模机械化施工迈进，建立了目前广泛采用的轨道链式机组和快速滑模摊铺机施工方式。在此期间，由于要求水泥混凝土路面要适应各种各样的地质地形条件，发展了水泥混凝土路面的多种新型结构形式，如钢筋混凝土路面、预应力钢筋混凝土路面、混凝土砌块路面等。

我国现代意义的水泥混凝土路面起源于 1928 年，修筑的数量极少，总里程不足 30km，主要参照西方发达国家的设计规范进行设计，施工技术极端落后。1949 年新中国成立后，由于工农业生产迅速发展、人民生活逐步提高，尤其是建立和发展了汽车工业和石油工业，使我国的公路交通事业得到了迅速发展。特别是 1978 年以后，公路建设更是开创了崭新的局面，水泥混凝土路面总里程已超过 17 万 km。我国水泥资源丰富，价格低廉，与沥青资源匮乏、质量较差、含蜡量高的特点相比，水泥混凝土路面具有较大的竞争性。且若参照国外经验，水泥混凝土路面即使建设费用较高，但使用寿命长、全使用过程投入并不高。因此，针对我国优质路用沥青的不足和水泥资源相对丰富，以及水泥混凝土路面研究取得的可喜成果，将水泥混凝土路面应用于高等级公路是我国公路发展的一个重要策略。

一、水泥混凝土路面的种类及特点

水泥混凝土路面可分为：普通混凝土(即素混凝土)路面、钢筋混凝土路面、连续配筋混凝土路面、预应力混凝土路面、装配式混凝土路面和钢纤维混凝土路面等。

1. 普通水泥混凝土路面

普通混凝土路面(简称混凝土路面)是就地浇筑的一种素混凝土路面，除接缝区和局部范围(边缘和角隅)外不配置钢筋，是目前应用最广泛的一种水泥混凝土路面形式。

2. 钢筋混凝土路面（纵横向配筋）

对于平面尺寸较大或形状不规则或板下埋置地下设施或地基可能有不均匀沉降时，为防止所产生的裂缝缝隙张开，板内配置纵横向钢筋或钢筋网的一种水泥混凝土路面形式。

3. 连续配筋混凝土路面

在混凝土板内沿纵向配置连续钢筋，不设横向缩缝，适用于高速公路和一级公路。这种混凝土路面常出现较多的横向裂缝(间距一般为 1~3m)，但缝的宽度较小，因而缝内不易进杂物，也不影响行车。

4. 预应力混凝土路面

在混凝土板内施加了预压应力，抵消了一部分车辆荷载，板的厚度可减薄 0.1~0.15m，板长可增大到 30m 以上。板薄，柔性和弹性好，对不均匀沉陷有较好的适应性。根据预应力施加方式的不同又分为：

(1) 无筋预应力混凝土路面(千斤顶加预应力后，加入混凝土块)；

(2) 有筋预应力混凝土路面(一般用后张法，板内预留孔道，后穿入钢丝或钢筋张拉，锚固，孔道内灌水泥浆)；

(3) 预应力混凝土路面(使用膨胀水泥，或通过水泥膨胀作用使配筋产生预应力，或不配筋，设墩座以使膨胀的水泥混凝土产生预应力)。

5. 装配式混凝土路面

预制水泥混凝土块，现场快速装配的一种混凝土路面形式。常用于城市道路、厂矿道路、大型基建基地、软弱土基上、停车站场等。特点是施工进度快、通车快、易于修理、但接缝多、整体性差，易引起车辆跳动。

6. 钢纤维混凝土路面

在混凝土中，掺入低碳钢、不锈钢或玻璃钢纤维，形成均匀多向配筋，板长可达 15~30m，可不设胀缝与纵缝。该种混凝土板的抗疲劳、抗冲击、防止裂缝的性能好。通常，纤维的长细比以 $l/d=50~70$ 为宜，纤维长 25~60mm，直径 0.25~1.25mm。过长，施工和易性不好；太短，又起不到拉筋的作用。

此外还有一种混凝土小块铺砌路面，是利用预制的各种形状的水泥混凝土块拼砌而成的路面，下设基层或整平层。这种路面结构简单、造价低、便于修复，常用于人行道、停车场、街区道路、次要道路等。

二、水泥混凝土路面的优缺点

所谓普通混凝土路面，是指除接缝区和局部范围（边缘和角隅）外不配置钢筋的混凝土路面。与其他类型路面相比，混凝土路面具有以下优点：

（1）强度高，混凝土路面具有很高的抗压强度和较高的抗弯拉强度以及抗磨耗能力。

（2）稳定性好，混凝土路面的水稳性、热稳性均较好，特别是它的强度能随着时间的延长而逐渐提高，不存在沥青路面的那种"老化"现象。

（3）耐久性好，由于混凝土路面的强度和稳定性好，所以它经久耐用，一般能使用20～40年，而且它能通行包括履带式车辆等在内的各种运输工具。

（4）有利于夜间行车，混凝土路面色泽鲜明，能见度好，对夜间行车有利。

但是，混凝土路面也存在一些缺点，主要有以下几方面：

（1）对水泥和水的需求量大，修筑0.2m厚、7m宽的混凝土路面，每1000m要耗费水泥约400～500t，需要水约250t，尚不包括养护用的水在内，对于水泥供应不足和缺水地区将带来较大困难。

（2）有接缝，一般混凝土路面要建造许多接缝，这些接缝不但增加施工和养护的复杂性，而且容易引起行车跳动，影响行车的舒适性，接缝又是路面的薄弱点，如处理不当，将导致路面板边和板角处破坏。

（3）开放交通较迟，一般混凝土路面完工后，要经过28天的潮湿养护，才能开放交通，如需提早开放交通，则需采取特殊措施。

（4）修复困难，混凝土路面损坏后，开挖很困难，修补工作量也大，且影响交通。

但是，随着科学技术的飞速发展，混凝土路面的一些缺点得到了很大的改善。近年来，用于生产混凝土的材料有了巨大的发展，特殊水泥、化学外加剂、矿物混合料、特殊集料和纤维等技术的发展对混凝土的施工产生了巨大的影响。混凝土路面也能具备快速施工、尽快开放交通、使用可靠、使用寿命长等特性，这就使得水泥混凝土不仅可用于新建工程，也可用于路面的修复工程。

三、水泥混凝土路面施工技术

水泥混凝土路面施工按施工设备和工艺的不同可分为：小型机具施工、轨模式摊铺机施工和滑模式摊铺机施工等。小型机具施工，施工机具比较简单，面层板的施工程序大体可分为：①安装模板；②设置传力杆；③混凝土的拌合与运送；④混凝土的摊铺和振捣；⑤接缝的设置；⑥表面整修；⑦混凝土的养护与填缝等。轨模式摊铺机施工是由支撑在平底型轨道上的摊铺机将混凝土拌合物摊铺在基层上的施工方式。摊铺机的轨道与模板是连在一起的，安装时同步进行。轨模式摊铺机施工主要包括施工准备、拌合与运输混凝土、摊铺与振捣、表面整修及养护等工作。滑模式摊铺机施工混凝土路面不需要轨模，摊铺机支承在四个液压缸上，两侧设置有随机移动的固定滑模，摊铺厚度通过摊铺机上下移动来调整。滑模式摊铺机一次通过即可完成摊铺、振捣、整平等多道工序。

四、质量控制和检查

混凝土路面施工质量应符合设计和施工规范要求。为此应加强施工前的原材料质量检验，施工过程中应对每一道工序进行严格的质量检查和控制。对已完成的混凝土路面进行外观检查，测量其几何尺寸，并根据设计文件进行校核。此外，还要查阅施工记录，包括原材料试验和试件强度资料、配合比及隐蔽构造等，以检查结果作为评定工程质量的依据。

施工前应对各种原材料进行质量检验，以检验结果作为判定材料质量是否符合要求的依据。在施工过程中，当材料规格和来源发生变化时应及时对材料进行质量检验。材料质量检验的内容包括材料质量是否满足设计和规范要求，数量供应能否满足工程进度，材料来源是否稳定可靠，材料堆放和贮存是否满足要求等。质量检查时以"批"为单位进行，通常将同一料源、同一次购进的同品种材料作为一批，取样方法按试验规程进行。混凝土所用的水泥、粗细集料、水、外加剂、钢材、接缝材料等原材料的质量检查项目和标准应符合相关要求。

在混凝土路面施工过程中，应检查混凝土拌合物的配合比是否符合设计要求，对拌合、摊铺、振捣的质量等进行检查，并做好记录。为保证工程质量，需要控制和检查的主要项目包括：

（1）路基完成后应检查其密实度；基层完成后应检查其强度、刚度和均匀性。

（2）按规定要求验收水泥、砂和碎石；测定砂、石的含水量，以调整用水量；测定坍落度，必要时调整配合比。

（3）检查磅秤的准确性；检查材料配量的准确性。

（4）摊铺混凝土之前，应检查基层的平整度和路拱横坡；校验模板的位置和标高；检查传力杆的定位。

（5）冬期和暑期施工时，应测定混凝土拌合和摊铺时的温度。

（6）观察混凝土拌合、运送、振捣、整修和接缝等工序的质量。

（7）制作试件备作验收或检查后期强度时用。

混凝土路面施工完毕，施工单位应将全线以 1km 作为一个检查段，按随机取样的方法选择对每一检查段的测点，按混凝土面层质量验收和允许偏差的规定进行自检，并向监理部门和建设单位提供全线检测结果及施工总结报告。监理单位应会同施工单位一起按随机抽样的办法选择一定数量的检查段进行抽样检查，抽样总长度不宜少于全程的 30%，检查的内容和频度应符合规范规定。检查指标的评定标准为：对于高速公路和一级公路，可考虑 $a_1=95\%$ 的保证率；对于其他等级公路可考虑 $a_2=90\%$ 的保证率。检查段应不少于 3 个，每段长度为 1km。

混凝土路面完工后，应根据设计文件、交工资料和施工单位提出的交工验收报告，按国家建设工程竣工验收的办法组织验收。验收时应提交设计文件和交工资料、交工验收报告、混凝土强度试验报告、材料检查及材料试验记录、基层检查记录、工程重大问题处理文件、施工总结报告、工程监理总结报告等。水泥混凝土路面的工程质量验收检查内容和允许偏差应符合规定，路面外观应无露石、蜂窝、麻面、裂缝、啃边、掉角、翘起和轮迹等现象；路缘石应直顺，曲线应圆滑。

复 习 思 考 题

1. 常见的中、低级路面材料有哪些？各有何特点？

2. 简述沥青路面的特点和分类。

3. 简述沥青路面的力学特性与温度稳定性。

4. 简述水泥路面的特点和分类。

第五章 路 面 设 计

路面设计包括材料设计与结构设计两方面内容，材料设计主要包括各结构层的原材料选择、混合料配合比设计及设计参数的测试与确定等内容；结构设计主要包括路面结构层组合与厚度计算、路面结构的方案比选等内容；此外，路面排水系统设计、路肩加固等也属于路面设计的内容。材料设计在道路材料部分加以介绍，本章主要介绍路面结构设计。

第一节 沥 青 路 面 设 计

一、总则

1. 沥青路面设计的任务

沥青路面修筑在柔性基层或半刚性基层上，设计时要根据道路的使用要求、当地的气候、水文、土质等自然条件，密切结合实践经验，确定出经济合理的路面结构。设计的路面结构要在预定的使用期限内，除了能承受交通荷载和环境因素的作用外，同时还要满足各级公路对承载能力、耐久性、舒适性和安全性的要求。

2. 沥青路面设计的范围

沥青路面设计的范围，对高速公路、一级公路包括：行车道路面、路缘带、硬路肩、加减速车道、紧急停车带、收费站和服务区的场面设计以及路面排水系统的设计；对其他各级公路包括：行车道路面、路肩加固、路缘石和路面排水设计。

3. 沥青路面设计内容与原则

路面设计的主要内容包括：各结构层的原材料选择、混合料配合比设计、设计参数的测试与设计值的确定，路面结构组合设计与厚度计算，路面结构方案投资估算，技术经济比较或长期寿命成本分析，提出推荐方案，以及路面排水系统设计、路肩加固和其他路面工程设计等。

沥青路面设计应遵循下列原则：

（1）路面设计应认真做好现场资料收集、掌握沿线路基特点，查明路基干湿类型，在对不良地质路段处理的基础上，进行路基路面综合设计。

（2）在满足交通量和使用要求的前提下，应遵循因地制宜、合理选材、节约投资的原则，选择技术先进、经济合理、安全可靠、方便施工的路面结构方案。

（3）应结合当地条件，积极、慎重地推广新材料、新工艺、新技术，并认真铺筑试验段，总结经验，不断完善，逐步推广。

（4）设计方案应符合国家环境保护的有关规定，注意施工中废弃料的处理，积极推动旧面层和基层的再生利用，应保护施工人员的健康和安全。

4. 沥青路面设计理论与方法

路面结构设计的目的是提供一种同所处环境相适应，并能承受预期的交通荷载作用的路面结构。由于路面的结构特性会随环境和交通荷载的反复作用而逐渐破坏，以至于完全丧失工作能力，路面结构设计的具体目标便是控制或限制其结构特性在预定的作用年限内不恶化到某一规定的程度。为此需要分析路面损坏的模式和产生的原因，并找到一些能预估各种损坏的出现和结构特性损坏的方法。鉴于损坏形态的多样性和复杂性，对于路面结构损坏的临界状态就有不同的取舍标准，相应地也就有许多采用不同设计思想和设计指标地设计方法。沥青路面的设计方法是随着交通的发展，路面结构、道路材料的进步而同步发展的，大体上可以分为经验法和解析（理论）法两种。经验法以经验或实验为依据，通过大量的野外测试，修筑实验路对实际车辆行驶效果进行系统观察，形成以车辆荷载作用下确保路面结构状态良好为核心的经验设计法。如美国公路局的分类指数法（1945 年），加拿大马克里奥设计法（1946 年），美国陆军工程兵部队的 CBR 设计法（1945 年），美国 AASHTO 设计法（1961 年），以及以上述方法为基础改进的各国的经验设计法等。理论法以力学分析为基础，考虑环境、交通条件以及材料特性，并且随科学技术的发展，特别是数学和计算技术的发展得到了逐步完善。现代理论分析设计法是以波米斯特 1943 年发表双层体系理论解析解，1945 年提出三层弹性体系理论为起点的。我国道路工作者自 20 世纪 60 年代以后在双层体系、三层体系数值解方面也进行了大量卓有成效的研究工作，完善了以层状弹性体系为基础的理论法。理论分析法不受经验的限制，可以对新材料、新结构组合进行分析和方案比选。现在已有多个国家和地区建立了以层状体系理论为基础的沥青路面结构设计方法，其中较为完善的有壳牌石油公司、美国地沥青学会、中国、俄罗斯、比利时等国的方法。

二、沥青路面的结构组合设计

在沥青路面的设计内容中，各结构层的原材料选择、混合料配合比设计、设计参数的测试与设计值的确定等内容属于路面材料设计的范畴，在道路材料部分加以介绍，这里重点说明路面结构组合与厚度计算。沥青路面结构要根据公路自然区划的特点，公路等级与使用要求，交通量及其交通组成，并考虑结构层的功能与受力特点以及经济发展和投资环境等因素，进行组合设计。

1. 沥青路面的结构组成

路面结构层可由面层、基层、底基层、垫层等多层结构组成，各级公路应根据具体情况设置必要的结构层，即使对三、四级公路最少也应设置面层和基层。面层是直接承受车轮荷载反复作用和各种自然因素影响，并将荷载传递到基层以下的结构层，因此，它应满足表面功能性和结构性的使用要求。通常面层可以分为单层、双层或三层修筑。双层结构分别为表面层和下面层，若采用三层结构则分别为表面层、中面层和下面层。

表面层应具有平整密实、抗滑耐磨、抗裂耐久的服务功能，中、下面层应具有高温抗车辙、抗剪切、密实、基本不透水的性能，下面层应具有耐疲劳开裂的性能。沥青路面的面层类型应根据公路等级、使用要求、交通条件来确定，常用的材料有热拌沥青混合料、冷拌沥青混合料、沥青贯入式、沥青表面处治与稀浆封层等几种。热拌沥青混合料包含沥青混凝土、沥青碎石混合料，沥青混凝土可用于各级公路的面层，贯入式碎石和上拌下贯式沥青碎石可用于三、四级公路的面层。沥青表面处治和稀浆封层可用于三级、四级公路的面层和各级公路的上、下封层。冷拌沥青混合料可用于交通量较小三、四级公路面层，或旧路修补工程。

基层是主要承重层，应稳定、耐久并具有较高的承载能力。基层可为单层或双层，双层称为上、下基层，无论是沥青混合料或粒料类基层，还是半刚性基层、刚性基层，均要求具有相对较高的物理力学性能指标。底基层是设置在基层之下，并与面层、基层一起承受车轮荷载反复作用的次要承重层，对底基层材料的技术指标要求可比基层材料略低，底基层也可分为上底基层和下底基层。基层、底基层设计应贯彻因地制宜、就地取材的原则，认真做好当地材料的调查，根据交通量及其组成、气候条件、筑路材料以及路基水文状况等因素，选择技术可靠、经济合理的结构。基层可选用无机结合料稳定集料类或沥青混合料、粒料、贫混凝土等材料，底基层应充分利用沿线地方材料，可采用无机结合料稳定细粒土类或粒料类等。

垫层是设置在底基层与路基之间的结构层，起排水、隔水、防冻、防污及减少层间模量比、降低半刚性底基层拉应力的作用。

2. 沥青路面应力状况分析

沥青路面在环境因素的不断影响和行车荷载的反复作用下，经过一段时间，可能会产生破坏失去原有的使用性能，因此设计沥青路面必须考虑其结构破坏状态。沥青路面在环境因素的作用下主要发生老化，造成使用性能的衰减，在行车荷载作用下主要产生竖直压应力、径向弯拉应力和剪应力，在温度升降时主要产生弯拉应力或径向压力。沥青路面的破坏状态可以从沉陷、车辙、疲劳开裂、推移与低温开裂等方面考虑。

沉陷是路面在车轮作用下表面产生的较大凹陷变形。当沉陷严重时，可能超过结构的变形能力，在结构层受拉区产生开裂而形成纵裂，并有可能逐渐发展成网裂。造成路面沉陷的主要原因是路基土的压缩。当路基土的承载能力较低，不能承受从路面传至路基表面的车轮压力，便产生较大的垂直变形即沉陷。沥青路面的竖直变形连同基层和路基的竖直变形一起构成路面的整体弯沉。路面弯沉不仅能够反映路面各结构层及路基的整体强度和刚度，而且与路面的使用状态存在一定的内在联系，加之弯沉值的测定也比较方便，因此沥青路面设计时常把弯沉值作为路面整体刚度的设计指标。

车辙是沥青路面的结构层在行车重复荷载作用下，结构层材料发生侧向位移产生的累积永久变形。这种变形出现在行车轮带处，形成路面的纵向带状凹陷。车辙是高等级沥青路面的主要破坏形式。因为高等级沥青路面的使用寿命较长，即使每一次行车荷载作用产生的残余变形量很小，但多次重复作用累积起来的残余变形总和也将会较大，足以影响车辆的正常行使。路面的车辙同荷载应力大小、重复作用次数以及结构层和路基的性质有关。根据观测试验结果，国外已提出了表征上述关系的公式和设计指标。

开裂是沥青路面常见的一种破坏类型，开裂的种类及产生的原因有几种，沥青路面设计时考虑的是路面在正常使用情况下，由行车荷载的多次反复作用引起的疲劳开裂。其特点是路面无显著的永久变形，开裂初始时大多是形成又细又短的横向开裂，继而逐渐扩展成网状，开裂的宽度和范围也不断扩大。疲劳开裂发生的原因，是由于沥青结构层在车轮荷载的反复弯曲作用下，在结构层底面产生的拉应变(或拉应力)值可能超过材料的疲劳强度(它较一次荷载作用的极限值小很多)，这样底面就可能开裂，并逐渐向表面发展。经水硬性结合料稳定而形成的整体性基层也会发生疲劳开裂，甚至会引起面层的破坏。

结构层达到临界疲劳状态时所承受的荷载重复作用次数称为疲劳寿命，某一种路面结构疲劳寿命的大小，主要取决于所受到的重复应变(或应力)大小，同时也与路面的环境因素有关。通过室内试验和现场路段的观测，可以建立路面或结构层材料承受重复荷载次数与重复应变(或应力)大小之间的关系，即疲劳方程或疲劳曲线。因而可根据路面的设计使用年限求得累计荷载作用次数，由疲劳方程确定路面结构所容许的重复应变(或应力)的大小。以疲劳开裂作为设计指标时，用结构层底面的拉应变或抗应力不超过相应的容许值控制设计，我国沥青路面设计中对高速公路、一级公路和二级公路除弯沉外还要以沥青混凝土面层和半刚性基层、底基层的层底拉应力作为设计指标。

当沥青路面受到较大的车轮水平荷载作用时(例如经常启动或制动的路段，弯道、坡度变化处等)，路面表面可能出现推移和拥起。造成这种破坏的原因是，车轮荷载引起的垂直力和水平力的综合作用，使结构层内产生的剪应力超过材料的抗剪强度，同时也与行驶车轮的冲击、振动有关。为防止沥青面层表面产生推移和拥起，可用面层抗剪强度指标控制设计。也就是在车轮的垂直力和水平力的共同作用下，面层中可能产生的最大剪应力(由弹性层状体系理论计算的各应力分量求得)，应不超过材料的容许剪应力，我国沥青路面设计中对城市道路须进行沥青混合料面层的剪应力验算，有条件时，对重载交通的公路路面也要进行沥青混合料的抗剪强度检验。

3. 沥青路面的结构组合设计

沥青路面结构层次的合理选择和安排，是整个路面结构是否能在设计使用年限内承受行车荷载和自然因素的共同作用，同时又能发挥各结构层的最大效能，使整个路面结构经济合理的关键。所以，在路面结构组合设计中应遵循以下原则：

(1) 适应行车荷载作用的要求

作用在路面上的行车荷载，通常包括垂直力和水平力。路面在垂直力作用下，内部产生的应力和应变随深度的增加而递减。在水平力作用下产生的应力、应变，随深度增加递减的速率则更快。此外，路面面层还要承受车轮的磨耗作用，这都要求沥青路面面层应具有足够的强度和抗变形能力。与此相适应，路面结构设计时，各结构层的强度和刚度可按自上而下递减的规律安排，以使各结构层的材料效能得到充分的发挥。

按照这种原则组合路面时，结构层的层数越多越能体现强度和刚度沿深度递减的规律，但就施工工艺、材料规格和强度形成原理而言，层数又不宜过多，结构层厚度也不宜过小。沥青层的厚度与所采用的结构类型有关，可参考沥青层最小施工厚度并结合沥青和沥青混合料性能，综合当地的工程实践经验，拟定或计算得到。各沥青层的厚度应与混合料的公称最大粒径相匹配，一般沥青层的最小压实厚度不宜小于混合料公称最大粒径的2.5～3倍。沥青层最小厚度和适宜厚度见表 2-5-1。

沥青混合料的最小压实厚度与适宜厚度　　　　　表 2-5-1

沥青混合料类型		最大粒径 (mm)	符号	最小压实厚度 (mm)	适宜厚度 (mm)
密级配沥青混合料(AC)	砂粒式	9.5	AC-5	15	15～30
	细粒式	13.2	AC-10	20	25～40
		16	AC-13	35	40～60
	中粒式	19	AC-16	40	50～80
		26.5	AC-20	50	60～100
	粗粒式	31.5	AC-25	70	80～120

沥青混合料类型		最大粒径（mm）	符号	最小压实厚度（mm）	适宜厚度（mm）
密级配沥青碎石（ATB）	粗粒式	31.5	ATB-25	70	80～120
		37.5	ATB-30	90	90～150
	特粗式	53	ATB-40	120	120～150
开级配沥青碎石（ATPB）	粗粒式	31.5	ATPB-25	80	80～120
		37.5	ATPB-30	90	90～150
	特粗式	53	ATPB-40	120	120～150
半开级配沥青碎石（AM）	细粒式	16	AM-13	35	40～60
	中粒式	19	AM-16	40	50～70
		26.5	AM-20	50	60～80
	粗粒式	31.5	AM-25	80	80～120
	特粗式	53	AM-40	120	120～150
沥青玛琦脂碎石混合料（SMA）	细粒式	13.2	SMA-10	25	25～50
		16	SMA-13	30	35～60
	中粒式	19	SMA -16	40	40～70
		26.5	SMA -20	50	50～80
开级配沥青磨耗层（OGFC）	细粒式	13.2	OGFC-10	20	20～30
		16	OGFC-13	30	30～40

基层、底基层厚度应根据交通量大小、材料性能，充分发挥压实机具的功能，以及考虑有利于施工等因素选择各结构层的厚度。为便于施工组织、管理，各结构层的材料变化不宜过于频繁。各种结构层压实最小厚度与适宜厚度见表 2-5-2，并不得设计厚度小于15cm 的半刚性材料薄层。

结构层压实最小厚度与适宜厚度　　　　　　　　　　　　表 2-5-2

结构层类型	压实最小厚度（mm）	适宜厚度（mm）
上拌下贯沥青碎石	60	60～80
贯入式沥青碎石	40	40～80
沥青表面处治	10	10～30
级配碎石	80	100～200
水泥稳定类	150	180～200
石灰稳定类	150	180～200
石灰粉煤灰稳定类	150	180～200
贫混凝土	150	180～240
级配砾石	80	100～200
泥结碎石	80	100～150
填隙碎石	100	100～120

沥青路面相邻结构层材料的模量比对路面结构的应力分布有显著影响,是合理确定结构层层数,选定适宜结构层材料的重要考虑因素。根据分析和经验,对半刚性基层沥青路面的结构组合设计,基层与沥青面层之间的模量比宜在 1.5～3 之间,基层与底基层之间的模量比不宜大于 3,底基层与路基之间模量比宜在 2.5～12.5 之间。

(2) 在各种自然因素作用下具有较好的稳定性

沥青路面结构组合设计必须保证沥青路面的水稳性和温度稳定性。在潮湿和某些中湿路段上修筑沥青路面时,由于沥青层不透气,路基和基层中的水分蒸发被隔断,因此水分向基层积聚。如果基层材料中含细颗粒多(如泥结碎石、级配碎石)就容易发生遇水变软、强度和刚度下降,导致基层唧泥、路面开裂等破坏现象的出现。所以沥青路面的基层一般应选择水稳性好的材料,在潮湿路段及中湿路段尤应如此。在季节性冰冻地区,当冻深较大、路基土为易冻胀土时,常会产生冻胀和翻浆。在这种路段上,路面结构中应设置防止冻胀和翻浆的垫层。路面总厚度的确定,除满足强度要求外,还应满足防冻厚度的要求,以避免在路基内出现较厚的聚冰带,防止产生导致路面开裂的不均匀冻胀,防冻的厚度与路基潮湿类型、路基土类、道路冻深以及路面结构层材料热物理性有关。在冰冻地区和气候干燥地区,无机结合料稳定土或粒料的基层容易产生的收缩裂缝。如果沥青面层直接铺筑其上,会导致面层出现反射裂缝。为此,设计时宜采取选用骨架密实型半刚性基层,并严格控制细料含量、水泥剂量、含水量;采用混合式沥青路面结构;在半刚性基层上设置改性沥青应力吸收膜或应力吸收层等减少低温缩裂、防止反射裂缝的措施。

(3) 考虑结构层的特点

沥青路面结构组合设计时,必须考虑各结构层的特点,如:面层直接承受车轮荷载并受到各种自然因素的影响,它必须满足表面功能性和结构性的使用要求;基层是主要承重层,应具有稳定、耐久、较高的承载能力;垫层主要起排水、隔水、防冻的作用。因此,设计时表面层应突出其平整密实、抗滑耐磨、抗裂耐久的服务功能;中、下面层应突出其高温抗车辙、抗剪切、密实、基本不透水的性能,下面层应注重其耐疲劳开裂的性能,为防止雨雪下渗,浸入基层、路基,下面层宜选用密级配沥青混合料。基层要注重它的承载能力和水、温稳定性,半刚性基层要采取防反射裂缝的措施;采用排水基层时,其下应设防水层,并设置结构内部的排水系统,将雨水排除路基外。为排除路面、路基中滞留的自由水,确保路面结构处于干燥或中湿状态,在地下水位高,排水不良,路基经常处于潮湿、过湿状态的路段;排水不良的土质路堑,有裂隙水、泉眼等水文不良的岩石挖方路段;基层或底基层可能受污染以及路基软弱的路段等情况下路基应设置垫层。

为了避免沥青路面的结构层产生层间滑动,保证路面结构的整体性和结构层之间应力传递的连续性,沥青路面设计时应采取技术措施,加强路面结构各层之间的紧密结合,提高路面结构整体性,避免产生层间滑移。可能采取的措施包括:

1) 各种基层上应设置透层沥青。透层沥青应具有良好的渗透性能,可用液体沥青、稀释沥青、乳化沥青等。洒布数量宜通过现场试验确定,对粒料基层应透入 3～6mm 为宜。

2) 在半刚性基层上应设下封层。

3) 沥青层之间应设粘层,粘层沥青宜采用乳化沥青,洒布数量宜为 0.3～0.5kg/m²。

4) 新、旧沥青层之间,沥青层与旧水泥混凝土板之间应洒布粘层沥青,宜用热沥青、改性热沥青或改性乳化沥青。拓宽路面时，新、旧路面衔接处，宜喷涂粘结沥青。

总之，在进行沥青路面结构组合设计时，要按照面层耐久、基层坚实、路基稳定的要求，贯彻因地制宜、合理选材、方便施工、利于养护的原则，结合当地经验拟定几种路面结构方案，进行分析比较，并优先选用便于机械化施工和质量管理的方案，做到技术先进，经济合理。

三、我国沥青路面设计方法

我国新建公路沥青路面设计采用双圆垂直均布荷载作用下的多层弹性层状体系理论，对高速公路、一级公路、二级公路的路面结构以路表面回弹弯沉值、沥青混凝土层的层底拉应力以及半刚性基层的层底拉应力为设计指标，对三级公路、四级公路的路面以路表面设计弯沉值为设计指标。有条件时，对重载交通路面宜进行沥青混合料的抗剪强度检验。

1. 设计步骤

沥青路面结构设计的流程如图 2-5-1 所示，主要设计内容和步骤如下：

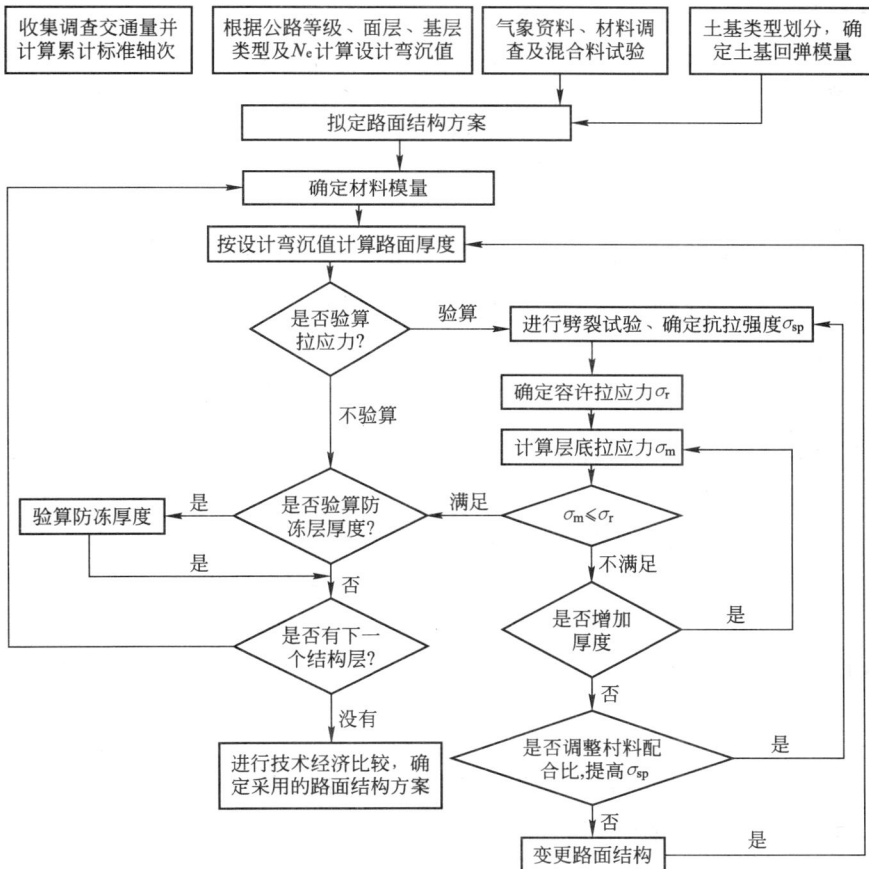

图 2-5-1 设计程序流程图

（1）根据设计任务书的要求，按弯沉或弯拉指标分别计算设计年限内一个车道的累计标准当量轴次，确定设计交通量与交通等级、面层、基层类型，并计算设计弯沉值与容许拉应力；

175

（2）按路基土类与干湿类型及路基横断面形式，将路基划分为若干路段，确定各个路段路基回弹模量设计值；

（3）参考本地区的经验拟定几种可行的路面结构组合与厚度方案，根据选用的材料进行配合比试验，测定各结构层材料的抗压回弹模量、弯拉模量与抗拉强度等，确定各结构层的设计参数；

（4）根据设计指标采用多层弹性体系理论设计程序计算路面厚度；

（5）对季节性冰冻地区水文地质条件不良路段进行路面结构的防冻验算；

（6）不同结构方案的技术经济比较。

2. 标准轴载与轴载换算

沥青路面设计以双轮组单轴载 100kN 为标准轴载，以 BZZ-100 表示，对运煤或建筑材料等大型载重车为主的公路，应根据实际情况，经论证选用设计荷载计算参数进行设计。

（1）轴载原则

沥青路面设计时交通量的计算应将不同轴重的各种车辆换算成 BZZ-100 标准轴重的当量轴次。换算时按等效换算的原则进行，即换算前后轴载对路面的作用效果相同。换算以达到相同的临界状态为标准。对某一种交通组成，不论以哪种轴载的标准进行轴载换算，由换算所得轴载作用次数计算的路面厚度是相同的。

（2）换算方法

1）当以设计弯沉值和沥青层层底拉应力为指标时，各级轴载（包括车辆的前、后轴）P_i 的作用次数 n，均换算成标准轴载 P 的当量作用次数 N 为：

$$N = \sum_{i=1}^{k} C_1 C_2 n_i \left(\frac{P_i}{P}\right)^{4.35} \tag{2-5-1}$$

式中　N——标准轴载的当量轴次（次/d）；

　　　n_i——各种被换算汽车的作用次数（次/d）；

　　　P——标准轴载（kN）；

　　　P_i——各种被换算车型的轴载（kN）；

　　　C_1——轮组系数，双轮组为 1，单轮组为 6.4，四轮组为 0.38；

　　　C_2——轴数系数，当轴间距大于 3m 时，应按一个单独的轴载计算；当轴间距小于 3m 时，双轴或多轴的轴数系数按式（2-5-2）计算：

$$C_2 = 1 + 1.2(m-1) \tag{2-5-2}$$

式中　m——轴数。

2）当以半刚性材料层的拉应力为设计指标时，各种车辆的前、后轴均应按式（2-5-3）换算成标准轴载 P 的当量作用次数 N'，即

$$N' = \sum_{i=1}^{K} C_1' \cdot C_2' n_i \left(\frac{P_i}{P}\right)^{8} \tag{2-5-3}$$

式中　C_1'——轮组系数，双轮组为 1.0，单轮组为 18.5，四轮组为 0.09；

　　　C_2'——轴数系数。

以拉应力为设计指标时，双轴或多轴的轴数系数按式（2-5-4）计算，即

$$C_2' = 1 + 2(m-1) \tag{2-5-4}$$

3）设计年限（T 年）内一个车道上的累计标准轴次 N_e。

设计年限的选择宜根据各地国民经济发展的实际情况和该公路在公路网中的地位，并考虑投资条件综合确定。新建高速公路、一级公路的路面设计年限应为 15 年，有特殊要求时可适当延长设计年限。对改建、扩建的高速公路、一级公路的路面设计年限宜为 10～15 年，大修加铺工程可视具体情况确定设计年限。二级公路的路面设计年限应为 12 年，有特殊使用要求时可适当延长。三级公路的路面设计年限应为 6～10 年。四级公路的沥青表处路面设计年限应为 8 年，砂石路面可为 5 年。

新建或改建公路的路面设计应根据《工程可行性研究报告》的有关交通量预测资料或现有交通量观测站实测 10 年以上的交通量资料，考虑各种车型的交通组成（或比例），并实测或收集大客车、小货车、中货车、大型货车、拖挂车等的轴载谱分布，或论证地确定各种车型的代表轴重；再将不同车型的轴重换算成标准轴载的当量轴次，求得交工后第一年双向日平均当量轴次（N_1）。

设计年限内交通量的平均增长率（γ）应根据《工程可行性研究报告》中有关预测的交通量增长率，分析论证确定设计交通量的平均增长率。

车道系数宜按照表 2-5-3 选定，若公路无分隔时，路面窄宜选高值，路面宽宜选低值。

当上下行交通量或重车比例有明显差异时可区别对待，按上下行交通特点分别进行厚度设计。

车道系数 η	表 2-5-3
车道特征	车道系数
双向单车道	1.0
双向两车道	0.6～0.7
双向四车道	0.4～0.5
双向六车道	0.3～0.4
双向八车道	0.25～0.35

设计交通量是根据不同公路等级的设计年限、第一年双向日平均当量轴次（N_1）、年平均交通量增长率、车道系数及该公路交通特点，计算的设计年限内一个方向一个车道的累计当量轴次，按公式（2-5-5）计算：

$$N_e = \frac{\left[(1+\gamma)^t - 1\right] \times 365}{\gamma} \cdot N_1 \cdot \eta \tag{2-5-5}$$

式中　N_e——设计年限内一个方向上一个车道的累计当量轴次（次）；

　　　　t——设计年限（年）；

　　　　N_1——路面营运第一年双向日平均当量轴次（次/d）；

　　　　η——车道系数；

　　　　γ——设计年限内交通量的平均年增长率（%）。

交通量宜根据表 2-5-4 的规定划分为五个等级。设计时可根据累计标准轴次 N_e（万次/车道）或公路日平均汽车交通量（辆/d），选择一个较高的交通等级作为设计交通等级。

交 通 等 级　　　　　　　　　　　　　　　　　　　表 2-5-4

交通等级		BZZ-100kN 累计标准轴次 N_e（万次/车道）	中型以上货车及大客车（日/辆）
A	特轻交通	＜100	＜300
B	轻交通	100～400	300～1000
C	中交通	400～1200	1000～4000
D	重交通	1200～2500	4000～10000
E	特重交通	＞2500	＞10000

3. 设计弯沉值

设计弯沉值应根据公路等级、设计年限内累计标准当量轴次、面层和基层类型按式(2-5-6)计算确定：

$$l_d = 600 N_e^{-0.2} A_c A_s A_b \qquad (2-5-6)$$

式中　l_d——设计弯沉值(0.01mm)；

　　　N_e——设计年限内一个车道累计当量轴次；

　　　A_c——公路等级系数，高速公路、一级公路为 1.0，二级公路为 1.1，三、四级公路为 1.2；

　　　A_s——面层类型系数，沥青混凝土面层为 1.0；热拌合冷拌沥青碎石、上拌下贯或贯入式路面、沥青表面处治为 1.1；

　　　A_b——基层类型系数，对半刚性基层 $A_s = 1.0$；柔性基层 $A_b = 1.6$。

4. 容许拉应力

沥青混凝土面层、半刚性材料基层、底基层以弯拉应力为设计指标时，材料的容许拉应力 σ_R 应按式(2-5-7)计算：

$$\sigma_R = \frac{\sigma_S}{K_S} \qquad (2-5-7)$$

式中　σ_R——路面结构层材料的容许拉应力(MPa)；

　　　σ_S——沥青混凝土或半刚性材料的极限抗拉强度(MPa)；

　　　K_S——抗拉强度结构系数。

对沥青混凝土的极限抗拉强度，系指 15℃时的极限抗拉强度；对水泥稳定类材料龄期为 90d 的极限抗拉强度(MPa)；对二灰稳定类、石灰稳定类的材料龄期为 180d 的极限抗拉强度(MPa)。

对沥青混凝土面层的抗拉强度结构系数，宜按式(2-5-8)计算：

$$K_S = 0.09 N_e^{0.2} / A_c \qquad (2-5-8)$$

对无机结合料稳定集料类：

$$K_S = 0.35 N_e^{0.11} / A_c \qquad (2-5-9)$$

对无机结合料稳定细粒土类：

$$K_S = 0.45 N_e^{0.11} / A_c \qquad (2-5-10)$$

5. 路基回弹模量值的确定

弹性理论中表征材料性质的参数是弹性模量和泊松比。故在应用弹性层状体系理论进行路面计算时，必须确定路基土和路面材料的弹性模量值。工程上通常采用承载板试验或弯沉测定的方法确定路基土和路面材料回弹模量值，并将这种回弹模量作为弹性模量。路基回弹模量是路面结构设计的重要参数，与土的性质、密实度、含水量、路基所处的干湿状态以及测试方法密切相关。其取值对路面结构厚度有较大影响。

新建公路初步设计时，一般根据查表法(或现有公路调查法)、室内试验法、换算法等，经综合分析、论证，确定沿线不同路基状况的路基回弹模量设计值；或者通过现场测定路基压实度、路基稠度利用已建立的可靠换算关系，经换算得到现场的路基回弹模量。当路基建成后，应在不利季节实测各路段路基回弹模量代表值，以检验是否符合设计值的要求。现场实测方法宜采用承载板法，也可采用贝克曼梁弯沉仪法。若在非不利季节测试，应进行修正。若现场实测路基回弹模量代表值小于设计值，应采取翻晒补压、掺灰处理等加强路基或调整路面结构厚度的措施，以保证路基路面的强度和稳定性。

（1）现场实测法

在不利季节，采用刚性承载板直接在现场实测路基回弹模量，利用式(2-5-11)计算测点处路基回弹模量值 E_{0b}，即

$$E_{0b} = 10000 \cdot \frac{\sum P_i}{D \cdot \sum l_i}(1-\mu_0^2) \tag{2-5-11}$$

式中　D——承载板直径(mm)；

　P_i，l_i——第 i 级荷载(kN)及其检测的回弹变形(0.01mm)；

　　μ_0——路基的泊松比，取 0.35。

某路段路基回弹模量设计值按式(2-5-12)计算：

$$E_{0D} = (\overline{E}_0 - Z_a S)/K_1 \tag{2-5-12}$$

式中　E_{0D}——某路段路基回弹模量设计值(MPa)；

　$\overline{E}_0$、S——实测路基回弹模量的平均值和均方差；

　　Z_a——保证率系数，高速公路、一级公路为 2，二、三级公路为 1.648，四级公路为 1.5；

　　K_1——不利季节系数，可根据当地经验确定。

（2）查表法

查表法主要适用于不具备实测的条件下。首先根据土质、气候条件，按当地经验确定临界高度（在不利季节，路基分别处于干燥、中湿或潮湿状态时，路床表面距地下水位或地表积水水位的最小高度）。其次对新建公路的初步设计，可根据当地经验或路基临界高度，判断各路段路基的干湿类型，查《公路沥青路面设计规范》JTG D50 "土基干湿状态的稠度建议值"（表 5-1-4-1）和"土基干湿类型"（表 5-1-4-2）得出其平均稠度值。最后根据土类和气候区及拟定的路基土的平均稠度，参考《公路沥青路面设计规范》JTG D50 附录中表 F.2 "二级自然区划各土组土基回弹模量参考值"预测土基回弹模量。

（3）室内实验法

利用室内试验法测定土的回弹模量，应取有代表性的土样在室内按照《公路土工试验规程》(JTG E42)中 T0135 试验要求进行小承载板试验，承载板直径为 100mm。回弹模量测试结果应考虑不利季节，不利年份的影响，乘以折减系数 λ 予以修正。试件制备应根据重型击实标准确定的最佳含水量，采用三组试样，每组三个试件，每个试件分别按重锤三层 98 次、50 次、30 次击实制件，测得不同压实度与其相对应的回弹模量值，绘成压实度与回弹模量间的关系线，查图求得标准压实度条件下土的回弹模量值。路基回弹模量的设计值，应考虑公路等级、不利季节和路基干湿类型的影响。

（4）换算法

在新建路基上用承载板法测定回弹模量时，同时测定回弹弯沉与 CBR，并在室内按相应土性状态进行回弹模量、CBR 测试，建立现场测定与室内试验的关系，得到回弹模量与回弹弯沉、回弹模量与 CBR 的相关换算关系式，以此为基础，可以单独采用室内试验方法确定回弹模量值。

6. 路面材料设计参数值

材料模量值是表征材料刚度特性的指标。常用的路面材料参数测试方法有压缩试验、劈裂试验和弯拉试验。设计时采用何种试验及其模量值，应考虑下列因素：

（1）测试方法简便，结果比较稳定；

（2）测得的模量值和强度应较好地反映各种路面材料的力学特性；

（3）模量值和强度用于厚度计算时，应较好地与设计方法相匹配，设计厚度与实际经验相吻合。

我国沥青路面设计规范中以路表弯沉值为设计或验算指标时，设计参数采用抗压回弹模量，对于沥青混凝土试验温度为 20℃；以沥青层或半刚性材料结构层层底弯拉应力为设计或验算指标时，设计参数采用抗压回弹模量，对于沥青混凝土试验温度为 15℃，对水泥稳定类材料龄期为 90d；对二灰稳定类、石灰稳定类的材料龄期为 180d。半刚性材料的抗压模量、抗压强度、劈裂强度与龄期均有较好的相关关系，通过建立这些相关关系可以预估规定龄期的材料模量或强度，并经充分论证后作为设计值使用。

7. 厚度计算

我国公路沥青路面厚度计算采用双圆垂直均布荷载作用下的多层弹性层状体系理论，多以路表面回弹弯沉值和层底拉应力为设计指标，对重载交通路面还可能进行沥青混合料的抗剪强度检验。应用弹性层状体系理论计算路表弯沉和层底拉应力时，由于弹性层状体系理论计算过程的复杂性，一般均需通过计算机进行求解，我国公路沥青路面设计规范中有相应的配套计算软件，可根据拟定的路面结构组合和确定的材料参数进行厚度计算。对于城市道路，也可采用图解法和表解法进行厚度计算。通常按弯沉等效换算的原则将多层体系换算为双层体系或三层体系，利用诺谟图和简化公式进行弯沉和拉应力计算，在此基础上进行厚度计算。若需进行沥青面层的剪应力验算，则要求面层在车轮垂直与水平荷载共同作用下，破坏面上可能产生的剪应力不超过材料的容许剪应力。

沥青路面的面层材料均属颗粒材料，做抗剪强度验算时，宜采用莫尔-库仑强度理论，为使路面结构不发生剪切破坏，应限制其结构内的剪应力不超过结构层材料的抗剪强度。路面结构层抗剪强度参数为黏聚力 c 和内摩阻角 φ。沥青混合料的 c 和 φ 通常用三轴剪力仪试验测定。由于沥青面层抗剪强度的计算条件是夏季高温，所以剪切计算及试验的标准温度为当地高温月份路表实际温度的平均值。

［例］ 甲乙两地之间计划修建一条四车道的一级公路，在使用期内交通量的年平均增长率为 10%。该路段处于IV₇区，为粉质土，稠度为 1.00，沿途有大量碎石集料，并有石灰供给。预测该路竣工后第一年的交通组成如表 2-5-5 所示，试进行路面结构设计。

［解］ 1. 轴载分析

路面设计以双轮组单轴载 100kN 为标准轴载。

（1）以设计弯沉值为指标及验算沥青层层底拉应力中的累计当量轴次

① 轴载换算

轴载换算采用如下的计算公式：

$$N = \sum_{i=1}^{k} C_1 C_2 n_i \left(\frac{P_i}{P}\right)^{4.35}$$

计算结果如表 2-5-6。

预测交通组成表 表 2-5-5

车型	前轴重(kN)	后轴重(kN)	后轴数	后轴轮组数	后轴距	交通量(次/d)
三菱 T653 B	29.3	48.0	1	双轮组	—	300
黄河 JN163	58.6	114.0	1	双轮组	—	400
江淮 HF150	45.1	101.5	1	双轮组	—	400
解放 SP9200	31.3	78.0	3	双轮组	>3m	300
湘江 HQP40	23.1	73.2	2	双轮组	>3m	400
东风 EQ155	26.5	56.7	2	双轮组	=3m	400

轴载换算结果表(弯沉) 表 2-5-6

车型		P_i(kN)	C_1	C_2	n_i(次/d)	$C_1 C_2 n_i \left(\frac{P_i}{P}\right)^{4.35}$(次/d)
三菱 T653 B	前轴	29.3	1	1	300	1.4
	后轴	48.0	1	1	300	12.3
黄河 JN163	前轴	58.6	1	1	400	39.1
	后轴	114.0	1	1	400	707.3
江淮 HF150	前轴	45.1	1	1	400	12.5
	后轴	101.5	1	1	400	426.8
解放 SP9200	前轴	31.3	1	1	300	1.9
	后轴	78.0	3	1	300	305.4
湘江 HQP40	后轴	73.2	2	1	400	205.9
东风 EQ155	前轴	26.5	1	1	400	1.2
	后轴	56.7	2.2	1	400	74.6
$N = \sum_{i=1}^{k} C_1 C_2 n_i \left(\frac{P_i}{P}\right)^{4.35}$						1788.4

注：轴载小于 25kN 的轴载作用不计。

② 累计当量轴次

根据设计规范，一级公路沥青路面的设计年限取 15 年，四车道的车道系数是 0.4~0.5，取 0.45。

累计当量轴次：

$$N_e = \frac{[(1+\gamma)^t - 1] \times 365}{\gamma} N_1 \eta = \frac{[(1+0.1)^{15} - 1] \times 365 \times 1788.4 \times 0.45}{0.1}$$

$$= 9332998 \text{ 次}$$

(2) 验算半刚性基层层底拉应力中的累计当量轴次

① 轴载换算

验算半刚性基层层底拉应力的轴载换算公式为：

$$N' = \sum_{i=1}^{k} C'_1 C'_2 n_i \left(\frac{P_i}{P}\right)^8$$

计算结果如表 2-5-7。

轴载换算结果表（半刚性基层层底拉应力） 表 2-5-7

车型		P_i	C'_1	C'_2	n_i	$C'_1 C'_2 n_i \left(\frac{P_i}{P}\right)^8$
黄河 JN163	前轴	58.6	1	1	400	5.6
	后轴	114.0	1	1	400	1141.0
江淮 HF150	后轴	101.5	1	1	400	450.6
解放 SP9200	后轴	78.0	3	1	300	123.3
湘江 HQP40	后轴	73.2	2	1	400	65.9
东风 EQ155	后轴	56.7	3	1	400	12.8
$N' = \sum_{i=1}^{k} C'_1 C'_2 n_i \left(\frac{P_i}{P}\right)^8$						1799.2

注：轴载小于 50kN 的轴载作用不计。

② 累计当量轴次

参数取值同上，设计年限是 15 年，车道系数取 0.45。

累计当量轴次：

$$N_e = \frac{[(1+\gamma)^t - 1] \times 365}{\gamma} N_1 \eta = \frac{[(1+0.1)^{15} - 1] \times 365 \times 1788.4 \times 0.45}{0.1}$$

$$= 9332998 \text{ 次}$$

2. 结构组合与材料选取

由上面的计算得到设计年限内一个行车道上的累计标准轴次为 900 万次左右。根据规范推荐结构，并考虑到公路沿途有大量碎石且有石灰供应，路面结构面层采用沥青混凝土（15cm），基层采用水泥碎石（取 25cm），底基层采用石灰土（厚度待定）。

规范规定高速公路、一级公路的面层一般由二～三层组成，本例采用三层式沥青面层，表面层采用细粒式密级配沥青混凝土（厚度 4cm），中面层采用中粒式密级配混凝土（厚度 5cm），下面层采用粗粒式密级配沥青混凝土（厚度 6cm）。

3. 各层材料的抗压模量与劈裂强度

查表得到各层材料的抗压模量和劈裂强度。抗压模量取 20℃ 的模量，各值均取规范给定范围的中值，因此得到 20℃ 的抗压模量：细粒式密级配沥青混凝土为 1400MPa，中粒式密级配沥青混凝土为 1200MPa，粗粒式密级配沥青混凝土为 1000MPa，水泥碎石为 1500MPa，石灰土 550MPa。各层材料的劈裂强度：细粒式密级配沥青混凝土为 1.4MPa，中粒式密级配沥青混凝土为 1.0MPa，粗粒式密级配沥青混凝土为 1.0MPa，水泥碎石为 0.5MPa，石灰土 0.225MPa。

4. 路基回弹模量的确定

该路段处于Ⅳ7 区，为粉质土，稠度为 1.00，查《公路沥青路面设计规范》JTG D50 附录 F 中"二级自然区划各土组土基回弹模量参考值（MPa）"得土基回弹模量为 40MPa。

5. 设计指标的确定

对于一级公路，规范要求以设计弯沉值作为设计指标，并进行结构层底拉应力验算。

（1）设计弯沉值

路面设计弯沉值根据规式(2-5-6)计算。本例为一级公路，公路等级系数取1.0，面层是沥青混凝土，面层类型系数取1.0，半刚性基层，底基层总厚度大于20cm，基层类型系数取1.0。

设计弯沉值为：

$$I_d = 600 N_e^{-0.2} A_c A_s A_b = 600 \times 9332998^{-0.2} \times 1.0 \times 1.0 \times 1.0$$
$$= 24.22(0.01mm)$$

（2）各层材料的容许层底拉应力

$$\sigma_R = \frac{\sigma_{sp}}{K_s}$$

细粒式密级配沥青混凝土：

$$K_s = 0.09 A_a \cdot \frac{N_e^{0.22}}{A_c} = 0.09 \times 1.0 \times 9332998^{0.22}/1.0 = 3.07$$

$$\sigma_R = \frac{\sigma_{sp}}{K_s} = 1.0/3.07 = 0.3257MPa$$

水泥碎石：

$$K_s = 0.35 \frac{N_e^{0.11}}{A_c} = 0.35 \times 9389359^{0.11}/1.0 = 2.05$$

$$\sigma_R = \frac{\sigma_{sp}}{K_s} = 0.5/2.05 = 0.2439MPa$$

石灰土：

$$K_s = 0.45 \frac{N_e^{0.11}}{A_c} = 0.45 \times 9389359^{0.11}/1.0 = 2.63$$

$$\sigma_R = \frac{\sigma_{sp}}{K_s} = 0.225/2.63 = 0.0856MPa$$

6. 总结设计经验

设计弯沉值为24.22(0.01mm)相关设计汇总如表2-5-8。

设计资料汇总表 表 2-5-8

材料名称	h(cm)	20℃抗压模量(MPa)	容许拉应力(MPa)
细粒式沥青混凝土	4	1400	0.4560
中粒式沥青混凝土	5	1200	0.3257
粗粒式沥青混凝土	6	1000	0.2367
水泥碎石	25	1500	0.2439
石灰土	—	550	0.0856
路基	—	40	—

7. 确定石灰土层厚度

通过计算机设计计算得到，石灰土的厚度为24.5cm，实际路面结构的路表实测弯沉值为 24.19（0.01mm），沥青面层的层底均受压应力，水泥碎石层底的最大拉应力为 0.1223MPa，石灰土层底最大拉应力为 0.075MPa。

上述设计结果满足设计要求。

第二节　水泥混凝土路面设计

水泥混凝土路面板具有较高的力学强度，在车轮荷载作用下变形小，同时按照现行的设计理论，混凝土板工作在弹性阶段，也就是在计算汽车荷载作用下，板内产生的最大应力不超过水泥混凝土的极限应力。当水泥混凝土板工作在弹性阶段时，基层和路基所承受的荷载单位压力及产生的变形也微小，它们也都工作于弹性阶段，因此从力学体系上看，水泥混凝土路面结构也属于弹性层状体系。

然而，作为刚性路面的水泥混凝土路面，同柔性路面相比，有自己的特性。首先，混凝土路面板的弹性模量及力学强度大大高于基层和路基的相应模量和强度；其次，混凝土的抗弯拉强度远小于抗压强度，约为其 1/7～1/6，因此决定水泥混凝土板尺寸的强度指标是抗弯拉应力；同时，由于混凝土板与基层或路基之间的摩阻力一般不大，所以在力学图式上可把水泥混凝土路面结构看做是弹性地基板，用弹性地基板理论进行分析计算。

由于混凝土的抗弯拉强度比抗压强度低很多，在车轮荷载作用下当弯拉应力超过混凝土的极限抗弯拉强度时，混凝土板便产生断裂破坏，且在车轮荷载的重复作用下，混凝土板会在低于其极限抗弯拉强度时出现破坏。此外，由于板顶面和底面的温差会使板产生温度翘曲应力，板的平面尺寸越大，翘曲应力也越大。另外，水泥混凝土又是一种脆性材料，它在断裂时相对拉伸变形很小。因此，在荷载作用下路基和基层的变形情况对混凝土板的影响很大，不均匀的基础变形会使混凝土板与基层脱空，在车轮荷载作用下板产生过大的弯拉应力而遭破坏。

基于上述，为使路面能够经受车轮荷载的多次重复作用、抵抗温度翘曲应力、并对地基变形有较强的适应能力，混凝土板必须具有足够的抗弯拉强度和厚度。

水泥混凝土路面在行车荷载和环境因素的作用下可能出现的破坏类型主要有：①断裂；②唧泥；③错台；④拱起；⑤接缝挤碎等。从水泥混凝土路面的几个主要破坏类型可以看出，影响混凝土路面的使用性能的因素是多方面的，如轮载、温度、水分、基层、接缝构造、材料以及施工和养护情况等。从保证路面结构承载能力的角度，混凝土路面结构设计应以防止面层板断裂为主要设计标准；从保证汽车行驶性能的角度，应严格控制接缝两侧的错台量。产生断裂、错台等的原因是多方面的，如基层的冲刷和排水条件。因此，混凝土路面设计必须从多方向采取措施来保证它的使用寿命。

混凝土路面在经受到车轮荷载重复作用的同时，还经受大气温度周期性变化的影响。因此，混凝土路面板的疲劳破坏不仅与荷载重复次数有关，而且与温度周期性变化产生的温度翘曲应力重复作用有关。水泥混凝土路面结构设计应以面层板在设计基准期内，在行车荷载和温度梯度综合作用下，不产生疲劳断裂作为设计标准；并以最重轴载和最大温度梯度综合作用下，不产生极限断裂作为验算标准。其极限状态设计表达式可分别采用式(2-5-13)和式(2-5-14)：

$$\gamma_r(\sigma_{pr}+\sigma_{tr}) \leqslant f_r \tag{2-5-13}$$

$$\gamma_r(\sigma_{pmax}+\sigma_{tmax})\leqslant f_r \tag{2-5-14}$$

式中 σ_{pr}——面层板在临界荷位处产生的行车荷载疲劳应力（MPa）；

$\quad\quad\sigma_{tr}$——面层板在临界荷位处产生的温度梯度疲劳应力（MPa）；

$\quad\quad\sigma_{p,max}$——最重的轴载在临界荷位处产生的最大荷载应力（MPa）；

$\quad\quad\sigma_{tmax}$——所在地区最大温度梯度在临界荷位处产生的最大温度翘曲应力（MPa）；

$\quad\quad\gamma_r$——可靠度系数，依据所选目标可靠、变异水平等级及变异系数通过计算确定；

$\quad\quad f_r$——水泥混凝土弯拉强度标准值（MPa）。

当采用贫混凝土或碾压混凝土基层时，还应对贫混凝土或碾压混凝土基层进行验算。贫混凝土或碾压混凝土基层应以设计基准期内行车荷载不产生疲劳断裂作为设计标准。其极限状态设计表达式可采用式(2-5-15)：

$$\gamma_r\sigma_{bpr}\leqslant f_{br} \tag{2-5-15}$$

式中 σ_{bpr}——基层内产生的行车荷载疲劳应力（MPa）；

$\quad\quad f_{br}$——基层材料的弯拉强度标准值（MPa）。

为了防止混凝土路面拱起、错台、接缝挤碎和唧泥，除了采用排水基层、耐冲刷基层和增强接缝传荷能力外，还可加强日常养护等。

一、水泥混凝土路面设计的基本理论

1. 小挠度弹性薄板的基本假设

在弹性力学里，两个平行面和垂直于这两个平行面所围成的柱面或棱柱面简称板。两个板面之间的距离 h 称厚度，平分厚度 h 的平面称为板的中面。如果板的厚度 h 远小于中面的最小边尺寸 b（例如 $b/8\sim b/5$），这种板称薄板。当薄板弯曲时，中面所弯成的曲面称为薄板的弹性曲面，而中面内各点在横向（即垂直于中面方向的）位移称挠度。水泥混凝土板属于小挠度弹性薄板，也就是说虽然板很薄，但仍然具有相当的弯曲刚度，因而其挠度远小于厚度。

小挠度弹性薄板弯曲理论，是以三个计算假定为基础的。取薄板的中面为 xy 面，这些假定如下：

垂直于中面方向的正应变 ε_z 极其微小，可以不计。取 $\varepsilon_z=0$，则由弹性力学中的几何方程得 $\dfrac{\partial\omega}{\partial z}$，从而得 $\omega=\omega(x,y)$。竖向位移（即挠度）ω 仅是平面坐标(x,y)的函数，即沿板厚度各点具有相同的挠度 ω。

垂直于中面的法线，在弯曲变形前后均保持为直线并垂直于中面，因而无横向剪切应变，即

$$r_{zx}=r_{zy}=0$$

薄板受到垂直于板面的荷载时，中面各点都没有平行板面的位移，即

$$(u)_{z=0}=0,\quad(v)_{z=0}=0$$

也就是说，中面的任意一部分，在弯曲成弹性曲面前后，在 xy 面上的投影形状保持不变。

对弹性地基薄板、板与地基的接触状态又采用了如下假设：

（1）在变形过程中，板与地基的接触面是吻合的，即板底面与地基表面的竖向位移是

相同的；

（2）在板与地基的两接触面之间没有摩阻力（可以自由滑动），即接触面上的简应力视为零。

2. 板挠曲面微分方程

从板上割取长和宽各为 dx 和 dy 高为 h 的单元，取薄板的挠度 ω 作为基本未知函数，根据单元的平衡条件，有

$$\sum Z=0, \quad \sum M_x=0, \quad \sum M_y=0 \tag{2-5-16}$$

可导出，当板表面作用竖向荷载 p、地基对板底面作用竖向反力为 q 时，板中心挠曲面的微分方程为：

$$D \nabla^2 \nabla^2 \omega = p - q \tag{2-5-17}$$

式中　∇^2——拉普拉斯算子，即 $\nabla^2 = \dfrac{\partial^2}{\partial x^2} + \dfrac{\partial^2}{\partial y^2}$；

　　　　D——板的弯曲刚度，即 $D = \dfrac{E_c h^3}{12(1-\mu_c^2)}$；

　　　　ω——板的挠度，即地基表面的沉陷；

E_c、μ_c——分别为板的弹性模量和泊松比；

　　　　h——板厚。

荷载 p 及反力 q 如同竖向位移 ω 一样，均为平面坐标 (x, y) 的函数。

在求得板的挠度 ω 解后，即可由下式计算板的应力：

$$\sigma_x = -\frac{E_c z}{1-\mu_c^2}\left(\frac{\partial^2 \omega}{\partial x^2} + \mu_c \frac{\partial^2 \omega}{\partial y^2}\right)$$

$$\sigma_y = -\frac{E_c z}{1-\mu_c^2}\left(\frac{\partial^2 \omega}{\partial y^2} + \mu_c \frac{\partial^2 \omega}{\partial x^2}\right)$$

$$\tau_{xy} = -\frac{E_c z}{1-\mu_c}\frac{\partial^2 \omega}{\partial x \partial y} \tag{2-5-18}$$

对上式进行积分，则可得到截面上的弯矩和扭矩为：

$$M_x = -D\left(\frac{\partial^2 \omega}{\partial x^2} + \mu_c \frac{\partial^2 \omega}{\partial y^2}\right)$$

$$M_y = -D\left(\frac{\partial^2 \omega}{\partial y^2} + \mu_c \frac{\partial^2 \omega}{\partial x^2}\right)$$

$$M_{xy} = -D(1-\mu_c)\frac{\partial^2 \omega}{\partial x \partial y} \tag{2-5-19}$$

在微分方程中有两个未知数，即位移 ω 和地基反力 q，因此必须建立附加方程，将 ω 与 q 联系起来，才能对方程求解，求得 ω。对地基的受力变形采用不同的假设，所建立的 ω 与 q 的关系方程也就不同。目前常用的地基变形假设（即地基模型）主要有两种，即文克勒地基假设与弹性半空间体地基假设，因此有两种求解弹性地基板应力和位移的方法。

3. 地基假设

按照弹性地基上薄板的模式分析刚性路面应力状态时，地基的假定主要有两类，即文克勒地基与弹性匀质半空间地基。

文克勒地基假设认为，地基某一点的沉陷仅决定于作用于该点的压力，而和邻近的地基不发生任何关系。某点的地基反力可以用一个系数 K 乘上该点的挠度 ω 来表示。系数

K 是"地基反应模量"，是地基刚度的量度，模量 K 为常数，与挠度无关，在所考虑的面积内，所有各点都是一样的。用公式表示为：

$$q = K\omega \qquad (2-5-20)$$

但实际上，地基在横向是相互牵连和相互制约的，一部分受力，相邻部位也受到影响，也发生沉陷。鉴于文克勒地基假设存在一些缺点，人们进一步提出了符合弹性体基本假设的弹性匀质半空间地基假设，即假定地基为连续、匀质、各向同性、完全弹性的半空间体。同一般弹性体一样，弹性匀质半空间地基的力学特性也用弹性模量 E_0 和泊松比 μ_0 来表示。地基表面的垂直位移 ω 与荷载 q 的关系可以用匀质半空间体表面受轴对称荷载作用时的位移计算公式来表示，即

$$\omega(r) = \frac{2(1-\mu_0^2)}{E_0} \int_0^\infty \bar{q}(\xi) J_0(\xi r) \mathrm{d}\xi \qquad (2-5-21)$$

式中 $\omega(r)$——位移函数；

$\bar{q}(\xi)$——地基表面轴对称荷载 $p(r)$ 的零阶亨格尔变换式；

$J_0(\xi r)$——第一类零阶贝塞尔函数；

r——离开荷载作用点的距离（m）；

ξ——任意参数。

不同的地基假设所得出的计算方法不一样，半个多世纪以来，两种地基假设的计算方法都有所发展。以文克勒地基假设为基础的计算方法应用很广，目前世界上大多数国家采用这种方法。虽然它忽略了地基的侧向联系，低估了地基的分布能力，却使计算结果略偏于安全。弹性匀质半空间地基假设在理论上较为严密，但解题方法过于复杂，致使计算结果有一定局限性，另外，该假设过于夸大了地基的分布能力。

二、水泥混凝土路面荷载应力分析

1. 文克勒地基板的荷载应力分析

威斯特卡德采用文克勒地基假说，将车轮荷载 p 简化成圆形均布垂直荷载，研究了三种典型临界轮载位置下板产生的挠度和弯矩，得到板体最大挠度和最大应力的计算公式。这三种位置如图 2-5-2 所示：①轮载作用于无限大板中央，分布于半径为 R 的圆面积内；②轮载作用于受一直线边限制的半无限大板的边缘，分布于半圆内；③轮载作用于受两条相互垂直的直线边限制的大板的角隅处，压力分布圆的圆心距角隅点为 $\sqrt{2}R$。

（1）荷载作用于板中（荷位①），荷载中心处板底最大弯拉应力：

$$\sigma_i = 1.1(1+\mu_c)\left(\lg\frac{l}{R} + 0.2673\right)\frac{P}{h^2} \qquad (2-5-22)$$

当荷载作用面积较小时，压强 p 可能很大。这时，如果仍采用假设 $\sigma_z = 0$ 的薄板理论计算应力，会得出偏大的结果。威斯特卡德分析了薄板与厚板理论计算结果的差异，提出了一种把小半径实际荷载面积放大成当量计算半径 b 的近似方法。b 和 R 的关系按下式确定：

当 $R < 1.724h$ 时：

$$b = \sqrt{1.6R^2 + h^2} - 0.675h$$

当 $R > 1.724h$ 时：

$$b = R \qquad (2-5-23)$$

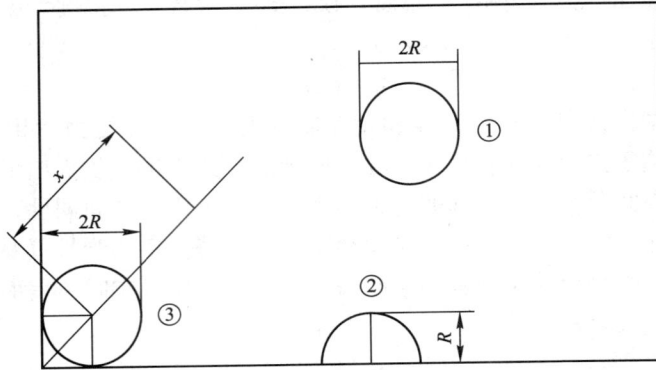

图 2-5-2　三种典型临界轮载位置图

一般说来，当 $R \geqslant 0.5h$ 时，按 R 和按 b 算得的应力值相差并不大，因而在这种情况下可不必按当量半径计算应力，而当 $R < 0.5h$ 时，则必须把 R 换算成 b 以后，才能应用以下公式计算：

$$\sigma_i = 1.1(1+\mu_c)\left(\lg\frac{l}{b}+0.2673\right)\frac{P}{h^2} \tag{2-5-24}$$

（2）荷载作用于板边缘中部（荷位②），荷位下板底的最大弯拉应力：

$$\sigma_e = 2.11(1+0.54\mu_c)\left(\lg\frac{l}{R}+0.08975\right)\frac{P}{h^2} \tag{2-5-25}$$

在试验验证上述公式时发现，当板处于同地基保持完全接触的状态时，计算结果同实测值相符。但在板边缘由于板温度翘曲变形或地基塑性变形而同地基脱空时，实测应力值要比上式的计算结果偏高 10% 左右。为此，凯利根据试验结果，提出了经验修正公式：

$$\sigma'_e = 2.116(1+0.54\mu_c)\left(\lg\frac{l}{R}+\frac{1}{4}\lg\frac{R}{2.54}\right)\frac{P}{h^2} \tag{2-5-26}$$

计算板边应力 σ_e 时，当 $R < 0.5h$ 时，也应将 R' 改成 b 进行计算。

（3）荷载作用于板角隅（荷位③），最大拉应力在板的表面离荷载圆中心为 x_1 的分角线上。

$$\sigma_c = 3\left[1-\left(\frac{\sqrt{2}R}{l}\right)^{0.6}\right]\frac{P}{h^2} \tag{2-5-27}$$

$$x_1 = 2\sqrt{\delta_1 l}, \quad \delta_1 = \sqrt{2}R$$

在温度梯度和地基塑性变形的影响下，板角隅也会发生同地基相脱空的现象。试验表明，板角隅上翘时，实测应力值要比按上式算得的大 30%～50% 左右。对此，凯利又提出了经验修正公式：

$$\sigma_c = 3\left[1-\left(\frac{R}{l}\right)^{1.2}\right]\frac{P}{h^2} \tag{2-5-28}$$

在以上诸式中，P 为车轮荷载，l 为板的相对刚性半径，即：

$$l = \sqrt[4]{\frac{D}{K}} = \sqrt[4]{\frac{E_c h^3}{12(1-\mu_c^2)K}} \tag{2-5-29}$$

2. 弹性半空间体地基板的荷载应力分析

弹性半空间地基是以弹性模量和泊松比表征的弹性地基。它假设地基为一各向同性的弹性半无限体(故又称半无限地基)。地基在荷载作用范围内及影响所及的以外部分均产生变形，其顶面上任一点的挠度不仅同该点的压力，也同其他各点的压力有关，即：

$$q(x, y) = f\left[W(x, y)\right]$$

1938 年，霍格根据弹性半空间体地基假设，轴对称竖向荷载下半无限地基上无限大圆板的位移和应力作了理论分析。翌年该理论分析即被苏联舍赫捷尔应用于刚性路面计算中。当弹性半空间体地基上作用竖向轴对称荷载 $q(r)$ 时，其表面的挠度为：

$$\omega(r) = \frac{2(1-\mu_0^2)}{E_0} \int_0^\infty \bar{q}(\xi) J_0(\xi r) \mathrm{d}\xi \qquad (2\text{-}5\text{-}30)$$

对于外荷载与弹性地基板本身均属于轴对称的情况下：

$$D \nabla^2 \nabla^2 \omega = p(r) - q(r) \qquad (2\text{-}5\text{-}31)$$

此时板内径向弯矩 M_r 与切向弯矩 M_t 的表达式：

$$M_r = -D\left(\frac{d^2}{dr^2} + \frac{\mu_c}{r}\frac{d}{dr}\right)\omega(r)$$

$$M_t = -D\left(\frac{1}{r}\frac{d}{dr} + \mu_c \frac{d^2}{dr^2}\right)\omega(r) \qquad (2\text{-}5\text{-}32)$$

当荷载作用于板中时，应用弹性地基上无限大板轴对称课题的理论解来计算荷载位置的弯矩。先解得 $\omega(r)$，再将它代入公式便得圆形均布荷载下板在单位宽度内所产生的最大弯矩为：

$$M_r = M_t = \frac{CP(1+\mu_c)}{2\pi aR} = \bar{M}_0 P \qquad (2\text{-}5\text{-}33)$$

当轮载距计算点有一定距离时，可作为集中荷载，则距集中荷载作用点 r 处板在单位宽度内的弯矩为：

$$M_t = (A + \mu_c B)P = \bar{M}_t P$$

$$M_r = (B + \mu_c A)P = \bar{M}_r P \qquad (2\text{-}5\text{-}34)$$

式中　M_t——单位板宽内的切向弯矩(MN/m)；

　　　M_r——单位板宽内的辐向弯矩(MN/m)；

　　　P——作用在板上的车轮荷载(MN)；

　　　C——随 aR 值而变的系数，即 $C = \int_0^\infty \frac{tJ_1(aRt)}{1+t^3} \mathrm{d}t$，其值可查表得到；

　　A、B——随 aR 值而变的系数，可查表得。

应当指出，在上述理论中所称的无限大圆形薄板，应符合下列条件：

$$S = 3\frac{1-\mu_c^2}{1-\mu_0^2}\frac{E_0}{E_c}\frac{R_B^3}{h^3} \geqslant 10 \qquad (2\text{-}5\text{-}35)$$

式中　S——板的刚性指数；

　　　R_B——与板面积相等的圆形板的半径(m)。

当单后轴汽车的两侧后轮同时作用在板上时，由于两组车轮相距较远，其中一组后轮对另一组后轮下板所引起的附加弯矩，相对来说是很小的，一般可不予考虑。

至于两组后轮中央处板所承受的弯矩要较一组后轮下板产生的弯矩小很多，一般也不予计算。所以对单后轴车的两组后轮，通常仅按双轮胎的一组后轮的均布荷载来计算板的最大弯矩。

当荷载相等而形成对称的多组车轮作用在一块板上时，例如双后轴汽车的四组后轮，平板挂车的多组后轮以及飞机起落架上的两组或四组轮子等，则应选其中一组轮子作主轮，按圆形均布荷载计算板所受的最大弯矩 M_0；对其他各组轮子则按集中荷载计算其在主轮轮迹中心下板所承受的附加辐向弯矩 M_r 和切向弯矩 M_t，然后把这些 M_r 和 M_t 按下式转算为 x 向弯矩和 y 向弯矩：

$$M_x = M_r \cos^2\beta + M_t \sin^2\beta$$
$$M_y = M_r \sin^2\beta + M_t \cos^2\beta \tag{2-5-36}$$

式中　　M_x 和 M_y——分别为转算得的板在单位宽度上的 x 向弯矩和 y 向弯矩；

　　　　　　β——集中荷载作用点与主轮轮迹中心点连线同 x 轴的夹角（°）。

最后把所有各个轮子对板所引起的 x 向弯矩与 y 向弯矩分别迭加起来，得出 $\sum M_x$ 和 $\sum M_y$。

按上述方法所算得的弯矩，只是板中部受荷时产生的弯矩。由于荷载作用于板边、板角隅时的弯矩，弹性半空间体地基板尚没有解答，过去曾根据车轮荷载作用于两种地基模型上无限大板中部时弯矩相等的原则，建立地基反力模量与弹性模量之间的关系，再将此关系代入相应的地基板边、板角应力公式，从而得到相当于弹性半空间体地基板在板边和板角隅受荷时的弯曲应力计算公式：

（1）当车轮荷载在板边时：

$$\sigma_{\max} = 0.529(1 + 0.54\mu_c)\frac{P}{h^2}(\alpha_0 - 0.71) \tag{2-5-37}$$

（2）当车轮荷载在板角时：

$$\sigma_{\max} = \frac{3P}{h^2}(1 - 1.79)\left(\frac{1 - \mu_c^2}{10^{\alpha_0}}\right)^{0.15} \tag{2-5-38}$$

以上两式中　　　　　$\alpha_0 = 1.91\frac{h}{R}\sqrt[3]{\frac{E_c(1 - \mu_0^2)}{E_0(1 - \mu_c^2)}}$

上述公式适用于 $h/R \geqslant 0.5$ 的情况。

大量计算表明，按照上述方法求得的板边的弯曲应力与按前面算得的板中弯曲应力之比，在常用的板厚（h/R）与模量比（E_c/E_0）范围内，约等于 1.5，或者说等厚板在同一车轮作用于板中及板边时，则边缘的弯矩约为板中弯矩的 1.5 倍。如果对混凝土路面板进行等强度设计，则板中及板边所需厚度分别为：

$$h_i = \sqrt{\frac{6M_i}{[\sigma]}} \text{ 与 } h_e = \sqrt{\frac{6M_e}{[\sigma]}} \tag{2-5-39}$$

又知板边弯矩近似等于板中弯矩 1.5 倍，即 $M_e \approx 1.5M_i$，故有

$$h_e = \sqrt{\frac{6 \times 1.5M_i}{[\sigma]}} = \sqrt{1.5}\sqrt{\frac{6M_i}{[\sigma]}} = 1.23h_i \tag{2-5-40}$$

式中　　h_e、h_i——分别为板边、板中的厚度；

　　　　M_e、M_i——分别为板边、板中的弯矩；

　　　　　$[\sigma]$——混凝土的容许弯拉应力。

由此可见，按板边受荷时所产生的最大弯矩计算得的板边厚度，要较板中受荷时所需厚度大 25%。

3. 有限尺寸矩形板

生产实践中的混凝土路面板都具有有限尺寸，而且大都属于有限尺寸的矩形板，真正的无限大板实际并不存在。

对于弹性半空间体地基上有限尺寸矩形板的板中、板边和板角作用车轮荷载时，求解相应位置的挠度和弯矩（属非轴对称课题），在数学上遇到很大困难，故至今尚未得到解析表达式。

有限元方法是结构和连续介质应力分析中的一种较新而较有效的计算方法。采用有限元法分析水泥混凝土路面的荷载应力，有着比积分解（解平衡微分方程）优越的地方，主要表现在：

（1）可以按板块的实际大小求解有限尺寸的板，从而消除无限大板的假设所带来的误差（此误差随荷载接近板边缘和相对刚度半径的增大而增加）；

（2）可以考虑各种荷载情况（包括荷载组合和荷载位置），而不必像前述方法那样规定若干种典型的荷位，并且能解算简单的荷载组合情况，因此，可以用于符合实际荷载情况的应力分析；

（3）可以计及板的实际边界条件，如接缝的传荷能力、板和地基的脱空（不连续接触）等；

（4）所解得的结果是整个板面上的位移场和应力场，从而可以更全面地分析板的受荷情况。

随着现代电子计算技术的高速发展，有限单元法在弹性地基上有限尺寸混凝土板力学计算研究中将得到更广泛的应用。目前，我国就是采用这种方法。现行《公路水泥混凝土路面设计规范》JTG D40 用有限元法分析了荷载作用下板的极限应力值，由此给出了相关的应力计算。

三、水泥混凝土路面温度应力分析

水泥混凝土路面板内不同深处的温度，随气温的变化而变化。这种变化使混凝土板出现膨胀和收缩变形的趋势。当变形受阻时，板内便产生胀缩应力或翘曲应力。

1. 胀缩应力

当气温缓慢变化时，板内温度均匀升降，则面板沿断面的深度均匀胀缩。设 x 为板的纵轴，y 为板的横轴。如有一平面尺寸很大的板，在温差影响下板内任一点的应变为：

$$\varepsilon_x = \frac{1}{E}(\sigma_x - \mu\sigma_y) + \alpha\Delta t$$

$$\varepsilon_y = \frac{1}{E}(\sigma_y - \mu\sigma_x) + \alpha\Delta t \tag{2-5-41}$$

式中 ε_x、ε_y——分别为板纵向和横向应变；

     σ_x、σ_y——分别为板纵向和横向的温度应力（MPa）；

       α——水泥混凝土的线膨胀系数，约为 $1\times10^{-5}/℃$；

       Δt——板温差。

由于板与基层之间的摩阻约束，在温度升降时板中部不能移动，即 $\varepsilon_x = \varepsilon_y = 0$，以此代入上式，解得面板胀缩完全受阻时所产生的应力为：

$$\sigma_x = \sigma_y = -\frac{E\alpha\Delta t}{1-\mu} \tag{2-5-42}$$

对于板边缘中部或窄长板，$\varepsilon_x = 0$ 和 $\sigma_y = 0$，则有

$$\sigma_x = -E_c\alpha\Delta t$$

对未设接缝的混凝土路面板，当温度下降 $15℃$ 时，其最大收缩应力如下：

取 $E_c=3×10^4 MPa$，$\mu_c=0.15$，$\Delta t=-15℃$，则

$$\sigma_i=-\frac{3×10^4×10^{-5}×(-15)}{1-0.15}=5.29 MPa \qquad (2-5-43)$$

在混凝土浇筑后初期，混凝土尚未完全硬化，其抗拉强度不足以抵抗收缩应力，板将出现开裂。

当混凝土板温度升高时，如果未设置膨胀缝，板的膨胀受阻，板内将出现膨胀应力。如果板温升高 $15℃$，则压应力为 $5.29 MPa$。这一数值虽小于混凝土的抗压强度，但要注意在此压力作用下是否出现屈曲现象。

为了减少收缩应力，在混凝土板内设置各种接缝，板被划分为有限尺寸的板块。这时板的自由收缩受到板与基础的摩阻力所约束，此摩阻力随板的自重而变。因变形受阻而产生的板内最大应力出现于板长的中央，其值可近似按下式计算：

$$\sigma_t=\gamma f L/2 \qquad (2-5-44)$$

式中　γ——混凝土重度，约为 $0.024 MN/m^3$；

　　　L——板长（m）；

　　　f——板与基础之间的摩擦系数，同基础类型、板的位移量和位移反复情况等因素有关，一般为 $1.0\sim2.0$。

板划分为有限尺寸板块后，因收缩而产生的应力很小，可不予考虑。

2. 翘曲应力

由于混凝土板、基层和路基的导热性能较差，当气温变化较快时，使板顶面与底面产生温度差，因而板顶与板底的胀缩变形大小也就不同。当气温升高时，板顶面温度较其底面高，板顶膨胀变形较板底大，则板中部隆起；相反，当气温下降时，板顶面温度较其底面板低，板顶收缩变形较板底大，因而板的边缘和角隅翘起，如图 2-5-3 所示。由于板的自重、地基反力和相邻板的钳制作用，使部分翘曲变形受阻，从而使板内产生翘曲应力。由气温升高引起的板中部隆起受到限制时，板底面出现拉应力；而当气温降低引起的板四周翘起受阻时，板顶面出现拉应力。

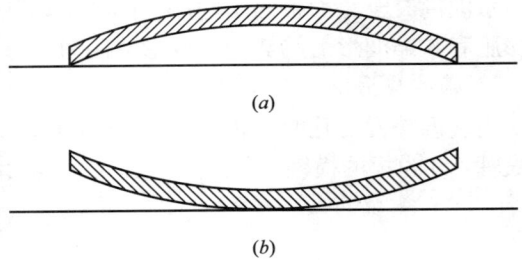

图 2-5-3　混凝土路面板的翘曲变形
(a)气温升高时；(b)气温降低时

为了分析翘曲应力，威斯特卡德对温克勒地基板作了如下假设：温度沿板断面呈直线变化、板和地基始终保持接触，不计板的自重，从而导出了板仅受地基约束时的翘曲应力计算公式。

对有限尺寸板，沿板长（L）和板宽（B）方向的翘曲应力分别为：

$$\sigma_x=\frac{E_c\alpha\Delta t}{2}\cdot\frac{C_x+\mu_c C_y}{1-\mu_c^2}$$

$$\sigma_y=\frac{E_c\alpha\Delta t}{2}\cdot\frac{C_y+\mu_c C_x}{1-\mu_c^2} \qquad (2-5-45)$$

在板边缘中点：

$$\sigma_x = \frac{E_c \alpha \Delta t}{2} \cdot C_x \qquad\qquad (2\text{-}5\text{-}46)$$

式中　Δt——板顶面与板底面的温度差；

C_x、C_y——与 L/l 或 B/l 有关的系数。

板顶面与板底面的温度差通常表示为板的温度梯度乘以板厚，即

$$\Delta t = T_g \cdot h \qquad\qquad (2\text{-}5\text{-}47)$$

弹性半空间体地基上板的翘曲应力，目前尚无解析解，可采用有限元法计算板内翘曲应力。

对于较厚的板，采用温度沿板断面呈直线分布的假设，即按板顶和板底的温差确定的温度梯度计算的翘曲应力，会得到偏大的温度翘曲应力值。为此，应考虑由于温度的非线性分布而引起的内应力。按板底受约束的应变量，可以推导出内应力的计算式。将它同翘曲应力相叠加后，便得到考虑内应力的翘曲应力计算式。

板中部：

$$\sigma_x = \frac{E_c \alpha \Delta t}{2(1-\mu_c^2)} \cdot D_x \qquad\qquad (2\text{-}5\text{-}48)$$

板边缘中点：

$$\sigma_x = \frac{E_c \alpha \Delta t}{2} \cdot D_x \qquad\qquad (2\text{-}5\text{-}49)$$

式中　D_x——温度应力系数：

$$D_x = 2.08 \cdot C_x' e^{-0.0448h} - 0.154(1-C_x')$$

$$C_x' = \frac{C_x + \mu_c C_y}{1 + \mu_c}$$

四、我国水泥混凝土路面的设计方法

1. 设计内容

水泥混凝土路面结构设计包括下述内容：

（1）路面结构层组合设计

水泥混凝土路面结构层的组合设计，应根据该路的交通繁重程度，结合当地环境条件和材料供应情况。选择安排混凝土路面的结构层层次，它包括路基、垫层、基层和面层的结构组合设计，各层的路面结构类型、弹性模量和厚度。作出技术先进、工程经济合理的路面结构组合设计方案，它应是能给混凝土面层以均匀支承、承受预期交通的作用、提供良好使用性能的混凝土路面结构，其设计过程与柔性路面结构组合设计相仿。有关基层、垫层的设置和抗冻的要求均应符合现行有关规范的规定。

水泥混凝土面板要求具有较高的弯拉强度，表面平整、抗滑、耐磨。常选用的面板类型有普通混凝土路面、钢筋混凝土路面、连续配筋混凝土路面、钢纤维混凝土路面、碾压混凝土路面和混凝土预制块路面等。

基层和垫层有粒料类（碎石、砂砾）、稳定类（水泥、石灰、工业废渣）和贫混凝土等，分别具有不同的刚度、抗冲刷能力和透水性。在重交通的道路上，选用水泥稳定类或贫混凝土作为基层具有良好的使用性能。

（2）混凝土面板的平面尺寸与接缝设计

根据混凝土面层板内产生的荷载应力和温度应力确定板的平面尺寸，布设各种接缝的位置，设计接缝的构造，并采取有效措施提高接缝的传荷能力。混凝土板宽和板长之比一般控制在 1∶1.3 以内，纵缝间距（板宽）一般不大于 4.5m，横缝间距（板长）一般为 4～6m。

（3）混凝土面板厚度设计

混凝土面层板厚度设计，应按照设计标准的要求，确定满足设计年限内使用要求所需的混凝土面层厚度。

（4）路肩设计

高速公路和一级公路中间带和路肩路缘带的结构应与行车道的混凝土路面相同，并与行车道部分的混凝土面板浇筑成整体。路肩可采用水泥混凝土面层或沥青混合料面层，其基（垫）层结构应满足行车道路面结构和排水的要求。一般公路的混凝土路面应设置路缘石或加固路肩，路肩加固可采用沥青混合料或其他材料。

（5）普通混凝土路面的钢筋配筋设计

当混凝土路面板较长或交通量较大时、地基有不均匀沉降或板的形状不规则时，可沿板的自由边缘加设补强钢筋，在角隅处加设发针形钢筋或钢筋网，以阻止可能出现的裂缝。

2. 设计参数

（1）标准轴载与轴载换算

我国公路水泥混凝土路面设计规范规定，按疲劳断裂设计标准进行结构分析时，以 100kN 单轴-双轮组荷载作为设计轴载，对极重交通荷载等级的水泥混凝土路面，宜选用货车中占主要份额特重车型的轴载作为设计轴载。对于各级不同轴载汽车的作用次数，可按等效疲劳损坏原则换算成标准轴载的作用次数，并根据标准轴载的作用次数判断道路的交通繁重程度。水泥混凝土路面的轴载换算公式是在混凝土疲劳方程的基础上建立的。

（2）交通分级与设计基准期

水泥混凝土路面承受的交通，按设计基准期内设计车道临界荷位处所承受的设计轴载累计作用次数分为 5 级，即特重交通、重交通、中等交通、轻交通。具体分级如表 2-5-9 所示。

水泥混凝土路面交通分级 表 2-5-9

交通等级	极重	特重	重	中等	轻
设计基准期内设计车道承受设计轴载(100kN)累计作用次数 $Ne(\times 10^4)$	$>1\times 10^4$	$2000\sim 1\times 10^4$	$100\sim 2000$	$3\sim 100$	<3

水泥混凝土路面的设计基准期为计算路面结构可靠度时，考虑各项基本度量与时间关系所取用的基准时间。水泥混凝土路面的设计基准期要比沥青混凝土路面长得多，根据国内外使用经验，并参照交通等级确定一般为 10～30 年。若确定很长的设计基准期，则远景交通量很难估计准确，而且会使初期建设投资过高。从建设长远利益出发，为了节省更多的投资以采用较长的设计基准期更好，表 2-5-10 为水泥混凝土路面设计基准期等可靠

度设计标准。

水泥混凝土路面可靠度设计标准表　　　　　表 2-5-10

公路技术等级	高速公路	一级公路	二级公路	三级公路	四级公路
安全等级	一级		二级	三级	
设计基准期(年)	30		20	15	10
目标可靠度(%)	95	90	85	80	70
目标可靠指标	1.64	1.28	1.04	0.84	0.52
变异水平等级	低	低~中	中	中~高	

为了方便计算，表 2-5-11 列出了各级交通量、公路等级和变异水平情况下，水泥混凝土面层厚度的适宜范围，供设计时参考。

水泥混凝土面层厚度的参考范围　　　　　表 2-5-11

交通等级	极重	特重				重		
公路等级	—	高速	一级		二级	高速	一级	二级
变异水平等级	低	低	中	低	中	低	中	低 中
面层厚度(mm)	≥320	320~280	300~260	280~240		270~230		260~220
交通等级	中等					轻		
公路等级	二级		三、四级			三、四级		
变异水平等级	高	中		高	中	高		中
面层厚度(mm)	250~220		240~210		230~200	220~190		210~180

根据表 2-5-11 可知，我国现行规范中的水泥混凝土路面最小厚度为 18cm。设计计算时，面层的设计厚度要根据计算厚度按 1cm 向上取整。

在设计基准期内设计轴载的累计作用次数，与第一年的交通量、交通轴载组成和交通量的预测增长情况等因素有关。设计时应对上述交通参数进行详细调查、观测与预测。然后根据所得到的交通资料，按下式计算确定设计基准期内水泥混凝土面层临界荷位处所承受的设计轴载累计作用次数 N_e：

$$N_e = \frac{N_s\left[(1+\gamma)^t-1\right]\times 365}{\gamma}\eta \qquad (2\text{-}5\text{-}50)$$

式中　N_s——使用初期设计车道的日设计轴载作用次数(次/d)；

γ——由调查确定的货车交通量的年平均增长率(%)；

t——设计基准期(a)；

η——车轮轮迹横向分布系数，它为路面横断面上某一车道宽度范围内某位置实际受到的最大轴载作用次数占通过该车道断面的总轴数的比例。

车辆轮迹仅具有一定的宽度(一侧轮迹通常为 50cm 左右——包括轮胎宽 2×20cm 和轮隙 10cm)，车辆通过设计车道时只能覆盖一小部分的宽度，因此，车道横断面上各点所受到的轴载作用次数仅是通过该断面的总作用次数的一部分。η 的取值根据公路等级见表 2-5-12。

车辆轮迹横向分布系数   表 2-5-12

公路等级		纵缝边缘处
高速公路、一级公路、收费站		0.17~0.22
二级及二级以下公路	行车道宽>7m	0.34~0.39
	行车道宽≤7m	0.54~0.62

注：车道或行车道宽或者交通量较大时，取高值；反之，取低值。

一般来说，车道数越多，分配到每个车道上的交通量越小。设计时一般按交通量分配最多的车道上的交通量作为设计路面结构时的基准。使路面结构能承受该车道上交通荷载重复作用次数，则路面横向其他位置上应也满足结构要求。如果调查所得为双向行驶公路上某单向的总交通量，则确定设计车道上的交通量时，需要根据单向车道数，将2轴6轮及以上车辆的交通量乘以车道分配系数进行折减，2轴6轮及以上车辆的交通量的车道分配系数取值见表2-5-13。

2 轴 6 轮及以上车辆交通量的车道分配系数   表 2-5-13

单向车道数		1	2	3	≥4
车道分配系数	高速公路	—	0.70~0.85	0.45~0.60	0.4~0.5
	其他等级	1.00	0.50~0.75	0.50~0.75	—

注：＊交通受非机动车和行人影响较严重的取低限，反之取高限。

（3）板底地基的当量回弹模量

混凝土面层板下的地基包括路基和根据需要设置的垫层与基层，其路面结构整体为弹性多层体系。分析板内荷载应力时，应将多层体系换算为半无限体，以其顶面的当量回弹模量作为半无限地基的模量值。

1）新建公路的板底地基当量回弹模量

新建公路的板底地基当量回弹模量，按公式（2-5-51）换算：

$$\left.\begin{aligned}
E_t &= \left(\frac{E_x}{E_0}\right)^\alpha E_0 \\
\alpha &= 0.86 + 0.26\ln h_x \\
E_x &= \sum_{i=1}^{n}(h_i^2 E_i) / \sum_{i=1}^{n} h_i^2 \\
h_x &= \sum_{i=1}^{n} h_i
\end{aligned}\right\} \tag{2-5-51}$$

式中 E_0——路床顶综合回弹模量（MPa）；

   α——与粒料层总厚度 h_x 有关的回归系数；

   h_x——粒料层的总厚度（m）；

   n——粒料层的层数；

   E_i、h_i——第 i 结构层的回弹模量（MPa）与厚度（m）。

2）原有柔性路面的顶面当量回弹模量值

在旧沥青混凝土路面上铺筑水泥混凝土面层时，原沥青混凝土路面顶面的地基综合当量回弹模量 E_t 可根据落锤式弯沉仪（荷载 50kN、承载板半径 150mm）的中心点弯沉的测定结果，或根据贝克曼梁（后轴重 100kN 的车辆）的弯沉测定结果，按式（2-5-52）计算确定。

$$E_t = 18621/w_0$$
$$E_t = 13739w_0^{-1.04}$$
$$w_0 = \bar{w} + 1.04s_w$$

（2-5-52）

式中　w_0——路段代表弯沉值(0.01mm)；

　　　$\bar{w}$——路段弯沉平均值(0.01mm)；

　　　s_w——路段弯沉的标准差(0.01mm)。

（4）水泥混凝土的设计强度与弯拉弹性模量

水泥混凝土的设计强度和弯拉弹性模量可以通过材料试验来确定，如设计时没有条件进行先期试验，可按规范推荐值选用相应的弯拉设计强度，其相应弯拉弹性模量参考表 2-5-14 选取。

水泥混凝土弯拉弹性模量经验值　　　　　　　　　表 2-5-14

弯拉强度(MPa)	1.5	2.0	2.5	3.0	3.5	4.0	4.5	5.0	5.5
抗压强度(MPa)	7	11	15	20	25	30	36	42	49
抗拉强度(MPa)	0.89	1.21	1.53	1.86	2.20	2.54	2.85	3.22	3.55
弹性模量(GPa)	15	18	21	23	25	27	29	31	33

3. 荷载应力

混凝土面层板的荷载应力用弹性半无限地基上弹性薄板力学模型和有限元法进行分析。

（1）临界荷位

为了简化计算工作，通常选取使面层板内产生最大应力或最大疲劳损坏的一个荷载位置作为应力计算时的临界荷位。由于现行设计方法采用疲劳断裂作为设计标准，应以产生最大疲劳损耗的荷载位置作为临界荷位，不仅要考虑应力大小，还要考虑所承受的荷载作用次数。

利用可考虑荷载应力和温度应力综合疲劳作用的疲劳方程，分析具有不同接缝传荷能力的混凝土路面的疲劳损耗，可得出不同接缝情况下的临界荷位，如表 2-5-15 所列。分析时，考虑了轮迹横向分布的影响。

各类接缝情况下的临界荷位　　　　　　　　　表 2-5-15

纵缝边＼横缝边	设传力杆	不设传力杆	自由边
企口设拉杆	纵缝边 纵缝边	横缝边 纵缝边	横缝边 横缝边
平缝设拉杆	纵缝边 纵缝边	纵缝边 纵缝边	横缝边 纵缝边
自由边	纵缝边 纵缝边	纵缝边 纵缝边	横缝边 纵缝边

注：1. 表中分子为仅考虑荷载应力疲劳损耗的情况，分母为荷载应力温度应力综合疲劳损耗的情况；

　　2. 本表为分向行驶时的情况；不分向行驶，临界荷位在纵边。

由表列分析结果可看出，在考虑荷载应力和温度应力综合疲劳损耗的情况下，除了纵缝为企口设拉杆和横缝为自由边的混凝土路面，其临界荷位应选在横缝边缘中部外，其他情况均应选取纵缝边缘中部作为临界荷位。依据上述分析，采用纵缝边缘中部作为应力计算时的临界荷位。

（2）荷载应力计算

现行规范对轴载作用于四边自由矩形板纵向边缘中部所产生的荷载应力，应用有限元法重新进行了计算分析，计算出的荷载应力回归公式为：

$$\left. \begin{array}{l} \sigma_{ps} = 1.47 \times 10^{-3} r^{0.70} h_c^{-2} p_s^{0.94} \\ r = 1.21 (D_c / E_t)^{1/3} \\ D_c = \dfrac{E_c h_c^3}{12(1 - \nu_c^2)} \end{array} \right\} \qquad (2\text{-}5\text{-}53)$$

式中　　σ_{ps}——设计轴载在四边自由板临界荷位处产生的荷载应力（MPa）；

p_s——设计轴载的单轴重（kN）

h_c、E_c、ν_c——水泥混凝土面层板的板厚（m）、弹性模量（MPa）、泊松比；

r——混凝土板的相对刚性半径（m）；

D_c——混凝土面层板的截面弯曲刚度（MN·m）；

E_t——板底地基当量回弹模量（MPa），按公式（2-5-51）或式（2-5-52）计算。

（3）接缝传荷能力

水泥混凝土路面设置各种接缝是为了消除温度、湿度改变所引起的不规则裂缝，以及防止温度变化所产生的损坏。但是从路面板承受荷载的能力来看，由于接缝的存在，则削弱了路面整体性，特别是当荷载作用在接缝边缘时，路面板和地基都将产生较大的应力集中。因此路面板的整体承载能力必然有所降低。由此可见，提高和保持接缝的传荷能力，是提高路面板整体承载能力的关键。

混凝土路面接缝的荷载传递机构可以分为三种类型：

1）集料嵌锁——依靠接缝处断裂面上集料的啮合作用集料嵌锁传递剪力，如不设传力杆的横向缩缝；

2）传力杆——依靠埋设在接缝处的传力杆传递剪力、弯矩和扭矩，如设传力杆的胀缝和施工缝等；

3）传力杆和集料嵌锁——上述两种类型的综合，如设传力杆的缩缝等。

接缝的传荷能力，可用传荷系数表征。它以接缝两侧相邻板的弯沉（即挠度）、应力等的比值定义，如：

1）以挠度表示的传荷系数 E_w

$$E_w = \frac{W_2}{W_1} \times 100\% \qquad (2\text{-}5\text{-}54)$$

或者

$$E_w = \frac{2W_2}{W_1 + W_2} \times 100\% \qquad (2\text{-}5\text{-}55)$$

2）以应力表示的传荷系数

$$E_0 = \frac{\sigma_2}{\sigma_1} \times 100\% \qquad (2\text{-}5\text{-}56)$$

或者

$$k_r = \frac{\sigma_{sr}}{\sigma} \times 100\%$$ (2-5-57)

式中 W_1、σ_1——分别受荷板边缘的挠度和应力；

W_2、σ_2——分别未受荷板边缘的挠度和应力；

σ_{sr}——考虑接缝传荷作用的板边应力；

σ——无传荷作用（自由边）的板边应力。

影响接缝传荷能力的因素很多，包括接缝传荷机构、路面结构相对刚度、环境（温度）和轴载（大小及作用次数）等。表2-5-16所列为依据试验数据提出的各类接缝的弯沉传荷系数建议范围。设计规范规定了设拉杆的平口纵缝或缩缝，k_r可取为0.87～0.92，柔性基层取高值，刚性和半刚必基层取低值；不设拉杆的平缝或自由边时k_r取为1.0。

各类接缝的传荷系数   表2-5-16

接缝类型	挠度传荷系数 E_w(%)	应力传荷系数 k_j
设传力杆胀缝	≥60	≤0.82
不设传力杆胀缝	50～55	0.84～0.86
设传力杆缩缝	≥75	≤0.75
设拉杆平口纵缝	35～55	0.80～0.91
设拉杆企口纵缝	77～82	0.72～0.74

（4）荷载疲劳应力

荷载疲劳应力σ_{pr}定义为：

$$\sigma_{pr} = k_r k_f k_c \sigma_{ps}$$ (2-5-58)

式中 k_r——考虑接缝传荷能力的应力折减系数，即应力传荷系数，采用混凝土路肩时，取0.87～0.92（路肩面层与路面面层等厚时取低值，减薄时取高值）；采用柔性路肩或土路肩时取1.00；

k_f——考虑轴载累计作用次数的疲劳应力系数：

$$k_f = N_e^\lambda$$ (2-5-59)

对于普通水泥混凝土路面：$\lambda=0.057$；碾压混凝土和贫混凝土，$\lambda=0.065$；

k_c——考虑超载和动荷载等因素对路面疲劳损坏综合影响的系数，随公路等级而异，见表2-5-17。

综合系数 k_c   表2-5-17

公路等级	高速公路	一级公路	二级公路	三、四级公路
综合系数 k_c	1.15	1.10	1.05	1.00

σ_{ps}——计算轴载在临界荷位处产生的最大应力，单层板时按公式（2-5-51）计算，双层板时按公式（2-5-60）计算：

$$\left.\begin{array}{l} \sigma_{ps} = \dfrac{1.45 \times 10^{-3}}{1 + D_b/D_c} r_g^{0.65} h_c^{-2} p_s^{0.94} \\[2mm] D_b = \dfrac{E_b h_b^3}{12(1-\nu_b^2)} \\[2mm] r_g = 1.21[(D_c + D_b)/E_t]^{1/3} \end{array}\right\}$$ (2-5-60)

式中　　D_b——下层板的截面弯曲刚度（MN·m）；

h_b、E_b、ν_b——下层板的板厚（m）、弹性模量（MPa）、泊松比；

r_g——双层板的的总相对刚性半径（m）；

h_c、D_c——上层板的厚度（m）、截面弯曲刚度（MN·m）。

贫混凝土或碾压混凝土基层板或者下面层板的荷载疲劳应力，应按公式（2-5-61）计算。其中，疲劳应力系数 k_f 和综合系数 k_c 的确定方法与单层板的确定方法相同；设计轴载 p_s 在下层板临界荷位处产生的荷载应力应按式（2-5-62）计算：

$$\sigma_{bpr}=k_f k_c \sigma_{bps} \tag{2-5-61}$$

$$\sigma_{bps}=\frac{1.41\times10^{-3}}{1+D_c/D_b}r_g^{0.68}h_b^{-2}p_s^{0.94} \tag{2-5-62}$$

（5）最大荷载应力

最重轴载在面层板临界荷位处产生的最大荷载应力，应按式（2-5-63）计算：

$$\sigma_{p,max}=k_r k_c \sigma_{pm} \tag{2-5-63}$$

式中　　k_r——考虑接缝传荷能力的应力折减系数，即应力传荷系数，取值同公式（2-5-58）；

k_c——考虑超载和动荷载等因素对路面疲劳损坏综合影响的系数，取值同公式（2-5-58）；

$\sigma_{p,max}$——最重轴载 p_m 在面层板临界荷位处产生的最大荷载应力（MPa）；

σ_{pm}——最重轴载 p_m 在四边自由板临界荷位处产生的最大荷载应力（MPa），单层板按式（2-5-53）计算，双层板按式（2-5-60）计算，计算时将公式中的设计轴载 p_s 改为最重轴载 p_m（以单轴计，kN）。

4. 温度疲劳应力分析

混凝土面板内的温度梯度经历着年变化和日变化，混凝土面板内温度梯度的日变化可近似地用半正弦曲线表征。通过测试分析可得到最大温度梯度同日太阳辐射热之间的变化规律，由此可以按各地的太阳辐射热年变化规律直接推演出温度梯度的变化，并进而为不同的路面结构分析出相应的温度应力变化。依据等效疲劳损耗的原则，可以寻求温度疲劳应力值，它所产生的疲劳损耗量，与年变化的温度应力所产生的累计疲劳损耗量相等。经计算分析，此温度疲劳应力 σ_t 可用下式表示：

$$\sigma_t=k_t \sigma_{t,max} \tag{2-5-64}$$

最大温度梯度时的温度翘曲应力 $\sigma_{t,max}$ 按公式（2-5-65）计算：

$$\sigma_{t,max}=\frac{\alpha_c E_c h_c T_g}{2}B_L \tag{2-5-65}$$

式中　　α_c——混凝土的线膨胀系数，根据粗集料的岩性取用；

T_g——公路所在地 50 年一遇的最大温度梯度，可按表 2-5-18 选取。

B_L——综合温度翘曲应力和内应力的温度应力系数，可按公式（2-5-66）计算。

最大温度梯度标准值 T_g　　　　　　　　表 2-5-18

公路自然区划	Ⅱ、Ⅴ	Ⅲ	Ⅳ、Ⅵ	Ⅶ
最大温度梯度（℃/m）	83～88	90～95	86～92	93～98

注：海拔高时，取高值；湿度大时，取低值。

$$B_L=1.77e^{-4.48h_c}C_L-0.131(1-C_L) \tag{2-5-66}$$

式中　C_L——混凝土面层板的温度翘曲应力系数，单层板按公式(2-5-67)计算，双层板按公式(2-5-69)计算；

单层板：

$$C_L = 1 - \frac{\sinh t \cos t + \cosh t \sin t}{\cos t \sin t + \sinh t \cosh t} \qquad (2\text{-}5\text{-}67)$$

$$t = \frac{L}{3r} \qquad (2\text{-}5\text{-}68)$$

L——面层板的横缝间距，即板长(m)；

r——面层板的相对刚度半径(m)；

双层板：

$$C_L = 1 - \left(\frac{1}{1+\xi}\right)\frac{\sinh t \cos t + \cosh t \sin t}{\cos t \sin t + \sinh t \cosh t} \qquad (2\text{-}5\text{-}69)$$

$$t = \frac{L}{3r_g} \qquad (2\text{-}5\text{-}70)$$

$$\xi = -\frac{(k_n r_g^4 - D_c)r_\beta^3}{(k_n r_\beta^4 - D_c)r_g^3} \qquad (2\text{-}5\text{-}71)$$

$$r_\beta = \left[\frac{D_c D_b}{(D_c + D_b)k_n}\right]^{1/4} \qquad (2\text{-}5\text{-}72)$$

$$k_n = \frac{1}{2}\left(\frac{h_c}{E_c} + \frac{h_b}{E_b}\right)^{-1} \qquad (2\text{-}5\text{-}73)$$

L——面层板的横缝间距，即板长(m)；

r_g——双层板的的总相对刚性半径(m)；

ξ——与双层板结构有关的参数，按公式(2-5-71)计算；

r_β——层间接触状况参数(m)，按公式(2-5-72)计算；

k_n——面层与基层之间竖向接触刚度，上下层之间不设沥青混凝土夹层或隔离层时按公式(2-5-73)计算，设沥青混凝土夹层或隔离层时，取 3000MPa/m。

考虑温度翘曲应力年变化所产生的累计疲劳损耗系数 k_t，根据所在地公路自然区划按公式(2-5-74)计算：

$$k_t = \frac{f_r}{\sigma_{t,max}}\left[a_t\left(\frac{\sigma_{t,max}}{f_r}\right)^{b_t} - c_t\right] \qquad (2\text{-}5\text{-}74)$$

式中　f_r——水泥混凝土抗折强度(MPa)；

a_t、b_t、c_t——和公路自然区划相关的回归系数，按表 2-5-19 查得。

回归系数 a、b 和 c 的取值　　　　　　　　表 2-5-19

系数	自然区划					
	II	III	IV	V	VI	VII
a_t	0.828	0.855	0.841	0.871	0.837	0.834
b_t	1.323	1.355	1.323	1.287	1.382	1.270
c_t	0.041	0.041	0.058	0.071	0.038	0.052

5. 设计示例

这里结合前文给出的设计理论和方法，给出现行规范中的新建水泥混凝土路面设计计算例，以说明水泥混凝土路面设计过程。

【示例 1】 粒料基层上混凝土面板厚度计算

公路自然区划 II 区拟新建一条二级公路，路面宽 7m，路基为低液限黏土，路床顶距地下水位 1.2m，当地的粗集料以花岗岩为主。拟采用普通混凝土路面。经交通调查得知，设计轴载 $P_s=100\text{kN}$，最重轴载 $P_m=150\text{kN}$，设计车道使用初期设计轴载的日作用次数为 100 次，交通量年平均增长率为 5%。

(1) 交通分析

由表 2-5-10，二级公路的设计基准期为 20 年，安全等级为二级。临界荷位处的车辆轮迹横向分布系数取 0.62。计算设计基准期内设计车道设计轴载累计作用次数：

$$N_e=\frac{N_s\times[(1+g_r)^t-1]\times365}{g_r}\times\eta=\frac{100\times[(1+0.05)^{20}-1]\times365}{0.05}\times0.62$$

$$=74.8\times10^4\text{次}$$

由表 2-5-9 可知，属于中等交通荷载等级。

(2) 初拟路面结构

施工质量变异水平选择中级。根据二级公路、中等交通荷载等级和中级变异水平，初拟普通混凝土面层厚度为 0.23m，基层选用级配碎石，厚 0.20m。普通混凝土板的平面尺寸 4.5m×3.5m，纵缝为设拉杆平缝，横缝为不设传力杆的假缝，路肩面层与行车道等厚并设拉杆相连。

(3) 路面材料参数确定

取普通混凝土面层的弯拉强度标准值为 4.5MPa，相应弯拉弹性模量与泊松比为 29GPa、0.15。粗集料为花岗岩的混凝土线膨胀系数 $\alpha_c=10\times10^{-6}/℃$。

取低液限黏土路基回弹模量为 80MPa，取距地下水位 1.2m 时的湿度调整系数为 0.75，由此得到路床顶综合回弹模量为 $80\times0.75=60\text{MPa}$。取级配碎石基层回弹模量为 300MPa，计算板底地基当量回弹模量如下：

$$E_x=\sum_{i=1}^{n}(h_i^2E_i)\Big/\sum_{i=1}^{n}h_i^2=\frac{h_1^2E_1}{h_1^2}=300\text{MPa}$$

$$h_x=\sum_{i=1}^{n}h_i=h_1=0.20\text{m}$$

$$\alpha=0.26\ln(h_x)+0.86=0.26\times\ln(0.20)+0.86=0.442$$

$$E_t=\left(\frac{E_x}{E_0}\right)^\alpha E_0=\left(\frac{300}{60}\right)^{0.442}\times60=122.2\text{MPa}$$

板底地基综合回弹模量 E_t 取为 120MPa。

普通混凝土面层的弯曲刚度 D_c，相对刚度半径 r 按公式(2-5-51)计算。

$$D_c=\frac{E_ch_c^3}{12(1-\nu_c^2)}=\frac{29000\times0.23^3}{12\times(1-0.15^2)}=30.1\text{MN}\cdot\text{m}$$

$$r=1.21\left(\frac{D_c}{E_t}\right)^{1/3}=1.21\times\left(\frac{30.1}{120}\right)=0.763\text{m}$$

(4) 荷载应力

计算设计轴载和最重荷载在临界荷位处产生的荷载应力为：

$$\sigma_{ps}=1.47\times10^{-3}r^{0.7}h_c^{-2}P_s^{0.94}$$

$$=1.47\times10^{-3}\times0.763^{0.7}\times0.23^{-2}\times100^{0.94}=1.744\text{MPa}$$

$$\sigma_{pm} = 1.47 \times 10^{-3} r^{0.7} h_c^{-2} P_m^{0.94}$$
$$= 1.47 \times 10^{-3} \times 0.763^{0.7} \times 0.23^{-2} \times 150^{0.94} = 2.554 \text{MPa}$$

计算荷载疲劳应力，和最大荷载应力：

$$\sigma_{pr} = k_r k_f k_c \sigma_{ps} = 0.87 \times 2.162 \times 1.05 \times 1.744 = 3.44 \text{MP}a$$

$$\sigma_{p,max} = k_r k_c \sigma_{pm} = 0.87 \times 1.05 \times 2.554 = 2.33 \text{MPa}$$

其中，考虑接缝传荷能力的应力折减系数 $k_r = 0.87$；综合系数 $k_c = 1.05$；疲劳应力系数公式为：

$$k_f = N_e^{\lambda} = (74.8 \times 10^4)^{0.057} = 2.162$$

（5）温度应力

最大温度梯度取 $88℃/m$。计算综合温度翘曲应力和内应力的温度应力系数 B_L。

$$t = \frac{L}{3r} = \frac{4.5}{3 \times 0.763} = 1.97$$

$$C_L = 1 - \frac{\sinh(1.97)\cos(1.97) + \cosh(1.97)\sin(1.97)}{\cos(1.97)\sin(1.97) + \cosh(1.97)\sinh(1.97)} = 1 - 0.162 = 0.838$$

$$B_L = 1.77 e^{-4.48 h_c} \times C_L - 0.131(1 - C_L) = 1.77 e^{-4.48 \times 0.23} \times 0.838 - 0.131 \times (1 - 0.838)$$
$$= 0.508$$

计算最大温度应力：

$$\sigma_{t,max} = \frac{\alpha_c E_c h_c T_g}{2} B_L = \frac{10^{-5} \times 29000 \times 0.23 \times 88}{2} \times 0.508 = 1.49 \text{MPa}$$

温度疲劳应力系数 k_t：

$$k_t = \frac{f_r}{\sigma_{t,max}}\left[a_t\left(\frac{\sigma_{t,max}}{f_r}\right)^{b_t} - c_t\right] = \frac{4.5}{1.491}\left[0.828 \times \left(\frac{1.491}{4.5}\right)^{1.323} - 0.041\right] = 0.46$$

再计算温度疲劳应力：

$$\sigma_{tr} = k_t \sigma_{t,max} = 0.46 \times 1.49 = 0.69 \text{MPa}$$

（6）结构极限状态校核

二级公路、中等变异水平条件下的可靠度系数 γ_r 取 1.13。

校核路面结构极限状态是否满足要求。

$$\gamma_r(\sigma_{pr} + \sigma_{tr}) = 1.13 \times (3.44 + 0.69) = 4.67 > f_r = 4.5 \text{MPa}$$

$$\gamma_r(\sigma_{p,max} + \sigma_{t,max}) = 1.13 \times (2.33 + 1.49) = 4.32 \leqslant f_r = 4.5 \text{MPa}$$

显然，初拟的路面结构不能满足要求。现将混凝土面层厚度增至 0.24m。重复以上计算，得到荷载疲劳应力 $\sigma_{pr} = 3.26 \text{MPa}$，最大荷载应力 $\sigma_{p,max} = 2.21 \text{MPa}$，最大温度应力 $\sigma_{t,max} = 1.47 \text{MPa}$，温度疲劳应力 $\sigma_{tr} = 0.67 \text{MPa}$，然后再进行结构极限状态验算。

$$\gamma_r(\sigma_{pr} + \sigma_{tr}) = 1.13 \times (3.26 + 0.67) = 4.46 \leqslant f_r = 4.5 \text{MPa}$$

$$\gamma_r(\sigma_{p,max} + \sigma_{t,max}) = 1.13 \times (2.21 + 1.47) = 4.16 \leqslant f_r = 4.5 \text{MPa}$$

满足结构极限状态要求，所选的普通混凝土面层计算厚度 0.24m 可以承受设计基准期内的设计轴载和温度梯度的综合疲劳作用，以及最重荷载在最大温度梯度时的一次极限作用。取设计厚度为 0.25m。

【示例2】 水泥稳定粒料基层上混凝土面板厚度计算

公路自然区划Ⅳ区拟新建一条一级公路，路基土为低液限粉土，路床顶距地下水位 1.0m，当地的粗集料以砾石为主。采用普通混凝土面层，基层采用水泥稳定砂砾。经交通调查分析得知，设计轴载 $P_s=100kN$，最重轴载 $P_m=180kN$，设计车道使用初期标准轴载日作用次数为 3200 次，交通量年平均增长率为 5%。

（1）交通分析

一级公路的设计基准期为 30 年，安全等级为一级。临界荷位处的车辆轮迹横向分布系数取 0.22。计算得到设计基准期内设计车道设计轴载累计作用次数：

$$N_e = \frac{N_s \times [(1+g_r)^t - 1] \times 365}{g_r} \times \eta = \frac{3200 \times [(1+0.05)^{30} - 1] \times 365}{0.05} \times 0.22$$

$$= 1707 \times 10^4 \text{次}$$

由表 2-5-9 可知，属于重交通荷载等级。

（2）初拟路面结构

施工变异水平取低等级。根据一级公路重交通荷载等级和低变异水平等级，初拟普通混凝土面层厚度为 0.26m，水泥稳定砂砾基层 0.20m，底基层选用级配砾石，厚 0.18m。单向路幅宽度为 2×3.75m（行车道）+2.75m（硬路肩），行车道水泥混凝土面层板平面尺寸取 5.0m×3.75m，纵缝为设拉杆平缝，横缝为设传力杆的假缝。硬路肩面层采用与行车道面层等厚的混凝土，并设拉杆与行车道板相连。

（3）路面材料参数确定

取普通混凝土面层的弯拉强度标准值为 5.0MPa，相应弯拉弹性模量与泊松比为 31GPa、0.15。砾石粗集料混凝土线膨胀系数 $\alpha_c = 11 \times 10^{-6}/℃$。

取低液限粉土的回弹模量为 100MPa。取距地下水位 1.0m 时的湿度调整系数为 0.80，由此得到路床顶综合回弹模量为 100×0.80=80MPa。水泥稳定砂砾基层回弹模量取 2000MPa，泊松比取 0.20，级配砾石底基层回弹模量取 250MPa，泊松比取 0.35。

计算板底地基当量回弹模量如下：

$$E_x = \sum_{i=1}^{n} (h_i^2 E_i) \Big/ \sum_{i=1}^{n} h_i^2 = \frac{h_1^2 E_1}{h_1^2} = 250 \text{MPa}$$

$$h_x = \sum_{i=1}^{n} h_i = h_1 = 0.18\text{m}$$

$$\alpha = 0.26\ln(h_x) + 0.86 = 0.26 \times \ln(0.18) + 0.86 = 0.414$$

$$E_t = \left(\frac{E_x}{E_0}\right)^\alpha E_0 = \left(\frac{250}{80}\right)^{0.414} \times 80 = 128.2\text{MPa}$$

板底地基综合回弹模量 E_t 取为 125MPa。

混凝土面层板的弯曲刚度 D_c、半刚性基层板的弯曲刚度 D_b、路面结构总相对半径 r_g 为：

$$D_c = \frac{E_c h_c^3}{12(1-\nu_c^2)} = \frac{31000 \times 0.26^3}{12 \times (1-0.15^2)} = 46.4\text{MN} \cdot \text{m}$$

$$D_b = \frac{E_b h_b^3}{12(1-\nu_b^2)} = \frac{2000 \times 0.20^3}{12 \times (1-0.20^2)} = 1.39\text{MN} \cdot \text{m}$$

$$r_g = 1.21\left(\frac{D_c + D_b}{E_t}\right)^{1/3} = 1.21 \times \left(\frac{46.4+1.39}{125}\right)^{1/3} = 0.878\text{m}$$

（4）荷载应力

标准轴载和极限荷载在临界荷位处产生的荷载应力为：

$$\sigma_{ps}=\frac{1.45\times10^{-3}}{1+D_b/D_c}r_g^{0.65}h_c^{-2}P_s^{0.94}=\frac{1.45\times10^{-3}}{1+\frac{1.39}{46.4}}\times0.878^{0.65}\times0.26^{-2}\times100^{0.94}=1.425\text{MPa}$$

$$\sigma_{pm}=\frac{1.45\times10^{-3}}{1+D_b/D_c}r_g^{0.65}h_c^{-2}P_m^{0.94}=\frac{1.45\times10^{-3}}{1+\frac{1.39}{46.4}}\times0.878^{0.65}\times0.26^{-2}\times180^{0.94}=2.522\text{MPa}$$

计算面层荷载疲劳应力和最大荷载应力。

$$\sigma_{pr}=k_rk_fk_c\sigma_{ps}=0.87\times2.584\times1.10\times1.452=3.59\text{MPa}$$

$$\sigma_{p,\max}=k_rk_c\sigma_{pm}=0.87\times1.10\times2.522=2.41\text{MPa}$$

其中，应力折减系数 $k_r=0.87$；综合系数 $k_c=1.10$；疲劳应力系数：

$$k_f=N_e^\lambda=(1707\times10^4)^{0.057}=2.584$$

（5）温度应力

最大温度梯度取 $92℃/m$。计算综合温度翘曲应力和内应力的温度应力系数 B_L。

$$k_n=\frac{1}{2}\left(\frac{h_c}{E_c}+\frac{h_b}{E_b}\right)^{-1}=\frac{1}{2}\times\left(\frac{0.26}{31000}+\frac{0.20}{2000}\right)^{-1}=4613\text{MPa/m}$$

$$r_\beta=\left[\frac{D_cD_b}{(D_c+D_b)k_n}\right]^{1/4}=\left[\frac{46.4\times1.39}{(46.4+1.39)\times4613}\right]^{1/4}=0.131\text{m}$$

$$\xi=-\frac{(k_nr_g^4-D_c)r_\beta^3}{(k_nr_\beta^4-D_c)r_g^3}=\frac{(4613\times0.878^4-46.4)\times0.131^3}{(4613\times0.131^4-46.4)\times0.878^3}=0.199$$

$$t=\frac{L}{3r_g}=\frac{5.0}{3\times0.878}=1.90$$

$$C_L=1-\left(\frac{1}{1+\xi}\right)\frac{\sinh(1.90)\cos(1.90)+\cosh(1.90)\sin(1.90)}{\cos(1.90)\sin(1.90)+\cosh(1.90)\sinh(1.90)}=1-\frac{0.200}{1+0.199}=0.833$$

$$B_L=1.77e^{-4.48h_c}\times C_L-0.131(1-C_L)=1.77e^{-4.48\times0.26}\times0.833-0.131\times(1-0.833)=0.438$$

计算面层最大温度应力：

$$\sigma_{t,\max}=\frac{\alpha_cE_ch_cT_g}{2}B_L=\frac{11\times10^{-6}\times31000\times0.26\times92}{2}\times0.438=1.79\text{MPa}$$

温度疲劳应力系数 k_t：

$$k_t=\frac{f_r}{\sigma_{t,\max}}\left[a_t\left(\frac{\sigma_{t,\max}}{f_r}\right)^{b_t}-c_t\right]=\frac{5.0}{1.79}\times\left[0.841\times\left(\frac{1.79}{5.0}\right)^{1.323}-0.058\right]=0.442$$

计算温度疲劳应力：

$$\sigma_{tr}=k_t\sigma_{t,\max}=0.442\times1.79=0.79\text{MPa}$$

（6）结构极限状态校核

一级安全等级，低变异水平条件下，可靠度系数 γ_r 取 1.14。校核路面结构极限状态是否满足要求：

$$\gamma_r(\sigma_{pr}+\sigma_{tr})=1.14\times(3.59+0.79)=4.99\leqslant f_r=5.0\text{MPa}$$

$$\gamma_r(\sigma_{p,\max}+\sigma_{t,\max})=1.14\times(2.41+1.79)=4.79\leqslant f_r=5.0\text{MPa}$$

拟定的由计算厚度 0.26m 的普通混凝土面层和厚度 0.18m 的水泥稳定粒料基层组成的路面结构满足要求，可以承受设计基准期内荷载应力和温度应力的综合疲劳作用，以及最重荷载的最大温度梯度时的一次作用。取混凝土面层设计厚度为 0.27m。

【示例3】 碾压混凝土基层上混凝土面板厚度计算

公路自然区划Ⅲ区拟新建一条高速公路，单向三车道，行车道宽 11.75m，路基为黄土（低液限黏粉土），路床顶距地下水位 2.0m，当地的粗集料以花岗岩为主。拟采用碾压混凝土做基层。经交通调查得知，设计轴载 $P_s=100kN$，最重轴载 $P_m=250kN$，设计车道使用初期设计轴载的日作用次数为 42000 次，交通量年平均增长率为 7%。

（1）交通分析

高速公路的设计基准期为 30 年，安全等级为一级。临界荷位处的车辆轮迹横向分布系数取 0.22。计算设计基准期内设计车道设计轴载累计作用次数：

$$N_e = \frac{N_s \times [(1+g_r)^t - 1] \times 365}{g_r} \times \eta = \frac{42000 \times [(1+0.07)^{20}-1] \times 365}{0.07} \times 0.22 = 3.186 \times 10^8 次$$

由表 2-5-9 可知，属于特重交通荷载等级。

（2）初拟路面结构

相应于安全等级一级的变异水平等级宜为低级。根据高速公路特重交通荷载等级和低变异水平，初拟普通混凝土面层厚度为 0.30m，碾压混凝土基层为 0.18m，面层与基层之间设置 40mm 厚的沥青混凝土夹层，底基层选用级配碎石，厚 0.20m。水泥混凝土上面层板的平面尺寸：长为 5.0m，宽从中央分隔带至路肩依次为 4m、4m、3.75m。纵缝为设拉杆平缝，横缝为设传力杆的假缝。碾压混凝土设纵缝一条、横缝间距 5m。硬路肩宽 3.50m，采用与行车道等厚混凝土并设拉杆与行车道板相连。

（3）路面材料参数确定

取普通混凝土面层的弯拉强度标准值为 5.0MPa，相应弯拉弹性模量与泊松比为 31GPa、0.15；碾压混凝土弯拉强度标准值为 4.0MPa，相应弯拉弹性模量与泊松比为 27GPa、0.15；粗集料为花岗岩的混凝土热线膨胀系数 $\alpha_c = 10 \times 10^{-6}/℃$。

取低液限粉土回弹模量为 95MPa，取距地下水位 2.0m 时的湿度调整系数为 0.85，由此得到路床顶综合回弹模量为 $95 \times 0.85 = 80MPa$。取级配碎石底基层回弹模量为 250MPa，计算板底地基综合当量回弹模量如下：

$$E_x = \sum_{i=1}^{n}(h_i^2 E_i) \bigg/ \sum_{i=1}^{n} h_i^2 = \frac{h_1^2 E_1}{h_1^2} = 250MPa$$

$$h_x = \sum_{i=1}^{n} h_i = h_1 = 0.20m$$

$$\alpha = 0.26\ln(h_x) + 0.86 = 0.26 \times \ln(0.20) + 0.86 = 0.442$$

$$E_t = \left(\frac{E_x}{E_0}\right)^\alpha E_0 = \left(\frac{250}{80}\right)^{0.442} \times 80 = 132.4MPa$$

板底地基综合回弹模量 E_t 取为 130MPa。

混凝土面层板的弯曲刚度 D_c、半刚性基层板的弯曲刚度 D_b、路面结构总相对刚度半径 r_g 为：

$$D_c = \frac{E_c h_c^3}{12(1-\nu_c^2)} = \frac{31000 \times 0.30^3}{12 \times (1-0.15^2)} = 71.4MN \cdot m$$

$$D_b = \frac{E_b h_b^3}{12(1-\nu_b^2)} = \frac{27000 \times 0.18^3}{12 \times (1-0.15^2)} = 13.4MN \cdot m$$

$$r_g = 1.21\left(\frac{D_c+D_b}{E_t}\right)^{1/3} = 1.21 \times \left(\frac{71.4+13.4}{130}\right)^{1/3} = 1.049m$$

（4）荷载应力

标准轴载和最重轴载再临界荷位处产生的荷载应力计算如下：

$$\sigma_{ps}=\frac{1.45\times10^{-3}}{1+D_b/D_c}r_g^{0.65}h_c^{-2}P_s^{0.94}=\frac{1.45\times10^{-3}}{1+\dfrac{13.4}{71.4}}\times1.049^{0.65}\times0.30^{-2}\times100^{0.94}=1.062\text{MPa}$$

$$\sigma_{pm}=\frac{1.45\times10^{-3}}{1+D_b/D_c}r_g^{0.65}h_c^{-2}P_m^{0.94}=\frac{1.45\times10^{-3}}{1+\dfrac{13.4}{71.4}}\times1.049^{0.65}\times0.30^{-2}\times250^{0.94}=2.512\text{MPa}$$

$$\sigma_{bps}=\frac{1.41\times10^{-3}}{1+D_c/D_b}r_g^{0.68}h_c^{-2}P_s^{0.94}=\frac{1.41\times10^{-3}}{1+\dfrac{71.4}{13.4}}\times1.049^{0.65}\times0.18^{-2}\times100^{0.94}=0.539\text{MPa}$$

计算面层荷载疲劳应力：

$$\sigma_{pr}=k_r k_f k_c\sigma_{ps}=0.87\times3.053\times1.15\times1.062=3.24\text{MPa}$$

计算面层最大荷载应力：

$$\sigma_{p,max}=k_r k_c\sigma_{pm}=0.87\times1.15\times2.512=2.51\text{MPa}$$

计算基层荷载疲劳应力：

$$\sigma_{bps}=k_f k_c\sigma_{bps}=3.570\times1.15\times0.539=2.21\text{MPa}$$

其中：接缝传荷应力折减系数 $k_r=0.87$；综合系数 $k_c=1.15$；

面层疲劳应力系数 $k_f=N_e^\lambda=(3.186\times10^8)^{0.057}=3.053$

基层疲劳应力系数 $k_f=N_e^\lambda=(3.186\times10^8)^{0.065}=3.570$

（5）温度应力

最大温度梯度取 90℃/m。面层与基层之间（设沥青混凝土夹层）的竖向接触刚度 k_n 取 3000MPa/m。计算综合温度翘曲应力和内应力的温度应力系数 B_L：

$$r_\beta=\left[\frac{D_c D_b}{(D_c+D_b)k_n}\right]^{1/4}=\left[\frac{71.4\times13.4}{(71.4+13.4)\times3000}\right]^{1/4}=0.248\text{m}$$

$$\xi=-\frac{(k_n r_g^4-D_c)r_\beta^3}{(k_n r_\beta^4-D_c)r_g^3}=-\frac{(3000\times1.049^4-71.4)\times0.248^3}{(3000\times0.248^4-71.4)\times1.049^3}=0.784$$

$$t=\frac{L}{3r_g}=\frac{5.0}{3\times1.049}=1.59$$

$$C_L=1-\left(\frac{1}{1+\xi}\right)\frac{\sinh(1.59)\cos(1.59)+\cosh(1.59)\sin(1.59)}{\cos(1.59)\sin(1.59)+\cosh(1.59)\sinh(1.59)}=1-\frac{0.419}{1+0.784}=0.765$$

$$B_L=1.77e^{-4.48h_c}\times C_L-0.131(1-C_L)=1.77e^{-4.48\times0.30}\times0.764-0.131\times(1-0.764)=0.322$$

计算面层最大温度应力：

$$\sigma_{t,max}=\frac{\alpha_c E_c h_c T_g}{2}B_L=\frac{10\times10^{-6}\times31000\times0.30\times90}{2}\times0.322=1.35\text{MPa}$$

温度疲劳应力系数 k_t：

$$k_t=\frac{f_r}{\sigma_{t,max}}\left[a_t\left(\frac{\sigma_{t,max}}{f_r}\right)^{b_t}-c_t\right]=\frac{5.0}{1.35}\times\left[0.855\times\left(\frac{1.35}{5.0}\right)^{1.355}-0.041\right]=0.385$$

计算温度疲劳应力为：

$$\sigma_{tr}=k_t\sigma_{t,max}=0.385\times1.35=0.52\text{MPa}$$

（6）结构极限状态校核

确定可靠度系数 $\gamma_r=1.30$。校核路面结构极限状态是否满足要求：

$$\gamma_r(\sigma_{pr} + \sigma_{tr}) = 1.30 \times (3.24 + 0.52) = 4.89 \leqslant f_r = 5.0\text{MPa}$$
$$\gamma_r(\sigma_{p,max} + \sigma_{t,max}) = 1.30 \times (2.51 + 1.35) = 5.02 \approx 5.0 \leqslant f_r = 5.0\text{MPa}$$
$$\gamma_r\sigma_{bpr} = 1.30 \times 2.21 = 2.87 \leqslant f_{br} = 4.0\text{MPa}$$

所拟路面结构满足车辆荷载和温度梯度的综合疲劳作用，最重轴载在最大温度梯度时一次作用产生结构应力与混凝土弯曲强度相当。取混凝土面层设计厚度为 0.31m，贫混凝土基层设计厚度为 0.18m，沥青混凝土夹层设计厚度为 0.04m。

复 习 思 考 题

1. 沥青路面设计的内容与方法有哪些？
2. 如何进行沥青路面的结构组合设计与厚度计算？
3. 沥青路面设计时确定路基回弹模量的方法有哪些？
4. 简述水泥混凝土路面的设计理论与控制因素。
5. 概括介绍我国水泥混凝土路面的设计方法。

第六章 道 路 材 料

第一节 无机结合料稳定材料

一、无机结合料稳定材料的分类与应用

无机结合料稳定材料是指在各种粉碎的或原来松散的土、或矿质碎(砾)石、或工业废渣中，掺入一定量的无机结合料(如水泥、石灰或工业废渣等)和水，或同时掺入土壤固化剂，经拌合得到的混合料，在摊铺、压实与养护后，可形成具有一定强度、刚度和稳定性的板体结构。当其强度和使用性能符合使用要求时，可以作为结构层材料使用，如用作铺装结构的基层、底基层。

无机结合料稳定材料具有稳定性好、抗冻性强、结构自成板体、充分利用地材等特点，但由于其耐磨性差，因此被广泛用于修筑铺装结构的基层、底基层。

无机结合料稳定材料的完工初期具有柔性材料的工作特征，随时间的延长，其强度和刚度逐渐提高，板体性增强。结构成型后，其强度和刚度介于柔性材料和刚性材料之间，常被称为半刚性材料，以此修筑的基层或底基层亦称为半刚性基层(底基层)。

无机结合料稳定材料种类较多，其物理、力学性质各异，使用时应根据使用场合、结构要求、掺加剂、原材料情况以及施工条件(当地气候、施工工艺)等进行综合技术、经济比较后选定。

常用的无机结合料稳定材料有：水泥稳定碎石、水泥稳定砂砾、水泥稳定土、石灰粉煤灰稳定碎石(简称二灰碎石)、二灰土、石灰土、综合稳定土、固化酶稳定土等。

1. 无机结合料稳定材料的应用

沥青路面和水泥混凝土路面是我国高等级道路和机场道面主要的结构类型，而无机结合料稳定材料层具有强度大、稳定性好及刚度大等特点，被广泛用于修建高等级道路和机场道面沥青铺装和水泥混凝土铺装的基层或底基层，此外亦可用作各种铺装如停车场、货场、运动场、网球场、高尔夫球场等的基层或结构层。

(1) 无机结合料稳定基层沥青铺装

无机结合料稳定基层用于沥青铺装结构，其合理性主要表现在具有较高的抗压强度和承载能力。一般而言，无机结合料稳定基层材料具有较高的抗压强度和抗压回弹模量，并具有一定的抗弯拉强度，且具有随龄期不断增长的特性，因此无机结合料稳定基层沥青铺装通常具有较小的竖向变形和较强的荷载分布能力。但无机结合料稳定基层因温缩和干缩而产生的裂缝会造成反射裂缝，逐渐反射到沥青铺面的表层。初期产生的反射裂缝对荷载作用无明显影响，随着表面雨水或雪水的浸入，在荷载的反复作用下，会导致铺装结构承载力下降，并产生冲刷和唧泥现象，加速沥青铺装的破坏，影响结构的使用性能。

（2）无机结合料稳定基层水泥混凝土铺装

水泥混凝土铺装层一般为混凝土面板、基层或垫层组成。基层直接位于面板之下，是保证铺装结构整体强度、防止唧泥、冲刷和错台、延长使用寿命的重要结构层。目前基层类型主要采用无机结合料稳定基层，如水泥稳定粒料、工业废渣稳定粒料等基层。

2. 无机结合料稳定材料的分类

按照所用结合料品种分类，这类稳定材料可分为水泥稳定类、石灰稳定类、水泥石灰（综合稳定）类、石灰工业废渣稳定类以及土壤固化类。

水泥稳定类材料是一种经济实用的铺装材料，具有良好的力学性能和板体性，早期强度较高，同时强度范围较大，由几个兆帕到十几个兆帕，其水稳定性和抗冻性较其他稳定材料好，不足之处是水泥稳定类材料在温度、湿度变化时，容易产生裂缝、当细料含量高、水泥用量大时开裂更为严重。

石灰稳定类材料具有良好的力学性能，较好的水稳定性和一定程度的抗冻性，初期强度和水稳性较低，后期强度较高，由于干缩、温缩系数较大，易产生裂缝。

石灰工业废渣稳定类同样是一种经济实用的铺装材料，具有较优良的性能，由于以石灰为活性激发剂、石灰工业废渣为主要胶结材料，早期强度较低，但后期强度与水泥稳定类材料基本类似，在温度、湿度变化时，也易产生裂缝、当细料含量高时开裂更为严重，石灰工业废渣稳定材料的抗水损害的能力较水泥稳定同样材料抗水损害的能力差，但是其在温度、湿度变化时的温缩、干缩系数较水泥稳定同样材料的温缩、干缩系数小。

固化类稳定材料是采用土壤固化剂或土壤固化剂与石灰或水泥等无机结合料共同使用稳定土。土壤固化剂是新型化学材料，能改善和提高土壤技术性能：如降低过湿黏土的塑性，使其易于压实；与石灰或水泥共同使用时可以提高稳定效果—提高土体的强度、耐久性、抗变形能力等，或克服水泥土或石灰土收缩性大、易软化、水稳性差的不利特征等。

按照土中单颗粒（指碎石、砾石和砂粒料，不指土块和土团）的粒径大小和颗粒组成分类，可分为稳定细粒土、稳定中粒土和稳定粗粒土。细粒土是指混合料中颗粒的最大粒径小于 9.5mm，且其中小于 2.36mm 的颗粒含量不少于 90%；中粒土是指颗粒的最大粒径小于 26.5mm，且其中小于 19mm 的颗粒含量不少于 90%；粗粒土是指颗粒的最大粒径小于 37.5mm，且其中小于 31.5mm 的颗粒含量不少于 90%。

按照土中矿质粒料含量分类，可分为悬浮式稳定粒料和骨架密实式稳定粒料，悬浮式粒料中含砂砾或碎石不超过 50%，骨架密实式粒料中含砂砾或碎石在 80% 以上。

二、无机结合料稳定材料的主要技术性能

1. 无机结合料稳定材料的应力-应变特性

无机结合料稳定材料的应力-应变特性与原材料的性质、结合料的性质和剂量及密实度、含水量、龄期、温度等有关。其强度和模量随龄期的增长而增长，不同类型材料增长规律差异性较大。一般规定水泥稳定类设计龄期为 3 个月，石灰或二灰稳定材料设计龄期为 6 个月。

无机结合料稳定材料的应力—应变特性试验方法有顶面法、粘贴法、夹具法和承载板法等。试件有圆柱体试件和梁式试件。试验内容有抗压强度和抗压回弹模量、劈裂强度和劈裂模量、抗弯拉强度和抗弯拉模量等。

2. 无机结合料稳定材料的强度特性

（1）水泥稳定材料

用水泥稳定砂性土、粉性土和黏性土得到的混合料简称水泥土；用水泥稳定砂得到的混合料简称水泥砂；用水泥稳定粗粒土和中粒土得到的混合料，视所用原材料，可简称水泥碎石（级配碎石和未筛分碎石）、水泥砂砾等。

1）强度形成机理

利用水泥来稳定土的过程中，水泥、土和水之间发生了多种非常复杂的作用，从而使土的性能发生了明显的变化。这些作用可分为：

① 化学作用：如水泥颗粒的水化、硬化作用，有机物的聚合作用，以及水泥水化产物与黏土矿物之间的化学作用等。

② 物理—化学作用：如黏土颗粒与水泥及水泥水化产物之间的吸附作用，微粒的凝聚作用，水及水化产物的扩散、渗透作用，水化产物的溶解、结晶作用等。

③ 物理作用：如土块的机械粉碎作用，混合料的拌合、压实作用等。

2）影响强度的因素

影响水泥稳定材料强度的主要因素有水泥成分和剂量、土质和集料颗粒组成、含水量、施工工艺和环境因素等。

水泥剂量是指水泥质量与干土质量的百分比。水泥稳定材料的强度随水泥剂量的增加而增长，然而水泥剂量过高，提高强度的同时可能会增加其收缩性——易开裂，且在经济上不甚合理，剂量选定是满足强度要求与开裂特性的平衡；各种类型的水泥都可以用于稳定土，试验研究证明，水泥的矿物成分和分散度对其效果有明显影响。

除有机质或硫酸盐含量较高的土以外，各种砂砾土、砂土、粉土和黏土均可用水泥稳定，但稳定效果不尽相同，试验和生产实践证明，用水泥稳定级配良好的碎石和砂石土，效果最好，不但强度高，而且水泥用量少，其次是砂性土，再次之是粉性土和黏性土。为改善水泥在黏性土中的硬化条件，可以在水泥中掺加少量添加剂，石灰是水泥稳定土最常用的添加剂之一，在水泥稳定之前，先掺入少量石灰，使之与土粒进行离子交换和化学反应，从而加速水泥的硬化过程并可减少水泥剂量。

改善级配可以明显增加水泥稳定集料的强度。有资料表明：对于级配不好的砂砾，要用 6%～8% 的水泥稳定，才能达到规定的强度；而添加部分细料使达到最佳级配后，只要掺加 2%～4% 的水泥就可以达到要求的强度。

含水量对水泥稳定土强度影响很大。当含水量不足时，水泥不能在混合料中完全水化和水解，发挥不了水泥对土的稳定作用，影响强度形成。

施工工艺过程对水泥稳定土强度有影响。对水泥、土和水拌合均匀，且在最佳含水量下充分压实，使之干密度最大，其强度和稳定性就高；延迟时间对水泥稳定土的强度有显著影响，延迟时间是指水泥稳定土施工过程中，从加水拌合开始至碾压结束所经历的时间，延迟时间越长，水泥稳定土的强度和密度损失就越大。

养护温度直接影响水泥的水化进程，在相同龄期时，养护温度越高，水泥稳定土的强度也越高。

（2）石灰稳定材料

石灰稳定材料包括石灰土和石灰稳定集料。石灰土是用石灰稳定细粒土得到的混合料的简称。石灰稳定集料包括：用石灰稳定中粒土或粗粒土得到的混合料，视原材料为天然砂砾土（级配砂砾）和天然碎石土（纯碎石），分别简称石灰砂砾土和石灰碎石土。

1）强度形成原理

石灰稳定材料的强度形成与发展是通过机械压实、离子交换作用、结晶硬化和碳酸化作用以及火山灰作用等一系列的复杂、交织的物理—化学作用完成的，使土的质量发生根本性变化。

离子交换作用是指石灰浆中的游离钙离子和氢氧根离子与细粒土黏土矿物中的钠离子、氢离子发生离子交换，从而减少了土颗粒表面吸附水膜的厚度，使土粒相互之间更为接近，分子引力随之增加，许多单个土粒聚成小团粒，组成一个稳定结构、离子交换作用是石灰稳定土获得初期强度的主要原因。在石灰土中只有一部分熟石灰 $Ca(OH)_2$ 进行离子交换作用，绝大部分饱和的熟石灰 $Ca(OH)_2$ 自行结晶；碳酸钙是坚硬的结晶体，它和其生成的复杂盐类把土粒胶结起来，从而大大提高了土的强度和整体性。硅酸钙和铝酸钙的化学反应形成的熟石灰结晶网格和含水的硅酸钙和铝酸钙结晶都是胶凝物质，它具有水硬性并能在固体和水两相环境下发生硬化，这些胶凝物质在土微粒团外围形成一层稳定保护膜，填充颗粒空隙，使颗粒间产生结合料，减少了颗粒间的空隙和透水性，同时提高密实性，这是石灰土后期强度增长的主要原因。

石灰稳定土的强度形成主要取决于石灰与细粒土中黏土矿物的相互作用，从而使土的性质发生改变。初期表现为土的结团、塑性降低等，在后期主要表现为结晶结构的形成，从而提高其板体性、强度和稳定性。

在石灰稳定集料中，集料颗粒与石灰土构成一种复合材料，其强度主要取决于集料颗粒间的内摩阻力和嵌挤作用。经压实成型后，集料颗粒相互靠拢、相互嵌挤，形成骨架结构。石灰和细料起填充骨架空隙、包裹并粘结集料颗粒的作用。在石灰稳定集料中，由于石灰土的胶结能力比较弱，主要应利用集料的多级嵌挤作用。

2）影响强度的因素

① 土质

石灰稳定效果于土中的黏土矿物成分及含量有显著关系。石灰土的强度随土中的黏土矿物成分的增多和塑性指数的增大而提高。石灰对粉质黏土的稳定效果明显优于对砂质黏土的稳定效果，而石灰对均质砂的稳定效果较差。

实践证明：塑性指数为 15～20 的黏性土以及含有一定数量黏性土的中粒土和粗粒土均适宜用石灰稳定；塑性指数偏大的黏性土，应加强粉碎，可以采用两次拌合法：第一次加部分石灰拌合后，闷料 1～2d，再加入其余石灰，进行第二次拌合；塑性指数在 10 以下的砂质粉土和砂土用石灰稳定时，应采取适当措施或采用水泥稳定；对于无黏性或无塑性指数的集料，单纯用石灰稳定的效果远不如用石灰土稳定的效果。

② 灰质、细度与剂量

石灰应是消石灰粉或生石灰粉。石灰细度越大，在相同剂量下与土粒作用越充分，反应进行得越快，稳定效果越好。由于石灰起稳定作用，使土的塑性、膨胀性和吸水性降低，因而随着石灰剂量得增加，石灰土的强度和稳定性提高，但超过一定剂量后，强度的增长就不明显了。

③ 密实度

实践证明，石灰土的密实度每增减1%，强度约增减4%左右。而密实的石灰土，其抗冻性、水稳定性也好，缩裂现象也少。

④ 最佳含水量

不同土质的石灰土有不同的最佳含水量，在此含水量下进行压实，可以获得较为经济的压实效果，即达到最大密实度。最佳含水量取决于压实功的大小、稳定土的类型以及石灰剂量。通常，所施加的压实功越大，稳定土中的细料含量越少，最佳含水量越小，最大密实度越高。

为了保证施工质量，石灰稳定土应在略大于最佳含水量时进行碾压，以弥补碾压过程中的水分损失。含水量过大，不但难以压实，影响强度，又会明显增大稳定土的干缩性，易导致结构层的干缩裂缝。

⑤ 龄期和养护条件

石灰土强度具有随龄期的增长大致符合指数规律。养护条件主要指温度和湿度。当温度高时，物理化学反应、硬化、强度增加快，反之强度增加慢，在负温条件下甚至不增长。养护期间应保持一定的湿度，不应过湿或忽干忽湿，养护期不宜少于7d。

（3）石灰工业废渣稳定材料

工业废渣包括煤炭工业废渣—炉渣、粉煤灰、煤矸石，钢铁工业废渣—铁渣、钢渣和化学工业废渣—电石渣、硫铁矿渣、漂白粉渣等，可作为粒料材料和活性材料（活性氧化硅和活性氧化铝）使用。

在工程中，石灰粉煤灰常被简称为二灰，石灰粉煤灰稳定类混合料简称为二灰稳定土。用二灰稳定土，简称为二灰土；用二灰稳定砂砾、碎石、矿渣等，简称为二灰稳定集料或二灰稳定粒料。

二灰稳定土的强度形成原理与石灰稳定土基本相同，主要依靠集料的骨架作用和石灰粉煤灰的水硬性胶结和填充作用。由于粉煤灰能提供较多的活性氧化硅和活性氧化铝成分，在石灰的碱性激发作用下生成较多的水化硅酸钙、水化铝酸钙，具有较高的强度与稳定性。

粉煤灰是一种缓凝物质，表面能较低，难以在水中溶解，导致混合料中的火山反应进程相当缓慢，因此其强度随龄期的增长速率缓慢，早期强度较低，但后期仍保持一定的增长速率，有着较高的后期强度。密实式二灰粒料与悬浮式二灰粒料长期强度差别不大，但其早期强度大于悬浮式二灰粒料，并有较好的水稳性。

养护温度对二灰稳定土的抗压强度有明显影响，较高的温度会促使火山灰反应进程加快，当气温低于4℃时，二灰混合料的抗压强度几乎停止增长。

3. 无机结合料稳定材料的疲劳特性

材料的抗压强度是材料组成设计的主要依据，由于无机结合料稳定材料的抗拉强度远小于其抗压强度，材料的抗拉强度是受荷结构设计的控制指标。在低于极限抗拉强度下经受重复拉应力或拉应变而导致破坏的现象，称为疲劳。导致材料发生疲劳开裂的荷载作用次数称为疲劳寿命，此时的应力大小称为疲劳强度。

无机结合料稳定材料的疲劳寿命主要取决于重复应力与极限应力之比 σ_f/σ_s，原则上当 σ_f/σ_s 小于一定值（50%）时，无机结合料稳定材料可经受无限次重复加载次数而不发生疲劳破坏现象。

无机结合料稳定材料的疲劳性能通常可用考虑可靠度下的应力水平与荷载作用的关系曲线来表示，并通常回归为双对数疲劳方程（$\lg N_f = a + b \lg \sigma_f / \sigma_s$）及单对数疲劳方程（$\lg N_f = a + b \sigma_f / \sigma_s$）。

在一定的应力条件下，材料的疲劳寿命取决于：①材料的强度与刚度。强度越大刚度越小，其疲劳寿命越长。②由于材料的不均匀性，无机结合料稳定材料的疲劳方程与材料试验的变异性有关。③石灰粉煤灰稳定材料的抗疲劳性能优于水泥砂砾。④石灰粉煤灰稳定材料疲劳寿命对应力水平变化更敏感。

4. 无机结合料稳定材料的干缩特性

无机结合料稳定材料经拌合压实后，由于水分挥发和混合料内部的水化作用，混合料的水分会不断减少。由此发生的毛细管作用、吸附作用、分子间力的作用、材料矿物晶体或凝胶体间层间水的作用和碳化收缩作用等会引起无机结合料稳定材料体积收缩。

描述干缩特性的指标主要有干缩应变、干缩系数、干缩量、失水量、失水率、平均干缩系数。干缩应变是指水分损失引起的试件单位长度的收缩量；干缩系数是指某失水量时，试件单位失水率的干缩应变；平均干缩系数是某失水量时，试件的干缩应变与试件的失水率之比。

无机结合料稳定材料的干缩特性的大小与结合料类型、剂量、被稳定材料的类别、粒料含量、小于 0.6mm 的细颗粒的含量、试件含水量和龄期等有关。

例如二灰碎石（15：85）、二灰碎石（20：80）7d 龄期的最大干缩应变分别为 223×10^{-6}、273×10^{-6}，而平均干缩系数分别为 55×10^{-6}、65×10^{-6}。

稳定细粒土的干缩系数大于稳定中粒土和稳定粗粒土的干缩系数。对稳定粒料类，三类半刚性材料的干缩特性的大小次序为石灰稳定类＞水泥稳定类＞二灰稳定类；稳定土类，三类半刚性材料的干缩特性的大小次序为石灰土＞水泥土和水泥石灰土＞二灰土。

5. 无机结合料稳定材料的温度收缩特性

半刚性材料是由固相（组成其空间骨架的原材料的颗粒和其间的胶结物）、液相（存在于固相表面与空隙中的水和水溶液）和气相（存在于空隙中的气体）组成，半刚性材料的外观胀缩是由固相和液相的温度收缩构成的。稳定材料中的固体矿物组成包括原材料矿物和新生矿物，一般情况下，各原材料矿物的热胀缩性较小，但其中黏土矿物的胀缩性较大，而新生矿物如氢氧化钙、水化铝酸钙等均有较大的热胀缩性。

半刚性材料温缩特性影响因素主要有：结合料类型、剂量、被稳定材料的类别、粒料含量、龄期等。典型半刚性材料温度收缩系数试验结果：石灰土砂砾（16.7×10^{-6}）＞悬浮式石灰粉煤灰粒料（15.3×10^{-6}）＞密实式石灰粉煤灰粒料（11.4×10^{-6}）和水泥砂砾（$10 \sim 15 \times 10^{-6}$）。

面层铺装的隔温作用，可降低无机结合料稳定材料基层的温度梯度和温度变化速度，有利于减少该结构层温度应力和基层材料中温度应力的松弛。但是，较长时间的暴露或上覆层较薄，会受到日温产生的温度应力反复作用，此温度应力与干缩应力相结合，更容易引起无机结合料稳定材料基层开裂。在冰冻地区，暴露的无机结合料稳定材料基层过冬，容易受到负温度作用而开裂，温缩性大的基层材料更明显，再受到水和反复冻融的作用，稳定层还容易冻坏变松，因此，稳定类材料基层在过冬前最好能养护到一定强度并铺筑上覆层。

半刚性材料成型初期主要同时受干缩和温缩的综合作用，而且初期强度较低，因此必须加强养护保护；后期主要以温缩为主。

无机结合料稳定材料的刚性越大，暴露的时间越长或暴露时遭受的温差越大，无机结合料稳定材料就越容易产生温度裂缝，裂缝的间距也越小（即单位长度内的裂缝数量多），缝宽越大。由于裂缝（干缩、温缩或疲劳裂缝）的发生、发展，裂缝引起的反射裂缝的存在使雨水或雪水顺缝渗入到结构层中或地下水、层间滞留水的作用，导致稳定层发生强度弱化或在冰冻地区的冻胀作用使稳定层冻松等现象，将会使稳定层逐渐失去板体性，承载能力降低，此时的"稳定层"已经不是原来设计意义上的稳定层，该层对整体结构强度和刚度贡献减弱，使整体结构的使用寿命缩短，因此，应结合具体工程项目的各种要求，妥善平衡好无机结合料稳定材料的各方面性能。

三、无机结合料稳定材料的配合比设计

无机结合料稳定材料配合比设计的主要目的是：根据具体工程项目的强度指标和使用性能要求，确定稳定土中组成材料的比例；根据击实试验确定稳定土的最大干密度和最佳含水量作为工地现场进行质量控制的参考数据。所配置稳定土的各项使用性能应能符合铺装结构的设计要求，并能够准确地进行生产质量控制，易于摊铺与压实，比较经济。

以路面结构为例，基层是直接位于面层下的结构层次，主要承受面层传来的车轮荷载垂直压力作用，并将其向下扩散分布，同时受环境因素作用并起调节和改善路基路面水温状况的作用，为施工提供稳定而坚实的工作面。所以，从设计角度和使用性能方面，无机结合料稳定材料技术性质的主要要求包括使用条件下的抗压回弹模量、弯拉模量、弯拉强度、抗裂性、抗冲刷能力等，因为无机结合料稳定材料标准龄期太长，进行标准条件的配合比设计试验不利于指导施工；根据研究成果和使用经验，无机结合料稳定材料的配合比设计主要以 7d 浸水抗压强度控制设计。根据《公路路面基层施工技术规范》（JTJ034—2000），无机结合料稳定材料的 7d 浸水抗压强度应符合表 2-6-1 的要求。

无机结合料稳定材料的 7d 浸水抗压强度 表 2-6-1

混合料类型	高速公路和一级公路		二级和二级以下公路	
	基层（MPa）	底基层（MPa）	基层（MPa）	底基层（MPa）
水泥稳定土	3～5①	1.5～2.5①	2.5～3.0②	1.5～2.0②
石灰稳定土	—	≥0.8	≥0.8③	0.5～0.7④
石灰工业废渣稳定土	0.8～1.1①	≥0.6	0.6～0.8	≥0.5

注：① 设计累计标准轴次小于 $12×10^6$ 的公路可采用低限值；设计累计标准轴次超过 $12×10^6$ 的公路可用中值；主要行驶重载车辆的公路应用高限值；对于具体一条高速公路，应根据交通状况采用某一强度标准；

② 二级以下公路可取低限值；主要行驶重载车辆的二级公路应取高限值，某一具体公路应采用一个值，而不用某一范围；

③ 在使用低塑性土（塑性指数小于 7）地区，石灰稳定砂砾土和碎石土的 7d 浸水抗压强度应大于 0.5MPa；

④ 低限用于塑性指数小于 7 的黏性土，且低限值宜仅用于二级以下公路，高限用于塑性指数大于 7 的黏性土。

1. 无机结合料稳定材料组成材料的技术要求

（1）水泥

普通硅酸盐水泥、矿渣硅酸盐水泥和火山灰质硅酸盐水泥都可用于稳定土，但应选用初凝时间 3h 以上和终凝时间较长(宜在 6h 以上)的水泥。不应使用快硬水泥、早强水泥以及已受潮变质的水泥。宜采用强度等级较低的水泥,如 32.5 级水泥。

(2) 石灰

石灰质量应符合 3 级以上消石灰或生石灰的技术要求。对于高速公路和一级公路,宜采用磨细生石灰粉。石灰堆放在野外无覆盖时,遭受风吹雨淋和日晒,其有效氧化钙和氧化镁含量很快降低,放置 3 个月时可从原来的大于 80% 降至 40% 左右,放置半年时则可能降至 30% 左右,因此在工程施工中,应尽量缩短石灰的存放时间,并应覆盖防潮、妥善保管。

有效钙含量在 20% 以上的使用等外石灰、贝壳石灰、珊瑚石灰等结合料,应进行试验,如混合料的强度符合设计要求,即可使用。

(3) 粉煤灰

粉煤灰中 SiO_2、Al_2O_3 和 Fe_2O_3 的总含量应大于 70%,烧失量不应超过 20%,比表面积宜大于 2500cm²/g(或 90% 通过 0.3mm 筛孔,70% 通过 0.075mm 筛孔),干粉煤灰和湿粉煤灰都可以应用;当粉煤灰含水量过大时,粉煤灰颗粒会凝聚成团,在集中厂拌法拌制混合料时,过湿的粉煤灰不易通过下料斗的开口,直接影响石灰二灰稳定材料的配合比和拌合机的产量,因此湿粉煤灰的含水量不宜超过 35%;使用时应将凝结的粉煤灰打碎或过筛,同时消除有害杂质。

(4) 水

凡能饮用的水均可使用。

(5) 土壤固化剂

土壤固化剂按其性状分为液粉土壤固化剂和粉状土壤固化剂。土壤固化剂的技术性能应符合《土壤固化剂》(CJ/T 3073)的规定。液粉固化剂中溶液的固体含量不得大于 3%,不得有沉淀或絮状现象,粉状固化剂的细度在 0.075mm 标准筛上的筛余量不得超过 15%。

(6) 集料与土

在无机结合料稳定类混合料中,可以采用级配碎石、未筛分碎石、砂砾、碎石土、砂砾土、煤矸石和各种粒状矿渣等混合料。

① 水泥稳定材料用集料与土

级配碎石、未筛分碎石、砂砾、碎石土、砂砾土、煤矸石和各种粒状矿渣等均适宜用水泥稳定,集料中不宜含有塑性指数较大的细土,或应控制其含量。

集料颗粒的最大粒径是影响稳定类混合料质量的关键因素之一。粒径愈大,拌合机、平地机和摊铺机等施工机械越容易损坏,混合料越容易产生粗细集料离析现象,铺筑层也越难达到较高的平整度要求。但是,最大粒径太小,则稳定性不足,且增加集料的加工量。综合考虑,在满足施工最小层厚要求下,集料的最大粒径应符合表 2-6-2 中的要求。为了保证稳定材料的强度和稳定性,所用的碎石或砾石的压碎值应符合表 2-6-2 中的规定。

水泥稳定土用做底基层时,所用细粒土的均匀系数应大于 5,液限不应超过 40%,塑性指数不应超过 17。中粒土和粗粒土土中小于 0.6mm 的颗粒含量在 30% 以下时,塑性指数可稍大。实际工程中,宜选用均匀系数大于 10、塑性指数小于 12 的土。塑性指数大于

17 的土，宜采用石灰稳定或用水泥和石灰综合稳定。有机质含量超过 2％ 的土，必须先用石灰进行处理，闷料一夜后再用水泥稳定。硫酸盐含量超过 0.25％ 的土，不应用水泥稳定。

水泥稳定材料用集料的最大粒径和压碎值要求　　表 2-6-2

道路等级	高速公路和一级公路		二级和二级以下公路	
结构层位	基层	底基层	基层	底基层
最大粒径（方孔筛，mm）≤	31.5	37.5	37.5	53.0
压碎值（％）　　　≤	30	30	35	40

集料颗粒组成应符合表 2-6-3 的要求，对于级配不良的碎石、碎石土、砂砾、砂等，宜外加某规格集料改善其级配。用水泥稳定粒径较均匀的砂时，宜在砂中添加少部分塑性指数小于 10 的黏性土（砂质黏土）或石灰土（土的塑性指数较大时），在有粉煤灰的情况下，添加 20％～40％ 粉煤灰的效果更好。

水泥稳定材料中集料的颗粒组成范围　　表 2-6-3

道路等级	结构层位	通过下列筛孔（mm）的质量百分率（％）											
		53	37.5	31.5	26.5	19.0	9.5	4.75	2.36	1.18	0.6	0.075	0.002
二级和二级以下公路	底基层	100	—	—	—	—	—	50～100	—	—	17～100	0～50	0～30
	基层①	100	90～100	—	66～100	54～100	39～100	28～64	20～70	14～57	8～47	0～30	—
高速公路和一级公路	底基层	100	—	—	—	—	—	50～100	—	—	17～100	0～30	—
			100	90～100	—	67～90	45～68	29～50	18～38	—	8～22	0～7②	—
	基层			100	90～100	72～89	47～67	29～49	17～35	—	8～22	0～7②	—

注：① 基层的混合料中不宜使用含有塑性指数的土；
　　② 集料中 0.5mm 以下细粒土有塑性指数时，小于 0.075mm 的颗粒含量不应超过 5％。

② 石灰稳定材料用集料与土

土中的黏土矿物越多，土颗粒越细，塑性指数越大，用石灰稳定的效果就越好。为了提高稳定效果，塑性指数偏大的黏性土，要加强粉碎，粉碎后土块最大尺寸不应大于 15mm。塑性指数在 10 以下的砂质黏土和砂土用石灰稳定时，需要较多的石灰进行稳定，且难以碾压成型，稳定效果较差，最好采用水泥稳定。塑性指数在 15 以上的黏性土更适宜于用石灰和水泥综合稳定。用石灰稳定的土的塑性指数范围宜为 15～20，且土中硫酸盐含量不宜超过 0.8％，有机质含量不宜超过 10％。

当用石灰稳定无塑性指数的级配砂砾、级配碎石、未筛分碎石或其他粒状材料时，应添加 15％ 左右的黏性土，且集料含量应在 80％ 以上，并应具有良好的级配。石灰稳定材料中集料的技术要求见表 2-6-4。

③ 石灰工业废渣稳定材料用集料与土

宜采用塑性指数 12～20 的黏性土或黏质粉土。土中所含土块的最大粒径不应大于 15mm，也不宜选用有机质含量超过 10％ 的土。

石灰稳定材料用集料的技术要求　　　　　　　　　　表 2-6-4

道路等级	高速公路和一级公路		二级和二级以下公路	
结构层位	基层	底基层	基层	底基层
最大粒径(方孔筛，mm)，≤	37.5	37.5	37.5	53.0
压碎值(%)，≤	—	35	30/35①	40

注：① 30 适用于二级公路，35 适用于二级以下公路。

所用集料的最大粒径和压碎值应符合表 2-6-5 的要求，应尽可能设计成骨架密实式混合料，故集料应具有良好的级配，并满足表 2-6-6 的要求，集料中应少含或不含塑性指数较大的土，以保证混合料的稳定性和耐久性。

石灰工业废渣稳定材料用集料的技术要求　　　　　　　表 2-6-5

道路等级	高速公路和一级公路		二级和二级以下公路	
结构层位	基层	底基层	基层	底基层
最大粒径(方孔筛，mm)，≤	37.5	37.5	37.5	53.0
压碎值(%)，≤	30	35	35	40
应符合级配编号	表 2-6-6 中 2 或 4	—	表 2-6-6 中 1 或 3	—

二灰稳定级配材料中集料的颗粒组成范围　　　　　　　表 2-6-6

级配编号		通过下列筛孔(mm)的质量百分率(%)								
		37.5	31.5	19.0	9.5	4.75	2.36	1.18	0.6	0.075
砂砾	1	100	85~100	65~85	50~70	35~55	25~45	17~35	10~27	0~15
	2		100	85~100	55~75	39~59	27~47	17~35	10~25	0~10
碎石	3	100	90~100	72~90	48~68	30~50	18~38	10~27	6~20	0~7
	4		100	81~98	52~70	30~50	18~38	10~27	6~20	0~7

（7）稳定类混合料组成材料比例的推荐范围

① 水泥剂量

水泥剂量为水泥质量占干土质量的百分比。水泥剂量的推荐范围见表 2-6-7。

配合比设计中推荐水泥剂量范围　　　　　　　　　表 2-6-7

结构层位 / 土的类型	水泥剂量(%)	
	基层	底基层
中粒土和粗粒土	3，4，5，6，7	3，4，5，6，7
塑性指数小于 12 的土	5，7，8，9，11	4，5，6，7，9
其他细粒土	8，10，12，14，16	6，8，9，10，12

② 石灰剂量

石灰稳定类配合比以石灰剂量表示，石灰剂量＝石灰质量/干土质量。石灰剂量与土的种类，石灰品种关系甚大，配合比设计中石灰剂量范围可参考表 2-6-8。

土的类型	结构层位	石灰剂量（%）	
		基层	底基层
砂砾土和碎石土		3，4，5，6，7	—
黏性土（塑性指数＜12）		10，12，13，14，16	8，10，11，12，14
黏性土（塑性指数＞12）		5，7，9，11，13	5，7，8，9，11

③ 石灰工业废渣稳定材料的配合比范围

石灰工业废渣混合料采用质量配合比计算，以石灰：粉煤灰：集料（或土）的质量比表示。石灰工业废渣稳定材料的配合比参考范围见表 2-6-9，如二灰混合料的早期强度达不到要求，可添加少量水泥（如 1%～2%）。

石灰工业废渣稳定土的配合比范围参考值 表 2-6-9

稳定材料类型	材料比例	基层	底基层
石灰粉煤灰（二灰）	石灰：粉煤灰	1：2～1：9	
二灰土	石灰粉煤灰：土 （石灰：粉煤灰）	30：70～90：10 （1.2～1.4，粉土时 1：2 为宜）	
二灰集料	石灰粉煤灰：集料 （石灰：粉煤灰）	—	20：80～15：85 （1.2～1.4）
石灰煤渣土	石灰：煤渣	20：80～15：85	
	石灰煤渣：细粒土（石灰：煤渣）	1：1～1：4（石灰含量≥10%） （1：1～1：4）	
石灰煤渣集料	石灰：煤渣：集料	（7～9）：（26～33）：（67～58）	

2. 混合料的设计步骤

（1）从工程拟用的料场选取有代表性的试样，按不同稳定类混合料的技术要求进行原材料的相关试验，筛选出合格原材料。

（2）按使用层位要求、气候环境因素影响、原材料的状况、稳定类混合料技术特性（干缩、温缩、冲刷等）等方面进行混合料中材料组成设计，得到满足集料级配要求、性能满意的一组或几组材料组成设计方案。

（3）采用重型击实试验，制备同一种试样，采用不同结合料剂量（按表 2-6-7、表 2-6-8所推荐的剂量）或不同配合比组成的混合料。

（4）确定各种混合料的最佳含水量和最大干密度，至少应做三个不同结合料剂量混合料的击实试验，即最小剂量、中间剂量和最大剂量。其他两个剂量混合料的最佳含水量和最大干密度用内插法确定。

（5）按规定压实度或工地预定达到的压实度（压实度为混合料现场实测干密度与室内击实最大干密度的百分比），分别计算不同结合料剂量的试件应有的干密度（计算干密度）。

（6）按计算干密度和最佳含水量制备抗压强度试件。进行强度试验时，作为平行试验的最少试件数量应不小于表 2-6-10 的规定。如试验结果的偏差系数大于表中规定的值，则应重做试验，并找出原因，加以解决。如不能降低偏差系数，则应增加试件数量。

表 2-6-10

稳定土类型	偏差系数		
	<10%	10%～15%	15%～20%
细粒土	6	9	
中粒土	6	9	13
粗粒土		9	13

(7) 试件在规定温度下保湿养护 6d，浸水 24h 后，按《公路工程无机结合料稳定材料试验规程》(JTG E51)进行无侧限抗压强度试验。

(8) 计算试验结果的平均值和偏差系数。

(9) 根据稳定材料的强度标准(表 2-6-1)，选定合适的结合料剂量。此剂量试件室内试验结果的平均抗压强度 $\overline{R}$ 应符合式(2-6-1)的要求：

$$\overline{R} \geqslant R_d / (1 - Z_a C_v) \tag{2-6-1}$$

式中 R_d——设计抗压强度(表 2-6-1)；

     C_v——试验结果的偏差系数(以小数计)；

     Z_a——标准正态分布表中随保证率(或置信度 a)而变的系数，重交通道路应取保证率 95%，即 $Z_a=1.645$，其他道路应取保证率 90%，即 $Z_a=1.282$。

(10) 考虑到室内试验与现场施工条件的差别，工地实际采用的结合料剂量应比室内试验确定的剂量多些，增加量应根据施工方法、结合料剂量控制精度、拌合效果等综合确定。

(11) 结合料过少，其在结合料中不能均匀分散，因此结合料的最小剂量尚应满足相关规定。

3. 无机结合料稳定材料配合比设计例题

[例题] 设计广东省某二级公路基层用石灰土的配合比。

(1) 设计要求

石灰土的设计抗压强度 $R_d=0.8$MPa，工地预定压实度为 97%。在组成材料中，石灰为 2 级钙质生石灰；土为黏性土，塑性指数 $I_p=15.0$，工地采用集中厂拌法施工。

(2) 设计计算

① 确定石灰剂量范围

由黏性土塑性指数 $I_p=15.0$，选定石灰剂量范围为 5%～13%。

② 确定石灰土的最佳含水量和最大干密度

选定石灰剂量为 5%、7%、9%、11%、13%进行石灰土的击实试验，测定石灰土最佳含水量和最大干密度，试验结果见表 2-6-11。

③ 强度检验

根据工地预定压实度 97%水平，得到不同石灰剂量下的石灰土试件的计算干密度，按此干密度和最佳含水量制备试件各 9 个。石灰土试件在规定温度(25±2℃)下保湿养护，进行 7d 浸水无侧限抗压强度试验，试验结果见表 2-6-11。不同石灰剂量下的石灰土试件强度偏差系数满足要求，不需要增加试验。

④ 确定石灰剂量

一般公路取保证率 90%，即 $Z_a = 1.282$，根据设计抗压强度 $R_d = 0.8\text{MPa}$ 和强度偏差系数代入式(2-6-1)，得到各石灰剂量下的抗压强度要求值。石灰土的平均抗压强度满足 $\bar{R} \geq$ 抗压强度要求值的对应的石灰剂量为 9%～13%。根据施工条件和施工水平，并考虑到 9% 石灰土强度有富余，决定工地上实际采用的石灰剂量为 9%，其最大干密度为 1.66g/cm³，最佳含水量为 18.7%。

⑤ 石灰土的工地配合比设计结果

该二级公路基层采用 9% 石灰稳定土，其最大干密度为 1.66g/cm³，最佳含水量为 18.7%。

石灰土击实试验和强度试验结果 表 2-6-11

石灰剂量 （%）	最佳含水量 （%）	最大干密度 （g/cm³）	计算干密度 （g/cm³）	抗压强度 （MPa）	强度偏差系数	抗压强度要求值 （MPa）
5	17.2	1.65	1.601	0.45	0.142	0.978
7	17.9	1.69	1.639	0.91	0.133	0.964
9	18.7	1.66	1.610	1.06	0.131	0.961
11	19.7	1.63	1.581	1.13	0.122	0.948
13	21.5	1.59	1.542	1.35	0.119	0.944

第二节　沥青与沥青混合料

一、沥青材料

沥青是暗棕色至黑色固体、半固体或黏稠状物，由天然或人工制造而得，主要由一些极其复杂的高分子碳氢化合物和这些碳氢化合物的非金属（氧、硫、氮）的衍生物所组成，完全溶解于二硫化碳。

沥青属于有机胶凝材料，与矿料有优良的粘附性是铺装工程中常用材料；沥青属于憎水性材料，结构致密，几乎完全不溶于水和不吸水，因此被广泛用于土木工程的防水、防潮和防渗；对酸、碱和盐的作用还具有高的抗力，因此还用于有防腐工程。

石油在自然界长期受地壳挤压、变化，并与空气、水接触逐渐变化而形成的、以天然状态存在的石油沥青，其中常混有一定比例的矿物质。按形成的环境可以分为湖沥青、岩沥青、海底沥青、油页岩等。

天然沥青是天然下卧于地质层，以较软沥青材料或硬脆黑色材料发生于脉状岩体造或浸渍于各种石灰岩、砂岩构造或同类物，如著名的特立尼达湖相沉积沥青（含沥青、火山灰、惰性有机物）、采于美国犹他州脆而硬的黑沥青为含有无杂质（淤泥、黏土等）固体沥青的高熔点天然沥青。

石油沥青在原油中为胶态分散的碳氢化合物，由原油提炼而得，现今使用的沥青材料几乎全都来自原油加工。

根据生产方法，石油沥青可分为直馏沥青、溶剂脱沥青、氧化沥青、调和沥青、乳化沥青、改性沥青等。

1. 石油沥青的组成

石油沥青是十分复杂的烃类和非烃类的混合物，是石油中相对分子量最大、组成及结构最为复杂的部分，除碳（80%～87%）、氢（10%～15%）外，还有少量的硫、氮、氧等（<3%）。此外，沥青中还富集了原油中的大部分微量金属元素，如镍、铁、铅、钙、镁、钠等，但含量都很少。

沥青是由多种化合物组成的混合物，由于它的结构复杂，将其分为纯粹的化合物单体，过于繁杂（例如有人认为石油沥青可分离为3000多种化合物），目前的研究尚不能直接测定沥青元素含量与工程性能之间的关系，在生产应用中，也并没有这样的必要。目前对沥青组成和结构的研究主要集中在组分理论、胶体理论和高分子溶液理论。

化学组分分析就是将沥青分离为化学性质相近，而且其工程性质能有一定联系的几个化学成组，这些组就称为组分。沥青的化学组分极为复杂，对沥青的组分划分和分离分析非常繁琐。最常用于组分分离的基础是利用各组分对不同溶剂的溶解度和不同吸附剂的吸附性能的差异，将其按分子的大小、分析极性或分子构型划分成不同组分。组分分析方法还在不断修正和发展中，比较成熟的有三组分和四组分两种分析法。

（1）三组分分析法

将石油沥青分离为油分、树脂和沥青质三个组分。对于石蜡基和中间基沥青，在油分中往往含有蜡，在分析时还应进行油蜡分离。这种组分分析方法兼容了选择性溶解和选择性吸附的方法，故又称为溶解—吸附法。

该方法分析流程是用正庚烷沉淀沥青质，即将溶于正庚烷中的可溶分用硅胶吸附，装于抽提仪中抽提油蜡，再用苯乙醇抽出树脂。最后将抽出的油蜡用丁酮-苯为脱蜡溶剂。在−20℃的条件下，冷冻过滤分离油、蜡。按三组分分析法所得各组分的性状见表2-6-12。

石油沥青三组分分析法的各组分性状   表 2-6-12

组分 \ 性状	外观特征	平均分子量	碳氢比	含量（%）	物化特征
油分	无色或白色液体	200～700	0.5～0.7	45～60	几乎溶于大部分有机溶剂，具有光学活性，常发现有荧光，相对密度约0.7～1.0
树脂	深色黏稠半固体	800～3000	0.7～0.8	15～30	温度敏感性高，熔点低于100，相对密度大于1.0～1.1
沥青质	暗棕色固体微粒	1000～5000	0.8～1.0	5～30	加热不融化而碳化，相对密度1.1～1.5

油分为无色液体，可溶于大多数溶剂，赋予沥青可流动性，可分离出蜡（石蜡基沥青），油分含量的多少直接影响沥青的柔软性、抗裂性及施工难度。油分经氧化产生沥青质和树脂分子。

树脂加热后为液体，冷却时变脆。其作用如分散剂，通过油分分散沥青质以提供均匀液体。它可溶于正戊烷，但吸附于硅藻土或矾土。氧化的树脂产生沥青质类的分子。树脂又分为中性树脂和酸性树脂，中性树脂使沥青具有一定塑性、可流动性和粘结性，其含量增加，沥青的粘结力和延伸性增加。沥青中含有少量的酸性树脂即沥青酸和沥青酸酐，为树脂状黑褐色黏稠状物质，密度大于 $1.0g/cm^3$，是油分氧化后的产物，呈固态或半固态，具有酸性。酸性树脂是沥青中活性最大的组分，能改善沥青对矿质材料的浸润性，提高了与碳酸盐类岩石的粘附性，增加了沥青的可乳化性。

沥青质对沥青的黏度、粘结力、温度稳定性、沥青硬度、软化点等都有很大的影响；沥青中的沥青质含量增加时，沥青黏度、硬度和温度稳定性提高，软化点上升。

三组分分析的优点是组分界限很明确，组分含量能在一定程度上说明它的工程性能，但是它的主要缺点是分析流程复杂，分析时间很长。

（2）四组分分析法

我国现行四组分分析法（JTG E20）是将沥青试样先用正庚烷沉淀"沥青质（At）"，再将可溶分（即软沥青质）吸附于氧化铝谱柱上，先用正庚烷冲洗，所得的组分称为"饱和分（S）"；继续用甲苯冲洗，所得的组分称为"芳香分（Ar）"；最后用甲苯-乙醇、甲苯、乙醇冲洗，所得组分称为"胶质（R）"。对于含蜡沥青，可将所分离得的饱和分与芳香分，以丁酮-苯为脱蜡溶剂，在−20℃下冷冻分离固态烃烷，确定含蜡量。

石油沥青按四组分分析法所得各组分的性状如表2-6-13。

石油沥青四组分分析法的各组分性状 表 2-6-13

性状 组分	外观特征	平均 分子量	平均相 对密度	主要化学结构
饱和分（S）	无色或白色液体	625	0.89	纯链烷烃、纯环烷、混合链烷、环烷烃
芳香分（Ar）	黄色至红色液体	730	0.99	混合链烷－环烷－芳香烃＋芳香烃 ＋ 含S化合物
胶质（R）	棕色黏稠液体	970	1.09	链烷－环烷－芳香烃 多环结构 含S，O，N化合物
沥青质（At）	暗棕色至黑色固体	3400	1.15	链烷－环烷－芳香烃、缩合环结构 含S，O，N化合物

沥青质是高极性的复杂混合物，分子量在1000～10000范围内，颗粒的粒径为5～30nm，H/C原子比例约为1.16～1.28。沥青质在沥青中的含量一般为5%～25%，我国石蜡基原油炼制的沥青中沥青质含量较低，一般在1%左右，中东原油生产的沥青质含量可达5%以上。

胶质也称为树脂或极性芳烃，有很强的极性，分子量在600～1000范围内，颗粒的粒径为1～5nm，H/C原子比为1.30～1.47，其在沥青中含量为15%～30%。胶质溶于石油醚、汽油、苯等有机溶剂。胶质是沥青的扩散剂或胶溶剂，胶质与沥青质的比例在一定程度上决定沥青的胶体结构的类型。胶质赋予沥青以可塑性、流动性和粘结性，对沥青的延伸性、粘结力有很大的影响。

芳香分是由沥青中最低分子量的环烷芳香化合物组成的，是胶溶沥青质的分散介质，起到溶胶和软化作用。芳香分在沥青中占40%～65%，H/C原子比为1.56～1.67，平均分子量在300～600范围内。

饱和分是由直链和支链脂肪属烃以及烷基环烃和一些烷基芳香烃所组成的，是一种非极性稠状油类，H/C原子比在2左右，平均分子量为300～600，饱和分在沥青中占5%～20%，其成分包括蜡质及非蜡质的饱和物。饱和分对温度较为敏感。

芳香分和饱和分都作为油分，在沥青中起着润滑和柔软作用。油分含量越多，沥青的软化点越低，针入度越大，稠度降低。

油分经丁酮－苯脱蜡，在−20℃冷冻，会分离出固态的烷烃，即为蜡。

蜡的化学组成以纯正构烷烃或其熔点接近纯正构烷烃的长烷基侧链的少环烃类为主。蜡有石蜡和地蜡之分，地腊是微晶蜡，沥青中的蜡主要是地蜡。在常温下，蜡都以固体形式存在，其融化温度约为50℃，在零下低温时以结晶状态存在。蜡对沥青的性能有较大的影响：蜡在高温时融化，使沥青的黏度降低，沥青的温度敏感性强，抗滑性下降；蜡在低温时容易结晶析出，使沥青的脆性增大，抗滑性下降；蜡的存在会降低沥青对石料界面的粘附，蜡会集中在沥青的表面使沥青失去光泽，并影响沥青路面的摩阻性能；蜡的结晶网格会促使沥青的胶体结构发生变化，但变化后的胶体系统不稳定。

由于蜡对沥青的性能有一定的影响，而沥青中蜡的含量主要与原油的基属有关，因此应对生产沥青的原油进行选择，或采取除蜡工艺，使所生产的沥青的蜡含量低于容许限量。

2. 沥青的胶体结构

沥青组分不能全面反映沥青的性质。根据现代胶体理论的研究，由于沥青的苯溶液具有丁铎尔现象，证明沥青溶液也是一种胶体溶液。用超级显微镜对沥青溶液进行观察，认为沥青质是分散相，而油分是分散介质，但沥青质与油分不亲和，而且沥青质与油分两种组分混合不能形成稳定的体系，沥青质极易发生絮凝。

胶质对沥青质是亲和的，胶质对油分也是亲和的，胶质包裹沥青质形成胶团，分散在油分中，形成稳定的胶体。可以认为，在胶团结构中，从核心到油分是均匀的，逐步递变的，并无明显的分界层。

根据沥青各个组分的数量及胶体芳香化的程度，决定了胶体的三种结构类型。

当油分和胶质足够多时，沥青质形成的胶团全部分散，胶团能在分散介质的黏度许可范围内自由运动，这种沥青称为溶胶型沥青。其特点是胶体结构中的沥青质较少，芳香树脂较多，因此具有良好的粘结性和流动性，开裂后自行愈合能力较强，但对温度的敏感性较强，高温时黏度很小，低温时由于黏度增大而使流动性变差，冷却时变为脆性固体。溶胶型沥青结构见图2-6-1，通常，大部分直馏沥青都属于溶胶型沥青。

当油分与树脂很少时，胶团浓度相对增加，相互之间靠拢较近，胶团会形成不规则的骨架结构，胶团移动比较困难，这种沥青称为凝胶型沥青，见图2-6-2。其特点是弹性好，温度稳定性好，而且具有触变现象，在工程性能

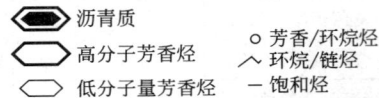

图例：
沥青质
高分子芳香烃 ○ 芳香/环烷烃
低分子量芳香烃 ∧ 环烷/链烃
— 饱和烃

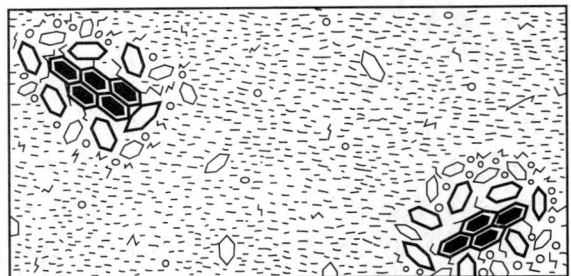

图 2-6-1　溶胶型沥青结构示意图

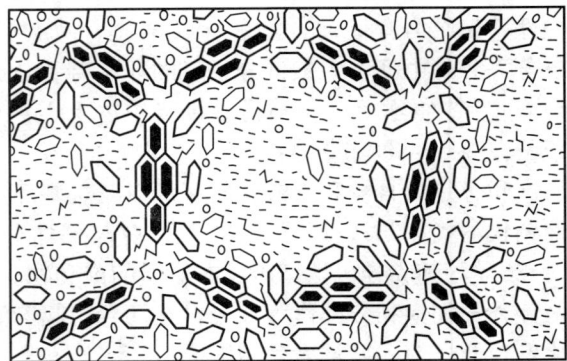

图 2-6-2　凝胶型沥青结构示意图

上，虽具有较好的温度稳定性，但低温变形能力较差。但如果沥青中含有较多的芳香树脂，即使沥青质含量大，胶团的吸引力也小，也不能形成凝胶型结构。

介于这二者之间的沥青就称为溶凝胶型沥青。当沥青或沥青质中含有较多的烷基侧链，生成的胶团结构比较松散，可能含有一些开式网状结构，网状结构的形成与温度密切相关，在常温时，在变形的最初阶段表现出明显的弹性效应，但在变形增加至一定阶段时，则表现为牛顿液体状态。这种沥青比溶胶型沥青稳定，粘结性和感温性都较好，修筑现代高等级沥青路面的沥青，都属于这类胶体结构类型。

有些学者认为，应用溶液的胶体理论尚不能很好地解释沥青的各种现象，转而用高分子溶液进行研究，将沥青作为高分子溶液看待，即可以认为沥青是以沥青质为分散相，软沥青质（油分＋胶质）为分散介质；二者亲和而形成分子溶液。这种高分子溶液的特点是对电解质稳定性较大，而且是可逆的，也就是说，在沥青高分子溶液中，加入电解质并不能破坏沥青的结构。当软沥青质减少，沥青质增加时，为浓溶液，即凝胶型沥青；反之，沥青质较少，软沥青质含量较多，为稀溶液，如溶胶型沥青就可以认为是稀溶液。溶凝胶型沥青则介于二者之间。

有的学者应用溶解度参数理论来分析高分子溶液的相溶性，认为相溶性好的沥青其性能也好。

沥青的胶体结构与沥青的技术性质有密切的关系，但从化学角度分析沥青的胶体结构是很困难的，但是根据胶体的流变性质来评价则要方便得多，常采用针入度指数（PI）法、容积度法、絮凝比—稀释度法等来评价胶体结构类型及其稳定性。

3. 石油沥青的技术性质

（1）沥青的物理性质

1）密度

沥青的密度是沥青在规定温度下，单位体积的质量，以 g/cm^3 或 t/m^3 计。密度是沥青的基本参数，在沥青使用、储运和沥青混合料设计时都要用到这一参数。有时，沥青的密度也用相对密度表示，它是在规定温度下沥青的密度与水密度的比值。沥青的相对密度一般在 1.00 左右，但是由于沥青的化学成分不同，其密度又有所差别。

2）热胀系数

沥青材料在温度升高时，体积将发生膨胀。温度上升 1℃，沥青单位体积或单位长度几何尺寸和增大称为体膨胀系数或线膨胀系数。

沥青的体膨胀系数并非常数，而是随品种不同有所变化，大体在 $2 \times 10^{-4} \sim 6 \times 10^{-4}/℃$ 范围内。沥青的体膨胀系数对沥青路面的路用性能有密切关系，体膨胀系数越大，则夏季沥青路面越容易产生泛油，而冬季又容易出现收缩开裂。

沥青的体膨胀系数可以通过测定不同温度下的密度求得。体膨胀系数是线膨胀系数的三倍。

3）表面张力

一般表面张力是液体与空气之间的力。沥青的表面张力与温度等因素有关。沥青的表面张力对于研究沥青与石料的粘附性具有重要的意义。

各种液体的表面张力可采用毛细管法或滴重法测定。由于沥青的黏度大，在室温下无法测试，必须在较高的温度（如 100℃ 以上）下测定。沥青的表面张力随温度上升而减小，二者之间有良好的线性关系。因此，当测得高温下沥青的表面张力时，可以通过延长关系线求得常温下的表面张力。

4）介电常数

根据物质的介电常数可以判别高分子材料的极性大小。通常，介电常数大于3.6为极性物质；介电常数在2.8～3.6范围内为弱极性物质；介电常数小于2.8为非极性物质。沥青材料的介电常数在2.6～3.0范围内，25℃时为2.7，在100℃时增大为3.0，故属于非极性或弱极性材料。

英国运输与道路研究所（TRRL）研究认为，沥青在阳光的紫外线、氧气、雨水和车辆油滴的影响下，其耐候性与沥青的介电常数有关；同时认为，路面的抗滑性也与沥青的介电常数有关，从这一要求出发，沥青的介电常数应大于2.65。

5）沥青的比热

沥青的比热与它的稠度、温度有关。在0℃时，沥青的比热为1.672～1.7974J/（g·℃）。沥青温度每升高1℃，比热增加1.672×10^{-3}～2.508×10^{-3}J/（g·℃）。

6）沥青的导热系数

沥青的导热系数是表示在温度平衡过程中热传导的速率。它与沥青的导热性成正比，与沥青的比热、密度成反比。不同的沥青，其导热系数有所差别，一般在0.1252～0.627kJ/（m·h·℃）之间。

7）纯度与含水量

精炼沥青几乎完全由纯沥青组成，定义的纯沥青可完全溶解于二硫化碳。一般只有极少量杂质存在于精炼沥青胶结料。为确定沥青胶结料的纯度，要进行溶解度试验（JTG E20）。将已知重量的沥青胶结料试样在三氯乙烯中进行溶解，然后通过玻璃纤维垫进行过滤。残留在垫上的不可溶材料被冲洗、干燥与称重。不可溶材料构成沥青胶结料中的杂质。铺路沥青胶结料规范一般要求，在三氯乙烯中最小溶解度为99.0%。还期望沥青胶结料不含水分（含水量试验），因为水会在加热到100℃以上时引起沥青胶结料发泡。

（2）沥青的工程性能

1）黏滞性（黏性）

沥青的黏滞性是沥青材料在外力作用下沥青粒子产生相互移位的抵抗剪切变形的能力。沥青作为胶结料，应将松散的矿质材料粘结起来形成具有一定强度的结构物，故黏滞性是沥青材料最为重要的性质。

如图2-6-3所示，设在两个平行的平面之间填满沥青材料，当其受到简单剪切变形产生的流动速度较小时，牛顿流动表现为层流，各层间以一定速度相对运动。面积为A，相对距离为dy的两个平面以速度差dv相对移动时，平面间将产生对于流动的内部抵抗，这种内部抵抗产生的阻力即为剪应力。如果剪应力$\tau = F/A$与剪变率$D = \dfrac{dv}{dy} = \dfrac{dx}{dt}\dfrac{1}{dy} = \dfrac{d\gamma}{dt} = \dot{\gamma}$之间具有线性的比例关系（见图2-6-4），则牛顿定律可记为：

$$\eta = \frac{\tau}{\dot{\gamma}} \tag{2-6-2}$$

式（2-6-2）中的比例常数η称为牛顿流体的黏度，其量纲为Pa·s，即在流体内每1m

长度上，在 1ms 速度梯度方向垂直的面上，在速度方向上产生 $0.1N/m^2$ 应力时的黏度。显然，动力黏度的大小表征了材料在外力作用下抵抗流动变形的能力。黏度越大，材料在相同外力作用下产生的流动变形越小。

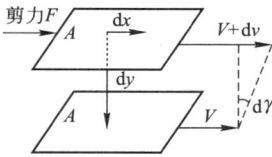

图 2-6-3　牛顿流体的层流　　　　　图 2-6-4　牛顿流体的变形特性

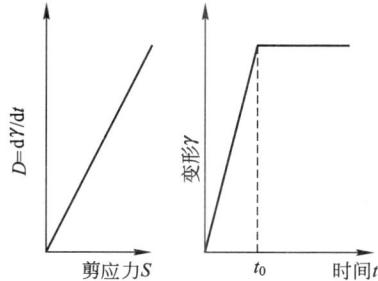

凡符合牛顿定律的液体为牛顿液体。沥青在高温状态下接近牛顿液体，而在工程使用温度范围内，沥青则呈黏—弹—塑性，剪应力与剪变率之间呈非线性关系，为了形象的描述不同剪应力水平时的 τ—$\dot{\gamma}$ 比例关系和其所代表的黏性流动抵抗能力，可以将黏度的概念加以外延，称 τ—$\dot{\gamma}$ 曲线上某一点处的切线斜率或割线斜率为该应力水平下的表观黏度。表观黏度依赖于剪应力水平，通常记为 $\eta(\tau)=\tau/\dot{\gamma}$ 或：

$$\eta^* = \frac{\tau}{\dot{\gamma}^c} \qquad\qquad (2\text{-}6\text{-}3)$$

式中　η^*——沥青的表观黏度（Pa·s），即在某一剪变率 $\dot{\gamma}$ 时的黏度；

　　　c——复合流动度，与沥青的黏流性质有关，也称牛顿流动反常系数或流变指数。

沥青的复合流动度 c 值是评价沥青材料流变性能的一个重要指标，c 值的大小代表了非牛顿流体偏离牛顿流动特性的样式和程度。多数沥青的 $c<1$，其数值在（0，1）区间内，可以用 c 值的大小评价不同沥青的流变特性，并通过 c 值确定沥青由牛顿流体变为非牛顿流体的温度，描述沥青对温度的依赖关系。

这种黏度为沥青的绝对黏度，又称为动力黏度。

运动状态的黏度用运动黏度表示，运动黏度为动力黏度除以其密度，运动黏度由式 (2-6-4)表示，计量单位为 m^2/s，常用 mm^2/s。

$$\nu = \frac{\eta}{\rho} \qquad\qquad (2\text{-}6\text{-}4)$$

式中　ν——沥青的运动黏度（mm^2/s）；

　　　η——沥青的动力黏度（Pa·s）；

　　　ρ——沥青材料的密度（g/cm^3）。

2）沥青的低温性能

沥青的低温性能与沥青的低温抗裂性有密切关系，沥青的低温延性与低温脆点是重要性能，多以沥青的低温延度试验和脆点试验来表征。

① 延性

沥青的延性是指当沥青材料受到外力拉伸作用时，所能承受的塑性变形的总能力，是沥青内聚力的衡量，通常是用延度作为条件延性指标来表征。延度试验方法（T0605—

1993)是将沥青试样制成 8 字形标准试件，采用延度仪，在规定拉伸速度和规定温度下拉断时的长度，以 cm 计，称为延度。

沥青延度与其流变特性、胶体结构和化学组分等有着密切的关系。研究表明：随着沥青胶体结构发育成熟度的提高，含蜡量的增加，以及饱和蜡和芳香蜡的比例增大等，都会使沥青的延度值相对降低。

常温下，延性较好的沥青在产生裂缝时，也可能由于特有的黏塑性而自行愈合，故延性还反映了沥青开裂后的自愈能力。延性也决定了柔性防水材料的性能。

② 脆点

沥青材料在低温下受到瞬时荷载作用时，常表现为脆性破坏。将一定数量的沥青涂于金属片上，在规定的降温速率下使金属片弯曲，当沥青膜出现裂缝时的温度即为脆点。该试验方法是由费拉斯（Frass）提出，故称为费拉斯脆点。脆点是测量沥青在低温不引起破坏时的温度，反映沥青材料的低温性能。

③ 弯曲梁流变试验（BBR）

大量研究结果表明沥青混合料的低温劲度是反映抗裂性能的重要指标，而沥青混合料的低温劲度主要取决于沥青的低温劲度。美国 SHRP 研究开发了一种能准确评价沥青劲度和蠕变速率的方法，即弯曲梁流变试验。可采用经过模拟老化后的沥青进行试验，沥青先经过旋转薄膜烘箱模拟短期老化（施工的热老化），再经过压力老化试验模拟沥青路面经过 5 年的使用期老化。

弯曲试验在弯曲流变仪器上进行（见图 2-6-5）。小梁试件在蠕变荷载作用下的劲度，用蠕变荷载模拟温度下降时路面中可产生的应力，试验曲线见图 2-6-6。通过实验获得两个评价指标：蠕变劲度模量 S 和蠕变曲线的斜率 m。

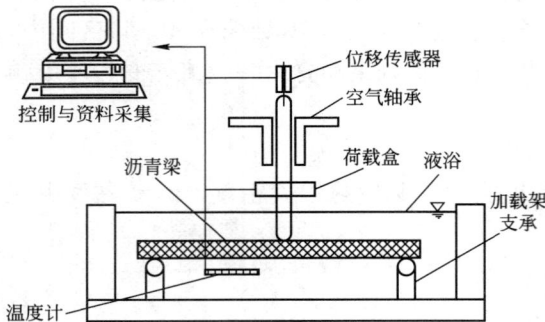

图 2-6-5 弯曲梁流变试验模式示意图

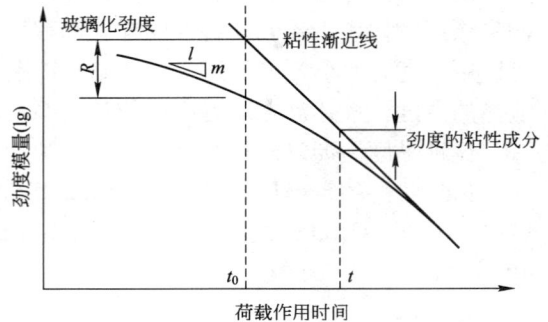

图 2-6-6 蠕变劲度与时间关系示意图

沥青材料的蠕变劲度越大，脆性越强，路面越容易开裂；而表征沥青低温劲度随时间变化的 m 值越大，则沥青开裂的可能性会随之减小，即 m 值越大越好。

④ 直接拉伸试验（DTT）

直接拉伸试验（图 2-6-7）是 SHRP 为测试沥青的拉伸性能而开发的，用以测试沥青在低温时的极限拉伸应变。图 2-6-8 示出了不同温度下直接拉伸试验的破坏应变与试验应力关系图，相应于低温状态脆性破坏的试件的应变通常不大于 1%，因此 SHRP 规范要求直接拉伸试验的破坏应变应大于 1%。

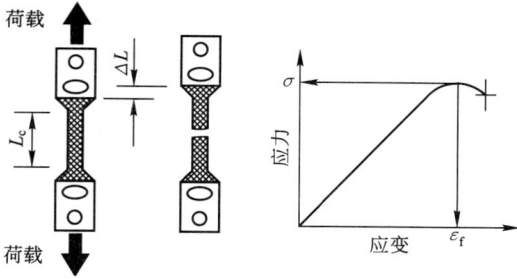

图 2-6-7　直接拉伸试验示意图

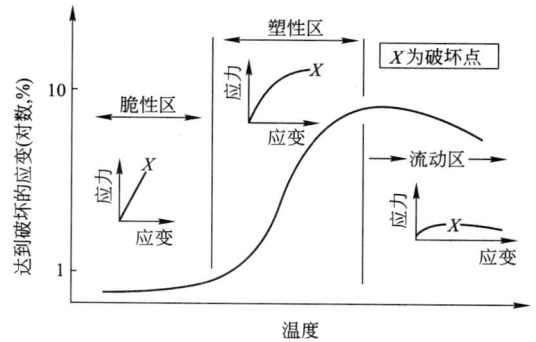

图 2-6-8　直接拉伸试验破坏应变与应力关系示意图

3）沥青的感温性

沥青是复杂的胶体结构，黏度随温度的不同而产生明显的变化，这种黏度随温度变化的感应性称为感温性。对于沥青，黏度和温度的关系是极其重要的性能。不同的使用温度区间，对沥青的黏度有不同的要求。

由于沥青胶体结构的差异，沥青的黏度—温度曲线变化是很复杂的，人们采用不同的方法进行研究，常用的方法有的针入度指数（PI）法、针入度-黏度指数（PVN）法等。

针入度指数（PI）是应用针入度和软化点的试验结果来表征沥青感温性的一种指标，同时也可用来判别沥青的胶体结构状态。

① 针入度温度感应性系数 A

P. Ph. 普费（Pfeifer）和范·德·玻尔等研究认为沥青的黏度随温度变化，当以对数纵坐标表示针入度，以横坐标表示温度时，可以得到图 2-6-9 所示的直线关系，表达式为：

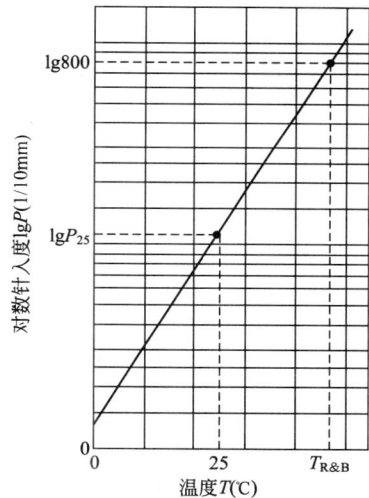

图 2-6-9　沥青的针入度温度关系曲线

$$\lg P = AT + K \tag{2-6-5}$$

式中　P——沥青的针入度，0.1mm；

　　　A——为直线斜率，称为针入度-温度感应性系数；

　　　K——回归系数。

普费等人根据对多种普通沥青的研究，认为沥青在软化点温度时，针入度在 600～1000 之间，假定为 800，由此针入度-温度感应性系数为：

$$A = \frac{\lg 800 - \lg P_{(25℃,100g,5s)}}{T_{R\&B} - 25} \tag{2-6-6}$$

式中　$T_{R\&B}$——环球法测定的软化点温度（℃）。

由于软化点温度时的针入度与 800 相距较大，因此斜率 A 应根据不同温度的针入度确定，常采用的温度为 15℃、25℃ 及 30℃（或 5℃），由式(2-6-7)计算。

$$A=\frac{\lg P_1-\lg P_2}{T_1-T_2} \tag{2-6-7}$$

通过回归求取针入度-温度感应性系数 A 值，为避免试验误差，回归相关系数应满足相应要求。

② 针入度指数(PI)的确定

针入度-温度感应性系数 A 值为小数，为使用方便，普费等作了一些处理，改用针入度指数(PI)表示，如达式为：

$$PI=\frac{30}{1+50A}-10 \tag{2-6-8}$$

按针入度指数可将沥青划分为三种胶体结构类型：

$PI<-2$ 者，属溶胶型沥青，沥青的温度敏感性强；

$PI=-2\sim+2$ 之间者，属溶-凝胶型沥青，适宜修筑沥青路面；

$PI>+2$ 者，属凝胶型沥青，耐久性差。

针入度指数愈大，表示沥青对温度的敏感性愈低；在工程使用时，往往加入石灰石矿粉或其他矿物填料来减少温度其温度敏感性。

③ 当量软化点 T_{800} 与当量脆点 $T_{1.2}$

当量软化点 T_{800} 与当量脆点 $T_{1.2}$ 分别定义为与沥青针入度 800 和 1.2 对应的温度，它们可以代替软化点和脆点反映沥青高温性能和低温性能。分别由式(2-6-9)和式(2-6-10)计算：

$$T_{800}=\frac{\lg 800-K}{A} \tag{2-6-9}$$

$$T_{1.2}=\frac{\lg 1.2-K}{A} \tag{2-6-10}$$

式中　A、K——意义同式(2-6-5)。

4）沥青的粘附性

沥青的粘附性是指沥青与石料之间相互作用所产生的物理吸附和化学吸附的能力，而粘结力则是指沥青本身内部的粘结能力，粘结性好的沥青一般其粘附能力也强。沥青对石料粘附性的优劣，对沥青路面的强度、水稳性以及耐久性都有很大影响，故粘附性是沥青的重要性质之一。

沥青与石料的粘附过程是一个复杂的物理、化学过程。粘附力的产生不仅与沥青本身的性质有关，而且与石料的性质、表面结构及状态有关，还与沥青混合料拌制工艺的条件有关。

沥青中所含的表面活性物质，如沥青酸和酸酐与碱性岩石的干燥表面有良好的粘附性，但与酸性石料却粘附不好；集料的性质对粘附性的影响也很大。集料的矿物组成、表面纹理、孔隙率、含尘量、表面积、含水量、形状和风化程度等都对粘附性产生不同程度影响。

在沥青混合料中，沥青以薄膜形式包敷于集料表面，在干燥状态下，沥青与集料粘附是不成问题的。但在潮湿状态下，由于交通荷载的反复作用使路面变形，沥青混合料空隙加大，集料松散，浸水和动水压力使沥青膜与集料发生剥离，当集料失去沥青的粘结作用，路面就出现松散，这就是雨季沥青路面经常出现松散的原因。

5）沥青的耐久性

沥青在运输、施工和沥青路面的使用过程中，经受温度、光照、雨水以及交通荷载等各种因素的作用，会发生一系列物理、化学变化，如蒸发、氧化、脱氢、缩合等，沥青的化学组成发生了变化，使沥青老化，路面脆硬、开裂。沥青性质随时间而变化的现象，通常称为沥青的老化，也就是沥青的耐久性。

沥青老化最显著的特征是针入度变小、软化点增大、延度减小，脆点上升。经受老化的沥青，其化学组分发生了变化，沥青质明显增加，饱和分、芳香分含量变化不大，胶质含量有所降低。组分发生变化引起胶体结构的变化，主要表现为溶胶向溶凝胶转化，溶凝胶向凝胶转化，同时也引起了流变性质的变化，沥青的黏度和复合流动度有较大的变化。

引起沥青老化的因数很多，其中，沥青发生氧化是主要原因，沥青的氧化与温度有直接关系。在一定温度下，沥青各组分与空气中的氧发生作用而被氧化。温度愈高，氧与沥青化合留在沥青中愈少，而且沥青发生脱氢生成了水和二氧化碳；但当温度较低时，氧化反应较为缓慢，则生成极性含氧基团，所吸收的氧结合在沥青中。吸氧的多少还与沥青的组成有关，如芳香分含量高，吸氧量多；如饱和分含量高，由于饱和分较稳定，不易氧化，吸氧量就少。在沥青混合料生产过程中，石料与沥青都处于高温状态，这时会引起沥青剧烈地老化。

在自然界，阳光的照射也是沥青老化的重要因素，故光-氧的联合作用是造成沥青老化的重要原因。在光的照射下，沥青的氧化要比在黑暗中快得多。在这种情况下，沥青中的各种组分都能吸收氧而被氧化，当然芳香分氧化的速度更快，吸收的氧更多。

沥青虽然是憎水性材料，但在雨水的作用下，沥青中的可溶性物质被冲洗掉，也是引起老化的原因之一。汽车交通荷载的作用，对沥青老化的影响可以认为是反复荷载的疲劳作用造成了沥青的不可逆的塑性变形，引起了结构的破坏。因此，机械力也是沥青老化的一种因素。

6）沥青的黏弹性

当沥青在低温或瞬间荷载作用下，沥青表现为明显的弹性性质；而当沥青在高温或长时间荷载作用下，沥青又表现为较强的黏性性质。在常温下表现为弹性和黏性并存，是一种典型的黏弹性材料。黏弹性材料在受力状态下有其特殊的应变特性，这就是蠕变和松弛。

黏弹性物体在应力保持不变的情况下，应变随时间的延长而增加的现象，称为蠕变。蠕变是不可恢复的变形，其变形大小与荷载作用时间的长短有关，这部分变形主要是由于材料的黏性流动所引起的塑性变形；另一种变形虽然可以恢复，但恢复迟缓，这是材料的弹性后效现象。通常将黏性流动和弹性后效变形二者称为蠕变现象。例如交叉口处沥青路面因受汽车荷载长时间作用而产生凹陷就是蠕变的过程。

与蠕变现象相反，在恒定的应变条件下，应力随时间的增加而逐渐减小的现象为应力松弛。在日常生活和工程结构中应力松弛的现象是经常遇到的。例如，沥青路面在冬季温度降低时，由于收缩变形而产生温度应力，但沥青混合料因有应力松弛能力，使温度应力逐渐衰减直至消失，结果沥青路面不致温度应力而开裂。这也就是沥青路面一般不设伸缩缝的主要原因。

① 沥青的劲度模量

在荷载作用下，沥青材料的应力和应变关系呈现非线性关系，为了描述沥青处于黏弹性状态下的力学性质，采用了劲度模量的概念。劲度模量与弹性模量不同，它是取决于温度和荷载作用时间而变化的参数，是表征沥青黏性和弹性联合效应的指标。范·德·波尔采用温度 T 和荷载时间 t 为函数的应力与应变之比来表示黏弹性沥青抵抗变形的性能，表达式为：

$$S=\left(\frac{\sigma}{\varepsilon}\right)_{T,t} \tag{2-6-11}$$

式中　S——沥青的劲度模量(Pa)；

　　　　σ——应力(Pa)；

　　　　ε——应变；

　　　　t——荷载作用时间(s)。

黏弹性材料的劲度模量并不是常数，而是随温度和时间而改变的，因而它是随试验方法、环境条件以及边界条件的变化而变化的。范·德·波尔研究表明，温度、加荷时间以及沥青品种对其劲度模量有明显影响。沥青劲度模量实际上与其胶体结构、感温性有密切联系。

② 沥青的动态剪切流变试验(DSR)

作用于道路上的车辆荷载是连续不断的反复荷载，在振动荷载作用下，沥青的黏度通常小于静载时的黏度。美国 SHRP 沥青胶结料路用性能规范评价高温稳定性的指标采用动态剪切流变试验，对原样沥青和旋转薄膜烘箱后残留沥青试样分别进行两次动态剪切流变试验，通过测定沥青材料的复数模量(G^*)和相位角(δ)来表征沥青材料的黏性和弹性性质。

7) 施工安全性

黏稠沥青使用时必须加热，当加热到足够高的温度，挥发出的油和蒸气与周围的空气组成混合气体，当遇到火焰会发生闪火，此时的温度称为闪点。若继续加热，挥发的油分饱和度增加，与空气组成的混合气体遇火极易燃烧，而引发火灾，燃烧时的温度称为燃点，虽然石油沥青的闪点高于生产正常使用温度，但从安全考虑对其进行量测与控制是必要的。

(3) 道路石油沥青的技术标准

国内外对道路石油沥青的分级体系有三类：

① 针入度分级—P 级。按所测得的沥青 25℃针入度所处水平来划分沥青牌号。如表2-6-14 为我国现行道路石油沥青技术要求，按 25℃针入度将沥青分为 7 个标号，并结合气候条件和使用条件再细分。沥青等级适用范围：

A 级沥青：各个等级的公路，适用于任何场合和层次。

B 级沥青：高速公路、一级公路沥青下面层及以下的层次，二级及二级以下公路的各个层次；用作改性沥青、乳化沥青、改性乳化沥青、稀释沥青的基质沥青。

C 级沥青：三级及三级以下公路的各个层次。

表2-6-14

道路石油沥青技术要求

指标	单位	等级	160号	130号	110号	90号	70号	50号	30号
针入度(25℃,100g,5s)	0.1mm		140~200	120~140	100~120	80~100	60~80	40~60	20~40
适用的气候分区					2-1 2-2 3-2	1-1 1-2 1-3 2-2 2-3 3-2	1-3 1-4 2-2 2-3 2-4	1-4	
针入度指数 PI		A	-1.5~+1.0						
		B	-1.8~+1.0						
软化点(环球法) 不小于	℃	A	38	40	43	45	46	49	55
		B	36	39	42	43	44	46	53
		C	35	37	41	42	43	45	50
60℃动力粘度 不小于	Pa·s	A	—	60	120	160	180	200	260
10℃延度 不小于	cm	A	50	50	40	45 30 20 20	20 25 20 15	15	10
		B	30	30	30	30 20 15 15	15 20 15 10	10	8
15℃延度 不小于	cm	A,B	80	80	60	50		80	50
		C	80	80	60	50		30	20
含蜡量(蒸馏法) 不大于	%	A	2.2						
		B	3.0						
		C	4.5						
闪点(COC) 不小于	℃		230	230	245	245	260	260	260
溶解度 不小于	%		99.5						
密度(15℃)	g/cm³		实测记录						
薄膜烘箱加热试验(163℃,5h)或旋转薄膜烘箱加热试验(163℃,75min)									
质量变化 不大于	%		±0.8						
残留针入度比 不小于	%	A	48	54	55	57	61	63	65
		B	45	50	52	54	58	60	62
		C	40	42	48	50	54	58	60
残留延度(10℃) 不小于	cm	A	12	12	10	8	6	4	—
		B	10	10	8	6	4	2	—
残留物延度(15℃) 不小于	cm	C	40	35	30	20	15	10	—

对高速公路、一级公路，夏季温度高、高温持续时间长、重载交通、山区及丘陵区上坡路段、服务区、停车场等行车速度慢的路段，尤其是汽车荷载剪应力大的层次，宜采用稠度大、60℃黏度大的沥青，也可提高高温气候分区的温度水平选用沥青等级；对冬季寒冷的地区或交通量小的公路、旅游公路宜选用稠度小、低温延度大的沥青；对温度日温差、年温差大的地区宜注意选用针入度指数大的沥青。当高温要求与低温要求发生矛盾时应优先考虑满足高温性能的要求。

② 黏度分级—A级，按所测得沥青60℃黏度所处水平划分来沥青牌号又分为AC级（按新鲜沥青60℃黏度分级）和AR级别（按TFOT或RTFOT试验后残余物60℃黏度分级），主要为美国、日本、英国等采用，如表2-6-15。

美国以60℃黏度分级的黏稠沥青标准 表2-6-15

试验项目	黏度等级（以原样沥青为基准分级）					黏度等级（以薄膜烘箱试验残渣为基准分级）				
	AC-2.5	AC-5	AC-10	AC-20	AC-40	AR-10	AR-20	AR-40	AR-80	AR-160
黏度(60℃)，Pa·s	25±5	50±10	100±20	200±40	400±80	100±25	200±50	400±100	800±200	1600±400
黏度(135℃)，mm^2/s 最小	80	110	150	210	300	140	200	275	400	550
针入度(25℃，100g，5s)，0.1mm 最小	200	120	70	40	202	65	40	25	20	20
占原始沥青针入度的百分数(25℃) 最小	—	—	—	—	—	40	45	50	52	
延度(25℃，5cm/min)，cm 最小	—	—	—	—	—	100	100	75	75	75
闪点(克利夫兰开口杯)，℃ 最小	163	177	219	232	232	205	219	227	232	238
溶解度(三氯乙烯)，% 最小	99.0					99.0				
薄膜烘箱试验残渣试验										
黏度(60℃)，Pa·s 最大	100	200	400	800	1600					
延度(25℃，5cm/min)，cm 最小	100	100	50	20	10					

注：AR分级沥青其闪点和溶解度试验采用原始沥青。

③ 性能分级PG，按沥青所能够适应的最高和最低环境温度来划分沥青牌号，以PG X-Y表示，PG表示路用性能等级，X代表路面设计最高温度（考虑可靠度的路表七天最高平均温度），Y代表路面设计最低温度（考虑可靠度的路表年极端最低温度）。按照路面的设计温度，将沥青分为7个高温等级以及相应的低温等级，高温等级的温度范围为46～82℃，每6℃为一级；低温温度范围为－10～－46℃，每6℃为一级。例如，PG 64-28，表示该沥青适用于路面设计最高温度不超过64℃，最低路面设计温度不低于－28℃的地区。Superpave沥青胶结料路用性能标准见表2-6-16。

路面最高设计温度和最低设计温度按照式(2-6-12)和式(2-6-13)计算。

$$T_{20mm} = (T_{air,max} - 0.00318L_{at}^2 + 0.2289L_{at} + 42.2) \times 0.9545 - 17.78 \qquad (2-6-12)$$

$$T_{min} = 0.859T_{air,min} + 1.7 \qquad (2-6-13)$$

式中　T_{20mm}——位于20mm深处的路面最高设计温度(℃)；

Superpave 沥青胶结料 PG 等级的技术要求（ASTM D6373）

表 2-6-16

沥青使用性能等级	PG46			PG52							PG58					PG64						PG70						PG76					PG82				
7d平均最高设计温度（℃）	<46			<52							<58					<64						<70						<76					<82				
最低设计温度（℃）	>-34	>-40	>-46	>-10	>-16	>-22	>-28	>-34	>-40	>-46	>-16	>-22	>-28	>-34	>-40	>-10	>-16	>-22	>-28	>-34	>-40	>-10	>-16	>-22	>-28	>-34	>-40	>-10	>-16	>-22	>-28	>-34	>-10	>-16	>-22	>-28	>-34
原样沥青																																					
闪点（℃）	230																																				
黏度，最大值	135																																				
动态剪切 DSR $G^*/\sin\delta$ 最小值 1.0kPa@ 10rad/s，试验温度（℃）	46			52							58					64						70						76					82				
旋转薄膜烘箱试验残留沥青																																					
质量损失（%）不大于	1.0																																				
动态剪切 DSR $G^*/\sin\delta$ 最小值 2. 20kPa@ 10rad/s，试验温度（℃）	46			52							58					64						70						76					82				
PAV残留沥青																																					
PAV老化温度（℃）	90			90							100					100						100(110)						100(110)					100(110)				
动态剪切 DSR $G^*/\sin\delta$ 最大值 5MPa@ 10rad/s，试验温度（℃）	10	7	4	25	22	19	16	13	10	7	25	22	19	16	13	31	28	25	22	19	16	34	31	28	25	22	19	37	34	31	28	25	40	37	34	31	28
蠕变劲度，S 最大值 300MPa；m 最小值 0.3@60s，试验温度（℃）	-24	-30	-36	0	-6	-12	-18	-24	-30	-36	-6	-12	-18	-24	-30	0	-6	-12	-18	-24	-30	0	-6	-12	-18	-24	-30	0	-6	-12	-18	-24	0	-6	-12	-18	-24
直接拉伸破坏应变最小值 1.0%@1.0mm/min，试验温度（℃）	-24	-30	-36	0	-6	-12	-18	-24	-30	-36	-6	-12	-18	-24	-30	0	-6	-12	-18	-24	-30	0	-6	-12	-18	-24	-30	0	-6	-12	-18	-24	0	-6	-12	-18	-24

注：1. 设计温度由大气温度资料按式（2-6-12）和式（2-6-13）计算，也可由制定的机构提供；

2. PAV 老化温度为模拟气候条件，括号内 110℃ 为沙漠地区选用。

$T_{air,max}$——7d 平均最高气温(℃);

L_{at}——地理纬度(°);

T_{min}——路面最低设计温度(℃);

$T_{air,min}$——平均年极端最低气温(℃)。

（4）液体石油沥青的技术标准

按照液体石油沥青的凝结速度分为快凝 AL(R)、中凝 AL(M)、慢凝 AL(S)三个标号，每个等级按照黏度又分几个亚级。液体石油沥青的黏度采用道路标准黏度计测定，其质量标准见表 2-6-17。

道路液体石油沥青技术标准　　　　表 2-6-17

C25,5		单位	快凝 AL(R)		中凝 AL(M)						慢凝 AL(S)					
			1	2	1	2	3	4	5	6	1	2	3	4	5	6
黏度 $C_{25,5}$		—	<20	—	<20	—	—	—	—	—	<20	—	—	—	—	—
黏度 $C_{60,5}$		s	—	5～15	—	5～15	16～25	26～40	41～100	101～200	—	5～15	16～25	26～40	41～100	101～200
蒸馏体积 225℃前		%	>20	>15	<10	<7	<3	<2	0	0						
蒸馏体积 315℃前		%	>35	>30	<35	<25	<17	<14	<8	<5						
蒸馏体积 360℃前		%	>45	>35	<50	<35	<30	<25	<20	<15	<40	<35	<25	<20	<15	<5
蒸馏后残留物 针入度(25℃)		dm	60～200		100～300											
蒸馏后残留物 延度(25℃)		cm	>60	>60	>60	>60	>60	>60	>60	>60						
蒸馏后残留物 浮漂度(5℃)		s	—	—	—	—	—	—	—	—	<20	<20	<30	<40	<45	<50
闪点(TOC 法)		℃	>30	>30	>65	>65	>65	>65	>65	>65	>70	>70	>100	>100	>120	>120
含水量不大于		%	0.2	0.2	0.2	0.2	0.2	0.2	0.2	2.0	2.0	2.0	2.0	2.0	2.0	2.0

4. 改性沥青

沥青材料无论用作屋面防水材料还是用作路面胶结材料，都是直接暴露于自然环境中，而沥青的性能又受环境因素影响较大；同时现代土木工程不仅要求沥青具有较好的使用性能，还要求具有较长的使用寿命。单纯依靠自身性质，很难满足现代土木工程对沥青的多方面要求。如现代道路交通的特点是车流量大、轴载重、高速和交通渠化等。这些特点造成沥青路面高温出现车辙，低温产生裂缝，抗滑性能衰减，使用年限不长等。因此为满足工程要求，需要对沥青性能加以改善。

通过对沥青材料的改性，可以改善以下几方面性能：提高高温抗变形能力，可以增强沥青路面的抗车辙性能；提高沥青的弹性性能，可以增强沥青的抗低温和抗疲劳开裂能力；改善沥青与集料的粘附性；提高沥青的抗老化能力，延长沥青路面的使用寿命。

（1）改性沥青的分类与技术要求

1）改性沥青的分类

所谓改性沥青，是指掺加橡胶、塑料等高分子聚合物、磨细的橡胶粉或其他填料型外掺剂，与沥青均匀混合，从而使沥青的某些性质可以改善而制成的沥青混合物。

不同的改性剂可以在不同程度上改善沥青混合料的使用性能。由于聚合物的加入，可以有效地改善沥青的高温抗车辙能力、抗疲劳开裂能力以及抵抗低温开裂能力，提高路面使用寿命，所以在道路工程和屋面防水工程中被广泛应用。下面主要介绍聚合物改性沥青。

2）改性沥青的技术要求

我国聚合物改性沥青性能评价方法基本沿用了道路石油沥青质量标准体系，增加了一些评价聚合物性能指标。首先根据聚合物类型将改性沥青分为 I、II、III 类，按照软化点的不同，再细分为 A、B、C、D 等级，以适应不同气候条件。聚合物改性沥青的技术标准见表 2-6-18。对于采用几种不同种类改性剂制备的复合改性沥青，可以根据所掺各种改性剂的种类和剂量比例，按照工程对改性沥青的使用要求，综合确定应该达到的质量要求。

聚合物改性沥青的技术要求（JTG F40-2004） 表 2-6-18

技术标准	SBS 类				SBR 类			EVA，PE 类			
	I-A	I-B	I-C	I-D	II-A	II-B	II-C	III-A	III-B	III-C	III-D
针入度（25℃，100g，5s），0.1mm	>100	80~100	60~80	40~60	>100	80~100	60~80	>80	60~80	40~60	30~40
针入度指数 PI，不小于 n	−1.2	−0.8	−0.4	0	−1.0	−0.8	−0.6	−1.0	−0.8	−0.6	−0.4
延度（5℃），cm @ 5cm/min 不小于	50	40	30	20	60	50	40	—	—	—	—
软化点 $T_{R\&B}$（℃），不小于	45	50	55	60	45	48	50	48	52	56	60
运动黏度（135℃）（Pa·s），不大于	3										
闪点（℃），不低于	230				230			230			
溶解度（%），不小于	99				99			—			
贮存稳定性 离析 48h 软化点差（℃），不大于	2.5				—			无改性剂明显析出、凝聚			
弹性恢复（25℃），不小于	55	60	65	75	—			—			
粘韧性（N·m），不小于	—				5			—			
韧性（N·m），不小于	—				2.5			—			
TFOT（或 RTFOT）残留物											
质量变化（%），不大于	±1.0										
针入度比（%），不小于	50	55	60	65	50	55	60	50	55	58	60
延度（5℃）（cm），不小于	30	25	20	15	30	20	10				

（2）常用聚合物改性沥青

1）常用聚合物改性沥青的技术特性

① 热塑性橡胶类改性沥青

热塑性弹性体材料品种牌号繁多，性能优异，其中苯乙烯—二烯烃嵌段共聚物广泛用于沥青改性。共聚物中二烯烃称为软段，苯乙烯称为硬段。当二烯烃采用丁二烯时，得到苯乙烯嵌段—丁二烯—苯乙烯嵌段共聚物，简称 SBS，其他还有 SE/BS、SIS 等系列产品，都可用于沥青改性，使用最多的为 SBS。SBS 高分子链具有串联结构的不同嵌段，即塑性段和橡胶段，形成类似合金的组织结构，按聚合物的结构可分为线型和星型两种。

SBS 的改性效果与 SBS 品种、分子量密切相关，星型 SBS 对沥青的改性效果优于线形SBS；SBS 的分子量越大，改性效果越明显，但越难加工；沥青中芳香分含量高则较易加工；各种型号的 SBS 中苯乙烯含量高的能显著提高改性沥青的黏度、韧度。SBS 改性沥青可以同时改善沥青的高温性能和低温性能。

② 橡胶类改性沥青

橡胶即聚合物弹性体，橡胶有天然橡胶、合成橡胶、再生橡胶。橡胶类改性材料用得最多的是丁苯橡胶（SBR）和氯丁橡胶（CR）。这类改性剂常以胶乳的形式加入沥青之中，制成橡胶沥青，可以提高沥青的黏度、韧性、软化点，降低脆点，使沥青的延度和感温性得到改善，这是由于橡胶吸收沥青中的油分子产生溶胀，改变了沥青的胶体结构。

丁苯橡胶是丁二烯—苯乙烯聚合物，SBR 的性能与结构随苯乙烯与丁二烯的比例和聚合工艺而变化，选择沥青改性剂时应通过试验加以确定。目前常采用 SBR 胶乳或 SBR沥青母体作为改性剂，用于改善沥青的低温性能和降低路面噪声；此外，还用 SBR 胶乳与沥青乳液制成水乳型建筑用防水涂料和改性乳化沥青用于道路工程。

③ 热塑性树脂改性沥青

热塑性树脂是聚烯烃类高分子聚合物，多数为线性结晶物，加热时变软，冷却后变硬，因而能使沥青结合料的常温黏度增大，从而使高温稳定性增加，有利于提高沥青的强度和劲度，但与各种沥青调合时有一定的选择，热贮存时分层较快，分散了的聚合物在熔点以下容易成团，通过精心选择树脂的品种与沥青匹配，因而树脂在沥青改性中得到较多应用。常采用的品种有低密度聚乙烯（LDPE）、乙烯—醋酸乙烯共聚物（EVA）、还有APAO 等。

低密度聚乙烯（LDPE）改性沥青。低密度聚乙烯的柔软性、伸长率和耐冲击性都较高密度聚乙烯好，而且由于密度小，其熔点较低，结晶度小，溶解度参数较宽，在溶解分解区呈液态，使之易与沥青共混。在沥青处于 160℃以上温度区间时，通过剪切、挤压、碾磨等机械作用，可被粉碎为 $5\sim7\mu m$ 的细微颗粒，均匀地分散、混融在沥青中。

聚乙烯改性沥青可提高沥青的黏度和软化点，使沥青的高温性能得到改善，沥青混合料的强度提高，抗流动变形和车辙的能力提高，但低温性能有所变差。

乙烯—醋酸乙烯共聚物（EVA）改性沥青。乙烯—醋酸乙烯共聚物（EVA）在常温下为透明颗粒状，品种繁多，其性能取决于醋酸乙烯（VA）含量和分子量和溶体指数（MI）。由于乙烯支链上引入了醋酸基团，使 EVA 较之 PE 富有弹性和柔韧性与沥青相容性好。表 2-6-19 列出了采用不同型号 EVA 以及 PE、SBR 和 SBS 对胜利 100 号沥青进行改性对比试验结果。不同牌号 EVA 的改性效果是：随 MI 和 VA 地降低，改性沥青的黏度和软化点增加，低温延度下降；PE 对黏度的提高较大，而低温延度比基质沥青还差；SBR 对沥青黏度提高有限，而低温延度得到很大改善；SBS 高温黏度和低温延度都有较大改善。因此，EVA 使沥青的高温强度、低温柔性和弹性以及耐老化性能得到比较全面的改善，而且有较好的施工性能，可以通过不同牌号的 EVA 对改性效果加以调整。

还开发了由乙烯、丙烯和丁烯—1 共聚生成的 APAO，外观为乳白色鸡蛋状固体，有一定韧性，APAO 与沥青的相容性很好，只需一般的机械搅拌即可与沥青混合均匀，对沥青的改性效果与 PE 相似，掺量可以更少。

技术性质	原样沥青	EVA，VA(%)(MI)			PE	SBR	SBS
		30(30)	30(5)	35(40)			
针入度(25℃，100g，5s)，0.1mm	86	54	47	57	52	68	68
针入度指数 PI	−1.8	−0.35	0.13	−0.45	−0.82	−0.73	0.5
延度(10℃)，cm@5cm/min	4.5	8	6.5	12	4	70	65
软化点 $T_{R\&B}$(℃)，不小于	45.5	60	64	52	52	50	75
薄膜加热试验后							
针入度比(%)	58.1	71.2	70.0	67.7	62.9	75.4	72.3
延度(10℃)，cm@5cm/min	3.0	4	2.5	5	2	52	48

④ 热固性树脂改性沥青

热固性树脂品种有环氧树脂(EP)和聚氨酯(PV)、不饱和聚酯树脂(VP)等类。其中环氧树脂已应用于改性沥青。环氧树脂是指含有两个或两个以上环氧或环氧基团的醚或酚的齐聚物或聚合物。我国生产的环氧树脂大部分是双酚 A 类，配置环氧改性沥青的关键在于选择很合适的混合沥青作基料，并需要选择适合此类环氧树脂的固化剂，比较便宜的固化剂以芳香胺类为主。环氧树脂改性沥青的延伸性不好，当其强度很高，具有优越的抗永久变形能力，并具有特别高的耐燃料油和润滑油的能力，适用于公共汽车停靠站、加油站等，其工艺比较复杂、施工难度大。

表 2-6-20 大体反映了几种聚合物对沥青性能改善的程度。

聚合物材料	高温稳定性	低温柔软性	温度敏感性	弹性	黏韧性	耐久性
SBS(星型)	优	优	优	优	优	优
SBS(线型)	优	中	中	中	优	优
EVA	优	中	中	中	中	中
PE	优	差	中	差	差	中
SBR	中	优	优	优	优	优

2）聚合物改性剂与基质沥青的相容性

聚合物要能够均匀地分散在沥青中，聚合物必须与沥青相容，但并非热力学概念上以任体比例都能形成稳定的均相体系，而是要求聚合物以细小颗粒均匀分布在沥青中形成稳定的混熔体，不发生凝聚和离析，这就是物理意义上的相容。

研究表明，聚合物是否与沥青相容，主要与沥青中沥青质的分子量和含量、软沥青质相位的芳香度、聚合物的分子量与结构、聚合物的剂量等因素有关。当聚合物的分子量接近或大于沥青质的分子量时，就会破坏沥青的相位的平衡。聚合物与沥青质争夺软沥青质的相位，如果没有足够的软沥青质，相位就可能分离，也就形成聚合物与沥青不相容。学者 Brule 提出，当沥青组分比例在如下范围时：饱和分 8%～12%，芳香分与树脂 85%～89%，沥青质 1%～5%，与聚合物相容性好。当聚合物加入沥青中时，聚合物首先要吸收油分而溶胀，使体积增大 5～10 倍。当聚合物添加剂量较高的情况下，吸收的油分也将增加。只有聚合物充分溶胀，它才有可能分散成细小颗粒。聚合物的分子结构对相容性也有很大的关系，试验表明，对于热塑性弹性聚合物 SBS，线型结构较星型结构易分散。因此，在制备聚合物改性沥青时，要精心选择基础沥青的品种，并对聚合物的分子量、分子结构、分散状态加以选择，使它们能形成很好的配伍。

聚合物在沥青中的分散度对改性沥青性质有很大影响，所谓分散度是指聚合物在沥青中的分布状态及聚合物粒子的大小；改性沥青制备的过程，就是使聚合物尽可能地充分分散，分散度的好坏是加工质量的得要标准。聚合物只有充分分散在沥青中，才能真正发挥改性作用。

3）改性沥青生产工艺

改性沥青是将改性剂采用一定的工艺加入沥青，使之均匀稳定地分散于沥青之中，因此改性工艺是改性剂发挥改性效果的保证，改性工艺根据改性剂的种类而有所不同。

① 直接混溶法

采用直接混溶法制备改性沥青，采用的共混设备有搅拌机和胶体磨两种，由于聚合物分子和化学结构的不同，在沥青中的溶解速度相差很大，对于 SBS、PE 等改性剂，不宜采用螺旋叶片搅拌设备，而对于 EVA、APAO 等聚合物，则可以采用。

对于不宜采用螺旋搅拌法生产改性沥青的聚合物，需要采用胶体磨或高速剪切设备，在高温、高速运转状态下将聚合物研磨成很细的颗粒以增加沥青与聚合物的接触面积，从而促使聚合物的溶胀，使聚合物与沥青更好地混溶。一般需要经过聚合物的溶胀、分散磨细、继续发育三个过程。每一阶段的工艺流程和时间随改性剂、沥青和加工设备的不同而异。聚合物经过溶胀后，更易剪切磨细，经过一定时间的继续发育，改性沥青体系可更加稳定。

由于 SBS 与沥青的相容性不良，故改性沥青容易发生离析，其主要表现为 SBS 上浮在表面形成一层皮。通过添加稳定剂或采用经处理过的特殊沥青来制备改性沥青，是能够解决离析问题的。

直接混溶法是目前制作改性沥青的主要方式，可固定工厂化生产或采用移动式设备。

② 母料法

将橡胶、沥青及添加剂在炼胶机中混炼，可制成含胶量高达 50％的橡胶沥青混合物，即橡胶母体。使用时将橡胶母体加入热沥青中，采用简单的搅拌设备加以搅拌即可实现母料与沥青的混溶，母体生产改性沥青的过程有两个关键因素需要注意，一是改性沥青母体的稳定性问题，二是改性沥青母体与掺配沥青的相容性和稳定性问题。

③ 胶乳法

采用丁苯胶乳（要求）直接投入沥青混合料拌合机与矿料、基质沥青拌合制作改性沥青混合料。该改性沥青工艺大大简化，缺点是在拌制沥青混合料时会放出大量的蒸汽，易使机械设备锈蚀，而沥青混合料中含有水分，使混合料的压缩性也有所影响，另外，输送胶乳的管道常会出现挂壁现象而阻塞管道。

5. 乳化沥青

乳化沥青是黏稠沥青加热熔融，在机械搅拌作用力下，以细小的微粒（粒径约为 $2\sim5\mu m$）分散于含有乳化剂—稳定剂的水溶液中形成均匀稳定的的水包油型（O/W）乳液。

乳化沥青始于 20 世纪初，最早被用于喷洒以减少粉尘，经历了由阴离子乳化沥青到阳离子乳化沥青的过程。由于阳离子乳化沥青具有许多良好的应用特性，发达国家在20世纪50年代以来就已经开展了研究、开发、生产及应用，我国也于20世纪70年代后期对乳化沥青进行研究开发。国内阳离子乳化沥青是1977年试制成功的，近年来，已广泛应用于铺路、土壤改良、固沙和水利建设中的防渗透、建筑防水、防腐、防潮等领域。乳化沥青的优越性主要有以下几点：

① 可冷态施工，节约能源，减少环境污染；

② 常温下具有较好流动性，能保证洒布的均匀性，提高施工质量；

③ 扩大了沥青使用范围，如水性涂料，路面中的稀浆封层、沥青混合料的冷再生等；

④ 乳化沥青与矿料表面良好的工作性和粘附性，可节约沥青；

⑤ 可延长施工季节，温度、湿度对施工影响较少。

（1）乳化沥青的组成材料

1）乳化沥青的基本组成材料

乳化沥青由沥青、水、乳化剂组成，需要时可加入少量助剂。

用于生产乳化沥青用的沥青应适宜乳化。一般针入度为10～30(0.1mm)的石油沥青多用来制备建筑防水用乳化沥青，针入度为100～300(0.1mm)的石油沥青多用来制备路用乳化沥青，根据需要也采用改性沥青进行乳化。石油沥青由于油源和生产方式的不同，其组分的化学结构和特性有很大差异，乳化的难易程度不同，应通过试验加以选择。

水是沥青分散的介质，水的硬度和离子对乳化沥青具有一定的影响，水中存在的镁、钙或碳酸氢根离子分别对阴离子或阳离子乳化剂有不同影响。应根据乳化剂类型的不同确定对水质的要求。

乳化剂在乳化沥青中用量很小，但对乳化沥青的形成、应用及贮存稳定性都有重大的影响，乳化剂一般是表面活性物质，称为表面活性剂。

单靠乳化剂不可能完全满足成分复杂的不同种类沥青乳化的要求，从施工方面考虑，乳化沥青有不同的技术要求，例如透层油、粘层油、稀浆封层中的慢裂快凝等，所以必须使用助剂。助剂主要采用无机盐类和高分子化合物，用以提高乳化剂的乳化效果、沥青乳液的稳定性。稳定效果最好的无机盐类是氯化铵和氯化钙，常以各类阳离子乳化剂配合使用，加入量常为0.2％～0.6％，可节省乳化剂用量20％～40％，高分子助剂如淀粉、明胶、聚乙二醇等，在沥青微粒表面可形成保护膜，有利于微粒的分散，可与各类阳离子和非离子乳化剂配合使用，加入量0.1％～0.15％。添加不同助剂得到的沥青乳液，在改善乳液稳定性、黏度满足施工需要的同时，会对沥青乳液蒸发残留物的物理力学性能有不同程度的影响，所以应该严格控制其加入量。

2）乳化剂分类和乳化能力HLB

从结构来看，乳化剂是由非极性的疏水基和极性的亲水基组成的两亲性分子，这种结构使乳化剂在溶液表(界)面形成定向紧密排列，改变了体系的表(界)面化学性质。当乳化剂的浓度超过其临界胶束浓度CMC，表(界)面张力降至最低，从而具有乳化、消泡、分散等功能。按照乳化剂亲水基性质的不同，分为离子型和非离子型两类，能在溶液中解离生成离子或离子胶束的称为离子型乳化剂，凡不能电离成离子胶束的称为非离子型乳化剂，乳化剂细分为阴离子型、阳离子型、两性离子型、非离子乳化型以及复合离子型等。

表面活性剂亲水基团和亲油基团的强弱，影响乳化剂的表面活性作用，对如何选择乳化剂是十分重要的。通常用亲水亲油平衡值（Hydrophilic-Lipophile Balance-HLB）的大小来表示亲水亲油能力的相对大小，HLB 值越小越亲油，越大越亲水，沥青用乳化剂一般在 10～18 之间。由于沥青乳液中沥青的比表面积很大，所以乳化剂的浓度要远大于 CMC，才能达到充分乳化的目的，乳化剂用量一般控制在乳液的 0.13％～3％（质量分数）。

3）乳化剂的选择

制备性能优良的乳液，乳化剂的选择很重要。HLB 适合的乳化剂不一定是最佳的乳化剂，还要考虑乳化能力、乳化成本及乳化后的性能是否满足要求等。一般常根据经验遵循以下原则：①优先选择离子型乳化剂；②选择与沥青组分中有相近结构的乳化剂；③复合乳化剂的使用往往能达到更好的乳化效果。

（2）乳化沥青的技术要求

乳化沥青按照施工方法，分为喷洒型和拌合型乳化沥青两大类。喷洒型乳化沥青，代号 P，主要用于透层、粘层、表面处治或贯入式沥青路面；拌合型乳化沥青，代号 B，主要用于稀浆封层、冷拌沥青混合料或再生路面基层。道路用乳化沥青技术要求见表 2-6-21。

道路用乳化沥青技术要求 表 2-6-21

试验项目		品种及代号					
		阴离子（阳离子）				非离子	
		PC-1	PC-2	PC-3	BC-1	PN-2	BN-2
破乳速度		快裂	慢裂	快裂或中裂	快裂或中裂	慢裂	慢裂
粒子电荷		阴离子（－）/阳离子（＋）				非离子	
筛上残留物（％），≤		0.1					
黏度（s）	恩格拉黏度计 E_{25}	2～10	1～6	1～6	2～30	1～6	2～30
	道路标准黏度计 $C_{25,3}$	10～25	8～20	8～20	10～60	8～20	10～60
蒸发残留物性质	残留物含量，≥	50			55	50	55
	溶解度（％），≥	97.5					
	25℃针入度（0.1mm）	50～200	50～300	45～150	50～200	50～300	60～300
	15℃延度（cm），≥	40					
与粗集料的粘附性（裹覆面积），≥		2/3			—	2/3	—
与粗、细粒式集料拌合试验		—			均匀		—
水泥拌合试验（筛上剩余量，％）≤		—			—	—	3
常温贮存稳定性（％）	1d，≤	1					
	5d，≤	5					
适用范围		表处、贯入、封层	透层油、基层养护用	粘层油用	稀浆封层、冷拌沥青混合料	透层油	基层再生

注：P 为喷洒型，B 为拌合型，C、A、N 分别表示阳离子、阴离子、非离子乳化沥青。

（3）改性乳化沥青

改性乳化沥青是用高分子聚合物对乳化沥青进行改性或者以高分子聚合物改性沥青进行乳化得到的产品。

随着工程要求越来越高，工程建设处于建设与维修养护并重的局面，特别是高等级道路预防性养护概念的提出，导致沥青稀浆封层和微表处地大量使用，使改性乳化沥青用量不断增加。

聚合物改性乳化沥青的生产工艺流程一般有三种：

第一种：将聚合物改性材料加入沥青中，将沥青改性，然后再将其乳化，此法制备过程需设备较多，工艺流程长，改性沥青黏度大，流动困难，消耗热能多，添加的聚合物一般需要研磨和高速剪切，消耗功率大，时间和人力投入大并造成环境污染和成本增加。

第二种，先制备乳化沥青然后掺配胶乳的方法。

这种方法有两个工序，即沥青乳化和胶体混合，由于沥青颗粒和胶乳在机械强力搅拌下混合，有密度差、电荷、酸碱度、极性、分子量，黏度区别对改性乳化沥青的均匀性和稳定性影响很大，贮存时会发生分离、沉淀、聚合物析出结块等现象，效果不理想。

第三种方法是：将改性材料加入乳化剂水溶液中，然后与沥青同时进入乳化机进行乳化。这种工艺将乳化剂、改性剂和添加剂配制成水溶液与热融的沥青同时进入乳化机制备乳化沥青。但由于所选择的配方和工艺方法的不同，产品性能有所改进，但性能质量及成本差别较大，面且一般需要添加剂酸类来调 PH 在 2～3 之间，对乳化沥青性能影响很大，腐蚀设备造成环境污染。

改性乳化沥青技术要求见表 2-6-22。

改性乳化沥青技术要求

表 2-6-22

试验项目		品种及代号	
		PCR	BCR
破乳速度		快裂或中裂	慢裂
粒子电荷		阳离子（＋）	阳离子（＋）
筛上剩余量(1.18mm)(%)，≤		0.1	0.1
黏度（s）	恩格拉黏度计 E_{25}	1～10	3～30
	道路标准黏度计 $C_{25,3}$	8～25	12～60
蒸发残留物性质	残留物含量，≥	50	60
	25℃针入度(0.1mm)	40～120	40～100
	软化点(℃)，≥	50	53
	5℃延度(cm)，≥	20	20
	溶解度(%)，≥	97.5	97.5
与粗集料的粘附性（裹覆面积），≥		2/3	—
贮存稳定性(%)	1d，≤	1	1
	5d，≤	5	5
适用范围		粘层、封层、防水粘结层	微表处

二、沥青混合料

1. 沥青混合料的应用与分类

沥青混合料是由矿质混合料与沥青结合料经拌制而成的混合料的总称，其中矿料起骨架作用，沥青或沥青与填料形成的沥青胶浆起胶结和填充作用。沥青混合物经摊铺、碾压成型后成为沥青路面。沥青混合料是现代铺装结构的主要材料之一，主要有以下特点：

① 沥青混合料具有良好的力学性质和使用性能，铺筑的铺面表面平整无接缝，减振低噪声，行车舒适平稳。表面层具有一定的粗糙度，且无强烈反光，有利于行车安全。

② 沥青路面可采用机械化施工，施工速度快，有利于施工质量控制，施工后即可开放交通。

③ 维修养护方便，便于分期修建和再生利用。

④ 与水泥混凝土、无机结合料稳定材料相比，其对荷载敏感性小。

因此，沥青混合料广泛用于高速公路、城市道路路面、机场跑道、高速铁路路基等。但是沥青混合料也存在高温稳定性和低温抗裂性不足、不适宜履带车通行、怕油（汽油、柴油、机油等）污染、怕水（容易出现水损害）等问题。

沥青混合料的分类方法取决于矿质混合料的级配、集料的最大粒径、压实后空隙率和沥青特性和用途等。

1）按矿质混合料的级配组成分类

矿料由适当比例的粗集料、细集料及填料组成，按材料组成及结构分为连续级配、间断级配混合料，按矿料级配组成及压实后剩余空隙率大小分为密级配、半开级配、开级配混合料。

① 连续密级配沥青混合料

按密实级配原理设计组成的各种粒径颗粒的矿料，与沥青结合料拌合而成，设计空隙率为 3%～6%（对不同交通及气候情况、层位可作适当调整）的密实式沥青混凝土混合料（AC）和密实式沥青稳定碎石混合料（ATB）。按关键性筛孔通过率的不同又可分为细型（AC-F）、粗型密级配沥青混合料（AC-C）等。粗集料嵌挤作用较好的也称嵌挤密实型沥青混合料。

② 连续半开级配沥青混合料

由适当比例的粗集料、细集料及少量填料（或不加填料）与沥青结合料拌合而成，经马歇尔标准击实成型试件的剩余空隙率在 6%～12% 的半开式沥青混合料，也称沥青碎石混合料（AM）。

③ 开级配沥青混合料

矿料级配主要由粗集料嵌挤组成，细集料及填料较少，设计空隙率 18% 以上的混合料，分为使用高黏度沥青结合料的排水式沥青磨耗层混合料（OGFC）；排水式沥青稳定碎石基层（ATPB）。

④ 间断级配沥青混合料

矿料级配组成中缺少 1 个或几个档次（或用量很少）而形成的级配间断的沥青混合料，典型类型如沥青玛𡑭脂碎石混合料（SMA）。

2）按矿料的公称最大粒径分类

集料的最大粒径是指通过率为 100% 的最小标准筛筛孔尺寸，集料的公称最大粒径是指全部通过或允许少量不通过（一般容许筛余不超过 10%）的最小标准筛筛孔尺寸，通常比最大粒径小一个粒级。例如：混合料在 26.5mm 筛孔的通过率为 100%，在 19mm 筛孔上的筛余量小于 10%，则此集料的最大粒径为 26.5mm，公称最大粒径为 19mm。

根据集料的公称最大粒径，沥青混合料分为特粗式、粗粒式、中粒式、细粒式和砂粒式，与之对应的集料尺寸见表 2-6-23。

热拌沥青混合料类型汇总表

表 2-6-23

沥青混合料类型	公称最大粒径尺寸(mm)	最大粒径尺寸(mm)	密级配			半开级配	开级配		间断级配
			粗型沥青混凝土	细型沥青混凝土	沥青稳定碎石	沥青碎石混合料	排水式沥青磨耗层	排水式沥青稳定碎石	沥青玛琦脂碎石混合料
特粗式	37.5	53.0	—	—	ATB-40	—	—	ATPB-40	—
粗粒式	31.5	37.5	—	—	ATB-30	—	—	ATPB-30	—
	26.5	31.5	AC-25C	AC-25F	ATB-25	—	—	ATPB-25	—
中粒式	19	26.5	AC-20C	AC-20F	—	AM-20	—	—	SMA-20
	16	19	AC-16C	AC-16F	—	AM-16	OGFC-16	—	SMA-16
细粒式	13.2	16	AC-10C	AC-10F	—	AM-13	OGFC-13	—	SMA-13
	9.5	13.2	AC-10C	AC-10F	—	AM-10	OGFC-10	—	SMA-10
砂粒式	4.75	9.5	AC-5			—	—	—	—
设计空隙率(%)			3～6	3～6	3～6		>18	>18	3～4

3）按混合料制造工艺分类

① 热拌热铺沥青混合料

采用沥青胶结料与矿料在热态下拌成沥青混合料，并在热态下铺筑施工的沥青混合料。由于在高温下拌合，沥青与矿质集料能形成良好地粘结，因而具有较高的强度。高等级公路和城市干道多采用这种沥青混合料。

② 冷拌冷铺沥青混合料

采用乳化沥青、液体沥青、或者其他低黏度的液态沥青材料，在常温下与集料直接拌合、铺筑的沥青混合料。这种沥青混合料由于沥青与集料裹覆性差，粘结不良，路面成型慢，强度低，一般只适用于低交通道路或者路面局部维修。

③ 热拌冷铺沥青混合料

沥青胶结料与集料在热态下拌合成混合料(通常使用冷铺添加剂)，在常温下储存起来，使用时在常温下直接在路面上摊铺压实。这种混合料一般用作为沥青路面的养护材料。

④ 再生沥青混合料

将老化后的旧沥青混合料通过现场加热翻松或铣刨破碎运回拌合楼的方式，再添加新集料和沥青或同时掺加再生剂，重新拌合成混合料，使其恢复性能再用于铺筑路面，这种混合料称为再生沥青混合料。

4）按沥青的特性和用途分类

在道路工程中主要采用热拌热铺沥青混合料，称为路用沥青混合料。如用于机场道面，则称为机场道面沥青混合料；用于大桥桥面铺装，则称为桥面铺装用沥青混合料。由于机场道面、桥面铺装的工作状态与道路路面有所区别，其合理的沥青混合料的组成与路用沥青混合料有一定差异。下面介绍各种沥青混合料的组成与性能。

防滑式沥青混合料：用于高等级公路和城市干道路面的表面层，粗集料较多，以提高沥青路面的抗滑性能。

排水性沥青混合料：为加快路面的雨天排水功能，以减少高速行车而产生喷雾、溅水，增强路面的抗滑性，拌制成多孔性沥青混合料，使雨水从路面内部排走。因为这种沥青混合料透水，所以又称为透水性沥青混合料。

沥青玛^琋脂碎石：由高含量的粗碎石和少量细集料形成骨架，用沥青、矿粉、纤维组成的玛^琋脂填充骨架的空隙，形成密实结构，以提高沥青混合料的路用性能。

浇筑式沥青混合料：由高沥青含量、高矿粉含量和高细集料含量，在高温下经过较长时间拌合，成为一种流态的沥青混合料，摊铺后不用碾压即可成型。由于其在高温下操作，又称为高温摊铺式沥青混合料。

高强沥青混合料：在沥青中添加热固性树脂材料和固化剂，拌制成混合料，压实固化即形成具有很高强度的混合料，用于需要高强、耐久、耐油等场所。

改性沥青混合料：用改性沥青与集料拌合而成的沥青混合料，以提高其路用性能。根据改性沥青品种的不同而有各种不同性能的改性沥青混合料。

彩色沥青混合料：采用彩浅色胶结料、集料（或有色集料）、颜料拌合而成的混合料，用于铺筑彩色路面。由于浅色胶结料具有与沥青一样的性能，故也将它归类为沥青混合料。

再生沥青混合料：将旧沥青混合料经过破碎、筛分、再添加再生剂、新集料和沥青，重新加热拌合成混合料，使其恢复性能再用于铺筑路面，这种混合料称为再生沥青混合料。

储存式沥青混合料：将集料与沥青拌合而成的混合料储存起来，随时需要随时在常温下摊铺压实。这种混合料多用于路面维修。

用适当级配的石屑或砂、填料（水泥、石灰、粉煤灰、石粉等）与乳化沥青、外掺剂和水，按一定比例拌合而成的流动状态的沥青混合料，将其均匀地摊铺在路面上形成的沥青封层叫稀浆封层。

用适当级配的石屑或砂、填料（水泥、石灰、粉煤灰、石粉等）采用聚合物改性乳化沥青、外掺剂和水，按一定比例拌合而成的流动状态的沥青混合料，将其均匀地摊铺在路面上形成的沥青封层即微表处。

2. 沥青混合料的技术性质

（1）沥青混合料的强度构成

1）沥青混合料的组成结构

沥青混合料是由粗集料、细集料、矿粉与沥青或外加剂所组成的一种复合材料。粗集料分布在沥青与细集料形成的沥青砂中，细集料又分布在沥青与矿粉或矿粉、掺剂料构成的沥青胶浆中，形成具有一定内摩阻力和粘结力的多级网络结构。由于各组成材料用量比例的不同，压实后沥青混合料内部的矿料颗粒的分布状态、剩余空隙率也呈现出不同的特征，形成不同的组成结构，而具有不同组成结构特征的沥青混合料在使用时则表现出不同的性能。按照沥青混合料的矿料级配组成特点，将沥青混合料分为悬浮密实结构、骨架空隙结构和骨架密实结构。

① 悬浮密实结构

采用连续密级配的沥青混合料中，细集料较多，粗集料较少，粗集料颗粒彼此分离悬浮于细集料和沥青胶浆之间，不能形成嵌挤骨架，形成了所谓悬浮密实结构，见图 2-6-10。

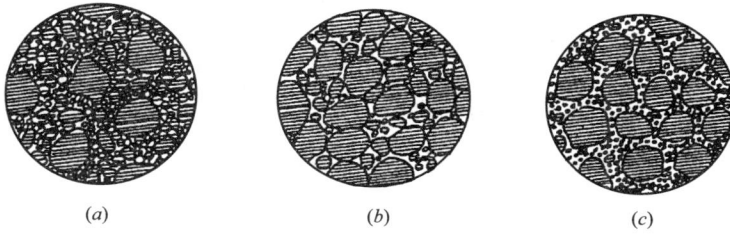

图 2-6-10　三种类型典型组成结构

(a)悬浮-密实结构；(b)骨架-空隙结构；(c)密实-骨架结构

悬浮密实结构的沥青混合料经施工压实和交通荷载搓揉压实后，密实度较高，水稳定性、低温抗裂性和耐久性较好，由于受沥青性质及其状态的影响较大，在高温条件下和重载作用下，可能导致高温强度不足或高温稳定性的下降。典型混合料：细级配沥青混合料（如 AC-13F）。

② 骨架空隙结构

采用间断密级配，粗集料形成骨架，细集料充分填充骨架空隙，形成密实、骨架嵌挤结构，见图 2-6-10。

此类混合料的强度和稳定性主要源于粗集料之间的嵌挤力，因而高温稳定性较好，但由于压实后混合料剩余空隙率较大、渗透性较好，在使用过程中，空气和水分容易进入混合料内部，引发沥青老化，如有积水，则易诱发沥青从集料表面剥落引起水损害，因此耐久性较差。典型混合料：沥青碎石混合料和开级配磨耗层沥青混合料。

③ 骨架密实结构

采用间断密级配或连续密级配，有足够数量的粗集料形成完全嵌挤或较强嵌挤骨架，又有足够的细集料和沥青胶浆充分填充骨架空隙，形成较高密实度的骨架结构称为骨架密实结构，见图 2-6-10。这种结构兼具上述两种结构的优点，是一种较为理想的混合料结构类型。典型混合料：沥青玛蹄脂碎石 SMA 和粗级配沥青混合料。

2）沥青混合料的结构强度及其影响因素

① 沥青混合料结构强度的构成

沥青混合料的力学强度是由矿质集料颗粒之间的嵌挤力（内摩阻力）和沥青与集料之间的粘结力以及沥青的内聚力所构成的。

无论沥青混合料属于哪一种类型，其力学强度都可以按库仑定律予以表征，即在外力作用下材料不发生剪切滑移时应满足下列条件：

$$\tau \leqslant c + \sigma \tan\varphi \tag{2-6-14}$$

式中　τ——沥青混合料的抗剪强度（MPa）；

c——沥青混合料的粘结力（MPa）；

φ——沥青混合料的内摩阻角（°）；

σ——试验时的正应力（MPa）。

沥青混合料的粘结力和内摩阻角可以通过三轴剪切试验确定。在规定条件下，对沥青混合料试件实施不同的侧向应力和测试法向应力，可以得到一组摩尔应力圆，如图 2-6-11

所示。图中应力圆的公切线为摩尔—库仑应力包络线，即抗剪强度曲线，该包络线与纵轴的截距表示沥青混合料的粘结力 c，与横轴的交角为沥青混合料的内摩阻角 φ。

② 沥青混合料结构强度的影响因素

沥青结合料的黏度的影响。沥青混合料的黏度反映沥青的内聚力。沥青的黏度越高，则沥青混合料粘结力越大，并可以保持矿料的相对嵌挤作用，抗变形能力相对越高。多孔性沥青混合料主要依靠沥青的粘结性而形成强度，故常用高稠度沥青或改性沥青作为粘结料。日本就采用高黏度沥青拌制多孔性混合料。

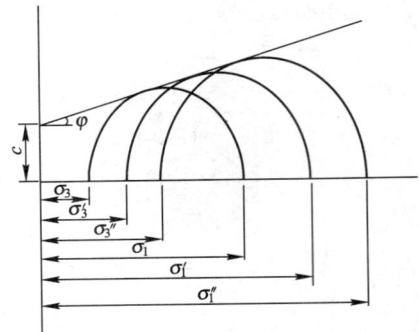

图 2-6-11　三轴试验摩尔圆包络线图

矿质混合料性能的影响。矿料的岩石种类、级配组成、颗粒形状和表面粗糙度等特性对沥青混合料的嵌挤作用或内摩阻角影响较大。

集料岩石的岩性影响与沥青的粘附性。沥青能否充分浸润石料的表面，形成良好的粘附，是混合料获得良好粘结力的重要条件。沥青与酸性石料，如花岗岩、石英岩的粘附性较差，而如果在沥青中添加抗剥落剂，提高沥青与石料的粘附性，则有利于提高沥青混合料的强度。

可以认为集料间嵌挤作用分为三个层次：粗集料间嵌挤作用最强、粗细集料间嵌挤作用次之、细集料间嵌挤作用最弱，因此沥青混合料的内摩阻角随其组成结构与公称最大粒径变化。

集料表面越粗糙，形成凹凸的微表面，经过压实后，颗粒之间能形成良好的齿合嵌锁，使混合料具有较高的内摩阻力，故配制沥青混合料都要求采用轧制碎石；如采用河卵石，则要求将河卵石加以破碎，卵石颗粒至少有两个破碎面。采用棱角非常丰富的集料拌制沥青混合料，往往拌合与压实比较困难，就是因为内摩阻力大，但压实后能形成较高的强度。

集料颗粒的形状宜接近立方体，呈多棱角，以承受荷载而不折断破碎，嵌挤后能形成较高的内摩阻力；而表面光滑的颗粒，则易引起滑移而导致路面变形；针状、片状的集料，在荷载作用下极易断裂破碎，从而易造成沥青路面的内部损伤和缺陷。

沥青与矿料之间的相互作用的影响。沥青混合料粘结力除了与沥青材料自身的内聚力有关，还取决于沥青与矿料的交互作用。矿质集料颗粒对于包裹在表面的沥青分子具有一定的化学吸附作用，这种吸附作用比矿料与沥青间的分子力吸附（物理吸附）要强得多，并使矿料表面吸附沥青组分重新分布，形成一层吸附溶化膜，称为结构沥青。结构沥青膜层较薄，黏度较高，与矿料之间有着较强的粘结力。在结构沥青之外未与矿料发生交互作用的沥青称为自由沥青，保持着沥青的初始内聚力。沥青与矿料颗粒间的化学吸附是有选择性的，碱性石料化学吸附强，酸性石料弱。

矿料比面和沥青用量的影响。根据沥青与矿料之间的交互作用原理，沥青混合料的粘结力既取决于结构沥青的比例，也取决于矿料颗粒之间的距离。当矿料颗粒之间距离很近，并由黏度增加的结构沥青相互粘结时，具有较高的粘结力，反之，当矿料颗粒以自由沥青相互粘结，则粘结力较低。

在相同的沥青用量条件下，与沥青产生交互作用的矿料表面积愈大，则形成的沥青膜愈薄，在沥青中结构沥青所占的比率愈大，因而沥青混合料的黏聚力也愈高。通常在工程中，以单位质量集料的总表面积来表示表面积的大小，称为比表面积。矿料比表面积随粒度变小而显著增大。由于混合料中矿粉的比面比重较大，因此矿粉的品种与用量对混合料的强度影响较大，由于石灰石或强基性岩石等憎水性石料磨细得到的矿粉与沥青亲和良好，能形成较强的粘结性能，而由酸性石料磨成的矿粉则与沥青亲和不良；提高矿粉细度可增加比面，所以希望小于 0.075mm 的矿粉含量不要过少，但是小于 0.005mm 部分的含量亦不宜过多，否则将使沥青混合料结成团块，不易施工且影响使用性能。在沥青用量一定的情况下，适当提高矿粉用量，可提高沥青胶浆的黏度，使胶浆的软化点明显上升，有利于提高混合料强度，但矿粉用量过多，则又会使混合料过于干涩，影响沥青与集料的裹覆和粘附，反而影响沥青混合料的强度，因此，矿粉与沥青之比（粉胶比）依不同混合料类型有其适宜范围，如密级配 AC 类混凝土以 0.8～1.2 为宜。

使用环境的影响。使用环境温度和荷载条件对沥青混合料的强度有很大影响（主要影响沥青结合料粘结力 c），当温度升高时，沥青的黏度降低，流动性增大，从而使混合料强度降低。反之，温度降低，则混合料变硬，刚度增大，强度提高；但当温度进一步降低时，混合料发脆，强度反而降低。沥青混合料在瞬时荷载作用下，表现为弹性性质，强度高；在长时间荷载作用下，强度低。

综上所述，高强度沥青混合料的基本条件是：多级嵌挤密实的矿料骨架；高黏度的沥青结合料及针对使用条件确定的拌合、压实工艺条件下的最佳沥青用量与粉胶比；能与沥青起化学吸附的矿料。

（2）沥青混合料应力应变特性

道路沥青路面，尤其是在半刚性基层上的沥青面层、桥面沥青铺装，在使用过程中所出现的车辙、推挤等永久变形，主要是由于沥青本身强度和稳定性不足所引起的。如果假设沥青混合料中的矿质集料是不可变形的刚性材料，那么，沥青混合料的变形则是由于矿质颗粒之间的沥青膜在外力作用下产生了剪切变形，以致引起集料颗粒发生相对位移的结果。因此，沥青混合料的变形性质与其结合料的性质有密切关系。

沥青结合料是典型的黏弹性材料。由一定级配和适量沥青拌合而成的沥青混合料，虽然所含的沥青仅占百分之几，但是沥青混合料的黏弹性性质受沥青的影响。它与沥青材料的变形特性一样，沥青混合料在外力作用下的变形不仅与荷载的大小、荷载的作用时间有关，而且受温度的影响极大，完全表现为黏弹性性质。总的来说沥青混合料的力学特性既相似又有别于沥青和集料。

沥青劲度的概念同样适用于沥青混合料，劲度的表达式同样是应力与应变的比值。有时为方便应用，用劲度模量倒数的表达方式（见式 2-6-15），称其为柔量：

$$J(T, t) = \frac{\varepsilon(t)}{\sigma_0} \tag{2-6-15}$$

沥青混合料的变形随荷载作用时间的长短而不同，因而在研究其变形性质时必须说明变形所处的时间。另一方面，沥青混合料的变形随温度的变化而变化。高温时其弹性效应降低，黏性性质增强；相反，低温时沥青混合料刚度增大，弹性效应明显，黏性性质减弱。故评价沥青混合料的力学性质还必须说明其所处的温度。图 2-6-12 给出了沥青混合料在高温或长时间荷载作用条件下蠕变变形特性、低温温缩时温度应力松弛特性。

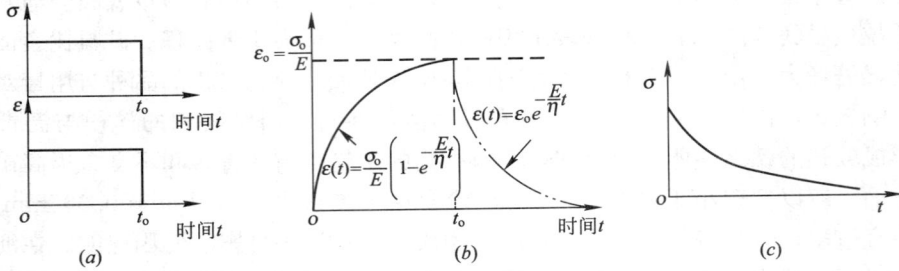

图 2-6-12　沥青混合料蠕变和应力松弛曲线示意图
(a)加载模式；(b)蠕变曲线示意图；(c)松弛曲线示意图

（3）沥青混合料的路用性能

沥青混合料是公路、城市道路以及机场道面等的主要铺面材料，它直接承受车轮荷载和各种自然因素——日照、温度、空气、雨水等的作用，其性能和状态都会发生变化，以致影响路面的使用性能和使用寿命。为了保证沥青路面长期保持良好的使用状态，沥青混合料应具有足够的高温稳定性、低温抗裂性、水稳定性、耐久性、抗滑性等路用性能。

1）高温稳定性

随着社会与经济的发展，客货运量迅速增加，道路交通量增大，特别是重型车辆的增多和高压轮胎的使用，交通流的渠化，使沥青路面车辙日趋严重。在重交通道路，尤其是行驶载重汽车的车道、城市道路的交叉口、公共汽车停车站等部位，车辙是经常可见的。车辙不仅使路面变形，而且似轨道状的车辙将严重危及行车安全，这是因为车槽中的积水会引起水飘；同时车辙加深，使方向盘难以控制，增加行车的危险性。车辙是沥青路面的主要破坏形式。

高温稳定性是指沥青混合料在高温条件下，能够抵抗荷载的反复作用，不发生显著永久变形(不可恢复变形如车辙、波浪及推移拥包等)，保持路面平整的特性。

① 高温稳定性的评价方法和评价指标

沥青混合料的高温稳定性的评价试验方法较多，如圆柱体试件的单轴静载、动载、重复荷载压缩或蠕变试验；三轴静载、动载、重复荷载压缩试验；简单剪切的静载、动载、重复荷载试验等；模拟轮胎反复作用试验如多轮车辙试验、全自动沥青路面分析仪、德国汉堡车辙试验等车辙试验；此外还有马歇尔稳定度、维姆稳定度等工程试验。

② 影响高温稳定性的主要因素分析

沥青混合料的高温稳定性的形成主要来源于矿料的嵌挤作用和沥青的高温黏度，有研究认为，沥青混合料的高温抗车辙性能，集料的因素约占 70%，而沥青约占 30%。矿料颗粒的嵌挤作用主要与集料级配于颗粒特性有关，多级嵌挤混合料组成结构显然比密实悬浮结构高温稳定性优越，破碎的碎石，具有丰富的棱角和发达的纹理构造，经压实后颗粒之间能形成紧密的嵌锁作用，有利于增强混合料的稳定性。沥青高温黏度大，与集料的粘附性好，在高温下仍能保持足够的黏滞性，使混合料具有一定的强度和劲度，而不致出现过大的变形；含蜡量高的沥青，当温度接近软化点温度时，蜡的熔融会引起沥青黏度的明

250

显降低而失稳；沥青中沥青质的含量对其热稳性也有一定影响，一般沥青质含量高的沥青其热稳性也好；在沥青中添加聚合物，能有效地提高高温稳定性。

混合料中的沥青含量对其热稳定性有明显的影响。因为当沥青用量过少时，集料表面沥青膜过薄，混合料呈干枯状而缺乏足够的粘结力，不能形成高的强度，稳定度不高。增加沥青用量，混合料粘结力增强，稳定度随之提高。然而当沥青用量进一步增加，集料表面沥青膜增厚，自由沥青增多，从而稳定度降低。混合料中沥青用量过多往往是产生车辙的重要原因。

混合料剩余空隙率为 $3\%\sim5\%$ 的密实型的沥青混合料具有较高的力学强度。随着空隙率的增大，混合料强度降低。因此尽可能减低混合料的空隙率有利于提高沥青路面的强度和耐久性，但是混合料空隙率过低，如低于 3%，则当温度升高时，混合料中的沥青发生体积膨胀，软化的沥青无空隙可容，则会从路面中挤出来而形成泛油或产生推移变形。

道路的环境条件对沥青路面的高温稳定性有直接的影响。夏天的持续高温常使沥青路面过于软化，而导致路面的变形加剧。交通量的猛增，尤其集装箱车辆的增加也加速路面的损坏，如果在高温季节这种现象将更为严重。

2）低温抗裂性

当冬季气温降低时，沥青面层将产生温度收缩应力。但是在一般情况下，由于沥青混合料具有应力松弛的能力，所产生的温度应力会随时间的延长而逐渐松弛减小，不会对沥青路面产生较大的危害。然而，如果气温急剧降低，沥青路面的温度在短时间降低过快，沥青路面层内产生较大的收缩应力，而且随着温度的下降，沥青路面的刚度增大（沥青老化同样引起混合料刚度增大），松弛能力降低，使层内的温度收缩应力来不及松弛释放，当收缩拉应力超过混合料的容许拉应力或容许拉应变时，沥青面层就会发生断裂，使路面产生自上向下发展的横向裂缝简称低温裂缝。

沥青路面低温开裂是世界普遍存在的问题，北欧、北美、俄罗斯、日本以及我国北方等国家和地区沥青路面低温开裂的现象更为突出。然而在温暖的地区，当沥青路面采用较高黏度的沥青，或者吸水率较大的集料，由于突然的降雨，引起路面温度的急剧下降，也会引起路面的开裂。

因此要求沥青混合料应具备一定的低温抗裂性能。温度收缩应力主要与沥青混合料低温区线收缩系数、劲度模量、降温速率线性相关，良好的低温抗裂性能要求沥青混合料具有较高的低温强度、较大的低温变形能力或较小的线收缩系数、较低的低温劲度模量、较大的低温松弛模量。

① 低温抗裂性能的评价方法与指标

目前用于研究和评价沥青混合料低温抗裂性能的方法可以分为三类：预估混合料的开裂温度；评价沥青混合料的低温变形能力或应力松弛能力；评价沥青混合料断裂能。相关的主要试验主要包括：等应变加载的破坏试验，如间接拉伸试验、直接拉伸试验；低温收缩试验；低温蠕变弯曲试验；受约束试件温度应力试验；应力松弛试验等。

② 影响沥青混合料低温性能的主要因素

沥青混合料低温下的抗拉强度、松弛能力以及收缩性质等，与沥青混合料的断裂特性有着直接的影响，而影响上述三方面特性的因素，既有沥青混合料本身也有外界环境的各种因素。

沥青混合料的抗拉强度与温度有密切关系，随着温度的降低，抗拉强度增大，当低于某一温度之后，抗拉强度又随之降低，抗拉强度与温度的关系曲线出现一峰值。峰值所对应的温度即所谓沥青混合料的脆化温度。沥青混合料由于黏弹性性质，存在着应力松弛，故抗拉强度随着荷载作用时间的延长而降低。因此，确定沥青混合料的强度还必须规定荷载作用时间。沥青混凝土的强度比沥青碎石要高得多，这说明密级配比开级配的抗拉强度高。同时也不难理解，沥青黏滞度高的强度高，黏滞度低的则强度低。在沥青中掺加 SBS 改性剂后，使混合料具有较高的低温应力松弛能力，故在低温下其抗拉强度反而有所降低。

沥青混合料的收缩系数是一个复杂的物理常数，这不仅与沥青混合料的材料性质及组成有关，而且还与降温的速率及所处的温度条件等因素有关。日本菅原照雄测得沥青混合料的收缩系数在—20～10℃范围内约为 3.30×10^{-5}/℃，而在 10～25℃温度范围内，为 $2.21 \sim 3.25 \times 10^{-5}$/℃。罗斯(B. E. Ruth)等人对沥青含量为 7.5%，沥青相对密度为 1.03，集料密度为 2.65，沥青体胀系数为 4.5×10^{-4}/℃，集料体胀系数为 2.70×10^{-5}/℃的沥青混合料进行测试，其线收缩数为 3.334×10^{-5}/℃。在冷却速率为 5℃/h 和 2.5℃/h 的条件下测得收缩系数在 $2.0 \times 10^{-5} \sim 4.0 \times 10^{-5}$/℃范围内。

影响沥青混合料的低温性能的最主要因素是沥青的低温劲度，而沥青黏度和温度敏感性是决定沥青劲度的主要指标。对于相同油源的沥青，针入度较大、温度敏感性较低的沥青低温劲度较小，抗裂能力较强，所以在寒冷地区，可采用稠度较低、劲度较低的沥青，或采用稠度更低、劲度更低的基质沥青采用橡胶类或热塑性橡胶类改性从而获得松弛能力、变形能力更强的改性沥青。

3) 沥青混合料的耐久性

耐久性有两层意思，一是沥青路面在反复荷载的作用下，有良好的耐疲劳性能，能够经受车辆千万次的作用而不过早地出现疲劳裂缝；二是沥青路面在阳光和大气自然因素的作用下，有良好的抗老化能力。

① 沥青混合料的抗老化性

沥青混合料在拌制过程中将发生明显的老化，其中，包括沥青热态运输、储存、配油釜中调配、加热升温以及在拌缸内与热集料混合过程中引起的老化；沥青路面在长期使用过程中，受到各种自然因素，如空气中的氧、水、紫外线以及车辆荷载等作用，使沥青混合料产生许多复杂的物理、化学变化，沥青逐渐老化而硬化，最终路面出现开裂而损坏。沥青路面的老化，主要是所含沥青的老化，这表现为回收沥青针入度减小、软化点提高、延度大幅度降低。

研究表明，沥青路面中不同部位的沥青老化程度有明显差别的，在承受重交通荷载作用的路中车道上，沥青老化速度反而比不承受交通荷载作用的路边慢；沥青路面的老化速率与外界条件和沥青混合料的组成结构有关。在日照时间长而又气温高的地区，沥青路面老化速度较快，而在气温较低、日照又短的地区，沥青路面的老化速度则较慢。沥青混合料的空隙率对其老化的速率有很大影响，空隙率越大，老化越快；沥青混合料集料表面沥青膜的厚度对混合料的老化也有影响，增加混合料的沥青用量，提高沥青膜的厚度将有效地增强混合料的耐久性。

② 抗老化性评价方法

单纯沥青的老化不能对沥青混合料的老化给予恰当的评价，这是因为沥青混合料的老化状态不同。只有充分研究沥青混合料的老化，才能正确评价和预测沥青路面的耐久性。目前我国尚没有评价混合料老化的标准试验方法，但国内外许多学者根据沥青混合料生产和沥青路面使用过程中的老化现象认为，在室内研究和评价沥青混合料的老化可以分为短期老化和长期老化两种方式。

沥青混合料的短期老化试验。沥青混合料的短期老化是模拟混合料在生产和拌合、储存、运输、摊铺压实直至冷却过程中受热和氧化效应，反映沥青混合料在施工阶段的老化程度。美国 SHRP 通过几年的研究提出三种试验方法，即烘箱老化法、延时拌合法、微波加热法。常用的为短期烘箱老化法：将拌好的混合料摊薄放入 $135\pm1℃$ 烘箱中加热 4h $\pm5min$ 作为沥青混合料的短期老化条件，研究发现，在这样的老化条件下所测沥青混合料的回弹模量与野外现场芯样的回弹模量相近，为此老化后以静载回弹模量、动载回弹模量或其他试验进行评价。试验结果表明，沥青混合料经过短期老化后，抗拉强度和劲度模量增大，而破坏应变减小，混合料呈硬化趋势。

沥青混合料的长期老化试验。沥青混合料长期老化，是模拟沥青路面在使用过程中经受日照、雨水、温度以及行车荷载综合作用而引起沥青混合料的老化。美国 SHRP 通过研究提出了三种长期老化试验方法，即加压氧化处理(三轴仪压力室内)、延时烘箱加热和红外线/紫外线处理。其中以延时烘箱加热老化(混合料试件放入 85℃ 烘箱中放置 5 天)和加压氧化处理对模拟沥青混合料长期老化为最有效的试验方法，相关研究表明 85℃，5d 室内的延时烘箱加热试验能表征使用 6~9 年沥青路面老化的程度。

老化试验后，再进行相关试验如进行回收沥青的性能试验，包括针入度、黏度、延度以及组分分析等之外，在混合料力学性能方面还可选择回弹模量试验、劈裂试验、蠕变试验和动态模量试验等，通过技术指标的对比从而评价混合料的耐老化性能。

③ 沥青混合料疲劳性能

沥青路面材料的耐疲劳性能与许多因素有关。沥青的黏性、沥青的用量、混合料集料的级配、集料的性状、混合料的密实度、沥青路面结构层承受的拉应力水平或拉应变水平等都会影响沥青路面的使用寿命。

沥青用量对混合料的疲劳寿命有显著影响，沥青用量越多，混合料的柔韧性越好，对于薄层路面来说其应变能力越大，故疲劳寿命也就越长；在最佳沥青用量的情况下，混合料集料表面越粗糙，则其疲劳寿命也越长。沥青混合料的空隙率对其疲劳寿命有显著影响，空隙率大，沥青混合料疲劳寿命降低；沥青混合料的空隙率与集料的级配和沥青用量有关，不难理解，密级配比开级配的沥青混合料疲劳寿命长，集料表面纹理粗糙、棱角丰富，且沥青含量较大的沥青混合料要比粒料表面光滑、无棱角，且沥青含量低的沥青混合料疲劳寿命长；劲度模量集中表现沥青混合料各种参数的特性，温度越高，沥青的劲度模量越低；黏度大的沥青，其劲度模量也大，因此，沥青混合料的劲度模量对其疲劳寿命有显著影响。路面疲劳性能除取决于混合料本身疲劳特性，还与混合料在结构层中受力状态相关，承受的拉应力水平或拉应变水平高，疲劳寿命相对较短，因此合理的结构设计降低混合料结构层的受力水平也是提高其疲劳性能的重要因素。

4) 沥青混合料水稳定性

沥青路面在雨水冰雪的作用下，尤其地在雨季过后，沥青路面往往会出现脱粒、松散，进而形成坑洞。出现这种现象的原因是沥青混合料在水的侵蚀作用下，沥青从集料表面发生剥落，使集料颗粒失去粘结作用，这就是沥青路面的水损害。在南方潮湿多雨地区和北方的冰雪地区，沥青路面的水损害是很普遍的，一些高等级公路在通车不久路面就出现破损，很多是水损害造成的。

水损害造成的危害主要有以下几个方面：

水损坏引起的路面唧浆，行车挤压作用下滞留在基层顶面的自由水产生很大的压力、冲刷基层表面的细料，形成灰白色泥灰浆。灰浆被行车荷载挤压到路表面形成唧浆；水损坏引起的坑槽；路面结构性破坏，随着混合料松散造成的抗剪和抗拉强度下降，结构层有效厚度减薄，诱发裂缝与车辙之类病害，使用功能降低，最终导致路面结构层破坏。

① 水稳定性评价方法和指标

a. 沥青与集料粘附性试验

内容详见本章第一节相关内容。这类试验主要用于初步评价沥青与集料的粘附性。试验结果存在一定局限性，比如改性沥青与集料粘附性依本法难以正确评价，同时试验评级与混合料水稳定性相关性不是非常显著，为更客观评价水稳性能，还需进行沥青混合料的水稳定性试验。

b. 混合料试件浸水试验

浸水试验是根据沥青混合料试件浸水前后物理、力学性能的降低程度来表征其水稳性的一类试验，常用的方法有浸水马歇尔稳定度试验、浸水车辙试验、浸水劈裂强度试验和浸水抗压强度试验等。在浸水条件下，由于沥青与集料之间粘附性的降低，最终表现为沥青混合料整体力学强度的损失，以浸水前后的技术指标的比值如马歇尔稳定度比值的大小评价沥青混合料的水稳定性。

c. 冻融劈裂试验

冻融劈裂试验是采用简化的洛特曼（Lottman）试验，用两面击实 50 次的马歇尔试件（试件的空隙率达 7%～8%）在常温水中浸泡 20min，真空饱水后放入 -18℃冰箱中冷冻 16h，然后在 60℃水浴中放置 24h，完成一次冻融循环。然后在 25℃水中浸泡 4h 后测试其劈裂强度，将此强度与未经冻融循环试件的 25℃劈裂强度相比，求出劈裂强度比，以此指标作为沥青混合料的水稳性指标。在冻融过程中，集料颗粒表面的沥青膜经历了冰的冻涨作用，导致沥青混合料容易松散，劈裂强度降低，因此试验条件比浸水试验苛刻些，试验结果更接近于实际情况，是目前国内外使用较为广泛的水损害评价试验方法。

② 沥青混合料水稳定性的影响因素

水损害的根源在于水的存在，包括层间滞水、自由水、水蒸气凝固水，因此水的阻隔与排除对于结构防水、排水设计至关重要，营运过程中出现的裂缝及时封堵、初期病害的及时养护也很关键。

沥青与集料的粘附性与粘结力很大程度取决于集料性质——酸碱性、洁净程度、表面粗糙度、吸水率等。沥青与矿料之间的粘附作用主要是化学吸附的结果，主要取决于沥青中阴离子表面活性物质和骨料中重金属与碱土金属阳离子的含量。不同类型酸性石料的矿物成分与组成比例不同，骨料中重金属与碱土金属盐酸度值会有差异，而不同沥青其各组分的比例不同，沥青酸酐含量的差异，因此在可能情况下筛选与拟用酸性石料有较好粘结力或粘附性的沥青品种；在沥青中添加抗剥落剂或用消石灰粉或水泥取代部分矿粉拌制沥青混合料是改善集料与沥青粘附性的比较方便有效的方法；清洁的石料表面有利于与沥青的浸润，而形成良好的粘结；集料表面粗糙、具有微观空隙有利于集料与沥青的结合，增加结构沥青膜厚。

不同空隙率的沥青混凝土路面具有不同的渗透性，根据相关研究，路面渗水的临界空隙率约为 7%～8%，为减少水损害，须将沥青混合料压实后剩余空隙率控制在 8%以内，当然对水损害而言，路面现场空隙率越小越有利，但由于路面沥青层需考虑多种路用性能的平衡，对南方地区，另一重要路用性能是高温稳定性，高温稳定性要求沥青层空隙率不能太小，现场空隙率宜控制在 4%以上，综合各种路用性能要求，路面沥青层现场空隙率宜为 4%～8%。施工过程中应加强压实、控制好路面压实度，更为重要的是路面的损坏是由薄弱环节开始的，剩余空隙率较大地方容易出现水损害，因此提高沥青混合料剩余空隙率的均匀性是关键。

5）表面层沥青混合料的抗滑性

沥青路面在雨天的滑溜是道路交通事故的主要原因，在高等级公路行车速度高的情况下，保证路面有足够的粗糙度，增强抗滑性是非常重要的。沥青路面表面的纹理构造分为微观构造和宏观构造。微观构造是指路面集料表面水平方向 0～0.5mm、垂直方向 0～0.2mm 的微小构造。微观构造的尖峰值对于在潮湿条件下穿透表面的水膜是必要的，以便使轮胎与路面保持紧密的接触。集料颗粒之间的凹凸则为宏观构造。

沥青路面的抗滑性与所用矿料的表面构造深度。颗粒性状与尺寸、抗磨光性有着密切关系。矿料的表面构造深度取决于矿料的矿物组成、化学成分及风化程度；颗粒形状与尺寸与矿物组成和加工方法相关；抗磨光性则受到上述所有因素加上矿粉成分硬度的影响。因此用于沥青路面表层的粗集料应选用表面粗糙、坚硬、耐磨、抗冲击性好的碎石或破碎砾石集料。

微观构造用集料的磨光值表征，宏观构造用压实后的路表构造深度试验评价。构造深度试验是将 25mL 的 0.15～0.3mm 标准干砂摊铺在路面上，然后用底面贴有橡胶片的推平板，仔细地将砂摊平成一圆形，量取其平均直径。砂的体积与砂摊铺的平均面积的比值 TD 即为路面宏观构造深度，也有称路面纹理深度。

铺砂法在潮湿天气不能测试，且重现性差，速度慢；因此，也可采用摩擦系数法间接测定，常用的有摆式仪法、摩擦系数测定车—横向力系数法。

6）施工和易性

沥青混合料应具备良好的施工和易性，能够在拌合、摊铺与碾压过程中，集料颗粒保持分布均匀，表面被沥青膜完整均匀地覆盖，并能被压实到适宜的密实度。

此外，拌合设备、摊铺机械和压实设备的配置对沥青混合料的施工和易性有一定影响，应结合施工环境、施工方式和施工水平总体考虑。

3. 热拌沥青混合料的组成设计

（1）沥青路面使用性能的气候分区

沥青混合料的物理力学性质与使用环境，如气温和湿度关系密切，因此选择沥青结合料等级，进行沥青混合料配合比设计，检验沥青混合料的使用性能时，应考虑公路环境条件的需要，能承受高温、低温、雨（雪）水的考验。所以，应按照不同的气候分区的特点对沥青混合料的技术性能提出相应要求。

我国《公路沥青路面施工技术规范》(JTG F40—2004)提出了沥青路面气候分区图。沥青路面气候分区由一、二、三级区划组合而成，以综合反映该地区的气候特征，见表 2-6-24。每个气候分区用 3 个数字表示：第一个数字代表高温分区，第二个数字代表低温分区，第三个数字代表雨量分区，每个数字越小，表示气候因素对沥青路面的影响越严重。如广州市属于 1-4-1 气候分区，为夏炎热冬温潮湿区，对沥青混合料的高温稳定性和水稳定性要求较高。

沥青路面沥青及沥青混合料气候分区   表 2-6-24

气候分区指标	气候分区			
高温气候区	1		2	3
气候区名称	夏炎热区		夏热区	夏凉区
最热月平均最高气温(℃)	>30		20～30	<20
低温气候区	1	2	3	4
气候区名称	1. 冬严寒区	2. 冬寒区	3. 冬冷区	4. 冬温区
极端最低气温(℃)	<−37.0	−37.0～−21.5	−21.5～−9.0	>−9.0
雨量气候区	1	2	3	4
气候区名称	1. 潮湿区	2. 湿润区	3. 半干区	4. 干旱区
年降雨量(mm)	>1000	1000～500	500～250	<250

（2）沥青混合料组成材料的技术要求

沥青混合料的技术性质取决于组成材料的质量、用量比例及沥青混合料的制备工艺等因素，其中组成材料的质量是首要问题。

1）沥青

沥青的性能直接影响沥青混合料的各种技术性质，沥青路面所用沥青应按照公路等级、气候条件、沥青混合料类型、交通条件、路面类型及在结构层中的层位及受力特点、施工方法等，结合当地的使用经验，经技术论证后确定。

对高速公路、一级公路，夏季温度高、高温持续时间长、重载交通、山区及丘陵区上坡路段、服务区、停车场等行车速度慢的路段，尤其是汽车荷载剪应力大的层次，宜采用稠度大、60℃黏度大的沥青，也可提高高温气候分区的温度水平选用沥青等级；对冬季寒冷的地区或交通量小的公路、旅游公路宜选用稠度小、低温延度大的沥青；对温度日温差、年温差大的地区宜注意选用针入度指数大的沥青。当高温要求与低温要求发生矛盾时应优先考虑满足高温性能的要求。

2）粗集料

沥青路面的粗集料可以采用碎石、破碎砾石、筛选砾石、钢渣、矿渣等。用于高速公路和一级公路、城市快速路、主干路沥青路面表层的粗集料应该选用形状方正、坚硬、耐磨、洁净的碎石或破碎砾石，不得使用筛选砾石和矿渣及软质集料。该类集料应符合表 2-6-25 对磨光值和粘附性的要求。除 SMA、OGFC 路面外，允许在硬质粗集料中掺加部分较小粒径的磨光值达不到要求的粗集料，其最大掺加比例由磨光值试验确定。当粗集料与沥青的粘附性达不到要求时，宜掺加消石灰、水泥或用饱和石灰水处理后使用，必要时可同时在沥青中掺加耐热、耐水、长期性能好的抗剥落剂，也可采用改性沥青的措施，使沥青混合料的水稳定性检验达到要求。掺加外加剂的剂量由沥青混合料的水稳定性检验确定。

粗集料与沥青的粘附性、磨光值的技术要求　　　　　表 2-6-25

雨量气候区	1(潮湿区)	2(湿润区)	3(半干区)	4(干旱区)
年降雨量(mm)	>1000	1000～500	500～250	<250
粗集料的磨光值 PSV　不小于 高速公路、一级公路表面层	42	40	38	36
粗集料与沥青的粘附性　不小于 高速公路、一级公路表面层 高速公路、一级公路的其他层次及其他 等级公路的各个层次	5 4	4 4	4 3	3 3

粗集料应该洁净、干燥、表面粗糙、质量应符合表 2-6-26 的规定。当单一规格集料的质量指标达不到表中要求，而按照集料配比计算的质量指标符合要求时，工程上允许使用。对受热易变质的集料，宜采用经拌合机烘干后的集料进行检验。

沥青混合料用粗集料质量技术要求　　　　　表 2-6-26

指　标	单位	高速公路及一级公路		其他等级公路	试验方法
		表面层	其他层次		
石料压碎值　不大于	%	26	28	30	T 0316
洛杉矶磨耗损失　不大于	%	28	30	35	T 0317
表观相对密度　小于	t/m³	2.60	2.50	2.45	T 0304
吸水率　不大于	%	2.0	3.0	3.0	T 0304
坚固性　不大于	%	12	12	—	T 0314
针片状颗粒含量(混合料)　不大于 其中粒径大于 9.5mm　不大于 其中粒径小于 9.5mm　不大于	% % %	15 12 18	18 15 20	20	T 0312
水洗法<0.075mm 颗粒含量　不大于	%	1	1	1	T 0310
软石含量　不大于	%	3	5	5	T 0320

注：1. 坚固性试验可根据需要进行；
　　2. 用于高速公路、一级公路时，多孔玄武岩的视密度可放宽至 2.45t/m³，吸水率可放宽至 3%，但必须得到建设单位的批准，且不得用于 SMA 路面；
　　3. 对 S14 即 3～5 规格的粗集料，针片状颗粒含量可不予要求，<0.075mm 含量可放宽到 3%。

3）细集料

沥青路面的细集料，可以采用天然砂、机制砂、石屑。细集料应有一定的棱角性、洁净、干燥、无风化、无杂质，并有适当的颗粒级配，其质量应符合表 2-6-27 的规定。细集料的洁净程度，天然砂以小于 0.075mm 含量的百分数表示，石屑和机制砂以砂当量（适用于 0～4.75mm）或亚甲蓝值（适用于 0～2.36mm 或 0～0.15mm）表示。热拌密级配沥青混合料中天然砂的用量通常不宜超过集料总量的 20%，SMA 和 OGFC 混合料不宜使用天然砂。

沥青混合料用细集料质量要求

表 2-6-27

项　目	单位	高速公路、一级公路	其他等级公路	试验方法
表观相对密度，不小于	t/m³	2.50	2.45	T 0328
坚固性（＞0.3mm 部分）不小于	%	12	—	T 0340
含泥量（小于 0.075mm 的含量）大于	%	3	5	T 0333
砂当量不小于	%	60	50	T 0334
亚甲蓝值不大于	g/kg	25	—	T 0349
棱角性（流动时间），不小于	s	30	—	T 0345

注：坚固性试验可根据需要进行。

　　细集料的级配在沥青混合料中的适用性，应将其与粗集料及填料配制成矿质混合料后，判定其是否符合矿料设计级配的要求再做决定。当一种细集料不能满足级配要求时，可改变碎石加工工艺或采用两种以上的细集料掺合使用。

　　4）填料

　　填料用量虽较少，但在沥青混合料中的作用非常重要，沥青混合料主要是依靠沥青与矿粉的交互作用形成较高粘结力的沥青胶浆，将粗细集料结合成一个整体。用于沥青混合料的填料必须采用石灰岩或岩浆岩中的强基性岩石等憎水性石料经磨细得到的矿粉，原石料中的泥土杂质应除净。矿粉应干燥、洁净，能自由地从矿粉仓流出，其质量应符合表 2-6-28 的技术要求。

沥青混合料用矿粉质量要求

表 2-6-28

项　目	单位	高速公路、一级公路	其他等级公路	试验方法
表观相对密度 不小于	t/m³	2.50	2.45	T 0352
含水量　不大于	%	1	1	T 0103 烘干法
粒度范围 ＜0.6mm ＜0.15mm ＜0.075mm	% % %	100 90～100 75～100	100 90～100 70～100	T 0351S
外观		无团粒结块		
亲水系数		＜1		T 0353
塑性指数		＜4		T 0354
加热安定性		实测记录		T 0355

　　拌合机采用干法除尘回收的粉尘可作为矿粉的一部分回收使用，湿法除尘得到的回收粉应经干燥粉碎处理，且不得含有杂质。回收粉尘首先应鉴别粉、尘的含量，如以粉为主则用量不得超过填料总量的 25％，如尘土的成分较多，则应弃用；如粗细集料均为酸性石料，则建议不使用回收粉。掺有粉尘的填料的塑性指数不得大于 4％。

　　粉煤灰作为填料使用时，粉煤灰的烧失量应小于 12％，与矿粉混合后的塑性指数应小于 4％，其余质量要求与矿粉相同。用量不得超过填料总量的 50％，高速公路、一级公路的沥青面层不宜采用粉煤灰作填料。

　　为了改善沥青混合料的水稳定性，可以采用干燥的磨细生石灰粉、消石灰粉或水泥作为填料，并取代部分矿粉，从分散均匀的角度其用量不宜少于矿料的 1.5％，从对沥青混合料长期性能影响，用量不宜过多，用量超过 2% 时应慎重。

（3）热拌沥青混合料配合比设计标准

1）沥青混合料类型的选择

沥青面层一般采用双层式或三层式结构，各层所用沥青混合料类型应根据道路等级、交通状况、所处的层位功能等要求进行选择。一般而言，沥青面层集料的最大粒径宜从上至下逐渐增大，并应与压实层厚度相匹配，一般沥青层的最小压实厚度不宜小于混合料公称最大粒径的 2.5～3 倍，对断级配或以粗集料为主的嵌挤型级配的沥青混合料，其一层压实最小厚度不宜小于公称最大粒径的 2.5 倍，以利于碾压密实，提高其耐久性、水稳性，同时考虑拌合能力、摊铺的均匀性，压路机压实的最大厚度限制，最大层厚应控制在压路机可压实的最大厚度内，同时不宜过厚。

2）马歇尔试验配合比设计技术标准

① 沥青混合料的体积特性指标

沥青混合料是由沥青和矿质混合料组成的复合材料，其体积特征参数由密度、空隙率、矿料间隙率和沥青饱和度等指标表征，它们反映了压实后沥青混合料各组成材料之间质量与体积的关系。这些参数取决于沥青混合料中沥青与集料性质、组成材料用量比例、沥青混合料成型条件等因素，并对沥青混合料的路用性能有显著影响，也是沥青混合料配合比设计的重要参数。

② 沥青混合料的密度与相对密度

沥青混合料的密度是指压实沥青混合料试件单位体积的干质量。在实际使用中，沥青混合料各组成材料之间的相互关系和空间位置较为复杂，其密度的测定方法是一个非常重要而又有一定难度的问题，工程上常用的密度计算或测试方法如下。

a. 沥青混合料的理论最大相对密度

理论最大密度是假设沥青混合料试件被压至完全密实，没有空隙的理想状态下的最大密度，即压实沥青混合料试件全部为矿料（包括矿料内部孔隙）和沥青所占有，空隙率为零时的最大密度。沥青混合料的理论最大密度可以通过实测法或计算法确定（考虑测试介质水密度的影响后则变为相对密度），实测法有真空法和溶剂法，计算法则是根据沥青混合料的配合比及组成材料密度按照下面的方法进行计算。

工程中常采用油石比（即沥青与矿料的质量百分比）表示沥青混合料配合比，此时，理论最大相对密度按式（2-6-16）计算。而当采用的沥青含量（即沥青与沥青混合料的质量百分比）表示沥青混合料配合比，理论最大相对密度按式（2-6-17）计算。

$$\gamma_{ti} = \frac{100 + P_{ai}}{\dfrac{100}{\gamma_{se}} + \dfrac{P_{ai}}{\gamma_b}} \tag{2-6-16}$$

$$\gamma_{ti} = \frac{100}{\dfrac{P_{si}}{\gamma_{se}} + \dfrac{P_{bi}}{\gamma_b}} \tag{2-6-17}$$

式中　γ_{ti}——相对于计算油石比 P_{ai} 或沥青用量 P_{bi} 时沥青混合料的最大理论相对密度，无量纲；

P_{ai}——所计算的沥青混合料中的油石比（%）；

P_{bi}——所计算的沥青混合料的沥青用量（%），$P_{bi} = P_{ai}/(1 + P_{ai})$；

P_{si}——所计算的沥青混合料的矿料含量(%)，$P_{si}=100-P_{bi}$；

γ_{se}——合成矿料的有效相对密度，按式(2-6-18)或式(2-6-19)计算，无量纲；

γ_b——沥青的相对密度(25℃/25℃)，无量纲。

对非改性沥青混合料，宜以预估的最佳油石比拌合 2 组混合料，采用真空法实测最大相对密度，取平均值为 γ_t，然后由式(2-6-18)计算合成矿料的有效相对密度 γ_{se}，即

$$\gamma_{se}=\frac{100-P_b}{\dfrac{100}{\gamma_t}-\dfrac{P_b}{\gamma_b}} \qquad (2\text{-}6\text{-}18)$$

对改性沥青及 SMA 等难以分散的混合料，有效相对密度宜直接由矿料的合成毛体积相对密度与合成表观相对密度按式(2-6-19)计算确定，其中沥青吸收系数 C 值根据材料的吸水率由式(2-6-20)求得，材料的合成吸水率按式(2-6-21)计算：

$$\gamma_{se}=C\times\gamma_{sa}+(1-C)\times\gamma_{sb} \qquad (2\text{-}6\text{-}19)$$

$$C=0.033w_x^2-0.2936w_x+0.9339 \qquad (2\text{-}6\text{-}20)$$

$$w_x=\left(\frac{1}{\gamma_{sb}}-\frac{1}{\gamma_{sa}}\right)\times100 \qquad (2\text{-}6\text{-}21)$$

式中 γ_{se}——合成矿料的有效相对密度；

C——合成矿料的沥青吸收系数，可按矿料的合成吸水率从式(2-6-20)求取；

w_x——合成矿料的吸水率，按式(2-6-21)求取(%)；

γ_{sa}——材料的合成表观相对密度，按式(2-6-22)求取，无量纲；

γ_{sb}——材料的合成毛体积相对密度，按式(2-6-23)求取，无量纲。

$$\gamma_{sa}=\frac{100}{\dfrac{P_1}{\gamma_1'}+\dfrac{P_2}{\gamma_2'}+\cdots+\dfrac{P_n}{\gamma_n'}} \qquad (2\text{-}6\text{-}22)$$

$$\gamma_{sb}=\frac{100}{\dfrac{P_1}{\gamma_1}+\dfrac{P_2}{\gamma_2}+\cdots+\dfrac{P_n}{\gamma_n}} \qquad (2\text{-}6\text{-}23)$$

式中 P_1、P_2、$\cdots$、P_n——各种矿料成分的配比，其和为 100；

γ_1'、γ_2'、$\cdots$、γ_n'——各种矿料按试验规程方法测定的表观相对密度；

γ_1、γ_2、$\cdots$、γ_n——各种矿料相应的毛体积相对密度，粗集料按 T0304 方法测定，机制砂及石屑可按 T 0330 方法测定，也可以用筛出的 2.36～4.75mm 部分的毛体积相对密度代替，矿粉(含消石灰、水泥)以表观相对密度代替。

b. 沥青混合料试件的毛体积相对密度

毛体积相对密度是指沥青混合料相对单位毛体积(含沥青混合料实体矿物成分体积、不吸收水分的闭口孔隙、能吸收水分的开口孔隙等颗粒表面轮廓所包围的全部毛体积)的干质量。

沥青混合料的毛体积是指试件在饱和面干状态下表面轮廓水膜所包裹的全部体积，此时，试件内部与外界流通的所有开口孔隙均已被水填满。在工程中，常根据试件的空隙率大小，选择用表干法、蜡封法或体积法等测试方法测定沥青混合料的毛体积相对密度。

表干法测定的毛体积相对密度又称为饱和面干毛体积相对密度，适用于较密实且吸水率小于 2% 的试件，根据测试结果，按式(2-6-24)计算：

$$\gamma_f = \frac{m_a}{m_f - m_w} \qquad (2\text{-}6\text{-}24)$$

式中 γ_f——用表观法测定的试件毛体积相对密度，无量纲；

m_a——干燥试件的空中质量(g)；

m_f——试件饱和面干状态的空中质量(g)；

m_w——试件的水中质量(g)。

蜡封法采用蜡封条件测试沥青混合料的毛体积，包括了试件在蜡封状态下实体体积与闭口孔隙、开口孔隙之和，但不计入蜡被吸入混合料的部分，按式(2-6-25)计算，适用于吸水率大于2%的试件。

$$\gamma_f = \frac{m_a}{m_p - m_c - (m_p - m_a)/\gamma_p} \qquad (2\text{-}6\text{-}25)$$

式中 m_p——蜡封试件的空中质量(g)；

m_c——蜡封试件的水中质量(g)；

γ_p——常温条件下蜡对水的相对密度，无量纲；

其余参数定义同前。

③ 沥青混合料试件的空隙率

沥青混合料试件的空隙率是指压实状态下沥青混合料内矿料及沥青以外的空隙(不包括矿料自身内部的孔隙或已被沥青封闭的孔隙)的体积占试件总体积的百分率，以 VV (Volume of air voids)表示，由式(2-6-26)计算：

$$VV = \left(1 - \frac{\gamma_f}{\gamma_t}\right) \times 100 \qquad (2\text{-}6\text{-}26)$$

空隙率是沥青混合料最重要的体积特征参数，其大小对沥青混合料路用性能有显著影响，是沥青混合料配合比设计的主要指标之一。研究与工程实践表明，空隙率的大小对沥青混合料各项路用性能技术要求是互相矛盾的，如当沥青路面现场空隙率过低时，高温季节由于沥青的热胀没有多余空间容纳则会引发沥青侧向流动变形或出现车辙，但空隙率过大可能造成沥青混合料老化性能、低温性能、疲劳性能变差、抗水损害能力温度降低。因此，应根据沥青混合料使用条件(水温条件、交通条件、使用层位等)，从满足各方面路用性能出发，需确定沥青混合料设计空隙率的合理范围，并应确保在较长的使用寿命周期内空隙率能够稳定，不会衰减过快。

④ 沥青混合料有效沥青体积百分率

压实沥青混合料试件中有效沥青实体体积(扣除被集料吸收的沥青体积)占试件总体积百分率，以 VB 表示，按式(2-6-27)～式(2-6-29)计算：

$$VB = \frac{\gamma_f \times P_{be}}{\gamma_b} \times 100 \qquad (2\text{-}6\text{-}27)$$

$$P_{be} = P_b - \frac{P_{ba}}{100} \times P_s \qquad (2\text{-}6\text{-}28)$$

$$P_{ba} = \frac{\gamma_{se} - \gamma_{sb}}{\gamma_{se} \times \gamma_{sb}} \times \gamma_b \times 100 \qquad (2\text{-}6\text{-}29)$$

式中 P_{ba}——沥青混合料中被集料吸收的沥青结合料比例(%)；

P_{be}——沥青混合料中的有效沥青用量(%)；

γ_b——沥青的相对密度（25℃/25℃），无量纲；

P_b——沥青含量（%）；

P_s——各种矿料占沥青混合料总质量的百分率之和，即 $P_s=100-P_b$（%）；

其余符号同前。

⑤ 沥青混合料试件的矿料间隙率

矿料间隙率是指压实沥青混合料试件中全部矿料部分以外的体积占试件总体积的百分率，是试件空隙率、有效沥青体积之和，以 VMA（Voids in mineral aggregate）表示，按式(2-6-30)计算：

$$VMA=\left(1-\frac{\gamma_f}{\gamma_{sb}}\times P_s\right)\times 100 \tag{2-6-30}$$

⑥ 粗集料骨架间隙率

粗集料骨架间隙率是指压实沥青混合料试件的粗集料骨架部分以外的体积占试件总体积的百分率，是 VMA、填料与细集料实体体积之和，以 VCA_{mix}（Voids in coarse aggregate of Asphalt mix）表示，由式(2-6-31)计算，设计状态下粗集料骨架间隙率是指捣实状态下的粗集料松装间隙率，以 VCA_{DRC} 表示，由式(2-6-32)和式(2-6-33)计算：

$$VCA_{mix}=\left(1-\frac{\gamma_f}{\gamma_{ca}}\times P_{ca}\right)\times 100 \tag{2-6-31}$$

$$VCA_{DRC}=\left(1-\frac{\gamma_s}{\gamma_{ca}}\right)\times 100 \tag{2-6-32}$$

$$\gamma_{ca}=\frac{P_1+P_2+\cdots+P_n}{\frac{P_1}{\gamma_1}+\frac{P_2}{\gamma_2}+\cdots+\frac{P_n}{\gamma_n}} \tag{2-6-33}$$

式中　　P_{ca}——沥青混合料中粗集料的比例，即大于 4.75mm 的颗粒含量（%）；

γ_{ca}——粗集料骨架部分的平均毛体积相对密度；

γ_f——沥青混合料试件的毛体积相对密度；

γ_s——粗集料骨架的松方毛体积相对密度；

P_1、$P_2\cdots$、P_n——粗集料骨架部分各种集料在全部矿料级配混合料中的配比；

γ_1、γ_2、$\cdots\gamma_n$——各种粗集料相应的毛体积相对密度。

⑦ 沥青混合料试件的有效沥青饱和度

有效沥青饱和度是指压实沥青混合料试件中矿料间隙中扣除被集料吸收的沥青以外的有效沥青结合料部分的体积在 VMA 中所占的百分率，以 VFA 表示（Voids filled with Asphalt），由式(2-6-34)计算：

$$VFA=\frac{VMA-VV}{VMA}\times 100 \tag{2-6-34}$$

⑧ 马歇尔试验技术标准

热拌沥青混合料，采用马歇尔试验方法进行配合比设计，沥青混合料技术要求应符合表 2-6-29～表 2-6-31 的规定，并有良好的施工性能。

试验指标		单位	高速公路、一级公路				其他等级公路	行人道路
			夏炎热区(1-1、1-2、1-3、1-4 区)		夏热区及夏凉区(2-1、2-2、2-3、2-4、3-2 区)			
			中轻交通	重载交通	中轻交通	重载交通		
击实次数(双面)		次	75				50	50
试件尺寸		mm	$\phi101.6mm\times63.5mm$					
空隙率 VV	深约 90mm 以内	%	3～5	4～6	2～4	3～5	3～6	2～4
	深约 90mm 以下	%	3～6		2～4	3～6	3～6	—
稳定度 MS 不小于		kN	8				5	3
流值 FL		mm	2～4	1.5～4	2～4.5	2～4	2～4.5	2～5
矿料间隙率 VMA (%) 不小于	设计空隙率(%)		相应于以下公称最大粒径(mm)的最小 VMA 及 VFA 技术要求(%)					
			26.5	19	16	13.2	9.5	4.75
	2		10	11	11.5	12	13	15
	3		11	12	12.5	13	14	16
	4		12	13	13.5	14	15	17
	5		13	14	14.5	15	16	18
	6		14	15	15.5	16	17	19
沥青饱和度 VFA(%)			55～70		65～75		70～85	

注：1. 本表适用于公称最大粒径≤26.5mm 的密级配沥青混凝土混合料；
  2. 对空隙率大于 5% 的夏炎热区重载交通路段，施工时应至少提高压实度 1%；
  3. 当设计的空隙率不是整数时，由内插确定要求的 VMA 最小值；
  4. 对改性沥青混合料，马歇尔试验的流值可适当放宽。

试验指标	单位	密级配基层 (ATB)		半开级配面层 (AM)	排水式开级配磨耗层(OGFC)	排水式开级配基层(ATPB)
公称最大粒径	mm	26.5mm	等于或大于 31.5mm	等于或小于 26.5mm	等于或小于 26.5mm	所有尺寸
马歇尔试件尺寸	mm	$\phi101.6mm\times63.5mm$	$\phi152.4mm\times95.3mm$	$\phi101.6mm\times63.5mm$	$\phi101.6mm\times63.5mm$	$\phi152.4mm\times95.3mm$
击实次数(双面)	次	75	112	50	50	75
空隙率 VV①	%	3～6		6～10	不小于 18	不小于 18
稳定度，不小于	kN	7.5	15	3.5	3.5	—
流值	mm	1.5～4	实测	—	—	—
沥青饱和度 VFA	%	55～70		40～70	—	—
密级配基层 ATB 的矿料间隙率 VMA 不小于(%)	设计空隙率(%)		ATB-40	ATB-30		ATB-25
	4		11	11.5		12
	5		12	12.5		13
	6		13	13.5		14

注：在干旱地区，可将密级配沥青稳定碎石基层的空隙率适当放宽到 8%。

SMA、OGFC混合料马歇尔试验配合比设计技术要求　　表 2-6-31

试验项目		单位	SMA 技术要求		OGFC 技术要求
			不使用改性沥青	使用改性沥青	
马歇尔试件尺寸		mm	$\phi 101.6mm \times 63.5mm$		
马歇尔试件击实次数①			两面击实 50 次		
空隙率 VV②		%	3～4		18～25
矿料间隙率 VMA②	不小于	%	17.0		—
粗集料骨架间隙率 VCA_{mix}③	不大于		VCA_{DRC}		
沥青饱和度 VFA		%	75～85		
稳定度④	不小于	kN	5.5	6.0	3.5
流值		mm	2～5	—	—
谢伦堡沥青析漏试验的结合料损失		%	不大于 0.2	不大于 0.1	不大于 0.3
肯塔堡飞散试验的混合料损失或浸水飞散试验		%	不大于 20	不大于 15	不大于 20

注：① 对集料坚硬不易击碎，通行重载交通的路段，也可将击实次数增加为双面 75 次；
　　② 对高温稳定性要求较高的重交通路段或炎热地区，设计空隙率允许放宽到 4.5%，VMA 允许放宽到 16.5%（SMA-16）或 16%（SMA-19），VFA 允许放宽到 70%；
　　③ 试验粗集料骨架间隙率 VCA 的关键性筛孔，对 SMA-19、SMA-16 是指 4.75mm，对 SMA-13、SMA-10 是指 2.36mm；
　　④ SMA 稳定度难以达到要求时，容许放宽到 5.0kN（非改性）或 5.5kN（改性），但动稳定度检验必须合格。

3）沥青混合料的高温稳定性指标

对用于高速公路和一级公路和城市快速路、主干路的公称最大粒径等于或小于 19mm 的密级配沥青混合料（AC）及 SMA、OGFC 混合料在进行配合比设计时，应进行车辙试验检验。

沥青混合料动稳定度应符合表 2-6-32 的要求。对于交通量特别大，超载车辆重载车特别多或纵坡较大的长距离上坡路段、厂矿专用道路等，可酌情提高动稳定度的要求，对因气候寒冷确需使用针入度很大的沥青（如大于 100），动稳定度难以达到要求，或因采用石灰岩等不很坚硬的石料，改性沥青混合料的动稳定度难以达到要求等特殊情况，可酌情降低要求。

沥青混合料车辙试验动稳定度技术要求　　表 2-6-32

气候条件与技术指标		相应于下列气候分区所要求的动稳定度（次/mm）								
七月平均最高气温（℃）及气候分区		＞30				20～30				＜20
		1. 夏炎热区				2. 夏热区				3. 夏凉区
		1-1	1-2	1-3	1-4	2-1	2-2	2-3	2-4	3-2
普通沥青混合料　不小于		800		1000		600		800		600
改性沥青混合料　不小于		2400		2800		2000		2400		1800
SMA 混合料	非改性　不小于	1500								
	改性　不小于	3000								
OGFC 混合料		1500（一般交通路段）、3000（重交通量路段）								

4）沥青混合料的低温抗裂性指标

为了提高沥青路面的低温抗裂性，密级配沥青混合料宜在温度 $-10℃$、加载速率

264

50mm/min 的条件下进行弯曲试验，测定破坏强度、破坏应变、破坏劲度模量，并根据应力应变曲线的形状，综合评价沥青混合料的低温抗裂性能。其中沥青混合料的破坏应变宜不小于表 2-6-33 的要求。

沥青混合料低温弯曲试验破坏应变($\mu\varepsilon$)技术要求　　表 2-6-33

气候条件与技术指标	相应于下列气候分区所要求的破坏应变($\mu\varepsilon$)								
年极端最低气温(℃)及气候分区	<-37.0		$-21.5\sim-37.0$			$-9.0\sim-21.5$		>-9.0	
	1. 冬严寒区		2. 冬寒区			3. 冬冷区		4. 冬温区	
	1-1	2-1	1-2	2-2	3-2	1-3	2-3	1-4	2-4
普通沥青混合料　不小于	2600		2300			2000			
改性沥青混合料　不小于	3000		2800			2500			

5）沥青混合料的水稳性指标

沥青混合料应具有良好的水稳定性，除了对沥青与集料的粘附性等级进行检验外，还应在规定条件下进行沥青混合料的浸水马歇尔试验和冻融劈裂试验，并同时符合表 2-6-34 中的两个要求。达不到要求时必须采取抗剥落措施，调整最佳沥青用量后再次试验。

沥青混合料水稳定性检验技术要求　　表 2-6-34

气候条件与技术指标		相应于下列气候分区的技术要求(%)			
年降雨量(mm)及气候分区		>1000	$500\sim1000$	$250\sim500$	<250
		1. 潮湿区	2. 湿润区	3. 半干区	4. 干旱区
浸水马歇尔试验残留稳定度(%)　不小于					
普通沥青混合料		80		75	
改性沥青混合料		85		80	
SMA 混合料	普通沥青	75			
	改性沥青	80			
冻融劈裂试验的残留强度比(%)　不小于					
普通沥青混合料		75		70	
改性沥青混合料		80		75	
SMA 混合料	普通沥青	75			
	改性沥青	80			

6）沥青混合料的渗水性指标

宜利用轮碾机成型的车辙试验试件，脱模架起进行渗水试验，并符合表 2-6-35 的要求。

沥青混合料试件渗水系数(mL/min)技术要求　　表 2-6-35

级配类型	渗水系数要求(ml/min)
密级配沥青混凝土　不大于	120
SMA 混合料　不大于	80
OGFC 混合料　不小于	实测

（4）热拌沥青混合料配合比设计方法

沥青混合料配合比设计与沥青路面的使用性能、材料用量及工程造价有密切关系。全过程的沥青混合料配合比设计包括三个阶段：目标配合比设计阶段、生产配合比设计阶段和生产配合比验证阶段，即试验段试铺阶段，后两个阶段是在目标配合比的基础上进行的，需借助于施工单位的拌合设备、摊铺和碾压设备完成。通过三个阶段的配合比设计过程，确定沥青混合料中组成材料品种、矿质集料级配和沥青用量，同时确定合理的施工方案。

1）矿质混合料组成设计

① 沥青混合料类型和矿料级配的确定

根据道路等级、路面结构层位等选择适用的沥青混合料类型，并按照规范确定相应的矿质混合料级配范围，也可以根据试验研究结果选择其他类型的沥青混合料类型及其相应的级配范围，经技术经济论证后确定。

② 矿质混合料配合比计算

a. 组成材料的原始数据测定

按照规定方法对实际工程使用的原材料进行取样，测试其表观相对密度、吸水率和毛体积相对密度，并进行水筛分试验，为衡量各规格集料的级配组成的代表性与波动性，应尽可能取得材料足够批次筛分试验结果，在控制好级配波动情况下取其平均值作为各规格集料的级配组成结果。

b. 确定各档集料的用量比例

根据各档集料的筛分结果，采用图解法或计算法，确定各档集料的用量比例，计算矿质混合料的合成级配。矿质混合料的合成级配曲线必须符合设计级配范围的要求，否则，需采取调整原材料、更换部分原材料、重新换料等措施后重新设计。

2）沥青混合料马歇尔试验

沥青混合料马歇尔试验的主要目的是确定最佳沥青用量，以 OAC 表示。沥青用量可以通过各种理论公式计算得到，但由于实际材料性质的差异，计算得到的最佳沥青用量仍然需要试验进行修正。我国目前采用马歇尔试验确定沥青混合料中的最佳沥青用量。

按确定的矿质混合料配合比，计算各种规格集料的用量；根据当地的实践经验沥青用量或估算的沥青用量为中值，按 0.5% 间隔变化，取五个不同的沥青用量，按规定的击实次数成型马歇尔试件；测定试件的物理力学指标。

3）最佳沥青用量的确定

以油石比或沥青用量为横坐标，以马歇尔试验的各项指标为纵坐标，将试验结果点入图中，连成圆滑的曲线，如图 2-6-13 所示。

① 根据试验曲线的走势，按下列方法确定沥青混合料的最佳沥青用量 OAC_1

在曲线图 2-6-13 上求取相应于密度最大值、稳定度最大值、目标空隙率（或中值）、沥青饱和度范围的中值的沥青用量 a_1、a_2、a_3、a_4。按式（2-6-35）取平均值作为 OAC_1，即

$$OAC_1 = (a_1 + a_2 + a_3 + a_4)/4 \qquad (2-6-35)$$

如果在所选择的沥青用量范围未能涵盖沥青饱和度的要求范围，按式（2-6-36）求取 3

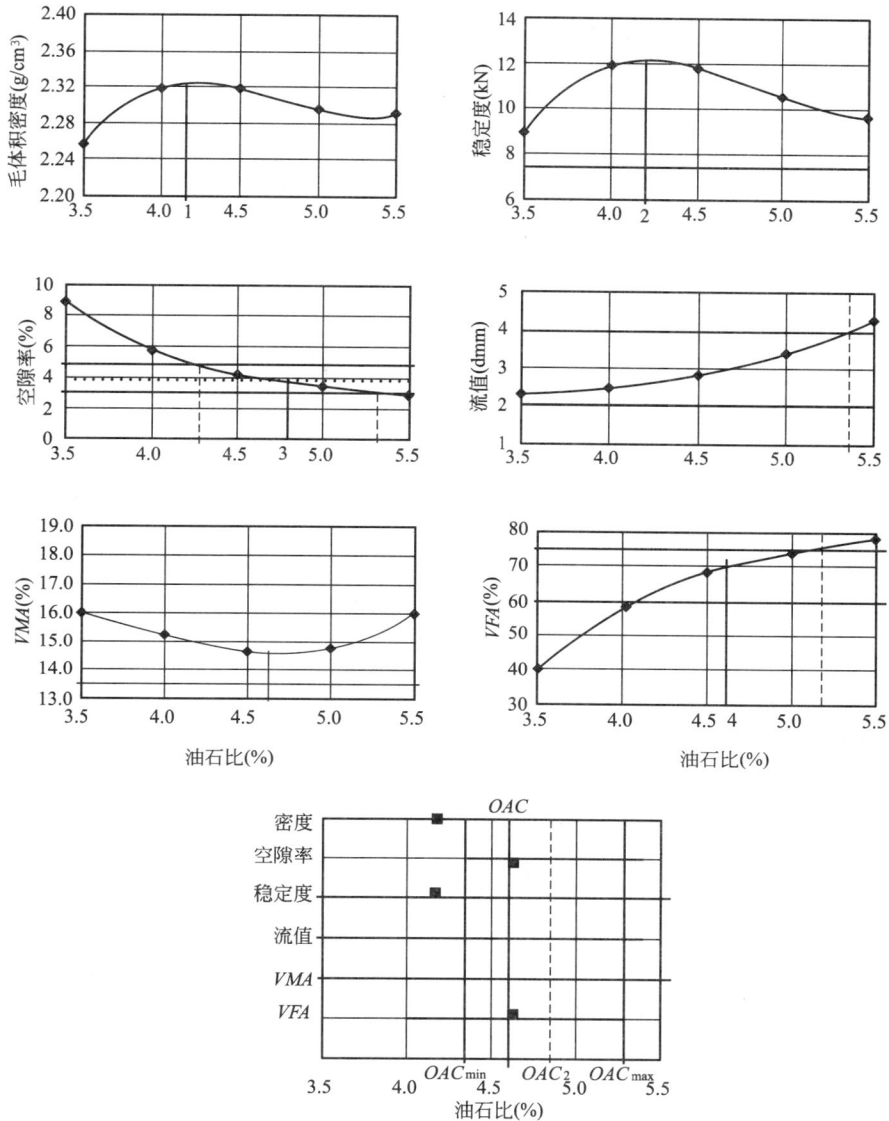

图 2-6-13　马歇尔试验结果

者的平均值作为 OAC_1，即

$$OAC_1 = (a_1 + a_2 + a_3)/3 \qquad (2\text{-}6\text{-}36)$$

对所选择试验的沥青用量范围，密度或稳定度没有出现峰值（最大值经常在曲线的两端）时，可直接以目标空隙率所对应的沥青用量 a_3 作为 OAC_1，但 OAC_1 必须介于 $OAC_{min} \sim OAC_{max}$ 的范围内。否则应重新进行配合比设计。

② 确定最佳沥青用量的初始值 OAC_2

以各项指标均符合技术标准（不含 VMA）的沥青用量范围 $OAC_{min} \sim OAC_{max}$ 的中值作为 OAC_2。

$$OAC_2 = (OAC_{min} + OAC_{max})/2 \qquad (2\text{-}6\text{-}37)$$

③ 根据 OAC_1 及 OAC_2 综合确定最佳沥青用量 OAC

最佳沥青用量 OAC 的确定应考虑沥青路面的工程实践经验、道路等级、气候条件、交通情况等因素。

通常情况下取 OAC_1 及 OAC_2 的中值作为计算的最佳沥青用量 OAC。对炎热地区公路以及高速公路、一级公路的重载交通路段，山区公路的长大坡度路段，预计有可能产生较大车辙时，宜在空隙率符合要求的范围内将计算的最佳沥青用量减小 $0.1\%\sim0.5\%$ 作为设计沥青用量。此时，除空隙率外的其他指标可能会超出马歇尔试验配合比设计技术标准，施工时必须要求采用重型轮胎压路机和振动压路机组合等方式加强碾压，以使施工后路面的空隙率达到未调整前的原最佳沥青用量时的水平，且渗水系数符合要求。如果试验段试拌试铺达不到此要求时，宜调整所减小的沥青用量的幅度。对寒区公路、旅游公路、交通量很少的公路，最佳沥青用量可以在 OAC 的基础上增加 $0.1\%\sim0.3\%$，以适当减小设计空隙率，但不得降低压实度要求。

确定的最佳沥青用量 OAC，从图 2-6-13 中得出所对应的空隙率和 VMA 值，检验是否能满足关于最小 VMA 值的要求。OAC 宜位于 VMA 凹形曲线最小值的贫油一侧。当空隙率不是整数时，最小 VMA 按内插法确定，并将其画入图中。

美国按马歇尔试验方法确定最佳沥青用量，就是 OAC_1；而日本则是满足稳定度、流值、空隙率、饱和度等几个指标共同范围的中值为最佳沥青用量 OAC_2。我国现行的方法则两种情况都考虑到，比较完善。但是对于最佳沥青用量 OAC_2，在有些情况下，却得不到公共的沥青用量范围，或者公共范围非常狭窄，这主要是由于所配合而成的矿料间隙率 VMA 存在问题。VMA 大体有以下三种情况：

a. VMA 偏小。VMA 偏小，混合料极易压密。在这种情况下，即使沥青用量不多，也能达到空隙率标准值的下限和饱和度标准的上限。这样，在沥青用量适合的范围内，确定不了公共范围的下限值，即使求出下限值，其沥青用量也明显偏小。

b. VMA 大。VMA 大，混合料不能压实。在这种情况下，即使增加沥青用量，空隙率仍然过大，而饱和度还是不足，这样也不能确定公共范围，即使有公共范围，其范围也很窄。而且，这种混合料，即使沥青用量少，流值还是大。对于 VMA 大的情况，有时即使是密级配沥青混合料，其 VMA 可也以大到 $18\%\sim19\%$。

c. VMA 偏大。沥青混合料 VMA 偏大，并不是难以压实的混合料，而是由于使用了吸水率大的集料。在这种情况下，由于集料吸收沥青量大，有时即使增加沥青用量，空隙率仍然大，而饱和度还是偏小，但其流值不会太大，这种情况也没有公共范围。

上述三种情况，就需要根据混合料的具体情况来调整集料的配合比，或者更换集料。

调整的方法是通过改变 VMA 来解决。具体的做法是改变集料的配合比，即在规定的级配范围内修正合成级配，使合成级配线与理论最大密度线上下偏离以获得目标 VMA。

在更换材料时，要注意的是在粗集料中，棱角大的碎石比圆形的碎砾石更能增大 VMA，而在细集料中，河砂有利于减少 VMA，而使用棱角性好的细集料，则有利于增大 VMA。增加矿粉用量可以达到减小 VMA 的目的。

4）沥青混合料的性能检验

按最佳沥青用量 OAC 制作试件、进行试验，检验沥青混合料水稳定性（残留稳定度和冻融劈裂强度比）、高温稳定性（动稳定度）、低温抗裂性（低温破坏应变）、渗水性（渗水系数）。同时尚应检验最佳沥青用量时的粉胶比和有效沥青膜厚度。

按式(2-6-38)计算沥青混合料的粉胶比，宜符合 0.6～1.6 的要求。对常用的公称最大粒径为 13.2～19mm 的密级配沥青混合料，粉胶比宜控制在 0.8～1.2 范围内。

$$FB = \frac{P_{0.075}}{P_{be}} \tag{2-6-38}$$

式中　FB——粉胶比，沥青混合料的矿料中 0.075mm 通过率与有效沥青含量的比值，无量纲；

$P_{0.075}$——矿料级配中 0.075mm 筛孔的通过率(水洗法)(%)；

P_{be}——有效沥青含量(%)。

按式(2-6-39)的方法计算集料的比表面，按式(2-6-40)估算沥青混合料的沥青膜有效厚度。根据国外的资料介绍，通常情况下连续密级配沥青混合料的沥青膜有效厚度宜不小于 $6\mu m$，密实式沥青碎石混合料的有效沥青膜厚度宜不小于 $5\mu m$。

$$SA = \sum (P_i \times FA_i) \tag{2-6-39}$$

$$DA = \frac{P_{be}}{\gamma_b \times SA} \times 10 \tag{2-6-40}$$

式中　SA——集料的比表面积(m^2/kg)；

P_i——各种粒径的通过百分率(%)；

FA_i——相应于各种粒径的集料的表面积系数；

DA——沥青膜有效厚度(μm)；

P_{be}——有效沥青含量(%)；

γ_b——沥青的相对密度(25℃/25℃)，无量纲。

（5）热拌沥青混合料配合比设计示例

［例］　某高速公路沥青路面中面层沥青混合料 AC-20 配合比设计。

气候条件：七月最热平均气温为 28.9℃，最高气温为 38.5℃，年极端最低气温为 −1.9℃，年总雨量在 1600～2000mm。沥青为 SBS 改性沥青 25℃相对密度 1.03，经检验各项技术性能均符合要求。矿质集料：7 种规格档材料的级配组成与密度资料见表 2-6-36，其他技术指标满足要求。根据上述条件，确定沥青混合料类型，进行矿质混合料配合比设计；确定最佳沥青用量；进行配合比性能检验。

矿料级配与密度资料　　　　　　　　　　表 2-6-36

筛孔(mm)	通过筛孔(方孔筛)的质量百分率(%)						
	花岗岩					矿粉	消石灰
	15～22	11～15	6～11	3～6	石屑		
31.5							
26.5	100						
19	69.16	100					
16	16.04	100					
13.2	1.4	82.73	100				
9.5	0.2	3.12	80.04	100			

筛孔(mm)	通过筛孔(方孔筛)的质量百分率(%)						
	花岗岩					矿粉	消石灰
	15~22	11~15	6~11	3~6	石屑		
4.75	0.2	0.25	0.61	55.6	100		
2.36	0.2	0.25	0.29	0.6	93.3		
1.18	0.2	0.25	0.29	0.6	71.9	100	
0.6	0.2	0.25	0.29	0.56	50.64	100	
0.3	0.2	0.25	0.29	0.56	31.54	99.19	100
0.15	0.2	0.25	0.29	0.56	19.26	95.56	99.55
0.075	0.2	0.25	0.29	0.56	11.9	81.73	94.39
配合比(%)	19.0	17.0	25.0	7.0	27.5	2.5	2.0
表观相对密度	2.664	2.668	2.676	2.683	2.67	2.711	2.375
毛体积相对密度	2.638	2.634	2.634	2.633	2.609	2.711	2.375
吸水率(%)	0.37	0.49	0.6	0.71	0.88	—	—

[解] 1. 矿质混合料配合比设计

根据高温要求,采用粗级配类型 AC-20C,经过优化设计后各规格集料比例见表 2-6-36,合成配合比见表 2-6-37 和图 2-6-14。

AC-20C 沥青混合料矿料级配组成 表 2-6-37

结构层		通过下列筛孔(方孔筛 mm)的质量百分率(%)											
		31.5	26.5	19	16	13.2	9.5	4.75	2.36	1.18	0.6	0.3	0.15	0.075
AC-20C	级配上限	100	100	100	92	80	72	56	44	33	24	17	13	7
	级配下限	100	100	90	78	62	50	26	16	12	8	5	4	3
	目标配合比	100	100	94.1	84.0	78.3	59.6	36.1	30.4	24.5	18.5	13.1	9.5	5.4
关键筛孔								<45						

AC-20C目标配合比合成级配曲线

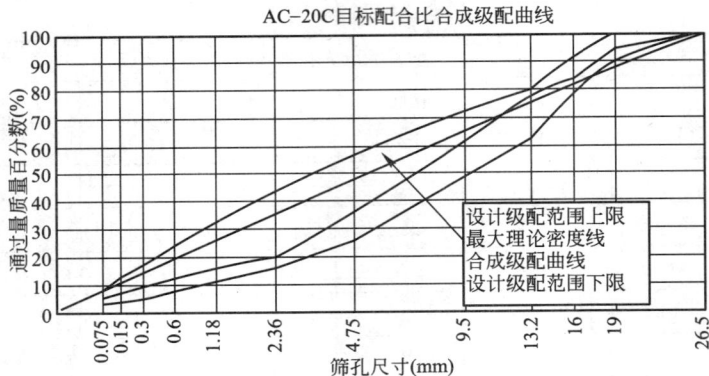

图 2-6-14　AC-20C 目标配合比级配曲线

2. 沥青混合料的马歇尔试验

试验结果见表 2-6-38，技术指标与沥青用量关系曲线见图 2-6-15。

马歇尔试验结果汇总表 表 2-6-38

沥青用量 （%）	毛体积相 对密度	理论最大 相对密度	空隙率 （%）	VMA （%）	VFA （%）	稳定度 （kN）	流值 （0.1mm）
4.0	2.324	2.504	7.181	14.83	51.58	11.88	32.0
4.5	2.359	2.487	5.152	13.97	63.13	12.82	12.82
5.0	2.377	2.470	3.773	13.72	72.50	13.70	13.70
5.5	2.383	2.454	2.905	13.92	79.14	12.63	12.63

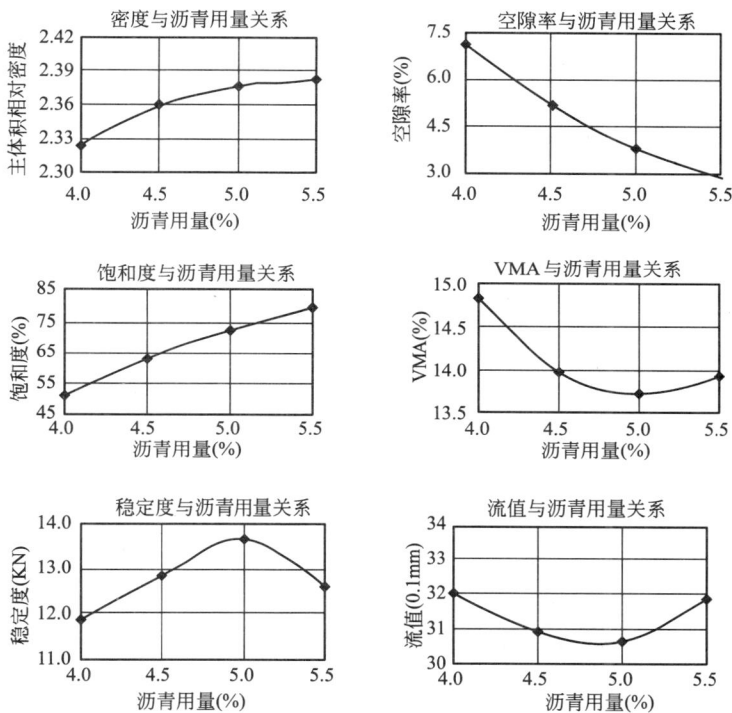

图 2-6-15 马歇尔试验技术指标与沥青用量关系曲线图

3. 最佳沥青用量的确定

① 确定沥青混合料的最佳沥青用量 OAC_1

由图 2-6-15 的沥青用量：求取相应于密度最大值、稳定度最大值、目标空隙率（或中值）、沥青饱和度范围的中值的沥青用量分别为 $a_1 = 5.5\%$，$a_2 = 5.0\%$，$a_3 = 4.6\%$，$a_4 = 4.85\%$，得 OAC_1 为：

$$OAC_1 = (5.5 + 5.0 + 4.6 + 4.85)/4 = 5.0\%$$

② 确定最佳沥青用量的初始值 OAC_2

以各项指标均符合技术标准的沥青用量范围 $OAC_{min} = 4.5\%$，$OAC_{max} = 4.9\%$，则 OAC_2。

$$OAC_2=(4.5+4.9)/2=4.7\%$$

③ 根据 OAC_1 及 OAC_2 综合确定最佳沥青用量 $OAC=4.7\%$。

4. 性能检验

① 水稳定性检验：残留稳定度＝14.16/15.64＝90.5％＞85％（要求值），冻融劈裂强度比＝1.101/1.295＝85.0％＞80％（要求值）

② 高温稳定性：车辙动稳定度 $DS=7278$ 次/mm＞2800 次/mm（要求值）

③渗水系数：渗水系数 23ml/min＜120ml/min（要求值）

④ 最佳沥青用量时的粉胶比和有效沥青膜厚检验，计算参数见表 2-6-39。

粉胶比和有效沥青膜厚计算参数表　　　　表 2-6-39

代号	符号含义	单位	计算结果
γ_{se}	集料的有效相对密度	无量纲	2.6558
γ_{sb}	材料的合成毛体积相对密度	无量纲	2.635
γ_b	沥青的相对密度（25℃/25℃）	无量纲	1.03
P_b	沥青含量	％	4.489
P_s	各种矿料占沥青混合料总质量的百分率之和，即 $P_s=100-P_b$	％	95.51
$P_{0.075}$	矿料级配中 0.075mm 的通过率	％	5.40
SA	集料的比表面积	m²/kg	5.483

矿料的沥青吸收率：$P_{ba}=\dfrac{\gamma_{se}-\gamma_{Sb}}{\gamma_{se}-\gamma_{sb}}\times r_b\times100=0.306\%$

有效油石比：$P_{be}=P_b-\dfrac{P_{ba}}{100}\times P_s=4.197\%$

粉胶比：$FB=\dfrac{P_{0.075}\times P_s}{P_{be}}=1.23$，符合 0.6～1.6 的要求。

有效沥青膜厚度：$DA=\dfrac{P_{be}}{\gamma_b\times SA}\times10=7.43\mu m$，符合大于 6μm 的建议要求。

由以上结果可见，当沥青用量为 4.7％时，各项检验指标都能满足配合比性能检验要求，因此可以选择沥青用量 4.7％作为最佳沥青用量（实际施工时也可以适度降低沥青用量）。

复习思考题

1. 无机结合料稳定材料可以分为几类？各类的使用性能有何特点？

2. 无机结合料稳定材料强度有何特点？请分析各自强度影响因素和在工程中应注意的问题（例如施工、过冬、养护）。

3. 稳定类材料击实试验的目的是什么？为什么要进行无机结合料稳定材料配合比设计？

4. 水泥稳定碎石与水泥混凝土在组成材料、技术性质及用途等方面有何不同？

5. 根据表 2-6-40 的试验结果，确定某高速公路基层用水泥稳定级配碎石的水泥剂量，以及在该剂量下水泥稳定级配碎石的最大干密度和最佳含水量。水泥稳定级配碎石 7d 设计抗压强度为 4MPa。

6. 采用沥青化学组分分析方法可将沥青分离为哪几个组分？与沥青技术性质有何关系？

7. 沥青可分为几种胶体结构？与其技术性质有何关联？

8. 沥青的感温性能最常采用哪些指标来表征？

9. 为什么要对沥青进行改性？常用的聚合物改性沥青有哪几种？改性沥青的技术指标有何特点？

水泥稳定级配碎石配合比试验结果　　　　　　　　表 2-6-40

水泥剂量（%）	混合料的最大干密度（g/cm³）	混合料的最佳含水量（%）	7d 抗压强度平均值（MPa）	强度偏差系数
3.5	2.30	4.9	4.2	0.154
4.0	2.35	5.2	4.8	0.132
4.5	2.37	5.4	5.2	0.127
5.0	2.38	5.6	5.7	0.108

10. 沥青混合料按其组成结构可分为哪几种类型，各种结构类型的特点是什么？

11. 简述沥青混合料应具备的路用性能及其主要影响因素？

12. 试述我国现行热拌沥青混合料配合组成的设计方法。矿质混合料的组成和最佳沥青用量是如何确定的？

13. 沥青混合料的空隙率是如何确定的？

第七章 路基路面施工

路基路面施工是保证路面使用寿命的重要环节之一。路基设计、路面结构组合设计、材料设计和厚度设计为路面使用寿命的延长提供了技术保障，而路基路面施工则是实现这些技术的最后环节。路基路面施工是一个系统工程。路基路面施工的最终质量与施工过程的各个环节有关。路基路面施工必须进行合理的施工组织设计，施工单位必须与设计、施工管理、施工监理单位协调配合，在路基路面施工中层层把关、严格要求，进一步优化施工工艺，在施工中要保证原材料质量合格、配合比准确、拌合均匀、摊铺平整、粗集料不离析、碾压密实、接缝平整等技术环节，确保路基路面的工程质量。

第一节 路 基 施 工

路基是路面的基础，其作用是承受由路面传递而来的荷载，路基的强度和稳定性直接影响到路面的强度和稳定性。路基一旦产生病害不仅损害道路使用品质，导致交通中断及经济损失，而且往往后患无穷，难以根治。因此，路基施工质量及其组织管理，对于整个公路工程的施工进度及质量具有十分重要的意义。

路基施工包括路基和小型人工构造物（小桥、涵洞、挡土墙等）的施工两部分。路基施工的主要内容为：挖掘路堑，沿路线纵向或横向运土，填筑路堤，压实路基，整平路基表面，修整路基边坡，修筑路基排水及防护设施等。

一、施工前的准备工作

路基施工前的准备工作，是保证正常施工顺利进行的重要前提，它是组织施工的第一步，必须给予足够的重视，并认真做好。路基施工前的准备工作主要包括组织准备、技术准备和物质准备。

组织准备主要是建立和健全施工队伍和管理机构，明确施工任务，确立施工所应达到的目标等。组织准备是做好一切准备工作的前提。

路基施工前，应做好技术准备工作。施工单位应在全面熟悉设计文件和设计交底的基础上进行施工现场勘察，核对设计文件，掌握施工对象的特点、要求和内容，发现问题应及时根据有关程序提出修改意见并报请变更设计。编制施工组织计划，包括选择施工方案、确定施工方法、布置施工现场、编制施工进度计划、拟定技术措施等，它是整个工程施工的指导性文件，亦是其他各项工作的依据。做好临时工程搭建与清理场地工作，包括施工现场的供电、给水，修建便道、便桥，架设临时通信设施，设置施工用房（生活和生产所必需）等，作为展开基本工作的必要条件。恢复路基定线，清除路基用地范围内一切障碍物。路基开工前应做好施工放样和施工测量工作，内容包括导线、中线、水准点复测，横断面检查与补测，增设水准点等。施工人员还应对路基工程范围内的地质、水文情况作详细调查，通过取样试验确定其性质和范围。

路基施工前，应做好物质准备工作，包括各种材料与机具设备的购置、采集、加工、调运与储存以及生活后勤供应等。物质准备工作必须制订具体计划，保证施工组织计划顺利实施。

二、路堑开挖

1. 施工方法

路堑开挖施工的基本方法，按其技术特点大致可分为人力、简易机械施工、机械施工、水力机械施工和爆破等几种。

人力开挖是传统的方法，使用手工工具，劳动强度大、工效低、进度慢，工程质量难以保证。但人力开挖对作业面要求低，施工灵活，并适用于某些辅助性工作。因此，即使实现机械化施工，人力开挖亦无法完全被替代。为了加快施工进度，提高劳动生产率，对于劳动强度大和技术要求高的工序，应尽量配以机械或简易机械。

机械化施工和综合机械化施工，是保证高等级公路施工质量和施工进度的重要条件，对路基土石方工程来说更具有迫切性。实践证明，单机作业效率，比人力及简易机械施工要高得多，但需要大量的人力与之配合，由于机械和人力的效率悬殊，难以协调配合，单机的效率受到限制，势必造成停机待料，机械的生产效率降低，只有对主机配以辅机，相互协调，共同形成主要工序的综合机械化作业，工效才能大大提高。因此，实现综合机械化施工，科学严密地组织和管理，是路基施工现代化的重要选择。

爆破施工是石质路堑开挖的基本方法，采用钻岩机钻孔与机械清孔，亦是岩石路基机械化施工的必备条件。除岩石路堑开挖外，爆破施工还可用于冻土和泥沼等特殊路基施工，以及清除地面孤石、开石取料等。

上述施工方法的选择，应根据工程性质、施工期限、现有条件等因素，因地制宜，各种方法综合使用。高速公路、一级公路以及在特殊地区或采用新技术、新工艺、新材料进行路基施工时，应采用不同的施工方案做试验路段，从中选取路基施工的最优方案指导施工。

2. 路堑开挖应注意的问题

实践表明，路堑地段的病害主要是排水不畅，边坡过陡或缺乏适当支挡结构物。因此，无论在整个施工过程中或竣工后都必须充分重视路堑地段的排水，设置必要而有效的排水设施。

路堑边坡应按设计坡度，自上而下逐层开挖，并适时进行边坡修整和砌筑必要的防护设施。此外，必须做好施工组织计划，选择合适的施工方法，有效地扩大作业面，以提高生产效率，保证施工安全。

3. 路堑开挖基本方案

按照不同的掘进方向，路堑开挖方案主要有横向全宽挖掘法、纵向挖掘法和混合法几种。

（1）横向全宽挖掘法

横向全宽挖掘就是对路堑的整个宽度和深度，从路堑的一端或两端进行，见图 2-7-1（a）。一次挖掘的深度视施工操作的方便和安全而定，一般为 2m 左右。若路堑很深，为了增加工作面，可分成几个台阶，同时在几个不同标高的台阶上进行开挖，见图 2-7-1（b）。每一台阶均应有单独的运土路线和临时排水沟渠，以免相互干扰，影响工效，造成事故。

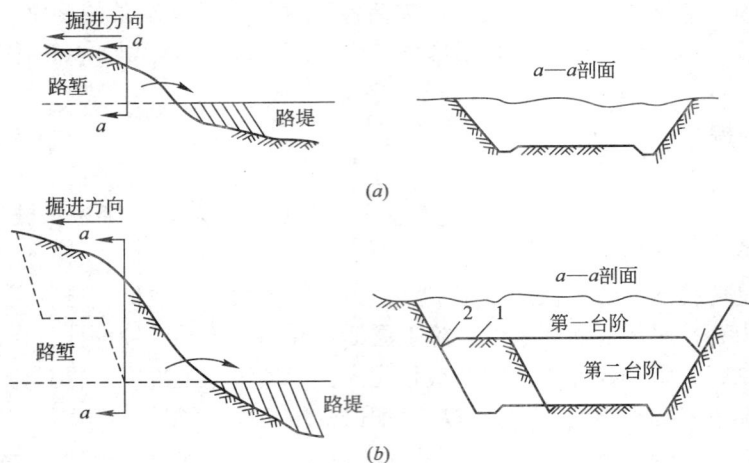

图 2-7-1　横向全宽挖掘法

(a)一层横向全宽挖掘法；(b)多层横向全宽挖掘法

1—第一台阶运土通道；2—临时排水沟

(2) 纵向挖掘法

纵向挖掘法又分为分层纵挖法、通道纵挖法和分段纵挖法三种。

分层纵挖法是沿路堑全宽，以深度不大的纵向分层进行挖掘，见图 2-7-2(a)。此方案适于铲运机和推土机施工。

通道纵挖法是先沿路线纵向挖出一条通道，然后再把通道向两侧拓宽，见图 2-7-2(b)，以扩大工作面，并利用该通道作为运土路线及场内排水的出路。

分段纵挖法是在路堑纵方向选择一个或几个适当的位置把路堑分为两段或几段，见图 2-7-2(c)，再分别于各段沿纵向开挖。

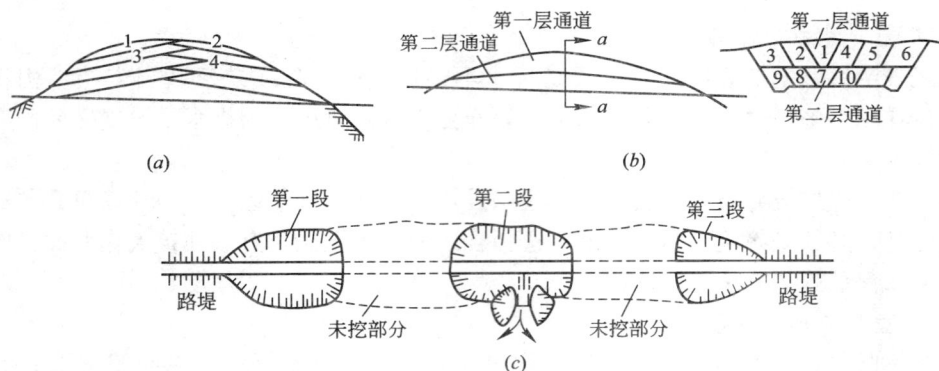

图 2-7-2　纵向挖掘法

(a)分层纵挖法(图中数字为挖掘顺序)；(b)通道纵挖法(图中数字为拓宽顺序)；(c)分段纵挖法

(3) 混合法

当土方量很大时，为扩大工作面，可将横向全宽挖掘法与通道纵挖法混合使用。先沿路堑纵向挖出一条通道，然后沿横向坡面挖掘，以增加开挖坡面，或再沿横向挖出横向通道。每一开挖坡面的大小，应能容纳一个施工组或一台机械正常工作。

选择挖掘方案，除考虑当地的地形条件、采用的机具等因素外，还需考虑土层的分布及利用。如系利用挖方填筑路堤，则应按不同的土层分层挖掘，以满足路堤填筑的要求。

三、路堤填筑

路堤一般都是利用当地土石作填料，按一定方案在原地面上填筑起来的。路堤的填筑质量，必须注意路堤基底的处理、填料选择、路堤填筑方法、填土压实等问题。

1. 路堤基底的处理

路堤基底指路堤填料与原地面的接触部分。为使填料与原地面结合紧密，避免路堤沿基底滑动，应视基底土质、水文、坡度和植被情况及填土高度采取相应的处理措施。

对于密实稳定的土质基底，当地面横坡缓于1：10～1：5时，需铲除地面草皮、杂物，除去积水和淤泥后再填筑；当地面横坡为1：5～1：1.25时，在清除草皮、杂物后，还应将坡面挖成宽度不小于1.0m的台阶，台阶顶面做成内倾2%～4%的斜坡；当地面横坡陡于1：2.5时，应根据土质情况，进行个别设计，特殊处理。

对于覆盖层不厚的倾斜岩石基底，当地面横坡为1：1～1：1.25时，需铲除覆盖层，并将基岩挖成台阶；当地面横坡陡于1：2.5时，应进行个别设计，作特殊处理。

当基底为耕地或松土时，需经认真压实后才能填筑，对于水田、塘堰，需预先将基底疏干，必要时采取挤淤、换土等措施，将基底加固后再行填筑。

2. 填料选择

由于沿路土石的性质和状态不同，用其填筑的路基稳定性亦有很大差异。为保证路堤的强度和稳定性，应尽可能选择当地稳定性良好的土石作填料。

碎石土、卵石土、砾石土、中砂和粗砂等，具有透水性好、摩阻系数大、强度受水的影响小等优点，是填筑路堤的良好填料。

砂质粉土、粉质黏土、黏质粉土等，经压实后能获得足够的强度和稳定性，是比较理想的路堤填料。但需注意，土中的有机质和易溶盐含量不应超出规定的含量。

粉性土、重黏土等，水稳定性较差，一般均不宜用作路堤填料。在季节性冰冻地区尤其如此。

3. 填土压实

填土压实是保证路堤填筑质量的关键。为此，必须严格控制土的含水量和压实度，选择合适的压实机械与压实厚度以及合理的施工填筑方案等。

4. 路堤填筑基本方法

路堤填筑基本方法有分层填筑法、竖向填筑法和混合填筑法。

(1) 分层填筑法

分层填筑法是按照路堤设计横断面，自下而上逐层填筑的施工方法。它可以将不同性质的土，有规则地分层填筑和压实，获得必要的压实度和稳定性。每层填土的厚度，视土质、压实机具的有效压实深度和压实度要求而定。

正确的分层填筑方法，见图2-7-3(a)，应满足以下要求：不同土质分层填筑，透水性差的土填筑在下层时，其表面应做成一定的横坡，以保证来自上层透水性填土的水分及时排除；为保证水分蒸发和排除，路堤不宜被透水性差的土层封闭；根据强度与稳定性要求，合理地安排不同土质的层位；为防止相邻两段用不同土质填筑的路堤在交接处发生不均匀变形，交接处应做成斜面，并将透水性差的土填在斜面下部。

不正确的填筑方法，见图 2-7-3(b)，未水平分层，有反坡积水，夹有大土块和粗大石块，以及有陡坡斜面等，其基本特点是强度不均和排水不利。

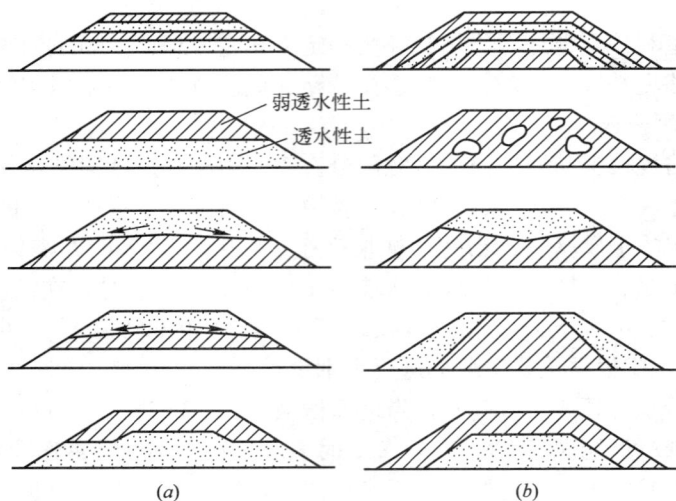

弱透水性土
透水性土

(a)   (b)

图 2-7-3 路堤分层填筑方法
(a)正确的填筑方法；(b)错误的填筑方法

桥涵、挡土墙等结构物的回填土，为防止不均匀沉陷，应严格按有关操作规程回填和夯实。

（2）竖向填筑法

竖向填筑法指沿路中心线方向逐步向前深填的施工方法，如图 2-7-4 所示。路线跨越深谷或池塘时，地面高差大，填土面积小，难以水平分层卸土，以及陡坡地段上半填半挖路基、横坡较陡或难以分层填筑的局部路段，可采用竖向填筑方案。竖向填筑因填土过厚不易压实，施工时需采取下列措施：选用高效能压实机械；采用沉陷量较小的砂性土或附近开挖路堑的废石方，并一次填足路堤全宽度；在底部进行强夯。

（3）混合填筑法

如因地形限制或堤身较高，不能按前两种方法自始至终进行填筑时，可采用混合填筑法，如图 2-7-5 所示。即路堤下层用竖向填筑，而上层用水平分层填筑，使上部填土经分层压实获得需要的压实度。

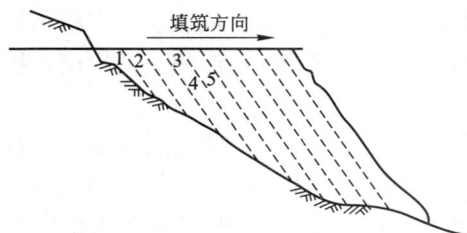

填筑方向

图 2-7-4 竖向填筑方法

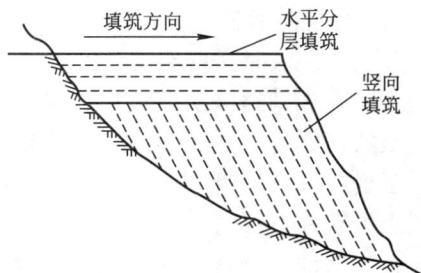

填筑方向
水平分层填筑
竖向填筑

图 2-7-5 混合填筑方法

四、路基压实

路基施工破坏了土体的天然状态，致使其结构松散，强度和稳定性降低。路基压实的意义在于路基压实后，颗粒重新组合，土体的空隙率降低，密实度提高，透水性降低，毛细水上升高度减小，防止了水分积聚和侵蚀而导致的路基软化，或因冻胀而引起的不均匀变形，从而提高了路基的强度和水、温稳定性。因此，路基的压实工作，是路基施工过程中的一个重要工序，是提高路基强度与稳定性的根本技术措施。

1. 路基压实机理

路基土是由土粒、水分和空气组成的三相体系。各相都具有各自的特性，它们相互作用和制约，共同构成土的各种物理特性——渗透性、黏滞性、弹塑性和力学强度等。若多相体系的组成情况发生改变，则土的物理性质亦随之改变。因此，要改变土的特性，得从改变其组成着手。压实路基就是利用机械的方法，来改变土的结构，以提高土的强度和稳定性。

路基土受压时，土中的空气大部分被排除，土粒则不断靠拢，重新排列成密实的新结构。土粒在外力作用下不断地靠拢，使土的内摩阻力和粘结力也不断地增加，从而提高了土的强度。同时，由于土粒不断靠拢，使水分进入土体的通道减少，阻力增加，于是降低了土的渗透性。

2. 影响路基压实的因素

土的压实过程和结果受到多种因素的影响，包括内因——含水量和土的性质，外因——压实功能与压实机具和方法等。弄清这些影响，对于深入了解土的压实机理和指导压实工作，具有重要的意义。

压实功一定，当土的含水量小于最佳含水量 w_0 时，密实度（以土的干密度 γ 表示）随含水量增加而增加；当含水量达到 w_0 时，密实度达到最大值；当含水量超过 w_0 时，密实度随含水量增加而减小。这表明，在最佳含水量范围内增加土的含水量对路基压实有良好作用。超过此范围，含水量增加反而对路基压实不利。产生这一现象的原因是，在 w_0 范围内，含水量增加，包裹于土粒表面的水膜加厚，相应地降低了土粒之间的吸引力，减小了土的内摩阻力，使土粒在外力作用下易产生相对位移，重新排列成紧密的新结构，因此压实效果最好；当含水量超过 w_0 并继续增加时，土粒间的空隙绝大部分被水分充满，此时，外力不能直接作用于土粒，而传给了土粒周围的水分或被封闭的空气。因此，尽管施加很大的压实功，也难以改变土粒的本来位置，故压实效果很差。控制在最佳含水量 w_0 压实的路基，其强度和水稳定性最好。这就是施工中选用最大干密度 γ_0 及相应的 w_0 作为控制路基压实指标的机理所在。

含水量对路基压实的影响主要表现在以下几方面：①含水量是影响压实效果的决定性因素；②在最佳含水量时，即土处于硬塑状态时，容易获得最佳的压实效果；③压实到最佳密实度的土体，水稳定性最好。

土质对压实效果的影响亦很大。一般说来，砂性土的压实效果优于黏性土，砂质粉土和粉质黏土的压实性能较好，而黏性土的压实性能较差。

压实功能对于压实效果也有较大的影响。压实功能是指压实工具的重力、碾压次数或锤落高度、作用时间等。它是除含水量以外，影响压实效果的另一重要因素。

在相同含水量条件下，压实功能越大，则土的密实度（即 γ）越大。据此规律，施工中，如果土的含水量低于 w_0 而加水有困难时，可采用增加压实功能（重碾或增加碾压次数）的办法来提高其密实度。但必须指出，用增加压实功能的办法提高路基压实的效果是有一定限度的，当压实功能增加到一定程度后，土的密实度增加就不明显了，如果超过某一限度，再采用增加压实功能的办法来提高土的密实度，不但经济上不合理，而且可能由于功能过大而破坏路基结构，效果适得其反。相比之下，严格控制最佳含水量，要比增加压实功能收效大得多。因此，路基压实施工中，控制最佳含水量是关键，在此前提下，采取分层填土，控制有效土层厚度，必要时适当增大压实功能，才能使路基压实取得良好效果。

压实机具和方法对压实的影响反映在以下几方面：

① 压实机具不同，压力传布的有效深度也不同。夯击式机具的压力传布最深，振动式次之，碾压式最浅。但是，一种机具的作用深度在碾压过程中并不是固定不变的，随着碾压次数的增加，上部土层逐渐密实，土的强度相应提高，其作用深度亦逐渐减小。

② 压实机具质量较小时，荷载作用时间越长，土的密实度越高，密实度的增长随作用时间的增长而减小；压实机具较重时，土的密实度随施加荷载时间的增加而迅速增大，但超过某时间限度后，土的变形急剧增加而产生破坏；机具过重以致超过土的强度极限时，将立即引起土体破坏。

③ 碾压速度越高，压实效果越差。为了提高压实效果，必须正确确定碾压机具的行驶速度。

综上所述，在路基压实施工中，必须控制土的含水量在最佳含水量范围内，根据土质和压实机具的性能，通过试验，确定合适的分层碾压摊铺厚度、碾压次数以及碾压机具的行驶速度等，以获得最佳的压实效果。

五、路基压实质量控制

从前面分析可知，最大干密度 γ 是路基压实的一项重要指标，它与土的强度和稳定性有十分密切的关系，反映了路基使用品质。因此，一般都用它来衡量压实的质量。但是，路基野外施工，受种种条件限制，不能达到室内标准击实试验所得的最大干密度 γ_0。因此，应根据工程实际需要与可能，适当降低要求，拟定压实标准，使其能满足工程的要求，又不至于浪费。我国以压实度作为控制路基压实的标准。所谓压实度，是指工地上压实达到的干密度 γ 与用室内标准击实试验所得的该路基土的最大干密度 γ_0 之比，用 K 表示，即：

$$K = \frac{\gamma}{\gamma_0} \times 100\% \qquad (2-7-1)$$

压实度的确定，要考虑路基的受力状态，路基、路面设计要求，施工条件，公路所在地区的气候等因素。同时，必须兼顾需要与可能，讲求实效与经济。对冰冻、潮湿地区和受水影响大的路基要求应高，对干旱地区及水文条件良好地区要求可低些。路面等级高要求应高，等级低要求可低些。路基上部，活荷载影响大，水温变化剧烈，要求应高；中部，活载作用和水温变化逐渐减小，要求可相应降低；下部，活载影响已极微小，要求只需在静荷载（路基自重）作用下不致产生不均匀变形即可。表 2-7-1 为适用于各级公路的以重型击实试验为标准的路基压实度要求。

		路基压实度（重型）标准		表 2-7-1
填挖类型	路床顶面以下深度（m）	路基压实度（%）		
		高速公路、一级公路	二级公路	三级公路、四级公路
零填及挖方	0～0.3	≥96	≥95	≥94
	0.3～0.8	≥96	≥95	—
填方	0～0.8	≥96	≥95	≥94
	0.8～1.5	≥94	≥94	≥93
	>1.5	≥93	≥92	≥90

第二节 路面基（垫）层施工

一、无结合料粒料基（垫）层施工

无结合料粒料基（垫）层是指松散粒料如碎（砾）石、矿渣等，按照一定施工工艺和级配要求混合，碾压密实后形成的路基路面结构层。无结合料粒料基（垫）层，根据所采用的粒料种类和施工工艺不同，主要可分为级配碎石、级配砾石、填隙碎石和未筛分碎石基（垫）层等。

粗、中、小碎石集料和石屑各占一定比例的混合料，当其颗粒组成符合规定的密实级配要求时，称作级配碎石。用单一尺寸的粗碎石做主骨料，形成嵌锁结构，起承受和传递车轮荷载的作用，用石屑做填隙料，填满碎石间的孔隙，增加密实度和稳定性，这种材料称作填隙碎石。级配碎石和填隙碎石可作为高等级路面的垫层和底基层、低等级路面的基层。

轧石机轧出来的粒径大小不一的碎石混合料，仅用一个筛孔尺寸与规定最大粒径相符的筛筛去超尺寸颗粒后得到的碎石混合料，称作未筛分碎石。未筛分碎石的理论颗粒组成为 $1 \sim D$（D 为最大粒径），并具有较好的级配。未筛分碎石一般可用做道路的底基层。

1. 粒料基（垫）层施工和质量控制

以级配碎石基层作为上基层，半刚性基层作为下基层的沥青路面结构，级配碎石基层的非线性在刚度较大的下卧层上得到约束，具有较高的模量。虽然这种结构有利于克服碎石模量小的缺陷，但级配碎石在这种结构下的材料组成设计和工艺仍然是决定模量与变形特性的主要因素。一般说来，密实的级配易于获得高密度，从而使级配碎石获得高的 CBR 值、回弹模量及抗永久变形能力。最佳级配通常是能够获得最大密实度，并具有较好透水性的级配。

（1）材料

轧制碎石的材料可以是各种类型的岩石（软质岩石除外）、圆石或矿渣。圆石的粒径应是碎石最大粒径的 3 倍以上；矿渣应是已崩解稳定的，其干密度和质量应比较均匀，干密度不小于 960kg/m³。碎石中针片状颗粒的总含量应不超过 20%。碎石中不应有黏土块、植物等有害物质。石屑或其他细集料可以使用一般碎石场的细筛余料，也可以利用轧制沥青表面处治和贯入式用石料时的细筛余料，或专门轧制的细碎石集料。也可以用天然砂砾或粗砂代替石屑。天然砂砾的颗粒尺寸应该合适，必要时应筛除其中的超尺寸颗粒。天然砂砾或粗砂应有较好的级配。粒料基(垫)层原材料的试验项目见表 2-7-2。粒料基(垫)层混合料的试验项目见表 2-7-3。

粒料基(垫)层原材料的试验项目 表 2-7-2

试验项目	材料名称	目 的	频 度	仪器和试验方法
含水量	土、砂砾、碎石等集料	确定原始含水量	每天使用前测 2 个样品	烘干法、酒精燃烧法、含水量快速测定仪
颗粒分析	砂砾、碎石等集料	确定级配是否符合要求，确定材料配合比	每种土使用前测 2 个样品，使用过程中每 2000m³ 测 2 个样品	筛分法
液限、塑限	土、级配砾石或级配碎石中 0.5mm 以下的细土	求塑性指数，审定是否符合规定	每种土使用前测 2 个样品，使用过程中每 2000m³ 测 2 个样品	液限塑限联合测定法测液限；滚搓法塑限试验测塑限
相对毛体积密度、吸水率	砂砾、碎石等	评定粒料质量，计算固体体积率	使用前测 2 个样品，砂砾使用过程中每 2000m³ 测 2 个样品，碎石种类变化重做 2 个样品	网篮法或容积 1000mL 以上的比重瓶法
压碎值	砂砾、碎石等	评定石料的抗压碎能力是否符合要求	同上	集料压碎值试验

粒料基(垫)层混合料的试验项目 表 2-7-3

试验项目	目 的
重型击实试验	求最佳含水量和最大干密度，以规定工地碾压时的合适含水量和应该达到的最小干密度；确定制备强度试验和耐久性试验的试件所应该用的含水量和干密度；确定制备承载比试件的材料含水量
承载比	求工地预期干密度下的承载比，确定材料是否适宜做基层或底基层

级配碎石或级配碎砾石和未筛分碎石的颗粒组成范围和液塑性指数应满足表 2-7-4 的要求。同时，级配曲线宜为圆滑曲线。具体级配曲线可根据道路等级和所在的层位根据相关规范选用。

(2) 无结合料粒料基(垫)层施工

无结合料粒料基(垫)层施工过程包括现场施工前的准备工作、配料、拌合、摊铺、碾压等。

无结合料粒料基(垫)层施工前应做好现场施工前的准备工作，恢复中线，进行标高控制。在摊铺前，应该检查底基层的施工情况，底基层的坡度、高度、横断面应该满足要求。同时，视现场情况，摊铺前在底基层上洒水，使底基层顶面保持适宜的湿度。正式摊铺前，应该根据试铺来确定松铺系数，试铺时可以按照松铺系数 1.35 进行。

配料前应严格控制料场碎石质量完全符合要求。配料前，对 40～20mm、20～10mm、10～5mm 以及石屑进行严格筛分分析，各级粒料应隔离，分别存放；细集料应有覆盖，防止雨淋。配料时应根据最终采用的级配严格确定各级碎石所占比例，并换算为体积比以便用装载机配料，配料拌合后应定期抽检混合料级配，以便实时控制和调整各规格配料比例。

级配碎石或级配碎砾石的颗粒组成范围　表 2-7-4

项目	通过质量百分率(%) 编号	级配碎石或级配碎砾石		未筛分碎石	
		1	2	1	2
筛孔尺寸(mm)	53			100	
	37.5	100		85～100	100
	31.5	90～100	100	69～88	83～100
	19.0	73～88	85～100	40～65	54～84
	9.5	49～69	52～74	19～43	29～59
	4.75	29～54	29～54	10～30	17～45
	2.36	17～37	17～37	8～25	11～35
	0.6	8～20	8～20	6～18	6～21
	0.075	0～7②	0～7②	0～10	0～10
液限(%)		<28	<28	<28	<28
塑性指数		<6(或9①)	<6(或9①)	<6(或9①)	<6(或9①)

注：① 潮湿多雨地区塑性指数宜小于6，其他地区塑性指数宜小于9；
　　② 对于无塑性的混合料，小于 0.075mn 的颗粒含量应接近高限。

　　拌合均匀是粒料基(垫)层形成强度和具有良好功能的关键，尤其对于优质级配碎石施工，宜采用厂拌，实践证明，集中厂拌法比路拌混合料更为均匀而不易离析。此外，拌合中含水量宜高于最佳含水量 1%～2%，以抵消运输和摊铺过程中水分散失及利于碾压。粒料基(垫)层可在较大含水量下碾压，含水量稍大虽会降低骨料间摩擦力，反而利于达到高密度。拌合机应该保持良好的工作状态，应根据粒料基(垫)层材料最大粒径情况适当调整叶片，使其具有适当的尺度及净空。同时调整各料仓，使拌合后的成品混合料满足设计的级配要求。

　　对粒料基(垫)层，特别是优质级配碎石基层的摊铺应采用摊铺机进行，以便使摊铺出的粒料基(垫)层均匀和平整，压实以后的基层厚度均匀一致。如不具备用摊铺机摊铺的条件，应采用平地摊铺机，但此时应严格检查和消除混合料离析的发生。用摊铺机进行摊铺时，宜采用两台或多台摊铺机梯队形作业，进行全幅摊铺。相邻摊铺机前后相隔以 5～8m 为宜。摊铺对应该注意材料离析情况，应设专人随时消除粗细集料离析现象。

　　粒料摊铺后，应该立即用压路机碾压。碾压时，根据情况以喷雾式洒水车适当洒水，使粒料基(垫)在最佳含水量下进行碾压，使其达到要求的压实度。如果含水量过多，待其干到接近最佳含水量时，再用压路机进行碾压。直线和不设超高的平曲线段，由两侧路肩开始向路中心碾压；在设超高的平曲线段，由内侧路肩向外侧路肩进行碾压。

　　碾压时建议采用振动压实，以提高压实效率和压实效果。建议采用工作重大于 12t (振动总作用力大于等于 20t)的振动压路机碾压 4～6 遍，初压和终压采用大于 12t 两轮或三轮钢轮压路机碾压。碾压过程中，后轮应重叠 1/2，宜采用低挡慢速碾压(2.0～2.5km/h)。严禁压路机在已完成的或正在碾压的路段上调头或急刹车。碾压不平之处，应耙松并补充材料，或移除多余部分，然后碾压平整。

（3）施工质量控制和现场检测

施工质量控制是粒料基（垫）层能否正常发挥其良好特性的关键，只有保证了粒料基（垫）层的高密实度和均匀性，才能保证其减缓裂缝、排水和抗疲劳等功能的发挥。为此，对于粒料基（垫）层的施工应严格施工质量控制和加强现场检测。

严格控制粒料原材料的质量。集料应该洁净，应严格按照相关规范要求控制碎石原材料强度、压碎值、集料中小于 0.5mm 细料的塑性指数。同时，集料中针片状颗粒含量等指标应满足要求。严格控制粒料基（垫）层材料的级配组成。这是粒料基（垫）层取得良好嵌锁力，从而获得高密实度、高强度及保证具有良好透水性的关键因素。因而在粒料基（垫）层的施工中必须始终保持其级配于规定值范围内。严格按照要求和程序进行碾压，确保压实度。这些是粒料基（垫）层获得较高强度和刚度，具有良好抗永久性变形能力的保证。

以上要求，是高质量粒料基（垫）层的基本质量保证措施，是路面结构功能正常发挥的基础。因而在整个级配碎石基层的施工工序中必须严格贯彻执行。

压实后的粒料基（垫）层必须进行材料含水量、现场压实度、筛分析、平整度试验，并检测压实后的结构厚度是否满足要求。同时进行弯沉、承载板回弹模量测定，根据情况进行 FWD 实验。施工后的粒料基（垫）层坡度、高程及横断面必须达到设计要求。粒料基（垫）层现场检测项目和频率见表 2-7-5。

粒料基（垫）层现场检测项目和频率 表 2-7-5

试验项目	质量要求	实验方法	试验频度
施工含水量	与要求含水量相差不超过 2%	挖坑	随时观测，发现有异常时须进行
筛分析	符合级配范围	室内筛分	每段结构至少 10 个点
离析情况	基本上无离析	目测	随时
现场压实度	98% 或 100%	挖坑灌砂法	每段结构至少 10 个点
弯沉	实测	贝克曼梁和 FWD	每车道 25m 一个测点
回弹模量	实测	承载板	每段结构至少 10 个点
平整度	8mm	3m 直尺	每 200m 两次，每次连续 10 尺
	标准差不大于 3mm	连续平整度仪	
厚度	平均值－8mm 单点－15mm	挖坑	每段结构至少 10 个点

施工后的粒料基（垫）层应马上洒透层沥青或铺封层，在未洒透层沥青或铺封层时，禁止开放交通，以避免表层在车辆的行驶作用下松散，保证粒料基（垫）层强度和整体性。

二、无机结合料稳定基层施工与质量控制

无机结合料稳定材料是指用无机粘结材料如水泥、石灰、粉煤灰等做结合料所得混合料的一个广义的名称，它既包括用无机结合料稳定各种细粒土，也包括用无机结合料稳定各种中粒土和粗粒土。在经过粉碎的或原来松散的土中，掺入足量的无机结合料和水，经拌合得到的混合料在压实和养护后，当其抗压强度符合规定的要求时，称为无机结合料稳定土。无机结合料稳定材料种类繁多，可根据无机结合料种类和所稳定的颗粒或土的名称共同命名。

用水泥稳定细粒土得到的强度符合要求的混合料，视所用的土类而定，可简称为水泥土、水泥砂或水泥石屑等。用水泥稳定中粒土和粗粒土得到的强度符合要求的混合料，视所用原材料而定，可简称为水泥碎石、水泥砂砾等。

用石灰稳定细粒土得到的强度符合要求的混合料，视所用的土类而定，可简称为石灰土。用石灰和粉煤灰稳定细粒土，称为二灰稳定土或二灰碎石。

1. 原材料的要求

（1）水泥

普通硅酸盐水泥、矿渣水泥或火山灰质硅酸盐水泥都可以用于稳定土，但应选用终凝时间较长（宜6小时以上）的水泥。早强、快硬及受潮变质的水泥不应使用。

（2）石灰

石灰应符合《公路路面基层施工技术规范》（JTJ 034）所规定的Ⅲ级以上要求，见表2-7-6。生石灰应在使用前7～10d进行充分消解成熟石灰粉，并过10mm筛，熟石灰粉应尽快使用，不宜存放过久。进场的生石灰块应妥善保管，加棚盖或覆土储存，应尽量缩短生石灰的存放时间。

石灰的技术指标 表 2-7-6

类别 指标 项目	钙质生石灰			镁质生石灰			钙质消石灰			镁质消石灰		
	等 级											
	Ⅰ	Ⅱ	Ⅲ	Ⅰ	Ⅱ	Ⅲ	Ⅰ	Ⅱ	Ⅲ	Ⅰ	Ⅱ	Ⅲ
有效钙加氧化镁含量（%）	≥85	≥80	≥70	≥80	≥75	≥65	≥65	≥60	≥55	≥60	≥55	≥50
未消化残渣含量（5mm圆孔筛的筛余，%）	≤7	≤11	≤17	≤10	≤14	≤20						
含水量（%）							≤4	≤4	≤4	≤4	≤4	≤4
细度 0.71mm方孔筛的筛余（%）							0	≤1	≤1	0	≤1	≤1
细度 0.125mm方孔筛的筛余（%）							≤13	≤20	—	≤13	≤20	—
钙镁石灰的分类界限，氧化镁含量（%）	≤5			＞5			≤4			＞4		

注：硅、铝、镁氧化物含量之和大于5%的生石灰，有效钙加氧化镁含量指标，Ⅰ等≥75%，Ⅱ等≥70%，Ⅲ等≥60%；未消化残渣含量指标与镁质生石灰指标相同。

（3）土

塑性指数为15～20的黏性土以及含有一定数量黏性土的中粒土和粗粒土（如天然砂砾、砾石土等）均适用于石灰稳定。塑性指数偏大的黏性土要加强粉碎，粉碎后土块的最大尺寸不应大于15mm。可以采用两次拌合法，第一次加部分石灰拌合，闷放1～2d，再加入其余石灰，进行第二次拌合；塑性指数10以下的砂质粉土和砂土，使用石灰较多，难于碾压成型，应采用适当的施工措施，或采用水泥稳定，塑性指数15以上的黏性土更适宜用石灰和水泥综合稳定。石灰稳定土中颗粒的最大粒径应小于15mm；土中硫酸盐含量应小于0.8%，腐殖质含量应不超过10%。

（4）粉煤灰

粉煤灰是火力发电厂燃烧煤粉产生的粉状灰渣，主要成分是二氧化硅（SiO_2）和三氧化二铝（Al_2O_3），其总含量一般要求超过70%，CaO含量在2%～6%，烧失量不大于10%。粒径变化在0.001～0.3mm之间，其比表面积一般在2000～3500cm^2/g之间。干粉煤灰的堆放宜加水，以防飞扬；湿粉煤灰的含水量不宜超过35%。粉煤灰不应含有团块、腐殖质和有害杂质。使用时应将凝固的粉煤灰块打碎或过筛。

(5) 集料

集料的技术指标应满足规范的要求，见表 2-7-7。无机稳定料的颗粒组成范围和塑性指数应符合相关规范的要求，集料的均匀系数应大于 10(通过量为 60％的筛孔尺寸与通过量为 10％的筛孔尺寸的比值)。同规格的集料应分别堆放，严禁混堆。

集料的技术指标　　　　　　　　　　　　表 2-7-7

检验项目	压碎值(％)	细长扁平颗粒含量(％)	泥土含量(<0.075mm)(％)	软石含量(％)
技术要求	≤28	≤15	≤1	≤5

2. 无机结合料稳定材料层的施工

(1) 准备工作

施工前必须配备齐全的施工机械和配件，做好开工前的保养、试机工作，并保证在施工期间一般不发生有碍施工进度和质量的故障。路面基层施工，一律要求采用集中厂拌、摊铺机摊铺，按层次施工，要求各施工单位配备足够的拌合、运输、摊铺、压实机械，每层最大压实厚度不大于 20cm，以确保基层施工质量。底基层可以采用路拌施工工艺。

根据不同公路等级的技术要求和摊铺日进度配备拌合设备。对高速公路，必须配置产量大于 400t/h 的拌合机，要保证其实际出料(生产量的 80％)能力超过实际摊铺能力的 10％～15％。拌合机必须采用定型产品，并在多个工程中应用，且用户反映良好。为使混合料拌合均匀，拌缸要满足一定长度要求。至少要有四个进料斗，料口必须安装钢筋网盖，筛除超出粒径规格的集料及杂物。拌合机的用水应配备大容量的储水箱。所有料斗、水箱、罐仓都要求装配高精度电子动态计量器，所有电子动态计量器应经有资质的计量部门进行计量标定后方可使用。

摊铺机应根据路面基层的宽度和厚度，参考摊铺机的参数选用合适的摊铺机械；基层施工应采用多台摊铺机梯队作业，最好为同类机型，以保证路面基层厚度一致，完整无缝，平整度好。

压路机至少应配备 12t 左右轻型压路机 1～2 台，18～20t 压路机 2～3 台、振动压路机 2～3 台和胶轮压路机 2 台。压路机的吨位和台数必须与拌合机及摊铺机生产能力相匹配，使从加水拌合到碾压终了的时间不超过 2h，保证施工正常进行。

水泥和其他填料钢制罐仓可视摊铺能力决定其容量，可用 2 个各 50t 的，也可用一个 80～100t，罐仓内应配有水泥破拱器，以免水泥起拱停流。

(2) 路拌法施工

路拌法施工的工艺流程宜按图 2-7-6 的顺序进行。

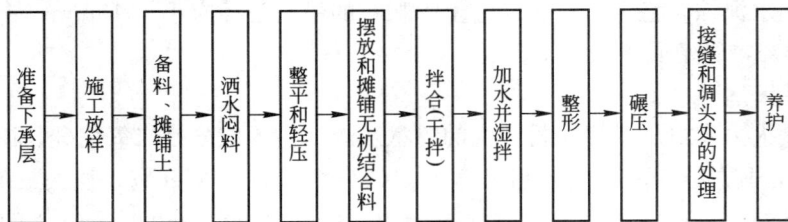

准备下承层 → 施工放样 → 备料、摊铺土 → 洒水闷料 → 整平和轻压 → 摆放和摊铺无机结合料 → 拌合(干拌) → 加水并湿拌 → 整形 → 碾压 → 接缝和调头处的处理 → 养护

图 2-7-6　路拌法施工的工艺流程

286

准备下承层。下承层表面应平整、坚实，具有规定的路拱。对于底基层，应进行压实度检查，对于柔性底基层还应进行弯沉值检验。凡不符合设计要求的路段，必须根据具体情况，采取措施，使之达到规范规定的标准。对于老路面，应检查其材料是否符合底基层材料的技术要求，如不符合要求，应翻松老路面并采取必要的处理措施。底基层或老路面上的低洼和坑洞，应仔细填补及压实；搓板和辙槽应刮除；松散处，应耙松洒水并重新碾压，达到平整密实。新完成的底基层或路基，必须按规范的规定进行验收。凡验收不合格的路段，必须采取措施，使其达到标准后，方可铺筑稳定土层。在槽式断面的路段，两侧路肩上应每隔一定距离(可为 5～10m)交错开挖泄水沟(或做盲沟)。

施工放样。在底基层或老路面或路基上恢复中线，直线段每 15～20m 设一桩，平曲线段每 10～15m 设一桩，并在两侧路肩边缘外设指示桩。在两侧指示桩上用明显标记标出稳定土层边缘的设计标高。

备料。利用老路面或路基上部材料时，必须首先清除干净老路面上或路基表面的石块等杂物。施工时应控制翻松及粉碎的深度，用犁、松土机或装有强固齿的平地机或推土机将老路面或路基的上部翻松到预定的深度，土块应粉碎到符合要求。利用料场的土时，采集土前应先将树木、草皮和杂土清除干净。土中的超尺寸颗粒应予筛除。应根据各路段水泥稳定土层的宽度、厚度及预定的干密度，计算各路段需要的干燥土的数量，并根据料场土的含水量和所用运料车辆的吨位，计算每车料的堆放距离，卸料距离应严格掌握。再根据稳定土层的厚度和预定的干密度及无机结合料剂量，计算每平方米稳定土需要的无机结合料用量，并确定无机结合料摆放的纵横间距。

摊铺土。摊铺土前应事先通过试验确定土的松铺系数。摊铺土应在摊铺无机结合料的前一天进行。摊铺长度按日进度的需要量控制，满足次日完成掺加水泥、拌合、碾压成型即可。应将土均匀地摊铺在预定的宽度上，表面应力求平整，并有规定的路拱。摊料过程中，应将土块、超尺寸颗粒及其他杂物拣除。如土中有较多土块，应进行粉碎。

洒水闷料。如已整平的土(含粉碎的老路面)含水量过小，应在土层上洒水闷料。洒水应均匀，防止出现局部水分过多的现象。严禁洒水车在洒水段内停留和调头。细粒土应经一夜闷料；中粒土和粗粒土，视其中细土含量的多少，可缩短闷料时间。如为综合稳定土，应先将石灰和土拌合后一起进行闷料。

整平和轻压。对人工摊铺的土层整平后，用 6～8t 两轮压路机碾压 1～2 遍，使其表面平整，并有一定的压实度。

摆放和摊铺无机结合料。按所计算出的无机结合料的纵横间距，在土层上做安放标记。应将结合料当日直接送到摊铺路段，卸在做标记的地点，并检查有无遗漏和多余。将无机结合料均匀摊开。

拌合。拌合分干拌和加水湿拌两个步骤。干拌应采用专用稳定土拌合机进行拌合并设专人跟随拌合机，随时检查拌合深度并配合拌合机操作员调整拌合深度。拌合深度应达稳定层底并宜侵入下承层 5～10mm，以利于上下层粘结。通常应拌合两遍以上。低等级道路，在没有专用拌合机械的情况下，可用农用旋转耕作机与多铧犁或平地机相配合进行拌合，但应注意拌合效果，拌合时间不能过长。干拌完成后，如果混合料的含水量不足，应加水并湿拌。洒水应均匀，防止局部水量过大。洒水后，应再次进行拌合，使水分在混合料中分布均匀。洒水及拌合过程中，应及时检查混合料的含水量。

整形。混合料拌合均匀后，应立即用平地机初步整形。整形应达到规定的坡度和路拱，并应特别注意接缝必须顺适平整。

碾压。根据路宽、压路机的轮宽和轮距的不同，制订碾压方案，应使各部分碾压到的次数尽量相同，路面的两侧应多压2～3遍。一般需碾压6～8遍。压路机的碾压速度，头两遍以采用1.5～1.7km/h为宜，以后宜采用2.0～2.5km/h。采用人工摊铺和整形的稳定土层，宜先用拖拉机或6～8t两轮压路机或轮胎压路机碾压1～2遍，然后再用重型压路机碾压。严禁压路机在已完成的或正在碾压的路段上调头或急刹车，应保证稳定土层表面不受破坏。碾压过程中，稳定土的表面应始终保持湿润，如水分蒸发过快，应及时补洒少量的水，但严禁洒大水碾压。碾压过程中，如有"弹簧"、松散、起皮等现象，应及时翻开重新拌合(加适量的水泥)或用其他方法处理，使其达到质量要求。

（3）中心站集中厂拌法施工

稳定土可以在中心站用厂拌设备进行集中拌合，对于高等级道路，应采用专用稳定土集中厂拌机械拌制混合料。集中拌合时，应符合下列要求：①土块应粉碎，最大尺寸不得大于15mm；②配料应准确，拌合应均匀；③含水量宜略大于最佳值，使混合料运到现场摊铺后碾压时的含水量不小于最佳值；④不同粒级的碎石或砾石以及细集料(如石屑和砂)应隔离，分别堆放。

当采用连接式的稳定土厂拌设备拌合时，应保证集料的最大粒径和级配符合要求。在正式拌制混合料之前，必须先调试所用的设备，使混合料的颗粒组成和含水量都达到规定的要求。原集料的颗粒组成发生变化时，应重新调试设备。在潮湿多雨地区或其他地区的雨季施工时，应采取措施保护集料，特别是细集料(如石屑和砂等)应有覆盖，防止雨淋。

应根据集料和混合料含水量的大小，及时调整加水量。应尽快将拌成的混合料运送到铺筑现场。车上的混合料应覆盖，减少水分损失。应采用沥青混凝土摊铺机或稳定土摊铺机摊铺混合料。如下承层是稳定细粒土，应先将下承层顶面拉毛，再摊铺混合料。

拌合机与摊铺机的生产能力应互相匹配。对于高等级道路，摊铺机宜连续摊铺，拌合机的产量宜大于400t/h。如拌合机的生产能力较小，在用摊铺机摊铺混合料时，应采用最低速度摊铺，减少摊铺机停机待料的情况。在摊铺机后面应设专人消除粗细集料离析现象，特别应该铲除局部粗集料"窝"，并用新拌混合料填补。

宜先用轻型两轮压路机跟在摊铺机后及时进行碾压，后用重型振动压路机、三轮压路机或轮胎压路机继续碾压密实。在二、三、四级公路上，没有摊铺机时，可采用摊铺箱摊铺混合料，也可以用自动平地机按以下步骤摊铺混合料：根据铺筑层的厚度和要求达到的压实干密度，计算每车混合料的摊铺面积；将混合料均匀地卸在路幅中央，路幅宽时，也可将混合料卸成两行；用平地机将混合料按松铺厚度摊铺均匀；设一个3～5人的小组，携带一辆装有新拌混合料的小车，跟在平地机后面，及时铲除粗集料"窝"和粗集料"带"，补以新拌的均匀混合料，或补撒拌合均匀的细混合料，并与粗集料拌合均匀。

用平地机摊铺混合料后的整形和碾压均与路拌法相同。

（4）养护及交通管制

每一段碾压完成并经压实度检查合格后，应立即洒水，用草袋或麻布、湿砂湿润覆盖开始养护。对于基层，也可采用沥青乳液进行养护。养护期宜不少于7d。养护结束后，必须将覆盖物清除干净，同时注意养护车辆对路面的影响。

在养护期间未采用覆盖措施的水泥稳定土层上，除洒水车外，应封闭交通。在采用覆盖措施的稳定土层上，不能封闭交通时，应限制重车通行，其他车辆的车速不应超过30km/h。

3. 施工质量控制管理

在组织现场施工以前以及在施工过程中，原材料（包括土）或混合料发生变化时，必须对拟采用的材料进行规定的基本性质试验，评定材料质量和性能是否符合要求。对用做底基层和基层的原材料，应进行表 2-7-8 所列的试验，对初步确定使用的底基层和基层混合料，应进行表 2-7-9 所列的试验。

底基层和基层原材料的试验项目   表 2-7-8

试验项目	材料名称	目　的	频　度	仪器和试验方法
含水量	土、砂砾、碎石等集料	确定原始含水量	每天使用前测 2 个样品	烘干法、酒精燃烧法、含水量快速测定仪
颗粒分析	砂砾、碎石等集料	确定级配是否符合要求，确定材料配合比	每种土使用前测 2 个样品，使用过程中每 2000m³ 测 2 个样品	筛分法
液限、塑限	土、级配砾石或级配碎石中 0.5mm 以下的细土	求塑性指数，审定是否符合规定	每种土使用前测 2 个样品，使用过程中每 2000m³ 测 2 个样品	液限塑限联合测定法测液限；滚搓法塑限试验测塑限
相对毛体积密度、吸水率	砂砾、碎石等	评定粒料质量，计算固体体积率	使用前测 2 个样品，砂砾使用过程中每 2000m³ 测 2 个样品，碎石种类变化重做 2 个样品	网篮法或容积 1000mL 以上的比重瓶法
压碎值	砂砾、碎石等	评定石料的抗压碎能力是否符合要求	同上	集料压碎值试验
有机质和硫酸盐含量	土	确定土是否适宜于用石灰或水泥稳定	对土有怀疑时做此试验	有机质含量试验，易溶盐试验
有效钙、氧化镁	石灰	确定石灰质量	做材料组成设计和生产使用时分别测 2 个样品，以后每月测 2 个样品	石灰的化学分析
水泥强度等级和终凝时间	水泥	确定水泥的质量是否适宜应用	做材料组成设计时测 1 个样品，料源或标号变化时重测	水泥胶砂强度检验方法，水泥凝结时间检验方法
烧失量	粉煤灰	确定粉煤灰是否适用	做材料组成设计前测 2 个样品	烧失量试验

底基层和基层混合料的试验项目   表 2-7-9

试验项目	目　的
重型击实试验	求最佳含水量和最大干密度，以规定工地碾压时的合适含水量和应该达到的最小干密度，确定制备强度试验和耐久性试验的试件所应该用的含水量和干密度；确定制备承载比试件的材料含水量
承载比	求工地预期干密度下的承载比，确定材料是否适宜做基层或底基层
抗压强度	进行材料组成设计，选定最适宜于用水泥或石灰稳定的土（包括粒料）；规定施工中所用的结合料剂量；为工地提供评定质量的标准
延迟时间	对已定水泥剂量的混合料，确定延迟时间对混合料密度和抗压强度的影响，并据此确定施工允许的延迟时间

施工过程中的质量管理包括外形尺寸的控制和检查以及质量控制和检查。质量控制的项目、频度和质量标准应符合表 2-7-10 的要求。

质量控制的项目、频度和质量标准

表 2-7-10

工程类别	项目		频度	质量标准
水泥或石灰稳定土及综合稳定土	级配		每 2000m² 1 次	在规范规定范围内
	集料压碎值		据观察，异常时随时试验	不超过规范规定值
	水泥或石灰剂量		每 2000m² 1 次，至少 6 个样品，用滴定法或用直读式测钙仪试验，并与实际水泥或石灰用量校核	不小于设计值－1.0%
	含水量	水泥稳定土	据观察，异常时随时试验	在规范规定范围内
		石灰稳定土		
	拌合均匀性		随时观察	无灰条、灰团，色泽均匀，无离析现象
	压实度	稳定细粒土	每一作业段或不大于 2000m² 检查 6 次以上	二级及二级以下公路 93% 以上，高速公路和一级公路 95% 以上
		稳定中粒土和粗粒土		二级及二级以下公路的底基层 95%，基层 97%；高速公路和一级公路的底基层 96%，基层 98%
	抗压强度		稳定细粒土，每一作业段或每 2000m² 6 个试件；稳定中粒土和粗粒土，每一作业段或每 2000m² 6 个或 9 个试件	符合规范规定要求
石灰工业废渣稳定土	延迟时间		每个作业段 1 次	不超过规范规定
	配合比		每 2000m² 1 次	石灰剂量不小于设计值－1%（当石灰剂量少于 4% 时，为不小于设计值－0.5%）以内
	级配		每 2000m² 1 次	在规范规定范围内
	含水量		据观察，异常时随时试验	最佳含水量±1%（二灰土为±2%）
	拌合均匀性		随时观察	无粗细集料离析现象
	压实度	二灰土	每一作业段或不大于 2000m² 检查 6 次以上	二级及二级以下公路 93% 以上，高速公路和一级公路 95% 以上
		其他含粒料的石灰工业废渣		二级及二级以下公路底基层 95% 或 93%，基层 97% 以上；高速公路和一级公路底基层 97% 或 95%，基层 98% 以上
	抗压强度		稳定细粒土，每一作业段或每 2000m² 6 个试件；稳定中粒土和粗粒土，每一作业段或每 2000m² 6 个或 9 个试件	符合规定要求

第三节　热拌沥青混凝土路面施工

在前一章详细介绍了沥青和沥青混合料材料的性能以及沥青混合料配合比设计过程，本节主要介绍热拌沥青混凝土路面的施工和质量控制。

一、施工准备

沥青材料准备。沥青材料应采用导热油加热。温度应调节到能使拌合的沥青混合料出厂温度符合 JTG F40-2004 的要求（表 2-7-11），并保证按均匀温度把沥青材料源源不断地从贮料器输送到拌合机内，不应使用正在起泡或过热老化的沥青胶结料。

确定沥青混合料拌合及压实温度的适宜温度　　　　　　　　表 2-7-11

黏度	适宜于拌合的沥青结合料黏度	适宜于压实的沥青结合料黏度	测定方法
表观黏度	(0.17 ± 0.02)Pa·s	(0.28 ± 0.03)Pa·s	T 0625
运动黏度	(170 ± 20)mm²/s	(280 ± 30)mm²/s	T 0619
赛波特黏度	(85 ± 10)s	(140 ± 15)s	T 0623

集料准备。为了保证集料清洁，集料堆场地面应用水泥混凝土硬化，进入拌合厂和集料堆场的道路也应用水泥混凝土硬化。为了保证集料之间不相互混杂，要求不同规格集料之间应隔离。集料堆场宜搭棚，至少应将细集料用油布覆盖，以避免淋湿。集料进场宜在料堆顶部平台卸料，经推土机推平后，铲运机从底部按顺序竖直装料，减小集料离析。集料应加热到能使沥青混合料出厂温度符合 JTG F40—2004 的要求。集料在送进拌合设备时的含水量不应超过 1%，烤干用的火焰应调节适当，以免烤坏和熏黑集料。干燥滚筒拌合机出料时的混合料含水量不应超过 1%。

沥青混合料拌合设备。沥青混合料的拌合设备宜采用自动拌制的间歇式拌合机，拌合机应满足下列要求：①总拌合能力满足施工进度要求。②自动控制。拌合设备应能一拧开关或一按按钮就可一举调整配合比，定时卸出一盘混合料，并有装备温度计及保温的成品贮料仓和二次除尘设备。拌合设备应由计算机控制，逐盘打印集料和沥青的加热温度、混合料的拌合温度、材料用量和每盘混合料的产量等。拌合设备的产量应和生产进度相匹配，在安装完成后应按批准的配合比进行试拌调试，直到符合要求。③冷料仓的数量满足配合比需要，通常不宜少于 5～6 个。具有添加纤维、消石灰等外掺剂的设备。④拌合机应配备集尘器，其构造应能把按规定要收集的全部或部分材料消解掉或均匀地送回热料提升器上，而不让有害粉尘逸散到空气中去。为防止粉尘排放到空气中，需要给滤尘网盖上防尘密封罩。拌合机必须有二级除尘装置，经一级除尘部分可直接回收使用，二级除尘部分可进入回收粉仓使用（或废弃）。对因除尘造成的粉料损失应补充等量的新矿粉。⑤拌合场地应远离居民区，其距离不少于 1km。

热拌普通沥青混合料的施工温度参见表 2-7-12。聚合物改性沥青混合料的施工温度通常宜较普通沥青混合料的施工温度提高 10～20℃。对采用冷态胶乳直接喷入法制作的改性沥青混合料，集料烘干温度应进一步提高。聚合物改性沥青混合料的施工温度可根据经验和表 2-7-13 选取。

二、热拌沥青混合料的拌合

沥青混合料的拌合施工温度见表 2-7-12 和表 2-7-13。每天开始几盘集料应提高加热温度，并干拌几锅集料废弃，再正式加沥青拌合混合料。沥青混合料拌合时间根据具体情况经试拌确定，以沥青均匀裹覆集料为度。间歇式拌合机每盘的生产周期不宜少于 45s（其中干拌时间不少于 5～10s）。改性沥青和 SMA 混合料的拌合时间应适当延长。间隙式拌合机宜备有保温性能好的成品储料仓，贮存过程中混合料温降不得大于 10℃、且不能有沥青滴漏，普通沥青混合料的贮存时间不得超过 72h，改性沥青混合料的贮存时间不宜超过 24h，SMA 混合料只限当天使用，OGFC 混合料宜随拌随用。

热拌普通沥青混合料的施工温度（℃）   表 2-7-12

施工工序		石油沥青的标号			
		50 号	70 号	90 号	110 号
沥青加热温度		160～170	155～165	150～160	145～155
矿料加热温度	间隙式拌合机	集料加热温度比沥青温度高 10～30			
	连续式拌合机	矿料加热温度比沥青温度高 5～10			
沥青混合料出料温度		150～170	145～165	140～160	135～155
混合料贮料仓贮存温度		贮料过程中温度降低不超过 10			
混合料废弃温度，高于		200	195	190	185
运输到现场温度，不低于		150	145	140	135
混合料摊铺温度不低于	正常施工	140	135	130	125
	低温施工	160	150	140	135
开始碾压的混合料内部温度不低于	正常施工	135	130	125	120
	低温施工	150	145	135	130
碾压终了的表面温度不低于	钢轮压路机	80	70	65	60
	轮胎压路机	85	80	75	70
	振动压路机	75	70	60	55
开放交通的路表温度 不高于		50	50	50	45

聚合物改性沥青混合料的正常施工温度范围（℃）   表 2-7-13

工　序	聚合物改性沥青品种		
	SBS 类	SBR 胶乳类	EVA、PE 类
沥青加热温度	160～165		
改性沥青现场制作温度	165～170	—	165～170
成品改性沥青加热温度，不大于	175	—	175
集料加热温度	190～220	200～210	185～195
改性沥青 SMA 混合料出厂温度	170～185	160～180	165～180
混合料最高温度（废弃温度）	195		
混合料贮存温度	拌合出料后降低不超过 10		
摊铺温度，不低于	160		
初压开始温度，不低于	150		
碾压终了的表面温度，不低于	90		
开放交通时的路表温度，不高于	50		

生产添加纤维的沥青混合料时，纤维必须在混合料中充分分散，拌合均匀。拌合机应配备同步添加投料装置，松散的絮状纤维可在喷入沥青的同时或稍后采用风送设备喷入拌合锅，拌合时间宜延长 5s 以上。颗粒纤维可在粗集料投入的同时自动加入，经 5～10s 的

干拌后，再投入矿粉。工程量很小时也可分装成塑料小包或由人工量取直接投入拌合锅。

使用改性沥青时应随时检查沥青泵、管道、计量器是否受堵，堵塞时应及时清洗。沥青混合料出厂时应逐车检测沥青混合料的重量和温度，记录出厂时间，签发运料单。

拌合过程中逐盘采集并打印各个传感器测定的材料用量和沥青混合料拌合量、拌合温度等各种参数，每个台班结束时打印出一个台班的统计量，进行沥青混合料生产质量及铺筑厚度的总量检验，总量检验的数据有异常波动时，应立即停止生产，分析原因。

拌合过程中集料与沥青混合料取样应符合现行试验规程的要求。从沥青混合料运料车上取样时必须设置取样台分几处采集一定深度下的样品。

三、热拌沥青混合料的运输

热拌沥青混合料应采用较大吨位的运料车运输，但不得超载运输或急刹车、急弯掉头使透层、封层造成损伤。运料车的运力应稍有富余，施工过程中摊铺机前方应有运料车等候。运料车每次使用前后必须清扫干净，在车厢板上涂一薄层防止沥青粘结的隔离剂或防粘剂（柴油和水的比例可为 1：3），但不得有余液积聚在车厢底部。从拌合机向运料车上装料时，应多次挪动汽车位置，平衡装料，以减少混合料离析。运料车运输混合料宜用苫布覆盖保温、防雨、防污染。运料车进入摊铺现场时，轮胎上不得沾有泥土等可能污染路面的脏物，否则宜设水池洗净轮胎后进入工程现场。沥青混合料在摊铺地点凭运料单接收，若混合料不符合施工温度要求，或已经结成团块、已遭雨淋的不得铺筑。热拌沥青混合料的运输温度要求见表 2-7-12 和表 2-7-13。

摊铺过程中运料车应在摊铺机前 100～300mm 处停住，空挡等候，由摊铺机推动前进开始缓缓卸料，避免撞击摊铺机。在有条件时，运料车可将混合料卸入转运车经二次拌合后向摊铺机连续均匀的供料。运料车每次卸料必须倒净，尤其是对改性沥青或 SMA 混合料，如有剩余，应及时清除，防止硬结。

四、热拌沥青混合料的摊铺

热拌沥青混合料应采用沥青摊铺机摊铺。摊铺机应安装有可调的活动熨平板或整平组件。整平板在需要时可以加热。摊铺机应有一套夯板和一个可调整振幅的振动整平板的组合装置，夯板与振动熨平板的频率应能随意变化，并能各自单独调整。摊铺机应配备容量足以保证均匀摊铺作业的受料斗。还应装备自动进料控制器，并适当调节以使在整平板前方保持厚度均匀的沥青混合料。熨平板或整平组件应能有效地摊铺出具有所需平整度和纹理的密实表面，而不会撕扯、推挤混合料或造成孔眼。摊铺机应配备整平板自控装置，其一侧或双侧装有传感器，可通过外面的参考线探出纵坡和整平板的横坡，并能自动发出信号操纵整平板，使摊铺机能铺筑出理想的纵横坡度。

热拌沥青混合料摊铺时必须保证适当的温度，摊铺施工温度要求参见表 2-7-12 和表 2-7-13。铺筑高等级路面沥青混合料时，宜采用两台或更多台数的摊铺机前后错开 10～20m 成梯队方式同步摊铺，两幅之间应有 30～60mm 左右宽度的搭接，并躲开车道轮迹带，上下层的搭接位置宜错开 200mm 以上。摊铺机开工前应提前 0.5～1h 预热使熨平板不低于 100℃。铺筑过程中应选择熨平板的振捣或夯锤压实装置具有适宜的振动频率和振幅，以提高路面的初始压实度。熨平板加宽连接应仔细调节至摊铺的混合料没有明显的离析痕迹。

摊铺机必须缓慢、均匀、连续不间断地摊铺，不得随意变换速度或中途停顿，以提高平整度，减少混合料的离析。摊铺速度宜控制在 2～6m/min 的范围内。对改性沥青混合料及 SMA 混合料宜放慢至 1～3m/min。摊铺机的螺旋布料器应相应于摊铺速度调整到保持一个稳定的速度均衡地转动，两侧应保持有不少于送料器 2/3 高度的混合料，以减少在摊铺过程中混合料的离析。当发现混合料出现明显的离析、波浪、裂缝、拖痕时，应分析原因，予以消除。

沥青混合料的松铺系数应根据混合料类型由试铺试压确定。摊铺过程中应随时检查摊铺层厚度及路拱、横坡，并校验平均厚度。

五、热拌沥青路面的压实及成型

沥青路面施工应配备足够数量的压路机，选择合理的压路机组合方式及初压、复压、终压（包括成型）的碾压步骤，以达到最佳碾压效果。高速公路铺筑双车道沥青路面的压路机数量不宜少于 5 台。施工气温低、风大、碾压层薄时，压路机数量应适当增加。

沥青混合料的碾压应在合适的碾压施工温度下进行，见表 2-7-12 和表 2-7-13。沥青混合料压实宜采用钢筒式静态压路机与轮胎压路机或振动压路机组合的方法，初压严禁使用轮胎压路机，以确保面层横向平整度。初压应紧跟摊铺机，并保持较短的初压区长度，以尽快使表面压实，减少热量散失。复压应紧跟在初压后开始，且不得随意停顿。压路机碾压段的总长度应尽量缩短，通常不超过 60～80m。密级配沥青混凝土的复压宜优先采用重型的轮胎压路机进行搓揉碾压，以增加密水性。对粗集料为主的较大粒径的混合料，尤其是大粒径沥青稳定碎石基层，宜优先采用振动压路机复压。终压应紧接在复压后进行，如经复压后已无明显轮迹时可免去终压。压路机的数量应根据生产率决定。压路机应以慢而均匀的速度碾压，压路机的碾压速度应符合表 2-7-14 的规定。

压路机碾压速度（km/h）　　　　　　表 2-7-14

压路机类型	初压		复压		终压	
	适宜	最大	适宜	最大	适宜	最大
钢筒式压路机	2～3	4	3～5	6	3～6	6
轮胎压路机	2～3	4	3～5	6	4～6	8
振动压路机	2～3（静压或振动）	3（静压或振动）	3～4.5（振动）	5（振动）	3～6（静压）	6（静压）

沥青混凝土的压实层最大厚度不宜大于 100mm，沥青稳定碎石混合料的压实层厚度不宜大于 120mm，仅当采用大功率压路机且经试验证明能达到压实度时允许增大到 150mm。

六、热拌沥青混合料施工接缝的处理

摊铺混合料部分留下 10～20cm 宽暂时不碾压，作为后高程基准面，并有 5～10cm 专用的摊铺层重叠，以热接缝形式在最后作跨缝碾压以消除缝迹。上下层纵缝应错开 15cm 以上。

横向施工缝全部采用平接缝。用 3m 直尺沿纵向位置，在摊铺段端部的直尺成悬臂状，以摊铺层与直尺脱离接触处定出接缝位置，用锯缝机割齐后铲除；继续摊铺时，应将接缝锯切时留下的灰浆擦洗干净，涂上少量粘层沥青，摊铺机熨平板从接缝后起步摊铺；碾压时用钢轮压路机进行横向压实，从先铺路面上跨缝逐渐移向新铺路面。

横向施工缝应远离桥梁毛勒缝 20cm 以外，不许设在毛勒缝处，以确保毛勒缝两边路面表面的平顺。

七、热拌沥青路面的施工质量检测和控制

沥青路面施工应根据全面质量管理的要求，建立健全有效的质量保证体系，对施工各工序的质量进行检查评定，达到规定的质量标准，确保施工质量的稳定性。对于高等级沥青路面应加强施工过程质量控制，实行动态质量管理。

沥青路面在施工前应铺筑试验段，检验各种施工机械的类型、数量及组合方式是否匹配。通过试拌确定拌合机的操作工艺，考察计算机打印装置的可信度。通过试铺确定透层油的喷洒方式和效果、摊铺、压实工艺，确定松铺系数等。验证沥青混合料生产配合比设计，提出生产用的标准配合比和最佳沥青用量。建立钻孔法与无破损检测路面密度的对比关系。确定压实度的标准检测方法。

施工前必须检查各种材料的来源和质量。工程开始前，必须对材料的存放场地、防雨和排水措施进行确认，不符合本规范要求时材料不得进场。进场的各种材料的来源、品种、质量应与招标及提供的样品一致，不符要求的材料严禁使用。使用成品改性沥青的工程，应要求供应商提供所使用的改性剂型号、基质沥青的质量检测报告。使用现场改性沥青的工程，应对试生产的改性沥青进行检测。质量不合格的不可使用。施工前应对沥青拌合楼、摊铺机、压路机等各种施工机械和设备进行调试，对机械设备的配套情况、技术性能、传感器计量精度等进行认真检查、标定。

热拌沥青混合料生产过程中，应按表 2-7-15 对各种原材料进行抽样试验，其质量应符合规范规定的技术要求。

施工过程中材料质量检查的项目与频度 表 2-7-15

材料	检查项目	检查频度		试验规程规定的平行试验次数或一次试验的试样数
		高速公路、一级公路	其他等级公路	
粗集料	外观(石料品种、含泥量等)	随时	随时	—
	针片状颗粒含量	随时	随时	2～3
	颗粒组成(筛分)	随时	必要时	2
	压碎值	必要时	必要时	2
	磨光值	必要时	必要时	4
	洛杉矶磨耗值	必要时	必要时	2
	含水量	必要时	必要时	2
细集料	颗粒组成(筛分)	随时	必要时	2
	砂当量	必要时	必要时	2
	含水量	必要时	必要时	2
	松方单位重	必要时	必要时	2
矿粉	外观	随时	随时	—
	<0.075mm 含量	必要时	必要时	2
	含水量	必要时	必要时	2
石油沥青	针入度	每2～3天1次	每周1次	3
	软化点	每2～3天1次	每周1次	2
	延度	每2～3天1次	每周1次	3
	含蜡量	必要时	必要时	2～3

材料	检查项目	检查频度		试验规程规定的平行试验次数或一次试验的试样数
		高速公路、一级公路	其他等级公路	
改性沥青	针入度	每天1次	每天1次	3
	软化点	每天1次	每天1次	2
	离析试验（对成品改性沥青）	每周1次	每周1次	2
	低温延度	必要时	必要时	3
	弹性恢复	必要时	必要时	3
	显微镜观察（对现场改性沥青）	随时	随时	—
乳化沥青	蒸发残留物含量	每2～3天1次	每周1次	2
	蒸发残留物针入度	每2～3天1次	每周1次	2
改性乳化沥青	蒸发残留物含量	每2～3天1次	每周1次	2
	蒸发残留物针入度	每2～3天1次	每周1次	3
	蒸发残留物软化点	每2～3天1次	每周1次	2
	蒸发残留物的延度	必要时	必要时	3

沥青拌合厂必须按下列步骤对沥青混合料生产过程进行质量控制，并按表2-7-16检查沥青混合料产品的质量。

热拌沥青混合料的检查频度和质量要求　　　　　　　　　　表2-7-16

项　目		检查频度及单点检验评价方法	质量要求或允许偏差		试验方法
			高速公路、一级公路	其他等级公路	
混合料外观		随时	观察集料粗细、均匀性、离析、油石比、色泽、冒烟、有无花白料、油团等各种现象		目测
拌合温度	沥青、集料的加热温度	逐盘检测评定	符合规范规定		传感器自动检测、显示并打印
	混合料出厂温度	逐车检测评定	符合规范规定		传感器自动检测、显示并打印，出厂时逐车检测
		逐盘测量记录，每天取平均值评定	符合规范规定		传感器自动检测、显示并打印
矿料级配（筛孔）	0.075mm	逐盘在线检测	±2%（2%）	—	计算机采集数据计算
	≤2.36mm		±5%（4%）	—	
	≥4.75mm		±6%（5%）		
	0.075mm	逐盘检查，每天汇总1次取平均值评定	±1%		总量检验
	≤2.36mm		±2%		
	≥4.75mm		±2%		
	0.075mm	每台拌合机每天1～2次，以2个试样的平均值评定	±2%（2%）	±2%	抽提筛分与标准级配比较的差
	≤2.36mm		±5%（3%）	±6%	
	≥4.75mm		±6%（4%）	±7%	

项　目	检查频度及单点检验评价方法	质量要求或允许偏差		试验方法
		高速公路、一级公路	其他等级公路	
沥青用量（油石比）	逐盘在线监测	±0.3%	—	计算机采集数据计算
	逐盘检查，每天汇总1次取平均值评定	±0.1%	—	总量检验
	每台拌合机每天1～2次，以2个试样的平均值评定	±0.3%	±0.4%	抽提
马歇尔试验：空隙率、稳定度、流值	每台拌合机每天1～2次，以4～6个试件的平均值评定	符合规范规定		
浸水马歇尔试验	必要时（试件数同马歇尔试验）	符合规范规定		
车辙试验	必要时（以3个试件的平均值评定）	符合规范规定		

第四节　水泥混凝土路面施工和质量控制

一、施工准备

1. 设备要求

一般施工技术水平下，不同等级的公路水泥混凝土路面的施工应满足表 2-7-17 的要求。

不同等级的公路水泥混凝土路面的施工设备要求　　　　　表 2-7-17

摊铺工艺机械设备	高速公路	一级公路	二级公路	三级公路	四级公路
滑模摊铺机	√	√	√	⊙	○
轨道摊铺机	⊙	√	√	√	○
三辊轴机组	○	⊙	√	√	√
小型机具	×	○	⊙	√	√
碾压混凝土	×	○	√	√	⊙
计算机自动控制强制搅拌楼（站）	√	√	√	⊙	○
人工控制强制搅拌楼（站）	×	○	⊙	√	√

注：1. 符号含义：√应使用；⊙有条件使用；○不宜使用；×不得使用。
　　2. 各等级公路不得使用体积计量、小型自落滚筒式搅拌机，严禁使用人工控制加水量。

2. 安装模板

模板由钢模或其他材料制成，并符合路面平、纵、横设计的要求，保证模板连接牢固可靠、支立稳固，使其在浇筑混凝土时能经受捣实和饰面设备的冲击和振动而不位移，模板的高度与混凝土路面厚度相同。

3. 设置传力杆

横向缩缝及胀缝设置传力杆时与中线及路面表面应平行。传力杆长度的一半再加 5cm

涂一层沥青。胀缝处的传力杆在涂沥青的一端加一个预制的内留 30mm 的填以纱头或泡沫塑料的盖套。

拉杆要求在混凝土摊铺之前就装设好，或者用一台拉杆振动器把它装入接缝边缘内，或者用混凝土摊铺机上的拉杆自动穿杆器来装设。

二、水泥混凝土路面的施工

1. 混凝土拌合物的搅拌

搅拌场配置的混凝土总拌合设备的生产能力要求保证满足不同的摊铺能力，并按总拌合能力确定所要求的搅拌楼数量和型号，混凝土路面不同摊铺方式的搅拌楼最小配置容量（m³/h）见表 2-7-18 的要求。

混凝土路面不同摊铺方式的搅拌楼最小配置容量（m³/h）　　　表 2-7-18

摊铺方式 摊铺宽度	滑模摊铺	轨道摊铺	碾压混凝土	三辊轴摊铺	小型机具
单车道 3.75～4.5m	≥100	≥75	≥75	≥50	≥25
双车道 7.5～9m	≥200	≥150	≥150	≥100	≥50
整幅宽≥12.5m	≥300	≥200	≥200	—	—

每台搅拌楼在投入生产前，必须进行标定和试拌。在标定有效期满或搅拌楼搬迁安装后，均应重新标定。施工中应每 15d 校验一次搅拌楼计量精确度。采用计算机自动控制系统的搅拌楼时，应使用自动配料生产，并按需要打印每天（周、旬、月）对应路面摊铺桩号的混凝土配料统计数据及偏差。

搅拌过程中，拌合物质量检验与控制应符合表 2-7-19 的规定。低温或高温天气施工时，拌合物出料温度宜控制在 10～35℃，并应测定原材料温度、拌合物的温度、坍落度损失率和凝结时间等。

混凝土拌合物的质量检验项目与频率　　　表 2-7-19

检查项目	检查频率	
	高速公路、一级公路	其他公路
水灰比及稳定性	每 5000m³ 抽检一次，有变化随时测	每 5000m³ 抽检一次，有变化随时测
坍落度及其均匀性	每工班测 3 次，有变化随时测	每工班测 3 次，有变化随时测
坍落度损失率	开工、气温较高和有变化随时测	开工、气温较高和有变化随时测
振动黏度系数	试拌、原材料和配合比有变化时测	试拌、原材料和配合比有变化时测
钢纤维体积法	每工班测 2 次，有变化随时测	每工班测 1 次，有变化随时测
含气量	每工班测 2 次，有抗冻要求不少于 3 次	每工班测 1 次，有抗冻要求不少于 3 次
泌水量	必要时测	必要时测
视密度	每工班 1 次	每工班 1 次
湿度、凝结时间、水化发热量	冬、夏施工，气温最高、最低时，每工班至少测 1～2 次	冬、夏施工，气温最高、最低时，每工班至少测 1 次
离析	随时观测	随时观测
VC 值及稳定性、压实度、松铺系数	碾压混凝土做复合式路面底层时，检查频率与其他公路相同	每工班测 3～5 次，有变化随时测

2. 混凝土拌合物的运输

水泥混凝土材料的运输应根据施工进度、运量、运距及路况，选配车型和车辆总数。总运力应比总拌合能力略有富余，确保新拌水泥混凝土在规定时间内运到摊铺现场。不同摊铺工艺的混凝土拌合物从搅拌机出料到运输、铺筑完毕的允许最长时间应符合表 2-7-20 的规定。不满足时应通过试验，加大缓凝剂或保塑剂的剂量。

混凝土拌合物出料到运输、铺筑完毕的允许最长时间　　　　　表 2-7-20

施工温度 （℃）	到运输完毕允许最长时间（h）		到铺筑完毕允许最长时间（h）	
	滑模、轨道	三轴、小机具	滑模、轨道	三轴、小机具
5～9	2.0	1.5	2.5	2.0
10～19	1.5	1.0	2.0	1.5
20～29	1.0	0.75	1.5	1.25
30～35	0.75	0.50	1.25	1.0

3. 水泥混凝土拌合物的铺筑

水泥混凝土铺筑时，将倾卸在基层或摊铺机箱内的水泥混凝土按摊铺厚度均匀地充满模板范围之内。主要设备有以下三种：

（1）滑模机械铺筑

高速公路、一级公路施工，宜选配能一次摊铺 2～3 个车道宽度（7.5～12.5m）的滑模摊铺机；二级及二级以下公路路面的最小摊铺宽度不得小于单车道设计宽度。硬路肩的摊铺宜选配中、小型多功能滑模摊铺机，并宜连体一次摊铺路缘石。滑模摊铺机的基本技术参数选择见表 2-7-21。

滑模摊铺机的基本技术参数　　　　　表 2-7-21

项目	发动机功率（kW）	摊铺宽度（m）	摊铺厚度（mm）	摊铺速度（m/min）	空驶速度（m/min）	行走速度（m/min）	履带数（个）	整机自重（t）
三车道滑模摊铺机	200～300	12.5～16.0	0～500	0～3	0～5	0～15	4	57～135
双车道滑模摊铺机	150～200	3.6～9.7	0～500	0～3	0～5	0～18	2～4	22～50
多功能单车道滑模摊铺机	70～150	2.5～6.0	0～400 护栏高度 800～1900	0～3	0～9	0～15	2、3、4	12～27
路缘石滑模摊铺机	≤80	<2.5	<450	0～5	0～9	0～10	2、3	≤10

（2）三辊轴机组铺筑

三辊轴整平机的主要技术参数见表 2-7-22。板厚 200mm 以上宜采用直径 168mm 的辊轴；桥面铺装或厚度较小的路面可采用直径为 219mm 的辊轴。轴长宜比路面宽度长出 600～1200mm。振动轴的转速不宜大于 380r/min。

（3）轨道摊铺机铺筑

根据路面车道数或设计宽度选择轨道摊铺机型号，轨道摊铺机主要技术参数见表 2-7-23。最小摊铺宽度不得小于单车道 3.75m。

型号	轴直径 (mm)	轴速 (r/min)	轴长 (m)	轴质量 (kg/m)	行走机构 质量(kg)	行走速度 (m/min)	整平轴距 (mm)	振动功率 (kW)	驱动功率 (kW)
5001	168	300	1.8~9	65±0.5	340	13.5	504	7.5	6
6001	219	300	5.1~12	77±0.7	568	13.5	657	17	9

项目	发动机功率 (kW)	最大摊铺宽度 (m)	摊铺厚度 (mm)	摊铺速度 (m/min)	整机质量 (t)
三车道轨道摊铺机	33~45	11.75~18.3	250~600	1~3	13~38
双车道轨道摊铺机	15~33	7.5~9.0	250~600	1~3	7~13
单车道轨道摊铺机	8~22	3.5~4.5	250~450	1~4	≤7

4. 水泥混凝土拌合物的捣实

滑模摊铺机的振动棒下缘位置应在挤压板最低点以上，振动棒的横向间距不宜大于 450mm，均匀排列；两侧最边缘振捣体与摊铺边沿距离不宜大于 250 mm，保证整幅范围内的水泥混凝土振捣密实和均匀。挤压底板前倾角宜设置为 3℃左右。提浆夯板位置宜在挤压底板前缘以下，两边缘超铺高程根据拌合物稠度宜在 3~8mm 之间调整。搓平梁前沿宜调整到与挤压板后沿高程相同，搓平梁的后沿比挤压底板后沿低 1~2mm，并与路面高程相同。

三辊轴机组铺筑混凝土面板时，应在布料长度大于 10m 时开始振捣作业。密排振动棒组间歇插入振实时，每次移动距离不宜超过振动棒有效作用半径的 15 倍，并不得大于 500mm，振捣时间宜为 15~30s。排式振捣机连续施行振实时，作业速度宜控制在 4m/min 以内。排式振捣机应匀速缓慢、连续不间断地振捣行进。要求经过振捣的路面表面不露粗集料、液化表面不再冒气泡并泛出水泥浆为准。面板振实后，应随即安装纵缝拉杆。单车道摊铺的混凝土路面，在侧模预留孔中应按设计要求插入拉杆；一次摊铺双车道路面时，除应在侧模孔中插入拉杆外，还应在中间纵缝部位，使用拉杆插入机在 1/2 板厚处插入拉杆，插入机每次移动的距离应与拉杆间距相同。

轨道摊铺机应配备振捣体组，振捣方式有斜柄连续拖行及间歇垂直插入两种，当面板厚度超过 150 mm 坍落度小于 30 mm 时，必须插入振捣；连续拖行振捣时，宜将作业速度控制在 0.5~1.0m/min 之间，并随着坍落度的大小而增减。间歇振捣时，当一处混凝土振捣密实后，将振动棒组缓慢拔出，再移动到下一处振实，移动距离不宜大于 500mm。

5. 整修、锯缝及养护

经振捣密实的水泥混凝土表面应保持其路拱准确、平整度符合要求。表面整修前应做好清边整缝，清除粘浆，修补掉边、缺角。当混凝土硬化到足以承受锯缝设备时，即可开始锯缝作业。锯缝作业完成后的碎屑和杂物应彻底清除干净。混凝土板表面修整完毕后，应及时采用湿润养护和塑料薄膜养护 14~21d。

6. 开放交通

混凝土板达到设计强度时，可允许开放交通。当遇特殊情况需要提前开放交通时按规定的试验方法测定混凝土与面板同样条件养护的试块应达到设计强度 80% 以上，其车辆荷载不得大于设计荷载。在开放交通之前，路面应清扫干净，所有接缝均应封闭好。

三、施工质量要求

1. 基本要求

水泥混凝土路面的施工质量应满足如下基本要求：水泥的物理性能和化学成分符合国家有关标准的规定；粗细集料、水及接缝材料符合规范要求；施工配合比应根据现场测定的水泥的实际强度进行计算，并经试验室试验，选用最佳配合比；混凝土的摊铺、捣实、整平与面板混凝土养护符合规范要求；接缝的位置、规格、尺寸和传力杆、拉力杆的设置以及面板补强钢筋的布设等符合设计和规范要求；路面的平整度和构造深度符合规范要求。

2. 检查项目

公路混凝土路面铺筑质量应满足表 2-7-24 的要求，水泥混凝土的检查项目、检查方法和频率应按照表 2-7-25 进行。

公路混凝土路面铺筑质量要求 表 2-7-24

项次	检查项目		允许值	
			高速公路、一级公路	其他公路
1	弯拉强度（MPa）		100%符合规定	
2	板厚度（mm）		代表值≥−5；极值≥−10，C_v 值符合设计要求	
3	平整度	σ(mm)	≤1.2	≤2.0
		IRI(m/km)	≤2.0	≤3.2
		3m 直尺最大间隙△h(mm)	≤3（合格率应≥90%）	≤5（合格率应≥90%）
4	抗滑构造深度（mm）	一般路段	0.70~1.10	0.50~0.90
		特殊路段	0.80~1.20	0.60~1.00
5	相邻板高差（mm）		≤2	≤3
6	连接摊铺纵缝高差（mm）		平均值≤3；极值≤5	平均值≤5；极值≤7
7	接缝顺直度（mm）		≤10	
8	中线平面偏位（mm）		≤20	
9	路面宽度（mm）		≤±20	
10	纵断高程（mm）		±10	±15

水泥混凝土路面质量检测指标、方法和频率 表 2-7-25

项次	检查项目	检验方法和频率	
		高速公路、一级公路	其他公路
1	弯拉强度	每班留 2~4 组试件，日进度<500m 取 2 组；≥500m 取 3 组；≥1000m 取 4 组，测弯拉强度 f、f_{min}、C_v	每班留 1~3 组试件，日进度<500m 取 1 组；≥500m 取 2 组；≥1000m 取 3 组，测弯拉强度 f、f_{min}、C_v
	钻芯劈裂强度	每车道每 3km 钻取 1 个芯样，硬路肩为 1 个车道，测劈裂强度平均值 f、f_{min}、C_v，板厚 h	每车道每 3km 钻取 1 个芯样，硬路肩为 1 个车道，测劈裂强度平均值 f、f_{min}、C_v，板厚 h
2	板厚度	路面摊铺宽度内每 100m 左右各 2 处，连续摊铺每 100m 单边 1 处，参考芯样	路面摊铺宽度内每 100m 左右各 1 处，连续摊铺每 100m 单边 1 处，参考芯样

项次	检查项目	检验方法和频率	
		高速公路、一级公路	其他公路
3	3m 直尺平整度	每半幅车道 100m 2 处 10 尺	每半幅车道 200m 2 处 10 尺
	动态平整度	所有车道连续检测	所有车道连续检测
4	抗滑构造深度	铺砂法：每幅 200m 2 处	铺砂法：每幅 200m 1 处
5	相邻板高差	尺测：每 200m 纵横缝 2 条，每条 3 处	尺测：每 200m 纵横缝 2 条，每条 2 处
6	连接摊铺纵缝高差	尺测：每 200m 纵向工作缝，每条 3 处，每处间隔 2m 3 尺，共 9 尺	尺测：每 200m 纵向工作缝，每条 2 处，每处间隔 2m 3 尺，共 6 尺
7	接缝顺直度	20m 接线测：每 200m6 条	20m 拉线测：每 200m4 条
8	中线平面偏位	经纬仪：每 200m6 点	经纬仪：每 200m4 点
9	路面宽度	尺测：每 200m6 处	尺测：每 200m4 处
10	纵断高程	水准仪：每 200m6 点	水准仪：每 200m4 点
11	横坡度	水准仪：每 200m6 个断面	水准仪：每 200m4 个断面
12	断板率	数断板面板块占总块数比例	数断板面板块占总块数比例
13	脱皮裂纹露石缺边掉角	量实际面积，并计算与总面积比	量实际面积，并计算与总面积比
14	路缘石顺直度和高度	20m 拉线测：每 200m4 处	20m 拉线测：每 200m2 处
15	灌缝饱满度	尺测：每 200m 接缝测 6 处	尺测：每 200m 接缝测 4 处
16	切缝深度	尺测：每 200m6 处	尺测：每 200m4 处
17	胀缝表面缺陷	每条观察填缝及啃边断角	每条观察填缝及啃边断角
18	胀缝板连浆	每条胀缝板安装时测量	每条胀缝板安装时测量
	胀缝板倾斜	尺测：每块胀缝板每条两侧	尺测：每块胀缝板每条两侧
	胀缝板弯曲和位移	尺测：每块胀缝板每条 3 处	尺测：每块胀缝板每条 3 处
19	传力杆偏移	钢筋保护层仪：每车道 4 根	钢筋保护层仪：每车道 3 根

3. 外观鉴定

外观鉴定时，混凝土面板外观应无脱皮、印痕、裂纹、雾石、蜂窝、麻面、缺边、掉角等现象，路面边线直顺、曲线圆顺。接缝填缝料饱满密实、粘结牢固，接缝清洁整齐。

复习思考题

1. 简述设计、施工中在路堤填筑前应对原地面采取的处治措施及应遵循的路堤正确填筑方法。
2. 什么是压实度？现场检测路基压实度有哪些方法？各种方法的适用条件如何？
3. 分析影响路基压实度的因素及产生压实度不足的原因。
4. 什么是无结合料粒料基（垫）层？怎样保证其施工质量？
5. 什么是无机结合料？怎样保证无机结合料基层的施工质量？
6. 热拌沥青混凝土路面施工包括哪些环节？怎样保证热拌沥青混凝土路面的施工质量？
7. 怎样进行水泥混凝土路面的施工质量控制？

第八章 路基路面病害调查及评价

第一节 路基常见病害及防治

路基是路面的基础，其强度和稳定性直接影响路面结构的稳定和使用性能。路面的许多病害及破损都是由路基的强度和稳定性不足引起的，而影响路基强度和稳定性的因素包括两方面：一方面是自然因素与地质条件，其中最主要的影响因素是温度和湿度；另一方面是人为因素，包括设计、施工和养护等。

一、边坡常见病害及防治

1. 边坡剥落、碎落和溜方

边坡表层土或风化岩表层，在自然环境的作用下发生反复胀缩，从而引起表层松散脱落或溜方，见图 2-8-1 和图 2-8-2。坡面的剥落、碎落或溜方等病害，起初可能对路基的损坏很轻微，并不妨碍交通，但会堵塞边沟，若不及时清理，则会影响排水畅通，从而导致路基更严重破坏。

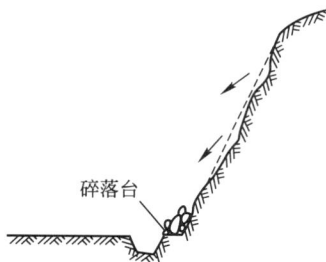

图 2-8-1 路堑边坡的剥落   图 2-8-2 路堑边坡的溜方

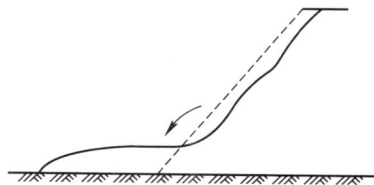

2. 边坡崩塌

边坡崩塌是指岩土块在重力作用下突然脱离母体从高陡的边坡崩落和倒塌下来的现象。崩塌可发生在陡峻的自然山坡，也可发生在高陡的人工边坡上。崩塌属于坡体破坏，发生的速度极快，其规模和危害程度均较剥落或碎落更为严重。崩塌大多出现在路堑边坡高度大于 $20\sim30m$、坡度陡于 $50°\sim60°$、岩体节理（裂隙）发育，有软弱面或软硬错层（图 2-8-3）的地段。渗入裂隙中水分的破坏作用（如浸蚀和冻胀等），坡脚被挖动或淘空，地震和爆破施工的震动等都会促使崩塌现象的发生。

3. 坍塌

坍塌是指路基边坡的土体（包括土石混杂的堆积层和松软破碎的岩层）发生推移和坍落的现象（图 2-8-4）。坍塌也称为坍方。坍塌时，土体的运动速度很快（但比崩塌慢），很少有翻滚现象，运动结束后坍塌体基本稳定，无固定滑动面，也无明显的软弱面。边坡坡度太陡，路基排水不良（坡体被水浸湿），坡脚受水流冲淘等，都能使坡体在重力（还有水压力和地震）作用下失去平衡而坍塌。坍塌与崩塌不同，在于后者主要是受不利的地质构造（存在软弱面）和风化作用的影响而产生。

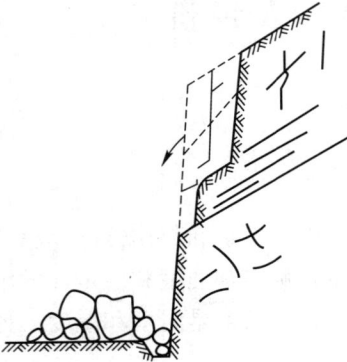

图 2-8-3　路堑边坡的崩塌

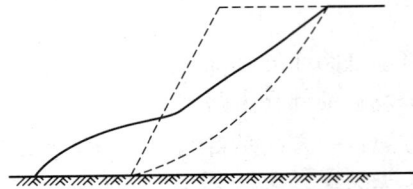

图 2-8-4　路基边坡的坍塌

4. 滑坡

山坡坡体因长期受水浸湿或下部支撑力量受到削弱，致使一部分岩土在重力等作用下，沿着一定的滑动面或软弱面呈整体向下缓慢而长期滑动的现象，称为滑坡（图 2-8-5）。滑坡体并不完全稳定，在突变阶段会出现急剧的滑动。有些滑坡体滑动时速度很快，部分岩土体也有翻滚现象，这种滑坡称作崩塌性滑坡。滑坡一般都发生在山谷间缓坡地带，其形成大多与地下水或地面水的活动、地层的构造和不恰当的填挖路基有关。

5. 滑移

建造在陡坡上的路堤或半路堤如果基底（地基表面）未经处理而被水浸湿，下侧边坡坡脚又未加以支挡，则堤身就可能在自重等作用下沿原山坡向下滑移（图 2-8-6）。

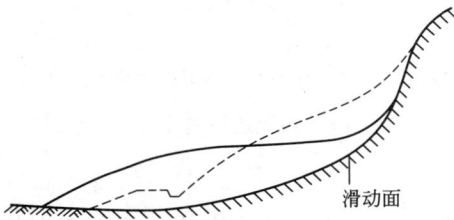

滑动面

图 2-8-5　滑坡

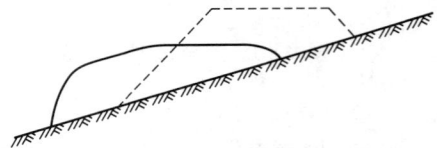

图 2-8-6　陡坡路堤的滑移

边坡崩塌、坍塌、滑坡和滑移，是山区公路常见的路基病害。这些病害，由于规模较大，破坏性强，严重地威胁着行车的安全，往往造成交通受阻或中断，需要投入较大的力量来抢险和修复，也往往需要下大力气来进行处理和防护。边坡病害防治处理措施有：

（1）及时检查清除路基上方的危石，特别在雨期前要做细致检查；

（2）整修边坡，及时清除可能滑落的土石方；

（3）对裂缝较多的岩层，可用喷浆法防止岩石剥落及风化；

（4）对于基岩破坏严重，崩塌落石多发的路段，则宜修建落石平台、落石槽等拦截结构物；

（5）加固边坡，如种草、铺草皮或植树；

（6）搞好排水，不使地面或地下水浸蚀路基边坡；

（7）对危及行车安全的路段，可根据地形和岩层情况，采用嵌补、支顶的方法予以加固；

（8）对于风化的软质岩层，可修建浆砌片石护墙；

（9）对由于存在软弱结构面而易引起崩塌的高边坡，可根据情况采用挡土墙或支护墙等；

（10）对边坡坡脚内受河水冲刷而易形成崩塌者，河岸要做防护工程。

二、路基变形病害及防治

路基变形病害根据其对路面的影响可划分为不均匀下沉、局部沉陷和整体下沉三种类型。根据路基沉陷产生的部位，可分为路堤沉陷和地基沉陷两类。高填土路堤沉陷往往伴随着路基纵横向开裂或边坡滑动。高填土路堤沉陷不仅与边坡高度有关，而且也与路基填料性质、边坡坡度、地基性质、水文状况和施工方法等有关。

1. 路堤下沉

在泥沼及软土地基上修筑较高的路堤时，由于地基土的压缩性大和抗剪强度不足，地基和路堤堤身内会出现滑动，使路堤向下沉落而两侧地基出现隆起现象（图 2-8-7）。

2. 路基沉陷

路基土质松软和压实不足，在水分、自重和行车作用下，基身会逐渐压密，使路基表面发生沉陷（图 2-8-8）。其沉陷量同压实程度和填土高度有关。用透水性不同的土杂乱填筑的路堤，或者用冻土块或过湿土填筑的路堤都会出现较大的沉陷，有时还是不均匀沉陷。在山坡上填筑的半路堤，由于一侧为挖方和堤身填土高度不一致产生的沉陷常不均匀，致使路表面会出现纵向开裂。

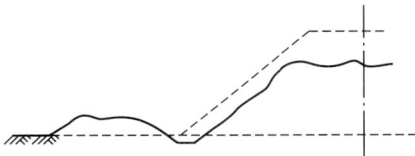

图 2-8-7 软土路堤的沉落

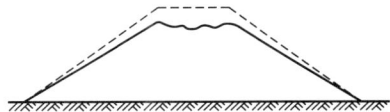

图 2-8-8 路堤的沉陷

路基的下沉和沉陷，会改变路基的标高，使路面逐渐损坏，影响道路的使用质量；局部路段的大量下沉，会严重影响行车安全，甚至使交通中断。由此可见路基的病害与变形对道路的危害性是很大的。为确保道路的畅通和安全，提高路面的使用性能和寿命，应该尽力避免路基产生各种病害和变形。路基变形病害的处治措施如下：

（1）采用换土法、固化剂法、粉喷桩、排水固结、灌浆等方法提高软土路基的承载力；

（2）搞好路基路面排水，不使地面或地下水浸蚀路基。

三、路基冻胀与翻浆

在季节性冰冻地区，潮湿地段的路基在冰冻过程中，路基内的水分由于负温度的坡差影响会发生重分布，不断地向上迁移而聚集在上部，这些过量的水分冻结后体积膨胀，使路基隆起和路面开裂，发生冻胀；春融时，路基上层的土首先化冻，因水分过多而变得极为湿软，以至丧失承载能力，在行车荷载作用下发生弹簧、开裂、鼓包、车辙，严重时泥浆外冒，路面大面积破坏，就形成了翻浆。冻胀与翻浆现象大多出现在水文条件不良、土质较差、气候条件不利的交通繁重的路段上。

防治冻胀和翻浆的基本途径是：(1)抬高路基，或铺设隔离层等，防止地面水、地下水或其他水分在冻结前或冻结过程中进入路基上部；(2)在化冻期，将冻层中的水分及时排除或暂时蓄积在透水性好的路面结构层中；(3)采用综合防治措施，改善路基及路面结构。

第二节　沥青路面病害调查及评价

沥青路面路况调查与评价的目的是全面掌握沥青路面的使用状况，分析路面病害的成因，为道路管理部门编制养护年度计划和维修对策提供依据，同时，也可指导沥青路面的日常养护和维修工作。通常，应对路面使用性能进行长期观测和调查，按照规定采集路况数据，分析路面产生病害的原因，研究其变化规律，拟定处治方案。同时，为道路养护管理部门制定资金需求和资金分配计划、制定道路养护工作计划，确定大、中、小修及保养对策和方案提供依据。

一、沥青路面的破损类型

沥青路面的破损可分为裂缝类、松散类、变形类及其他类型。各类破损类型及其严重程度描述见表2-8-1。

沥青路面破损分类及描述　　　　　　　　　　　　表 2-8-1

破损类型		分级	外观描述	分级指标	换算系数 K	计量单位
裂缝类	龟裂	轻	初期龟裂，缝细、无散落，裂区无变形	块度：20～50cm	0.6	m²
		中	裂块明显，缝较宽，无或轻散落或轻度变形	块度：<20cm	0.8	
		重	裂块破裂，缝宽，散落重，变形明显，急待修理	块度：<20cm	1.0	
	不规则裂缝	轻	缝细，不散落或轻微散落，块度大	块度：>100cm	0.2	m²
		重	缝宽，散落，裂块小	块度：50～100cm	0.4	
	纵缝	轻	缝壁无散落或轻微散落，无或少支缝	缝宽：>5mm	0.4	m²
		重	缝壁散落重，支缝多	缝宽：≤5mm	0.6	
	横缝	轻	缝壁无散落或轻微散落，无或少支缝	缝宽：>5mm	0.2	m²
		重	缝壁散落重，支缝多	缝宽：≤5mm	0.4	
松散类	坑槽	轻	坑浅，面积小(<1m²)	坑深：≤25mm	0.8	m²
		重	坑深，面积较大(>1m²)	坑深：>25mm	1.0	
	麻面		细小嵌缝料散失，出现粗麻面		0.1	m²
	脱皮		路面面层层状脱落		0.6	m²
	啃边		路面边缘破碎脱落，宽度 10cm 以上		0.8	
	松散	轻	细集料散失，路面磨损，路表粗麻		0.2	m²
		重	粗集料散失，多量微坑，表面剥落		0.4	

破损类型		分级	外观描述	分级指标	换算系数 K	计量单位
变形类	沉陷	轻	深度浅，行车无明显不舒适	深度：≤25mm	0.4	m2
		重	深度深，行车明显颠簸不适	深度：＞25mm	1.0	
	车辙	轻	变形较浅	深度：≤25mm	0.4	m²
		重	变形较深	深度：＞25mm	1.0	
	搓板		路面产生纵向连续起伏、似搓板状的变形		0.8	m²
	波浪	轻	波峰波谷高差小	高差：≤25mm	0.4	m²
		重	波峰波谷高差大	高差：＞25mm	0.8	
	拥包	轻	波峰波谷高差小	高差：≤25mm	0.4	m²
		重	波峰波谷高差大	高差：＞25mm	0.8	
其他类	泛油		路表呈现沥青膜，发亮，镜面，有轮印		0.1	m²
	磨光		路面原有粗糙构造衰退或丧失，路表光滑		0.6	m²
	修补破损面积		因破损或病害而采取修复措施进行处治，路表外观上已修补的部分与未修补部分明显不同		0.1	m²
	冻胀		路基下部的水分向上聚集并冻结成冰引起路面结构膨胀，造成路表拱起和开裂		1.0	m²
	翻浆		因路基湿软，路面出现弹簧、破裂、冒浆的现象		1.0	m²

二、调查内容与方法

1. 沥青路面调查内容与频率

沥青路面调查主要包括路面破损状况、路面结构强度、路面平整度、路面抗滑能力等四项内容。路面调查可采用全面调查或抽样调查的方式。路面状况调查所需设备见表2-8-2。路面调查频率可遵照表2-8-3的规定。

沥青路面状况调查设备表　　　　　　　　表 2-8-2

调查内容	调查设备	备注
路面破损状况	直尺等直观调查设备	可配备路况摄影车
路面结构强度	贝克曼梁弯沉仪及弯沉车	可配备自动弯沉仪或落锤式弯沉仪
路面平整度	路面平整度仪或3m直尺	
路面抗滑能力	摩擦系数仪	可配备横向力系数仪
路面车辙深度	路面车辙测试仪	

沥青路面调查频率　　　　　　　　表 2-8-3

公路等级	评价指标			
	破损	平整度	强度	抗滑
高速公路、一级公路	每年一次		1～3 年一次	
二、三、四级公路	每年重点调查		必要的调查	

（1）破损调查

路面破损的调查指标为综合破损率（DR）。

高速公路、一级公路和城市快速路沥青路面破损数据调查，宜采用先进快速的调查方法，其他等级公路和城市道路可采用人工调查的方法。

（2）强度调查

路面强度的调查指标为路面弯沉值（l_s）。

高速公路和一级公路路面弯沉值的调查，宜采用自动弯沉仪或落锤式弯沉仪进行调查，但应建立与贝克曼梁测定结果的对应关系。其他等级公路可采用贝克曼梁弯沉仪进行调查。

（3）平整度调查

路面平整度的调查指标为国际平整度指数（IRI）。

路网的全面调查宜采用车载式检测设备快速检测，小范围的抽样调查可采用连续式平整度仪或 3m 直尺检测。

各种方法的测定结果应建立与国际平整度指数之间的对应关系。

（4）抗滑能力的调查

路面抗滑能力的调查指标为横向力系数（SFC）和摆值（BPN）。调查设备可采用横向力测定车和摆式仪。高速公路、一级公路及城市快速路，宜采用横向力系数测定车。

（5）交通量观测

交通量观测可采用人工或自动观测仪器进行。高速公路的交通量观测可结合收费站或监控设施实施观测。

2. 调查方法

调查时必须严肃认真，并预先熟悉路面病害类型区分，确保数据真实、可靠。调查时可根据以下调查方法进行：

（1）仔细查看路面上存在的损坏状况，正确区分病害类型和严重程度，丈量其损坏面积，按病害类型及其严重程度，记入沥青路面损坏情况调查表，准确至平方米，不规则形状的损坏面积计算时先按当量面积计算，然后根据破损程度乘上系数确定；评价段次按100m 设定，每张表为一个路段的实测记录。

（2）对于各种单条裂缝，其损坏面积按裂缝长度乘以 0.2m 计算。

（3）车辙的损坏面积按车辙的长度乘以 0.4m 计算。对于车辙、拥包、波浪、坑槽、沉陷等损坏，可用三米直尺测其最大垂直变形，以确定其严重程度。

（4）调查结果应按路段汇总。路段长度宜采用 1000m，以整公里桩号为起讫点，并考虑以公路交叉及行政区分界为分段点。

三、沥青路面使用品质的评价指标与评价方法

1. 路面现有使用质量评价的内容

路面现有使用质量评价的内容包括：路面破损状况、行驶质量、强度及抗滑性能。各项评价内容所用的指标及其关系如图 2-8-9 所示。

2. 路面破损状况

（1）路面破损状况采用路面状况指数（PCI）进行评价，路面状况指数由沥青路面破损率（DR）计算得出。

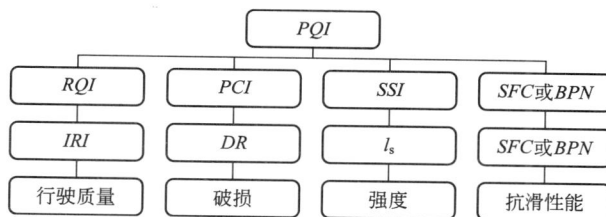

图 2-8-9 评价指标关系图

1）路面破损的具体种类及严重程度描述见表 2-8-1。

2）路面破损换算系数（K）：根据路面破损的严重程度和范围，按表 2-8-1 确定。

3）路面综合破损率（DR）按下式计算：

$$DR = D/A \times 100 = \sum\sum D_{ij} \cdot K_{ij}/A \times 100 \qquad (2\text{-}8\text{-}1)$$

式中　DR——路面综合破损率，以百分数计；

D——调查路段内的折合破损面积（m^2），$D = \sum\sum D_{ij} \cdot K_{ij}$；

A——调查路段的路面总面积（m^2）；

D_{ij}——第 i 类损坏、j 类严重程度的实际破损面积（m^2）；如为纵、横向裂缝，其破损面积为：裂缝长度（m）×0.2；车辙破损面积为：长度（m）×0.4；

K_{ij}——第 i 类损坏、第 j 类严重程度的换算系数，可从表 2-8-1 查得。

4）路面状况指数（PCI）

路面状况指数（PCI）的数值范围为 0～100。其值越大，路况越好。PCI 的计算公式为：

$$PCI = 100 - 15 DR^{0.412} \qquad (2\text{-}8\text{-}2)$$

（2）路面破损状况的评价标准

根据路面破损情况，可将路面质量分为优、良、中、次、差五个等级，见表 2-8-4。

路面破损状况评价标准　　　　　　　　　　　　　　表 2-8-4

评价指标 ＼ 评价等级	优	良	中	次	差
路面状况指数 PCI	≥85	≥70～<85	≥55～<70	≥40～<55	<40

3. 路面强度

（1）路面强度指数（SSI）

沥青路面强度采用强度指数作为评价指标。路面强度指数（SSI）按下式计算：

$$SSI = 路面设计弯沉值/路段代表弯沉值 \qquad (2\text{-}8\text{-}3)$$

路段代表弯沉值可依据现行《公路沥青路面设计规范》（JTG D50）的有关规定进行计算。

（2）路面强度评价标准

路面强度可根据表 2-8-5 进行评价。

路面强度的评价标准　　　　　　　　　　　表 2-8-5

标准 道路等级 评价指标	优		良		中		次		差	
	高速公路、一级公路	其他公路、等级公路	高速公路、一级公路	其他公路、等级公路	高速公路、一级公路	其他公路、等级公路	高速公路、一级公路	其他公路、等级公路	高速公路、一级公路	其他公路、等级公路
强度指数 SSI	$\geqslant 1.0$	$\geqslant 0.83$	$<1.0 \sim$ $\geqslant 0.83$	$<0.83 \sim$ $\geqslant 0.66$	$<0.83 \sim$ $\geqslant 0.66$	$<0.66 \sim$ $\geqslant 0.5$	$<0.66 \sim$ $\geqslant 0.5$	$<0.5 \sim$ $\geqslant 0.3$	<0.5	<0.3

4. 行驶质量指数

(1) 路面的行驶质量采用行驶质量指数(RQI)作为评价指标，行驶质量指数由国际平整度指数(IRI)计算。

(2) 国际平整度指数。

1) 国际平整度指数 IRI 可由反应类设备测定，测定结果需经试验标定。IRI 与其他设备的标定关系式一般为：

$$IRI = a + b \cdot BI \qquad (2\text{-}8\text{-}4)$$

式中　BI——平整度测试设备的测试结果；

　　　a、b——标定系数，在使用中，可根据实际的标定结果确定其值；

　　　IRI——国际平整度指数(m/km)。

2) 行驶质量指数

路面行驶质量指数与国际平整度指数(IRI)的关系为：

$$RQI = 11.5 - 0.75 IRI \qquad (2\text{-}8\text{-}5)$$

式中　RQI——行驶质量指数，数值范围为 0～10，如出现负值，则 RQI 值取 0；如计算结果大于 10，RQI 值取 10。

(3) 路面行驶质量可根据表 2-8-6 进行评定。

路面行驶质量的评定标准　　　　　　　　　　　表 2-8-6

等级 评价指标	优	良	中	次	差
行驶质量指数 RQI	$\geqslant 8.5$	$<8.5 \sim \geqslant 7.0$	$<7.0 \sim \geqslant 5.5$	$<5.5 \sim \geqslant 4.0$	<4.0

5. 路面抗滑性能

路面抗滑性能采用抗滑系数作为评价指标，抗滑系数以横向力系数(SFC)或摆式仪的摆值(BPN)表示。路面抗滑性能可根据表 2-8-7 进行评定。

路面抗滑能力评价标准　　　　　　　　　　　表 2-8-7

评价等级 评价指标	优	良	中	次	差
横向力系数 SFC	$\geqslant 50$	$\geqslant 40 \sim <50$	$\geqslant 30 \sim <40$	$\geqslant 20 \sim <30$	<20
摆值 BPN	$\geqslant 42$	$\geqslant 37 \sim <42$	$\geqslant 32 \sim <37$	$\geqslant 27 \sim <32$	<27

6. 路面的综合评价

(1) 路面的综合评价指标(PQI)

路面的综合评价采用 PQI 作为评价指标，PQI 用分项指标加权计算得出。PQI 的数值范围为 0～100。其值越大，路况越好。

$$PQI = PCI' \cdot P_1 + RQI' \cdot P_2 + SSI' \cdot P_3 + SFC' \cdot P_4 \qquad (2\text{-}8\text{-}6)$$

式中　P_1、P_2、P_3、P_4——相应指标的权重，按 PCI、RQI、SSI、SFC（或 BFN）的重要性确定。建议值见表 2-8-8。PCI'、RQI'、SSI'、SFC' 的赋值见表 2-8-9。

P_1、P_2、P_3、P_4 权重建议值　　表 2-8-8

权重 \ 取值	建议值		
	高速公路、一级公路	二级公路	二级以下公路
P_1	0.25	0.3	0.35
P_2	0.35	0.25	0.2
P_3	0.1	0.25	0.35
P_4	0.3	0.2	0.1

PCI'、RQI'、SSI'、SFC' 的赋值　　表 2-8-9

权重 \ 等级	PCI、RQI、SSI、SFC（或 BFN）评定结果				
	优	良	中	次	差
相应指标的赋值	92	80	65	50	30

（2）路面综合评价的评价标准

路面综合评价可参照表 2-8-10 进行。

路面综合评价标准　　表 2-8-10

评价指标 \ 等级	优	良	中	次	差
路面综合评价指标 PQI	≥85	≥70～<85	≥55～<70	≥40～<55	<40

四、维修养护对策

　　沥青路面养护对策应根据公路等级、交通量、分项路况评价结果确定。应结合路面管理系统的使用，根据路面分项评价结果和养护资金的情况，统筹安排，确定道路养护的优先次序。可根据公路等级、交通量、分项路况的评价结果，结合养护资金情况，采取日常养护、小修小补、中修罩面、大修补强等维修养护措施与对策。当路面不适应现有交通量或载重的需要时，应通过提高现有路面的等级，或通过加宽等改建措施提高道路的通行能力和服务质量。

第三节　水泥混凝土路面病害调查及评价

一、水泥混凝土路面病害类型和分级

　　水泥混凝土路面的病害可分为面层断裂类、面层竖向位移类、面层接缝类和面层表层类等四大类。水泥混凝土路面破损状况以病害类型、轻重程度和出现的范围或密度三项属性表征。各种病害的定义和轻重程度分级及描述见表 2-8-11。

水泥混凝土路面病害分类及描述

表 2-8-11

病害类型		分级	外观描述	备注
面层断裂类	贯穿水泥混凝土面层的断裂裂缝		平行或近于平行路面中心线的纵向裂缝	
			垂直或斜向路面中心线的横向或斜向裂缝	
			从板角隅到斜向裂缝两端的距离小于 1.8m 的角隅断裂	
			两条以上裂缝交叉，使板断裂成 3 块以上的交叉裂缝和断裂板	
	纵向、横向或斜向裂缝和角隅断裂病害	轻	缝隙边缘无碎裂或错台的细裂缝，缝隙宽度小于 3mm；或者、填封良好、边缘无碎裂或错台的裂缝	
		中	缝隙边缘中等碎裂（或）错台小于 10mm 的裂缝，且缝隙宽度小于 15mm	
		重	缝隙边缘严重碎裂或错台大于 10mm 缝隙宽度大于 15mm	
	交叉裂缝和断裂板病害	轻	板被轻微裂缝分割成 2～3 块	
		中	板被中等裂缝分割成 3～4 块或被轻微裂缝分割成 5 块以上	
		重	板被严重裂缝分割成 4～5 块，或被中等裂缝分割成 5 块以上	
面层竖向位移类	沉陷	轻	车辆以限速驶过时仅引起无不舒适感的轻微跳动	
		中	车辆驶过时有产生不舒适感的较大跳动	
		重	车辆驶过时产生过大的跳动，引起严重不舒适或不安全	
	胀起	轻	车辆以限速驶过时仅引起无不舒适感的轻微跳动	
		中	车辆驶过时有产生不舒适感的较大跳动	
		重	车辆驶过时产生过大的跳动，引起严重不舒适或不安全	
面层接缝类	接缝填缝料损坏	轻	整个路段接缝填缝料情况良好，仅有少量接缝出现上述损坏	
		中	整个路段接缝填缝料情况尚可，1/3 以下的接缝长度出现上述损坏，水和硬质材料易渗入或挤入	
		重	接缝填缝料情况很差，1/3 以上的接缝长度出现上述损坏，水和硬质材料能自由渗入或挤入，填缝料需立即更换	
	纵向接缝张开	轻	接缝张开 10mm 以下	
		重	接缝张开 10mm 以上	
	唧泥和板底脱空	轻	车辆驶过时，有水从板缝或边缘外唧出，或者在板接（裂）缝或边缘的邻近表面残留有少量唧出材料的沉淀物	
		重	在板接（裂）缝或边缘的表面残留有大量唧出材料的沉淀物，车辆驶过时，板有明显的颤动和脱空感	
	错台	轻	错台量小于 5mm	
		中	错台量 5～10mm	
		重	错台量大于 10mm	
	接缝碎裂	轻	碎裂仅出现在接缝或裂缝两侧 8cm 范围内，尚未采取临时修补措施	
		中	碎裂范围大于 8cm，部分碎块松动或散失，但不影响安全或危害轮胎	
		重	影响行车安全或危害轮胎	
	拱起	轻	车辆以限速驶过时仅引起无不舒适感的轻微跳动	
		中	车辆驶过时有产生有不舒适感的较大跳动	
		重	车辆驶过时产生过大的跳动，引起严重不舒适或不安全	

病害类型		分级	外观描述	备注
面层表层类	磨损和露骨	轻	磨损、露骨深度小于等于3mm	
		重	磨损、露骨深度大于3mm	
	纹裂、网裂和起皮	轻	板的大部分面积出现纹裂或网裂，但表面状况良好，无起皮	
		中	板出现起皮，面积小于等于混凝土板面积的10%	
		重	板出现起皮，面积大于混凝土板面积的10%	
	活性集料反应引起的网裂	轻	板出现网裂，面层可能变色，但未出现起皮和接缝碎裂	
		中	出现起皮和(或)接缝碎裂，沿裂缝和接缝有白色细屑	
		重	出现起皮和(或)接缝碎裂的范围发展到影响行车安全或危害轮胎，路表面有大量白色细屑	
	粗集料冻融裂纹	轻	裂纹出现在缝或自由边附近0.3m范围内，缝未发生碎裂	
		中	裂纹出现在缝或自由边附近，范围大于0.3m，受影响区内缝出现轻微或中等碎裂	
		重	裂纹影响区内裂缝出现严重碎裂，不少材料散失	
	坑洞		坑洞病害不分轻重程度等级	
	修补损坏病害	轻	轻微破损，或边缘处有轻微碎裂	
		中	轻微裂缝或车辙、推移，边缘处有中等碎裂	
		重	出现严重裂缝、车辙、推移或错台，需重新进行修补	

二、水泥混凝土路面状况调查和评定

1. 路面状况调查

为了了解水泥混凝土路面现状，选择相应的养护措施，制定养护政策，规划养护工程项目，编制养护计划，进行路面改建设计都应进行路面状况调查和评定。水泥混凝土路面状况调查和评定包含七个方面：①路面破损状况；②结构承载能力；③行驶质量；④抗滑能力；⑤交通状况(车辆组成和轴载)；⑥路基和路面排水状况；⑦路面修建和养护历史。调查时，可按调查需求和路面状况的不同，分别选择不同的调查内容和调查深度或细度，采用不同的评定指标和标准。

水泥混凝土路面破损状况以病害类型、轻重程度和出现的范围或密度三项属性表征。各种病害的定义和轻重程度分级按表2-8-11确定。各种病害和轻重程度出现的范围或密度，以调查路段(或子路段)内出现该种病害和轻重程度等级的混凝土板块数占该路段(或子路段)板块总数的百分率计。同一块板内存在多种病害或轻重程度等级时，以最显著的种类或最重的程度计入系数。

调查工作采用目测和仪具量测方法。为确定需采取养护措施的路段(地点)，或为路面改建设计提供依据而进行的调查，应沿整个调查段逐块板进行，而为了解和评定路面现状对使用要求的适应程度以制定养护政策，分配养护资金，规划养护工程项目，编制养护计划进行的调查，可采用抽样调查方法，抽样规模可为10%左右。

考虑路面破损严重或者路面需承受比原设计标准轴大得多的车辆荷载而进行设计时，应进行现有路面的结构承载力调查和测定。调查测定可采用无破损试验和破损试验二者结合的方式进行。无破损试验主要采用承载板、弯沉仪或落锤弯沉仪等仪器，测定试验荷载作用下的路表挠度曲线，评定接缝传荷能力判断板底脱空情况。破损试验需钻取各结构层的试样，量取其厚度，并在室内进行强度和模量的测定。

行驶质量调查可采用反应类仪器或断面类仪器进行路面平整度测定。不同类型仪器的测定结果，应按预先经过试验建立的关系曲线，统一换算成国际平整度指数（IRI）。平整度测定沿调查路段的各个车道逐公里进行。可在路面使用初期，进行一次全线平整度测定，而后视交通量大小于每隔 2~4 年进行一次测定，或者按情况需要对平整度差的路段进行测定。

抗滑能力调查包括路面表面摩阻系数和构造深度测定两项。摩阻系数可采用摆式仪测定路表面抗滑值（SRV）、或者采用偏转轮拖车测定侧向力系数（SF）、或者采用锁轮拖车测定滑移指数（SN）得到。路表面构造深度可采用砂铺法测定，也可采用激光构造深度仪。

2. 路面状况评定

水泥混凝土路面可采用路面状况指数（PCI）和断板率（DBL）两项指标评定路面破损状况。依据路段破损状况调查得到的病害类型、轻重程度和密度数据，按下列公式确定该路段的路面状况指数（PCI），以 100 分制表示。

$$PCI = 100 - \sum_{i=1}^{n} \sum_{j=1}^{m_j} DP_{ij} W_{ij} \qquad (2\text{-}8\text{-}7)$$

$$DP_{ij} = A_{ij} D_{ij} B_{ij} \qquad (2\text{-}8\text{-}8)$$

$$W_{ij} = \begin{cases} 2.5 R_{ij} & R_{ij} < 0.2 \\ 0.5 + 0.686(R_{ij} - 0.2) & 0.2 \leqslant R_{ij} < 0.55 \\ 0.74 + 0.28(R_{ij} - 0.55) & 0.55 \leqslant R_{ij} < 0.8 \\ 0.81 + 0.95(R_{ij} - 0.8) & R_{ij} \geqslant 0.8 \end{cases} \qquad (2\text{-}8\text{-}9)$$

$$R_{ij} = \frac{DP_{ij}}{\sum_{i=1}^{n} \sum_{j=1}^{m_j} DP_{ij}} \qquad (2\text{-}8\text{-}10)$$

式中　i 和 j——病害种类和轻重程度；

n——病害种类总数；

m_j——j 种病害的轻重程度等级数；

DP_{ij}——i 种病害和 j 种轻重程度的单项扣分值，它是破损密度 D_{ij} 的函数；

D_{ij}——i 种病害 j 种轻重程度的板块数占调查路段板块总数的比例；

A_{ij} 和 B_{ij}——系数，可参考表 2-8-12 确定；

W_{ij}——同时出现多种破损时，i 种病害和 j 种轻重程度扣分值的修正系数；

R_{ij}——各单项扣分值占总扣分值的比值。

单项扣分值 DP_{ij} 和修正系数 W_{ij}，应由有代表性的成员组成的评定小组通过实地评定试验后制定。

314

计算单项扣分值的系数 A_{ij} 和 B_{ij}   表 2-8-12

病害类型 \ 系数	A_{ij}			B_{ij}		
轻重程度	轻	中	重	轻	中	重
纵、横、斜向裂缝	30	65	93	0.55	0.52	0.54
角隅断裂	49	73	95	0.76	0.64	0.61
交叉裂缝、断裂板	70	88	105	0.60	0.50	0.42
沉陷、胀起	49	65	92	0.76	0.64	0.52
唧泥	25	—	65	0.90	—	0.80
错台	30	60	92	0.70	0.61	0.53
接缝碎裂	23	30	51	0.81	0.61	0.71
拱起	49	65	92	0.76	0.64	0.52
纵缝张开	30	—	70	0.90	—	0.70
填缝料损坏	10	35	60	0.95	0.90	0.80
纹裂或网裂和起皮	22	60	90	0.70	0.60	0.50
磨损和露骨	20	—	60	0.70	—	0.50
坑洞	—	30		—	0.60	—
活性集料反应	25	47	70	0.90	0.80	0.70
修补损坏	10	60	90	0.95	0.60	0.54

依据路段破损状况调查得到的断裂类病害的板块数，按断裂种类的严重程度的不同，采用不同的权系数进行修正后，由下式确定该路段的断板率（DBL），以百分数表示。

$$DBL = \left(\sum_{i=1}^{n} \sum_{j=1}^{m_j} DB_{ij} W_{ij}' \right) / BS \qquad (2-8-11)$$

式中　DB_{ij}——i 种类裂缝病害 j 种轻重程度的板块数；

　　　W_{ij}'——i 种裂缝病害 j 种轻重程度的修正权系数，按表 2-8-13 确定；

　　　BS——评定路段内的板块总数。

计算断板率的权系数 W_{ij}'   表 2-8-13

裂缝类型	交叉裂缝			角隅裂缝			纵、横、斜向裂缝		
轻重程度	轻	中	重	轻	中	重	轻	中	重
权系数 W_{ij}'	0.60	1.00	1.50	0.20	0.70	1.00	0.20	0.60	1.00

水泥混凝土路面破损状况分为五个等级，各个等级的路面状况指数和断板率的评定标准见表 2-8-14。

水泥混凝土路面破损状况等级评定标准   表 2-8-14

评定等级	优	良	中	次	差
路面状况指数 PCI	≥85	84~70	69~55	54~40	<40
断板率 DBL（%）	≤1	2~5	6~10	11~20	>20

水泥混凝土路面结构承载能力的评定，可按《公路水泥混凝土路面设计规范》（JTG D40）中规定的方法进行。水泥混凝土路面行驶质量可采用行驶质量指数（RQI）进行评定。行驶质量指数同路面平整度指数之间的关系，可参照下列关系式确定行驶质量指数：

$$RQI = 10.5 - 0.75IRI \tag{2-8-12}$$

行驶质量分为五个等级。各个等级的行驶质量标准见表 2-8-15。

水泥混凝土路面行驶质量等级评定标准　　　　　　　　表 2-8-15

评定等级	优	良	中	次	差
行驶质量指数 RQI	≥8.5	8.4～7.0	6.9～4.5	4.4～2.0	<2.0

水泥混凝土路面表面抗滑能力采用侧向力系数 SFC 或抗滑值 SRV 以及构造深度两项指标评定。路面抗滑能力分为五个等级，见表 2-8-16。

水泥混凝土路面抗滑能力等级评定标准　　　　　　　　表 2-8-16

评价等级	优	良	中	次	差
构造深度（mm）	≥0.8	0.7～0.6	0.5～0.4	0.3～0.2	<0.2
抗滑值 SRV	≥65	64～55	54～45	44～35	<35
横向力系数 SFC	≥0.55	0.54～0.45	0.44～0.38	0.37～0.30	<0.30

3. 水泥混凝土路面养护对策

根据路况调查评价结果，高速公路、一级公路及城市快速路的路面破损状况等级为优和良，或者二级及二级以下公路或城市干道的路面破损状况等级为中及中以上时，可采用日常养护和局部或个别板块修补措施。各种病害的养护或修补措施，可参考表 2-8-17。

各种病害的养护或修补措施　　　　　　　　表 2-8-17

病害＼措施	可暂不修补	填封裂缝	填封接缝	部分深度修补	全深度修补	换板	沥青混合料修补	板底堵封	板顶研磨	刻槽	边缘排水
纵、横、斜向裂缝和角隅断裂	L	L, M, H			H						
交叉裂缝和断裂板		L, M				M, H					
沉陷、胀起	L, M						M, H	H	M, H		
唧泥、错台	L		L, M					H	H		M, H
接缝碎裂	L			M, H	H						
拱起	L				M, H	H					
纵缝张开			L, H								
填缝料损坏	L		M, H								
纹裂或网裂和起皮	L, M			M, H			M, H				
磨损和露骨	磨损						露骨			磨光	
活性集料反应	L					H					
集料冻融裂纹	L			M, H	H						

注：表中 L、M、H 表示病害轻重程度等级：L-轻度；M-中等；H-严重。

高速公路、一级公路及城市快速路的路面破损状况等级为中及中以下，或者二级及二级以下公路或城市干道的路面破损状况等级为次及次以下时，可采取全路段修复或改善措施，包括沥青混合料修补、板块破碎和碾压稳定、铺筑沥青混凝土或水泥混凝土加铺层以及修建纵向边缘排水设施等。高速公路、一级公路及城市快速路的路面行驶质量等级为中及中以下，或者二级及二级以下公路或城市干道的行驶质量等级为次及次以下时，可采取刻槽、罩面或加铺层等措施改善路面的平整度。

高速公路、一级公路及城市快速路的路面抗滑能力等级为中及中以下，或者二级及二级以下公路的抗滑能力等级为次及次以下时，应采取刻槽、罩面等措施提高路表面的抗滑能力。其他城市道路可适当放宽。

路面结构承载能力不满足现有交通的要求时，应采取铺筑沥青混凝土或水泥混凝土加铺层措施提高其承载能力。

复 习 思 考 题

1. 路基常见的病害有哪些？试简要分析各自的成因。
2. 沥青路面的破损类型有哪些？对沥青路面进行调查的内容与方法有哪些？
3. 沥青路面使用品质的评价指标有哪些？如何评价？
4. 如何对水泥混凝土路面病害进行分类和分级？
5. 如何对水泥混凝土路面的状况进行调查和评定？
6. 水泥混凝土路面养护对策有哪些？分别对应何种病害？

第九章　路基路面养护技术与管理

第一节　路基养护技术

　　路基是道路的重要组成部分，是路面的基础，其强度和稳定性是保证路面能够正常使用的重要条件。所以，必须对路基进行经常性、预防性和科学合理的养护，使其经常处于良好的技术状态，不致发生较大的变形和其他病害。

　　为了保证路基的坚实稳定，排水畅通，使各部分尺寸和坡度符合规定，及时消除不稳定因素，保证路基良好的技术状况，必须对路基进行及时、经常的养护和维修与改善。路基的养护工作需紧紧围绕路基高度、路基宽度、路基边坡及排水和防护工程等几方面进行。路基养护的工作主要内容包括：

　　（1）路基排水设施疏通、加固。路基排水设施包括边沟、截水沟、排水沟以及暗沟（管）等。应及时排除堵塞，疏导水流，保持水流畅通，必要时结合地形、地质、纵坡、流速等情况，综合考虑铺砌加固。

　　（2）路肩及边坡检查、维修和加固。如：整修边坡，及时清除可能滑落的土石方；加固边坡，如种草、铺草皮或植树；必要时也可采取喷浆、挡土墙或支护墙等。

　　（3）路基防护构造物维护、修理。公路沿线的防护构造物包括护坡、护面墙、石笼、植树、铺草皮、丁坝、顺坝及各种类型的挡土墙等，要保证这些构造物完整无损，发挥其对路基的防护与加固作用。

　　（4）及时清除塌方、积雪，检查险情，预防水毁等灾害。

　　（5）观察、预防、处理滑坡、翻浆、泥石流、崩塌、塌方及其他路基病害的险情并向上级报告，加强水毁的预防与治理。

　　1. 排水设施养护

　　路基排水设施分为地面排水设施和地下排水设施。地面排水设施通常有边沟、泄水槽、排水沟以及急流槽、拦水带等；地下排水设施有明沟、暗沟、盲沟、有管渗沟、洞式渗沟及防水隔离层等。路基排水设施的主要作用是将路基范围内的路基湿度降低到一定限度以内，保持路基的强度和稳定性。

　　无论是地面排水设施还是地下排水设施，在春融前，特别是汛前，应全面检查、疏通。雨天必须上路巡查，及时排除堵塞并疏通。防止水流直接冲刷路基、路面及路肩。暴雨过后应重点检查，如有冲刷、损坏，应及时修补。

　　2. 路肩养护

　　路肩位于行车道外缘至路基边缘的地带。高等级公路的路肩由外侧路缘带、硬路肩和保护性土路肩组成。路肩的功能：①保护路面；②停置临时发生故障、事故的车辆；③提供侧向余宽，显示行车道外侧边缘，引导视线，增加行车的安全舒适性；④增加挖方弯道地段的视距；⑤为设置交通安全设施（标志、防护栅等）或埋设地下管线及养护作业提供场地。路肩的破坏将直接引起路面的开裂和坍塌，因此必须做好路肩的养护和加固工作。路肩养护与维修工作的重点就是减少或消除路面水对路肩的危害。路面范围的地表水通过路肩排出，必须经常保持路肩的横坡平整顺适，防止路肩因水的作用松软和破坏。

（1）路肩应经常保持平整坚实，对出现的坑槽、车辙和缺口等应及时修补。

（2）对雨天积水、淤泥，应及时排除和清理，并填平夯实。

（3）因路肩过高妨碍路面排水时，应铣刨整平，达到规定要求。土路肩的铲削整平工作，应在雨后土壤湿润状态下，结合清理边沟和修理边坡同时进行。路肩横坡度过大时，用良好的砂土或与原路基相同的土壤以及其他合适的材料填补压实，不得用清沟挖出的淤泥或含有草根的土壤填补。砂或粉砂土地段应掺拌黏性土加固表面，提高其稳定性。填补厚度大于 15cm 时，应分层夯实。土或有草的路肩应满足其横坡比路面坡度大 1‰～2‰的要求，以利排水。

（4）对于因路肩湿软而经常发生啃边病害的路段，可在路肩内缘铺设排水盲沟，及时排除内路肩下渗的积水。盲沟的构造可采用无纺布包裹双壁波纹塑管的形式，这种盲沟施工便捷，造价低廉。

（5）陡坡路段的路肩，易被暴雨冲成纵横沟槽，应采用设置截水明槽或用粒料加固土路肩或有计划地铺筑硬路肩。

（6）高等级公路硬路肩应根据设计要求铺沥青混凝土或水泥混凝土面层，并铺砌路肩边缘带，此时路肩的养护工作将转变成同类型路面的养护工作。

（7）应在路肩以外设置堆料台，堆料应距离适当，排列规整。在冬季，对于路用防滑料或其他养路材料，应根据路肩和地形条件，堆放在合适的位置，也可布置在护坡底。

（8）可在路肩一边种植（天然的也可以）草皮，保护路肩不被冲刷，保持路容路貌整洁美观。草皮要经常修整，草高宜不超过 15cm，以免影响路面排水。

3. 边坡维护与加固

边坡包括路堑边坡和路堤边坡，其主要作用是保证路基稳定、行车安全及景观的舒适。边坡坡度对边坡的稳定十分重要，确保路基边坡坡度合理是路基设计和养护的重要内容。路堤边坡稳定性与填料种类、边坡高度以及路堤的类型有关。影响路堑边坡稳定的因素较为复杂，除了路堑深度和土体的性质之外，地质构造特征、岩石的风化和破碎程度、土层的成因类型、地面水和地下水的影响、坡面的朝向以及当地的气候条件等都会影响路堑边坡的稳定性。土质（包括粗粒土）路堑边坡，则应考虑边坡高度、土的密实程度、地下水和地面水的情况、土的成因及生成时代等因素。常见的边坡病害有崩塌、落石、滑坡、坡面冲刷、坍塌和剥落等。边坡养护和维修工作的重点是保持稳定性，即边坡应经常保持平顺、坚实、无裂缝。

（1）路基边坡的坡面应保持平顺、坚实无冲沟，其坡度应符合设计规定。应经常观察路堑，特别是深路堑边坡的稳定情况，如发现有危岩、浮石等，应及时清除，避免危及行车、行人安全和堵塞山沟；当土路堑边坡出现冲沟时，应及时用黏土填塞捣实；如出现潜流涌水，可开集水沟，将水引向路基以外。

（2）土路堤边坡因水冲刷，易出现冲沟和缺口，应及时用粘结良好的土修补捣实。对较大的冲沟和缺口，修理时应将原边坡开挖成台阶形，然后分层填筑夯实，并注意与原坡面衔接平顺，增加植被防护。

（3）石质路堑边坡，应经常注意边坡坡面岩石风化发展情况，以及边坡上的危岩、浮石的发展情况，发现问题时，应及时采取适当的措施处理，如抹面、喷浆、勾缝、灌浆、嵌补和锚固等。

（4）土质边坡、碎落台、护坡道及沿河路堤等，如经常出现缺口、冲沟、沉陷、塌落或受洪水、边坡流水冲刷及浸淹时，应根据水流、土质等情况，选用种草、铺草皮、栽灌木丛、铺柴束、篱格填石、投放石笼、干砌或浆砌片石护坡等措施，进行防护加固，见图 2-9-1～图 2-9-4 所示。

（5）边坡发生坍塌需要修整时，不能在边坡上贴土修补，而应在毁坏的地段从下到上挖成土台阶，再分层填土夯实，夯实后的宽度稍超出原来的坡面，以便最后削出边坡。同时，也可采用土工合成材料进行边坡防护，目前用于临时防护和永久防护的土工合成材料主要是土工织物。

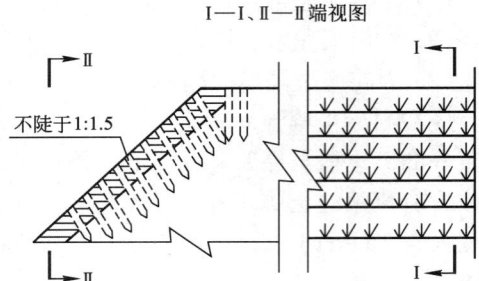

图 2-9-1　平铺草皮护坡

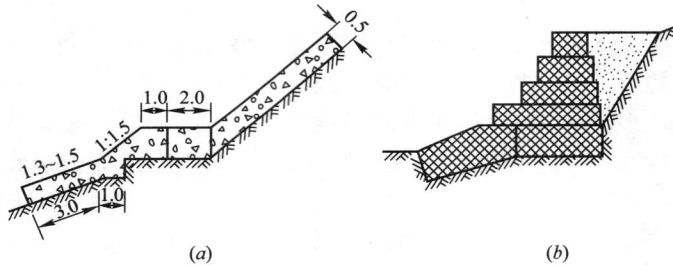

(a)　　　　　　　　　　　(b)

图 2-9-2　石笼护坡（尺寸单位：m）

(a) 单层石笼护坡；(b) 多层石笼护坡

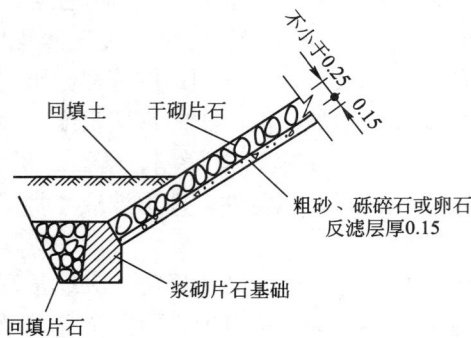

图 2-9-3　干砌片石护坡（尺寸单位：m）

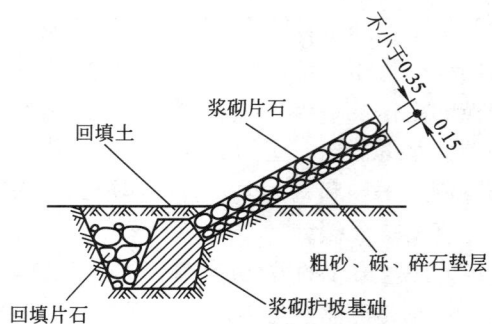

图 2-9-4　浆砌片石护坡（尺寸单位：m）

4. 挡土墙检查和养护

挡土墙广泛应用于支撑路堤或路堑边坡、隧道洞口、桥梁及河流岸壁等，挡土墙除经常检查其有否损坏外，每年应在春秋两季各进行一次定期检查，北方冰冻严重地区尤其注意，主要检查挡土墙在冰冻融化后墙身及基础的变化情况，以及冰冻前所采取的防护措施效果。另外遇到反常气候、地震或重型车辆通过等特殊情况后也应进行及时检查，发现裂缝、断裂、倾斜、鼓肚、滑动、下沉或表面风化、泄水孔堵塞、墙后积水、周围地基错台和空隙等情况，应查明原因，并观察其发展情况，采取相应的修理和加固措施，并做好工作记录，建立技术档案备查。

（1）挡土墙的加固

挡土墙发生裂缝、断裂并且已停止发展，可将缝隙凿毛，清除碎渣和杂物，然后用水泥砂浆堵塞。水泥混凝土或钢筋混凝土挡土墙的裂缝也可用环氧树脂粘合。挡土墙发生倾斜、鼓肚、滑动或下沉时，可选用下列加固措施：

① 钳固法。适用于水泥混凝土或钢筋混凝土挡墙。采用高强钢筋作锚杆，穿入预先钻好的孔内，用水泥砂浆灌满锚杆插入岩体部位，固定锚杆(见图 2-9-5)，待砂浆达到一定强度后，对锚杆进行张拉，然后用锚头固紧。

② 套墙加固法。在原墙外侧加宽基础，加厚墙身，见图 2-9-6。施工时，应挖除一部分墙后填土减小土压力，同时应注意新旧基础和墙身的结合。方法是凿毛旧基础和旧墙身，必要时设置钢筋锚栓，以增强连接，墙后回填土必须分层填筑并夯实。

③ 增建支撑墙法。在挡墙外侧，每隔一定间距，增建支撑墙，见图 2-9-7。支撑墙

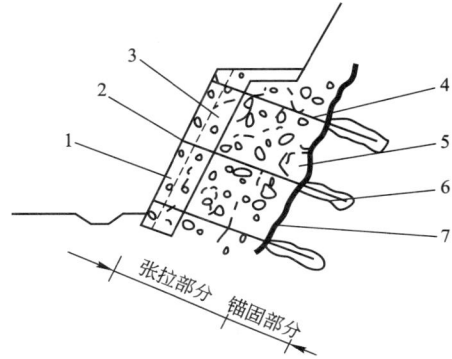

图 2-9-5　锚固法加固挡墙示意图
1—现浇混凝土；2—锚头；3—原墙体；
4—预应力钢筋；5—墙后填土；
6—灌入水泥浆；7—锚固岩基的推算线

的基础埋置深度、尺寸和间距应通过计算确定。原挡土墙损坏严重，采用以上加固方法不能达到设计强度要求时，应考虑将损坏部分拆除重建。为防止不均匀沉降，新旧挡墙之间应设置沉降缝，并应注意新旧挡墙接头协调。

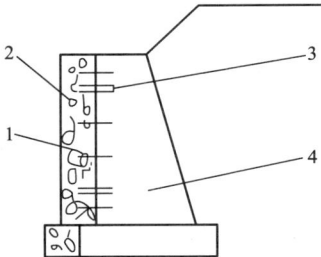

图 2-9-6　套墙加固挡墙
1—钢筋锚栓；2—套墙；3—连系石榫；4—原挡墙

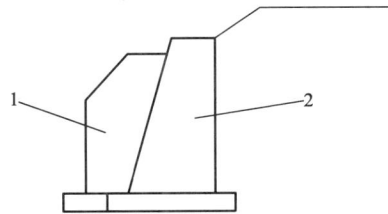

图 2-9-7　支撑墙加固挡墙
1—支撑墙；2—旧挡墙

（2）泄水孔养护

挡土墙的泄水孔应保持畅通，如有堵塞，应及时疏通，如无法疏通，应另行选择适当

位置增设泄水孔，或在墙后沿挡墙增设墙后排水设施。通常可增设盲沟将水引出路基以外，防止墙后积水引起土压力增加或冻胀。

（3）墙面养护

挡土墙表面出现风化剥落时，应将风化表层凿除，喷涂水泥砂浆保护层。当风化剥落严重时，应将风化部分拆除重砌。

（4）锚杆式及加筋挡土墙

应经常注意检查，如发现挡土墙变形、倾斜，或肋柱、挡板损坏、断裂，应及时修理、加固或更换。对暴露的锚头、螺母、垫圈应定期涂刷防锈漆，同时应经常检查螺母等是否松动、脱落，如有松动、脱落应及时紧固和补充。

（5）浸水挡土墙

除平时经常检查其有否损坏外，应在洪水期前后详细观察、检查。汛前检查的目的是确定挡土墙是否完整稳定，能否承受洪水的袭击，是否应采取防护和加固措施；汛后检查的目的是观察其有否损坏，是否需要修理和加固。浸水挡土墙受洪水冲刷，出现基础被淘空，但未危及挡土墙本身时，可采取抛石加固或用块（片）石将淘空部分塞实并灌浆。当墙身出现损坏，如松动、下沉、倒塌和开裂等，应按原样修复。

第二节　路面预防性养护技术

一、路面预防性养护概述

路面使用寿命不同于建筑结构及其他基础设施，按照我国规范和世界各国经验，高级路面设计寿命为 15～20 年。大规模建设时期路面质量不可避免地存在各种技术问题，我国高速公路和城市快速路与主干道路面使用寿命实际上仅为 7～10 年。路面如果缺少必要的维修养护而破坏，事实上相当于资产折旧，这样的资产折旧相当于每年数十亿元左右的公共资产流失。更重要的，若干年后，为了维护现有道路网正常运行，每年需要以不低于资产流失速度的资金用于道路路面的加铺改建。在美国，每年用于建成道路网路面维修的经费已经超过政府财政收入的 10％，这是一个极其惊人的财政数字。怎样才能延长路面的使用寿命，减少路面的大规模维修，减少道路路面的维修养护成本，以有限的维护资金确保道路路况良好，实现维护资金的可预见性与计划性，最大限度提高路面的完好率和路面使用质量，是道路管理部门和工程技术人员必须面对的一个重要课题。

路面预防性养护是在路面未出现明显结构性损坏之前所进行的养护工作，其概念起源于 1990 年代后期。预防性养护的主要目的是让状态良好的道路系统保持更长时间，延缓未来的破坏，在不增加结构承载能力的前提下改善系统的功能状况。其实质是在恰当的时机，对合适的路面采取适宜的养护技术措施。经验表明，预防性养护能延缓路面破坏，延迟昂贵的路面大、中修和重建；其最佳实施时机应该在路面尚处于良好状况，或者只有某些病害先兆时进行。预防性养护需要投入一些费用，但它是一种效益费用比非常良好的养护措施。当人们发现路面需要维修时，这对于预防性养护来说已经太晚了。路面预防性养护的主要作用是改善路面表面功能，但不能明显提高路面结构承载能力。

相对于预防性养护，在路面发生明显损坏后所采取的维修养护称为治疗性养护或矫正性养护。治疗性养护的作用主要是修补路面的局部损坏，修复某些特定病害。主要适用于路面已发生结构性损坏的路段，路面承载力不足，需要补强并恢复表面使用功能。

路面预防性养护与传统的路面管理系统（PMS）具有本质差别。在现有路面管理系统中，通常要在表征路面使用性能的路面服务性指数 PSI 降低到相当低的水平时进行大修，大修方案多数为 4～10cm 厚度的加铺改建。预防性养护则在路面服务性指数（PSI）还比较好时采取对应的必要性养护措施（养护厚度为 0～4cm）。采用预防性养护不仅可以保证路面性能始终完好，就其本质而言，这些措施有效避免了路面损伤的发生与累积，极大限度地延长路面使用寿命，见图 2-9-8。预防性养护不仅可以保证路面服务性指数 PSI 始终处于良好状态，更重要的是由于路面结构始终得到保护，不会产生严重的损伤。如果将路面作为一种资产，预防性养护可以取得资

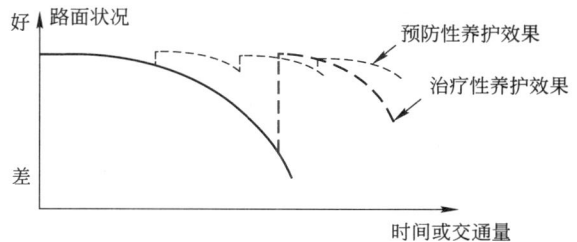

图 2-9-8　预防性养护与治疗性养护效果对比示意图

产保值的效益，并可称之为路面保值。总之，预防性养护使得养护投资得以预见并可化整为零，同时始终处于良好状态的路面服务性能可以获得最大限度的公众满意度。

在路面预防性养护和维修的关系上，长期以来人们总是习惯于等到路面破坏后才进行维修，而对于路面还处于良好状态下进行预防性养护的意义往往认识不足。长期以来，我国道路管理部门习惯上允许路面状况达到勉强及格或差的时候（即 $PSI \leqslant 2.5$）重修路面，重修路面的目的是修复结构损坏和恢复路面状况，这是一种既费时又费钱的措施。为了满足不断增长的旅行需求和公众对安全行驶质量和安全物流的期望，道路管理部门必须转变观念，主动地把重点放在现有道路系统的预防性养护与路面保值策略方面，而不应是被动地抢修最差的道路。

近年来，路面预防性养护在我国正逐步受到重视，路面预防性养护技术手段和措施也不断成熟和丰富多样。路面预防性养护对于我国道路基础设施建设和维护具有重要意义。

二、常用的路面预防性养护措施与技术

随着我国高速公路建设里程的快速增长，路面维修养护工作日益重要。各种新材料、新设备和新技术应用于道路路面的维修养护工程中，提高了路面的使用功能，延长了使用寿命，同时也促进了路面维修养护技术的进步。当前，我国使用的路面维修养护材料和技术中，有很大一部分是由国外引进的，由于气候、交通、路面材料、道路结构形式、施工技术水平以及工程目的等诸方面存在不同之处，这些技术往往需要有针对性地进行具体研究和改造。

1. 常用的路面预防性养护措施

路面使用一定时间后，总会发生一些病害，导致使用功能发生衰退。为了持续提供和保持道路的使用功能，必须对路面采取必要的预防性养护和治疗性养护措施。路面预防性措施很多，这里主要介绍常用的路面预防性养护的技术措施。表 2-9-1 列出了国内外几种主要的预防性养护技术措施的概念和用途。

序号	处治技术名称	材料和工艺	主要作用
1	封缝(cracks seal)	乳化沥青、热沥青、专用压缝带	封住裂缝，防止路面水渗入路基
2	雾封层(fog seal)	喷洒添加多种外掺剂的乳化沥青或液体沥青材料	恢复正常使用过程中老化造成的轻微裂缝、损失细骨料等，封住细小裂缝及表面孔洞，主要作用是防水、防老化、松散
3	单层或多层石屑(砂)封层(chip seal、scrub Seal)	先在路面上喷洒沥青材料(热沥青、液体沥青或乳化沥青等)，紧接着撒布石屑(砂)、单粒径或适当级配的集料，最后适当碾压	主要作用恢复路面表面功能，防水、防老化、松散，也可用于半刚性基层的上封层
4	单(多)层微表处(microsurfacing)	由高分子改性乳化沥青、优质级配细集料、矿粉、水等，采用专门设备调配成稀浆混合料后冷拌冷铺而成厚度1cm左右的薄层沥青混合料，无需碾压	主要作用恢复路面表面功能，防水、防老化、松散，也可用于修补车辙
5	稀浆封层(Slurry Seal)	由乳化沥青、级配细集料、矿粉、水等，采用专门设备调配成稀浆混合料后冷拌冷铺而成厚度1cm左右的薄层封层，无需碾压	主要用于半刚性基层的上封层，低等级路面恢复表面功能，防水、防松散
6	开普封层(Cape Seal)	在新铺设的石屑封层上再铺一层稀浆或微表处	防止石屑脱落，提供永久的磨耗层，也可作为消散反射裂缝的中间层
7	超薄磨耗层(NovaChip)	在旧沥青路面上洒布一层较厚的改性乳化沥青(约1.1L/m²)，立即铺筑间断级配热拌沥青混合料，使改性乳化沥青凭借高温上升裹附在热拌沥青混合料四周，乳化沥青破乳使超薄热沥青层与原路面实现充分粘接，钢轮压路机碾压成型，20min后即可开放交通	更好的路面排水性能，减少水雾，提高雨天行车安全系数；提高表面抗滑性能，有效地降低路面噪音
8	超薄沥青罩面(<20mm)	超薄沥青罩面(UTAC)为热拌沥青混合料，通常采用改性沥青，热拌热铺，碾压成型	恢复表面功能，延长路面结构寿命
9	薄层沥青罩面(<40mm)	可采用OGFC、SMA等级配，采用改性沥青，热拌热铺，碾压成型	恢复表面功能，延长路面结构寿命

概括起来，预防性养护技术措施主要包括以下几类：①封缝；②雾封层；③石屑封层；④超薄冷拌封层，包括稀浆封层、微表处、开普封层；⑤薄层及超薄热沥青罩面，包括 NovaChip、UTAC、OGFC、SMA 罩面等。预防性养护技术措施的特点是层薄、单价低，在技术措施选用时通常也要考虑到其使用年限和寿命，参照国内外工程经验和文献资料，列出主要几种预防性养护技术措施的寿命见表 2-9-2。

2. 雾封层

雾封层技术是将乳化沥青、专门的防护再生剂等混合成稀浆状材料，使用专用喷洒设备将稀浆呈雾状喷洒在旧的沥青混凝土路面上，其目的是更新或还原表面已氧化的沥青膏体，填封微小裂缝，提高路面防水性能。为了增加表面粗糙度提高路面抗滑性能，有时雾封层材料中也会掺加细骨料混合成稀浆状材料，使用专用喷洒设备或人工涂抹在路面上进行预防性养护。雾封层的厚度通常为 0～3mm。

预防性养护措施的预估寿命

表 2-9-2

处治技术	良好路况 ($PCI=80$)	路况一般 ($PCI=60$)	路况差 ($PCI=40$)	厚度 （mm）
雾封层	3～5 年	1～3 年	1～2 年	0
石屑封层	7～10 年	3～5 年	1～3 年	3～6
稀浆封层	7～10 年	3～5 年	1～3 年	5～8
微表处	8～12 年	5～7 年	2～4 年	7～10
超薄磨耗层（NovaChip）	8～12 年	6～8 年	4～6 年	15～25
薄层沥青罩面	10～12 年	5～7 年	2～4 年	20～40

沥青混凝土路面经过一段时间的使用后，会出现路面抗滑性能下降、出现微小裂缝导致沥青路面防水性能下降等问题，但其他路用性能尚处于良好状态。在这种情况下采用雾封层预养护措施是一种较好的养护方法。

3. 超薄冷拌封层技术

超薄冷拌封层包括乳化沥青稀浆封层、微表处和开普封层等，是一种较薄的冷拌冷铺罩面处理层（厚度 0.5～1.5cm）。超薄冷拌封层的结合料宜采用乳化石油沥青、改性乳化石油沥青。矿料应选用耐磨、强度高的石料。各种结合料、矿料、填料及乳化沥青混合料的各项技术指标要求应符合《公路沥青路面施工技术规范》（JTG F40）的规定。超薄冷拌封层作为路面养护技术仅适用于原路面强度、路面状况指数、行驶质量指数均在中等等级以上的路面进行的预防性、保护性养护。

微表处和开普封层源自乳化沥青稀浆封层技术，都是在乳化沥青稀浆封层技术上加以改进发展而来的，大同小异。这里主要介绍乳化沥青稀浆封层和微表处技术。

（1）乳化沥青稀浆封层、微表处技术发展概述

乳化沥青稀浆封层技术是以级配的砂石材料为集料，选用满足某种技术要求的乳化沥青材料作为结合料，加入适当的水、填料和必要的外加剂，在专用的稀浆封层机具内，按设计比例配制成具有一定技术性能且达到某种功能要求的稀浆混合料，该种稀浆混合料的稠度较稀，形态似浆状，铺筑厚度一般在 3～10mm 之间，主要起防水或改善恢复路面功能的作用，故称乳化沥青稀浆封层，简称为稀浆封层。

稀浆封层是经过长期的室内研究和大量的工程实践逐步提高、完善的一项工程实用技术。该项技术的最初研究目的是为了改善沥青路面的表面功能，延长沥青路面的使用性能而开发的一种快捷且经济的表面处治结构层。该项技术的初期阶段是采用普通水泥混凝土拌合机具来拌制稀浆混合料，现场采用人工摊铺，结合料是阴离子乳化沥青材料，封层的形成主要依靠沥青乳液中的水分蒸发，因而养护时间较长，若遇上阴雨或低温季节，水分蒸发缓慢，需要养护时间更长，影响开放交通，并且对矿料要求较高。所以初期主要是在气候温暖的季节和地区使用，并且主要应用在交通量较小的乡村道路、居民区或公园小路等场所。

由于阴离子乳化沥青应用的局限性，20 世纪 60 年代以后，对阳离子乳化沥青进行了深入的试验研究，发现阳离子乳化沥青具有较短的硬化时间和更强的粘附性能，并且对矿

料的要求也较低。同时研制出了专用的稀浆封层机，使稀浆封层的手工作业变为机械化施工。国际上已成立了国际稀浆封层协会(简称 ISSA)，该协会经常进行各国间的学术交流，推动了稀浆封层技术的发展。同时美国沥青协会制定了稀浆封层施工手册，美国材料和试验协会(简称 ASTM)制订了 D3910 稀浆封层混合料试验和检验标准。从此以后，稀浆封层技术得到了广泛的应用。

我国最早应用稀浆封层是在 20 世纪 80 年代初，随后研制出了自行式和拖挂式稀浆封层摊铺机，为我国推广应用稀浆封层施工技术创造了条件。建设部于 1995 年也颁布了《路面稀浆封层施工规程》(CJJ 66—95)。之后，稀浆封层技术在全国大部分省、市、自治区的公路部门得到了大规模推广应用，取得了明显的经济效益和社会效益。

稀浆封层的最新发展是利用聚合物改性沥青乳液铺筑稀浆封层，它分为聚合物改性稀浆精细表面处治(PSM)和用于填补车辙的聚合物改性稀浆封层(PSR)，通常把这两类简称为改性稀浆封层。微表处则必须采用聚合物改性沥青和优质集料，主要用于高速公路及一级公路的预防性养护以及填补轻度车辙，也适用于新建公路的抗滑磨耗层。稀浆封层一般用于二级及二级以下公路的预防性养护，也适用于新建公路的下封层。近几年稀浆封层机具越来越大型化、自动化，能准确控制各种材料的配合比，可边摊铺边上料连续不间断施工。许多国家包括我国已把微表处用于高速公路的预防性养护和车辙修补。

(2) 稀浆封层、微表处材料选择与配合比设计

稀浆封层技术属乳化沥青材料在工程应用方面的发展，所以稀浆封层的特性主要取决于稀浆混合料的性能。因此，施工前必须进行严格的材料选择与设计。

① 乳化沥青的选择

用于稀浆封层的乳化沥青可分为阳离子乳化沥青和阴离子乳化沥青两大类。其各项技术指标应满足表 2-9-3 的规定。

阳离子乳化沥青乳液中的沥青微粒表面带有正电荷，湿矿料表面带负电荷，乳化沥青微粒与矿料接触时，异性电荷相吸，沥青微粒可透过矿料水膜牢固的吸附在矿料表面，将矿料表面及沥青乳液中的水离析出来，稀浆固化成型不完全靠水分蒸发，主要靠离子电荷的吸附作用。

阴离子乳化沥青乳液中沥青微粒表面带负电荷，与湿矿料接触时，表面同性电荷相斥，稀浆破乳固化成型要靠水分蒸发，不但干燥凝固的时间要长，而且沥青与矿料的粘附力也不如阳离子沥青乳液牢固。因此，稀浆拌合时，可先在矿料中加入水泥或石灰粉，加水拌合后，矿料表面附有钙、镁离子，表面带有正电荷，与沥青微粒表面的负电荷产生异性吸附作用，沥青与矿料的吸附力提高。

不论选用阳、阴离子乳化沥青或用酸、碱性矿料，只要处理得当，稀浆封层乳化沥青与骨料都能牢固粘附。但从破乳过程看，阳离子乳化沥青主要靠离子电荷吸附作均排出水分，而阴离子乳化沥青中水分主要靠蒸发排出，为此选用阳离子乳化沥青优于阴离子乳化沥青。但在加入水泥或石灰后，两种乳化沥青使用效果都满足工程技术要求。

用于微表处和改性稀浆封层的乳化沥青，大多采用 SBR 胶乳改性。其各项技术指标要求见表 2-9-3。

② 矿料级配设计和沥青用量确定

稀浆封层和微表处应选择坚硬、粗糙、耐磨、洁净的集料。微表处用通过 4.75mm 筛的合成矿料的砂当量不得低于 65%，稀浆封层用通过 4.75mm 筛的合成矿料的砂当量

不得低于 50%。当用于抗滑表层时，还应满足集料磨光值的技术要求。矿料级配范围应满足表 2-9-4 的要求。

稀浆封层、微表处用乳化沥青和改性乳化沥青技术要求 表 2-9-3

试验项目		单位	稀浆封层用乳化沥青品种及代号		改性稀浆封层、微表处用改性乳化沥青	试验方法
			阳离子 BC-1	阴离子 BA-1	阳离子 BCR	
破乳速度			慢裂或中裂	慢裂或中裂	慢裂	T 0608
粒子电荷			阳离子（＋）	阴离子（一）	阳离子（＋）	T 0653
筛上残留物(1.18mm 筛)，不大于		%	0.1	0.1	0.1	T 0652
黏度	恩格拉黏度计 E_{25}		2～30	2～30	3～30	T 0622
	道路标准黏度计 $C_{25.3}$	s	10～60	10～60	12～60	T 0621
蒸发残留物	残留分含量，不小于	%	55	55	60	T 0651
	溶解度，不小于	%	97.5	97.5	97.5	T 0607
	针入度(25℃)	0.1mm	45～150	45～150	40～100	T 0604
	延度(15℃)，不小于	cm	40	40	20	T 0605
与粗集料的粘附性，裹覆面积不小于			2/3	2/3	—	T 0654
与粗、细粒式集料拌合试验			均匀	均匀		T 0659
水泥拌合试验的筛上剩余，不大于		%	—	—		T 0657
常温存储稳定性： 1d 不大于 5d 不大于		%	1 5	1 5	1 5	T 0655

稀浆封层、微表处的矿料级配 表 2-9-4

筛孔尺寸 (mm)	不同类型通过各筛孔的百分率(%)				
	微表处		稀浆封层		
	MS-2 型	MS-3 型	ES-1 型	ES-2 型	ES-3 型
9.5	100	100		100	100
4.75	95～100	70～90	100	95～100	70～90
2.36	65～90	45～70	90～100	65～90	45～70
1.18	45～70	28～50	60～90	45～70	28～50
0.6	30～50	19～34	40～65	30～50	19～34
0.3	18～30	12～25	25～42	18～30	12～25
0.15	10～20	7～18	15～30	10～21	7～18
0.075	5～15	5～15	10～20	5～15	5～15
一层的适宜厚度(mm)	4～7	8～10	2.5～3	4～7	8～10

稀浆封层和微表处的混合料配合比设计时，混合料的质量应符合表 2-9-5 的技术要求。

确定最佳沥青用量是稀浆封层和微表处矿料级配设计过程的一个重要步骤。当设计人员将初选的 1～3 个混合料配方分别变化不同的沥青用量（沥青用量一般在 6.0%～8.5%之间），按照表 2-9-5 的要求重复试验，并分别将不同沥青用量的 1h 湿轮磨耗值及砂粘附量绘制成图 2-9-2 的关系曲线，以磨耗值接近表 2-9-5 中要求的沥青用量作为最小沥青用

量 P_{bmin}，砂粘附量接近表 2-9-5 中要求的沥青用量为最大沥青用量 P_{bmax}，得出沥青用量的可选择范围 $P_{bmin}\sim P_{bmax}$。

表 2-9-5

稀浆封层和微表处的混合料技术要求

试验项目		单位	微表处	稀浆封层	试验方法
可拌合时间		s	≥120	＞120	手工拌合
稠度		cm	—	2～3	T0751
黏聚力试验	30min(初凝时间) 60min(开放交通时间)	N·m N·m	≥1.2 ≥2.0	(仅适用于快开放交通的稀浆封层) ≥1.2 ≥2.0	T0754
负荷轮碾压试验 （LWT）	粘附砂量 轮迹宽度变化率	g/m² %	＜450 ＜5	(仅适用于重交通道路表层) ＜450 —	T0755
湿轮磨耗试验的轮磨值 （WTAT）	浸水 1h 浸水 6d	g/m² g/m²	＜540 ＜800	＜800 —	T0752

（3）稀浆封层、微表处的特性

① 乳化沥青与矿料的裹覆性

沥青乳液同矿料拌合时，沥青乳液的黏度越低其流动性越好，沥青对矿料的裹覆性能也越好。乳化沥青稀浆加水拌合时，加入的水对沥青乳液起稀释作用，降低了沥青乳液的黏度，使之有更好的流动分散性，加之沥青微粒与矿料表面的离子电荷吸附作用，能使沥青微粒完全裹覆在所有矿料的表面上，形成一定厚度的沥青薄膜，使沥青在骨料表面均匀分布，形成既有足够的结

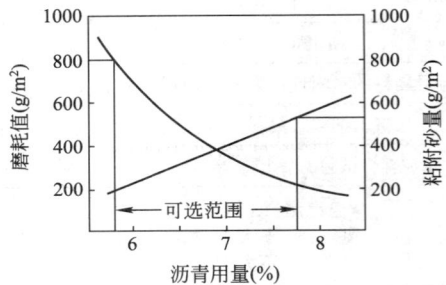

图 2-9-9 确定稀浆封层和微表处
最佳沥青用量的曲线

构沥青粘附矿料，又无过多的自由沥青，从而保证稀浆混合料硬化后的热稳性和强度。

② 稀浆封层、微表处与原路面的粘结性

稀浆混合料中含有较多水分，具有良好的流动性，稀浆中沥青微粒与矿料又有牢固的粘附力。沥青稀浆摊铺时，只要原路面扫净润湿，稀浆中沥青微粒能与原路面上露出的矿料很好粘结，并且稀浆能渗透到路面缝隙中去，加强了原路面的结合。由于沥青稀浆同原路面上的沥青与矿料都能很好粘结，因此乳化沥青稀浆封层、微表处既可用于新、旧沥青路面，又可用于砂石路面或桥面防水。

③ 稀浆封层、微表处的耐久性

稀浆封层、微表处用矿料偏细，级配接近于砂粒式沥青混凝土。乳化沥青稀浆拌合时，在矿料中加水拌合后掺入沥青乳液，稀浆中的水对矿料起润湿作用，对沥青乳液起稀释作用，降低了沥青乳液黏度，增加了混合料的和易性，虽然矿料较细，由于混合料很稀，在常温下仍能拌合摊铺。待稀浆破乳成型硬化后，稀浆封层、微表处矿料级配组成与热细粒式沥青混凝土相当，具有良好的耐久性。

④ 稀浆封层、微表处的防水性

由于稀浆封层、微表处混合料使用密级配，细集料和沥青用量增多，密实度高，孔隙

率小，稀浆封层铺筑后，对路面或桥面具有良好的防水作用。由于稀浆有良好的流动性，能灌满原路面的裂隙，还可起到封闭路面裂缝作用。

（4）稀浆封层、微表处技术的施工应用

稀浆封层、微表处的厚度很薄，根本起不到补强层或整平层的作用，但若将稀浆封层铺筑在旧路面上，能明显改善或恢复原路面的使用性能，起到沥青表面处治结构层的作用。铺筑在新建路面的基层上，可起到防水封层和施工养护的作用。我国在拓宽稀浆封层、微表处应用范围方面做了大量的试验研究工作，目前主要用于以下几个方面：

① 沥青路面表面处治。在旧沥青路面上加铺稀浆封层、微表处，可以治理裂缝，提高路面耐久性和使用性能；在新铺沥青贯入式路面或粗粒式沥青混凝土面层上加铺稀浆封层，可以提高路面防水性，延长使用寿命，降低养护费用。

② 修补沥青路面车辙。

③ 水泥混凝土路面表面处治。在旧水泥混凝土路面上，尤其在碾压水泥混凝土路面上加铺稀浆封层、微表处，可以改善行车条件，降低行车噪声，增加乘客舒适感。

④ 桥面维修或防水处理。在旧桥面上加铺稀浆封层，对桥面病害进行有效处治，除明显改善行车条件外，还相对减小桥面自重；在新建水泥混凝土桥面上加铺稀浆封层，可显著提高桥面铺装层的防水性(尤其对城市高架桥)和桥面耐久性，延长桥梁寿命。

⑤ 路面下封层防水处治。在高等级公路的路面基层上或隧道路面排水基层以下加铺稀浆封层，能显著提高路面的防水性和耐久性。

⑥ 在砂石路面上铺磨耗层。在平整压实后的砂石路面铺筑乳化沥青稀浆封层，可使砂石路面的外观具有沥青路面的特征，提高砂石路面的抗磨耗性能，防止扬尘，改善行车条件。

采用乳化沥青稀浆封层和微表处时，除应按《公路沥青路面施工技术规范》(JTG F40)有关规定执行外，还应注意：采用乳化沥青稀浆封层时必须有固定的专业人员、固定的专业乳液生产和施工(撒布、摊铺)设备、专职的检测试验人员，并按有关规定标准进行检测和质量控制。稀浆封层撒布机在使用前，应根据稀浆混合料配合比设计，对骨料、乳液、填料、加水量进行认真调试，调试稳定后，方可正式摊铺。在铺筑过程中，发现有沟槽、松散时，应立即修补或挖除重铺，刮平，固化成型。乳化沥青混合料没有固化成型的，初期养护时应注意控制车速和避免紧急制动。施工稀浆封层前路面上不得有积水，雨天禁止施工。

4. 超薄或薄层热沥青罩面

作为预防性养护的超薄或薄层热沥青罩面包括 NovaChip、UTAC、OGFC、SMA 罩面等。罩面的结合料宜使用性能较好的黏稠型道路石油沥青和改性沥青。矿料的选择宜采用耐磨、强度高的石料。

罩面层的厚度，可根据路面等级、交通量大小、道路等级和功能综合考虑确定。用于重点解决路面轻度网裂、透水时，可采用较薄的罩面层(1.0～3.0cm)；对于路面破损、平整度、抗滑等多项性能需要改善的沥青路面，罩面时应采用较厚的罩面层(3.0～5.0cm)；对于路面破损严重，需要补强的路面，应根据交通量资料，参照相关规范，计算罩面层厚度，进行路面补强设计。各类型的一般罩面层厚度不得小于最小施工结构层厚度。

沥青路面罩面的施工，除应按《公路沥青路面施工技术规范》（JTG F40）有关规定执行外，还应注意以下几点：

① 对确定罩面的路段，在罩面前必须完成翻浆、坑槽、严重裂缝、沉陷、拥包、松散、车辙等病害的修复工作，并清除路面上的泥土杂物。

② 根据施工气温、旧沥青路面状况等因素采取相应施工工艺措施，罩面前必须喷洒粘层沥青，确保新老沥青层结合，沥青用量为 $0.3\sim0.5\text{kg/m}^2$，裂缝及老化严重时宜为 $0.5\sim0.7\text{kg/m}^2$。有条件时，洒粘层沥青前最好用机械打毛处理。

③ 罩面不应铺在逐年加厚的软沥青层上，也不应铺在和原沥青路面结合不好、即将脱皮的沥青罩面薄层上，应将其铲除，整平后再进行罩面。

④ 当气温低于 10℃ 或路面潮湿时，不得浇洒粘层沥青，不得摊铺沥青罩面层。

5. 预防性养护措施的适用性

以上介绍的各种预防性养护措施的材料、工艺和成本造价都各不相同，其作用和功能各异，所以在实际工程应用过程中，应根据实际路面的病害情况类型和程度，选择合适的路面采取适宜的预防性养护技术措施。各种预防性养护技术措施的应用范围见表 2-9-6。

主要预防性养护措施的参考应用范围　　　　　　　　　表 2-9-6

路面病害	封缝	雾封层	微表处	稀浆封层	开普封层	石屑封层	薄层沥青罩面	超薄磨耗层（NovaChip）	铣刨
平整度			√		√		√	√	
车辙			√						
轻微龟裂	√	√	√	√	√	√	√	√	
纵横裂缝	√								
泛油			√						√
松散		√	√	√	√	√	√	√	
麻面		√	√	√			√	√	
磨光		√	√	√			√	√	

三、路面预防性养护的时机

预防性养护的经济性和有效性在很大程度上取决于采取预防性养护措施的时机。在目前的实际应用中，路面预防性养护时机的选取方法主要有：行驶质量指数和破坏指数法、基于时间或路况的方法、费用效益评估法、排序法、生命周期费用评估法和决策树/决策矩阵等。

1. 行驶质量指数法（RQI）及破坏指数法（DI）

在国外，有的机构研究采用行驶质量指数 RQI（Ride Quality Index）或破坏指数 DI（Distress Index）来确定路面预防性养护的时机。如美国密歇根州运输部在路网管理中用 DI 和 RQI 来表示路面性能。为了延迟由不平整度和动载引起的路面破坏，该州资助了用 RQI 作为各种路面的预防性养护阈值（RQI thresholds）的研究，根据这个阈值采取预防性养护措施就可以提高路面平整度，减小动载影响，增加路面的服务期。

密歇根州采纳 RQI 值用作路面（尤其是刚性路面）预防性养护的阈值，对由不平整度和动载引起的路面破坏有着积极的意义，但这种方法没有解决路面预防性养护针对的其他主要路面问题，如裂缝、路面水损坏和抗滑性能等。

2. 基于时间或路况的方法

预防性养护是为了保持路面的良好功能，使其不致出现功能失效而进行的养护。所以预防性养护理论的研究必须弄清功能失效的时间，养护应在路面功能还处于一定水平时进行。因此，可以选取基于时间或基于路况作为确定预防性养护时机的两种方法。

研究认为，每个路段大致都有一个需要进行预防性养护的时间。表 2-9-7 给出了沥青路面需要在不同时间进行的预防性养护措施。当然进行各种预防性养护的实际时间随交通水平和环境有所不同。但管理部门可据此确定所辖路段进行预防性养护的大致时间。

不同预防性养护措施应用的时间

表 2-9-7

预防性养护措施	雾封层	裂缝处治（封缝）	石屑封层	稀浆封层、微表处	薄层罩面
应用的时间（年）	1～3	2～4	5～7	5～7	5～10

基于路况的预防性养护就是从路面的实际破坏状况出发，找出进行预防性养护的临界破坏状态，确定预防性养护的时机。对基于路况的预防性养护来说，不同破坏状况的路面可能具有相同的 PCI。即使路况相近 PCI 也相近，但不同时期路况的变化情况并不一定相近。路面损坏状况用 PCI 值来衡量，PCI 是一个综合值，仅仅是路面表面破坏的一种外观评价，只关注了路面破坏的表面现象，对路面破坏究竟是什么因素引起并不关心。而各种路面上的损坏现象错综复杂，路面破坏可能由路面结构、路面材料、设计施工、环境和交通等因素引起的。所以单凭 PCI 值也很难决定采取哪一种养护措施，而应结合实际情况灵活确定。

3. 效益费用评估法

效益费用评估法是用效益与费用的比值来衡量的。每一种策略的费用都根据管理部门费用和用户费用来确定。管理部门费用包括设计费、初期修建费、养护费、改建费和残值，用户费用包括车辆运营费、延误费、行程时间费和事故费等。费用折算成单价，如元$/m^2$；效益根据预防性养护后期望延长的路面寿命或根据性能曲线的变化，即性能曲线下增加的面积确定。性能曲线是由路面数据（诸如路况、荷载、气候和维修养护）来确定的，路面预防性养护导致了路面性能的变化。通过分析计算每一种养护措施的效益费用比来优选出最佳养护方案。

4. 排序法

预防性养护的各种特征对管理部门是非常重要的，但有些特征不容易定量化。这些特征包括交通分布、当前预防性养护的经验及适合施工的气候条件等。除了效益费用比外，还可对所采取的预防性养护措施进行整体评分排序。

排序法通常是先初步安排养护的时间和对策，然后考虑预算的约束和优先次序的要求进行一年或多年的项目规划。预防性养护时间的安排可以按某一事先设定的标准进行，如使用性能标准 PCI。当路面的 PCI 低于此标准时，该路段即需采取预防性养护措施。此时，进行预防性养护的时机和措施是分开考虑的，通常采用使用性能参数进行各项目的排序。当然也可以采用经济分析参数进行排序，此时预防性养护的时间和措施的确定是同时进行的。

5. 生命周期评估法

生命周期费用分析(Life Cycle Cost Analysis)是在一定的时期内，通过分析某一路段的初建费用和以后的折扣费用来评价其经济价值的过程。生命周期评估法是目前应用比较广泛的一种方法。在路面大、中修和重建时，常常用到生命周期评估法。预防性养护推迟了昂贵的路面大修活动，但预防性养护要求提前支付养护费用。在不同时期支付同样多的费用有不同的经济价值，所以有必要进行经济分析。分析的方法是将分析期内不同时间支出的费用，按某一预定的贴现率转换为现在的费用(现值)。通过转换成单一的现值，可在等值的基础上比较各种方案。图 2-9-10 是生命周期费用分析流程图。

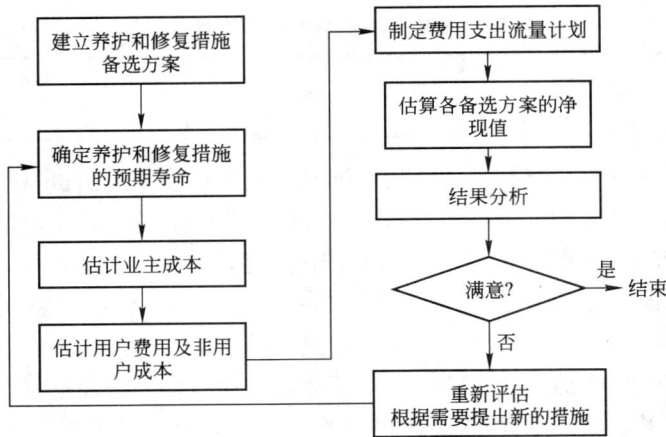

图 2-9-10　生命周期费用分析流程图

6. 决策矩阵、决策树法

在国外有些公路管理部门用决策矩阵作为预防性养护的决策支持。表 2-9-8 是用决策矩阵作为选取预防性养护措施及时机的例子。一些薄层罩面的目的不是为了提高沥青路面的结构强度，因此，将其纳入预防性养护措施中。从表 2-9-8 可以看出当路面出现严重的不平整和疲劳裂缝时就不可以用微表处这种预防性养护措施了；当路面出现严重的车辙，横、纵向裂缝和少量的疲劳裂缝时，应用微表处措施也并不一定有效。

用决策矩阵选取预防性养护措施　　　　　　　　　　　表 2-9-8

预防性养护措施	预防性养护措施应用的路况											
	平整度		车辙		纵横向裂缝		松散		泛油		疲劳裂缝	
	低	高	低	高	低	高	低	高	低	高	低	高
封缝	■	■				■	■	■	■	■		
石屑封层								■			■	■
稀浆封层							■				■	■
微表处												
薄层罩面												

图例：□ 可用预防性养护　　　需研究才可以用预防性养护　　■ 不用预防性养护

决策树是动态模型研究中常用的一种方法。图 2-9-11 是根据美国密歇根运输部的标准，以 RQI 和 DI 作为预防性养护的标准而建立的决策树。可以看出，当 $RQI<54$，$RD<3mm$，如 $20<DI<25$，此时进行单层石屑封层即可；如 $25<DI<30$，此时需进行双层石屑封层；如 $DI>40$，预防性养护措施就不适合了，此时就需进行昂贵的路面大修。

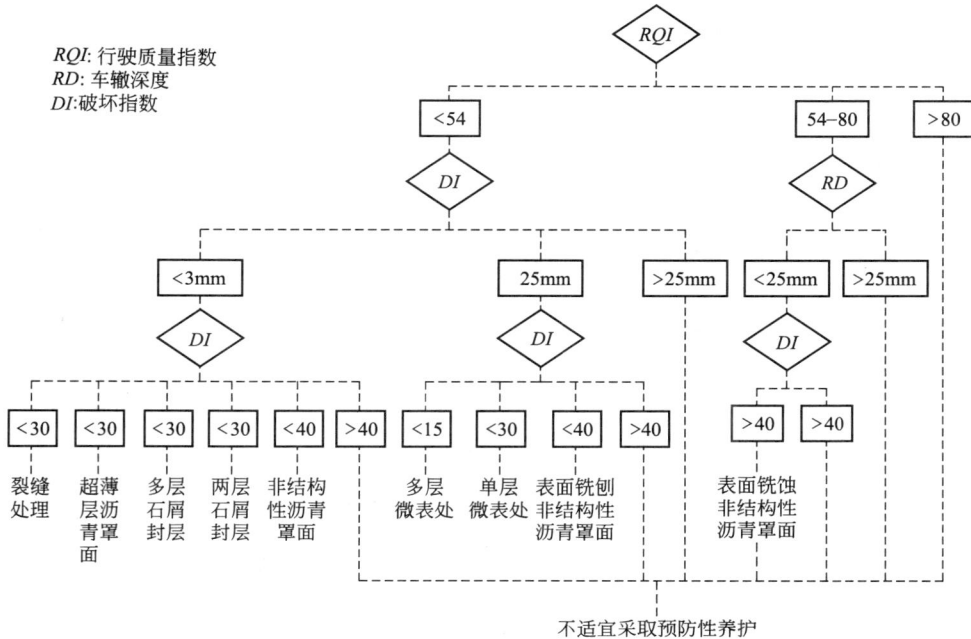

图 2-9-11　预防性养护决策树

需要指出的是，对于具体项目，预防性养护措施和时机的确定是一个复杂的过程。在选择预防性养护措施时要综合考虑路面类型，路面结构特性，路面破坏类型、范围和严重程度，当地经验，费用效益等。同时，具体项目预防性养护措施和时机的选取通常还需进行现场评估，而不是仅用某种方法就可以解决的。

第三节　沥青路面维修养护

按照我国规范和世界各国经验，高等级沥青路面设计寿命为 15 年左右。近年来，道路交通量日益增大，车辆迅速大型化且轴载增加，加上大规模建设时期路面质量不可避免地存在各种技术问题，我国高等级沥青路面使用寿命实际上仅为 7～10 年，甚至许多高等级沥青路面建成通车不久，由于不适应交通快速发展的需要，发生了较为严重的早期破损现象。我国高等级路面目前正从大规模建设时期进入"建养并重时期"。路面的破损对道路的通行能力、行车舒适性、交通安全以及环境保护都会造成较大的影响。路面的养护与维修是保证道路服务质量和延续道路使用寿命的重要手段。

一、沥青路面维修养护工作内容与要求

1. 沥青路面维修养护工作内容

沥青路面的养护工作可分为日常巡视与检查、小修保养、中修、大修、改建和专项养护工程等。

日常巡视与检查的内容包括：①路面上是否有明显的坑槽、裂缝、拥包、沉陷、松散、车辙、泛油、波浪、麻面、冻胀和翻浆等病害，其危害程度及趋势；②路面上是否有可能损坏路面或妨碍交通的堆积物等。

小修保养可分为日常保养和小修二项工作内容。日常保养的内容包括：①清扫路面泥土、杂物；②排除路面积水、积雪、积冰、积砂，铺防滑料等；③拦水带（路缘石）的刷白和修理；④清理边沟、维修护坡道和培土等；⑤春融期间灌缝。小修的内容包括：修补路面的泛油、拥包、轻微裂缝、横向裂缝、坑槽、沉陷、波浪、局部网裂、松散、车辙、麻面和啃边等病害。

中修工程是指对沥青路面的一般性磨损和局部损坏进行修缮加固或局部改善。中修工程的内容包括：①沥青路面整段铺装、罩面或封面（稀浆封层）；②沥青路面局部严重病害处理；③整段（500m）以上更换路缘石、整段维修路肩。

大修是指对沥青路面较大范围内的损坏部分进行的综合性修理工作，以全面恢复原设计标准或原技术等级。大修的内容包括路面的翻修、补强等。当沥青路面出现大面积病害，破损严重时，应采用机械铣刨或挖除，然后重新铺筑沥青面层，称为翻修。沥青路面强度不足时，应在原有路面上进行加铺，以改善路面技术状况，提高路面的使用性能，称为补强。

改建是指对原有沥青路面因不适应现有交通要求而进行的翻修、加固补强和局部改线等较大的工程项目。改建的目的是对不适应交通要求、不符合路线标准的路段，通过局部改线，提高公路等级，使之符合技术标准要求。其内容包括：①提高路面等级；②补强；③加宽；④局部改线。

专项养护工程是指沥青路面因遭受突然自然灾害，而需要申请专款修复受损害路段的工程项目。

2. 沥青路面维修养护要求

在技术上，沥青路面维修养护应满足以下要求：

（1）沥青路面的小修保养应符合下列要求：①保证路面平整、横坡适应、线形顺直、清扫整洁、排水良好；②加强巡路检查，掌握路面情况，及时排除有损路面的各种不良因素，发现路面初期病害应及早维修。

（2）对路面较大损坏，应根据损坏程度，及时安排大、中修或专项工程，进行维修和整治；对路面承载能力不足或不适应交通要求的，应根据不同情况进行补强、加宽或改线，以提高公路等级。

（3）应重视路面排水。及时修补沥青路面的坑槽和裂缝，防止地表水渗入基层；对已渗入基层的积水，应设纵横向盲沟排水，地下水位较高的在排水沟下面设置腹式盲沟；应加强路面排水设施的维修养护，保持良好的排水功能。

在管理上，沥青路面维修养护应满足以下要求：

（1）沥青路面必须强化预防性、经常性和周期性养护，加强路况日常巡视，随时掌握路面的使用状况，根据路面的实际情况制订日常小修保养和经常性、周期性养护工程计划，对于较大范围路面维修和超龄路面的维修应及时安排大、中修工程和改建工程。

（2）沥青路面的养护，必须依靠科技进步，加强养护技术管理，采用先进的检测仪器设备采集路况资料。应用路面管理系统正确评价路况，提出科学的养护对策；必须积极推广应用新技术、新材料、新工艺，发展现代化沥青路面养护技术；必须以机械化养护为主，保证养护工程质量。

（3）沥青路面的养护，必须加强计划及施工管理，根据计划做好进度安排、人员组织、物资设备供应，确保养护工作按照计划实施；同时，必须加强沥青路面的养护经济核算和成本分析，提高经济效益。

（4）沥青路面养护，必须贯彻安全生产的方针，制订技术安全措施，加强安全教育，严格执行安全操作规程，确保安全生产，文明施工，交通畅通，保护环境。

3. 沥青路面养护质量标准

表2-9-9列出了各级公路沥青路面养护质量标准。城市快速路和主干道可参照高速公路和一级公路的标准，其他等级城市道路可参照其他等级公路的规定执行。达不到规定标准时，应采取适当的措施进行修复。

沥青路面养护质量标准　　　　　　　　　　表 2-9-9

序号	项目		高速公路、一级公路	其他等级公路
1	平整度（mm）	平整度仪（σ）	≤3.5	≤4.5（≤5.5 或≤7.0）①
		3m 直尺（h）	≤7	≤10（≤12 或≤15）②
		IRI（m/km）	≤6	≤8
2	抗滑性能	横向力系数 SFC	≥40	≥30
		摆式仪摆值 BPN	—	≥32
3	路面状况指数 PCI		≥70	55
4	路面强度系数 SSI		≥0.8	≥0.6
5	路面车辙深度（mm）		≤15	—
6	路拱坡度%		1.0～2.0	—

注：① 对于其他等级公路的平整度方差 σ：沥青碎石、贯入式应取低值4.5，沥青表面处治取中值5.5，碎砾石及其他粒料类路面取高值7.0。
　　② 对于其他等级公路的平整度三米直尺指标：沥青碎石、贯入式应取低值10，沥青表面处治取中值12，碎砾石及其他粒料类路面取高值15。

二、沥青路面日常养护

1. 初期养护

（1）热拌沥青混合料路面

摊铺、压实后的热拌沥青混合料路面，待摊铺层自然冷却，混合料表面温度低于50℃时方可开放交通。

（2）沥青贯入式路面

路面竣工后，开放交通时，车辆行驶速度在15km/h以下，根据表面成型情况，逐步提高到20km/h。设专人指挥交通或设置临时路标，按先两边，后中间控制车辆行驶，达到全面压实。应随时将行车驱散的嵌缝料回扫、扫匀和压实，以形成平整密实的上封层。当路面泛油后，要及时补撒与施工最后一层矿料相同的嵌缝料，同时控制行车碾压。

（3）沥青表面处治

层铺法施工的沥青表面处治路面的初期养护与贯入式路面的要求基本相同。拌合法施工的沥青表面处治路面的初期养护与热拌沥青混合料的要求相同。

（4）乳化沥青路面

乳化沥青路面的初期稳定性差，压实后的路面应做好初期养护，设专人管理，按实际破乳情况，封闭交通 2～6h，在未破乳的路段上，严禁一切车辆、人、畜通过；开放交通初期，应控制车速不超过 20km/h，并不得制动和掉头。当有损坏时应及时修补。

2. 沥青路面日常养护

（1）加强路况巡查，及时发现病害，分析研究病害产生的原因，并有针对性地、及时地对病害进行维修处理。①巡查过程中，发现路面上有杂物，要及时清扫，保持路面清洁。②沥青路面的日常清扫，应根据公路等级，采用机械或人工的方法进行清扫。其清扫作业频率，应根据路面污染程度、交通量的大小及其组成、气候及环境条件等因素而定。③为了防止清扫路面时产生扬尘而污染环境，危及行车安全，应根据路面的扬尘程度，适当洒水。

（2）严禁履带车和铁轮车在沥青路面上直接行驶，如必须行驶，应采取相应措施。

（3）雨后路面有积水的地方要及时排除，以免下渗，破坏路面。

（4）除雪防滑。每降雪之后，都要由人工、机械及时清除路面积雪。在冬季降雪或下雨后，路面上有结冰现象时，应在桥面、陡坡、急弯、桥头引道撒一层砂等防滑料，以增大路面摩擦系数。在环保允许情况下，下雪时也可以采用撒布药剂（氯化钙、氯化钠等），以降低冻结温度，达到行车安全的目的。

3. 季节性预防养护

沥青路面对气温比较敏感，对于寒冷地区沥青路面而言，应根据不同季节的气候特点，以及水和温度变化规律，按照"预防为主、防治结合"的原则，结合本地区成功经验，针对季节性病害根源，因地制宜，采取有效的技术措施，做好季节性预防养护工作，防止各种病害的发生和发展。

三、沥青路面常见病害维修

沥青路面常见病害包括裂缝、拥包、沉陷、泛油、车辙、波浪等。对各种路面病害的维修，应分析其成因，并根据路面的结构类型、龄期、维修季节气温等实际情况，采取相应措施。病害维修应有周密的计划，保证工序之间的衔接。为防止病害发展和破损面积的扩大，对路面病害的处理应及时。凡需将原路面面层挖除后机械修补作业的坑槽、沉陷、车辙等，宜当日开挖、当日修补。修补面积应大于病害的实际面积，修补范围的轮廓线应与路面中心线平行或垂直，并在病害以外 10～15cm，使修补部分与原路面连接紧密。高速公路和一级公路路面和城市干道病害的维修宜采用机械作业，所使用的沥青混合料应集中厂拌，并采取保温措施以保证适宜的摊铺温度。其他等级的公路也应尽量提高维修作业的机械化水平。如果病害不是由于面层或基层材料的性质、结构层或级配类型引起的，维修时所采用的材料、结构及级配类型等宜与原路面相同。

1. 裂缝的维修

在高温季节全部或大部分愈合的轻微裂缝，可不加处理。在高温季节不能愈合的轻微裂缝，可采用以下方法之一进行维修：①将有裂缝的路段清扫干净并均匀喷洒少量沥青（在低温、潮湿季节宜喷洒乳化沥青），再洒一层 2～5mm 的干燥洁净石屑或粗砂，最后用轻型压路机将矿料碾压；②沿裂缝涂刷少量稠度较低的沥青。

由于各种半刚性基层、水泥混凝土路面加铺的反射裂缝或不均匀沉降等原因造成的纵向或横向裂缝，应按裂缝的宽度分别予以维修：①缝宽在5mm以内时，清除缝中杂物及灰尘，将稠度较低的热沥青(缝内潮湿时应采用乳化沥青)灌入缝内约2/3深度，填入干净石屑或粗砂并捣实，最后将溢出缝外的沥青及石屑、砂清除。②宽在5mm以上时，除去裂缝边缘已松动的部分，用热拌沥青混合料胶砂填入缝中捣实，缝内潮湿时应采用乳化沥青混合料。

因沥青性能不好、路面龄期较长或油层老化等原因出现的大面积裂缝(包括网裂)，如基层强度尚好时，通过技术经济比较，可选用下列维修方法：①微表处或乳化沥青稀浆封层，厚度宜为3～10mm；②铺沥青混合料上封层，或先铺设土工合成材料后，再在其上加铺沥青混合料上封层；③改性沥青薄层罩面；④先铣刨，均匀喷洒1.2～1.6kg/m² 热改性沥青，立即撒单一粒径预拌碎石(沥青用量约1%)至覆盖率为80%，碾压后加铺热沥青混合料面层；⑤由于路基、基层强度不足或路基翻浆等引起的严重龟裂，应先处治基层再重铺面层。

2. 拥包的维修

① 属于施工时操作不慎将沥青漏洒在路面上形成的拥包，将拥包除去即可。已趋于稳定的轻微拥包，将拥包采用机械刨削或人工凿除。如果除去油包后，路表不平整，应适当处治、整平。

② 因面层沥青用量过多或细料集中而产生较严重拥包，应用机械修补等或人工将拥包全部除去。扫尽碎屑、杂物及粉尘后洒粘层油，用热沥青混合料填平并压实。

③ 如果路面连续多处出现拥包且面积较大，但路面基层仍属稳定，可采用铣刨机将有拥包的路面面层铣刨或人工全部挖除，清理干净后洒粘层油，然后重铺面层。

④ 因面层与基层层间结合不良而推移变形造成的拥包，应将拥包区域面层挖除，对基层顶面采用透层油或封层处理后再重铺面层。

⑤ 属于基层局部强度不足或水稳性不好而导致的拥包，应将面层和基层完全挖除。如路基中含有淤泥，还应将淤泥彻底挖除，换填新料并夯实。在地下水位较高的潮湿路段，应采取措施将地下水引出，并在基层下面加铺一层稳定性好的材料，最后重铺面层。

3. 沉陷的维修

(1) 因路基不均匀沉降而引起的路面局部沉陷，若路基和基层已经密实稳定，沉降已基本完成，可只修补面层，此时应根据路面的破损状况采取不同的处治措施：路面略有下沉，无破损或仅有少量轻微裂缝，可在沉陷处边沿铣刨或人工凿成规则形状，清除干净后喷洒或涂刷粘层沥青，再用沥青混合料将沉陷部分填补到与原路面齐平并压实；因路基沉陷导致路面破损严重，矿料已松动、脱落形成坑槽的，应按照坑槽的维修方法予以处治。

(2) 因路基或基层结构遭到破坏而引起路面沉陷，应挖除基层重做后参照上述有关要求再重铺面层。

(3) 因桥涵台背填土不均匀沉降而引起的路面沉陷，可按以下方法维修：①对于台背填土密实度不够的，应重新压实处理，台背死角处的压实采用夯实机械。②含水量和孔隙比均较大的软基或含有机物质的黏性土层，宜采取换土处理。换土深度应视软层厚度而定。换填材料首先应选择强度高、透水性好的材料，如碎石土、卵砾土、中粗砂及强度较高的工业废渣，填料要求级配合理。③在对台背填土重新压实处理的基础上，加设桥头搭板。④采用注浆加固处理，提高台背填土的强度和稳定性。

4. 车辙的维修

沥青路面车辙的成因较复杂，往往是以下一种或几种因素综合作用所造成：①在高温季节因车辆荷载的作用而产生过量的永久变形累积；②由于沥青面层混合料高温稳定不好在车轮荷载作用下向轮迹两侧推移造成轮迹位置下凹和两侧上鼓；③行车压密使轮迹位置低于两侧；④由于长期磨损造成轮迹凹陷；⑤路基变形。因此车辙的维修前应充分调查研究，分析其成因，采取适宜的维修处理措施。

(1) 由于路面沥青混合料本身高温稳定性不足引起的车辙，可采用铣刨机将有车辙病害路段的路面铣刨或人工全部挖除，清理干净后洒粘层油，然后重铺面层。

(2) 车道表面磨损过度而产生的车辙，应将出现车辙的路面开凿成槽，槽深应根据破损情况而定，但至少不得小于原路面沥青混合料中主骨料粒径的 1～2 倍。清理干净后在槽底及槽壁均匀喷洒或涂刷一层粘层沥青，再将沥青混合料填入槽内，摊平碾压。在高速公路及一级公路上可采用高温稳定性好的改性沥青玛琋脂碎石混合料（SMA）或其他改性沥青混合料来修补车辙。

(3) 路面受横向推挤形成的横向波形车辙，如果已经稳定，可将凸出的部分消除，在波谷部分喷洒或涂刷粘结沥青，填补沥青混合料并找平、压实。

(4) 由于面层与基层层间有不稳定的夹层而形成的车辙，应将面层挖除，清除夹层后，重做面层。

(5) 由于基层强度不足和水稳性不好而形成的车辙，应将基层挖除，重做面层。

5. 波浪与搓板的维修

(1) 属于面层原因形成的波浪或搓板，可按下述方法进行维修：

1) 路面仅有轻微波浪或搓板，对于低等级路面，可选用以下方法予以处治：①在高温季节路面较软时，利用重型压路机，沿与路中心线呈 45°角的方向反复碾，以适当改善路面的平整度；②在波谷部分喷洒沥青，并均匀撒布适当粒径的矿料，找平后压实；③将凸起部分铣刨削平。

2) 波浪（搓板）的波峰与波谷高差起伏较大时，应顺行车方向将凸出部分铣刨削平，清理后喷洒热沥青，再撒一层矿料，扫匀，找平并压实。

3) 重的、大面积波浪或搓板，应将面层全部挖除，然后重铺面层。

(2) 若面层与基层之间由于存在不稳定的夹层而形成波浪（搓板），应挖除面层，清除不稳定的夹层后，喷洒粘结沥青，重铺面层。

(3) 属于基层局部强度不足，或稳定性差等原因造成的波浪（搓板），应挖除基层，再重铺面层。

6. 冻胀和翻浆的维修

因冬季基层中的水结冰引起冻胀，春融季节化冻而引起的翻浆应根据情况采用以下方法予以处治：

(1) 换填砂砾。

(2) 在有翻浆迹象的地方用人工或机械将 2～5cm 直径的钢钎打入（钻入）路面以下，穿透冻层（一般 1.3m 以上），然后灌入砂砾，使化冻的水迅速渗入冻层以下。

(3) 局部发生翻浆的路段，可采用打石灰梅花桩或水泥砂砾桩的办法予以改善。桩的排列密度及深度，应视翻浆程度而定。

（4）加深边沟，并在翻浆路段两侧路肩上交错开挖宽 30～40cm 的横沟，其间距为 3～5m，沟底纵坡不小于 3‰，沟深应根据解冻情况，逐渐加深，直至路面基层以下。横沟的外口应高于边沟的沟底。如路面翻浆严重，除挖横沟外，还应顺路面边缘设置纵向小盲沟。交通量较小的路段也可挖成明沟。但翻浆停止后，应将明沟填平恢复原状。

（5）因基层水稳定性不良或含水量过大造成的翻浆应挖去面层及基层全部松软的部分，将基层材料晾晒干，并适当增加新的硬粒料(有条件时应换填透水性良好的砂砾或工业废渣等)，分层(每层不超过 15cm)填补并压实，最后恢复面层。

（6）低温季节施工的石灰稳定类基层，在板体强度未形成时雨水渗入，其上层发生翻浆的，应将翻浆部分挖除，重作石灰稳定基层或换用其他材料予以填补，然后重作面层。

（7）路基冻胀使路面局部或大面积隆起影响行车时，应将冻胀的沥青路面刨平，待春融后按翻浆处理方法予以处治。

7. 麻面和松散的养护

沥青路面麻面和松散是一种通常病害，必须根据其成因对症下药，采取适宜的养护处理措施，才能达到较好的效果。

（1）大面积麻面可喷洒稠度较高的沥青，撒适当粒径的嵌缝料，并使麻面部分中部的嵌缝料稍厚，周围与原路面接口要稍薄，定型要整齐，再碾压成型。也可采用雾封层等预防性养护措施。

（2）对于因施工拌合过程中油温过高，沥青老化失去粘结性而造成的松散，应将松散部分全部挖除后，重铺面层。

（3）对于因沥青与酸性石料间的粘附性不良而造成的路面松散，应在沥青中掺入抗剥离剂、增黏剂或使用干燥的生石灰、消石灰、水泥等表面活性物质作为填料，或采用石灰浆处理粗骨料等抗剥离措施，以提高沥青与矿料的粘附力，增加混合料的水稳性。

（4）对于因基层或路基软化变形而造成的路面松散，应先处理好基层后，再重铺面层。

8. 坑槽的养护

路面基层完好，仅面层有坑槽时的可采用以下方法维修：

（1）将坑槽位置铣刨或人工凿成规则的方形，并开凿至坑底稳定部分，其深度不得小于原坑槽的最大深度。清除槽底、槽壁的松动部分及粉尘、杂物，并涂刷粘层沥青。填入沥青混合料并整平。用小型压实机具或铁制手夯将填补好的部分压(夯)实。新填补的部分应略高于原路面。如果坑槽较深，应将沥青混合料分两次或三次摊铺和压实。

（2）采用热补法修补。采用热修补养护车，用加热板加热坑槽处路面，翻松被加热软化铺装层，喷洒乳化沥青，加入新的沥青混合料，然后搅拌摊铺，压路机压实成型。

（3）若因基层局部强度不足等使基层破坏而形成坑槽，应先处治基层，再修复面层。

9. 泛油的维修

对泛油的路段，应先取样作抽提试验测定油石比和级配组成，然后采取相应的处治措施。

（1）只有轻微泛油的路段，可撒上 3～5mm 粒径的石屑或粗砂，并控制行车碾压。

（2）泛油较重的路段，可先撒 5～10mm 粒径的碎石，控制行车碾压，待稳定后撒 3～5mm 粒径的石屑或粗砂，并引导行车碾压。

（3）因面层含油量高，且已形成软层的严重泛油路段，可先撒一层 10～15mm 粒径碎石，用压路机将其强行压入路面，待基本稳定后，再分次撒上 5～10mm 粒径的碎石，并碾压成型。

（4）对严重泛油路段，也可将含油量过高的软层铣刨清除后，重作面层。

10. 脱皮维修

由于沥青面层与封层之间粘结不好，或初期养护不良引起的脱皮，应清除已脱落和已松动的部分，再重新做封层。由于面层与基层之间因粘结不良而产生的脱皮，应先清除掉脱落、松动的面层，分析粘结不良的原因，适当处理后，重作面层。由于沥青面层层间产生脱皮，应将脱落及松动部分清除，在下层沥青面上涂刷粘结沥青，并重作沥青层。

11. 啃边维修

由于路面边缘沥青面层破损而形成啃边，应将破损的沥青面层挖除，在接槎处涂刷适量的沥青，用沥青混合料进行填补，再整平压实。修补啃边后的路面边缘应与原路面边缘齐顺。因路面边缘的基层松软、沉陷而形成的啃边，应先对路面边缘基层局部加强后再恢复面层。

第四节　沥青路面翻修补强和再生技术

路面破损严重，采用预防性养护和罩面等养护方法不能使路面恢复良好的工作状态时，为保证必要的服务功能，应进行翻修。翻修前，应对需要翻修路段的路面结构、路基土特征和交通量等进行调查分析，并按相关规范的规定进行结构厚度设计。

一、沥青路面翻修

翻修面层时可按下列步骤进行：

（1）根据调查分析资料或设计需要翻修部分或全部沥青层时，宜采用铣刨机进行铣刨作业，按预定翻修厚度正确铣刨，避免损坏完好的下面层或基层。如局部翻修的面积较小，可采用小型机械或人工翻挖。对铣刨后的旧料应避免泥土或其他杂质混入并及时收集，运送至沥青拌合厂（场）用于沥青混合料再生。

（2）清扫碎屑、灰尘后，下层表面浇洒 0.3～0.6kg/m² 粘层沥青；与不翻修路段接界的原路侧壁涂刷 0.3kg/m² 左右粘层沥青。

（3）采用与原沥青层相同或按设计要求的材料和厚度进行铺筑。

（4）用压路机碾压密实。

（5）开放交通后应根据具体情况做好初期养护工作。

面层、基层同时翻修时应按下列步骤进行：

（1）可先将沥青面层铣刨后翻挖基层，也可采用合适的破碎机具将路面破碎；沥青面层的翻修范围应超出基层翻修范围的边缘线 30cm 左右，以使基层、面层接缝错开。

（2）将沥青旧料收集运送后，才可清除基层材料。应避免两种材料混杂，影响旧料的再生利用。

（3）避免雨天翻修，必要时在路肩处布置盲沟，防止路床积水。

（4）整平路基表面并经碾压后，采用与原路段相同或符合设计要求的基层材料进行铺筑，每层压实厚度应不大于 20cm；当翻修面积小，压路机难以碾压时，可采用小型振动压路机或振动平板压实，但每层压实厚度应不大于 15cm。

（5）当基层稳定并达到要求强度后，浇洒 0.7～1.1kg/m² 透层沥青。采用与原路段相同或符合设计要求的材料铺筑面层。

（6）开放交通后应根据具体情况做好初期养护工作。

如路基软弱导致路面损坏时，应对软弱路基采取有效措施处理达到质量标准后再修筑基层、面层。

二、沥青路面再生技术

沥青路面再生利用技术，是将需要翻修或者废弃的旧沥青混合料，经过翻挖、回收、破碎、筛分，再和新集料、新沥青材料，适当配合，重新拌合，形成具有一定路用性能的再生沥青混合料，用于路面坑槽修补、铺筑路面面层或基层的整套工艺技术。对于沥青路面再生来说关键就是沥青混合料的再生利用。沥青混合料再生可分为厂拌热再生、现场热再生、厂拌冷再生、现场冷再生和全厚式沥青路面回收五种形式。沥青混合料的再生利用可以充分利用翻修产生的旧沥青混合料，能够节约大量的沥青和砂石材料，节省工程投资。据调查，沥青混合料再生利用，可节约材料费用 53%，路面降低造价 25% 左右，沥青节约 50%。同时可减少大量开山采石，节省填埋场地，减少对环境的污染，经济和社会效益显著。国外从 20 世纪 70 年代末就开始了沥青路面再生方面的技术研究，20 世纪 80 年代末 90 年代初进入工业试验阶段。近年来，各种沥青材料再生设备和路面重铺机组产品相继问世，技术性能达到了较高的水平。

1. 沥青路面热再生

热再生主要是从恢复旧沥青性能入手，实际上是沥青老化的逆过程。从理论上讲，技术途径主要为调节旧沥青的黏度，使之降低至所需的黏度范围；调节沥青的流变行为，使旧沥青的非牛顿特性减弱。热再生需要对旧沥青混合料或旧沥青路面加热，需要大型专门设备。

（1）热再生沥青混合料原材料

再生所用旧料是指沥青路面翻修时所得的面层材料。旧料必须洁净，不得混入有机垃圾。混入无沥青粘结的砂石料的比例不得大于 10%，含泥量不得大于 1%。块状旧料可采用机械轧碎或人工敲碎。破碎后旧料的最大粒径按用途确定。用于粗粒式再生沥青混合料时，最大粒径为 26.5mm 或 31.3mm（方孔筛）、用于中粒式再生沥青混合料时，最大粒径为 16mm 或 19mm、用于细粒式再生沥青混合料时，最大粒径为 9.5mm 或 13.2mm。破碎后的旧料应按质量分类堆放在平整、坚实和排水良好的场地。

热再生过程中，根据地区使用条件和公路等级与旧沥青性能可掺入适用的再生剂。适用的再生剂有机油、润滑油、抽出油和玉米油等。再生剂的性能和储放应符合下列要求：

① 应具有较强的渗透和软化能力，以降低旧沥青黏度，达到要求的针入度。

② 能与旧沥青互溶，使之和新沥青均匀地混合成一体。

③ 能调节旧沥青的成分，达到路用沥青的质量要求，有较好的抗老化性能。

④ 再生剂应储存在有盖的容器中，防止水和垃圾等杂质混入。储存和使用必须满足防火要求。

用于再生沥青混合料的新沥青和乳化沥青的类型和标号可根据公路等级、用途和当地气候条件选定。用于再生沥青混合料的粗、细集料应具有足够强度，与沥青粘附性良好，并无风化和杂质，颗粒形状接近立方体。

（2）热拌再生沥青混合料配合比设计

① 旧料分析与新旧沥青掺配。将破碎后的旧料按《公路工程沥青与沥青混合料试验规程》（JTG E20）规定的方法作抽提分析，计算旧沥青含量和旧矿料的颗粒组成，对被抽提出来的旧沥青溶液按《公路工程沥青与沥青混合料试验规程》（JTG E20）规定的方法回收旧沥青，测定旧沥青的针入度、延度和软化点。

当旧沥青老化严重、针入度较小时，须掺入再生剂，掺量以达到本地区要求的沥青稠度为准。将含有再生剂的旧沥青掺入符合质量要求的新沥青，测定针入度、延度和软化点等技术指标。按规范规定的技术要求，确定新、旧沥青掺配比例。

② 根据所确定的新、旧沥青掺配比例，选定新矿料与旧料的配合比，并根据新矿料的颗粒组成和再生沥青混合料矿料级配要求计算新矿料的用量。

③ 对破碎的旧料先按所确定的再生剂用量进行喷洒拌合后，按所确定的再生沥青混合料级配并根据本地区经验初定混合料的沥青用量，扣除旧料的旧沥青含量后作为新沥青用量的中值，每次增减 0.5％新沥青用量制备混合料试件进行马歇尔试验，根据试验结果和热拌再生沥青混合料马歇尔试验技术标准确定再生沥青混凝土的最佳沥青用量。

④ 在路面铺筑过程中，如材料发生变化，抽检的马歇尔试验结果未达到技术标准时，应调整新旧料比例或新沥青用量。

（3）热拌再生沥青混合料拌合

热拌再生沥青混合料可采用间歇式拌合机或连续式拌合机拌制，应按下列工艺进行拌合：

① 当旧沥青混合料需要掺入再生剂时，应先将破碎后的旧料按用量喷洒，并拌合均匀，堆放时间以再生剂充分渗透到旧沥青为度，堆放高度宜不超过 1.5m，避免结块。

② 当采用间歇式拌合机拌制时，新集料加热温度应高于普通沥青混合料的集料加热温度，但不宜超过 230℃，旧料不得进入烘干筒，按配合比设计用量经计量后直接进入拌缸，与新集料相混合，通过热交换使旧集料升温、旧沥青热融，干拌 15s 左右后，加入新沥青再拌合 30～45s，拌合时间以新、旧料混合均匀，混合料颜色均匀、无花白为准。再生沥青混合料出厂温度为 140～160℃。间歇式拌合机热拌再生沥青混合料的拌合工艺流程见图 2-9-12。

③ 当采用连续式拌合机拌合时，必须避免旧料被明火烧焦。宜在筒体中部进料口输入旧料，并设置挡板遮挡火焰；如旧料与新集料在筒体始端同一料口输入筒体时，可先对旧料喷洒适量水分，旧料总含水量宜不超过 3％。拌合后的再生沥青混合料色泽应

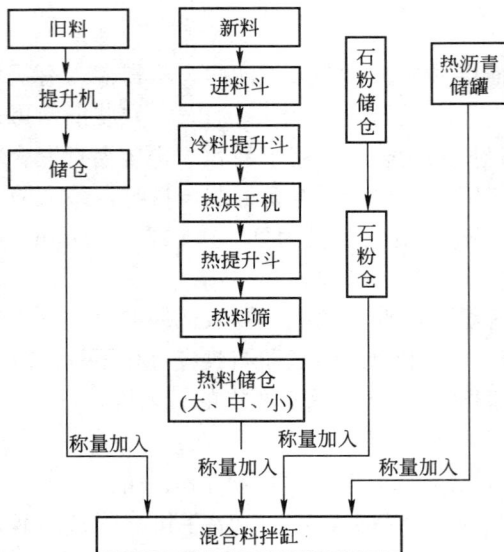

图 2-9-12　间歇式拌合机热拌再生沥青
混合料的拌合工艺流程图

342

均匀一致，出厂温度为 140～160℃。

热拌再生沥青混合料一般适用于翻修养护工程，可用于一、二、三级公路、城市道路的中、下面层，以及四级公路的面层。对于一级、二级及三级公路和城市道路的上面层，以及高速公路中、下面层，必须经试验、总结、评定合格后才能使用。

2. 沥青路面冷再生

沥青路面冷再生技术是将旧沥青路面材料经铣刨、破碎加工后进行重复利用，根据再生后结构层的结构性能要求适当加入新骨料或细集料，按比例加入一定量的外掺剂（如水泥、石灰、粉煤灰、泡沫沥青或乳化沥青等）和适量的水，在自然环境温度下连续完成材料的铣刨、破碎、添加、拌合、摊铺及压实成型，重新形成结构层的一种工艺方法。沥青路面冷再生技术具有简化施工工序，节约工期，节约筑路材料，保护环境等优点。冷拌再生沥青混合料宜采用机械拌合。冷拌再生沥青混合料的级配和乳化沥青用量可按乳化沥青路面实践经验确定。冷拌再生沥青混合料一般适用于翻修养护低等级道路的路面和各级道路的基层。

三、沥青路面加铺补强设计和施工

在现有的道路等级不变的情况下，沥青路面因损坏严重、强度系数（SSI）不符合要求，应进行路面补强，补强应符合下列一般要求：（1）对原有沥青路面必须作全面的技术调查和方案比较；（2）补强设计应综合考虑由补强厚度导致的纵坡与横坡的调整以及与路面结构物的连接等方面的相互协调，使纵坡线形符合《公路工程技术标准》（JTG B01）的要求。若线形不符合《公路工程技术标准》的规定，应改建线形，使其符合《公路工程技术标准》后再进行补强设计；（3）补强设计中应考虑补强结构层与原路面结构的连接问题。

1. 沥青路面加铺补强设计

（1）原有公路的技术调查。

加铺补强设计应对原有路面做好调查，主要调查内容如下：

① 调查原有公路路况，如路面的破损及病害的情况和程度、路表面排水（积水）状况、积雪（砂）状况等，路肩采取的加固措施等；调查原有路面设计、施工、养护的技术资料及从使用开始至改建的年限、使用效果等。重点调查破损情况包括裂缝率、车辙深度和修补面积等。

② 采用贝克曼梁弯沉仪或 FWD 等无损检测方法评价原路面结构承载能力。

③ 根据破损情况调查和承载能力测试与评价，结合路面外观选择好、中、差路面典型使用状况，进行分层钻孔取样和试验，采集沥青混合料和基层、底基层、路基的样品，测定其原有路面结构层的厚度、各层材料的回弹模量及路基干湿类型，分析破坏原因，判断其破坏层位及是否可以利用。

④ 调查路基和路面的宽度、路线纵坡、路面横坡、平曲线半径等；每 500m 一断面，如路面宽度大于等于 7m 每个断面选两个点，不足 7m 选一个点。

⑤ 调查年平均双向日交通量、交通组成和交通量增长率等。

（2）对旧沥青路面进行处理。

① 沥青路面整体强度基本符合要求，车辙深度小于 10mm，轻度裂缝而平整度及抗滑性能差时，可直接加铺罩面，恢复表面使用功能。

② 对中度、重度裂缝段宜视具体情况铣刨路面。不铣刨旧路面时，可对裂缝进行灌

缝处理，修补松散、坑槽等，必要时采取防裂措施。对沥青层网裂、龟裂或沥青老化的路段，应进行铣刨并清除干净，设置粘层沥青。

③ 当整体强度不足时应加铺补强层，对严重裂缝的路段可根据路面开裂深度或结构破坏情况，确定挖除深度和范围。

④ 原有公路路拱不符合《公路工程技术标准》（JTG B01）时，应结合补强设计，对路拱进行调整，使其符合规定。

（3）加铺补强设计应根据下列情况将全线划分为若干段。分段时，应考虑下列因素：

① 将旧路面的破损形态、弯沉值、破损原因相近的划分为一个路段。

② 在同一路段内中，若局部路段弯沉值很大，可先修补处理，再进行补强，此时，该段计算代表弯沉时可不考虑个别大点。

③ 各路段的最小长度应与施工方法相适应，不宜小于 500m。在水文、土质条件复杂或需要特殊处理的路段，其分段长度可视实际情况确定。

④ 一般按 1km 为单位对路况进行评价，当路况评价指标基本接近时可将路段延长。

（4）各路段的计算弯沉值。

各路段的弯沉值应采用 BZZ-100 标准轴载汽车，用贝克曼梁测定原有路面的弯沉值（或 FWD 测定），每 20～50m 测一点，弯沉值变化较大时可加密测点，每车道、每路段的测点数不少于 20 点。各路段的计算弯沉值 l_0 应按式（2-9-1）计算：

$$l_0 = (\bar{l}_0 + Z_a S) K_1 K_2 K_3 \tag{2-9-1}$$

式中　l_0——路段的计算弯沉值（0.01mm）；

　　　$\bar{l}_0$——路段内原路面上实测弯沉的平均值（0.01mm）；

　　　S——路段内原路面上实测弯沉的标准差（0.01mm）；

　　　Z_a——与保证率有关的系数，高速公路、一级公路、城市快速路和主干道 Z_a = 1.645，二级公路和其他城市道路 Z_a = 1.5，三，四级公路 Z_a = 1.3；

K_1、K_2——季节影响系数和湿度影响系数，根据当地经验确定；

　　　K_3——温度修正系数。

（5）旧路面当量回弹模量的计算。

① 确定旧路面的当量回弹模量时，应根据路段的划分，分别按照贝克曼梁或落锤式弯沉仪（FWD）测得的弯沉计算各路段的当量回弹模量值。

② 各路段的当量回弹模量应根据各路段的计算弯沉值，按式（2-9-2）（轮隙弯沉法）计算：

$$E_t = 1000 \frac{2p\delta}{l_0} m_1 m_2 \tag{2-9-2}$$

式中　E_t——旧路面的当量回弹模量（MPa）；

　　p、δ——意义同前；

　　　l_0——旧路面的计算弯沉（0.01mm）；

　　　m_1——用标准轴载的汽车在原路面上测得的弯沉值与用承载板在相同压强条件下所测得的回弹变形值之比，即轮板对比值；

　　　m_2——旧路面当量回弹模量扩大系数。

比值 m_1 应根据各地的对比试验结果论证地确定，在没有对比试验资料的情况下，可

取 $m_1 = 1.1$(轮隙弯沉法)进行计算。

③ 计算与旧路面接触的补强层层底拉应力时，m_2 按式(2-9-3)计算；计算其他补强层层底拉应力及弯沉值时，$m_2 = 1.0$。

$$m_2 = e^{0.037 \frac{h'}{\delta} \left(\frac{E_{n-1}}{p} \right)^{0.25}} \tag{2-9-3}$$

式中 E_{n-1}——与旧路面接触层材料的抗压模量(MPa)；

       h'——各补强层等效为与旧路面接触层 E_{n-1} 相当的等效总厚度(cm)。

④ 等效总厚度 h' 按式(2-9-4)计算：

$$h' = \sum_{i=1}^{n-1} h_i (E_i / E_{n-1})^{0.25} \tag{2-9-4}$$

式中 E_i——第 i 层补强层材料的抗压回弹模量(MPa)；

       h_i——第 i 层补强的厚度(cm)；

   $n-1$——补强层层数。

（6）加铺补强层设计。

① 当强度不足时应进行补强设计，设计方法与新建路面相同。

② 加铺补强层的结构设计，应根据旧路面综合评价、公路等级和交通量，结合纵、横断面调坡设计，并与周围环境相协调，选用直接加铺或开挖旧路至某一结构层位，采取加铺一层或多层沥青补强层，或半刚性基层、贫混凝土基层等结构层。

③ 原路面与补强层之间视加铺层的结构与厚度，采取相应的减裂措施或铺设调平层，或将调平层与应力吸收层合并为一层铺设。

（7）加铺补强层设计步骤：

① 计算原有路面的当量回弹模量。

② 拟定几种可行的结构组合及设计层，并确定各补强层的材料参数。

③ 根据加铺层的类型确定设计指标，当以路表回弹弯沉为设计指标时弯沉综合修正系数按式(2-9-5)计算：

$$F = 1.45 \left(\frac{l_s}{2000\delta} \right)^{0.61} \left(\frac{E_t}{p} \right)^{0.61} \tag{2-9-5}$$

当以拉应力为设计指标时，还应验算沥青混凝土层层底拉应力(拉应变)及半刚性材料层的层底拉应力。

④ 设计层的厚度采用弹性层状体系理论设计程序计算。对季节性冰冻地区的中、潮湿路段还应验算防冻厚度。

⑤ 根据各方案的计算结果，进行技术经济比较，确定采用的补强方案。

（8）与桥涵的衔接。

路面补强路段内若有桥涵等构造物，在补强前应对其铺装层进行检查。若原有铺装层出现破损，应及时修复。若原有铺装层完好，可在桥涵构造物的承载能力范围内，适当加铺新的铺装层。

为保证路面与桥涵顶面的纵坡顺适，应综合考虑和重新设计路线纵坡。路面的补强可从桥涵两侧的搭板外开始设计和施工，衔接点即为搭板两侧的端点，以衔接点的标高作为控制标高。对于无搭板的情况，衔接点设在桥涵台背两端外 10m 处。设计时要注意路面与桥涵构造物的衔接应保证路线纵坡顺适。在衔接点处路面补强结构的施工可视设计标高的情况向下开挖原有路面结构层，以重新铺筑补强结构层。

2. 沥青路面加铺补强施工和质量控制

沥青路面补强层原材料应符合相关规范的要求，混合料的组成设计和补强层施工应符合《公路沥青路面设计规范》(JTG D50)、《公路沥青路面施工技术规范》(JTG F40)和《公路路面基层施工技术规范》(JTJ 034)规定的要求。另外，沥青路面补强还应做好下列工作：

(1) 原有路面技术状况不良时，应按下列要求处理：①平整度或路面横坡不符合规定要求时，应加铺整平层，或在加铺补强层时，同时找平或调整路面横坡。对低等级道路，必要时可将原路面翻松6～8cm，重新整形后调整；②对原有路面出现的各种病害，应根据产生的原因，采取有效的处理措施后再铺筑路面基层；③排水不良路段，应采取加深边沟、设置盲沟、渗井或设隔水层等措施进行处理。

(2) 应采取浇洒透层油或粘层油等措施使新旧结构层连接良好，并保证结构层满足最小厚度的要求。

(3) 为使路面边缘坚实稳定，基层应比面层宽出20～25cm或埋设路缘石。路肩过窄路段，应先加宽路基达到标准宽度，或采用护肩石的方法，再加宽基层。

(4) 用砂石路面作沥青路面的基层时，在干燥地带可适量掺入粗骨料(应根据旧路面的细料含量而定)；在中湿、潮湿地带宜将基层翻松，再掺入适量的石灰，碾压密实，并做好排水设施。

(5) 挖除面层或基层时，应尽量做到再生利用，旧料应按要求收集和存储。

沥青路面补强施工质量管理和控制应参照《公路路面基层施工技术规范》(JTJ 034)、《公路沥青路面施工技术规范》(JTG F40)和《公路工程质量验收评定标准》(JTG F80)的技术规定执行。

第五节　水泥混凝土路面维修养护

一、概述

我国公路修建水泥混凝土路面已有70余年的历史，20世纪80年代以来得到了快速发展。我国有铺装路面公路里程中，水泥混凝土路面约占55%～60%。随着使用时间的延长，我国20世纪80年代建成的水泥混凝土路面已接近使用年限，20世纪90年代前期建成的水泥混凝土路面也由于特重、重交通量和超重轴载的破坏作用，陆续出现破损。

因此，水泥混凝土路面养护工作的任务越来越繁重。特别是近年来，随着国民经济的迅速发展，交通荷载的日益重型化，不仅交通量大幅度增长，而且轴载增加很快，加速了水泥混凝土路面的损坏。因此，加强对水泥混凝土路面的养护与维修，延长水泥混凝土路面的使用寿命，是公路交通养护部门面临的刻不容缓的任务和非常重要的工作内容。

水泥混凝土路面的养护修复技术是随着水泥混凝土路面出现了不同程度的损坏后应运而生的。从技术上讲，影响水泥混凝土路面修补质量的关键在于所采用的修补材料和修复工艺。

1. 水泥混凝土路面修补材料的现状与发展

早期最常用的水泥混凝土路面修补材料是沥青类材料，即在水泥混凝土路面的裂缝、断板处灌注沥青，以达到封闭裂缝之目的，或在破损严重的水泥混凝土路面上加铺一层沥青混合料。这种方法只是一种应急措施，不能从根本上解决水泥混凝土路面修复问题。

20 世纪 80 年代以后，随着人们对水泥混凝土路面修补技术的重视，一些国家加大了对水泥混凝土路面修补材料的研究力度。针对不同水泥混凝土路面的破坏特点，研制出一些新的修补材料，并在一些路面上进行试验性的应用。在水泥混凝土路面的裂缝修补方面，美国、日本等国家将常用于工业与民用建筑混凝土结构裂缝修补的环氧树脂进行改性，研究出适合于水泥混凝土路面需要的抗冲击、韧性较大的改性环氧树脂灌浆材料。还有些国家研制出了低黏度聚合物稀浆，用于裂缝宽度为 0.5mm 左右的细裂缝修补。用掺加高分子材料的聚合物水泥砂浆及合成聚合物和焦油为主的油灰胶泥，修补较宽的裂缝，用延性较好的聚氨酯树脂、橡胶、煤焦油填缝料，进行路面的接缝修补。

在水泥混凝土路面的板块修补上，常采用的方法是将损坏的混凝土除掉，铺上与原路面混凝土相同强度或略高于路面混凝土原设计强度的普通混凝土。由于普通混凝土需要较长的养护时间，给路面尽快恢复交通带来了困难。因此，人们就通过在混凝土中掺早强型外掺剂的办法，以加快混凝土早期强度的发展。一些国家还研制出适用于水泥混凝土路面修补的快、硬、高早强水泥。我国一些研究单位，根据我国国情也研制了一些高早强、收缩小、性能优异的修补材料，早期强度发展最快的 4～6h 就可达到通车强度要求。

罩面修补常用材料是沥青混合料，也有些国家采用钢纤维混凝土或薄层连续配筋混凝土加铺层。如比利时 1982 年至 1985 年间，7 段试验路铺设了薄层加铺层，总面积达 13.7 万 m^2，其中 10.4 万 m^2 钢纤维混凝土，3.3 万 m^2 为连续配筋薄层混凝土。有些国家采用水泥树脂砂浆罩面，如捷克曾采用 3～10mm 的薄层加铺层，法国则认为这种整修方法在交通量达到 35 万辆/日的情况下可以维持 5～8 年的使用寿命。

2. 水泥混凝土路面维修工艺的现状与发展

仅仅具有性能良好的修补材料还不够，修补工艺也直接影响到水泥混凝土路面的修补质量。在裂缝的修补方面，最简单的方法是用热熔化后的沥青直接灌入缝内。后来采用灌环氧树脂的方法，让环氧树脂通过孔渗入裂缝内。这种修补方法对新建路面的断板裂缝修补较为适合，对于旧水泥混凝土路面，由于裂缝内夹有灰尘，缝隙内的尘污难以清除，致使灌入的材料与原材料粘结不好。近几年来，随着对水泥混凝土路面养护维修技术的深入研究和大量的实践，从水泥路面的日常养护到路面状况调查评定，从养护维修材料到养护维修机具，从路面维修到路面改善，从加铺层到水泥混凝土再生利用，已形成一套较为成熟的施工工艺和养护维修技术。

在板块的修补方面，过去破碎旧混凝土，大多采用人工凿除或风镐破碎的方法，破碎清除旧混凝土的速度很慢，有的地方采用冲击破碎旧混凝土，虽工效有所提高，但容易导致相邻好板块的损伤。近年来，我国研制出了一种液压式多功能混凝土破碎机，不仅大大提高了旧混凝土的破碎工效，而且也减少了相邻板块的损坏。

二、水泥混凝土路面日常养护内容

水泥混凝土路面使用寿命的长短，除取决于施工质量外，在很大程度上取决于养护质量。水泥混凝土路面作为高级路面，虽然具有使用周期长，耐久性好的特点。但一旦开始破坏，其破损就会加速发展，且修补困难。因此，水泥混凝土路面日常养护应通过经常的巡视检查，及早发现存在的问题和缺陷，查清原因，做好预防性、经常性养护，清除障碍物，保持路面状况良好，延长路面使用寿命。

水泥混凝土路面日常养护内容包括：①日常巡视检查；②日常保洁；③接缝养护；④季节性养护。

1. 水泥混凝土路面日常保洁

水泥混凝土路面必须定期清扫泥土和污物，与其他不同类型路面平面连接处及平交道口应勤加清扫，路面上出现的小石块等坚硬物应予以清除，中央分隔带内的杂物应定期清除，保持路容整洁。路面清扫应尽可能采用机械作业。机械清扫留下的死角，应用人工清除干净。清扫作业尽可能避开交通量高峰时段。路面清扫时，应尽量减少清扫作业产生的灰尘，以免污染环境和危及行车安全。当路面被油类物质或化学药品污染时，应清洗干净，必要时用中和剂或其他材料处理后再用水冲洗。交通标志、标线、标牌以及防撞栏等交通安全设施应定期擦拭和清扫，保持整洁、醒目。

2. 水泥混凝土路面接缝养护

接缝是水泥混凝土路面的特有构造，接缝的好坏直接影响路面寿命。所以应对接缝进行适时的保养，保持接缝完好，表面平顺。接缝养护包括接缝保养及填缝料的及时更换。

当夏季气温升高，填缝料凸出板面超出 3～5mm 时，应及时铲平；填缝料外溢流淌到接缝两侧面板，影响路面平整度和路容时应予清除。杂物嵌入接缝时，会使接缝失去胀缩作用，导致混凝土板拱胀及断裂，应予清除，若杂物系小石块及其他坚硬物时，会使接缝处板端应力集中，将混凝土板挤碎，应及时剔除。

应对填缝料进行周期性或日常性的更换。填缝料的更换周期根据填缝料的性能和路面使用状况确定，一般为 2～3 年。填缝料局部脱落时应进行灌缝填补；填缝料脱落缺失大于三分之一缝长或填缝料老化、接缝渗水严重时应立即进行整条接缝的填缝料更换。填缝料的更换应做到饱满、密实、粘接牢固。清缝、灌缝应使用专用机具。更换填缝料前应将原填缝料及掉入缝槽内的砂石杂物清除干净，并保持缝槽干燥、清洁。填缝料灌注深度宜为 3～4cm，当缝的深度过大时，缝的下部可填 2.5～3.0cm 高的多孔柔性垫底材料或泡沫塑料支撑条。填缝料的灌注高度夏天宜与面板平，冬天宜稍低于面板。多余的或溅到面板上的填缝料应予以清除。

3. 水泥混凝土路面季节性养护

水泥混凝土路面季节性养护主要是指冰雪地区路段水泥混凝土路面冬季养护，其重点是除雪、除冰、防滑。养护作业的重点路段是桥面、坡道、弯道、路口及其他严重危害行车安全的路段。除雪、除冰、防滑要根据气象资料、沿线条件、降雪量、积雪深度、危害交通范围等确定作业计划，并做好机驾人员培训、机械设备、作业工具、防冻防滑材料的准备。除冰困难的路段应以防滑措施为主，除冰为辅。除冰作业应防止破坏路面。路面防冻防滑的主要措施可使用盐或其他融雪剂降低路面上的结冰点，使用砂等防滑材料或与盐掺合使用，加大轮胎与路面间的摩擦系数。

三、水泥混凝土路面破损维修技术

1. 裂缝维修

根据路面开裂程度和裂缝的宽度，裂缝维修可采取不同的方法和工艺。通常采用的裂缝维修方法包括扩缝灌浆法、直接灌浆法、条带罩面补缝和全深度补块等。

（1）扩缝灌浆法

适用于裂缝宽度小于 3mm 的表面裂缝。顺着裂缝用冲击电钻将缝口扩宽成 1.5～2cm 沟槽，槽深根据裂缝深度确定，最大深度不得超过 2/3 板厚。清除混凝土碎屑，用压缩空气吹净灰尘，并填入粒径为 0.3～0.6cm 的清洁石屑。采用聚硫橡胶：环氧树脂＝16：(2～16)，配制聚硫环氧树脂灌缝料，拌合均匀并倒入灌浆器中，灌入扩缝内。用红外线灯或装有 60～100W 灯泡的长条形灯罩，在已灌缝上加温，温度控制在 50～60℃，加热 1～2h，灌缝材料固化后，达到通车强度，即可通车。

（2）直接灌浆法

适用于裂缝宽度大于 3mm，且无碎裂的裂缝。将缝内泥土、杂物清除干净，并确保缝内干燥。在缝两边约 30cm 的路面上及缝内涂刷一层聚氨酯底胶层，厚度为 0.3± 0.1mm，底胶用量为 0.15kg/m²。将环氧树脂(胶结剂)、二甲苯(稀释剂)、邻苯二甲酸二丁酯(增稠剂)、乙二胺(固化剂)水泥或滑石粉(填料)采用配合比为胶结剂：稀释剂：增稠剂：固化剂：填料＝100：40：10：8：(200～400)，填料视缝隙宽度掺加，按比例配制好，并搅拌均匀后直接灌入缝内，养护 2～4h 即可开放交通。

（3）条带罩面补缝

适用于贯穿全厚、宽度为 3～15mm 的中等裂缝。顺裂缝两侧各约 15cm，且平行于缩缝，锯切 7cm 深的两条横缝，如图 2-9-13。凿除混凝土。在两条横缝内侧，用风镐或液压镐凿除混凝土，深度以 7cm 为宜。沿裂缝两侧 15cm，每隔 50cm 钻一对钯钉孔，直径大于钯钉直径 2～4mm，并在二钯钉孔之间凿一条与钯钉孔直径一致的钯钉槽。用压缩空气吹除孔内混凝土碎屑，将孔内填灌快凝砂浆，把除过锈的钯钉(宜采用 16mm 螺纹钢筋，弯钩长 7cm)，插入钯钉孔内。将切割的缝内壁凿毛，并清除松动的混凝土碎块及表面松动裸石。在修补混凝土毛面上刷一层粘结砂浆。浇筑快凝混凝土，并及时振捣密实，抹平并喷洒养护剂，其喷洒面延伸到相邻老混凝土面板 20cm 以上。

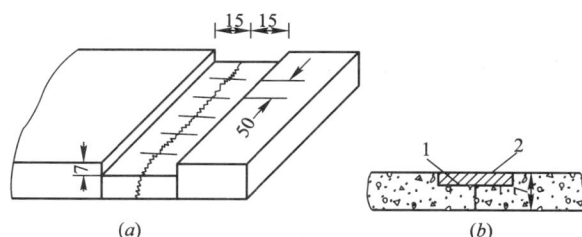

图 2-9-13　条带补缝(单位：cm)

1—钯钉；2—新浇混凝土

（4）全深度补块

适用于宽度大于 15mm 的严重裂缝。全深度补块分集料嵌锁法、刨挖法、设置传力杆法。集料嵌锁法适用于无筋混凝土路面交错的裂缝，且裂缝的间隔小于 300～400cm，刨挖法(倒 T 形法)适用于裂缝间传荷很差部位，设置传力杆法适用于在寒冷气候和承受重型交通荷载的混凝土路面。

① 集料嵌锁法

在修补的混凝土路面位置上，平行于缩缝画线，沿画线位置进行全深度切割。在保留板块边部，沿内侧 4cm 位置，锯 5cm 深的缝，见图 2-9-14。破碎、清除旧混凝土，在此过程中不得伤及基层、相邻面板和路肩。全深锯口和半深锯口之间的 4cm 宽条混凝土垂直面应凿成毛面。处理基层时，基层强度符合规范要求，并严格整平基层；若基层全部损坏或松软，应按原设计基层材料重新作基层。按《公路水泥混凝土路面设计规范》(JTG D40—2002)设计混凝土的配合比，混凝土 24h 弯拉强度应不低于 3.0MPa。混凝土拌合后 30～40min 内卸到补块区内摊铺，并振捣密实。浇筑的混凝土面层应与相邻路面的横断面吻合，补块的表面纹理与原路面吻合。补块养护宜采用养护剂，其用量根据养护材料性能确定。做接缝时，将板中间的各缩缝锯切到 1/4 板厚处，将接缝材料填入缩缝内。混凝土达到通车强度后，即可开放交通。

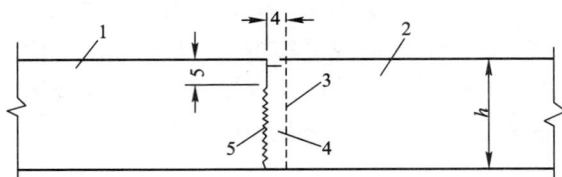

图 2-9-14　集料嵌锁法(尺寸单位：cm)
1—保留板；2—全深度补块；3—全深度锯缝；4—凿除混凝土；5—缩缝交错接面

② 刨挖法(倒 T 形法)

刨挖法是在相邻板块横边的下方暗挖 15cm×15cm 的一块面积用于荷载传递，见图 2-9-15。施工要求同集料嵌锁法。

③ 设置传力杆法

处理基层后，修复、安设传力杆和拉杆，原混凝土面板没有传力杆或拉杆折断时，用与原规格相同的钢筋焊接或更新安

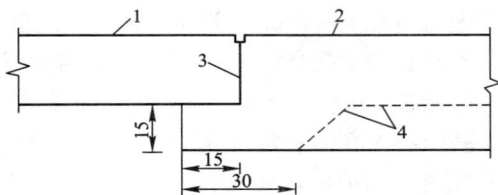

图 2-9-15　刨挖法示意图(尺寸单位：cm)
1—保留板；2—补块；3—全深度补块；4—垫层开挖线

设，安装时在板厚 1/2 处钻出比传力杆直径大约 2～4mm 的孔，孔中心距 30cm，误差不应超过 3mm。横向施工缝传力杆直径为 25mm，长度为 45cm，嵌入相邻保留板内深 22.5cm。拉杆孔直径宜比拉杆直径大 2～4mm，并沿相邻板块间的纵向接缝板厚 1/2 处钻孔，中心距 80cm。拉杆采用直径 16mm 螺纹钢筋，长 80cm，嵌入相邻车道的板内 40cm 深。传力杆和拉杆宜用环氧砂浆牢牢地固定在规定位置，摊铺混凝土前，光圆传力杆的伸出端涂少许润滑油。新补板块与沥青路肩相接时，和现有路肩齐平。传力杆若安装倾斜或松动失效，应予以更换。传力杆设置见图 2-9-16。其余施工要求同前。

2. 板边和板角修补

路面板边剥落、板角断裂的原因包括：①接缝或纵横缝交叉处，水的浸入易产生唧泥、脱空，导致板边或角隅应力增大或断裂；②接缝处没有传荷能力或板块边缘附近的传力杆失效；③路基、基层在荷载和水的作用下，逐渐产生塑性变形，使板边、板角应力增大，产生断裂；④面板边缘的接缝中嵌入硬物等。

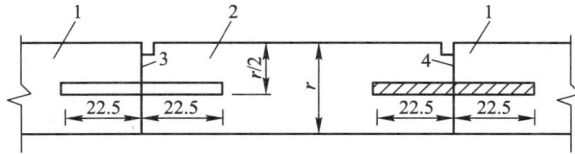

图 2-9-16　设置传力杆示意图(尺寸单位：cm)
1—保留板；2—全深度补块；3—缩缝；4—施工缝

(1) 板边修补

水泥混凝土板边轻度剥落时，将剥落的混凝土碎块清理干净，可用灌缝材料填充密实，修补平整即可。水泥混凝土板边严重剥落时，在剥落混凝土外侧，平行于板边画线，用切缝机切割混凝土(切割深度略大于混凝土剥落深度)，用风镐凿除损坏混凝土，用压缩空气清除混凝土碎屑，立模浇筑混凝土修补材料，用养护剂养护，达到设计强度后开放交通。水泥混凝土板边全深度破碎，可按全深度补块的方法进行修复。

(2) 板角修补

板角修补前应按破裂面的大小确定切割范围并放样，如图 2-9-17。

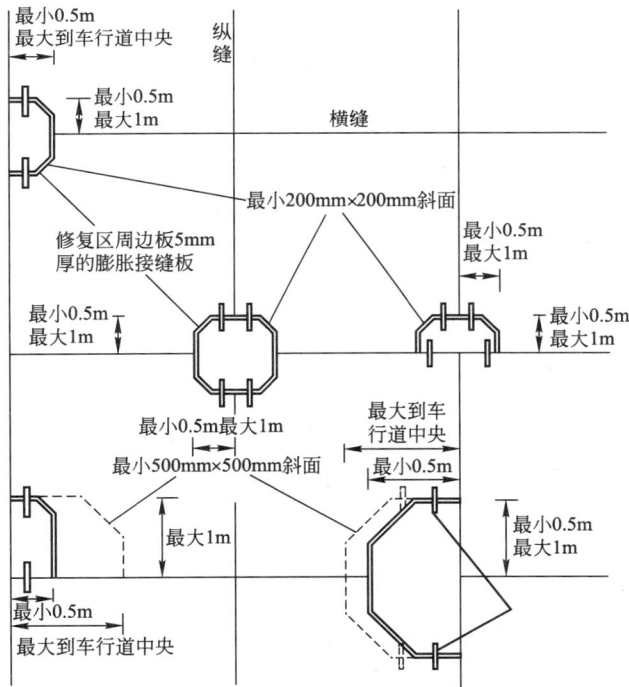

图 2-9-17　板角修补示意图

用切割机切边缝，用风镐凿除破损部分，凿成规则的垂直面，对原有钢筋不应切断，如果钢筋难以全部保留，至少要保留长 20～30cm 的钢筋头，且应长短交错。检查原有的滑动传力杆，如果有缺陷应予更换，并在新老混凝土之间加设传力杆。如基层不良时，应用 C15 混凝土补强基层，并在面板板厚中央用冲击钻水平钻孔，孔深 20cm、直径 3cm、水平间距 30～40cm。钻好后，应先将其周围湿润，再用快凝砂浆填塞捣实，插入一根直径为 2cm 的钢筋，待砂浆硬化后，浇筑快凝混凝土。与原有路面板的接缝如为缩缝，应涂上沥青，防止新旧混凝土粘结在一起。如为胀缝，应设置接缝板。浇筑的混凝土硬化后，用切割机切出宽 3mm、深 4cm 的接缝槽，并用压缩空气清缝，灌入填缝材料。待混凝土达到强度后，方可开放交通。

3. 错台处治

水泥混凝土路面错台，轻者影响行车的舒适性，重者危及行车安全，应根据错台轻重程度和成因，采取不同措施及时维修处治。错台产生的主要原因：①路基、基层碾压不密实，强度不足；②局部地基不均匀下沉或矿区地基大面积沉陷；③水浸入基层，行车荷载使路面板产生泵吸现象；④传力杆、拉杆功能不完善或失效。

错台的处置方法有磨平法和填补法两种，可按错台的轻重程度选定。

高差小于等于 10mm 的错台，可采用磨平机磨平，或人工凿平。应从错台最高点开始向四周扩展，边磨边用 3m 直尺找平，直至相邻两块板齐平为止，见图 2-9-18。磨平后，应将接缝内杂物清除干净，并吹净灰尘，及时将嵌缝料填入。

高差大于 10mm 的严重错台，可采取沥青砂或水泥混凝土进行处治。

沥青砂填补。在沥青砂填补前，应清除路面杂物和灰尘，并喷洒一层热沥青或乳化沥青，沥青用量为 $0.4～0.6kg/m^2$。摊铺沥青砂，修补面纵坡变化应控制在 1% 以内，见图 2-9-19。沥青砂填补后，宜用轮胎压路机碾压。沥青砂修补层冷却成型后开放交通。

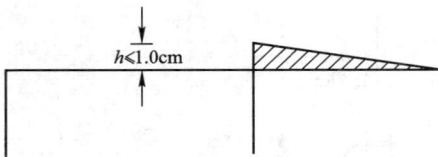

图 2-9-18　路面错台磨平示意图　　　　图 2-9-19　路面错台填补示意图

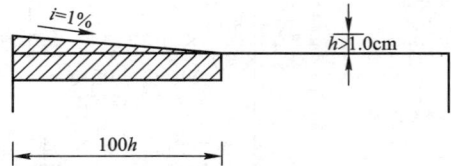

水泥混凝土修补。用风镐将错台下沉板凿除 2～3cm，修补长度按错台高度除以坡度（1%）计算。用压缩空气清除毛面混凝土上的杂物，浇筑聚合物细石混凝土。混凝土达到通车强度后，开放交通。

4. 沉陷处治

沉陷是水泥混凝土路面严重病害之一，它可导致面板的开裂、错台、严重破碎，影响到行车安全。沉陷产生的主要原因包括：①路基、基层稳定性不够，强度不均匀，造成地基不均匀下沉；②排水设施不完善，地面水渗入基层，导致基层强度减弱、唧泥、面板严重破碎和面板沉陷。沉陷的处置方法有板块灌砂顶升法、千斤顶顶升法和整块板翻修法等。

（1）板块灌砂顶升法

板在顶升前，用水准仪测量下沉量。测站与下沉处距离应大于 50cm，并绘出纵断面，求出顶升值。在每块板上，钻出两行与纵轴平行的直径为 3cm 的透孔，孔的距离约为 1.7m（板宽 3.5m，一孔所占面积 3～3.5m²），当板需要从一侧升起时，只需在升起部分钻孔。在升起前将所有孔用木塞堵好，逐孔灌砂。充气管与板接头处用麻絮密封，用排气量为 $6\sim10m^3/min$ 的空气压缩机向孔中灌砂，直至砂冒出缝外。板升起后，连续向另一个孔中灌砂，直至下沉板全部顶升就位。

（2）整板翻修

当水泥混凝土整板沉陷并产生破碎时，应进行整板翻修。翻修时用液压镐将旧板清除，尽可能保留原有拉杆，并清运混凝土碎块。将基层损坏部分清除，并整平压实。对基层损坏部分，应采用 C15 混凝土补强，其补强混凝土顶面高程应与旧路面基层顶面高程相同。在混凝土路面板接缝处的基层上，在对应接缝两侧 20cm 宽度范围内涂刷沥青。整块翻修的面板处在路面排水不良地带时，路面板边缘及路肩应设置纵横向排水系统。单一板块翻修时，应在路面板接缝处设置横向盲沟；路面有纵坡时，宜设置纵向盲沟，在纵坡底部设置横向盲沟。

板块混凝土施工时，配合比及所有材料宜采用快速修补材料，采用混凝土搅拌机拌合混凝土，将拌合好的混合料用翻斗车运送到施工现场，进行人工摊铺。采用插入式振捣器振捣边角混凝土，并用振动梁刮平提浆，人工抹平，与原混凝土板面高低一致。按原路面纹理对混凝土表面进行处理，采用养护剂进行养护。相邻板边的接缝，用切缝机切至 1/4 板块深度。清除缝内杂物，灌入接缝材料。混凝土达到通车强度后，开放交通。

5. 拱起处理

路面拱起的主要原因包括：①非高温季节施工时，胀缝设置间距过长或失效；②接缝内嵌入硬物；③夏季连续高温，使板体热胀。拱起处理应根据具体情况，采取不同的方法进行处治。

轻微拱起处理。可用切缝机或其他机具，将拱起板间横缝中的硬物切碎。用空气压缩机将缝中石屑等杂物和灰尘吹净，使板块恢复原位，并灌入填缝料。

严重拱起处理。见图 2-9-20，板端拱起但路面完好时，应根据拱起高低程度，计算多余板的长度，将拱起板块两侧附近 1～2 条横缝切宽，待应力充分释放后切除拱起端，逐渐使板块恢复原位。将横缝和其他接缝内的杂物、灰尘用空气压缩机清除干净，并灌入填缝料。拱起板端发生断裂或破损时，按全深补块处理。

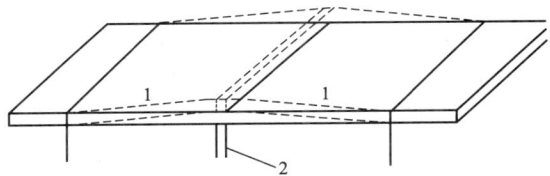

图 2-9-20　板底拱起修复示意图
1—拱起板；2—切除部分

6. 坑洞修补

坑洞修补应根据不同情况采取相应措施进行。对单个的坑洞，应清除洞内杂物，用水泥砂浆等材料填充，达到平整密实。

对较多且连成一片的坑洞，应采取薄层修补方法（图 2-9-21）：①切割面积的边线，与路中心线平行或垂直。②切割的深度应在 6cm 以下，并将切割面内的光滑面凿毛。③清除槽内的混凝土碎屑。④混凝土拌合物填入槽内，振捣密实，并保持与原混凝土面板齐平。⑤喷洒养护剂养护。⑥待混凝土达到通车强度后，开放交通。

对低等级公路的面积较大、深度在 3cm 以内、成片的坑洞，可用沥青混凝土进行修补：①用风镐凿出处治区，其边线应与路中心线平行或垂直；②凿除深度以 2～3cm 为

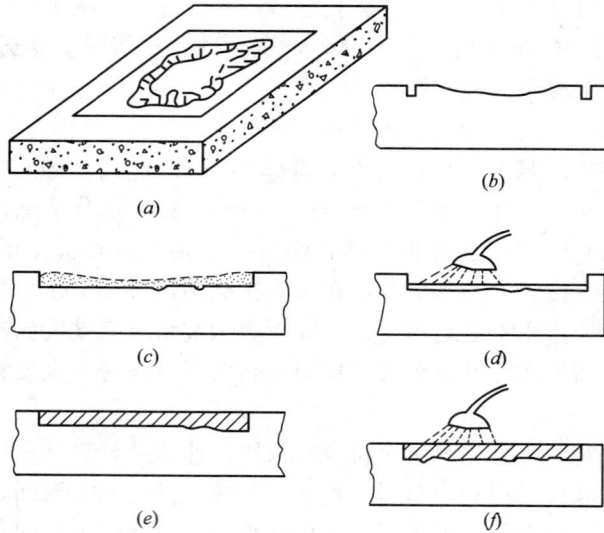

图 2-9-21　薄层修补坑洞示意图

宜，并清除混凝土碎屑；③铺筑沥青混凝土前，应在凿除的槽底面和侧壁涂刷 0.4～0.6kg/m² 沥青；④沥青混凝土应碾压密实平整。⑤沥青混凝土冷却后，开放交通。

7. 接缝维修

(1) 接缝填缝料损坏维修

接缝中的旧填缝料和杂物，应予清除，并将缝内灰尘吹净。胀缝维修时，应先用热沥青涂刷缝壁，再将接缝板压入缝内。对接缝板接头及接缝板与传力杆之间的间隙，必须用沥青或其他填缝料填实抹平。上部用嵌缝条的应及时嵌入嵌缝条。用加热式填缝料修补时，必须将填缝料加热至灌入温度，用嵌缝机填灌。填缝料应与缝壁粘结良好和填灌饱满。在气温较低季节施工时，应先用喷灯将接缝预热。用常温式填缝料修补时，除无须加热外，其施工方法与加热式填缝料相同。

(2) 纵向接缝张开维修

当相邻车道面板发生横向位移，纵向接缝张开宽度在 10mm 以下时，宜采用氯乙烯胶泥、焦油类填缝料和橡胶沥青等加热施工式填缝料填灌。当相邻车道面板发生横向位移，纵向接缝张开宽度在 10～15mm 时，宜采取聚氯酯类常温施工式填缝料进行维修。维修前应清除缝内杂物和灰尘，应按材料配比配制填缝料，并采用挤压枪注入，待填缝料固化后方可开放交通。当纵向接缝张开宽度在 15～30mm 以上时，采用沥青砂填缝。当纵向接缝张开宽度达 30mm 以上时，可在纵缝两侧横向锯切开槽，槽间距仍为 60cm，宽度为 5cm，深度为 7cm。设置直径 12mm 的螺纹钢筋钯钉，钯钉在旧混凝土路面内的弯钩长度为 7cm，纵缝内部的凿开部位用同强度等级的水泥混凝土填补。

(3) 接缝碎裂维修

在破碎部位外缘，应切割成规则区域，切割面应垂直于面板，底面宜为平面。清除混凝土碎块，吹净灰尘杂物，并保持干燥状态。然后用高模量补强材料，进行填充维修，其材料技术性能应符合有关规范的规定。修补材料达到通车强度后，方可开放交通。

354

8. 板块脱空处治

水泥混凝土路面板和基层之间由于出现空隙而导致路面沉陷的，可采用沥青灌注、水泥浆、水泥粉煤灰浆和水泥砂浆灌浆等方法进行板下封堵。

（1）脱空的判别

根据我国规范，水泥混凝土面板的脱空可采用弯沉测定法识别：采用5.4m长杆弯沉仪，及相当于BZZ-100重型标准汽车，将弯沉仪的测点与支座应放在交叉板块上而不应放在相邻两块板上，待弯沉车驶离测试板块，读取百分表值。凡弯沉超过0.2mm的，可确定为面板脱空。

脱空的识别，也可以在现场，当载重车通过板时，根据混凝土面板是否垂直位移和发生"咚咚"响的脱空声音，来判断板块是否脱空。国内也有研究机构根据声波识别原理开发出了识别脱空的专用仪器。

（2）板块脱空处治

板块脱空通常可采用灌浆法处治。灌浆孔布设应根据路面板的尺寸、下沉量大小、裂缝状况以及灌浆机械确定。用凿岩机在路面上打孔，孔的大小应和灌注嘴的大小一致，一般为50mm左右。灌浆孔与面板边的距离不应小于0.5m。在一块板上，灌浆孔的数量一般为5个，也可根据情况确定。灌浆孔布设基本要求见图2-9-22。

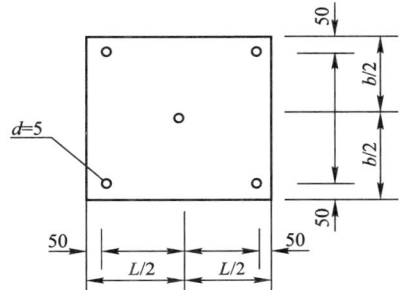

图 2-9-22 灌浆孔布置（单位：cm）
d—灌浆孔直径；L—板长；b—板宽

（3）灌浆

沥青灌注方法。灌浆孔钻好后，采用压缩空气将孔中的混凝土碎屑、杂物清除干净，并保持干燥。用于灌浆的沥青宜采用建筑沥青，沥青加热熔化温度一般为180℃。采用压力为200～400MPa的沥青洒布车或专用设备将热沥青灌入灌浆孔中。灌注沥青压满后约0.5min，应拔出喷嘴，用木模堵塞。沥青温度下降后，应拔出木模，填进水泥砂浆，即可开放交通。

水泥灌浆法。灌浆孔钻好后，采用压缩空气将孔中的混凝土碎屑、杂物清除干净。采用灌注压力为1.5～2.0MPa的压力灌浆机或压力泵，将水泥浆灌入灌浆孔中。灌浆作业应先从沉陷量大的地方开始，逐步由大到小。当相邻孔或接缝中冒浆，即可停止泵送水泥浆，每灌完一孔应用木塞堵孔。待强度达到3.0MPa时，用水泥砂浆堵孔，即可开放交通。

9. 唧泥的处治

水泥混凝土路面发生唧泥病害，应采取灌浆处理，然后应对接缝及时灌缝，并做好排水防止唧泥病害的再次发生。设置排水设施基本要求如下：

（1）路面和路肩应保持设计横坡，宜铺设硬路肩。

（2）路面裂缝、接缝以及路面与硬路肩接缝应进行密封。

（3）设置纵向积水管和横向出水管：①在水泥路面的外侧边缘挖一条纵向沟，宽约15～25cm，沟深挖至集料基层之下15cm，横沟与纵沟的交角应在45～90°之间，横沟间的距离约30m，见图2-9-23。②积水管一般采用 ϕ7.5cm多孔塑料管，出水管为无孔塑料管。③设置纵向和横向水管，并按设计的距离将积水管和出水管连接起来。④纵向多孔管应包一层渗透性较强的土工织物。⑤积水管和出水管放入沟槽时，其底部应平顺，横向水管的坡度应大于或等于纵向排水坡度，出水管的管端应延伸到排水沟内，并设端墙。⑥管的外围应填放粗砂等渗滤集料，并振动压实。⑦回填沟槽时，应采用与原路肩相同的材料恢复原状。

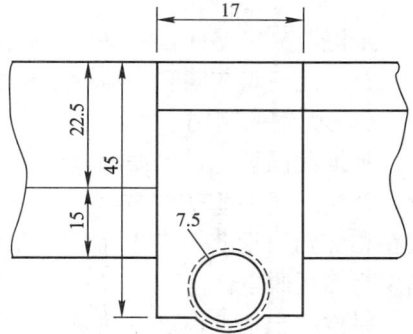

图 2-9-23　边部排水管布置图(单位：cm)

（4）盲沟设置基本要求：①在沿水泥路面外侧挖纵向沟时，沟底应低于面板以下 10cm，在水泥混凝土路面接缝处挖横向沟，见图 2-9-24。②沟槽底面及外侧铺油毡隔离层，沿水泥路面交界处及盲沟顶部铺设土工布过滤层。③盲沟内宜填筑碎(砾)石过滤材料。④盲沟上应用相同材料恢复路面(路肩)。

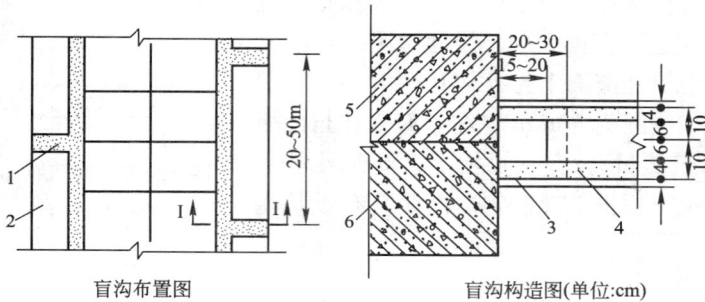

盲沟布置图　　　　盲沟构造图(单位:cm)

图 2-9-24　盲沟设置图
1—盲沟；2—路肩；3—油毡隔离层；4—石屑及中粗砂；5—面层；6—基层

四、水泥混凝土路面翻修

1. 整块面板翻修

旧板凿除应注意对相邻板块的影响，尽可能保留原有拉杆。宜用液压镐凿除破碎混凝土板，应及时清运混凝土碎块。基层损坏部分应予清除，并将基层整平、压实。个别板块基层宜用 C15 贫混凝土将路面基层补强，其补强混凝土顶面标高应与旧路面基层顶面标高相同。宜在混凝土路面板接缝处的基层上涂刷一道宽 20cm 沥青带。在进行路面板翻修时在路面排水不良地带，路面板边缘及路肩应设置路基纵、横向排水系统。单一边板块翻修时应在路面板接缝处设置横向盲沟。较长路段翻修时宜设纵横向盲沟，并应在纵坡底部设置横向盲沟。

混凝土配合比及所选用的材料，应根据路面通车时间的要求选用快速修补材料。混凝土拌合机宜设置在施工现场附近。可采用翻斗车运送混合料，人工摊铺，宜用插入式振捣器振捣，振动梁刮平提浆，人工抹平，按原路面纹理对混凝土表面进行处理。宜采用养护剂进行养护。相邻板块的接缝宜用切缝机切至板块深度。清除缝内杂质，灌接缝材料。

2. 部分路段修复

旧水泥混凝土板破碎，宜采用配备液压镐的混凝土破碎机，液压镐落点间距为 40cm。

应及时清除混凝土碎块，整平基层，采用压路机压实。压路机上下路床应设置三角导木。基层强度不足时，可采用水稳性较好的材料进行处理。应结合路面维修，设置纵、横向排水系统。排水系统设置应按规范规定执行。混凝土施工前应在路面基层上做沥青下封层，沥青用量为 $1.0kg/m^2$。

新老水泥混凝土板交接处应设传力杆：①在新旧路面板交界处，在旧面板 1/2 板厚处，每隔 30cm 钻一直径为 28mm，深 22.5cm 的水平孔。②用压缩空气清除孔内混凝土碎屑。③向孔内灌入高强砂浆。④在旧混凝土板侧向涂刷沥青，将直径 25mm、长 45cm 的光圆钢筋，插入老混凝土面板中。⑤对损坏的拉杆要修复，可在原拉杆位置附近，打直径 18mm，深 35cm 拉杆孔，用压缩空气清孔，灌高强砂浆，将直径 14mm、长 70cm 的螺纹钢筋插入老混凝土面板中 35cm。

水泥混凝土路面的材料要求和施工工艺应按照公路水泥混凝土路面有关施工规范执行。在混凝土板块接缝处，用切缝机切 1/4 板厚深的缝。

第六节　水泥混凝土路面加铺技术

旧水泥混凝土路面上铺设加铺层是水泥混凝土路面维修中最经常采用的处置方法。通常包括沥青加铺层和水泥加铺层两种。其中沥青混凝土加铺是通过加铺一层或多层沥青混凝土结构层，并使其紧密结合，施工简便，对交通影响小，能有效改善旧水泥混凝土路面的行车性能，是提高其承载能力、延长其使用年限的一种常用的、有效的路面维修技术，得到了广泛应用。

一、沥青加铺层技术

旧水泥混凝土路面加铺沥青层是目前国内外道路工程技术领域的一个未能得到很好解决的技术难题。旧水泥混凝土路面加铺沥青层可以大致划分为结构性加铺与功能性加铺两种类型，功能性加铺主要用以改善旧混凝土路面的表面功能，如平整度、抗滑力、噪声等，结构性加铺除了必须改善表面功能外，还要承担结构补强功能，降低水泥混凝土面板的板底拉应力和温度翘曲应力，保证路面能够承受设计的轴载作用。

旧水泥混凝土路面上加铺沥青层的主要技术难点是防止反射裂缝的发生。旧水泥混凝土路面为板块结构，一方面，在车轮荷载作用下，路面接缝与裂缝处加铺层底面承受反复发生的剪应力可能导致反射裂缝的发生与发展；另一方面，交替的温度变化导致旧混凝土路面板翘曲或胀缩，沥青加铺层底面承受反复发生的剪应力和拉应力也可能促使反射裂缝发生发展。随着路面使用时间增长，交通与环境荷载反复作用使得反射裂缝不断扩展，逐渐削弱路面的结构承载能力，降低路面的平整度与使用性能，导致路面寿命缩短，维修经费增加，甚至路面彻底破坏。

旧混凝土路面在使用过程中可能已经存在各种病害与缺陷，这些病害与缺陷使得沥青加铺层技术变得更加困难。例如，板底脱空使得路面板在荷载作用下承受更大的拉应力或拉应变而导致加铺层厚度增加；板边或板角脱空使得相邻板在车轮荷载作用下产生更大的错动而导致反射裂缝严重；相邻板传递荷载能力下降不仅增加了板间错动位移，也使得温度变化引起的混凝土路面板胀缩变形更多地传递给沥青加铺层，从而加剧反射裂缝的发生与发展。

因此，科学、合理、有效地评价旧水泥混凝土路面损坏状况、承载能力、残余寿命、板间传荷能力、脱空状态，是做好旧水泥混凝土路面加铺沥青面层的一个重要内容。

旧水混凝土路面沥青加铺层的结构设计通常包括两个技术原则：保证加铺后原有水泥混凝土路面板和沥青加铺层本身能够承受设计年限内预计的交通荷载作用；沥青加铺层具有足够的抵抗反射裂缝能力。目前美国除 AASHTO 方法外，陆军工程兵团等机构也提出了一些设计模型或方法，美国现行的方法通常导致相当厚的加铺层厚度设计结果，对于较重交通，加铺层设计厚度通常在 20cm 以上。这样保守的设计方法主要基于防止反射裂缝的技术要求。厚加铺层减缓裂缝发展速度的主要作用包括：(1)在相同的裂缝扩展速度下，厚的加铺层表面出现裂缝需要较长的时间历程；(2)较大的加铺层厚度减小了荷载引起的裂缝尖端处的应变水平；(3)延缓了较深部分加铺层材料的老化。实践经验表明，这样的作用具有较大的局限性，对于交通繁重的高速公路路面而言，反射裂缝的发生与发展只得到有限程度的延缓，但厚加铺层大幅度增加了工程量，延长了施工工期。

为了有效防止反射裂缝，通常采用的技术措施还包括：(1)对现有路面进行特殊处理；(2)只在现有路面的裂缝或接缝处进行特殊处理；(3)采用特殊设计的沥青加铺层材料。

对旧路面进行特殊处理包括将旧混凝土路面破碎或用一层隔断裂缝的材料覆盖整个路面来阻止裂缝扩展。破碎路面可以将旧混凝土路面板破碎成小块后加入稳定剂压实作为基层使用，也可将旧混凝土路面压裂成 20～100cm 的块状发裂，用来分散旧混凝土路面板边角处的应力集中。

可以在旧混凝土路面与加铺层之间设置较厚的碎石层或沥青稳定碎石层，厚度通常为10～15cm。实践证明，这类中间层可以发挥调平作用，并延缓反射裂缝的扩展。用于延缓反射裂缝的另一项技术是用薄层沥青、橡胶沥青、沥青纤维胶浆或沥青碎石封层覆盖旧混凝土路面，按照作用原理可以将其称为应力吸收层(SAMI)或能量耗散层。在我国，土工织物和玻纤格栅是最常用的防止反射裂缝材料。

现有路面裂缝与接缝处的特殊处理。这类技术要在旧路面的裂缝或接缝处清除杂物后填充弹性材料、并用窄条的特殊材料覆盖裂缝或接缝来防止反射裂缝。目前使用较多的填充材料与覆盖材料包括饱和沥青油毡、土工合成织物、玻纤格栅和细石粉、改性沥青、橡胶沥青与纤维混合物等。已经报道过使用这类技术的不足与损坏现象，如轮胎制动使得加铺层局部产生推移，原有接缝处产生多条裂缝代替了单个发生的反射裂缝，施工困难使得这类处理技术在应用上受到限制。

特殊设计的加铺层沥青混合料。由于旧混凝土路面接缝处的相对错动不可避免，许多应用技术研究倾向于提高加铺层沥青混合料抵抗反射裂缝和疲劳开裂能力方面。使用较多的方法是采用软沥青或橡胶、聚合物类改性的沥青作为加铺层结合料，特别是双层改性沥青混合料工艺得到普遍的应用。使用较大的沥青用量也可以有效地延缓反射裂缝的发生与发展，但设计不当可能引发泛油、车辙等表面功能损伤。

1. 旧路面病害处理

旧路面病害处理是沥青层加铺质量的关键，旧路面病害处理得彻底，则可大大减少和延缓反射裂缝的发生和扩展。因此，在加铺沥青层之前，首先必须对旧水泥混凝土路面的病害进行详细调查，调查的重点是裂缝、脱空和承载力等。根据旧水泥混凝土路面调查结果，确定水泥混凝土路面的病害处理方案。沥青加铺前对水泥混凝土路面的病害处理包括：①对破碎的混凝土板块进行翻修；②对局部损坏的混凝土板块进行挖补；③对板下脱空的板块，采取板下封堵的方法进行灌浆；④对水泥混凝土路面接缝进行清缝、灌缝。

沥青层加铺前，应对处理过的水泥混凝土路面重新检测，确保旧路面病害处理达到预期效果，对于达不到要求的板块应重新处理。

2. 沥青加铺层结构设计

当旧混凝土路面的损坏状况和接缝传荷能力评定等级为优良或中时，可采用沥青加铺层。接缝传荷能力评定等级为中时，应根据气温、荷载、旧混凝土路面承载能力、接缝处弯沉差等情况选用下述减缓反射裂缝的措施：①增加沥青加铺层的厚度；②在加铺层内设置橡胶沥青应力吸收夹层、玻璃纤维格栅或者土工织物夹层；③沥青加铺层的下层采用由开级配沥青碎石组成的裂缝缓解层；④在沥青加铺层上，对应旧混凝土面层的横缝位置锯切横缝。

沥青加铺层的厚度按减缓反射裂缝的要求确定。高速公路和一级公路以及城市干道的最小厚度为100mm，其他等级的道路最小厚度宜为70mm。

沥青加铺层下旧混凝土板的应力分析按《公路水泥混凝土路面设计规范》（JTG D40）附录D进行。旧混凝土板的厚度、混凝土的弯拉强度和弹性模量标准值以及基层顶面当量回弹模量标准值，采用旧混凝土路面的实测值，按以下公式确定。

旧混凝土面层厚度的标准值可根据钻孔芯样的量测高度按式(2-9-6)计算确定。

$$h_e = \bar{h}_e - 1.04 s_h \tag{2-9-6}$$

式中　h_e——旧混凝土面层测量厚度的标准值(mm)；

$\bar{h}_e$——旧混凝土面层量测厚度的均值(mm)；

s_h——旧混凝土面层厚度量测值标准差(mm)。

旧混凝土面层弯拉强度的标准值可采用钻孔芯样的劈裂试验测定结果按式(2-9-7a)和式(2-9-7b)计算确定：

$$f_r = 0.621 f_{sp} + 2.64 \tag{2-9-7a}$$

$$f_{sp} = \bar{f}_{sp} - 1.04 s_{sp} \tag{2-9-7b}$$

式中　f_r——旧混凝土弯拉强度标准值(MPa)；

f_{sp}——旧混凝土劈裂强度标准值(MPa)；

$\bar{f}_{sp}$——旧混凝土劈裂强度测定值的均值(MPa)；

s_{sp}——旧混凝土劈裂强度测定值的标准差(MPa)。

旧混凝土的弯拉弹性模量标准值可按式(2-9-8)计算确定：

$$E_c = \frac{10^4}{0.0915 + \dfrac{0.9634}{f_r}} \tag{2-9-8}$$

式中　E_c——旧混凝土的弯拉弹性模量标准值(MPa)；

f_r——旧混凝土的弯拉强度标准值(MPa)。

旧混凝土路面基层顶面的当量回弹模量标准值，宜采用落锤式弯沉仪（标准荷载100kN、承载板半径150mm）量测板中荷载作用下的弯沉曲线，按式(2-9-9a)和式(2-9-9b)确定。

$$E_t = 100 e^{(3.60 + 24.03 w_0^{-0.057} - 15.63 SI^{0.222})} \qquad (2\text{-}9\text{-}9a)$$

$$SI = \frac{w_0 + w_{300} + w_{600} + w_{900}}{w_0} \qquad (2\text{-}9\text{-}9b)$$

式中 E_t——基层顶面的当量回弹模量标准值（MPa）；

          SI——路面结构的荷载扩散系数；

          w_0——荷载中心处弯沉值（μm）；

w_{300}、w_{600}、w_{900}——距离荷载中心 300mm、600mm 和 900mm 处的弯沉值（μm）。

当采用落锤式弯沉仪的条件受到限制时，可选择在清除断裂混凝土板后的基层顶面进行梁式弯沉测量后反算或根据基层钻芯的材料组成及性能情况依经验确定。

沥青加铺层混合料的组成设计参照《公路沥青路面设计规范》（JTG D50）和《公路沥青路面施工技术规范》（JTG F40）进行。沥青加铺层的下层采用开级配沥青碎石混合料时，必须在路面边缘设置内部排水系统。

3. 沥青加铺层防裂技术

沥青混凝土加铺层的关键是防止或减缓反射裂缝的发生。目前，防止或减缓旧水泥混凝土路面沥青加铺层反射裂缝的措施主要有增加沥青层厚度，设置级配碎石、特粗粒径沥青碎石裂缝缓解层，在沥青加铺层与水泥混凝土路面板间设置土工布、土工格栅、改性沥青油毡、钢丝网或改性（橡胶）沥青混合料应力吸收层等防裂夹层，切缝填封橡胶沥青等方法。

（1）土工布隔离层施工

铺设土工布前，在混凝土面板上喷洒粘层热沥青，沥青温度为 150~170℃，沥青用量 1.1kg/m²，沥青喷洒范围要比土工布宽 5~10cm。铺设土工布时，先在起始端，用垫片加水泥钉固定土工布并拉紧。然后将支撑棒插入土工布卷调节制动器，提高布卷，展开大约 5~10m 土工布，拉紧对齐后将土工布放下，铺在粘层沥青上。土工布连接搭接长度约为 15cm，连接处应手工喷洒足量粘层沥青确保土工布被浸透。土工布铺好后，应立即开始摊铺沥青混凝土。严禁非施工车辆在土工布上行驶，沥青混凝土运料车不得在土工布上转弯、调头、制动。

（2）土工格栅隔离层

土工格栅隔离层沥青混凝土面层，必须采用玻璃纤维格栅。常用的玻璃纤维格栅，有带自粘胶和不带自粘胶两种。带自粘胶的可直接在平整清洁的路面上铺设，不带自粘胶的通常采用水泥钉加垫片固定。

（3）聚酯改性沥青油毡

采用聚酯改性沥青油毡防治反射裂缝时，通常将聚酯改性沥青油毡切割成 50cm 宽的长条带，施工技术要求如下：①用压缩空气清除接缝及缝两侧各 30cm 范围内的灰尘及杂物；②接缝内灌入接缝材料；③将油毡沿接缝方向放置在接缝处，薄膜面向下，然后用喷灯烘烤油毡底面，当烘烤到薄膜熔化，毡底有光泽并有一层薄的熔融层时，再用推杆压实油毡，使油毡与底层粘结；④非施工车辆不得在油毡上行驶；⑤在油毡上覆盖一层沥青砂；⑥摊铺沥青层。

（4）沥青层锯缝填缝

沥青层锯缝填缝技术是在沥青加铺层上和旧水泥混凝土路面板接缝位置沿接缝方向锯

缝并填缝的施工工艺。其步骤和要求如下：①按旧水泥混凝土路面平面图，确定水泥混凝土板的接缝位置。②在沥青层已确定的接缝上方，锯切深 10cm，宽 0.3cm 的缝。③用压缩空气，将锯缝吹干净，并保持干燥。④用橡胶沥青填平接缝。

（5）增加沥青加铺层厚度

增加沥青加铺层的厚度，是减少反射裂缝最常见也是行之有效的一种方法，一方面可以减少旧路面结构的温度变化，降低接缝处沥青加铺层的温度拉（弯拉）应力，另一方面可以增加路面结构的弯曲刚度，降低接缝处的弯沉及弯沉差，减少加铺层的剪切应力。对于较厚的加铺层来说，裂缝由加铺层底面扩展到顶面需要经历较长的距离与时间，也可以延长其使用寿命。为防止或减缓加铺层反射裂缝的出现，沥青加铺层应保证一定的厚度，一般应不低于 20cm，太薄的沥青厚度势必在短期内即出现反射裂缝。但仅仅通过无限制地增加加铺层厚度的方法来减小车辆荷载应力及温度应力的方法也是不经济的，且沥青层的厚度太厚易出现车辙，所以在增加沥青层的厚度的同时应采取其他技术措施。

（6）设置应力吸收夹层（SAMI）

应力吸收夹层是指在旧水泥混凝土板及沥青加铺层之间设置一层橡胶沥青、改性沥青砂或柔软沥青混凝土这类应力吸收中间层（SAMI）来减少和延缓反射裂缝，还可以防止路表开裂后路表水的下渗。应力吸收层厚度一般为 2~3cm，具有模量相对较小，较柔软，变形能力强，能承受大的变形而不断裂的特点。它们防止反射裂缝的机理与土工合成材料类似，但其抗剪切型反射裂缝的能力稍好于土工合成材料一类的薄膜型材料。

（7）铺筑级配碎石过渡层

级配碎石作为旧水泥混凝土板和沥青加铺层之间的过渡层，在加拿大、南非等国家及我国的高速公路部分试验段已得到了应用，证明其防止反射裂缝的效果良好。

（8）铺筑大粒径沥青碎石裂缝缓解层

美国沥青协会建议采用 AM-75、AM-43 及 AM-50 特粗粒径沥青碎石铺筑于旧水泥混凝土路面与沥青加铺层之间，作为裂缝缓解层。沥青（针入度 40~50）的含量为 1.5%~3.0%，混合料含有 25%~35% 的连通孔隙，阻碍裂缝尖端的扩展，因而可提供缓解裂缝扩展的作用，并且该结构层具有一定的厚度，降低温度对水泥混凝土板的影响，减少水泥混凝土板接缝张开量和翘曲量，并且减少接缝处的弯沉及弯沉差，从而减少反射裂缝产生的可能性。

4. 沥青加铺层典型结构

近年来，国内对水泥混凝土路面加铺沥青混凝土施工技术进行了积极的探索，取得了许多成果，积累了很多宝贵的经验，典型加铺层结构见表 2-9-10。

水泥混凝土路面沥青加铺层典型结构　　　　　　　　　　　　表 2-9-10

序号	反射裂缝防治措施	工程实例
1	特殊设计沥青混凝土（全厚式采用改性沥青）	广州北环高速公路水泥混凝土路面加铺改造工程：粘层油＋5cm 改性沥青 FAC-20I＋4cm 改性沥青 SMA-13
2	玻纤格栅，加特殊设计沥青混凝土（全厚式采用改性沥青）	广州北环高速公路水泥混凝土路面加铺改造工程：粘层油＋自粘式玻纤格栅＋5cm 改性沥青 FAC-20I＋4cm 改性沥青 SMA-13

序号	反射裂缝防治措施	工程实例
3	加土工布，加特殊设计沥青混凝土（全厚式采用改性沥青）	东莞 107 国道宏远-万江：1.1kg/m² 热沥青＋土工布＋7cm 改性沥青 KH-25＋3cm 改性沥青 AK-13A 东莞城区县正路等十条路：1.1kg/m² 热沥青＋土工布＋5cm 改性沥青 KH-25＋3cm 改性沥青 AK-13A
4	加沥青碎石柔性基层作为裂缝缓解层，加沥青混凝土面层	广东番禺东环路水泥混凝土路面加铺罩面工程：7kg/m² 粒径为 8～11mm 预拌沥青碎石＋4cm 沥青碎石 AM-16 裂缝缓解层＋5cm 中粒式沥青混凝土 AC-20I＋4cm 沥青混凝土抗滑表层 AK-16A
5	加应力吸收防水防裂层，加特殊设计沥青混凝土层（全厚式采用改性沥青）	广西柳王高速公路加铺：2cm 体积法细粒式防水防裂层＋5.5cm 改性沥青 KH-25 密断级配＋4cm 改性沥青 SMA
6	加应力吸收防水防裂层，加土工布，加特殊设计沥青混凝土（全厚式采用改性沥青）	广西柳王高速公路加铺：1.5cm 砂粒式调平防裂层＋1.2～1.4kg/m² AH-70沥青＋土工布 6cm 改性沥青 KH-25 密断级配＋4cm 改性沥青 KH-13
7	贴改性沥青油毡，加沥青砂调平层，铺玻璃纤维格栅，加沥青混凝土面层	南京-扬州高速公路水泥混凝土路面改造工程：贴改性沥青油毡＋2cm 沥青砂＋璃纤维格栅＋6cm 沥青混凝土 AC-25I＋4cm 改性沥青 SMA-16
8	水泥混凝土碎块底基层，加半刚性基层，加沥青混凝土面层	南京-合肥高速公路水泥混凝土路面改造工程：20cm 二灰碎石＋1cm 沥青下封层＋6cm 沥青混凝土 AC-25I＋5cm 沥青混凝土 AC-20I＋4cm 改性沥青 SMA-13
9	水泥混凝土碎块底基层，加沥青贯入过渡层，加半刚性基层，加沥青混凝土面层	南京-句容二级公路水泥混凝土路面大修改造工程：5cm 沥青贯入碎石＋二灰碎石 32cm＋沥青下封层 1.5cm＋5cm 沥青混凝土 AC-20I＋4cm 改性沥青 SMA-13

二、水泥混凝土加铺层技术

对于旧混凝土路面的修复和补强也可以采用加铺水泥混凝土层的形式，也就是所俗称的"白＋白"。水泥混凝土加铺层可分为结合式混凝土加铺层和分离式混凝土加铺层两大类。加铺层材料可采用普通混凝土、钢纤维混凝土、钢筋混凝土和连续配筋混凝土。

1. 水泥混凝土加铺层设计

（1）分离式混凝土加铺层

当旧混凝土路面的损坏状况和接缝传荷能力评定等级为中或次，或者新旧混凝土板的平面尺寸不同、接缝形式或位置不对应或路拱横坡不一致时，应采用分离式混凝土加铺层。加铺层铺筑前应更换破碎板，修补裂缝，磨平错台，压浆填封板底脱空，清除夹缝中失效的填缝料和杂物，并重新封缝。

在旧混凝土面层与加铺层之间应设置隔离层。隔离层材料可选用沥青混凝土、沥青砂或油毡等，不宜选用砂砾或碎石等松散粒料。沥青混合料隔离层的厚度不宜小于 25mm。分离式混凝土加铺层的接缝形式和位置，按新建混凝土面层的要求布置。

加铺层可采用普通混凝土、钢纤维混凝土、钢筋混凝土和连续配筋混凝土。普通混凝土、钢筋混凝土和连续配筋混凝土加铺层的厚度不宜小于 180mm；钢纤维混凝土加铺层的厚度不宜小于 140mm。

加铺层和旧混凝土面层应力分析，按分离式双层板进行。旧混凝土板的厚度、混凝土的弯拉强度和弹性模量标准值以及基层顶面当量回弹模量标准值，采用旧混凝土路面的实测值。加铺层混凝土的弯拉强度标准值应符合要求。加铺层的设计厚度，按加铺层和旧混凝土板的应力要求确定。

（2）结合式混凝土加铺层结构设计

当旧混凝土路面的损坏状况和接缝传荷能力评定等级为优良，面层板的平面尺寸及接缝布置合理，路拱横坡符合要求时，可采用结合式混凝土加铺层。清除接缝中失效的填缝料和杂物，并重新封缝。

采用铣刨、喷射高压水或钢珠、酸蚀等方法，打毛清理旧混凝土面层表面，并在清理后的表面涂敷胶粘剂，使加铺层与旧混凝土面层结合成整体。

加铺层的接缝形式和位置应与旧混凝土面层的接缝完全对齐，加铺层内可不设拉杆或传力杆。加铺层的最小厚度为 25mm。

加铺层和旧混凝土板的应力分析，按结合式双层板进行。旧混凝土板的厚度、混凝土的弯拉强度和弹性模量标准值以及基层顶面当量回弹模量标准值，采用旧混凝土路面的实测值。加铺层的设计厚度，按旧混凝土板的应力要求确定。

2. 水泥混凝土加铺层施工

在旧水泥混凝土路面上加铺水泥混凝土面层之前应对旧混凝土路面进行处理：①对旧混凝土路面进行调查，分板块逐一编号，绘制病害平面图。②按设计要求对病害面板进行处理。③板底脱空可采用板下封堵的方法进行压浆处理。④板块破碎、角隅断裂，沉陷、掉边、缺角等病害板，必须用破碎机（液压镐）凿除。清除混凝土碎屑后，整平基层，并夯压密实，然后铺筑与旧板块等强度的水泥混凝土，其标高控制与旧板面齐平。

（1）分离式混凝土加铺层施工

在旧混凝土顶面宜铺筑一层隔离层。铺筑隔离层前应先清除旧面板表面杂物，冲刷尘污，使板面洁净无异物。用清缝机清除水泥混凝土面板接缝杂物，用灌缝机灌入接缝材料。然后在旧混凝土表面洒布粘层沥青，铺筑隔离层。

水泥混凝土加铺层施工。水泥混凝土加铺层厚度应通过计算确定。水泥混凝土加铺层半幅施工时模板应采用钢模板，中模以角钢为宜，必须支立稳固，其平面位置与高度应符合设计要求。安装模板宜采取由边模固定中模的方法。边模由钢纤固定，中模每间隔 1m 用膨胀螺丝将模板外侧底部预先定位固定，中、边模之间采用横跨两模板的活动卡梁辅助固定。活动卡梁大于 2m，并随铺筑进度相应装拆推移。混凝土配合比设计，混凝土搅拌、运输、摊铺、振捣、整平、接缝设置、表面修整、养护、锯缝、填缝等工艺应符合公路水泥混凝土路面有关施工规范规定。加铺层新、旧混凝土面板应尽可能对缝，模板拆除时必做好锯缝位置的标记。

钢纤维混凝土加铺层适用于路面标高受到限制的路段。钢纤维混凝土路面板厚应通过结构设计确定，也可取普通混凝土路面板厚度的 0.65 倍，一般不小于 12cm。钢纤维混凝土集料的粒径不大于 15mm，钢纤维规格应符合规范的规定，钢纤维体积率为 1.2%。钢纤维混凝土拌合物的配合比，混合料搅拌、摊铺、振捣、整平、养护等，均应符合公路水泥混凝土路面有关施工规范的规定。纵、横缝应与旧混凝土面板一致，拆模时必须做好锯缝标记。

连续配筋混凝土加铺层适用于高速公路。纵向、横向钢筋应采用螺纹钢筋。纵向钢筋配筋率按式（2-9-10）计算确定，一般控制在 0.5%～0.7% 范围内。横向钢筋用量可取纵向钢筋用量的 1/8～1/5。钢筋布置时，纵向钢筋间距不小于 10cm，不大于 25cm。横向钢筋间距不大于 80cm。纵向钢筋焊接长度不小于 50cm 或钢筋直径的 30 倍，焊接位置相互错开，不应在一个断面上重叠。纵向钢筋应设在面板厚度的 1/2 处，横向钢筋位于纵向钢筋之下，横向钢筋下设梯形混凝土支撑垫块。边缘钢筋至板边的距离一般为 10～15cm。在与其他路面或桥梁、涵洞等构造物连接处，必须进行端部处理。端部处理可根据实际情况连续设置三道胀缝或三道矩形锚固梁。接缝设置时，纵缝不另设拉杆，由一侧板的横向钢筋延伸，并穿过纵缝代替拉杆。施工缝可采用平缝，纵向钢筋应保持连续，穿过接缝。

$$\beta = \frac{E_c f_{cm}}{2E_c f_{sy} - E_s f_{cm}}(1.3 - 0.2\mu) \times 100 \qquad (2\text{-}9\text{-}10)$$

式中　β——纵向钢筋配筋率（%）；

f_{cm}——钢筋混凝土设计弯拉强度（MPa）；

f_{sy}——钢筋屈服强度（MPa）；

μ——面板与基层之间的摩阻系数，一般取 1.5；

E_c——混凝土弯拉弹性模量（MPa）；

E_s——钢筋弹性模量（MPa）。

钢筋混凝土加铺层适用于一般路段，钢筋混凝土板厚按普通混凝土板规定进行设计。纵、横向钢筋宜采用相同的直径。钢筋的最大间距和最小直径按表 2-9-11 确定。钢筋的搭接长度宜大于直径的 25 倍，钢筋应设在板面 1/3～1/2 板厚范围内，外侧钢筋中心距接缝或自由边的距离为 10～15cm，钢筋保护层的最小厚度不小于 5cm。横向缩缝间距宜为 10m，并应设传力杆。纵缝、胀缝和施工缝的设置与普通混凝土路面相同。

钢筋混凝土加铺层钢筋的最小直径和最大间距　　　　　　　表 2-9-11

钢筋类型	光面钢筋	螺纹钢筋
最小直径(mm)	8	12
纵向最大间距(cm)	15	35
横向最大间距(cm)	30	75

（2）直接式混凝土加铺层施工

直接式加铺层施工须清除旧面板表面积物，冲刷尘污，板面洁净无异物。直接式加铺层厚度应通过计算确定且不小于 14cm。采用直接式加铺层的路段，其板面应基本完好、平整。混凝土面板局部裂缝处应采用钢筋网片补强，钢筋网片覆盖于缝之上，超出裂缝不小于 50cm，网片距板底面 5cm。水泥混凝土路面施工，按照公路水泥混凝土路面有关施工规范规定执行。

第七节　道路养护管理

道路养护管理是道路运营管理的重要组成部分，是保证道路优良服务水平的主要手段之一。道路养护管理有利于保持道路良好的使用状态和服务水平，有利于保持道路的良好路容路貌，有利于向使用者提供安全、快捷、舒适、经济、优美的行车环境，最终发挥道路最大的经济效益和社会效益。

一、道路养护技术管理

道路养护技术管理是道路养护管理的重要组成部分。它是道路管理部门合理组织设计、施工、养护的方法，同时也是为了不断提高技术水平，采用先进的新技术、新材料、新设备，提高劳动生产率，提高工程质量，降低原材料消耗和保证安全生产，全面完成养护任务的关键一环。

道路养护技术管理的基本任务就是要严格贯彻国家有关公路建设的技术政策、标准、规范、办法和相应的安全规章、操作规程、管理条例，以提高养护质量，做到安全生产。

技术管理应严格控制和考核各项技术经济指标，做好交通情况调查、路况登记、工程检查与验收，建立路况数据库，健全基层管理制度，加强安全生产管理。

1. 交通情况调查

道路交通情况调查主要指交通量及其组成和行车速度的调查或观测，以及对原始数据的计算整理和分析。必要时可开展车流密度、起讫点、轴载、通行能力、车头间距、车辆横向分布等调查工作。

开展交通调查是道路管理部门一项重要的基础工作。通过有组织、有计划地进行观测调查，将与道路交通有关的某些数据记录下来，如交通量、行车速度、各级公路交通量比重等，通过对数据进行必要的处理与整理之后再作进一步分析与研究，取得的有关成果可供有关部门作为进行道路规划、设计、养护、管理等工作的依据。交通调查是一项具有重要意义的、不可缺少的工作。

交通调查应组织专人长期进行，采取相应措施必须保证调查数据的准确可靠，并逐步开发应用先进的观测记录和数据加工处理技术。调查整理的资料，应按时逐级上报，归入道路技术档案，长期保存。

2. 道路路况登记

道路路况登记是公路养护的重要基础工作，其资料是公路技术档案的主要部分。它反映各条公路及沿线构造物的全面技术状况，是制定公路规划、安排改建项目、编制养护年度计划等的重要基础资料，也是路产管理、资产评估的重要凭据。对实现道路科学化管理、提高养护质量具有重要作用。

路况登记的内容包括：①路况平面略图。②道路基本资料。③路况示意图。④桥梁、隧道、渡口、过水路面、房屋等构造物卡片。⑤涵洞、挡土墙、绿化等登记表。

进行路况登记时，应以公路现况调查资料、设计、施工、竣工文件、技术总结等为依据，资料不全的应补充进行调查和测绘工作。对表、卡所列内容应逐项认真填写。

进行登记的路线，应在每年年终将变更部分进行修改、补充，作为当年年末的道路路况。变更登记的范围包括道路被毁、修复、大修和改建等。变更登记应根据工程竣工验收文件、图表和实地测量的结果进行。

道路路况登记资料应做到应用电子计算机进行数据处理和贮存，加强道路科技档案的管理。

3. 道路养护质量的检查与评定

道路养护质量是指道路工程设施竣工验收交付使用后所保持的质量状况和服务水平。

它包含道路设计、施工所形成的内在质量状况和道路养护中保持、提高原有技术状况的程度，因而，养护质量检查评定是对道路客观的全面考核。

为了加强道路养护技术管理、及时掌握道路养护质量和服务状况，结合道路发展的实际情况，本着科学、简便、实用的原则，交通部特制定了《公路养护质量检查评定标准》，作为全国统一的公路养护质量检查评定标准。

4. 工程检查与验收

检查和验收是确保道路改善及大中修工程质量的重要环节。工程质量检查与验收应通过"政府监督、施工监理、企业自检"所组成的完善质量保证体系，根据部颁《基本建设工程质量监督管理暂行办法》及有关相应规定的办法执行。其主要内容包括：

作业检查。在整个施工过程中，由施工单位的现场技术负责人对作业班组的每个施工环节、每道工序、工程位置及各部尺寸、所用材料以及操作程序等通过班组自检后进行检查，填写原始记录，并经工地监理工程师查验核实、签证。

定期检查。定期检查是综合性的全面检查或重点检查。省公路管理局每年不少于一次，地市公路管理局每半年一次，县公路管理局每月一次。工程检查内容包括：施工组织及设备是否符合要求；技术安全措施是否得当；工程进度和质量情况；材料计量和规格质量是否符合要求；技术操作是否符合规定；各项原始记录中完成的指标与实际是否符合；与设计要求的相符程度；好路率；财务开支；计划的执行情况等。

中间检查。主要是对隐蔽工程的检查，包括：路基填土前的原地面处理；路面铺筑前的底层和路槽；基础施工前的基底土质、标高和各部尺寸。浇筑混凝土前的埋设钢筋规格、数量、位置，以及其他隐藏部分的检查。中间检查应经工地或上级监理工程师检查签证。

竣工验收检查。当工程已按施工合同及设计文件的要求建成，并已按规定编制竣工文件，施工单位可提出验收申请，经建设单位核实确已具备验收条件时，可报请主管部门或投资建设单位组织验收。养护工程项目原则上采用一阶段竣工验收。竣工验收参照现行相关规范执行。

5. 技术档案管理

各级道路管理部门和较大的工程都应建立技术档案。技术档案是道路技术历史记录的汇总，是以路线为单元的全部技术变更过程的资料，应分别建立专案存档并装订成册，以便查阅。技术档案的主要内容包括：①道路路况调查登记。路况调查反映路线和结构物技术经济状况，并为改善路况提供决策的依据；②改建和大、中修工程的技术资料；③养路技术管理资料，主要包括道路养护远景规划，年度计划，改革成果，养路机械效果，相关的各种报表及统计资料及其他有关资料；④科学试验的有关技术资料，包括科研计划，科研方案，试验资料，试验报告等；⑤道路交通情况观测资料，有关图片、照片和实物。

技术档案资料应设置专人保管（或兼管），并建立有关制度，对重要图纸和绝密资料更要妥善保管，要做好防火、防盗、防虫蛀等工作，并明确岗位责任制。

二、道路养护质量管理

1. 高速公路养护质量检查

高速公路应经常保持路面整洁、横坡适度、行车舒适；路肩整齐、边坡稳定、排水畅通、桥梁、隧道、涵洞等构造物维护完好；安全设施鲜明；沿线设施完善；绿化协调美观。

另外，重点强调高速公路路面(沥青混凝土路面或水泥混凝土路面)养护必须满足结构强度、平整度、摩擦系数三项指标要求；高速公路桥梁必须满足结构设计承载要求；高速公路隧道必须满足结构稳定性要求。

(1)高速公路养护质量的分级检查

高速公路养护质量检查包括：各省对本地区高速公路养护质量的定期检查；交通部对各省高速公路养护质量的定期检查。

交通部对各省的检查为一级检查评定，检查周期为每5年1次。各省对各自管理路线的自检为二级检查评定，检查周期为每年1次。高速公路各基层管理部门的日常检查为三级检查评定，检查周期为每月1次。

(2)高速公路养护质量检查

① 日常检查

日常巡视：为了掌握公路路况和交通运行状况等进行的巡视。主要巡视路基、路面桥涵隧道等构筑物及绿化、沿线设施的完好程度，检查是否有影响行车的路障。巡视每天不少于1次，并及时做好记录。

夜间巡视：为了检查夜间照明和标志、标线的技术状况而进行的巡视。每月不少于1次，对发现的问题及时做好记录并提出处理意见。

② 定期检查

为了掌握高速公路及其附属设施的技术状况，制订养护工程计划和评定养护质量而实施的检查。为加强养护质量管理，应建立健全定期的养护工作检查制度。

养护工作检查的内容主要有：公路养护质量，养护工区管理，执行公路养护政策情况，维修保养、专项工程、大修工程，养护机械使用与管理，清障工作情况，技术管理，安全生产情况等。

高速公路养护质量检查评定，按部颁标准执行。

③ 特殊检查

指发生大的洪水、台风、地震等自然灾害和有可能对高速公路及其附属设施造成破坏的异常情况发生时进行的检查。主要检查处于危险地点的路基、路面、桥涵、隧道等构造物及沿线设施。特殊检查时，应携带通信设备和安全标志，以便沟通情况，采取应急措施；同时还应检查沿线养护单位的材料、设备、技术力量，为合理制订防灾措施、恢复原有技术状况提供决策依据。检查结束后，检查人员应及时将检查情况提出专题报告。

(3)高速公路桥梁隧道养护检查

高速公路桥梁养护检查是为了掌握高速公路桥梁、隧道技术状况，各管理处每年应对大、小桥梁、隧道进行专项检查。桥梁、隧道养护检查分经常性检查、定期检查和特殊检查。检查的内容和要求根据相关规范或各地根据实际情况制订的特大桥、隧道养护管理实施办法的要求进行执行。

① 经常性检交由专职桥梁养护工程师(技术员)主持进行。以直接目测为主，配合简单工具测量，以掌握桥梁技术状况的变化，为桥梁维修保养工作提供依据。检查应如实做

好记录，当场填写桥梁经常性检查记录表，存在 3 类以上桥梁技术状况的病害时，应及时上报。

② 定期检查以目测结合仪器检查为主，对桥梁各部分进行详细的检查。定期检查时间一般每年进行 1 次。发现 3 类以上桥梁技术状况病害的以及难以判断损害程度和原因的，应做出详细描述、说明，填写相应表格，必要时应附以照片。检查结束后应按要求写出检查报告，整理检查记录、存档。

③ 特殊检查分为应急性检查和专门检查，主要采用仪器、设备等特殊手段和科学方法分析桥梁病害的确切原因和程度，确定桥梁的技术状态，以采取相应的加固、改造措施。承担特殊检查的单位应按规定时间完成检查任务，提出检查报告。特殊检查工作由桥梁工程师负责协调监督，由主管部门主持组织桥梁工程师以及有关专家对检查报告进行评审，提出评审意见。

(4) 高速公路养护质量的外业调查和内业评定

在进行外业调查前，要合理安排外业调查计划，包括路线、外业时间、人员、检测设备、记录等，其中路面调查包括路面破损状况、路面结构强度、路面平整度和路面抗滑能力 4 项。内业评定重点是各种数据的整理分析，报表的分类管理。制度的检查侧重于养护工作制度、目标管理、日常考核办法的制订。

对于外业检查，应尽可能地采用先进的自动化检测设备。外业检查的内容和频率可按照《高速公路养护质量检评方法》执行。

2. 高速公路养护质量评定

高速公路养护质量的评定，以 km 为单位，以里程碑为界，按路面(沥青混凝土路面或水泥混凝土路面)、路基构造物、桥梁通道、隧道、交通安全设施、绿化(除雪防滑)、沿线设施 7 项养护内容来评定。

(1) 高速公路养护质量评定标准

高速公路养护质量评定采用高速公路养护质量指数 MQI(Expressway Maintenance Quality Index)和相应的分项指标。根据 MQI 的评价结果，将高速公路公路养护质量分为优、良、中、次、差 5 个等级，见表 2-9-12。

高速公路养护质量分级标准　　　　　　　　表 2-9-12

评价等级	优	良	中	次	差
养护质量指数	$MQI \geqslant 90$	$80 \leqslant MQI < 90$	$70 \leqslant MQI < 80$	$60 \leqslant MQI < 70$	$MQI < 60$

高速公路养护质量指数(MQI)应经常保持不低于 80。高速公路养护质量指数(MQI)的各分项指标(PQI、SCI、BCI、TCI)均应保持不低于 75。当其各项分项指标低于 75 时，必须采取相应的维修措施，改善路况，提高高速公路的服务水平。

(2) 高速公路养护质量指数(MQI)的计算方法

高速公路养护质量指数(MQI)按式(2-9-11)计算：

$$MQI = \omega_{PQI}PQI + \omega_{SCI}SCI + \omega_{BCI}BCI + \omega_{TCI}TCI \tag{2-9-11}$$

式中　MQI——高速公路养护质量指数；

　　　PQI——路面养护质量指数(Pavement Quality Index)；

SCI——路基养护状况指数(Subgrade Condition Index);

BCI——桥涵构造物养护状况指数(Bridge and Tunnel Condition Index);

TCI——沿线设施养护状况指数(Traffic-facility Condition Index);

ω_{PQI}——PQI 在 MQI 中的权重,取值为 0.65;

ω_{SCI}——SCI 在 MQI 中的权重,取值为 0.10;

ω_{BCI}——BCI 在 MQI 中的权重,取值为 0.15;

ω_{TCI}——TCI 在 MQI 中的权重,取位为 0.10。

① 路面养护质量指数(PQI)的计算,参见前述有关章节。

② 路基状况指数(SCI)的计算:

$$SIC = i_0^{-1} \sum_{i=1}^{i_0} SCORE_{iSCI} \qquad (2\text{-}9\text{-}12)$$

式中　$SCORE_{iSCI}$——第 i 项路基检查内容的得分,按表 2-9-13 的规定计算;

　　　i——第 i 项路基检查内容;

　　　i_0——路基检查评价项目总数,取 6。

路基检查项目及评分标准　　　　　　　　　　　　　　　　表 2-9-13

项目	项目名称	单位	程度	扣分	最高评分	备注
1	路肩、边沟不洁	m		1	100	每 2m 扣 1 分
2	路肩损坏	m²	轻	1	100	每 1m² 扣 1 分
			重	2		每 1m² 扣 2 分
3	边坡坍塌水毁冲沟	处	轻	20	100	长度≤5m
			中	30		长度 5~10m
			重	50		长度>10m
4	路基构造物损坏 路缘石缺损	处	轻	20	100	长度≤5m
			中	30		长度 5~10m
			重	50		长度>10m
5	路基整体沉降	处	轻	20	100	长度≤5m
			中	30		长度 5~10m
			重	50		长度>10m
6	排水系统淤塞	m	轻	1	100	一般性淤塞每 1m 扣 1 分
		处	重	20		全截面堵塞,每处扣 20 分

③ 桥涵构造物状况指数(BCI)的计算:

$$BCI = i_0^{-1} \sum_{i=1}^{i_0} SCORE_{iBCI} \qquad (2\text{-}9\text{-}13)$$

式中　$SCORE_{iBCI}$——第 i 项桥涵构造物检查内容的得分,按表 2-9-14 的规定计算

　　　i——第 i 项桥涵构造物;

　　　i_0——桥涵构造物评价项目总数,取 12。

项目	类别	项目名称	单位	程度	扣分	最高评分	备注
1	桥梁	桥梁技术状况	类	一、二	0	100	采用《公路桥涵养护规范》进行评定
				三	30		
				四	100		
2		桥头跳车	处		10	100	明显跳车
3		伸缩缝损坏	处		10	100	
4		泄水孔堵塞	处		10	100	
5		栏杆护栏损坏	处		10	100	
6		翼墙锥坡损坏	处		10	100	
7		上跨桥防落网损坏	处	轻	10	100	有效直径≤0.2m
				重	30		有效直径>0.2m
8	隧道	洞体破坏	处		10	100	
9		渗漏积水排水不良	处		20	100	
10		通风监视系统故障	处		10	100	
11		照明设施故障	处		10	100	
12	涵洞	涵洞损坏淤积	处		10	100	

④ 沿线设施状况指数（TCI）的计算：

$$TCI = i_0^{-1} \sum_{i=1}^{i_0} SCORE_{iTCI} \qquad (2\text{-}9\text{-}14)$$

式中 $SCORE_{iTCI}$——第 i 项沿线设施检查内容的得分，按表 2-9-15 的规定计算

                i——第 i 项沿线设施；

                i_0——沿线设施评价项目总数，取 8。

沿线设施检查项目及评分标准   表 2-9-15

项目	项目名称	单位	程度	扣分	最高值	备注
1	收费站服务区设施管护不善	处		10	100	
2	防撞护栏缺损	处	轻	10	100	长度≤4m
			重	30		长度>4m
3	隔离栅损坏	处		20	100	
4	紧急电话缺损	处		10	100	
5	标志缺损	处		10	100	
6	标线缺损	m		1	100	
7	绿化空白路段	m		1	100	
8	绿化管理不善	m		1	100	

三、道路养护安全管理

目前，随着我国道路特别是高速公路运营里程的增加以及路面使用年限的增长，道路养护维修的工作量也在逐年增加。一方面，为保证道路上的车辆安全快速通行，养护管理

人员必须对道路进行各种养护和检查作业。另一方面，道路养护作业一般都不能完全封闭交通，在开放交通条件下进行养护维修作业，既有养护维修作业操作时的安全问题，又有交通安全问题。

特别是高速公路养护作业极易诱发安全事故。高速公路交通流的特点是，车辆行驶速度高，计算行车速度达到 $80\sim120km/h$，车辆受干扰程度小，驾驶员容易产生疏忽麻痹。而高速公路养护作业是在局部封闭作业区、车辆通行的情况下进行施工作业的，养护作业区相对变窄，作业区附近施工人员、车辆及施工标志多，情况复杂，交通环境差，极易引发恶性、连锁的重大交通事故。当高速公路养护作业采取移动式封闭作业区时，这种事故风险更高。

道路养护安全作业不仅关系到养护作业的正常进行，也关系到人民生命和国家财产安全。因此，为保护养护作业人员和设备的安全，使养护作业人员能够按照规定进行养护作业，同时为了保证车辆能够安全通过养护维修作业控制区域，给道路使用者提供必要的畅通和安全的交通环境，加强养护作业安全管理具有极其重要的意义。

1. 养护作业安全管理的主要内容

高速公路的养护作业安全管理主要包括作业区以外有限范围的交通安全管理和作业区内的生产安全管理两部分。

（1）作业区以外有限范围的交通安全管理

由于道路维修作业占用行车道断面，为使车辆通行有序，保证作业区内人员和设备的安全，需对车辆行驶速度、路线、方向采取强制性的管理。这种管理是通过设置在作业区以外路面上的设施和标志来实现的，目的是避免作业人员、装备与行驶车辆发生冲突。

（2）作业区内的生产安全管理

作业区内的生产安全管理包含了两个方面，即内部管理和施工现场作业安全管理。

内部管理主要指安全生产的基础管理，主要包括：①建立、健全安全生产责任制；②制订安全生产规章制度和操作规程；③制订并实施生产安全事故应急救援预案；④制订养护施工大纲中的安全技术措施和安全管理目标；⑤实施安全交底和安全教育活动；⑥按规定配备专职安全生产管理人员或设置安全生产管理机构。

施工现场作业安全管理主要包括：①按照行业标准设置养护维修作业控制区；②按照行业标准设置、摆放和回收各类施工标志(包括夜间作业)；③养护作业现场专人进行交通管理和设施管理；④专业作业车辆按规定设置统一的警示灯牌、标识、本身标色；⑤管理人员和作业人员按规定穿着统一的红色带有反光功能的工作装或反光背心及劳动保护用品；⑥作业人员应按规定要求进出养护维修作业控制区；⑦作业车辆、机具、材料应按规定进出现场、停放和堆放；⑧养护作业的移动电器、机械设备按规定要求使用；⑨按规定要求进行高空作业。

2. 养护安全作业标志和设施

道路养护维修作业时，应该按照规定设置道路作业标志与设施，提醒、警告或引导过往车辆驾驶人员按规定速度、线路行驶，封闭作业区达到隔离作用，保护养护维修作业人员和设备安全。

养护安全标志和设施有：①渠化装置，主要有锥形交通路标、安全带、路栏、施工隔离墩和防撞桶(墙)等。②移动式标志车。移动式标志车是带有动力装置或可移动装置(拖车)的安全防护设施，颜色为醒目黄色，装有黄色施工警告灯号，其后部有醒目的标志牌，图案和显示形式可按实际需要改变。使用时其尾部应面向交通流方向，设置于上游过渡区内或缓冲区内。③施工警告灯。④作业区交通标志。作业区交通标志是为养护维修作业而临时设置的交通标志，主要有警告标志、禁令标志、指示标志和施工区标志。⑤夜间照明设施。

3. 养护安全作业的交通管制

养护安全作业的交通管制是指因道路维修作业占用行车断面，为使车辆通行有序，保证作业区内人员和设备的安全而对车辆行驶速度、路线、方向采取的强制性管理。这种管理是通过设置在作业区以外路面上的设施和标志来实现的。非流动性的养护作业需要进行交通管制。

（1）养护维修作业控制区的组成

养护维修作业控制区是为高速公路养护维修作业所设置的交通管理区域，通常由警告区、上游过渡区、缓冲区、工作区、下游过渡区及终止区 6 个部分组成，其布置如图 2-9-25 所示。

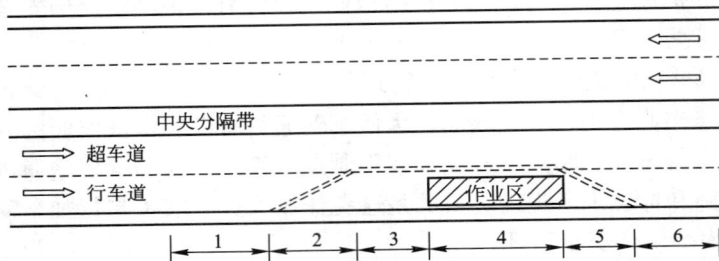

图 2-9-25　养护作业控制区
1—警告区 S；2—上游过渡区 L_s；3—缓冲区 H；4—作业区 G；
5—下游过渡区 L_x；6—终止区 Z

警告区是从作业控制区起点设置施工标志到上游过渡区之间的路段，用以警告车辆驾驶员已经进入养护维修作业路段。警告区最小长度是指保证驶入警告区的车辆减速至工作区规定的限速所需要的警告区路段的最短长度。警告区的最小长度根据各级道路的设计行车速度按相关规范的规定选取。

上游过渡区保证车辆平稳地从封闭车道的上游横向过渡到缓冲区旁边非封闭车道的路段。当需要封闭车道或路肩（紧急停车带）时，必须设置过渡区。过渡区的设置应使车流的变化平缓。上游过渡区的最小长度应根据封闭车道宽度和限制车速按相关规范的规定选取。当在隧道内时，车道封闭上游过渡区的最小长度按 1.5 倍选取。

缓冲区是上游过渡区和工作区之间的路段。缓冲区是为安全行车和安全作业两个目的设置的，其最小长度宜取 50m。

作业区是指养护维修作业的施工操作区域。工作区长度应根据养护维修作业的需要确定。作业区是控制区中最重要的防范区段。它的长度应能覆盖整个作业的区段。除了标志设施之外，作业区还要增加另外三套管理手段：一是要用安全锥把作业区与邻向行车隔离开来，安全锥间距应适当加密，以车辆不能驶入为准；第二是要加设施工警示灯；第三是安排专门的看守人员，在封闭区前端守护和警示。这一区段有作业人员和装备，车辆通行断面缩窄，但只要加强作业管理，设施完整，摆放正确，行车有序，安全还是有保障的。

下游过渡区是保证车辆平稳地从工作区旁边的车道横向过渡到正常车道的路段。下游过渡区的最小长度宜取 30m。在过渡区终点，采用安全锥与行车方向呈 45°角摆放。过渡区以外，是行车区域，作业人员不能擅入。

终止区是设置于工作区下游调整车辆行车状态的路段，终止区最小长度宜取 30m。

（2）作业控制区标志的设置

对于同一方向上的相同车道内，如果在不同断面要同时进行维修施工，若断面的间距在 1000m 以内时，可以将两个作业区作为同一个作业控制区来布置；如果养护维修施工的断面间距比较远，大于 1000m 时，在下一个工作区前端应该设置施工标志。由于在同一车道上连续布置了作业控制区，所以，除了第一个作业控制区必须按规定的要求布置外，后续的作业控制区可以适当简化。

如果是在同一方向不同断面的不同车道内必须要同时进行维修施工，作业控制区的布设间距要足够大，至少要让车辆有一个平稳过渡的距离，因此，两个作业区间距不得小于1000m，否则应分期实施，分开施工。这是由于如果养护维修施工作业的断面间距过小时，车辆在通过不同的断面时需要不断改变车道，给车辆行驶造成困难，容易发生事故。

当单向三车道及以上道路的中间车道需要养护维修作业，不应单独封闭该车道，应与相邻一侧车道同时封闭。这是因为如果单独封闭中间车道，开放两边车道，会给在作业控制区内的作业人员造成心理压力，造成安全隐患。

养护维修作业控制区布置要考虑养护维修作业的特点、时间和周期、交通量、经济效益等因素，控制区内交通标志的设置必须合理、前后协调，起到引导车流平稳变化的作用。

养护维修作业控制区的布置应符合《公路养护安全作业规程》（JTG H30)中的规定。

第八节　公路路政管理

一、概述

路政管理是指公路管理机构根据公路主管部门的授权和国家法律、法规和规章的规定，为保护公路、公路用地、公路设施，维护公路合法权益和促进公路事业的发展所进行的行政管理。路政管理是国家行政管理之一，是一门专业化的行政管理学，除了普通行政管理学的一般原理外，路政管理具有广泛性、法制性和复杂性的特点，是一项系统工程。路政管理的广泛性主要表现在两个方面。首先，人们的生产和生活，都离不开公路交通，因此，路政管理涉及千家万户，与人民群众有着密切的联系。其次，公路线长面广，路政管理牵涉到农业、市政、水利、林业、电信、电力、厂矿、铁路、商业、建筑、汽车运输及公路沿线乡、镇等许多部门，牵涉面广泛。路政管理的法制性是指路政管理是代表国家履行管理职能的一种执法活动，是国家行政管理的一部分，属于法制的范畴。路政执法活动是国家意志的体现，由国家强制力保证实施，任何个人和组织违反路政管理法，都要受到法律制裁。路政管理又是复杂的，路政管理关系到千家万户，涉及多个部门，同时路政管理机构在履行路政职责时往往需要取得公安、法院、土地管理、工商等部门的支持和协助。

路政管理是公路管理的组成部分，与公路交通管理互有差别。路政管理主要对公路、公路用地、公路设施及活动在这些范围的既有客体的行为的静态管理，而公路交通管理是对人、车、路的动态管理。路政管理的中心任务是保护路产路权：①制止和查处如超限运输、在公路上试刹车、挖掘公路以及毁坏和破坏公路的路基、路面、桥梁、隧道、涵洞、排水设施、防护构造物、花草林木、苗圃等违法为，保护路产的完好，保障公路畅通。②控制公路两侧建筑红线、审理跨越公路的各种管线和渠道，审理各种道路与公路交叉，废弃公路的产权归属等。③维持公路渡口、公路养护施工作业的正常秩序，维持公路外部行政管理的正常秩序。④保护公路管理机构、路政管理机构的合法权益，保护公路养护施工作业人员及公路管理人员从事生产、执行公务时的合法权益。

路政管理与管理学、交通工程学、行政法学等其他学科有着密切联系，是一门新兴的边缘学科。路政管理的对象包括人、社会组织、物质资源（路产）、时空资源（路权）和信息资源。路政管理的研究内容较为广泛，一般包括路政决策、路政法规、路政业务管理以及路政管理人员和机构的设置等。

二、公路路政管理的内容

公路路政管理的主要内容包括：保护路产、维护路权、保障交通安全畅通。

路政管理的基本内容是保护路产完好，以保障车辆安全畅通。保护路产的具体内容可归纳如下：①依法制止和查处非法占用、挖掘公路及毁坏和破坏公路路基、路面、桥梁、隧道、涵洞、排水设施、防护构造物、花草林木、苗圃等违法行为；②依法制止和查处非法在大中型公路桥梁和渡口周围200m、公路隧道上方和洞口外100m以内，以及公路两侧一定距离内挖砂、采石、取土、倾倒废弃物；③依法禁止和查处危及公路、桥梁、隧道、洞口安全的爆破作业以及其他影响行车安全的活动；④依法制止和查处损坏、擅自移动、涂改公路附属设施和排水、养护、管理、服务、交通安全、渡口码头、监控、通信、收费、专用构造物、建筑物等设施和设备；⑤依法禁止和查处在公路上及公路用地范围内摆设摊点、堆放物品、倾倒垃圾、设置障碍、挖沟引水、排放污物、污染公路环境等影响公路畅通的行为。

维护路权。在公路用地和所属空间范围内，依法建设下列构造物时：①在公路用地范围内，架设、埋设各种管线、电缆等设施；②跨越、穿越公路建设路线立梁、渡槽或架设各种管线或电缆等构造物；③修建铁路、机场、电站、通讯设施、水利工程或进行其他建设，需要占用、挖掘公路或者使公路改线；④因抢险、防汛需要，修堤坝、压缩或者拓宽河床，危及公路、桥梁、隧道安全。必须符合《公路工程技术标准》（JTG B01—2003）要求，事先要经过有关交通主管部门同意；影响交通安全的，还需征得公安机关的同意。建设上述项目占用、挖掘、损害公路时，建设单位应当按照不低于相应该段公路原有技术标准予以修复、改建或视损坏程度给予经济补偿。

维持公路工作正常秩序，保障交通安全畅通，具体内容如下：①禁止有损害公路路面的履带车、铁轮车等在公路上通行。但是经过当地县以上人民政府批准，采取了有效防护措施的，只能允许按规定的时间和路线行驶。②禁止超限（超载）车辆（如汽车的实际载重量超过公路、桥梁的设计荷载标准，车辆的高度、宽度、长度超过公路技术标准）在有限定标准的公路上行驶。若超限必须行驶时，需经县以上人民政府的交通主管部门和同级公安机关批准，采取有效的防护措施，方能按照指定的时间、路线、时速行驶，并应悬挂明显标志。③禁止机动车制造厂和其他单位利用公路作为检验机动车制动性能的试验场地。④努力保护公路完好，积极改善公路环境，提高公路使用质量，充分发挥公路的社会效益和经济效益。

三、路政管理的人员和机构设置

公路路政管理部门是代表国家实施公路行政管理权的组织。其机构设置，应当根据统一领导、分级管理、依法行政的原则，结合公路"集中、统一、高效、特管"的特点进行设置。通常是按管辖区域每50km左右设置一个基本管理单位。也有的是按属地管理划分设置路政管理单位。但无论哪种模式，各级路政管理机构都应明确职责，分段负责。各级路政管理部门之间，都应有从上到下的严格隶属关系。上级的任务，侧重在原则和策略方面，需要人数较少；下级任务偏重于具体执行方面，需要的人数多一些。

公路路政管理机构的具体职责包括：①实施路政巡查，宣传、贯彻执行有关公路路政管理的法律、法规和规章，保护公路路产，维护路权；②依法管地公路两侧建筑控制区，取缔违法建筑设施，审理从地下、地面公路上空或地下穿（跨）越公路的其他设施的建筑事宜；③维护公路、桥涵、隧道的养护、施工作业现场秩序；④参与公路工程交工、竣工验收；⑤依法查处各种违反路政管理法律、法规、规章的案件；⑥负责铁轮车、履带车、特殊情况下使用公路和超限运输事宜实施情况的监督与管理；⑦负责公路上故障车辆的牵引拖带和事故现场的救援、排障及路产损失的清偿；⑧维护公路进出口通行费征收秩序，查处碰损设施、标志后的逃逸车辆；⑨办理和参与有关路政复议案件，参与有关路政案件的诉讼活动；⑩行使法律、法规、规章规定的其他职责。

公路路政管理人员，要有一定的执法水平，熟悉路政管理的法律、法规、规章、条例练。要有良好的业务素质，掌握一定的道路、桥梁、交通工程专业知识。要有高度的责任感和职业道德。要有一定的宣传活动能力，能在路政管理活动中，向社会宣传路政管理的有关法律和法规，取得他们对公路路政管理工作的支持。要有一定的语言表达和组织能力，能妥善处理路政管理中的案件与问题。经培训合格，持有符合规定的岗位培训考试合格证书。

四、公路路政管理装备

公路路政管理装备一般包括路政巡查设备、排障设备、抢险救援设备、勘察设备、各种作业标志和现代化通信设备等。

公路路政管理工作，需要配备专用的路政巡逻车，以保证路政管理工作的及时、顺利开展。需要配备专用的排障车辆，及时清理公路上的故障车辆，及时解决因事故或其他灾害造成的交通阻塞。当公路发生交通事故时，要对伤亡人员和车辆进行紧急救援，对突发事件及时进行处理，还需配备紧急救援车辆与救护设备，如消防设施、急救医疗用品、汽车维修工具和配件等。也可通过与当地消防、救护等部门签署属地委托合同，共同做好此项工作。为了能及时取证和真实记录公路路产损坏现场状况，在路政管理装备上，路政管理还需要配备照相机、摄像机、照明设备、勘察测量器具等。需要配备清理故障现场时经常使用的引导、隔离、指示等标志，比如移动式灯光导向车、指向标志、限速标志、隔离装置、车道变化标志等。路政管理部门也需要配备现代化的通信工具，比如车载通信台、手执通信设备和集群设备等。

用于路政管理的交通、通讯及其他装备不得用于非路政管理活动，用于路政管理的专用车辆，应当按照《中华人民共和国公路法》和交通部制定的《公路监督检查专用车辆管理办法》的规定，设置统一的标志和警示灯。

复 习 思 考 题

1. 路面预防性养护技术有哪些？各有何作用和特点？
2. 路基养护的工作内容主要包括哪些？
3. 沥青路面维修养护工作内容与要求有哪些？如何进行沥青路面的日常养护？
4. 沥青路面常见病害维修的方法有哪些？
5. 沥青路面翻修的步骤是什么？再生的方法有哪些？
6. 如何进行沥青路面加铺补强设计和施工？
7. 水泥混凝土路面日常养护内容有哪些？
8. 水泥混凝土路面破损维修技术有哪些？试简要分析各种技术的用途与方法。
9. 水泥混凝土加铺层技术和方法有哪些？如何进行水泥混凝土路面加铺层设计与施工？
10. 道路养护技术管理包括哪些工作内容？简要叙述各具体工作如何开展？
11. 简要叙述如何进行高速公路养护质量检查与评定？
12. 道路养护安全管理的主要内容有哪些？养护安全标志和设施有哪些？如何进行养护安全作业的交通管制？
13. 公路路政管理的内容有哪些？

参 考 文 献

[1] 中华人民共和国行业标准. 公路路基设计规范(JTG D30—2004)[S]. 北京：人民文通出版社，2004.

[2] 中华人民共和国行业标准. 公路土工试验规程(TJG E40—2007)[S]. 北京：人民文通出版社，2007.

[3] 中华人民共和国行业标准. 公路路面基层施工技术规范(JTJ 034—2000)[S]. 北京：人民交通出版社，2000.

[4] 中华人民共和国行业标准. 公路沥青路面设计规范(JTG D50—2006)[S]. 北京：人民文通出版社，2006.

[5] 中华人民共和国行业标准. 公路水泥混凝土路面设计规范(JTG D40—2002)[S]. 北京：人民文通出版社，2003.

[6] 中华人民共和国行业标准. 公路沥青路面施工技术规范(JTG F40—2004)[S]. 北京：人民交通出版社，2004.

[7] 中华人民共和国行业标准. 公路水泥混凝土路面施工技术规范(JTG F30—2004)[S]. 北京：人民交通出版社，2004.

[8] 中华人民共和国行业标准. 公路勘测规范(JTG C10—2007)[S]. 北京：人民交通出版社，2007.

[9] 中华人民共和国行业标准. 公路路线设计规范(JTG D20—2006)[S]. 北京：人民交通出版社，2006.

[10] 中华人民共和国行业标准. 公路工程技术标准(JTG B01—2003)[S]. 北京：人民交通出版社，2004.

[11] 中华人民共和国行业标准. 公路工程沥青与沥青混合料试验规程(JTG E20—2011)[S]. 北京：人民交通出版社，2011.

[12] 中华人民共和国行业标准. 公路水泥混凝土路面养护技术规范(JTJ 073.1—2001)[S]. 北京：人民交通出版社，2001.

[13] 中华人民共和国行业标准. 公路沥青路面养护技术规范(JTJ 073.2—2001)[S]. 北京：人民交通出版社，2001.

[14] 中华人民共和国行业标准. 公路养护安全作业规程(JTG H30—2004)[S]. 北京：人民交通出版社，2004.

[15] 黄晓明. 路基路面工程 [M]. 南京：东南大学出版社，2006.

[16] 何兆益，杨锡武. 路基路面工程 [M]. 北京：人民交通出版社，2006.

[17] 叶国铮，姚玲森，李秩民编著. 道路与桥梁工程概论 [M]. 北京：人民交通出版社，2006.

[18] 张雨化主编. 道路勘测设计 [M]. 北京：人民交通出版社，2002.

[19] 姚祖康. 水泥混凝土路面设计理论和方法 [M]. 北京：人民交通出版社，2003.

[20] 傅智. 水泥混凝土路面滑模施工技术 [M]. 北京：人民交通出版社，2000.

[21] 张肖宁著. 沥青与沥青混合料的粘弹力学原理及应用 [M]. 北京：人民交通出版社，2006.

[22] 沈金安主编. 沥青及沥青混合料路用性能 [M]. 北京：人民交通出版社，2001.